1

Les régions du guide :
(voir la carte à l'intérieur de la couverture ci-contre)

Lyon et sa région

Collection Le Guide Vert sous la responsabilité d'Anne Teffo

Édition
Luc Decoudin

Rédaction
Laurence Michel, Luc Decoudin, Hélène Le Tac, Jacques Vernier, Philippe Vouillon, Clarisse Deniau, Michel Doussot, Magali Triano

Cartographie
Stéphane Anton, Michèle Cana, Thierry Lemasson, Cristina Ferecatu, Mirela Spita, Severine Vlad

Relecture
Capucine Jahan

Remerciements
Didier Broussard, Mathieu Bourdenet, Madeleine Parpet, Sonia Lambert, Pascal Grougon, Aurélie Bleuzen, Danièle Jazeron
Stéphanie Engelvin (CDT du Rhône), Colette Dubois (Agence de développement touristique du département de l'Ain)

Conception graphique
Christelle Le Déan

Régie publicitaire et partenariats
michelin-cartesetguides-btob@fr.michelin.com
Le contenu des pages de publicité insérées dans ce guide n'engage que la responsabilité des annonceurs.

Contacts
Michelin
Guides Touristiques
27 cours de l'Île Seguin, 92100 Boulogne-Billancourt
Boutique en ligne : www.michelin-boutique.com
Service consommateurs : tourisme@tp.michelin.com

Parution 2012

Le Guide Vert, mode d'emploi

Le Guide Vert, un guide en 3 parties

- **Organiser son voyage** : les informations pratiques pour préparer et profiter de son séjour sur place
- **Comprendre la destination** : les thématiques pour enrichir son voyage
- **Découvrir** la destination : un découpage en **régions**

(voir carte générale dans le 1er rabat de couverture et sommaire p. 1)

En ouverture de chaque **région,** retrouvez un sommaire et une **carte** qui indiquent :

- les villes et sites traités dans le chapitre
- les circuits conseillés

Pour chaque chapitre, consultez « **Nos adresses...** » :

- des informations pratiques
- des établissements classés par catégories de prix
- des lieux où boire un verre
- des activités à faire en journée ou en soirée
- un agenda des grands événements de l'année

En fin de guide

- un **index général** des lieux et thèmes traités
- un **sommaire** des cartes et plans du guide
- la légende des symboles du guide
- la liste de nos publications

Et en complément de notre guide

- Créez votre voyage sur **Voyage.ViaMichelin.com**

Sommaire

1/ ORGANISER SON VOYAGE

2/ COMPRENDRE LA RÉGION

3/ DÉCOUVRIR LA RÉGION

1/ ORGANISER SON VOYAGE

M. Barraud/Ojo Images/Photononstop

Venir dans la région

Lyon est très bien desservie par les autoroutes A 6, A 7, A 42 et A 43 ainsi que par un service régulier de TGV qui la relie à Paris en 2h. Les gares de Perrache et de La Part-Dieu sont à proximité immédiate du centre-ville par le métro et le tramway. Des dessertes aériennes à partir des grandes villes permettent de rejoindre l'aéroport de Lyon-St-Exupéry, relié au centre-ville par des navettes et, depuis l'été 2010, par un tram express *(durée 30mn - www.rhonexpress.net - 5h-0h)*.

Par la route

LES GRANDS AXES

A 6 (Paris-Lyon)
A 7 (Lyon-Marseille)
A39 (Dole-Bourg-en-Bresse)
A 40/42 (Lyon-Bourg-en-Bresse, Lyon-Genève)
A 43 (Lyon-Chambéry)
A 43/48 (Lyon-Grenoble)
A 47 (Lyon-St-Étienne)
A 89 (Lyon-Clermont-Ferrand, en cours de construction)
Informations autoroutières – ✆ 0 892 681 077 - www.autoroutes.fr.

LES CARTES MICHELIN

Cartes **Départements 321** (Haute-Saône, Jura), **327** (Loire, Rhône), **328** (Ain, Haute-Savoie) et **333** (Isère, Savoie).
Carte **Région 523** (Rhône-Alpes).
Cartes **Zoom 110** (Environs de Lyon), **112** (Vallée du Rhône).
Carte de France 721.
En ligne : calcul d'itinéraires sur **www.ViaMichelin.fr**.

En train

LES GRANDES LIGNES

Au départ de Paris, **TGV** pour Lyon (1h55), St-Étienne (2h45), Valence (1h50). Les gares de La Part-Dieu et de Perrache sont à proximité du centre-ville de Lyon grâce au réseau du métro.
L'aménagement TGV en cours de la ligne des Carpates (Haut-Bugey) permettra de réduire à 3h le trajet Paris-Bellegarde-sur-Valserine-Genève.
Informations et réservations – ✆ 3635 (0,34 €/mn) - www.voyages-sncf.com.

LES TRAINS EXPRESS RÉGIONAUX

Depuis Lyon, vous pouvez rejoindre de nombreuses destinations parmi lesquelles Roanne (1h15), Bourgoin-Jallieu (40mn), Meximieux-Pérouges (30mn).
Des lignes d'**autocars** (TER) vous permettent d'effectuer des liaisons peu commodes en train.
Informations et réservations – ✆ 3635 (0,34 €/mn) - www.ter-sncf.com/rhonealpes.

En avion

LES COMPAGNIES AÉRIENNES

Air France – ✆ 36 54 (0,34 €/mn) - www.airfrance.fr. Liaisons pour Lyon au départ d'Ajaccio, Brest, Bastia, Biarritz, Bordeaux, Clermont-Ferrand, Caen, Calvi, Figari, Le Havre, Limoges, Lorient, Marseille, Mulhouse, Metz, Nantes, Paris et Toulouse.

Corsair – ✆ 0 820 042 042 (0,12 €/mn) - www.corsairfly.com. Vols à prix réduits pour Lyon depuis La Réunion.

Ryanair – ✆ 0 892 232 375 - www.ryanair.com. Liaisons entre St-Étienne et Porto.

Pegasus – www.flypgs.com. Liaisons entre St-Étienne et Istanbul.

Easyjet - www.easyjet.com. Liaisons pour Lyon au départ de Biarritz, Bordeaux, Bastia, Nantes, Toulouse…

LES AÉROPORTS DESSERVANT LA RÉGION

Lyon-St-Exupéry – ✆ 0 826 800 826 - www.lyon.aeroport.fr.

St-Étienne-Bouthéon – 42160 Andrézieux-Bouthéon - ✆ 04 77 55 71 71 - www.saint-etienne.aeroport.fr. St-Étienne se spécialise dans les vols à bas coûts.

LIAISONS DEPUIS L'AÉROPORT

Aéroport de Lyon-St-Exupéry – Il est situé à 25 km à l'est de Lyon. Liaisons régulières en **bus** pour le centre-ville *(www.satobus.com - 4h45-21h05 de Lyon, 6h-23h40 de St-Exupéry - 8,90 €, AR 15,80 €).* Liaisons également vers quelques autres villes de la région (Bourg-en-Bresse, Bourgoin-Jallieu… *(rens. : www.lyon.aeroport.fr).*

En **taxi**, le trajet jusque Lyon Part-Dieu vous coûtera 38/42 € le jour et 52/58 € la nuit, le week-end et les jours fériés.

Depuis l'été 2010, un **tram express** relie le centre-ville *(durée 30mn - www.rhonexpress.net - 5h-0h).* L'aéroport est également desservi par une gare de TGV.

Aéroport de St-Étienne-Bouthéon – Liaisons régulières en **bus** pour le centre-ville (111 et 103, horaires : www.loire.fr/).

DISTANCES EN KM	Bourg-en-Bresse	Lyon	Roanne	St-Étienne	Vienne
Bordeaux	576	570	497	541	576
Bourg-en-Bresse	–	60	123	119	111
Dijon	143	193	205	253	225
Lille	603	693	618	754	719
Limoges	380	424	370	395	439
Lyon	60	–	146	64	34
Marseille	372	315	416	334	285
Nantes	610	677	647	679	716
Paris	406	465	402	478	494
Roanne	123	146	–	86	136
St-Étienne	119	64	86	–	52
Strasbourg	381	495	502	551	522
Toulouse	533	537	515	421	510
Valence	161	101	211	121	80
Vienne	111	34	136	52	–

Avant de partir

Météo

Services téléphoniques de Météo France – ✆ **3250** suivi de :

1 – météo d'une commune, d'un département ou de l'outre-mer ;

2 – météo du prochain week-end ;

3 – météo activités de bord de mer et navigation ;

4 – météo montagne ;

5 – météo des routes.

Accès aux prévisions du département – ✆ **0 892 680 2** suivi du numéro du département (0,34 €/mn).

En ligne : **www.meteo.fr**.

Au printemps : neige persistante sur les massifs du Forez et du Pilat, douceur et coups de froid dans les vallées.

De juin à septembre : temps plus sec et ensoleillé, températures plus fraîches sur les hauteurs.

Automne : caractère doux le long du Rhône, premiers flocons en altitude, pluies abondantes, gelées et brouillard dans les vallées.

Hiver : froid sec avec belles éclaircies sur l'axe Saône-Rhône, neige abondante sur les pentes du Pilat et du Forez.

Adresses utiles

LES INSTITUTIONS

En ligne : une mine d'informations pour faire du tourisme en France sur **www.franceguide.com**.

Comités régionaux du tourisme

Rhône-Alpes (Ain, Loire, Rhône) – 104 rte de Paris - 69260 Charbonnières-les-Bains ✆ 04 72 59 21 59 - www.rhonealpes-tourisme.com.

Comités départementaux du tourisme

Ain – 34 r. du Gén.-Delestraint - BP 78 - 01002 Bourg-en-Bresse Cedex - ✆ 04 74 32 31 30 - www.ain-tourisme.com.

Isère – 14 r. de la République - BP 227 - 38019 Grenoble Cedex 1 - ✆ 04 76 54 34 36 - www.isere-tourisme.com ou Maison de l'Isère - 2 pl. André-Malraux - 75001 Paris - ✆ 01 42 96 08 43.

Loire – 22 r. Balay - 42000 St-Étienne - ✆ 04 77 43 59 14 - www.loiretourisme.com.

Rhône – 142 av. du Mar.-de-Saxe - 69003 Lyon - ✆ 04 72 56 70 40 - www.rhonetourisme.com.

Offices de tourisme

Les adresses des offices de tourisme se trouvent dans la rubrique « S'informer » de chaque ville ou site dans la partie « Découvrir la région ».

TOURISME DES PERSONNES HANDICAPÉES

Le symbole ♿ signale les sites accessibles aux personnes à **mobilité réduite**.

Accessibilité des infrastructures touristiques

Consultez les sites labellisés **Tourisme et Handicap** sur le site www.franceguide.com, rubrique « Voyageurs », puis « Tourisme et Handicap ».

Association Tourisme et Handicaps – 43 r. Max-Dormoy - 75018 Paris - ✆ 01 44 11 10 41 - www.tourisme-handicaps.org.

MUSÉE DES
BEAUX-ARTS
DE LYON

Office du tourisme de Lyon – L'office du tourisme de Lyon met à disposition des malvoyants une brochure en braille décrivant les différentes visites guidées et propose un tarif spécial pour les personnes qui les accompagnent.

Accessibilité des transports

Train – Un guide gratuit *Mobilité réduite* est disponible dans les gares et boutiques SNCF.

SNCF Accès Plus – ✆ 0 890 640 650 (0,11 €/mn, 7h-22h). Service gratuit facilitant le voyage des personnes à mobilité réduite, disponible sur réservation 48h avant le départ dans 350 gares de France.

En ligne : **www.accessibilite.sncf.fr**.

Avion – Air France propose le service d'**assistance Saphir** : ✆ 0 820 01 24 24.

En ligne : **www.airfrance.fr**.

Se loger

Retrouvez notre sélection d'hébergements dans « Nos adresses à… » situées en fin de description des principaux sites de la partie « Découvrir la région ».

Bon à savoir – Les comités départementaux de tourisme et certains offices de tourisme proposent un service de réservation en ligne, des formules thématiques de courts séjours et des offres promotionnelles.

NOTRE SÉLECTION

Les établissements sont classés par catégories de prix (*voir le tableau ci-contre*). Les tarifs communiqués, prix minimum et maximum pour une chambre double, sont ceux pratiqués en haute saison.

À consulter aussi : **Le Guide Michelin France** et le **Guide Camping Michelin France**.

Ville Pass'ion

Ville Pass'ion propose en France des courts séjours à prix doux, offrant parfois une nuit sur deux pour un week-end : c'est le cas notamment pour St-Étienne. (www.villepassion.fr).

SERVICES DE RÉSERVATION

Fédération nationale des comités départementaux du tourisme – 74-76 r. de Bercy - 75012 Paris - ✆ 01 44 11 10 20 - www.destination-france.net. Hôtels et chambres d'hôte, hébergements locatifs labellisés (Gîtes de France, Clévacances…) et courts séjours thématiques.

Fédération nationale Clévacances – 54 bd de l'Embouchure – 31022 Toulouse Cedex 2 - ✆ 05 61 13 55 66 - www.clevacances.com. Locations de vacances ou chambres d'hôte.

Samedi Midi Éditions – www.samedimidi.com. Chambres et maisons d'hôte répertoriées par département et par prix.

Charme & Traditions – www.charme-traditions.com. Locations, gîtes et chambres d'hôtes, par lieu.

Fédération nationale des services de réservation Loisirs-Accueil – 280 bd St-Germain - 75007 Paris - ✆ 01 44 11 10 44 - www.loisirsaccueilfrance.com.

Destination 70 – 1 r. Max-Devaux BP 20057 - 70001 Vesoul Cedex - ✆ 03 84 97 10 80 - www.destination70.com.

HÉBERGEMENT RURAL

Maison des gîtes de France et du tourisme vert – 56 r. St-Lazare - 75439 Paris Cedex 09 - ✆ 01 49 70 75 75 - www.gites-de-france.com.

Fédération des stations vertes de vacances – BP 71698 - 21016 Dijon Cedex - ✆ 03 80 54 10 50 - www.stationverte.com. L'Ain : Hauteville-Lompnes, Pont-de-Vaux, Nantua, Trévoux, Villars-les-Dombes, Châtillon-sur-Chalaronne, Poncin, Montrevel-

NOS CATÉGORIES DE PRIX				
	Hébergement		Restauration	
	Province	Grandes villes	Province	Grandes villes
Premier prix	jusqu'à 45 €	jusqu'à 65 €	jusqu'à 14 €	jusqu'à 16 €
Budget moyen	de 45 € à 65 €	de 65 € à 100 €	de 14 € à 25 €	de 16 € à 30 €
Pour se faire plaisir	de 65 € à 100 €	de 100 € à 160 €	de 25 € à 40 €	de 30 € à 50 €
Une folie	plus de 100 €	plus de 160 €	plus de 40 €	plus de 50 €

en-Bresse. Le Rhône : Fleurie, St-Martin-en-Haut. La Loire : Usson-en-Forez, St-Just-en-Chevalet, St-Germain-Laval.

Pour les randonneurs

En ligne : **www.gites-refuges.com**.

AUBERGES DE JEUNESSE

Fédération unie des auberges de jeunesse (FUAJ) – 27 r. Pajol - 75018 Paris - ✆ 01 44 89 87 27 - www.fuaj.org.

Se restaurer

Retrouvez notre sélection de restaurants dans « Nos adresses à… » situées en fin de description des principaux sites de la partie « Découvrir la région ». Comme pour « Se Loger », ils sont listés par catégories de prix, sur la base d'un repas complet.

NOTRE SÉLECTION

Pour répondre à toutes vos envies, nous proposons des **restaurants** régionaux, mais aussi classiques, gastronomiques et des adresses où faire une petite pause.

À consulter aussi : **Le Guide Michelin France**.

En ligne : les fermes-auberges sur **www.bienvenue-a-la-ferme.com**.

LABELS

Sites remarquables du goût

Quelques sites, dont la gastronomie s'appuie sur des produits de qualité liés à un environnement culturel intéressant et à une volonté d'accueil touristique, ont le label « Sites remarquables du goût » : dans l'Ain, il s'agit d'un parcours parmi les **étangs de la Dombes** pour la pêche traditionnelle.

Pour en savoir plus : www.sitesremarquablesdugout.com.

Bistrots de Pays

Basé sur l'authenticité et la qualité, ce label a pour but de préserver l'activité économique dans les villages et concerne les cafés ou les restaurants des petites communes (moins de 2 000 habitants). Un « Bistrot de Pays » reste ouvert à l'année, sert les produits du terroir, et propose des animations.

Pour en savoir plus : www.bistrotdepays.com.

Sur place de A à Z

Pour obtenir de la documentation traitant des différentes activités à pratiquer, s'adresser aux **comités départementaux** et **comités régionaux** de tourisme (*voir p. 10*).

En ligne : certaines brochures sont téléchargeables sur leurs sites Internet.

ACHATS

Retrouvez notre sélection d'adresses de boutiques ou d'artisans dans « Nos adresses à... » situées en fin de description des principaux sites de la partie « Découvrir la région ».

Pour déguster

Vins – Les vins du **Beaujolais**, les **côtes-du-rhône** (dont les **château-grillet**, **saint-joseph**...) et les vins de pays. Au Bugey, le rosé pétillant du Cerdon et les vins blancs des coteaux de Seyssel. Pour les liqueurs, rendez-vous à La Côte-St-André.

Consultez la rubrique « Gastronomie : un vignoble varié » dans la partie « Comprendre la région », p. 33.

Fromages – **Saint-marcellin** en Isère, **bleu de Gex**, **comté**, **fromage de Clon** et **ramequin** dans l'Ain.

Friandises – **Papillotes**, **quenelles** et **coussins** lyonnais, **gaudrioles** de l'Ain.

Autres spécialités – **Quenelles** et **charcuteries** lyonnaises, **truite fumée**, **carpes**, **quenelles de brochet à la sauce Nantua et grenouilles** de la Dombes, **volailles** de Bresse, **truffes** du Bugey.

Pour se faire beau !

Bonneterie et **pulls** à Roanne, **dentelle** au Puy, **foulards** et **cravates** en soie à Lyon ou à La Bâtie-Montgascon, **chapeaux** à Chazelles-sur-Lyon.

Artisanat

Soie et **produits tissés** à Lyon. **Peintures**, **sculptures**, **poteries** au marché de la Création qui se tient à Lyon sur le quai Romain-Rolland. Artisanat d'art dans la vallée du Rhône (poteries, sculptures...) : parmi les villages les plus réputés figure Oingt (Beaujolais). Les **casseroles en cuivre** de Cerdon.

Pour s'amuser

Nounours au musée de l'Ours et de la Poupée de Lens-Lestang (ours en kit, à réaliser chez soi, avec les tissus de son choix) ; **boules de pétanque** fabriquées à St-Bonnet-le-Château.

ACTIVITÉS AQUATIQUES

Le nombre important de **lacs et plans d'eau** permet la pratique de sports nautiques : natation, voile, planche à voile, canoë-kayak

et parfois ski nautique. Certains d'entre eux ont été aménagés en **bases de loisirs** : Miribel-Jonage, lac de Paladru, retenues de Villerest et de Grangent, St-Pierre-de-Bœuf...

Comités départementaux :
Ain – Canoë-kayak 01 - 01500 Ambronay - ✆ 04 74 39 14 17 - www.canoe-kayak01.com.

Portail francophone de descente de canyon – www.descente-canyon.com. Le site répertorie et décrit les canyons praticables dans les différents départements.

CYCLOTOURISME ET VTT

De nombreux topoguides sont proposés aux amateurs de VTT : *Le Lyonnais à VTT, La Côte roannaise, VTT grand large…* Mais il n'y en a pas que pour le VTT dans la région. Vous trouverez sur le site Internet du conseil général du Rhône (www.rhone.fr) des informations sur les boucles cyclotouristiques du département. Autres publications à consulter : *Guide vélo de l'Ain.* Nouveau circuit de découverte de la vallée de la Valserine - www.parc-haut-jura.fr.

Fédération française de cyclotourisme – 12 r. Louis-Bertrand - 94207 Ivry-sur-Seine Cedex - ✆ 01 56 20 88 88 - www.ffct.org.

Fédération française de cyclisme – 5 r. de Rome - 93561 Rosny-sous-Bois Cedex - ✆ 01 49 35 69 24 - www.ffc.fr. La fédération propose 50 000 km de sentiers balisés pour la pratique du VTT, répertoriés dans un guide annuel gratuit (contre une enveloppe timbrée, se renseigner pour le tarif). Dans la région, les sentiers labellisés sont :

– Val de Saône, Ars-sur-Formans (Ain) ;

– Pays du Beaujolais, Avenas, Saône vallée, Trévoux (Rhône) ;

– Lac de Paladru - Val d'Ainan, Charavines (Isère).

La journée « **Vélocio** » attire chaque année en juin tous les « mordus » du cyclotourisme sur les pentes du col de la République, près de St-Étienne.

JARDINS

Comité des parcs et jardins de France – 168 r. de Grenelle - 75007 Paris - ✆ 01 53 85 40 47 - www.parcsetjardins.fr - Le site répertorie les jardins publics ou privés qui se distinguent par leur beauté, leur originalité, leur style. On en dénombre 3 dans l'Ain, 9 dans la Loire, 19 dans l'Isère, 16 dans le Rhône. Certains d'entre eux ont reçu le label **Jardin remarquable.**

PÊCHE

Les étangs de la Dombes, exploités selon un cycle faisant alterner les périodes d'évolage et d'assec (*voir « La Dombes » p. 174*), regorgent de tanches, de gardons, de rotengles et de brochets. Ils sont le domaine privilégié des carpes royales ou carpes « miroir ».

La Saône, de Villefranche au confluent du Rhône, abrite le plus grand poisson d'eau douce que l'on puisse pêcher en France : le **silure glane**. Il peut atteindre 3 m de longueur pour un poids avoisinant 100 kg et affectionne les fonds vaseux où il évolue lentement en se nourrissant principalement de poissons.

Fédération nationale pour la pêche en France – 17 r. Bergère - 75009 Paris - ✆ 01 48 24 96 00 - www.unpf.fr.

Vous trouverez de nombreux renseignements sur le site : **www.club-halieutique.com**.

PROMENADES EN BATEAU

Le Rhône, la Saône, l'Isère… La région ne manque pas de cours d'eau sur lesquels naviguer. C'est une façon peu commune de découvrir des lieux aux charmes insoupçonnés : vestiges romains de Vienne, églises et châteaux juchés sur des promontoires agrémentés de vignobles…

Croisières organisées

Cette forme de tourisme permet la découverte de la vallée du Rhône, de l'Isère, de canaux dans la Loire… La grande variété d'embarcations disponibles, du simple bateau jusqu'à la péniche-hôtel confortablement aménagée pour des croisières, est associée à des formules adaptables au goût de chacun.

De nombreux organismes proposent des excursions de durées variables sur un tronçon du Rhône et la partie basse de la Saône, assorties d'un large éventail de prestations (restauration, animations, guidage touristique).

Aqua Viva – Rens. et réserv. au ✆ 01 58 36 08 36 - www.vikingrivercruises.com. La société Aqua Viva, avec le *Viking Burgundy* (quai Claude-Bernard à Lyon), organise des croisières d'une semaine, de mars à nov., de Chalon-sur-Saône à Avignon.

Nautiboat – 2 chemin de la Saône - 69220 Belleville - ✆ 04 74 66 97 70 - www.nautiboat01.com. Balades (de 15mn à 2h30) aux départs de Trévoux, Albigny, Curis-au-Mont-d'Or, Anse, Jassans-Riottier, Montmerle-sur-Saône et Belleville. Réservation conseillée.

Les Marins d'eau douce – Port de plaisance - 42720 Briennon - ✆ 04 77 69 92 92. Croisières-repas sur le canal de Roanne à Digoin.

Bateaux habitables

En respectant la réglementation en vigueur, on peut soi-même naviguer sur la Saône et le Rhône de Corre à Port-St-Louis-du-Rhône. Les ports de Lyon, des Roches-de-Condrieu et de Valence-l'Épervière offrent des prestations complètes ; un ravitaillement élémentaire peut être obtenu à St-Germain-au-Mont-d'Or, Tournon-sur-Rhône, Viviers et Avignon.

De Lyon à la mer, la descente du **Rhône**, rendu navigable grâce aux canaux de dérivation, nécessite le franchissement de 12 écluses sur un parcours de 310 km. La durée moyenne de la descente est de deux jours.

L'agglomération lyonnaise a développé un système de haltes fluviales aménagées le long de la Saône, permettant aux plaisanciers d'accoster en sécurité le temps d'une promenade pour admirer la région : Caluire, Albigny, Collonges-au-Mont-d'Or, Rochetaillée, Neuville-sur-Saône et Lyon. Nouveau port à Virignin.

Essentiellement aménagé pour la plaisance, le **canal de Roanne à Digoin** offre un parcours de 55 km jalonné de 10 écluses.

D'avril à octobre, il est également ouvert les week-ends à la navigation de plaisance. La partie décrite dans ce guide se limite aux ports de Roanne et de Briennon.

Des bateaux habitables sont disponibles à la **location** à Port-sur-Saône, Gray, St-Jean-de-Losne et Roanne.

RANDONNÉE ÉQUESTRE

La randonnée équestre est une activité en plein développement.

Il existe des itinéraires balisés dans toute la région, à travers la forêt, la campagne ou la montagne.

Association Rhône-Alpes pour le tourisme équestre – Isère Cheval Vert - Maison du tourisme - BP 227 - 38019 Grenoble Cedex - ✆ 04 76 42 85 88 - www.isere-cheval-vert.com.

L'Ain à Cheval – Bernard Vulin - 705 r. Centrale - 01700 Beynost - ✆ 04 78 55 58 17 - http://01acheval.free.fr. L'association a balisé plus de 1 000 km de circuits à travers le Bugey, jusqu'au Revermont.

RANDONNÉES PÉDESTRES

Idéale pour découvrir en toute tranquillité les paysages, la randonnée pédestre s'adresse à tout le monde.

Les GR

Le **GR 3** part du mont Gerbier-de-Jonc (source de la Loire), longe le fleuve dans son bassin supérieur et rejoint le col du Béal en suivant la ligne de crête des monts du Forez.

Le **GR 7** et ses variantes permettent d'effectuer le tour des monts du Beaujolais et celui des monts du Lyonnais. Dans le massif du Pilat, le Haut-Vivarais et le Velay, il suit, au plus près, la ligne de partage des eaux entre l'océan Atlantique et la Méditerranée.

Le **GR 42** domine en corniche la vallée du Rhône, découvrant d'amples panoramas.

Fédération française de la randonnée pédestre – 64 r. du Dessous-des-Berges - 75013 Paris - ✆ 01 44 89 93 90 - www.ffrandonnee.fr. Elle donne le tracé détaillé des GR, GRP et PR à travers ses collections de topoguides, ainsi que d'utiles conseils. Le **Comité départemental de randonnée pédestre de l'Ain** édite deux topoguides qui couvrent Bresse-Val de Saône Nord pour le premier, Haut-Bugey-Pays bellegardien-Pays de Gex pour le second - ✆ 04 74 32 38 67 -cdrandonnee@aintourisme.com.

Autres itinéraires

Le parc naturel régional du Pilat est sillonné, en dehors du GR 7, par plusieurs sentiers à thème.

D'autres circuits font connaître le pays des Pierres-Dorées.

Les comités départementaux du tourisme du Rhône ou de l'Ain disposent de sites Internet, **www.rhonerando.com et www.ain-rando.com**, dédiés aux randonneurs : documentation, conseils et topoguides.

ROUTES THÉMATIQUES

Route du Bugey – Thématisée « Vins et fours » autour de la richesse viticole du Bugey (de Cerdon à Seyssel, en passant par les coteaux de Montagnieu et de Belley) et des villages abritant fours et lavoirs, elle est aussi prétexte à de belles balades dans les villages, entre maisons, châteaux et églises, pour rencontrer les artisans et apprécier la beauté des paysages.

Association Route du Bugey – 34 r. Gén.-Delestraint - BP 78 - 01002 Bourg-en-Bresse Cedex - ✆ 04 74 32 31 30 - www.ain-tourisme.com.

SPORTS D'HIVER

Le massif du Pilat et le secteur du col de la Loge dans les monts du Forez permettent la pratique du **ski de fond** et de la **randonnée nordique**.

Le **ski alpin** se pratique à Graix et à la Jasserie dans le parc du Pilat ainsi qu'à Chalmazel dans le Forez.

Des informations concernant la météo et l'enneigement des sites peuvent être obtenues en appelant le répondeur des neiges des stations :

Stations du massif du Pilat – Allô neige - ✆ 04 77 20 43 43 (station du Bessat).

Stations des monts du Forez – Allô neige - ✆ 04 77 24 83 11.

TOURISME INDUSTRIEL

Empreinte d'une longue histoire industrielle, la région Rhône-Alpes se démarque par le dynamisme de ses entreprises. De l'artisan chocolatier ou brasseur, en passant par les artisans d'art, maître horloger ou souffleur de verre, jusqu'aux industries les plus à la pointe de la technologie, comme

Renault Trucks qui conçoit et produit des véhicules industriels, ces professionnels passionnés vous ouvrent leur antre pour vous dévoiler leurs secrets de fabrication.
Informations et réservation :
Comité départemental du tourisme du Rhône – 142 av. du Mar.-de-Saxe - 69003 Lyon - www.rhonetourisme.com - ✆ 04 72 56 70 40.
TISTRA (Tourisme Industriel Scientifique et Technique Rhône-Alpes) – 41 r. du Souvenir - 69009 Lyon - ✆ 04 72 18 96 47 - www.tistra.com.

TRAINS TOURISTIQUES

Le relief tourmenté de la région a favorisé le développement, au début de ce siècle, de réseaux ferrés d'intérêt local qui eurent leur heure de gloire pendant l'entre-deux-guerres, avant de connaître une fermeture progressive dans les années 1960.
Certains de ces tronçons, remis en état par des associations, offrent, le temps d'une excursion, un aperçu original de sites naturels préservés.
Chemin de fer du Haut-Rhône – ✆ 04 74 88 84 30. Un train à vapeur relie en 50mn Montalieu au pont de Sault-Brenaz et permet de découvrir l'Est lyonnais de mai à octobre.
Le train touristique des monts du Lyonnais – Maison du tourisme de Brussieu - ✆ 04 74 70 90 64 - http://cftb.free.fr. Il relie l'Arbresle à Ste-Foy-l'Argentière tous les dimanches d'été. Une exposition de matériel ferroviaire est organisée dans la gare de Ste-Foy. Possibilité d'embarquer également sur un réseau miniature de trains à vapeur (Hobby 69), le dim. de juin à sept.

VILLES ET PAYS D'ART ET D'HISTOIRE

Les Villes et Pays d'art et d'histoire cités dans ce guide sont le pays du Forez, Lyon, le pays des Trois Vals (Paladru), St-Étienne, et Vienne.
En famille : visites-découvertes et ateliers du patrimoine pour les enfants (merc., sam. et vac. scol.).
Renseignements auprès des offices de tourisme des villes ou sur le site **www.vpah.culture.fr**.

VINS

Prolongeant la Bourgogne au sud par le Beaujolais, la vallée du Rhône réunit une grande variété de vignobles qui produisent d'agréables vins de pays, mais aussi des crus AOC de grande renommée.

Beaujolais

Destination Beaujolais - Maison du tourisme – 96 r. de la Sous-Préfecture - 69400 Villefranche-sur-Saône - ✆ 04 74 07 27 50 - www.beaujolais.com.

Côtes-du-rhône

Consultez le site Internet www.vins-rhone.com. La liste des caveaux, les itinéraires de routes des vins et tous les documents d'information sont également disponibles sur demande à :
Maison des vins de Tournon – 16 av. du Mar.-Foch - 07300 Tournon - ✆ 04 75 07 91 50.

Vins du Bugey

Depuis 2009, deux appellations ont obtenu l'AOC : Bugey et Roussette du Bugey.
Syndicat des vins du Bugey – ✆ 04 74 42 20 94 - www.vinsdubugey.net.

En famille

Le tableau ci-contre présente des sites pour vous et vos enfants. Retrouvez-les dans la partie « Découvrir la région » grâce au pictogramme 👥.

Stations vertes – La Fédération des stations vertes de vacances décerne chaque année un prix de l'accueil des enfants. Châtillon-sur-Chalaronne (Ain) l'a obtenu, et Usson-en-Forez a été distinguée pour son travail d'éducation à l'environnement.

Aventures-Jeux – Dans l'Ain, le *Guide des petites virées de Fifrelin* permet de découvrir le patrimoine historique et naturel de façon ludique. Nantua propose le livret des P'tits Caïds (www.nantua-tourisme.com). Cerdon, Bourg-en-Bresse, Châtillon-sur-Chalaronne, Courmangoux et Montrevel-en-Bresse proposent également des aventures-jeux, pochettes à retirer aux offices de tourisme (5 à 12 €). Bellegarde-sur-Valserine suggère aux plus jeunes de suivre Goupilou dans ses aventures en suivant différents circuits de balades.

Internet – www.capcanal.com, www.bullesdegones.com, www.ain-famille.com.

SITES ET ACTIVITÉS À FAIRE EN FAMILLE			
CHAPITRE DU GUIDE	**NATURE**	**MUSÉE**	**LOISIRS**
Lyon	Parc zoologique de la Tête-d'Or (Rive gauche)	Musées de la Marionnette, des Automates, des Miniatures et Décors de cinéma, horloge astronomique de la primatiale St-Jean (Vieux-Lyon)	Spectacles de Guignol (Vieux-Lyon, Rive gauche), Fourvière Aventures (parc des Hauteurs), parc de Gerland (Rive gauche)
Grand-Lyon	Grand Aquarium de Lyon (La Mulatière)		Train touristique le Furet (Marcy-l'Étoile), Planétarium de Vaulx-en-Velin, parc de Miribel-Jonage
Bourg-en-Bresse	Maison de l'eau (Pont de Vaux)	Monastère de Brou, apothicairerie de l'Hôtel-Dieu musées du Revermont (Cuisiat), des Attelages (Vonnas), de la Bresse (St-Cyr-sur-Menthon), ferme-musée de la Forêt, Maison de Pays (St Etienne-du-Bois) ¨	Base de loisirs de Montrevel-en-Bresse
La Dombes	Parc des Oiseaux (Villars-les-Dombes) Jardins aquatiques (St-Didier-sur-Chalaronne)		
Ambérieu-en-Bugey		Musée du Cheminot, château des Allymes, musée des Traditions bugistes	Centre nautique, parc aventure
Bellegarde-sur-Valserine	Pertes de la Valserine	Fort de l'Écluse	Fête médiévale du château de Musinens
Belley		Maison d'Izieu	Baignade, base de loisirs, vélo sur la Viarhona
Grand Colombier	Sentier d'interprétation des Marais de Lavours, massif du Grand Colombier	Maison du marais de Lavour, observatoire de la Lèbe	
Nantua	Grottes du Cerdon	musée d'Archéologie d'Izernore	Baignade
Le Beaujolais		Musée des Traditions populaires (Beaujeu)	
Romanèche-Thorins	Touroparc	Hameau Dubœuf	
Monts de Tarare			Baignade (lac des Sapins à Cublize)
Monts du Lyonnais	Parc animalier (Courzieu), parc zoologique (St-Martin-la Plaine)		Parc Salva Terra (Haute-Rivoire)
Charlieu		Musée de la Soierie	Parc des Canaux (Briennon)
Monts du Forez	Parc de la Droséra (Jeansagnière)		Station de ski (Chalmazel) Docil'Âne (Valensanges), ânes porteurs pour les balades
Montbrison		Collection de poupées du musée d'Allard	
St-Bonnet-le-Château		Écomusée du Forez (Usson-en-Forez)	
St-Étienne	Planétarium de la Manufacture		Baignade (base de loisirs de St-Victor)
Le Pilat	Exposition de la Maison du parc (Pélussin)		
Roussillon		Musée animalier (Ville-sous-Anjou)	
La Côte-St-André			Le Paradis du chocolat
Bourgoin-Jallieu	Domaine des fauves (Fitilieu), vivarium du château de Moidière		
Morestel			Parc Walibi-Rhône-Alpes

Mémo

Agenda

JANVIER

Ampuis – Marché aux vins de Côte-Rôtie (w.-end le plus proche de la St-Vincent).
Côte roannaise – La St-Vincent : Fête des vignerons ; fabrication de brioches reproduisant des formes humaines (dernier sam. de janv.).
Villefranche-sur-Saône – Fête des conscrits « La Vague » (dernier dim.) - www.villefranche-beaujolais.fr.

MARS

Lyon – Foire internationale (2e quinz.) - www.foiredelyon.com.
Lyon – Carnaval de St-Georges : carnaval de quartier avec cortège, concerts, jeux pour enfants, repas, feu d'artifice et bal. Quartiers St-Georges, St-Jean, St-Paul - http://dragons.st.georges.online.fr.

AVRIL

Beaujolais – Fête des Crus autour des villages du Beaujolais (de fin avr. à déb. mai).
Boën – Fête des vignerons et du terroir (2e dim. d'avr.).
Lyon – Concours international de musique de chambre de Lyon - www.cimcl.fr.
Lyon – Championnat de France des rallyes Lyon-Charbonnières-Rhône (3e w.-end d'avr.) - www.asarhone.com.
Lyon et Grand-Lyon – Biennale internationale des marionnettes (mi-avr.) : nombreux spectacles de marionnettes dans les salles de spectacle, théâtres, bars et rues - www.moissondavril.com.
Cerdon - Printemps des vins du Bugey (fin avr.) - www.vinsdubugey.net.

MAI

Belleville – Montgolfiades du Beaujolais.
Condrieu – En fête : vins et rigottes, petits fromages de chèvre (1er Mai).
Lyon – Festival de musique électronique Les Nuits sonores : 4 jours de concerts dans les lieux nocturnes, historiques, galeries d'art ou bâtiments industriels - www.nuits-sonores.com.
St-Étienne – Festival paroles et musiques : chanson française (2e sem. de mai) - www.paroles-et-musiques.net.

PENTECÔTE

Lyon – Tournois boulistes de la Pentecôte - www.tbp-lyon.net.

MAI-JUIN

Pérouges – Printemps musical (de mi-mai à mi-juin) : artistes très variés autour d'un programme thématique sur l'expression vocale dans l'église-forteresse de Pérouges, le prieuré de Blyes, et sur l'ensemble du territoire de la plaine de l'Ain - www.festival-perouges.org.

JUIN

Châtillon-sur-Chalaronne – Festival de théâtre contemporain amateur (déb. juin) - www.fncta.fr.
Lyon – Fête des bannières du monde : accompagné par les pennons de Lyon (nom donné au Moyen Âge aux drapeaux de chaque quartier), cortège sous les

bannières des villes et provinces d'Europe jusqu'au village des bannières, où sont représentées les cultures de quatre continents - www.fetes-lyon.com.

St-Étienne – Journée Vélocio : rassemblement international de cyclotouristes (juin).

St-Étienne – Rallye du Forez (déb. juin).

Tarare – Fête des mousselines (tous les 5 ans, prochaine édition en 2015).

Vaux-en-Beaujolais – Biennale de l'art figuratif.

JUIN-JUILLET

Vienne – Jazz à Vienne (de fin juin à mi-juil.) : le théâtre antique retrouve sa vocation première avec concerts, animations destinées aux mélomanes, ateliers jazz. L'un des plus importants rendez-vous de la musique jazz en Europe - www.jazzavienne.com.

JUIN-AOÛT

Bourg-en-Bresse – Les Ain'Pertinentes : des poulets géants décorés par des artistes contemporains célèbres et dispersés dans la ville sont associés à un chef-cuisinier - www.lesainpertinentes.com.

Lyon – Les Nuits de Fourvière : théâtre, danse, concerts, cinéma dans les théâtres antiques de Fourvière - www.nuitsdefourviere.fr.

JUILLET

Châtillon-sur-Chalaronne – Festival Les Temps chauds (1re quinz.) - Musiques et voix du monde - www.lestempschauds.org.

Bourg-en-Bresse – Estivales de Brou : musique lyrique au sein du Monastère royal - www.estivalesdebrou.net.

Dombes – Festival des cuivres : trompettistes, trombonistes ou quatuors de cors dans des lieux historiques - www.cuivresendombes.org.

Nantua – Les Estivales du lac - ✆ 04 74 75 00 05.

Dans la Loire (St-Étienne, Roanne, Montbrison…) – Festival été musical Loire en Rhône-Alpes (2e sem. de juil.) - www.loire-etemusical.fr.

Serrières – Joutes nautiques (mi-juil.) : les « sauveteurs de Serrières » s'affrontent en compétition officielle.

Ternand – Fête médiévale.

JUILLET-AOÛT

Château de la Bastie-d'Urfé – Les Nuits de la Bastie : musique classique.

Valromey – Fêtes des fours.

AOÛT

Ars-sur-Formans – Pèlerinage (le 4 août) - www.arsnet.org.

Charavines-Paladru – Régates amicales (juin et août) - www.spac-voile.org.

Condrieu – Joutes nautiques (1er dim.).

Pierre-de-Bresse – Marché des potiers de Bourgogne (vers le 10 août) - www.ecomusee-de-la-bresse.com.

AOÛT-SEPTEMBRE

La Côte-St-André – Festival Berlioz - www.festivalberlioz.com.

Vonnas, Châtillon-sur-Chalaronne – Lyriquement Vôtre : opéras, opérettes, expositions d'art plastique… - www.lyriquement-votre.com.

SEPTEMBRE

Bellegarde-sur-Valserine – Fête médiévale du château de Musinens (mi-sept.).

Mont Brouilly – Pèlerinage des vignerons à la chapelle de Brouilly (1er sam. de sept.).

Châtillon-sur-Chalaronne – Marché aux plantes rares (2e w.-end de sept.).
Lyon – Foire aux tupiniers, appellation locale des anciens potiers - www.tupiniersduvieuxlyon.com.
Lyon – Les Musicades : festival de musique de chambre (mi-sept.).
St-Étienne – Foire économique (2e quinz.) - www.foiredesaintetienne.com.
St-Étienne – Fête à la brocante.
Chalamont – Ronde des terroirs - produits des terroirs et cuisiniers de la Dombes - www.villars-les-Dombes.com.
Vonnas – Festival Lyriquement Vôtre (1re quinz.) - récitals, concerts et opérettes - www.lyriquement-votre.com.

SEPTEMBRE-OCTOBRE

Ambérieu-en-Bugey – La Ronde des Grangeons - www.amberieumarathon.org.
Ambronay – Festival de l'abbaye - festival de musique baroque - ✆ 04 74 38 74 00.
Belley – Entretiens de Belley (2e vend.) : salon gastronomique - ✆ 04 79 81 29 06.
Lyon – Biennale d'art contemporain les années impaires et Biennale internationale de la danse les années paires (2e quinz. de sept. à fin déc.) - www.biennale-de-lyon.org.

OCTOBRE

Divonne-les-Bains – Festival de musique de chambre (déb. oct.) - www.domaine-de-divonne.com.
Beaujeu – Rallye pédestre du vin nouveau (1er dim.) : course à épreuves, dégustations… - www.beaujeu.com.
Lyon – Grand-Lyon Film Festival : festival de cinéma (mi-oct.) avec projections de films restaurés.
Montbrison – Fête de la fourme : défilé à thème (1er w.-end d'oct.) - www.ville-montbrison.fr.
Roanne – Festival Roanne table ouverte : dégustations, salons, dîners, spectacles…
St-Étienne – Fête du livre (mi-oct.) - www.fete-du-livre.saint-etienne.fr.
St-Étienne-du-Bois – Fête de la paria - Pour découvrir la confiture bressane, et les fermes d'autrefois - www.maisondepaysenbresse.com.
Treffort-Cuisiat – Journée des fruits d'automne (mi-oct.) - www.treffort-cuisiat.fr.

OCTOBRE-MARS

Dombes – Les Pêches d'étangs : pêche traditionnelle commentée et vente de poissons vivants.

OCTOBRE-NOVEMBRE

Lyon – La Vogue des marrons : depuis 1865, sur le bd de la Croix-Rousse, une fête foraine pour déguster des marrons grillés et découvrir le quartier de la soie du 19e s. (canuts).

NOVEMBRE

Dans le Beaujolais et à Lyon – Fête du beaujolais nouveau (3e merc.) ; à Beaujeu a lieu la Fête des sarmentelles : défilé, spectacle, feux d'artifice.
Bourg-en-Bresse – Salon de la gastronomie : rassemblement d'artisans des métiers de bouche avec une région à l'honneur - www.ainterexpo.com.
Chénelette – Foire aux chèvres et aux bestiaux (11 Nov.).
Lyon (parc de la Tête-d'Or) – Fête des feuilles : exposition d'œuvres éphémères sur le thème de la chute des feuilles. Animations diverses.
Nantua – Festival BD dans l'Ain - www.bd-dans-lain.com.
St-Étienne – Biennale internationale du design : rencontres et expositions de créateurs à la Cité du design -

http://biennalesaint-etienne.citedudesign.com.
Tarare – Fête du beaujolais gourmand (3e sem. de nov.) - www.beaujolaisgourmand.com.
Gex - Salon des vins et de la gastronomie (3e sem.) - www.foiredegex.com.

NOVEMBRE-DÉCEMBRE

Lyon – Festival de musique baroque de Lyon (mi-nov. à mi-déc.) - www.lachapelle-lyon.org.
Lyon – Beaujolais nouveau (3e jeu. de nov.) : mise en perce des tonneaux à minuit et dégustation en plein air.
Lyon – Marché des soies : vente au mètre, cravates, foulards, accessoires ; expositions et mise en marche d'un métier à tisser - www.intersoie.org.

DÉCEMBRE

Beaujeu – Vente de vins des Hospices de Beaujeu : ventes aux enchères à la bougie.
Bourg-en-Bresse, Louhans, Montrevel-en-Bresse, Pont-de-Vaux – Concours de volailles « Les Quatre Glorieuses » (3e sem.) - www.glorieusesdebresse.com.
Lyon – Fête des lumières (4 j. autour du 8 déc.).
Roanne – Marché des producteurs fermiers (milieu du mois).
Villefranche-sur-Saône – Concours-salon des deux bouteilles (1er w.-end) : dégustation de vins du Beaujolais.

Bibliographie

PRESSE ÉCRITE

Le Progrès, trois éditions : Rhône, Loire, Ain. www.leprogres.fr.
Le Dauphiné libéré, éditions pour ce guide : Rhône, Ain, Isère Nord. www.dauphinelibere.com.
Lyon Plus, www.lyonplus.com.

LIVRES

Ouvrages généraux

La collection « Encyclopédie Bonneton » propose des ouvrages collectifs consacrés au Dauphiné, au Forez, au Lyonnais-Beaujolais.
La Loire, mille kilomètres de bonheur, J.-M. Laclavetine, National Geographic, 2002.
Lyon et ses environs, M.H. Chaplain, éd. Ouest-France, 2001.

Histoire - Art - Traditions

Histoire de Lyon et du Lyonnais, J.- P. Gutton, P.U.F., coll. Que sais-je ? 2000. Une indispensable synthèse, aussi courte que précise.
Les Dynasties lyonnaises : des Morin-Pons aux Mérieux, du 19e siècle à nos jours, C. Pellissier, Perrin, 2003. L'histoire de l'essor des grands industriels de la région.
Les Camisards, P. Joutard, Gallimard, coll. Folio Histoire, 1999. La révolte des paysans sous Louis XIV.
La Soierie lyonnaise, J. Ètèvenaux, G. Gambier, La Taillanderie, 2003.
La Collection : musée d'Art moderne de St-Étienne, RMN/musée d'Art moderne, 2000.
Les Grandes Heures de Lyon, J. Ètèvenaux, Perrin, 2005.
Lyon, 1940-1947 : l'Occupation, la Libération, l'Épuration, G. Chauvy, Perrin, 2004. Récit.
L'Architecture rurale en Bresse du 15e au 19e s. : Ain, Jura, Saône-et-Loire, M. Diot, Patrimoine, 2005.

Littérature

L'Astrée, H. d'Urfé, Gallimard, coll. Folio Classique, 1984.
Longs désirs : Louise Labé, Lyonnaise, F. Weinberg, éd. Lyonnaise d'Art et d'Histoire, 2002.
Clochemerle, G. Chevallier, Le Livre de Poche. Du rififi dans le Beaujolais sous la IIIe République. Savoureux !
Le Goût de Lyon, textes choisis par G. Vaudey, Mercure de France, coll. Le Petit Mercure, 2004. Le regard d'écrivains sur la ville.

Le Seigneur du fleuve, B. Clavel, J'ai Lu, 1974. Le peuple des bateliers qui montent et descendent le Rhône à l'ère des premiers vapeurs, de quoi remonter le temps à un autre rythme.

Gastronomie

Nouvelles merveilles de la cuisine lyonnaise, P. Grison, éd. Lejeune, 1998.

Rhône-Alpes, l'inventaire du patrimoine culinaire de la France, Albin Michel, 1995.

Les Meilleures Recettes des bouchons de Lyon, J.-M. Fonteneau, Ouest-France, 1998.

Les Vignobles de la vallée du Rhône, P. Bouchet, Quintette, 1998.

Voyage gourmand en Rhône-Alpes, J. Paté, F. Petit et T. Vallier, éd. Glénat, 2006.

L'Étonnante Histoire du beaujolais nouveau, G. Garrier, Larousse, 2002.

Randonnée

La Fédération française de randonnée pédestre (FFRP) édite des guides : *La Loire à pied : 42 promenades et randonnées, Les Monts du Beaujolais et du Lyonnais à pied : 20 promenades et randonnées, Le Pays de l'Emblavez à pied : entre Loire et volcans.*

FILMS

Parmi les nombreux films tournés dans la région :

Les Enfants du marais, Jean Becker, 1998. Tourné dans la cuivrerie du Cerdon avec les anciens ouvriers.

Le Renard et l'Enfant, Luc Jacquet, 2007. Tourné sur le plateau de Retord.

2/ COMPRENDRE LA RÉGION

Ain (01), Belley, canal d'amenée, navigation sur le Rhône.
C. Moirenc / hemis.fr

Au royaume de la gastronomie

Dans la région lyonnaise, terre d'élection de la gastronomie, la variété et la beauté des paysages semblent directement s'imprimer dans la composition inventive de la table. Étangs et champs forment des viviers de productions naturelles de grande qualité à partir desquels se mitonnent quenelle de brochet, saucisson de Lyon, cervelle de canut et volaille de Bresse. Les vignobles apportent leur alliance généreuse à une cuisine régionale qui fait le plaisir des gourmets.

La table

LYON, TABLE EN FÊTE

Ne cachant pas son amertume devant une ville qui lui avait déplu, Stendhal, qui savait avoir la dent dure, se sentait toutefois obligé d'admettre : « Je ne connais qu'une seule chose qu'on fasse bien à Lyon, c'est manger. »

Aux portes mêmes de la ville se pressent les riches élevages de la Bresse et du Charolais, les gibiers de la Dombes, les eaux poissonneuses des proches lacs savoyards, ou encore les potagers et les vergers de la vallée du Rhône et du Forez. Lyon doit ainsi une grande partie de sa renommée à un subtil mariage de produits de haute qualité, sélectionnés avec un soin jaloux aussi bien par les chefs les plus célèbres que par les fameuses « Mères », ces robustes cuisinières du cru.

Les spécialités au menu

Voici une petite sélection de la carte, pour rêver des plaisirs de bouche avant le départ : la **quenelle** de brochet gratinée au four se sert dans un beurre blond, le **saucisson de Lyon** est délicieux dans le fourreau de sa brioche chaude. On appréciera le **cervelas** chaud truffé et pistaché. La truite se cuisine volontiers braisée et farcie, et les volailles, surtout la poularde demi-deuil, reçoivent des lames de truffes entre chair et peau avant d'être cuites au bouillon. Plus traditionnels : le poulet à la crème, les cardons à la moelle ou gratinés, la galette de Pérouges et les **bugnes**, beignets de Mardi gras.

DES CUISINES RÉGIONALES DE CARACTÈRE

En sillonnant au plus près la région rhodanienne, on gagne à faire connaissance avec des spécialités qui ne manquent pas de caractère.

La Bresse et la Dombes

Les gourmets sont gâtés en **Bresse**, avec les **quenelles** de brochet et de volaille, les **crêpes vonassiennes** (à base de pâte à crêpe et de purée de pommes de terre), la **galette bressane** (nappée de crème et saupoudrée de sucre), les **gaudes**

Lyon, cours Lafayette, les halles Paul-Bocuse, le saucisson Jésus, spécialité lyonnaise.
C. Moirenc / hemis.fr

(farine de maïs grillé) que l'on prépare salées ou sucrées, et bien sûr toutes les volailles. Parmi d'autres recettes locales, signalons le **gratin de queues d'écrevisses**, concocté dans une sauce Nantua (beurre d'écrevisse et crème fraîche), les **cuisses de grenouilles** sautées avec une persillade, le **poulet à la crème et aux morilles** et le **gâteau de foies blonds** (œufs, crème et foies de volaille).
Les étangs de la **Dombes** fournissent la carpe (frite, farcie, fumée, en terrine ou en paupiette), les grenouilles, et attirent le gibier d'eau comme les colverts et les sarcelles. Les fromages sont aussi à l'honneur avec le **bleu de Gex** à la savoureuse pâte persillée, le **fromage de Clon** au lait cru dans lequel on a fait infuser du safran, et le **ramequin,** fromage de vache que l'on fait fondre dans une eau parfumée d'ail et de poivre. Le village de **Pérouges**, lui, est indissociable de sa fameuse **galette**, fabriquée avec de la pâte briochée fine et craquante, et saupoudrée de sucre.

Terroir du Forez et Pays roannais

Dans le Forez et du côté de Roanne, volailles, écrevisses et truites du Lignon entrent dans la préparation de nombreux plats, mais la qualité des viandes de boucherie est aussi exceptionnelle, notamment dans le département de la Loire où une grande partie des bovins est de race charolaise. Sur l'étal des marchés, vous pourrez trouver du pâté en croûte, de délicieux jambons de pays, sans oublier la **rosette** de Feurs et l'**andouille** de Charlieu.
La **fourme de Montbrison** (AOC) est l'un des plus anciens fromages de France. La dégustation de ce bleu persillé précède avantageusement celle des airelles, ces myrtilles sauvages glanées dans les bois du Pilat et du Forez début août.

À la carte du Bas-Dauphiné

Le Bas-Dauphiné rhodanien est avant tout le pays du gratin de pommes de terre (cuites au lait et à la crème), connu sous le nom de **gratin dauphinois**. Autre grande

JEAN ANTHELME BRILLAT-SAVARIN (1755-1826)
Né à Belley dans le Bugey, ce personnage haut en couleur devint député à l'Assemblée constituante. Il se fait alors remarquer par un trait rare en cette époque troublée : sa modération. Il l'exprime d'ailleurs dans un véritable manifeste de l'art de vivre intitulé *Physiologie du goût ou Méditations de gastronomie transcendante*. Dans cet écrit, il mêle philosophie, théorie scientifique et surtout art culinaire.

spécialité : la **raviole**, pâte fraîche farcie de comté, de fromage blanc frais et de persil revenu dans du beurre. Vous pouvez aussi vous laisser tenter par un cul de veau aux poireaux (dont la viande est prise dans le cuisseau), un bœuf braisé à la grignanaise, ou un mets réalisé à partir de truffe noire du Tricastin. Sur la carte des fromages locaux trônent le **saint-marcellin** et le **picodon** (AOC).
Enfin, le Bas-Dauphiné (autour de La Chatte) s'enorgueillit de son **AOC noix de Grenoble** ; elles sont cultivées de manière extensive en diverses variétés. La longue tradition régionale dans « l'élevage » des noix a permis l'élaboration de divers desserts.

LES GRANDS CHEFS DE LA RÉGION

La vallée du Rhône est une région gourmande, on ne cesse de vous le répéter. La preuve ? Elle se trouve dans l'assiette de quatre cuisiniers distingués que nous vous recommandons.

Dans le Rhône

Les mots manquent pour qualifier **Paul Bocuse**, immense chef. Un monument ! Son parcours, exceptionnel, affiche 3 étoiles depuis 1965 : un record ! Faisant figure de novateur dans les années 1965-1970, il est devenu au fil du temps une référence incontestable de la cuisine classique. Certaines de ses créations sont déjà passées à la postérité tels le loup en croûte, la soupe aux truffes, etc. Grand meneur d'hommes et remarquable formateur de talents, ses élèves font la renommée de la gastronomie française. Il est également l'initiateur du concours « Le Bocuse d'Or », l'un des plus sélectifs concours de chefs au monde.
Paul Bocuse à Lyon (au pont de Collonges), 04 72 42 90 90.

Chantal Chagny est une cuisinière passionnée par son métier et fidèle à Fleurie depuis 1969, date de la création du restaurant. Au fil du temps, constamment en quête de simplicité, Chantal Chagny a épuré sa cuisine tout en proposant des recettes authentiques du terroir, ou plutôt « des terroirs », qu'elle sert dans son auberge, véritable ambassade du Beaujolais.
Le Cep à Fleurie, place de l'Eglise, 04 74 04 10 77.

Dans la Loire

La gare de Roanne : face à la maison Troisgros ! Cette boutade, néanmoins très réaliste, en dit long sur la réputation du restaurant, véritable institution qui fait partie du patrimoine culinaire de la France. **Michel Troisgros** est le digne successeur de son père Pierre et de son oncle Jean, eux-mêmes ayant repris une adresse créée par son grand-père Jean-Baptiste. Il réalise une cuisine créative de haute volée distinguée par 3 étoiles.
Troisgros à Roanne, place Jean-Troisgros, 04 77 71 66 97.

Dans l'Isère

Patrick Henriroux, originaire de Franche-Comté, a relevé le défi de reprendre les cuisines de

Rhône (69), Le Beaujolais, le col de la Vieille-Morte.
H. Hughes / hemis.fr

La Pyramide à Vienne, rendue mondialement célèbre par Fernand Point. Après avoir fait ses classes notamment chez Georges Blanc à Vonnas, il passe quelques années comme chef à la Ferme de Mougins avant de rejoindre Vienne en 1989, où il concocte une cuisine inventive largement influencée par son séjour dans le midi de la France. Il a réussi à affirmer son identité tout en gardant l'âme du lieu. Sa devise : « travailler sans oublier, sans oublier d'être au goût du jour ». D'une grande humilité et d'une grande gentillesse, il fait l'unanimité parmi ses pairs et ses clients. Son talent lui a permis de « décrocher » 2 étoiles. *La Pyramide à Vienne, 14 bd Fernand-Point, 04 74 53 01 96.*

LES EAUX DE SOURCE

Les eaux de source du département de la Loire sont fort réputées.
La plus connue est la **Badoit**. Eau minérale naturellement gazeuse, elle est riche en calcium, magnésium, sodium et fluor.
La production de bouteilles se fait à St-Galmier.

Pétillante aussi, l'eau de **Parot** provient de St-Romain-le-Puy dans le Forez. Elle contient notamment du bicarbonate de soude et du fluor.

St-Alban-les-Eaux et **Sail-les-Bains**, deux cités au long passé thermal, commercialisent leurs eaux. La seconde a la particularité d'être riche en silicate, ce qui lui donne des vertus thérapeutiques en matière de dermatologie.

Enfin, peut-être buvez-vous fréquemment de la **Montarcher** sans le savoir. Cette eau des monts du Forez remplit en effet nombre de fontaines d'eau placées dans les entreprises.

Un vignoble varié

Sur les coteaux dominant la Saône et le Rhône s'étagent les prestigieux vignobles qui sont l'objet d'une culture spécialisée intensive. La diversité des terroirs, des cépages et du climat permet à la région de décliner toute une gamme de vins classés selon leur qualité : les meilleurs bénéficient

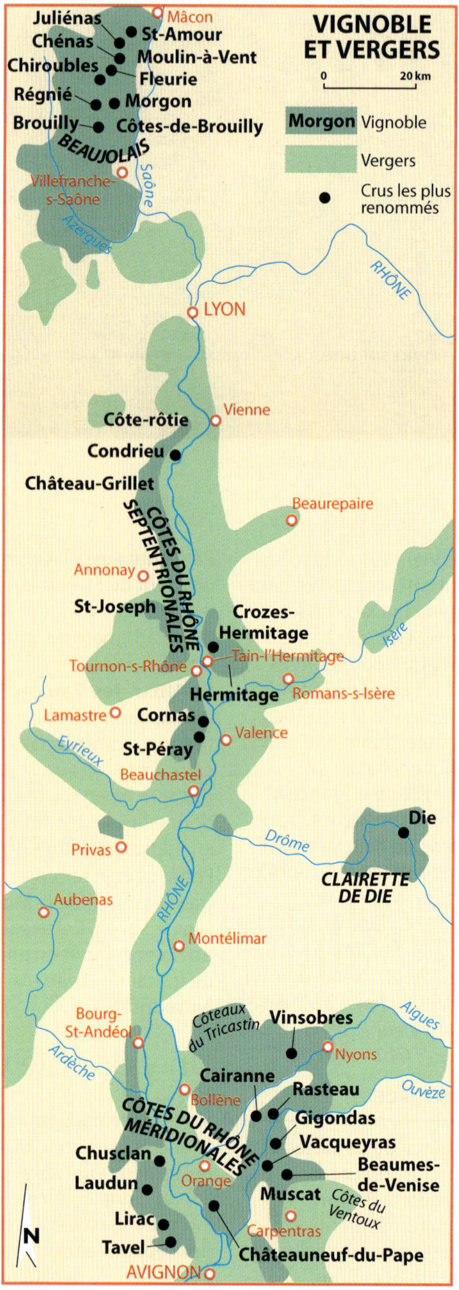
VIGNOBLE ET VERGERS
0 20 km
Morgon Vignoble
Vergers
Crus les plus renommés
Juliénas
St-Amour
Chénas
Moulin-à-Vent
Chiroubles
Fleurie
Régnié
Morgon
Brouilly
Côtes-de-Brouilly
BEAUJOLAIS
Mâcon
Villefranche-s-Saône
Saône
Azergues
RHÔNE
LYON
Vienne
Côte-rôtie
Condrieu
Château-Grillet
CÔTES DU RHÔNE SEPTENTRIONALES
Beaurepaire
Annonay
St-Joseph
Crozes-Hermitage
Tain-l'Hermitage
Tournon-s-Rhône
Isère
Hermitage
Romans-s-Isère
Lamastre
Cornas
Valence
St-Péray
Eyrieux
Beauchastel
Die
Drôme
CLAIRETTE DE DIE
Privas
Aubenas
RHÔNE
Montélimar
Bourg-St-Andéol
Coteaux du Tricastin
Vinsobres
Aigues
Nyons
Ardèche
Cairanne
Rasteau
Ouvèze
Bollène
CÔTES DU RHÔNE MÉRIDIONALES
Gigondas
Vacqueyras
Chusclan
Beaumes-de-Venise
Orange
Laudun
Muscat
Côtes du Ventoux
Lirac
Carpentras
N
Tavel
Châteauneuf-du-Pape
AVIGNON

de l'Appellation d'origine contrôlée (AOC) ; viennent ensuite les Vins délimités de qualité supérieure (VDQS), puis les Vins de pays et Vins de table.

LE BEAUJOLAIS

Les vins du Beaujolais se rattachent par tradition au patrimoine gastronomique de la région. Légers en bouche, souples et fruités, servis entre 10 et 14°, ces vins sont idéaux pour accompagner les produits du terroir.

Le vignoble s'étend sur une longueur de 60 km et une largeur de 12 km. Il occupe une superficie de près de 22 000 ha, avec une production moyenne de 1 300 000 hl par an. Il s'étage entre 180 et 550 m d'altitude, et couvre la pente des coteaux ensoleillés qui dominent la Saône. Le cépage commun est le gamay noir à jus blanc pour les vins rouges ; au nord, l'élite du Beaujolais est constituée de 10 crus ; les beaujolais-villages, au cœur du vignoble, sont des vins charpentés et fruités de qualité ; plus au sud, le pays des Pierres-Dorées regroupe des beaujolais supérieurs. La caractéristique du beaujolais est de se boire jeune et frais ; chaque année, le 3e jeudi de novembre à 0 heure, une partie de la production est commercialisée sous le nom de « beaujolais nouveau ». Cependant, les crus charnus et robustes se conservent jusqu'à cinq ans.

LES CÔTES-DU-RHÔNE

L'origine des vignobles remonte au temps des Romains ; les vétérans des légions romaines plantèrent des vignes qui prospérèrent jusqu'au coup d'arrêt de Domitien qui en ordonna la destruction par crainte de concurrence. La production devint clandestine, puis reprit de plus belle.

Le vin le plus ancien de la région est certainement la clairette de Die, qui n'a pourtant obtenu son AOC qu'en 1993. Son célèbre hermitage doit son nom à un chevalier, Gaspard de Stérimberg, qui se retira sur le coteau après la croisade contre les albigeois.

Les ordres religieux contribuèrent au développement des vignobles, parfois relayés par l'intérêt de la cour royale ; ainsi, les vins du Vivarais connurent le succès à la cour de Louis XII.

À la fin du 19e s., le phylloxéra fit des ravages dans les vignes, qui furent arrachées au profit de vergers ; mais le développement de l'œnologie et des réglementations a permis d'améliorer la qualité des vins.

Aujourd'hui, le vignoble de la vallée du Rhône se place au deuxième rang des AOC françaises, en superficie (75 000 ha) et en production (3 500 000 hl). Il

LE CHOIX DU VIN	1996	1997	1998	1999	2000	2001	2002	2003	2004	2005	2006	2007	2008	2009	2010
Beaujolais	★	★★★	★★	★★★	★★★	★★	★	★★★	★★	★★★	★★	★★	★★	★★★	★★
Côtes-du-rhône septentrionales	★★★	★★	★★	★★★	★★	★★	★★	★★	★★	★★★	★★★	★★	★★	★★★	★★
Côtes-du-rhône méridionales	★★★	★★	★★★	★★	★★★	★★★	★	★★	★★	★★★	★★	★★	★★	★★	★★
★★★ : grande année			★★ : bonne année					★ : année moyenne							

s'étend sur 200 km en un long ruban de part et d'autre du fleuve et doit sa variété aux cépages choisis, aux différences des sols sur lesquels il s'est installé, aux nuances climatiques des bassins et, enfin, aux diverses expositions des gradins qui s'étagent en direction des Cévennes et des Alpes. S'y distinguent les côtes du Rhône méridionales, au sud de Montélimar, et les côtes du Rhône septentrionales, au nord de Valence.
Les crus, de qualité, sont réalisés par un savant dosage des cépages. La plupart des côtes-du-rhône font d'excellents vins de garde, mais certains peuvent être dégustés en primeur à partir de mi-novembre. Les rouges se boivent peu chambrés, les blancs très frais.

Les grands crus

Les côtes-du-rhône doivent leur célébrité à quelques grands crus tels condrieu, château-grillet, saint-joseph, cornas, saint-péray, côte-rôtie ou encore crozes-hermitage dans les côtes septentrionales, mais aussi châteauneuf-du-pape, gigondas, beaumes-de-venise, tavel, vacqueyras et lirac dans les côtes méridionales (qui ne sont pas traitées dans ce guide mais rattachées au *Guide Vert Provence*).

LES AUTRES VINS

Les vins de la Loire

Le pays roannais et le Forez, situés dans le département de la Loire, recèlent chacun une AOC de rouge ou rosé.
Très fruité, le **côte-roannaise** (qui reçut l'AOC en 1994) se boit jeune et frais. Le **côtes-du-forez** (qui obtint l'AOC en 1999) est également un vin fruité à savourer dès son plus jeune âge.
Moins connu mais très agréable, le vin de pays d'Urfé (rouge ou blanc) est un agréable vin local.

Les vins de Vienne

Déjà, sous l'Empire romain, le vignoble de Seyssuel était réputé. Pendant des siècles, on a apprécié le « goût de poix » de ses vins rouges. Après sa destruction par le phylloxéra à la fin du 19e s., il renaît, mais sa production connaît quelques faiblesses. Dans les années 1990, trois vignerons plantent des cépages syrah et viognier (cépages anciens) près du château des Archevêques. De leurs douze hectares « jaillissent » à présent deux cuvées nommées Sotanum et Taburnum.

Les coteaux-du-lyonnais

Produits à l'ouest de Lyon, les vins des coteaux du Lyonnais bénéficient d'une appellation d'origine contrôlée (AOC). Les rouges sont issus de gamay, avec des tonalités de framboise et cassis, les blancs de chardonnay, avec des parfums de pêche blanche. Les premiers accompagnent mieux les viandes, les seconds les fruits de mer.

Les vins du Bugey

Le vignoble du Bugey s'étend sur 500 ha. L'AOC Bugey s'adresse aux vins de Manicle, Cerdon et Montagnieu. L'AOC « Roussette de Bugey » est réservée aux blancs issus du cépage Altesse et provenant de Montagnieu et Virieu-le-Grand.

La région aujourd'hui

Est-il vraiment loin le temps où Lyon, alias Lugdunum, était la capitale des Gaules ? Tout récemment distancée par l'extension de l'agglomération marseillaise, la troisième ville de France, par le nombre de ses habitants, rayonne dans une région au poids économique majeur, riche de ses industries de pointe mais aussi de ses vignobles réputés, de sa production agricole et de ses sites touristiques.

Un pôle international

Si la ville de Lyon est passée au troisième rang des villes françaises, la Région Rhône-Alpes, elle, caracole toujours juste derrière l'Île-de-France comme deuxième pôle économique français, tant par l'étendue de sa population, que par l'activité de production qui y est concentrée. Elle figure parmi les quinze régions de l'Union européenne qui créent le plus de richesses.

Les départements du Rhône (69), de la Loire (42), de l'Ain (01) et de l'Isère (38), traités dans ce guide, constituent la majeure partie de cette région administrative.

UN CARREFOUR EUROPÉEN

C'est sa situation géographique qui favorise la vallée du Rhône. Faisant aujourd'hui partie du Grand Sud-Est de la France, elle est située à un carrefour où se croisent l'axe Rhin-Rhône, orienté nord-sud, et l'arc méditerranéen, orienté est-ouest. Cela lui permet d'entretenir aisément des échanges économiques forts avec l'ensemble de l'Europe, grâce à son réseau autoroutier (plus de 1300 km) la reliant dans le sens nord-sud à l'Europe du Nord et méditerranéenne, et dans le sens ouest-est au Massif central, à la Suisse et à l'Italie *via* St-Étienne, Clermont-Ferrand, Genève, Annecy, Chambéry et Grenoble.

Depuis 1981, en complément de nombreuses liaisons ferroviaires rapides avec l'ensemble de la France, la région lyonnaise bénéficie d'une desserte accélérée par le Train à Grande Vitesse (TGV) vers Paris, Marseille et jusqu'à Bordeaux. L'aéroport international de St-Exupéry, à l'est de la ville, desservi par une ligne TGV, enregistre un trafic important qui le place au 4e rang français. Depuis 2000, il porte ce nom en hommage à l'écrivain Antoine de Saint-Exupéry, né à Lyon en 1900. L'aéroport de Bron est dévolu à l'aviation d'affaires.

Par ailleurs, le port Édouard-Herriot, au sud de Gerland, connaît un trafic notoire de chalands lourds remontant jusqu'à Auxonne sur la

Saône (32 km au sud-est de Dijon); une ligne fluviomaritime directe sans transbordement a été ouverte avec Le Pirée (Grèce) en 1984, Alger (Algérie) en 1986 et Haïfa (Israël) en 1991.
De nombreux chantiers ont également été menés afin de fluidifier la circulation de Lyon, grande agglomération de transit. À la construction des tunnels de la Croix-Rousse et de Fourvière, succèdent ainsi l'autoroute de contournement est de la ville et le périphérique à péage nord-ouest (TEO) destinés à désengorger les axes routiers. À l'est de Lyon, la ville nouvelle de **L'Isle-d'Abeau** a été conçue pour équilibrer le développement de la métropole régionale. La gare de St-Exupéry, à l'architecture futuriste, est signée par l'architecte espagnol Calatrava. Elle assure les liaisons nationales du TGV avec l'aéroport régional.

UNE RÉGION EN PLEINE EXPANSION

La région lyonnaise est fortement peuplée : plus de 740 000 habitants dans la Loire, 1 670 000 habitants dans le Rhône, 1 190 000 habitants dans l'Isère et 580 000 habitants dans l'Ain. L'agglomération lyonnaise compte à elle seule 1 510 000 habitants ! Lyon est actuellement la troisième commune de France et fait partie du troisième espace urbain de France, Rhône-Alpes, dont elle est la préfecture. La région et la ville attirent chaque année toujours plus de personnes.
La densité de population de Lyon est énorme comparée à celles des départements qui l'entourent : 9922 hab./km^2 à Lyon, 520 hab./km^2 dans le Rhône, 160 hab./km^2 dans l'Isère, 155 hab./km^2 dans la Loire et 101 hab./km^2 dans l'Ain.
D'importants centres urbains sont implantés sur tout le territoire de la région, chacun s'étant spécialisé dans une activité. Les très grandes villes sont Lyon, Grenoble, qui abrite plus de 400 000 hab. et St-Étienne, qui regroupe un peu moins de 300 000 hab. D'autres villes sont de dimension importante, leur population s'élevant à environ 100 000 hab. : Annonay, Roanne, Valence.

Une économie diversifiée

Plus de 365 000 exploitations agricoles, commerces, établissements industriels, sociétés de services et entreprises artisanales constituent le tissu économique de la région Rhône-Alpes.
Parmi les mastodontes de l'économie régionale figurent des entreprises dont les sièges sociaux sont restés locaux. C'est le cas du Crédit Lyonnais, Entrelec, SEB (Lyon), Casino (St-Étienne).
Depuis octobre 2009, l'aéroport de Lyon-St-Exupéry tient également le rôle de pôle multidimensionnel

LES GRANDES ENSEIGNES

Parmi les grandes entreprises de la région, on peut citer : Blédina (alimentation pour enfants) à Villefranche-sur-Saône, SEB (articles ménagers) et Boiron (homéopathie) à Lyon, Lafuma (fabricant de sacs à dos) à Anneyron, Robert Clergerie (fabricant de chaussures) à Romans-sur-Isère, Carré Blanc, Devernois et Marcelle Griffon (textiles) à Roanne ou encore Jalla (linge) à Régny dans la Loire, Badoit (eaux de table) à St-Galmier, Renault Trucks (véhicules industriels) à St-Priest, Majorette (jouets et jeux) à Rillieux-la-Pape.

Lyon, le nouveau quartier de La Confluence au sud de la Presqu'île.
P. Jacques / hemis.fr

avec l'ouverture du « Hub Business » en face du terminal 1.

Ce centre d'affaires géant, composé de trois bâtiments conçus selon le concept du développement durable, accueille quelque 150 entreprises dans ses 9 000 m² de bureaux, un hôtel 4 étoiles et un parc de stationnement de 2 000 places, réparties sur sept niveaux.

Avec la desserte facile du tramway-express LESLYS, reliant l'aéroport à la gare de La Part-Dieu, le pôle représentera une véritable mine d'emplois.

LES FOIRES DE LYON

Au Moyen Âge, Lyon était l'une des « clefs du royaume », à la frontière des pays de Savoie, Dauphiné, États pontificaux et Saint-Empire d'un côté, Beaujolais, Bourgogne, Languedoc, Forez et Auvergne de l'autre.

Le jour où, en 1419, le Dauphin, futur Charles VII, comprenant la valeur commerciale d'une telle situation, y établit deux foires franches par an, il fit de Lyon l'un des plus grands entrepôts du monde.

À partir de 1463, grâce à Louis XI, les foires ont lieu quatre fois par an, encourageant la création du Change, origine de la Bourse actuelle, et du Tribunal de la conservation, d'où sortiront plus tard les tribunaux de commerce.

Rétablie en 1916 après une longue interruption, la Foire internationale de Lyon, qui se tient chaque année à Chassieu, dans le vaste parc des expositions, « **Eurexpo** », maintient sa tradition de grande place d'affaires internationale. Elle est doublée de salons spécialisés comme Ipharmex (pharmacie), Infora (informatique), Eurobat (bâtiment et construction) ou le Salon des métiers de bouche.

CÔTÉ INDUSTRIE

La plasturgie, la pharmacie, la chimie, l'électronique et le textile se hissent aux premiers rangs, suivis par la mécanique, la chimie, l'agroalimentaire et l'énergie. Un quart de l'activité nationale de sous-traitance est effectué dans la région, souvent par des entreprises de type PMI. C'est dans le secteur des services que se créent le plus

d'entreprises, dans les domaines de l'informatique, l'ingénierie et les études techniques, le travail temporaire, le traitement des déchets… La région est également l'un des grands pôles français du transport de marchandises et de la logistique, et voit ses activités de commerce interentreprises (aussi appelées B to B) s'intensifier. Les régions de Lyon et de St-Étienne produisent toutes sortes de machines nécessaires aux travaux publics. L'Ain s'est concentré sur l'industrie du plastique qui touche à de nombreux secteurs. Le développement de l'industrie du jouet a entraîné celui de la région d'Oyonnax : la « Plastics Vallée » rassemble 550 entreprises représentant 12 000 emplois.
Les ressources hydrauliques de la région ont favorisé le développement de la production d'électricité.

LA CHIMIE, SECTEUR DE POINTE

Quand vous prenez un cachet de paracétamol ou lorsque vous achetez un objet conçu en PVC, vous consommez quasi automatiquement du *made in* vallée du Rhône, région qui s'est spécialisée dans la fabrication de ces deux produits. S'y sont en effet concentrés la plupart des industriels de la chimie implantés en France. De la recherche au conditionnement des produits finis, tous les acteurs de la filière se trouvent à Lyon ou dans les environs.
Tout a commencé à la fin du 18e s. quand des entrepreneurs se sont mis au service des soyeux lyonnais. Aux ordres de ces derniers, ils ont inventé des solutions pour le nettoyage des fibres, leur blanchiment et leur teinture, puis ont élargi leurs compétences aux domaines de la pharmacie, de la photographie, de la fabrication et de la transformation des polymères, des élastomères ou encore des fibres artificielles.
Dans la région, on distingue quatre grands ensembles d'activités spécialisées dans la chimie.
Symbolisée par la raffinerie pétrochimique de Feyzin, la **chimie lourde** consiste à fabriquer des produits de base à partir de matières premières. C'est l'activité de groupes d'envergure internationale comme Atofina, Rhodia ou Air Liquide. La **chimie fine**, appelée aussi chimie de spécialités, est un domaine qui mobilise beaucoup de chercheurs et dans lequel les PME et PMI sont nombreuses. Elle utilise les produits issus de la chimie lourde pour élaborer des molécules complexes. La **parachimie** fabrique des produits ciblés : colles et adhésifs, insecticides, herbicides, explosifs, peintures, vernis… Enfin, la **pharmacie** utilise les principes actifs de la chimie fine et élabore des médicaments dans le domaine de la santé des hommes et des animaux.
La tendance, en ce début de 21e s., est à la réduction des industries de chimie lourde, en butte à une forte concurrence internationale, au profit d'entreprises spécialisées ou à forte valeur ajoutée. Ainsi, le projet Chimie-Environnement Lyon Rhône-Alpes, porté par l'association Axelera (Rhodia, Arkema, Suez, IFP et CNRS), est un atout en matière de rayonnement européen et international. Labellisé en 2005 « pôle de compétitivité », il a pour objectif d'élaborer des programmes liés au développement durable tels le traitement de l'eau, l'éco-conception des matériaux ou encore les bio-ressources, dont l'objectif est de substituer les matières premières renouvelables aux ressources pétrolières, notamment dans le domaine de l'industrie chimique.

La bio-industrie lyonnaise

Biotechnologies, pharmacie, diagnostic humain et vétérinaire, technologies médicales, bioservices, recherche et développement… S'il est un domaine où Lyon continue à aller « Avant, avant, lion le *melhor* » selon sa devise, c'est celui des sciences du vivant, la bio-industrie. L'agglomération est en effet le **premier centre de fabrication de produits biologiques** du monde, avec la présence d'entreprises de très grande envergure comme Sanofi-Aventis.

Les numéros uns mondiaux sont légion parmi les 450 sociétés spécialisées de la région : Sanofi Pasteur (vaccins humains), Merial (vaccins à usage vétérinaire), BioMérieux (diagnostic bactériologique), Boiron (homéopathie), Merck-Santé (traitement du diabète), SMAD-Fresenius (secteur de la dialyse)…

Ce sont 66 000 personnes qui travaillent à la fabrication de médicaments, de vaccins, de molécules bioactives ou de matériels médicaux, ainsi qu'à la recherche, notamment en ce qui concerne la **thérapie génique**.

C'est à Lyon et alentour que se situent le Centre international de recherche sur le cancer, le Centre européen d'immunologie et de virologie, la Fondation Marcel-Mérieux – avec l'**unique unité de recherche européenne consacrée aux maladies infectieuses émergentes ou résurgentes** telles que les virus Ebola et Lhassa –, les centres privés de recherche et développement d'Aventis Pasteur, de Schering-Plough, de BioMérieux, d'Edap-Technomed…

La recherche, c'est aussi l'affaire d'importants établissements d'enseignement supérieur (université Claude-Bernard Lyon 1, École nationale vétérinaire…) et hospitaliers (Hospices civils de Lyon, centre anticancéreux Léon-Bérard…). Enfin, organismes privés et publics collaborent au sein d'instituts fédératifs de recherche (neurosciences, cardiovasculaire, virologie et immunologie…).

Une telle concentration d'atouts a incité les pouvoirs publics et économiques nationaux et régionaux à favoriser le développement de pôles d'excellence, tels que **Génopole Rhône-Alpes**, **Cancéropôle Lyon Rhône-Alpes**, **Lyon Biopôle**, destinés à renforcer la recherche et la production dans la région.

Cette dynamique en matière de recherche et développement lui confère le 5e rang en Europe pour son potentiel technologique et scientifique.

LA FABRICATION DE LA SOIE

La soie est obtenue par l'« éducation » du bombyx (sériciculture) dans des magnaneries. Après l'étape de la filature, la soie grège n'est pas assez résistante pour être tissée : il faut donc une opération préparatoire, le moulinage, qui assemble et tord les fils.

Les bobines sont alors disposées sur un cadre, le cantre, puis déroulées en faisceau sur un ourdissoir ; les chaînes ainsi réalisées sont tendues sur le métier (fils parallèles) et sont croisées perpendiculairement par des fils de trame placés dans les canettes. Pour laisser passer la trame, les fils de chaîne sont soulevés par des cordelettes, les lisses, qui sont actionnées par différentes mécaniques dont la plus célèbre est celle de Jacquard (cartons perforés). Il existe plusieurs types de croisements possibles que l'on appelle « armures » : les principales sont le taffetas, le sergé et le satin.

LE TEXTILE

La soie en France fut longtemps associée à la ville de Lyon. Les vers étaient élevés dans la région et la soie obtenue tissée à Lyon. Mais, atteinte par la maladie et fortement ébranlée par les révoltes des canuts au 19e s., cette industrie finit par péricliter. Importée d'Italie ou du Japon, la soie naturelle ne représente plus, actuellement, qu'un infime pourcentage des quantités traitées. La soie produite dans la région lyonnaise est désormais destinée à la haute couture.
La ville de Lyon parvient à rebondir au 20e s. en s'attachant à développer l'industrie des tissus synthétiques : le tissage, dit « de soierie », utilisant des fibres de toutes origines (verre, carbone, bore, aramide), reste un art lyonnais.
Le savoir-faire traditionnel des soyeux trouve, notamment, des applications directes dans l'élaboration de pièces hautement sophistiquées (techniques Michel-Brochier) servant à l'industrie aéronautique, spatiale et même électronique, etc.. Ces activités sont étroitement liées à la chimie pour la recherche et la combinaison de molécules nouvelles (Rhône-Poulenc Fibres).

LE TOURISME

Il bénéficie essentiellement du succès de Lyon mais il renforce également en maintes zones rurales les activités agricoles.
Le site historique de Lyon, classé patrimoine de l'humanité par

LA FÊTE DES LUMIÈRES

Le 8 décembre, la fête de l'Immaculée-Conception est célébrée à Lyon avec un éclat particulier. Le soir, des milliers de lampions multicolores éclairent les fenêtres de la ville. Cette fête a pour origine l'inauguration de la Vierge dorée de Fourvière en 1852. Des inondations retardèrent le travail du sculpteur Fabisch, qui ne put livrer la statue le 8 septembre. La cérémonie fut reportée au 8 décembre, fête de l'Immaculée-Conception. Ce jour-là, de très fortes pluies firent annuler la fête nocturne ; contre toute attente, elles cessèrent « miraculeusement » à l'heure prévue. Les Lyonnais illuminèrent spontanément leurs balcons avec des milliers de lumignons. Cette tradition religieuse est devenue une fête populaire, avec la participation de la municipalité et des commerçants qui inaugurent leurs étalages de Noël.
La ville de Lyon avait sans doute des prédispositions pour valoriser son éclairage public ; elle l'a prouvé par la réalisation du « Plan lumière » qui a pour objectifs la sécurité et la mise en valeur de son patrimoine. Plus d'une centaine de sites et monuments ont été choisis pour bénéficier de mises en lumière cohérentes qui leur donnent une nouvelle dimension. La basilique de Fourvière se détache comme un phare au sommet de la colline ; l'Opéra se projette dans le futur avec son immense verrière rougeoyante ; les places des Terreaux ou de la Bourse, les quais de Saône ou du Rhône s'illuminent chaque soir d'éclairages indirects et de toute une palette de couleurs chaudes ou froides selon les lieux. Le « crayon » de La Part-Dieu, le port St-Jean, l'Hôtel-Dieu et de nombreux autres monuments de la ville participent à ce vaste spectacle qui crée une atmosphère empreinte de poésie et de magie. Cette invitation à la vie nocturne, relayée par le développement des animations, fait de « Lyon by night » une étape incontournable. Un guide Plan lumière est disponible dans les bureaux de l'office de tourisme.

l'Unesco, ne cesse d'attirer les touristes désireux de découvrir ses monuments, son architecture, ses musées et sa gastronomie. Depuis plusieurs années, la ville a développé des évènements culturels qui attirent désormais des visiteurs de plus en plus nombreux, venus de la France entière mais aussi de l'étranger (environ 35 %) : la Biennale d'art contemporain, les Nuits de Fourvière et la Fête de la lumière *(voir encadré ci-contre)* sont devenus des incontournables.
La ville de St-Étienne, 2e commune de la région Rhône-Alpes, après Lyon, possède de vastes espaces verts et un patrimoine architectural remarquable (les plus anciens édifices datent du 14e s.) : la ville a obtenu en 2000 le label Villes et pays d'art et d'histoire. Elle génère un fort passage touristique. De même, certains villages de la région sont classés parmi les plus beaux villages de France : Pérouges dans l'Ain, Ste-Croix-en-Jarez dans la Loire, Oingt dans le Rhône...
Depuis 2010, le parc hôtelier s'est considérablement agrandi, avec, entre autres, la reconversion d'anciens établissements hospitaliers, véritables monuments historiques.
Le tourisme lié à l'activité thermale s'est également développé dans la région, en particulier dans les départements de l'Ain (Divonne-les-Bains) et de la Loire (Montrond-les-Bains). Les stations thermales accueillent des curistes ainsi que de plus en plus de personnes attirées par la thalasso et la remise en forme.

Lyon, une ville active

« QUI NE SAUTE PAS N'EST PAS LYONNAIS ! »

Créé au lendemain de la Seconde Guerre mondiale, l'**Olympique lyonnais** accède à l'élite du football français au milieu des années 1960 en remportant deux Coupes de France. Il faudra cependant patienter encore deux décennies pour que décolle véritablement la fusée OL, sous la houlette de son nouveau et ambitieux président Jean-Michel Aulas. Remonté en première division en 1989, le club aux couleurs blanc-bleu-rouge décroche un premier titre de champion de France en 2001. Confirmant sa domination sur le championnat les années suivantes, il établit un nouveau record du plus grand nombre de titres consécutifs : 7 fois champions de France, 4 Coupes de France, 1 Coupe de la Ligue, 6 trophées des Champions. La capitale des Gaules, longtemps considérée comme « la banlieue de St-Étienne » en matière de football, devient ainsi capitale du ballon rond grâce à son titre de meilleur club de football français des années 2000. Lors des victoires les plus marquantes, les tribunes s'enflamment et les supporters lyonnais scandent leur fameux « Qui ne saute pas n'est pas Lyonnais ! ». La liste des joueurs d'exception qui portent ou ont porté le maillot de l'OL est impressionnante : Aubour, Chiesa, Combin, Lacombe (aujourd'hui conseiller spécial du président), Di Nallo (le « petit prince de Gerland »), Jacquet (l'entraîneur

QUELQUES SPORTIFS NÉS DANS LA RÉGION....

Aimé Jacquet, né le 27 novembre 1941 à Sail-sous-Couzan (Loire), était le sélectionneur de l'équipe de France de football qui fut sacrée championne du monde en 1998.
Alain Prost, champion du monde de course automobile en 1985, 1986, 1989 et 1993, est né en 1955 à Lorette (Loire).

victorieux de la Coupe du monde 1998), Domenech (ancien entraîneur de l'équipe de France), Tigana, Coupet, Cris, Abidal, Essien, Diarra, Juninho (le magicien du coup franc), Giuly, Anderson, Maurice, Wiltord, Malouda, Ben Arfa, Benzema… Mais après une domination sans faille sur le football français entre 2002 et 2009, le club peine aujourd'hui à retrouver son rang, affaibli par la perte de ses meilleurs éléments et par des achats coûteux de joueurs au rendement décevant...

L'Olympique lyonnais a présenté en 2007 le projet de création du Grand Stade OL. Ce stade de 60 000 places serait construit d'ici 2013 à Décines-Charpieu, dans la banlieue est de Lyon, et serait doté de deux hôtels, d'un centre de loisirs et d'immeubles de bureaux. Le projet est aujourd'hui soumis à une enquête publique dans le cadre de la révision du PLU (Plan Local d'Urbanisme).

Les Lyonnais entretiennent une rivalité soutenue avec le voisin stéphanois, dont le club, l'**ASSE**, a perdu depuis de nombreuses années son prestige mais possède une histoire plus riche au niveau européen (*voir p. 341*).

ÉTUDIER À LYON

En région lyonnaise et plus particulièrement dans la ville de Lyon, les étudiants ne manquent pas de lieux prêts à les accueillir pour les former. Lyon est en effet la seconde ville étudiante après Paris. La ville renferme quatre universités (Claude Bernard Lyon 1, Lumière Lyon 2, Jean Moulin Lyon 3 et l'université catholique de Lyon) qui proposent des cursus très variés. Parmi les nombreuses grandes écoles, on trouve l'École catholique d'arts et métiers, Sciences Po, l'École centrale, l'ENS, l'INSA...

Une activité agricole diversifiée

La Région Rhône-Alpes est encore nettement tournée vers une activité agricole puisque près des trois quarts de son territoire sont constitué d'espaces ruraux. On constate cependant, comme dans la plupart des régions de France, que le nombre des exploitations agricoles a diminué tandis que leur surface a augmenté : les domaines agricoles font en moyenne 27 ha. Les agriculteurs ont des revenus souvent insuffisants qu'ils complètent en exerçant une seconde activité : tourisme vert, activité extérieure des conjoints... La production laitière et l'élevage de volailles prédominent. Même si la viticulture et l'arboriculture connaissent parfois des difficultés, elles restent fortement implantées dans la vallée du Rhône.

L'ÉLEVAGE

La **production laitière** est prédominante dans la Loire, l'Ain, l'est du Rhône et l'Isère. La région Rhône-Alpes se situe au 5e rang national des producteurs de lait avec plus de 15,5 millions d'hectolitres. Les fromages de qualité – bleu de Bresse et de Gex, mont-d'or du Lyonnais, fourme de Montbrison... – bénéficient pour certains du label AOC.

VIANDE ET POISSON

La région lyonnaise produit de la viande bovine, entre autres de la charolaise, mais c'est surtout sa volaille qui fait sa réputation. Qui ne connaît en effet la volaille de Bresse, reconnue pour la finesse de sa chair ? Les départements de l'Ain et de Saône-et-Loire (Bourgogne), où la filière avicole est particulièrement développée, se partagent l'élevage de la

Supporters dans le stade Geoffroy-Guichard pendant un match de l'ASSE.
Ville de Saint-Étienne

prestigieuse volaille de Bresse. Quant aux étangs de la Dombes et aux rivières de la région, elles fournissent de savoureuses truites, des carpes et des brochets.

LES CULTURES

Dans la région lyonnaise, ce sont surtout les céréales, et en particulier le maïs qui sont cultivées. La production de maïs se place aujourd'hui au 5e rang national. Les vignobles sont une source de revenus très importante pour la région devenue quatrième producteur de vins. Le Beaujolais a joué depuis quelques années la carte du vin primeur, très apprécié des consommateurs. Les vignobles des côtes du Rhône produisent environ 3,6 hl de vin par an. Chaque printemps, la vallée du Rhône se transforme en un superbe jardin fleuri. Le verger rhône-alpin, déployé sur 42 500 ha, alimente aujourd'hui le tiers de la production nationale. Un climat doux, des sols favorables, des systèmes d'irrigation et des méthodes de production qui, bien que mécanisées, restent en majeure partie artisanales, tels sont les secrets de la grande qualité des fruits de la région : aux framboises et groseilles des monts du Lyonnais comme aux célèbres noix de l'Isère, il convient d'ajouter les cerises, prunes, poires et pommes cultivées pour l'essentiel en Ardèche et dans la Drôme. La région possède plus de la moitié du **verger abricotier** français (la **Drôme** totalisant à elle seule 79 % de la superficie régionale). En effet, l'abricot ayant bénéficié de primes à la rénovation du verger, les superficies ont ainsi été multipliées par trois en vingt ans.
La palme revient aussi aux **pêchers**, bien que leur nombre ait récemment beaucoup diminué : depuis les premières plantations en 1880 à St-Laurent-du-Pape, ils ont fait la renommée de la vallée de l'Eyrieux d'où ils se sont répandus dans la vallée du Rhône. Jaunes ou blanches ou encore sanguines, les variétés de pêches sont nombreuses. Les récoltes, qu'elles soient précoces, de pleine saison ou tardives, assurent une activité majeure pour la région pendant toute la période estivale.

Nature et paysages

Coupée en son milieu par la vallée du Rhône, alimentée par la Loire et la Saône, la région lyonnaise déploie ses plaines, ses collines et ses montagnes autour de la ville de Lyon et de ses lumières. Une fois sorti de l'agglomération lyonnaise, le visiteur en quête de nature découvrira une belle campagne pourvue d'étangs, de vignobles, de vergers et de champs verts, mais aussi de jolis villages aux maisons bâties en pierre et en terre dont le style révèle bien les différents terroirs.

Des paysages contrastés

Dans une éblouissante variété de couleurs, du plateau de la Dombes au Haut-Beaujolais montagneux jusqu'à la vallée du Rhône, la région lyonnaise se compose sans nul doute d'une mosaïque de paysages. Encadrées par les montagnes anciennes du Massif central à l'ouest et les pics montagneux des Alpes à l'est, partagées dans le sens nord-sud par la Saône et le Rhône, Lyon et sa région sont traversées par de grandes rivières et de vastes fleuves.

Tout comme le **Rhône** (voir p. 49), la **Loire**, qui prend sa source en Ardèche, s'écoule dans le département qui porte son nom. La **Saône** entre en Rhône-Alpes par l'Ain, traverse le Beaujolais puis se jette dans le Rhône au niveau de Lyon.

L'**Ain**, qui parcourt la Bresse et la Dombes, rejoint le Rhône un peu au nord de Lyon.

LA FORMATION DU RELIEF

À la fin de l'ère primaire, il y a environ 200 millions d'années, un bouleversement de l'écorce terrestre (plissement hercynien) fait surgir le sol granitique du Massif central sous forme de hautes montagnes.

Durant l'ère secondaire, les sédiments calcaires s'accumulent à la périphérie du massif, qui s'aplanit sous l'action de l'érosion. S'ensuit, pendant la première moitié de l'ère tertiaire, un affaissement progressif du socle hercynien de direction générale nord-sud : il est à l'origine du couloir rhodanien. Le plissement alpin exerce ensuite une formidable poussée sur le Massif central qui, trop rigide pour se plisser à nouveau, bascule d'est en ouest en se disloquant. À la faveur des fissures, le magma interne, en fusion, jaillit ; des volcans s'édifient.

Au début de l'ère quaternaire, il y a environ 2 millions d'années, le Rhône, charriant de grandes quantités de matériaux arrachés aux montagnes voisines, crée des

Chemin dans le parc naturel régional du Livradois-Forez.
C. Guy / hemis.fr

systèmes complexes de terrasses alluviales. Au milieu de cette ère, les glaciers ont de leur côté « sculpté » les paysages en se retirant : reliefs constitués de moraines, lacs tels que ceux de la Dombes et du Bas-Dauphiné.

LES PAYS DU COULOIR RHODANIEN

La Bresse

Vallonnée et sillonnée de nombreux ruisseaux, les « caunes », la plaine de la Bresse s'étend de la Saône au Revermont jurassien. Les sols lourds sont difficiles à travailler, c'est pourquoi la région s'est essentiellement tournée vers l'élevage, particulièrement avicole.

La Dombes

C'est un plateau argileux au sol imperméable parsemé d'étangs. Le plateau se termine sur les vallées qui l'enserrent sur trois versants par les côtes assez abruptes de la Saône à l'ouest et du Rhône au sud. Au nord, il se confond avec la Bresse. Les eaux de fonte du glacier rhodanien ont creusé en surface de légères cuvettes et laissé sur leurs bords les moraines, accumulation des débris qu'elles entraînaient.
Le charme de la Dombes naît des lignes sereines de ses paysages, de ses rangées d'arbres et de ses eaux dormantes. Les étangs couvrent plus de 14 000 ha de la Région Rhône-Alpes. La majorité de ses étangs se situe dans la **Dombes** (11 600 ha). Le **Forez** possède quant à lui 1 600 ha d'étangs. Ces plans d'eau, où se sont développée la pisciculture, font le bonheur des poissons mais aussi des pêcheurs qui recherchent la friture (gardon, perche...) ou le gros (brochet, carpe, truite...).

Le Bas-Dauphiné

Au sud-est de Lyon, les reliefs du Bas-Dauphiné se sont édifiés lors de la fonte des glaciers durant l'ère quaternaire. Ses paysages sont multiples. Entre Lyon et le plateau de Crémieu, connu pour ses grottes et ses pâturages, les prairies voisinent avec les champs cultivés. Viennent ensuite les collines granitiques et schisteuses des **Balmes** viennoises qui font place à l'est aux vallées étroites qui découpent le plateau des **Terres-Froides**. Enfin, plus au sud, aux vastes étendues boisées des **plateaux de Bonnevaux et de Chambaran** succède la large et riche plaine céréalière de la **Bièvre-Valloire**. Ce sont les arbres fruitiers autour de Beaurepaire, ainsi que les terrasses bien cultivées de la vallée de l'Isère, qui annoncent les vergers de la vallée du Rhône.

Le Beaujolais

Au nord, le **Haut-Beaujolais** est une zone montagneuse de terrains, essentiellement granitiques, issus du plissement hercynien. Sur les versants abrupts dévalent les affluents de la Saône orientés ouest-est.

Le **Bas-Beaujolais**, au sud, est surtout formé de terrains sédimentaires de l'ère secondaire

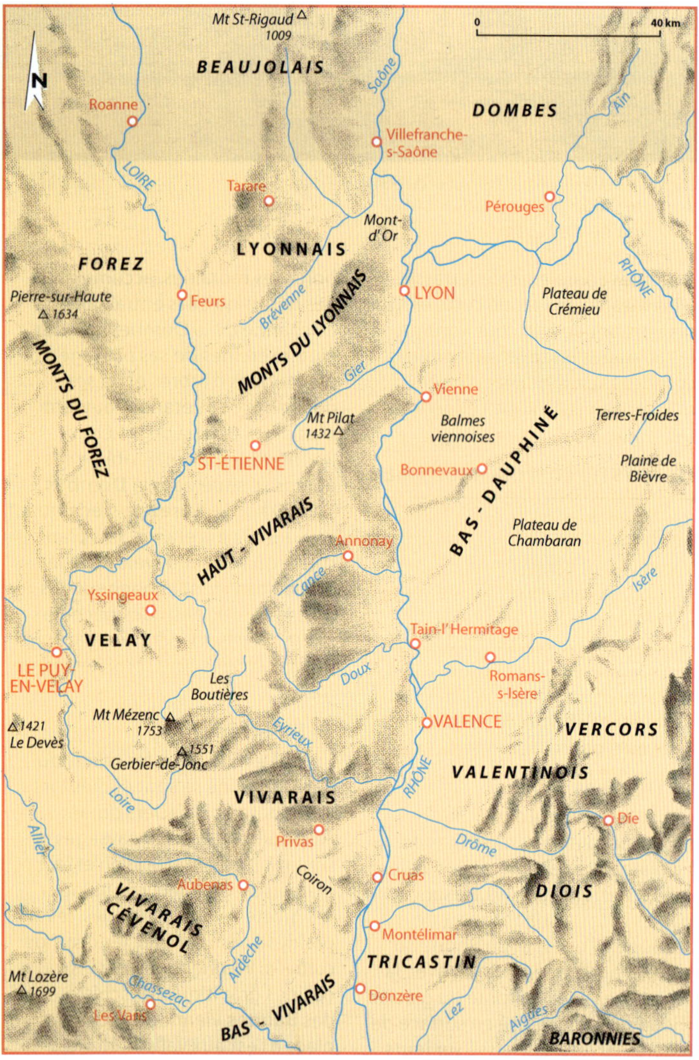

qui furent fortement fracturés. Parmi eux, les calcaires tirant sur l'ocre lui valent l'appellation de « **pays des Pierres-Dorées** ».

Le Lyonnais

Entre le bassin de St-Étienne, les monts de Tarare et l'agglomération lyonnaise, ce plateau est marqué de hautes croupes herbeuses, de bois de pins et de hêtres, et de vergers sur les versants les mieux exposés. Le Mont-d'Or y forme un ensemble aux allures accidentées. Le Lyonnais s'achève avec le superbe promontoire de Fourvière, qui domine le confluent de la Saône et du Rhône, et sa grande métropole.

Le Forez et le Roannais

Dans les monts du Forez, jusqu'à près de 1 000 m d'altitude, s'étend le domaine des champs et des prairies bien irrigués. Plus haut, des forêts de sapins et de hêtres couvrent les pentes. À partir de 1 200 m dominent les croupes dénudées des **hauts chaumes**, vastes espaces composés de landes montagnardes. Au pied de ces montagnes, la plaine humide du Forez a été comblée par les alluvions à l'ère tertiaire. Elle est piquetée de buttes volcaniques. Le bassin de Roanne, séparé du Forez par le seuil de Pinay, est un pays rural fertile, orienté vers l'élevage et dominé, à l'ouest, par les coteaux couverts de vignes des monts de la Madeleine.

Le Pilat et le bassin stéphanois

Le massif du Pilat offre une silhouette pyramidale rehaussée de beaux ensembles forestiers qui lui donnent un air montagnard. Ses sommets, qui atteignent 1 432 m au crêt de la Perdrix, sont coiffés de blocs de granit appelés « **chirats** ». À ses pieds, la région de St-Étienne, formée par les dépressions du Furan, de l'Ondaine, du Janon et du Gier, épouse la forme en amande du bassin houiller qui s'étend entre la Loire et le Rhône. Celui-ci correspond à un pli synclinal (« en creux ») de couches carbonifères, formées à la fin de l'ère primaire. Ce sillon s'élève à une altitude variant entre 500 et 600 m.

Le Rhône

Rapide et majestueux, le Rhône est le plus puissant des fleuves français. Au sud de Lyon, entre les talus du Massif central et des Préalpes, sa course vers le Midi offre l'aspect d'une percée lumineuse d'une ampleur magnifique. Il est une route romantique à lui seul. À chaque instant, à chaque méandre, la vallée se pare sur ses rives baignées de soleil d'une beauté nouvelle, parfois appuyée par la violence et la force du mistral.

UN FLOT RAPIDE ET PUISSANT

Le Rhône prend sa source en Suisse au glacier dit « du Rhône ». Il fait son entrée en France après avoir traversé le lac Léman et, jusqu'à son arrivée dans le delta de la Camargue, il n'arrose pas moins de onze départements.

Il est aussi l'un des fleuves français dans lequel se jettent le plus de rivières : l'Ain, le Doubs puis la Saône, l'Ardèche, le Gard, mais aussi l'Arve, le Fier, l'Isère, la Drôme et la Durance. Il draine en toute saison, à vive allure, un important volume d'eau. Son impétuosité est due à sa pente relativement forte : 0,5 m par km entre Lyon et Valence ; elle s'accentue encore entre Valence et le confluent de l'Ardèche (0,77 m) pour retomber entre le confluent de l'Ardèche et celui du Gardon (0,49 m). Plus en aval, la pente diminue fortement.

La **puissance hydraulique** du Rhône est remarquable : 1 350 m^3/s en eaux moyennes à Valence. Pour un tel débit, sa vitesse est de l'ordre de 2,50 m/s. Pendant

son parcours français, le fleuve reçoit des affluents de régimes différents : rivières alpines en crue au printemps et en été, torrents du Vivarais en automne et en hiver, si bien que, même en été, le Rhône garde un débit important.
Ses **crues** sont liées à celles de ses affluents. Les plus fortes sont aujourd'hui en bonne partie régulées par les nombreux barrages et autres aménagements répartis sur son cours. Le Rhône n'est plus vraiment cette « grande rivière sauvage » de Chateaubriand ; les « colères terrifiantes du Rhône » évoquées par Clavel se font rares même s'il est encore parfois ce « Rhône puissant, insolent, roulant vers le Midi une eau énorme et boueuse ; une eau à faire trembler tout ce qui (vit) dans la vallée ».

DES NAUTES AUX AUTOMOTEURS

À l'époque romaine, la navigation y devient très active. Le fleuve est alors la grande voie de commerce du vin ; les grandes villes se créent : Lyon, Valence, Vienne. Les **nautes** rhodaniens forment les corporations les plus puissantes des villes romaines. Ils deviendront, sous l'Ancien Régime, les « **coches d'eau** » desservant les villes bordières qui ont toutes leur port. La vie marinière est de ce fait intense.
À la fin du 18e s., les **bateliers** remplacent les « coches d'eau » : chargés de marchandises, les trains de barques descendent le Rhône au gré du courant et le remontent halés par des chevaux. Le transport est lent et, lorsque les **bateaux à vapeur** apparaissent en 1829, la concurrence est dure. Le chemin de fer porta ensuite le dernier coup, presque fatal, aux modes de transports fluviaux.
Commence alors l'ère de la « houille blanche », l'hydroélectricité, et les travaux entrepris sur le fleuve redonnent au Rhône toute son importance. Après l'exploitation par **remorqueurs**, le transport est maintenant assuré, grâce aux travaux d'aménagement de la Compagnie nationale du Rhône (création de 13 biefs et de 12 écluses), par des **automoteurs** de 1 500 t et des convois poussés de 5 000 t et plus. Le tonnage annuel (4 100 000 t) comprend hydrocarbures, produits métallurgiques et agricoles, matériaux de construction.

L'AMÉNAGEMENT DU RHÔNE

La Compagnie nationale du Rhône a été créée en 1934 en vue de l'aménagement du fleuve. Sa règle d'or se résume en trois mots : navigation, irrigation, électricité. Les ouvrages de la Compagnie font du Rhône un gigantesque escalier d'eau entre le lac Léman et la mer, et fournissent chaque année environ 16 milliards de kWh – le fleuve compte 20 centrales hydroélectriques sur son cours français et 3 sur son cours suisse. De Lyon à la mer, ce sont 330 km de voies navigables.

Des travaux imposants

En aval de Lyon, la vallée large et cultivée, aux berges généralement basses, ne permettait pas l'aménagement de réservoirs artificiels alimentant de hautes chutes comme en montagne. Aussi est-ce le Rhône lui-même que l'on a barré et dérivé dans un lit artificiel. Chaque ouvrage comprend un barrage en travers du fleuve qui dérive l'eau dans un canal d'amenée alimentant une usine « au fil de l'eau » à gros débit. Sortant de l'usine, les eaux rejoignent le Rhône par un canal de fuite. Des écluses équipent ces canaux à hauteur des usines et permettent le passage des bateaux.

Isère (38), région du Trièves, les gorges de l'Ebron qui rejoignent le lac du Monteynard.
F. Guiziou / hemis.fr

L'aménagement complet du Rhône de Lyon à la mer a été achevé en 1980 par la mise en service des ouvrages de Vaugris, près de Vienne.
En amont de Lyon, quatre usines de basse chute valorisent l'utilisation de l'ensemble Génissiat-Seyssel.

L'INTERNATIONALISATION DU RHÔNE

Dès 1833, un canal relie les bassins du Rhône et du Rhin à partir de la Saône et jusqu'au port fluvial de Strasbourg. Mais c'est seulement dans les années 1960 que l'on relance l'idée d'un grand axe Rhin-Rhône : il s'agit de concurrencer l'axe Rhin-Main-Danube. Cependant, le projet s'essouffle pour des raisons de rentabilité. Le Rhône n'en reste pas moins un fleuve cosmopolite grâce à la multiplication des croisières pour vacanciers.

L'IRRIGATION, SOURCE DE RICHESSE

Grâce à l'irrigation de milliers d'hectares, les plaines de la vallée du Rhône sont des terres de bon rendement. La production fruitière, en particulier, bénéficie de cette mise en valeur. Mais ces dernières années ont montré que cette ressource n'est pas inépuisable et qu'elle doit être gérée avec rigueur.

L'EXPANSION INDUSTRIELLE

Le développement industriel de la vallée, lié aux aménagements du fleuve, a profondément modifié l'aspect du couloir rhodanien.
Au sud de Lyon, **usines** et **installations** se succèdent : raffineries de Feyzin, constructions mécaniques, verre, engrais, papier, carton de Chasse et Givors, centrale thermique de Loire-sur-Rhône, usines chimiques des Roches,

St-Clair-du-Rhône et Le Péage-de-Roussillon, ensemble industriel de Portes-lès-Valence et Montélimar, textiles de La Voulte, chaux et ciments de Cruas, Le Teil et Viviers. Dans le domaine **nucléaire**, les centrales de St-Alban-St-Maurice, de Cruas-Meysse, du Tricastin et l'ensemble des aménagements de Pierrelatte confèrent à la vallée du Rhône un rôle de tout premier plan dans l'approvisionnement énergétique du pays et des États limitrophes.

LES PONTS

Alors que les **Romains** n'avaient construit que deux ponts sur le Rhône, dont l'un en pierre à Vienne, les architectes du **Moyen Âge**, déjouant les difficultés, en lancèrent trois. Ce sont les frères pontifes, un ordre de moines bâtisseurs, qui édifièrent au 13e s. le pont de la Guillotière à Lyon. Au 19e s., les frères Seguin, en créant la technique du pont suspendu par câble en fer, apportèrent au problème du franchissement du fleuve une solution économique. Le premier pont suspendu construit sur le Rhône fut celui de Tournon ; inauguré en 1825, il a été démoli en 1965 (celui visible aujourd'hui date de 1846). **La dernière guerre** a détruit la plupart des ponts suspendus. À l'occasion de leur reconstruction, on a fait appel aux techniques les plus récentes, comme à Tournon, Le Teil, Viviers ; la travée centrale suspendue dépasse souvent 200 m de longueur (Le Teil : 235 m).

Le **béton** précontraint a été utilisé pour lancer des ponts non suspendus ; le plus remarquable est le pont de chemin de fer de La Voulte (1955). Les derniers ponts routiers ouverts à la circulation sont ceux de la déviation de Vienne (autoroute A 7) en 1973, celui de Chavanay en amont du Péage-de-Roussillon (fin 1977) et le pont de Tricastin sur le canal d'amenée de la chute de Donzère-Mondragon en 1978.

Préserver la nature

LES PARCS NATURELS RÉGIONAUX

Ces parcs (PNR) disséminés sur l'ensemble du territoire français ont été créés dans le but de préserver un environnement naturel remarquable. Gérés par les régions en accord avec le ministère de l'Environnement, ils contribuent à la conservation d'un patrimoine naturel et paysager. La gestion des parcs assure leur développement économique et l'accueil d'un public toujours plus nombreux. La Région Rhône-Alpes compte six PNR, dont celui du Pilat proche de St-Étienne (*voir p. 354*).

DÉVELOPPEMENT ÉCOLOGIQUE, ECONOMIE DURABLE

Depuis 2009, les kilomètres de pistes cyclables dans la région lyonnaise augmentent considérablement (l'agglomération lyonnaise en totalise plus de

LA FIN DES BATELIERS

« Ainsi, depuis ce jour de 1829 où le *Pionnier* avait monté d'Arles jusqu'à Lyon, en moins de quarante-huit heures, 1 150 quintaux de marchandises, une ombre pesait sur la vallée. On commençait déjà de se remémorer avec tristesse le temps où plus de deux mille bateaux assuraient le trafic, faisant vivre tout un peuple de bateliers et de riverains. »

Le Seigneur du fleuve
Bernard Clavel

300 km) limitant l'usage des voitures en centre-ville. La ville de Lyon, comme d'autres en France, a mis en place le système des Vélo'V, (vélo disponibles en maints endroits, à coût réduit).
L'utilisation des énergies renouvelables s'applique sur de nombreux espaces architecturaux du Grand-Lyon (énergie solaire, pans photovoltaïques...). La filière éolienne est en voie de développement dans la vallée du Rhône et fournit une grande quantité d'énergie électrique.
Des hôtels mais aussi des campings, des chambres d'hôte... sont désormais certifiés Clef Verte : ce label créé par la Fondation pour l'éducation et l'environnement (FEE) récompense les services d'hébergements qui prennent soin d'un environnement qu'ils respectent. Ce label sensibilise également les touristes à la préservation de la nature.

LYON, VILLE VERTE

Suivant une tendance marquée du jardinage comme de l'agriculture, la mairie de Lyon a opté depuis 1998 pour une « gestion évolutive durable » de ses espaces verts. Dans tous les jardins de Lyon, l'usage des insecticides et herbicides a ainsi disparu. Les désherbages sont donc désormais thermiques (par flamme ou par vapeur, les graines et petites plantes sont brûlées) ou manuels, et les plantes adventices (comprenez : les mauvaises herbes) sont tolérées dans les pelouses ou les sous-bois dans une juste proportion. Les feuilles mortes ont de nouveau la fonction de fabriquer de l'humus sous les arbres, les déchets végétaux sont broyés pour former du compost. Les insectes ravageurs (comme les pucerons ou les araignées rouges) sont combattus par des « insectes auxiliaires » tels que les syrphes et coccinelles.
Seuls les traitements contre les champignons, qui se répandent par contagion, n'ont encore pu être supprimés. Les jardiniers se réjouissent de voir revenir, avec les insectes, d'autres auxiliaires de culture : les petits oiseaux.
Enfin, l'utilisation du paillage, en plus de limiter la pousse de mauvaises herbes, a permis de limiter les arrosages, si bien que la plus grosse dépense en eau de la Tête-d'Or est désormais allouée… au lac, que la baisse de niveau du Rhône a isolé de son alimentation.
Une Charte de l'arbre assure la préservation et l'entretien des arbres de l'ensemble des espaces verts de l'agglomération lyonnaise.
Le Grand-Lyon a également innové avec la mise en place d'un mur dépolluant au niveau du Centre d'échanges de Perrache où se croisent autoroutes et voies ferrées.
Ce mur en partie couvert de végétation est chargé de dépolluer l'air environnant par l'action combinée de ses plantes et des micro-organismes qui les habitent.

Histoire

La région lyonnaise est depuis toujours une voie de communication de premier ordre. Marquée par la culture romaine, animée par les foires médiévales, reconnue pour sa production de soie, ses idées liées à la Réforme, son esprit de Résistance et son développement énergétique, l'histoire régionale témoigne d'un dynamisme sans cesse renouvelé.

De Lugdunum à la ville chrétienne

LA PRÉHISTOIRE

Les découvertes actuelles situent l'arrivée de l'*Homo sapiens* dans la région aux alentours de 40 000 ans av. J.-C. Déjà, la vallée du Rhône est une voie de passage. Des groupes s'y sont installés ; l'agriculture, l'artisanat et le commerce (ambre, étain…) s'y développent bientôt. Au néolithique, les hommes vivent en sédentaire. De leur époque demeurent les cités lacustres du lac de Paladru.

DES ALLOBROGES AUX ROMAINS

Au 7e s. avant notre ère, les **Celtes** s'installent de part et d'autre du Rhône. Les Allobroges occupent la rive gauche du Rhône jusqu'aux contreforts des Alpes, de la région lyonnaise à la Drôme. Ils fondent la

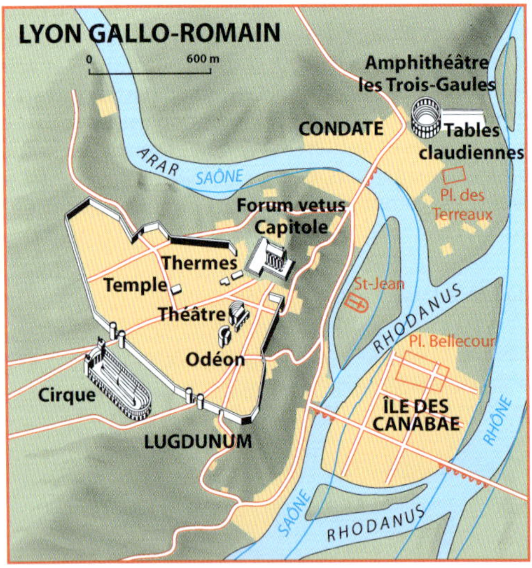

LÉGENDE CELTIQUE

Deux princes, Momoros et Atepomaros, se seraient arrêtés un jour au confluent du Rhône et de la Saône et auraient décidé d'y construire une ville. Tandis qu'ils creusaient les fondations, une nuée de corbeaux s'abattit autour d'eux. Reconnaissant dans cette manifestation une intervention divine, ils appelèrent leur cité **Lugdunum** (colline des corbeaux).

ville de Vienne. Les Segusiaves, moins nombreux, s'installent également dans la région lyonnaise et les Ambarres en Bresse.

Les **Romains**, désireux de conquérir la Gaule, comprennent rapidement l'importance stratégique du Rhône : ils s'en servent comme voie de pénétration pour leurs produits, mais aussi pour leur civilisation. Les légions romaines s'installent à Vienne, capitale des Allobroges, et sur la rive gauche du fleuve en 121. En 118 av. J.-C., les Romains créent la Narbonnaise, province qui s'étend de Vienne à la Méditerranée. Vienne est alors une cité importante qui s'étend sur les deux rives du Rhône qui la traverse.

LA CAPITALE DES GAULES

Dans sa volonté de conquérir la Gaule, César choisit le site de la future ville de Lyon pour établir son camp de base. L'emplacement est en effet idéal. Les alluvions du Rhône ont repoussé vers le sud le confluent qui se situait jadis au pied de la colline formant une presqu'île qui deviendra le centre vital du camp. La Saône et le Rhône offrent le magnifique spectacle de leurs cours contrastés, au pied des collines de Fourvière et de la Croix-Rousse, face à la basse plaine dauphinoise. Venue du nord, la Saône contourne le petit massif du Mont-d'Or et s'engage dans le défilé de Pierre-Scize, creusé entre Fourvière et la Croix-Rousse. Le Rhône arrive des Alpes en un large flot qui bute contre la Croix-Rousse. Après la mort de César, en l'an 43 av. J.-C., l'un de ses lieutenants, Munatius Plancus fonde Lugdunum, future ville de Lyon, en installant des colons romains sur les hauteurs qui dominent les rives de la Saône. En 27 av. J.-C., Agrippa, qui a reçu d'Auguste la mission d'organiser la Gaule, décide d'élever *Lugdunum* au rang de **capitale des Gaules**.

Les différents Césars, à commencer par Auguste, réorganisent la région qui entre dans une période de paix favorable au commerce, mais également à la construction. Des cités nouvelles surgissent de terre de même que des théâtres, amphithéâtres, villas à la campagne, etc.

Dès lors, le réseau des routes impériales s'établit au départ de Lyon : cinq grandes voies rayonnent vers l'Aquitaine, l'Océan, le Rhin, Arles et l'Italie. Auguste séjourne dans la cité. L'empereur Claude y naît. Au 2e s., des aqueducs conduisent à Fourvière l'eau des monts voisins. La ville, gouvernée par sa curie, a le monopole du commerce du vin dans toute la Gaule. Les nautes de son port sont de puissants armateurs; ses potiers, de véritables industriels. Les riches négociants occupent un quartier à part, dans l'île des Canabae, à l'emplacement actuel d'Ainay.

Sur les pentes de la Croix-Rousse s'étend la ville gauloise, **Condate**. L'amphithéâtre des Trois-Gaules (dont on a retrouvé en 1958 l'inscription votive) et le temple de Rome et d'Auguste accueillent chaque année la bruyante Assemblée des Gaules.

L'empereur Claude, natif de Lyon, obtient pour la ville la citoyenneté romaine. On peut désormais lire son discours sur les deux plaques de bronze découvertes dans le quartier de la Croix-Rousse à Lyon (voir le Musée gallo-romain de Fourvière p. 106). Quant à la ville de Vienne, forte de 30 000 habitants, elle possède des entrepôts d'une taille impressionnante qui attestent de son rôle commercial. Ses riches et vastes demeures, ses momuments et ses nombreux ateliers d'artisans témoignent de son importance.

LES MARTYRS DE LYON

Lugdunum est devenue le rendez-vous d'affaires de tous les pays. Soldats, marchands ou missionnaires arrivant d'Asie Mineure se font les propagateurs du nouvel Évangile et bientôt grandit dans la ville une petite communauté chrétienne. Grand centre économique et intellectuel, Lyon devient dès lors le point de départ de la diffusion du christianisme en Gaule. Elle le reste malgré les persécutions de Marc Aurèle. En 177 éclate une émeute populaire qui aboutit aux célèbres martyres de **saint Pothin**, de **sainte Blandine** et de leurs compagnons (voir p. 130).

LES GRANDES DATES

- **121 av. J.-C.** – Défaite des Allobroges. Les légions romaines s'installent à Vienne.
- **43 av. J.-C.** – Fondation de Lugdunum, future Lyon.
- **27 av. J.-C.** – Lugdunum devient capitale des Gaules.
- **1074** – Le pape Grégoire VII fait de l'archevêque de Lyon le primat des Gaules. Cette primatie, toujours actuelle, élève la ville au rang de capitale religieuse du royaume de France.
- **1349** – Rattachement du Dauphiné à la France.
- **1450** – Charles VII accorde à Lyon le monopole de la vente de la soie dans le royaume.
- **1536** – François Ier prend possession du comté du Forez.
- **1600** – Olivier de Serres, père de l'agriculture française, publie son *Théâtre d'agriculture et Mesnage des champs*.
- **1601** – En échange d'un domaine italien, Henri IV obtient du duc de Savoie, la Bresse, le Bugey, le Valromey et le pays de Gex.
- **1793** – Résistance lyonnaise contre la Convention ; la ville est punie par la Terreur.
- **1831-1834** – Principales insurrections des canuts à Lyon.
- **1863** – Fondation du Crédit Lyonnais.
- **1934** – Création de la Compagnie nationale du Rhône pour l'aménagement du fleuve.
- **Fin 1940** – Lyon, capitale de la Résistance réfugiée en zone libre.
- **1971** – Ouverture du tunnel de Fourvière.
- **1972** – Création de la Région Rhône-Alpes.
- **1986-1998** – Fonctionnement à Creys-et-Pusignieu de Superphénix, premier réacteur européen à neutrons rapides.
- **1998** – Le site historique de Lyon (confluent) est inscrit sur la liste du Patrimoine mondial de l'Unesco.
- **2000** – L'aéroport international prend le nom de St-Exupéry, en mémoire de l'écrivain et aviateur né à Lyon en 1900.
- **2008** – L'Olympique lyonnais remporte son septième titre consécutif de champion de France de football.

Vingt ans plus tard, le règne de Septime Sévère est marqué par de fréquentes incursions des barbares et par un climat d'insécurité qui met à mal la prospérité de la région. Après avoir triomphé de son compétiteur Albin soutenu par Lyon, l'empereur décide de livrer la ville aux flammes. Il trouve encore à Lyon 18 000 chrétiens qu'il fait massacrer ; parmi eux, figure saint Irénée, successeur de saint Pothin. En 280 apr. J.-C., l'empereur Probus enlève aux Lyonnais le monopole de la vente du vin en Gaule. C'est le début du déclin de Lyon devenue, sous Dioclétien, simple capitale de province.

Une région qui s'impose

LE MOYEN ÂGE, UNE ÉPOQUE MOUVEMENTÉE

Les **Burgondes**, puis les **Francs** se substituent aux Romains dans la région : c'est, du 5e au 6e s., la période des grandes invasions mais aussi de la fondation des premières abbayes dans la vallée, de cathédrales à Lyon et à Vienne. Trace de ce passé, l'**île Barbe** (nord-ouest du centre de Lyon), aujourd'hui domaine de calmes propriétés privées, abritait l'une des plus puissantes abbayes lyonnaises, fondée au 5e s.

Au 8e s., la région lyonnaise appartient à l'empire carolingien. Le christianisme se diffuse largement dans le royaume. En 843, le traité de Verdun partage l'empire de Charlemagne entre les trois fils de Louis le Débonnaire. Lothaire reçoit les territoires allant de Rouen à la mer du Nord, la Provence, la vallée du Rhône et la Bourgogne.

Bientôt, l'ensemble du territoire se morcèle avec l'ascension de **puissances féodales** – comme les comtes de Forez – qui en viennent à dominer de vastes domaines. S'instaure alors une époque de croissance économique, urbaine et démographique sur la région et au-delà. Les comtes d'Albon, « Dauphins de Viennois », étendent leurs possessions. Leurs terres, du Rhône aux Alpes, recevront le nom de Dauphiné.

Parallèlement, le développement des cités entraîne l'octroi au 13e s. de nombreuses chartes de franchises communales. À la même époque, la puissance du royaume de France s'impose progressivement. Elle se conclut par le rattachement à la France du Lyonnais en 1310 et du Dauphiné. Philippe de Valois fait ériger à cette occasion une tour à Vienne. En 1349 sont constitués les **États du Dauphiné**. Vienne est définitivement réunie à la France au cours du 15e s.

LYON AU MOYEN ÂGE

Après le règne de Charlemagne, legs et dots font passer Lyon de main en main. Dès le 11e s., la ville est devenue le lieu de résidence de l'épiscopat français. Le pouvoir des évêques dépasse le simple domaine religieux. Et finalement, la ville tombe sous l'autorité temporelle de ses archevêques. Le 12e s. est marqué par l'apparition des Vaudois, un groupe de Lyon qui prêche la pauvreté. Tolérés par l'Église, ses adeptes finiront par être condamnés par cette dernière comme hérétiques.

C'est une grande époque de construction. L'ordre cistercien influence grandement l'architecture régionale. À Lyon et dans tout le Lyonnais fleurissent églises et abbayes. Le pont du Change est lancé sur la Saône ; le pont de la Guillotière, œuvre des frères pontifes, permet de franchir le Rhône.

Au début du 14e s., Lyon est rattachée directement au pouvoir royal et obtient le droit d'élire douze consuls : la commune est proclamée à l'île Barbe en 1312. Les consuls, issus de la riche bourgeoisie, lèvent les impôts et assurent la police. C'est à cette époque que Lyon acquiert sa devise, toujours valable : « Avant, avant, Lion le *melhor* ». Le petit peuple, volontiers porté à la *rebeyne* (rébellion), et qui n'avait pas hésité à assiéger l'archevêque dans son palais, découvre alors que la main des consuls est encore moins tendre que celle du clergé.

LE TEMPS DES FOIRES

Le calme et la prospérité reviennent dans la région, se traduisant par la création de l'université de Valence en 1452, la nouvelle spécialisation de St-Étienne dans la fabrication d'armes à feu, et le développement des foires et marchés, dans le Velay et à Lyon. Les premières foires de Lyon sont instituées en 1419 par le dauphin Charles, futur Charles VII. Dès 1463, Louis XI confirme les foires de Lyon par privilèges royaux. La ville devient une plaque commerciale et financière incontournable pour toute l'Europe. Au nombre de quatre par an au milieu du 15e s., les foires de Lyon déclinent au 16e s. pour des raisons fiscales et des difficultés économiques plus ou moins liées aux guerres d'Italie, puis aux guerres de Religion.

LE TRIOMPHE DES LETTRES ET DES ARTS AU 16E S.

À la fin du 15e s., les foires et le développement de la banque attirent les commerçants de l'Europe entière. La vie mondaine, intellectuelle et artistique s'épanouit, stimulée par la venue de François Ier et de sa sœur, la reine Marguerite. S'y distingue le personnage de la Belle Cordière (Louise Labé). De célèbres « libraires », Jean Neumeister, Jean de Tournes et Guillaume Roville portent au loin le renom de l'imprimerie lyonnaise qui compte 100 ateliers en 1515, puis plus de 400 en 1548. Peintres, sculpteurs, céramistes, imprégnés de culture italienne, préparent la Renaissance française.
À Lyon brillent des poètes comme Maurice Scève et Clément Marot, des conteurs comme **Rabelais** ; médecin à l'Hôtel-Dieu, ce dernier publie coup sur coup, en 1532 et 1534, à l'occasion des foires, son *Gargantua* et son *Pantagruel*.

Cocons, magnans et soierie

DE LA CHINE À LYON

Jolie histoire que celle de la découverte de la soie ! Selon la tradition, une princesse chinoise prenait en effet le thé à l'ombre de son jardin, selon les règles de l'art quand, plof ! une boule blanche tomba dans son bol. L'élégante dame entreprit donc de l'en retirer, avec des baguettes, bien sûr. Mais les baguettes glissaient sur la boule, elle dut s'y reprendre à plusieurs reprises et, surprise, finit par voir la boule blanche tourner comme une toupie dans la décoction bouillante : un cocon de bombyx du mûrier était tombé dans son thé, elle avait attrapé la soie et découvrait que ce fil, résistant, était d'une longueur impressionnante (jusqu'à 1,5 km). Histoire ou légende ? Qui sait ? Toujours est-il que la soie est utilisée en Chine dès le 17e s. av. J.-C. et que le secret de sa fabrication y est gardé pendant vingt-trois siècles.
Après avoir traversé la Perse et l'Inde, l'élevage des vers à soie passe la Méditerranée (particulièrement en Italie) aux alentours du 12e s., arrive en Provence avec les papes d'Avignon.

Jusqu'alors, la plus grande partie des étoffes de soie vendues en France venait d'Italie. En 1450, Charles VII accorde à Lyon le monopole de la vente de la soie dans le royaume, mais la ville est devancée vingt ans plus tard par Tours. En 1536, le Piémontais **Étienne Turquet** propose d'amener à Lyon des tisseurs génois et d'y établir une manufacture. Soucieux de combattre l'exportation d'argent, François Ier accepte et poursuit ainsi la politique de Louis XI qui avait déjà supprimé taxes et impôts sur ce travail. François Ier, puis Henri IV se mêlent de l'affaire et encouragent la culture de la soie, ce dernier avec l'aide du savant Olivier de Serres. Quelque soixante ans plus tard, l'importation de soierie est interdite dans le royaume.

L'ESSOR

La soierie lyonnaise, en même temps que les élevages de magnans, prend un grand essor au 18e s. Son expansion continue sous le règne de Louis XIV, favorisée par d'illustres novateurs comme Philippe de Lassalle. Dessins et techniques sont d'une complexité croissante. Malheureusement l'essor de la production de la soie est momentanément stoppé par la Révolution.
À l'aube du 19e s., élevage et tissage deviennent une activité majeure dans l'ensemble de la région. En 1804, **Joseph-Marie Jacquard** s'inspirant d'une machine de Vaucanson, invente un métier qui, utilisant un système de cartes perforées, permet à un seul ouvrier de faire le travail de six. Le quartier de la Croix-Rousse se couvre alors de ses maisons-ateliers caractéristiques : leurs étages élevés abritent les métiers sur lesquels les « **canuts** », ouvriers de la soie, tissent le fil fourni par le fabricant. Dopée par une forte relance sous l'Empire, la soierie lyonnaise atteint son apogée vers 1850. La production explose et, à sa suite, les révoltes de canuts en 1831, 1834, 1848 et 1885.

LA CRISE

En 1850, la pébrine, maladie du ver à soie, ravage la sériciculture du Vivarais. Lorsque Pasteur y trouve un remède, le marché s'est orienté vers d'autres sources ; les magnaneries disparaissent une à une. L'introduction du métier mécanique et le changement de la mode, qui n'est plus aux étoffes façonnées ou brochées, réduisent les canuts à la misère. Malgré le perfectionnement de son savoir-faire, le tissage ne tarde pas à prendre la suite : la Première Guerre mondiale, l'apparition des tissus synthétiques portent le coup de grâce à la grande époque de la soierie lyonnaise. La concurrence extérieure, la découverte de fibres artificielles et l'industrialisation massive ont depuis profondément modifié cette industrie ; mais la soierie lyonnaise est restée une référence au service de la mode et du luxe français. Seuls subsistent aujourd'hui quelques métiers destinés à la fabrication d'étoffes spéciales de très grand prix.

La Révolution et l'essor de l'industrie

« LYON N'EST PLUS »

La **Révolution** offre à Lyon son premier statut de « municipalité », mais, bientôt, la résistance lyonnaise à la Convention engendre les terribles représailles de la Terreur. Du 22 août au 9 octobre 1793, elle est assiégée par l'armée : chaque jour, d'innombrables Lyonnais périssent, victimes de l'exaltation des agents de Robespierre. Couthon prescrit la destruction des maisons de Bellecour. Le 12 octobre 1793, à l'issue de ces cinquante jours de siège, le Comité de salut public rend le célèbre décret : « Lyon fit la guerre à la Liberté, Lyon n'est plus ». Le texte prévoit que la ville sera détruite, à l'exception de maisons conservées. Le nom de Lyon est changé en celui de « Commune affranchie ». Un an plus tard, une loi du 16 vendémiaire an III (7 octobre 1794) rend son nom à la ville.

L'ESSOR DES SCIENCES AU 18E S.

Après l'essor littéraire et artistique, les sciences prennent leur revanche au 18e s. avec les **frères Jussieu**, illustres botanistes, et **Claude Bourgelat** (1712-1779) qui fonde à Lyon, en 1762, la première école vétérinaire d'Europe. En 1783, **Jouffroy d'Abbans** expérimente sur la Saône la navigation à vapeur avec son « Pyroscaphe » qui ne lui rapportera guère que le surnom ingrat de « Jouffroy la pompe ». En 1784, Joseph de Montgolfier et Pilâtre de Rozier réussissent, aux Brotteaux, une des premières ascensions en aérostat. Quelques années plus tard, Ampère, le grand physicien, révèle à son tour un génie inventif.

L'ENVOL INDUSTRIEL

Comme dans le reste de la France, une fois les troubles calmés, la **croissance industrielle** prend son essor : 1800 voit les débuts de la fabrication de la mousseline à Tarare, que suivront les industries des cotonnades quelque trente ans plus tard. Le **chemin de fer** relie St-Étienne à Andrézieux en 1827, puis à Lyon en 1832. Dix ans ne sont pas passés avant que ne suive l'inauguration du **canal de Roanne**. En 1880, le phylloxéra détruit la moitié du vignoble ardéchois, mais les vignes sont rapidement remplacées par des vergers dans les vallées du Rhône et de l'Eyrieux. La fin du siècle assiste à la naissance de l'**industrie chimique** lyonnaise et l'essor de la **métallurgie** dans la vallée du Rhône.

L'OCCUPATION ET LA LIBÉRATION

Au début de la Seconde Guerre mondiale, alors que le gouvernement vaincu de la France s'installe à Vichy, la ligne de démarcation passe au nord de la région. À la fin de 1940, Lyon devient la **capitale de la Résistance** réfugiée en zone libre. La ville ne tarde pourtant pas à être occupée par les Allemands, le 11 novembre 1942, rendant plus dangereux les actes de résistance : en mai 1943, **Jean Moulin** est arrêté près de Lyon par la Gestapo. En 1944, les combats de la Libération gagnent la vallée du Rhône. Les ponts sont détruits par les Allemands. C'est en 1987 que sera jugé le chef de la Gestapo pour la région lyonnaise, **Klaus Barbie**. Condamné pour crimes contre l'humanité à Lyon, il décédera en prison en 1991.

L'INDUSTRIE, L'ÉNERGIE ET LA CITÉ INTERNATIONALE

L'industrialisation et l'équipement de la vallée du Rhône tendent d'abord à s'accentuer : construction à Creys-et-Pusignieu de Superphénix, premier réacteur européen à neutrons rapides (1986). La région est desservie par le premier TGV, qui relie Paris à Lyon en 1981. Au-delà de son influence régionale, Lyon aspire à compter parmi les plus importantes capitales européennes. Ancien Premier ministre, Raymond Barre est élu en 1995 maire de Lyon ; il prend la suite de Michel Noir. En 1996, Lyon confirme sa dimension internationale en accueillant le sommet du G7. Sa « cité internationale », son opéra et

Peinture de Jean Moulin.
B. Herold / Fotolia.com

son orchestre national ont su aussi se hisser au plus haut rang. Rivale de Milan et Barcelone, Lyon signe cependant des accords en 1998 avec la Lombardie et la Catalogne afin de développer des liens économiques et politiques.

En pays protestant

La Région Rhône-Alpes est, depuis le 16e s., une terre conquise par le protestantisme. Aujourd'hui encore, elle reste un des bastions de la Réforme.

LA RÉFORME ET LES GUERRES DE RELIGION

Durant la première moitié du 16e s., la Réforme se propage vers les Cévennes par la vallée du Rhône, le Vivarais et la vallée de la Durance; Lyon imprime et diffuse les doctrines prêchées à Bâle et à Genève.
Vers 1528, les premiers prédicateurs œuvrent à Annonay. Malgré la répression exercée par le Parlement de Toulouse, l'« hérésie » gagne du terrain. Le protestantisme est stimulé par le rayonnement, sur l'autre rive du Rhône, de l'Église vaudoise, réformée à partir de 1532, qui répand les influences genevoises et lyonnaises. Les habitants ont été sensibles aux idées calvinistes qui répondent à leur goût d'indépendance.
Vers 1550-1560, la Réforme est implantée dans tout le pays. Les artisans sont rejoints par des savants (Olivier de Serres) et des nobles (comte Antoine de Crussol). Les « religionnaires » affirment publiquement leurs croyances. Comme à Genève, le protestantisme se durcit. Les « consistoires », assemblées représentatives et délibérantes, mènent campagne contre les festins, les danses, les cartes et les dés. En 1546 s'ouvre la première église réformée lyonnaise.
C'est pendant la seconde moitié du 16e s. que catholiques et protestants s'affrontent. Dans le Dauphiné et le Vivarais, c'est une guerre de sacs de villes et de massacres qui est menée par les « religionnaires » et les « papistes ». Le baron des Adrets s'empare des principales villes du Dauphiné, où il

LE PROTESTANTISME AUJOURD'HUI EN RHÔNE-ALPES
Avec plus de 70 temples ouverts en Ardèche et autant dans la Drôme, le protestantisme semble perdurer en Rhône-Alpes. À Lyon, l'Église réformée se verra d'ailleurs, courant 2008, dotée du nouveau temple de l'Est implanté au cœur du quartier de la Soie à Vaulx-en-Velin.

conduit le mouvement huguenot. Il décime la vallée du Rhône avec ses bandes, puis marche sur le Forez où il fait tomber Montbrison. Plus tard, passant à nouveau au catholicisme, sa foi d'origine, il se retourne contre les réformés, alors défendus par le connétable François de Lesdiguières. Ailleurs, comme en Velay, le catholicisme triomphe sur le terrain. Les plus grandes villes (Lyon, Le Puy) se déclarent pour le parti ultra-catholique de la Ligue, qui résista au roi jusqu'en 1595.
La paix n'est rétablie qu'en 1596, et en 1598, Henri IV promulgue l'édit de Nantes, stipulant que les sujets du roi, adeptes du protestantisme, obtiennent la liberté de conscience et des lieux de culte.

LA CONTRE-RÉFORME ET LES DRAGONNADES

Dès 1536, après la mort de François Ier, son ministre le cardinal François de Tournon se consacre à la lutte contre la Réforme. Il fonde le collège de Tournon, foyer de la culture de la Renaissance.
La Contre-Réforme prend une ampleur décuplée au 17e s. avec la création de nombreux couvents (augustins, visitandines), et les missions de saint Jean-François Régis en Velay et Vivarais. Ces efforts refoulent progressivement les réformés.
À partir de 1661, Louis XIV, désirant réaliser l'unité politique et religieuse du royaume, entreprend une vive campagne contre la « religion prétendue réformée » et lance sur le Languedoc et les Cévennes les fameuses « dragonnades ». Ces persécutions conduisent à des abjurations massives. Louis XIV signe, le 18 octobre 1685, la révocation de l'édit de Nantes : le culte réformé est interdit. Cette décision entraîne l'exode de nombreux huguenots vers les pays protestants : les conséquences pour la vie économique de la région et de la France sont importantes. Après l'insurrection camisarde qui éclate dans les Cévennes entre 1702 et 1704, le protestantisme renaît clandestinement dans le Vivarais avec des prédicateurs comme **Antoine Court** (1695-1750) jusqu'en 1787. Louis XVI met fin aux persécutions avec l'édit de Tolérance.

Des novateurs en tout genre

Cinématographe, machine à coudre, métier à tisser... : la région s'avère être une pépinière de savants et d'ingénieurs dignes du concours Lépine (lequel est justement né à Lyon !).

LE BALLON DES FRÈRES MONTGOLFIER

Dans les dernières années de l'Ancien Régime, les frères **Joseph** (1740-1810) et **Étienne** (1745-1799) **de Montgolfier**, descendants de l'une des plus anciennes familles de papetiers d'Europe, ont acquis la célébrité en réussissant les premières ascensions en ballon. Poursuivant inlassablement sa recherche d'un gaz plus léger que l'air, Joseph fait une première expérience concluante avec un parallélépipède en taffetas qu'il

Les frères Lumière sur la fresque des Lyonnais.
J. Damase / MICHELIN

emplit d'air chaud en faisant brûler un mélange de paille mouillée et de laine. Associant son frère à ses recherches, et après plusieurs tentatives fructueuses, dont l'une menée dans les jardins de la papeterie familiale à Vidalon-lès-Annonay, il lance avec succès son premier aérostat, place des Cordeliers à Annonay, le 4 juin 1783. Mandés dans la capitale pour renouveler leur exploit devant le roi, ils décident de se séparer momentanément, le temps que l'un d'eux accomplisse cette mission. C'est ainsi que le 19 septembre de la même année fut inauguré à Versailles, sous la conduite d'Étienne et devant la famille royale et la Cour médusées, le premier vol habité. Au ballon est attachée une cage à claire-voie, avec comme passagers un coq, un canard et un mouton. En quelques minutes, le *Réveillon*, timbré sur fond bleu du chiffre du roi, s'élève dans les airs, puis se pose en douceur dans le bois de Vaucresson. Le mammifère et les deux volatiles ont parfaitement supporté le voyage ! Tous les espoirs sont donc permis.

DU FIL À L'ÉTOFFE

Jacquard et les risques du métier

Joseph-Marie Jacquard naît à Lyon en 1752. Son père, petit fabricant en étoffes façonnées, l'emploie à « tirer les lacs », ces cordes qui font mouvoir la machine compliquée servant à former le dessin de la soierie. L'enfant, de santé fragile, n'y résiste pas. On le place chez un relieur, puis chez un fondeur de caractères.
Après la mort de son père, Jacquard tente de monter une fabrique de tissus. Son inexpérience commerciale et ses recherches pour perfectionner le tissage le ruinent. Il doit se placer comme ouvrier chez un fabricant de chaux du Bugey, tandis que sa femme tresse la paille. En 1793, il s'engage dans un régiment de Saône-et-Loire avec son fils qui sera tué à ses côtés. Rentré à Lyon, Jacquard travaille le jour chez un fabricant et, la nuit, à la construction d'un nouveau métier et d'une machine à fabriquer les filets de pêche. La République

cherche des inventeurs : Carnot, ministre de l'Intérieur, fait venir Jacquard à Paris.
En 1804, Jacquard retourne à Lyon pour achever le métier auquel son nom est resté attaché. À un attirail de cordages et de pédales exigeant le travail de six personnes, il substitue un mécanisme simple, permettant à un seul ouvrier d'exécuter les étoffes les plus compliquées aussi facilement qu'une étoffe unie. Trois ouvriers et deux ouvrières se trouvent supprimés pour chaque métier ; dans une ville qui compte alors 20000 métiers, des dizaines de milliers d'ouvriers se voient menacés dans leur travail. Les canuts se dressent contre cette « évantion » qui leur coupe les bras. Pourtant, Jacquard parvient à convaincre les canuts de l'utilité de sa découverte. Des fabricants montrent l'exemple et, en 1812, plusieurs « Jacquards » fonctionnent à Lyon. Retiré à Oullins, leur inventeur peut enfin goûter un repos bien mérité.
Il décède en 1834.

La machine à coudre de Thimonnier

Aussi opiniâtre que le tisseur lyonnais, **Barthélemy Thimonnier** (1793-1857) n'eut pas comme lui le bonheur de voir sa découverte exploitée dans son pays natal. Lorsque la famille s'installe en 1795 à Amplepuis, le jeune Barthélemy est placé comme apprenti tailleur. En 1822, il s'installe comme tailleur d'habits à Valbenoîte près de St-Étienne. Hanté par l'idée de coudre mécaniquement et s'inspirant du crochet utilisé par les brodeuses des monts du Lyonnais, il construit dans le secret un appareil en bois et en métal permettant d'exécuter le point de chaînette. La machine à coudre était née.
Pour parvenir à breveter son invention, il s'associe à **Auguste Ferrand**, répétiteur à l'école des mineurs de St-Étienne. Une demande est déposée le 13 avril 1830 au nom des deux associés. Thimonnier quitte ensuite St-Étienne pour la capitale où le premier atelier de couture mécanique voit le jour au 155 rue de Sèvres. Là, 80 machines à coudre ont un rendement six fois plus important que la couture à la main. Cela déclenche la haine des tailleurs parisiens qui, lui reprochant de vouloir ruiner leur profession, saccagent l'atelier ; Thimonnier, ruiné, revient à Amplepuis, où il reprend son métier de tailleur.
En 1848, une compagnie de Manchester s'intéresse à son « couso-brodeur ». Épuisé par 30 ans de travail et de luttes, il s'éteint à l'âge de 64 ans, trop tôt pour connaître l'extraordinaire essor de la machine à coudre.
Voir le musée Barthélemy-Thimonnier de la Machine à coudre et du Cycle, à Amplepuis p. 270.

UNE MARIONNETTE VIEILLE DE 200 ANS

Laurent Mourguet (1769-1844) était ouvrier de la soie, forain et arracheur public de dents. Pour attirer les clients, il improvise des saynètes avec des poupées animées. Mourguet utilise donc ce moyen « publicitaire » avec la marionnette vedette en ce début du 19e s. : **Polichinelle**. Il innove rapidement avec l'apparition de **Gnafron** et, en 1808, de **Guignol**. Les Lyonnais se reconnaissent de bon cœur dans le personnage de Guignol, sympathique marionnette qui porte sous son bonnet noir une petite tresse qu'il appelle son « sarcifis ». Sous la naïveté et la gentillesse du personnage perce un esprit moqueur qui sait déceler les ridicules et s'en amuser. Il incarne parfaitement l'âme du « gone » lyonnais : un gros bon sens, une ironie narquoise, un peu d'esprit frondeur et une pointe de poésie.

Sa femme **Madelon**, avec laquelle il a souvent des scènes de ménage, est une épouse modèle mais ronchonneuse.
L'inséparable ami, c'est le truculent Gnafron dont le nez rubicond traduit un net penchant pour le beaujolais ; lui demande-t-on sa profession, il la définit ainsi : « Les gens qui ont reçu de l'éducance nous appellent savetiers, ceux qui n'en ont pas reçu nous appellent gnafres. » Devant le succès remporté par les premières représentations, Mourguet se consacre uniquement à ces spectacles.
Les représentations se déroulent dans un « castelet » mobile en plein air ou dans un café, pour distraire un public populaire, qui vient entendre parler de lui-même dans une langue qui est la sienne. Bientôt l'audience s'élargit et Mourguet joue un peu partout à Lyon, au Petit Tivoli et dans la grande allée des Brotteaux où le dimanche on dispose un triple rang de chaises.

BERNARD ET BICHAT : LA RÉVOLUTION MÉDICALE

Il y a du sucre dans le foie, plus précisément du glycogène : par cette grande découverte (1843), le physiologiste **Claude Bernard** explique le diabète en 1853. Théoricien fondamental de la médecine expérimentale, il a aussi contribué à comprendre le système nerveux. Quel parcours pour ce membre des Académies de médecine et des sciences, cet enseignant qui délivra des cours à la Sorbonne et au Collège de France ! Il est l'auteur de *La Science expérimentale* (1876).
Fils d'humbles vignerons de St-Julien dans le Beaujolais, Claude Bernard est né en 1813 : on peut voir sa maison au hameau de Chatenay, près du musée qui lui est consacré. C'est, dit-on, grâce au curé du village qu'on l'envoya étudier à Lyon. De là, il « monta » à Paris pour étudier la médecine.
Voir le musée Claude-Bernard à St-Julien p. 250.
Les découvertes de **François-Xavier Bichat** (1771-1802), né à Nantua, font de lui l'un des plus grands anatomistes et physiologistes de l'histoire. Il développe l'enseignement médical, se consacre tout spécialement à la physiologie, découvre que des organes différents peuvent contenir un même tissu, et contribue à différencier des pathologies confondues.
Il est ainsi à l'origine de la révolution médicale de la fin du 18e s. et du début du 19e s.

LUMIÈRE ! ET LE CINÉMA EST NÉ...

En 1882, un photographe venu de Besançon, Antoine Lumière, s'installe dans un hangar de la rue St-Victor à Lyon et entreprend la fabrication de plaques sèches au gélatino-bromure, selon une formule qu'il a trouvée. Quatre ans plus tard, il a déjà vendu plus d'un million de plaques sous le nom d'« étiquette bleue ». Les deux fils de l'ancien photographe, **Auguste** (1862-1954) et **Louis** (1864-1948) **Lumière**, associés à leur père, travaillent à un appareil de leur invention. Ils le présentent en 1895 à la Société d'encouragement. L'appareil, qui reçoit finalement le nom de cinématographe, est présenté à Lyon le 10 juin 1896. D'abord indifférent, le public se rue bientôt pour voir les dix premiers films, courtes saynètes dont l'humour n'a pas vieilli. Sortie d'un hangar lyonnais, la prodigieuse aventure du cinéma commençait... Elle se poursuit avec le Festival Lumière, né en 2009 et qui met à l'honneur le cinéma pour tous. Le prix Lumière a été décerné en 2009 à Clint Eastwood, en 2010 à Milos Forman et en 2011 à Gérard Depardieu.

TONY GARNIER ET LA CITÉ INDUSTRIELLE

« En matière d'urbanisme, toute idée neuve et hardie est intéressante » : cette phrase de Tony Garnier, l'un des plus grands architectes du 20e s., résume bien son élan. Né à Lyon en 1869, il y laissera à sa mort, en 1948, une œuvre abondante et innovante qui influencera de nombreux confrères, dont le célèbre Le Corbusier. Après ses études aux écoles nationales des beaux-arts de Lyon et de Paris, il travaille dans l'atelier de Julien Guadet et se passionne très vite pour la conception d'une « cité industrielle ». Son projet mêle une organisation rationaliste et fonctionnelle des lieux à une vision utopique d'une société qui n'aurait besoin ni de police ni de religion, mais serait régie par la loi du travail. En architecture, il emprunte des éléments classiques à la Grèce et recourt à des matériaux encore mal connus, comme le béton armé. En 1905, le nouveau maire, Édouard Herriot, lui confie la direction des « Grands Travaux ». Tony Garnier commence par un coup de maître, en construisant une immense halle (halle Tony-Garnier) au cœur des nouveaux abattoirs de La Mouche. Il poursuit en réalisant un stade olympique (stade de Gerland), un hôpital pavillonnaire (hôpital Édouard-Herriot), une école de tissage, le quartier d'habitation des États-Unis, le monument de l'île du Souvenir au parc de la Tête-d'Or…

LE BUGEY, TERRE D'ACCUEIL

Les montagnes du Bugey, refuges des maquisards pendant la Seconde Guerre mondiale, accueillirent des artistes qui s'y sentirent en sécurité. Gertrude Stein (1874-1946) fut de ceux-ci ; protégée par le maire de Belley, elle passe les années de guerre dans le Bugey avec sa compagne Alice Toklas, juive elle aussi. Auteur de l'ouvrage d'avant-garde *The Making of Americans* (1925), cette célèbre écrivaine américaine applique la déconstruction cubiste à la littérature. Elle écrit lors de son séjour à Belley son livre principal Autobiographie d'*Alice B. Toklas* (1932) et prépare *Les Guerres que j'ai vues* (1945). Artistes et auteurs français et américains lui rendent visite dans le Bugey : Bernard Faÿ, Georges Hugnet, Paul Bowles, William Seabrook, Charles Henri Ford… En été 1939 séjournent près de là, à Chémillieu, l'écrivain résistant René Tavernier et le surréaliste André Breton. Étrange époque qu'a traversée le Bugey, visité par des intellectuels du monde entier et souffrant parallèlement de la guerre et des rafles – celle des enfants d'Izieu (*voir p. 229*) se passait à peu de kilomètres de la maison de G. Stein et A. Toklas ! –, secoué par les actions du maquis.

AUTRES PERSONNALITÉS DE LA RÉGION

Beaux-Arts

Raymond Depardon, grand photographe, fondateur de l'agence Gamma et cinéaste, est né à Villefranche-sur-Saône en 1942. Dans le livre *La Ferme du Garet*, il raconte son enfance dans le Beaujolais.

Hector Guimard (1867-1942), architecte, est né à Lyon. Cet adepte de l'Art nouveau est le créateur des premières bouches de métro parisiennes.

Pierre Cécil Puvis de Chavannes (1824-1898) est né à Lyon. Classé parmi les peintres académiques, il fut cependant admiré par les symbolistes et de jeunes confrères avant-gardistes tels que Gauguin.

Cinéma

Jean-Pierre Jeunet est né en 1953 à Roanne. Cinéaste, il est l'auteur, entre autres, de *Delicatessen* (1991) et du *Fabuleux Destin d'Amélie Poulain* (2001).

Muriel Robin, comédienne et humoriste, est née en 1955 à Montbrison.

Bertrand Tavernier, cinéaste, est né en 1941 à Lyon. Son *Horloger de Saint-Paul* se déroule dans sa ville natale. Il est également président de l'Institut Lumière basé à Lyon.

Histoire

L'**abbé Pierre**, alias Henri Grouès (1912-2007), est le fondateur du mouvement Emmaüs chargé de lutter contre la pauvreté.

Marc Bloch (1886-1944), historien du Moyen Âge. Juif et résistant, il est fusillé par les Allemands en 1944 près de Lyon, sa ville natale.

Antoine Pinay (1891-1994) est né à St-Symphorien-sur-Coise. Ministre de l'Économie, il instaura le « nouveau franc » en 1959.

Saint Vincent de Paul (1581-1660), prêtre. En 1617, il a fondé la première confrérie de la Charité à Châtillon-sur-Chalaronne.

Littérature

Paul Claudel (1868-1955), poète, dramaturge, essayiste, est enterré dans le parc du château de Brangues, non loin de Morestel.

Frédéric Dard (1921-2000), écrivain prolifique, fit vivre sous sa plume près de 200 aventures à son héros, le commissaire San-Antonio. Il est inhumé au cimetière de St-Chef en Dauphiné, commune de son enfance.

Louise Labé (1524-1566), poétesse de l'école lyonnaise de la Renaissance, crée avec Maurice Scève l'un des premiers salons littéraires de la région.

Éric-Emmanuel Schmitt, auteur de théâtre, est né en 1960 à Ste-Foy-lès-Lyon. Les questions spirituelles hantent les pièces à succès de ce normalien. *Le Visiteur* (1994) fut couronné par trois molières.

Antoine de Saint-Exupéry (1900-1944), écrivain et aviateur, naît au 8 de la rue du Peyrat à Lyon (rebaptisée aujourd'hui rue Antoine-de-St-Exupéry).

Musique

Hector Berlioz (1803-1869), grand compositeur, est natif de la Côte-St-André. Il est l'inventeur d'un style polyphonique dont l'influence s'est exercée jusqu'à nos jours.

Benjamin Biolay, auteur, compositeur, interprète, naît le 20 janvier 1973 à Villefranche-sur-Saône. Au conservatoire de Lyon, il apprend le trombone et obtient deux premiers prix en 1990.

Pierre Boulez, né en 1925 à Montbrison, chef d'orchestre et compositeur dodécaphoniste, est une personnalité majeure de la musique contemporaine française. Il a fondé l'Institut de recherche et coordination acoustique/musique (Ircam) à Paris.

Liane Foly, chanteuse, est née en 1963 à Lyon.

L'Affaire Louis Trio, originaire de Lyon, groupe qui fit carrière au milieu des années 1980 avec *Chic planète*, s'est séparé.

Anne Sylvestre, chanteuse et auteur d'une foule de chansons enfantines, est née en 1934 à Lyon.

Sciences

André-Marie Ampère (1775-1836) est né à Polémieux-au-Mont-d'Or, près de Lyon. Physicien et chimiste français, il est le fondateur de l'électromagnétisme.

Jean-Baptiste Guimet (1785-1871), polytechnicien, fait fortune à Lyon avec la fabrication du bleu outremer artificiel de son invention. Son fils **Émile** (1836-1919) collectionna les œuvres d'art asiatiques visibles au musée Guimet de Paris.

Art et architecture

La région lyonnaise, traversée par la vallée du Rhône, fut et demeure un lieu de passage emprunté par des gens d'horizons divers qui ont véhiculé avec eux des coutumes, des religions mais aussi des idées particulières. La géographie et le climat des différents terroirs ont amené les hommes à composer avec la nature. De là sont nés un art et une culture qui se distinguent par leur diversité et leur originalité.

Les grandes étapes de la création

Au carrefour entre le nord de l'Europe et la Méditerranée, les diverses influences contribuent à la richesse du patrimoine artistique de la région, au même titre que les vestiges des civilisations antiques ou les créations contemporaines.

LES MONUMENTS ROMAINS

Fondées après la conquête de la vallée du Rhône par les légions romaines une centaine d'années av. J.-C., les cités de Lyon et de Vienne sont au faîte de leur splendeur au 2e s. apr. J.-C. Elles déclinent à partir du 4e s., puis les troubles et les incursions barbares occasionnent des ravages multiples. Au Moyen Âge, les grands monuments servent de carrière. Rares sont les vestiges gallo-romains encore visibles. À partir de 1922 à Vienne et de 1933 à Lyon, sur les chantiers des sites archéologiques, des ensembles monumentaux remarquables (théâtres, odéons) sont exhumés.

Les théâtres

Ils se composent de gradins ceinturés par une colonnade, d'un orchestre réservé aux personnes de marque, et d'une scène surélevée par rapport à l'orchestre.
Les acteurs jouent en avant d'un mur percé de portes par où se font leurs entrées. Derrière le mur de scène richement décoré se trouvent les loges des acteurs et les magasins. Au-delà encore, un portique donnant sur des jardins reçoit les acteurs avant leur entrée en scène. Les spectateurs viennent s'y promener pendant les entractes ou s'y abriter de la pluie. L'acoustique des théâtres romains étonne encore dans ces édifices pourtant à moitié détruits, ce qui peut se vérifier à Fourvière (notamment lors des Nuits de Fourvière) et à Vienne.

Les temples

Demeures des dieux et non lieux de culte, les temples se composent d'un sanctuaire fermé contenant une effigie divine – qui peut être également celle d'un empereur divinisé – et d'un vestibule ouvert. Les temples sont entourés partiellement ou totalement d'une colonnade. Le temple d'Auguste et de Livie à Vienne, comparable à la Maison carrée de Nîmes, est l'un des derniers temples romains dans la région ; seules les grandes

Lyon, Halle Tony-Garnier (architecte Tony Garnier, réhabilitation et aménagements Albert Constantin).
E. Saillet / Photononstop

cités en possèdent un. À l'image des temples romains d'Italie, celui de Vienne est construit sur un podium auquel on accède par un escalier frontal ; le portique est profond, la colonnade avec ses chapiteaux à feuillage enroulé est d'ordre corinthien. De dimensions imposantes et majestueuses, ces temples reflétaient, de par leur architecture, la grandeur d'un règne et l'importance de la cité.

Les thermes

Les thermes romains, gratuits, sont à la fois bains publics, établissements de culture physique, clubs, casinos, centres de conférences. Le fonctionnement des thermes prouve une grande maîtrise des problèmes d'adduction d'eau et de chauffage. L'eau arrive par un aqueduc, elle est accumulée dans des citernes, puis distribuée par un circuit de canalisations en plomb et en mortier ; l'évacuation se fait par un réseau d'égouts. Le chauffage de l'eau et des pièces est assuré par un système de foyer et d'hypocaustes en sous-sol.

Dans ces très vastes bâtiments, la décoration est somptueuse : colonnes et chapiteaux rehaussés de couleurs vives, parements de mosaïques, revêtements de marbres de couleur, voûtes à riches caissons, fresques sur les murs. Les fouilles de St-Romain-en-Gal (*voir Vienne p. 402*) ont exhumé quelques vestiges de décorations luxueuses, le site lui-même, grâce aux proportions du musée et à l'emprise au sol des ruines, donnant une idée plus concrète de l'importance de ces établissements au sein des cités romaines.

L'amphithéâtre

L'élément principal est l'arène, de forme ovale généralement, où se donnent les spectacles : combats de fauves ou de gladiateurs, exécutions de condamnés non citoyens romains qui sont livrés aux bêtes ou au bourreau. Le cri « aux lions, les chrétiens » est resté tristement célèbre. Autour de l'arène s'ordonnent les gradins qui reçoivent les spectateurs. Lyon, centre du culte officiel de Rome en Gaule, se devait d'avoir un amphithéâtre : c'est l'amphithéâtre des Trois-Gaules.

Le cirque

Il attire les foules passionnées de courses de chars. Au milieu de la piste se trouve une longue construction rectangulaire, la *spina*, marquée au centre par une « pyramide » et limitée à chaque extrémité par de grosses bornes semi-circulaires. Les chevaux et les cochers portent les couleurs blanches, bleues, rouges ou vertes des factions rivales qui organisent la compétition. Le cirque est construit en grande partie en bois, ce qui explique qu'on en trouve si peu de traces.

L'ART ROMAN

La vallée du Rhône n'est pas à l'origine d'une grande école comme la Bourgogne ou l'Auvergne.
La diversité de ses régions, de ses reliefs et de ses paysages se retrouve dans la floraison d'églises romanes qui reprennent, mêlent, et parfois subliment des influences artistiques très différentes.

Lyonnais et région de Vienne

Les églises romanes de ces régions assurent la transition entre la Bourgogne, la Provence et le Velay. Elles témoignent aussi quelquefois de la diffusion de découvertes artistiques. Ainsi, les absides à bancs et colonnettes de marbre des cathédrales de Lyon et de Vienne relèvent d'une technique décorative d'inspiration orientale dont on trouve le premier exemple à Ste-Sophie à Constantinople et qui a gagné la vallée du Rhône par l'intermédiaire de l'Italie (St-Marc à Venise). Elle caractérise l'art viennois-lyonnais.
Parmi les monuments majeurs de la région lyonnaise, la basilique St-Martin-d'Ainay à Lyon est reconnaissable à la toiture de son clocher-porche (pyramide encadrée d'acrotères) ; l'influence bourguignonne se retrouve surtout dans la composition intérieure et le décor des chapiteaux.
Plus en aval sur le Rhône, l'église St-Pierre à Vienne présente également un imposant clocher-porche à trois niveaux d'arcades. Mais la présence d'arcs trilobés évoque déjà le Velay ou la Provence.

Forez

La Loire et le Forez ont largement bénéficié du rayonnement artistique de l'école de Cluny. Souvent fortifiées, les églises sont d'une sobre élégance comme en témoigne le portail de l'église de Bourg-Argental.

LA PÉRIODE GOTHIQUE (13e-15e S.)

Dans la vallée du Rhône et les régions voisines, l'époque gothique est loin d'être aussi riche que la période romane.

Monuments religieux

L'emploi systématique de la croisée d'ogives et de l'arc brisé constitue le caractère essentiel de l'architecture religieuse. Désormais, l'architecte dirige les poussées de l'édifice sur les quatre piliers déterminant une travée au moyen des arcs, ogives, formerets et doubleaux. Il suffit alors d'épauler les piliers par des contreforts et des arcs-boutants. L'église ainsi soutenue, on peut évider les murs et garnir les baies de vitraux. Avec le style flamboyant, illustré à Bourg-en-Bresse par un chef-d'œuvre, l'église du monastère royal de Brou (*voir p. 160*), apparaissent des arcs purement décoratifs, dits « liernes » et « tiercerons ».
La vallée du Rhône n'a subi que des influences méridionales, discernables dans la largeur des édifices et l'horizontalité de leurs toits. Les cathédrales de Lyon et de Vienne, amples monuments aux lignes austères et rudes, sont

intéressantes dans leurs détails. L'abbatiale de St-Antoine (12e-15e s.) permet de suivre l'évolution du style gothique de sa naissance à son déclin. L'église St-Nizier de Lyon et celle d'Ambierle offrent de bons exemples du style flamboyant, sans les outrances habituelles du genre.

Monuments civils

L'architecture militaire issue de la féodalité rhodanienne est abondamment représentée en cette marche-frontière entre le « Royaume » et « l'Empire ».

LA RENAISSANCE (16e S.)

L'architecture

Sous l'influence de l'Italie, l'architecture Renaissance suit une orientation nouvelle marquée par le retour aux formes antiques.
La Renaissance italienne a trouvé dans le sillon rhodanien son principal chemin d'accès vers le nord de la France. Elle a laissé son empreinte dans certaines maisons lyonnaises des quartiers St-Jean et St-Nizier et, près de Feurs, au château de la Bastie-d'Urfé.

Poètes humanistes et gens de lettres

Dans le domaine littéraire, Lyon connaît au 16e s. une intense activité culturelle. Des ateliers de nombreux imprimeurs partent des ouvrages de poètes italiens, dont les chantres de la Renaissance, Pétrarque et Dante.
C'est dans ce contexte que se succèdent au cours du siècle les tenants de la poésie emblématique, néo-latine et amoureuse, écrivant en latin puis en langue française. Rabelais rencontre à Lyon Symphorien Champier, auteur et éditeur ; Maurice Scève, soucieux du renouveau de la langue littéraire, participe à un concours de poésie organisé par Clément Marot et organise à Lyon les fêtes en l'honneur du séjour de François Ier. Les femmes ne sont pas exclues de cette recherche esthétique, avec des poétesses comme Pernette du Guillet et **Louise Labé,** surnommée la Belle Cordière, dont les œuvres tranchent sur le formalisme ambiant par leur ardeur et la sincérité des sentiments exprimés.
Cette grande période humaniste de Lyon s'éteint dans la seconde moitié du 16e s. avec le déclin des foires de Lyon, l'écroulement d'un emprunt d'État, la crise financière qui s'ensuit et l'austérité militante des débuts de la Réforme.

PÉRIODE CLASSIQUE (17e-18e S.)

Tantôt sobre et relevant de la manière antique, tantôt surchargé et s'inspirant de l'esprit baroque, l'art classique a laissé maintes traces dans la vallée du Rhône, mais on ne découvre d'ensembles majeurs qu'à Lyon.
Au 17e s., l'urbanisme classique trouve son principal champ d'action dans le quartier des Terreaux et, au 18e s., dans les quartiers de Bellecour et Perrache : la place Bellecour, tracée sous Louis XIV et encadrée d'immeubles Louis XVI, en est l'élément capital. L'architecte bourguignon **Germain Soufflot** (1713-1780), auteur du Panthéon à Paris, arrivé à Lyon en 1738, fait figure de chef d'école à l'égard du style Louis XVI par son souci de remettre l'Antiquité à l'honneur.

PÉRIODE MODERNE (19e-20e S.)

La peinture

Au cours du 19e s., de nombreux artistes de la région sont formés à la peinture de fleurs à l'école des beaux-arts de Lyon. Ils composent minutieusement des motifs pour les fabricants de soieries. L'un des plus réputés sera **Simon Saint-Jean**.
Durant la même époque éclot l'école lyonnaise de peinture,

partagée entre le réalisme et l'idéalisme, alliant une certaine austérité allant parfois jusqu'à la mélancolie, sensible dans les portraits, les paysages, les natures mortes. Dans la première moitié du siècle s'imposent des artistes réalistes, tels **Berjon** (1754-1808), auteur attentif de natures mortes et de portraits, puis **Jean-Michel Grobon** (1770-1853) qui se consacre surtout au paysage. Vers 1840, la peinture lyonnaise est marquée par un fort courant mystique dont le chef-d'œuvre est certainement le célèbre *Poème de l'âme* de **Louis Janmot** (1814-1892).

La seconde moitié du siècle est marquée par le triumvirat composé d'**Auguste Ravier** (1814-1895), **Louis Carrand** (1821-1899) et **François Vernay** (1821-1896). Ces peintres prolongent le mouvement des paysagistes installés à Barbizon. Après avoir arpenté la région, Ravier s'installe à Crémieu, puis Morestel (*voir p. 391 et p. 395*).

Après la Seconde Guerre mondiale, le groupe Témoignage de Lyon s'inspire du surréalisme.

20e-21e siècles : Lyon, une architecture éclairée

LES GRANDS TRAVAUX

Une des caractéristiques de la ville de Lyon est la qualité de son développement qui a respecté les périodes antérieures. Cela n'a pas toujours été le cas, car même le quartier Renaissance du Vieux-Lyon a failli disparaître sous le pic des démolisseurs. Mais aujourd'hui, Lyon peut décliner son histoire au fil de ses quartiers ; chacun a sa caractéristique, son histoire, son âme. Cette richesse, Lyon la doit en bonne partie à ses maires qui l'ont transformée avec sagesse et audace. Le plus connu est sans conteste **Édouard Herriot** (1872-1957) qui a veillé pendant plus de 50 ans à la destinée de la ville. On lui doit une politique d'urbanisation énergique confiée en partie à **Tony Garnier**.

L'art des architectes et des ingénieurs s'est exercé à Lyon lors de la construction en 1872 de la **basilique de Fourvière**, élevée dans un style byzantin-médiéval original, et sur le Rhône avec le lancement, à partir de 1825, de ponts suspendus en fer qui, après la Seconde Guerre mondiale, furent remplacés par des ouvrages en béton.

Quant au début du 20e s., il reste marqué par l'audacieuse charpente métallique de la **halle Tony-Garnier** classée, en 1975, monument historique et par la cité des États-Unis qu'il réalise en 1920-1930. Môrice Leroux conçoit les gratte-ciel de Villeurbanne dès 1934. Depuis 1945 ont été édifiés des monuments religieux d'une conception neuve comme le couvent d'Éveux, l'église de Pouzin ainsi que des ensembles urbains comme Firminy par Le Corbusier et le quartier de La Part-Dieu à Lyon. L'œuvre la plus spectaculaire de la fin du 20e s. est **l'aéroport de Lyon-St-Exupéry**, anciennement Lyon-Satolas (Calatrava).

LE NOUVEAU VISAGE DE LYON

Les années 1930 avaient vu surgir les ensembles de gratte-ciel de Villeurbanne et du quartier des États-Unis qui représentaient alors une réalisation audacieuse. L'après-guerre a été marqué par un plan d'urbanisme structuré, d'où sont issus les vastes ensembles de Bron-Parilly, Rillieux-la-Pape, Vénissieux, la Duchère et Vaulx-en-Velin. Suivront l'aménagement du port Édouard-Herriot, la restauration du Vieux-Lyon, la rénovation des quartiers Mercière-St-Antoine et Tolozan-Martinière ou encore l'aménagement du quartier du Tonkin à Villeurbanne.

En 1977, la **tour « Crayon »** (Crédit Lyonnais), implantée au cœur du quartier de La Part-Dieu, marque fortement la silhouette de Lyon, qui se voit alors dotée d'un second centre-ville. Culminant à 165 m, elle reste un repère visuel fort au même titre que la basilique de Fourvière à laquelle elle fait face. Prévu pour 2010, l'achèvement de la **tour Oxygène** devrait renforcer la cohérence architecturale de ce quartier d'affaires. Habillée de verre et rythmée de fines lignes d'acier, elle accueillera, du haut de ses 115 m, près de 28 000 m^2 de bureaux. D'ici 2013 enfin, la **tour Incity**, dont le revêtement extérieur évoquera les reflets de la soie, équipée de panneaux solaires et d'une éolienne de pointe, dépassera ses consœurs du haut de ses 180 m.

Par ailleurs, pour assurer son avenir, Lyon développe plusieurs technopoles. C'est ainsi qu'entre le Rhône et le parc de la Tête-d'Or, la **Cité internationale** continue de se moderniser avec la construction d'un grand amphithéâtre qui voisine désormais le siège d'Interpol (Organisation internationale de police criminelle), ainsi que l'ensemble hôtelier, le casino et le musée d'Art contemporain. À l'est, autour du campus universitaire de la Doua, sont implantés d'importants bureaux de recherches techniques tandis que sur le quartier de la Presqu'île s'active le vaste chantier urbain de **Lyon Confluence**, pôle d'emplois de services et de loisirs. Le chantier, qui devrait durer jusqu'en 2014, comprend notamment l'aménagement d'un parc paysager sur les bords de la Saône, environné de logements conçus par de grands architectes. Ces grands projets destinés à renforcer le tissu économique de la ville s'accompagnent d'un développement des espaces verts, suivant une politique de développement durable ambitieuse. Le quartier de Gerland, où est installé le stade municipal, rénové et agrandi à l'occasion de la Coupe du monde de football de 1998, laisse une place importante à la nature, tout comme le projet du nouveau quartier « le Carré de Soie », situé à cheval sur les communes de Vaulx-en-Velin et Villeurbanne. Les berges de la rive gauche du Rhône, quant à elles, se métamorphosent actuellement en véritable « voie verte » piétonne, animée d'aires de jeux et de terrasses de cafés et restaurants.

ABC d'architecture

Les dessins présentés dans les planches qui suivent offrent un aperçu visuel de l'histoire de l'architecture dans la région et de ses particularités. Les définitions des termes d'art permettent de se familiariser avec un vocabulaire spécifique et de profiter au mieux des visites des monuments religieux, militaires ou civils.

Architecture civile

LA BASTIE-D'URFÉ (14e au 16e s.)

Ce joyau de la Renaissance, bordé par le Lignon, est un exemple très abouti des transformations inspirées par la Renaissance italienne pour égayer et orner les austères manoirs de province.

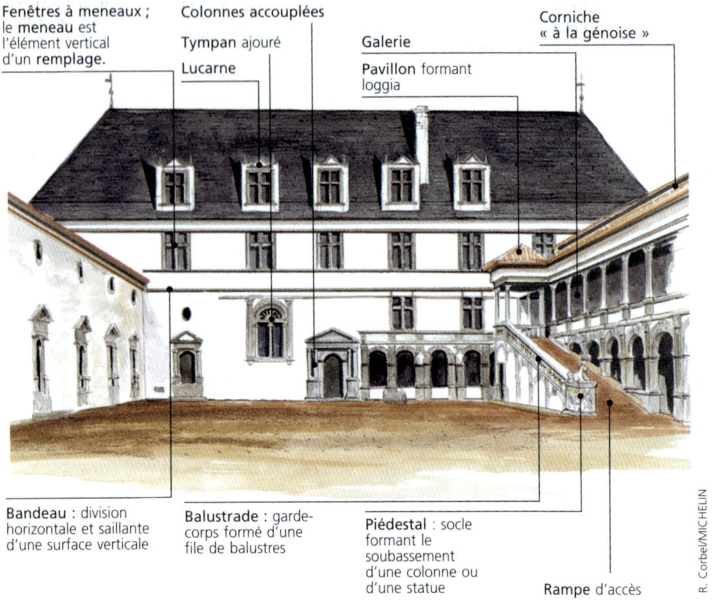

ART ET ARCHITECTURE

LYON – Primatiale St-Jean (12e au 15e s.)

Cette cathédrale doit son nom au rang de l'Archevêque de Lyon qui est « Primat des Gaules » depuis 1079.

LYON – Basilique Notre-Dame de Fourvière (19e s.)

Réalisée par l'architecte Bossan, cette « citadelle » surprend par ses proportions massives à peine atténuées par une riche et abondante décoration.

LYON – Horloge astronomique de la primatiale-St-Jean (14e au 18e s.)

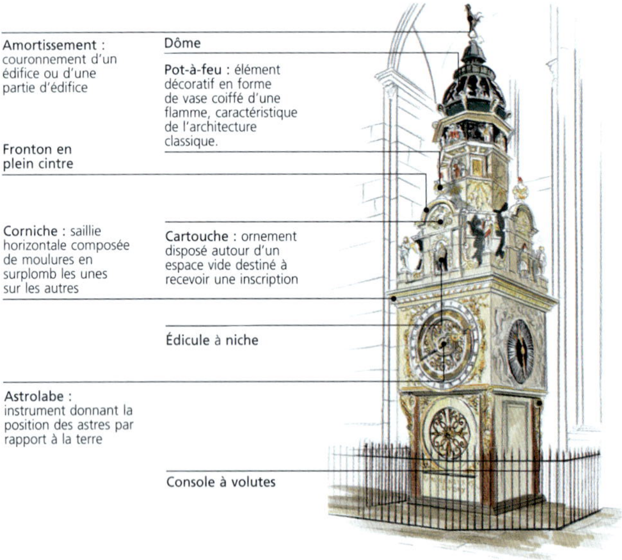

VILLEFRANCHE-SUR-SAÔNE Chaire en marbre (17e s.)

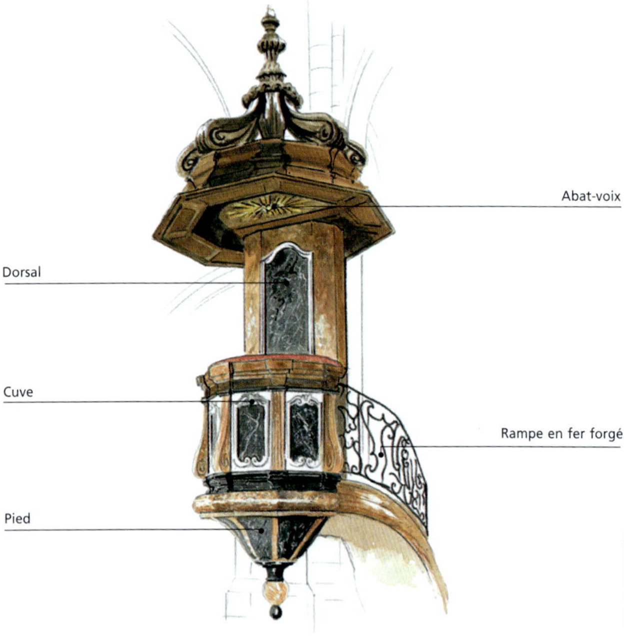

R. Corbel/MICHELIN

ART ET ARCHITECTURE

MARCY-L'ÉTOILE – Château de Lacroix-Laval (17e et 18e s.)

Remanié sur les conseils de Soufflot au 18e s., ce château a été complètement « mis à sac » à la Révolution. Plusieurs fois restauré, il a conservé une façade classique représentative des demeures d'agrément du 18e s.

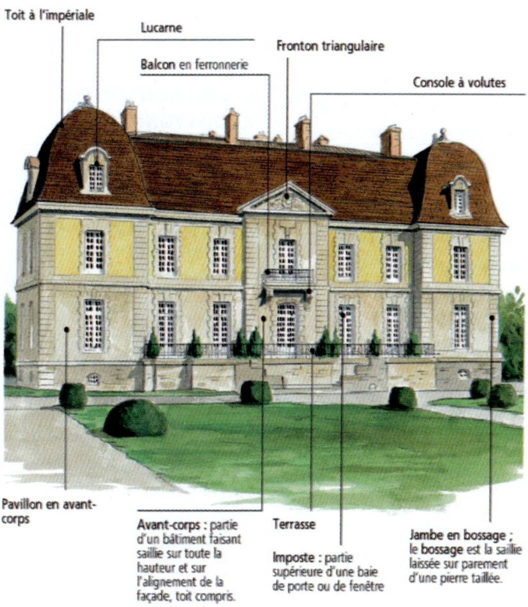

Architecture industrielle

LYON – Halle Tony-Garnier (1914)

Cette « cathédrale de fer », véritable prouesse technique permettant de couvrir près de 18 000 m² sans piliers, a été conçue au début du siècle par l'architecte lyonnais Tony Garnier. Bien qu'ayant changé de vocation, elle reste une référence et marque l'architecture industrielle contemporaine.

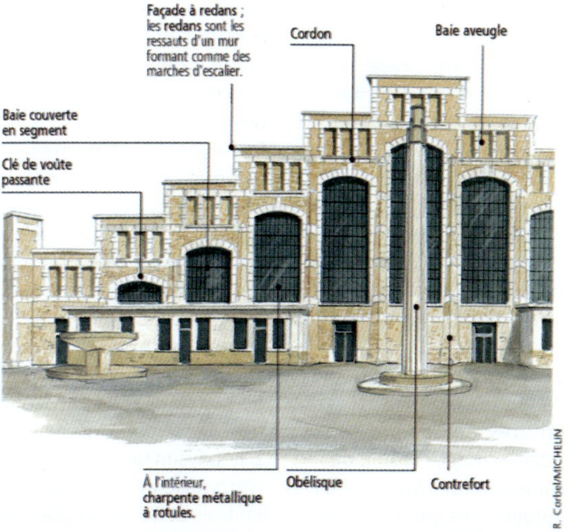

Les maisons rurales traditionnelles

En marge de l'architecture de prestige, les maisons rurales expriment elles aussi la culture régionale. Adaptées au travail des champs, utilisant les ressources naturelles locales – terre cuite et lauze pour le toit, terre, pierre et bois pour les murs – et subissant l'influence des régions voisines et des nouveaux procédés de construction, elles montrent comment les hommes ont su intégrer les particularités géographiques et climatiques de leur province et créer ainsi des types d'habitats traditionnels.
Les maisons rurales s'ordonnent généralement autour d'une pièce principale pourvue d'une cheminée et d'une grande table, qui sert à la fois de cuisine et de salle à manger.

LES MATÉRIAUX EMPLOYÉS DANS LA RÉGION LYONNAISE

Le **pisé** est fréquemment utilisé pour construire les granges et les fermes mais également des maisons de ville dans la Bresse, la Dombes, le Dauphiné et la Loire. Il s'agit de terre crue compressée, simplement séchée. Certains batiments ont été par la suite recouverts d'un enduit extérieur mais à l'origine, les murs étaient simplement protégés de la pluie par une toiture débordante.
Le **bois** de construction est généralement du résineux qui provient en partie des Alpes. Le hêtre, le noyer ou le chêne servent davantage au mobilier ou aux portes des maisons.
La **pierre** est le matériau privilégié pour l'architecture lyonnaise : calcaire gris très dur du nord de l'Isère, calcaire couleur crème de l'Ain, calcaire doré des Monts-d'Or et du Beaujolais. Les galets du Bas-Dauphiné sont parfois incrustés dans le mortier des murets. Les lauzes en calcaire ou en ardoise, destinées à couvrir les toits, étaient extraites dans le Forez et le nord de l'Ain.

LES MAISONS DU FOREZ ET DU LYONNAIS

La ferme forézienne – Elle ordonne ses hauts murs autour d'une cour fermée. Certaines sont pourvues d'une galerie de bois à balustrade. La couverture est généralement en tuiles, également en lauzes de calcaire ou d'ardoise. Sur les hauteurs du Forez et du Pilat, les jasseries sont des annexes éloignées de la ferme où, durant l'été, le berger dispose du matériel nécessaire à la fabrication des fromages et, au-dessous, d'une cave à fromages.
La maison du Beaujolais – Couverte de tuiles romaines, la demeure beaujolaise, bâtie sur plan rectangulaire, est en pierre grise dans le Nord, brune ou rousse dans la montagne, dorée dans le Sud. Robuste et simple, elle comporte au rez-de-chaussée une cave ou un caveau à l'entrée en anse de panier. Un escalier extérieur couvert d'un avant-toit formant auvent, soutenu par des colonnes de bois ou de pierre, donne accès au logement. Les bâtiments annexes ferment rarement la cour.
La ferme de la Dombes – Allongée, la ferme bressane est basse de plafond, pourvue d'un étage qui sert de remise pour les récoltes. Elle se compose d'une armature en bois formant des colombages dont les espaces sont remplis de pisé (terre crue) ou de briques (terre cuite). Elle repose souvent sur une assise de pierre. Elle a la particularité de pouvoir se démonter entièrement : si le paysan veut déménager, il n'emporte avec lui que l'armature en bois et laisse sur place le pisé,

facile à refaire par ailleurs. Parfois, les murs extérieurs sont protégés par un crépi. Le toit en tuiles rondes soutenu par des étais forme auvent. Certains batiments sont couverts de lauzes. Certaines fermes bressanes sont dotées d'une cheminée sarrasine installée au centre de la pièce principale. (*voir encadré p. 170*).

LA MAISON DU BAS-DAUPHINÉ

Entre Bourbe et Isère, les maisons sont en cailloux roulés, abondants dans cette région de dépôts morainiques et alluviaux. Les cailloux sont placés de chant, sur un lit de mortier, en arêtes de poisson. Dans la région de Morestel, à Creys, Brangues, Mérieu, le « pignon à mantelure » ou à escalier de pierre est un mode de couverture emprunté aux Préalpes. Le toit, en tuiles plates, prend appui sur les pignons des murs latéraux dont les rampants présentent des décrochements; les marches ainsi constituées sont couvertes d'une grosse dalle de pierre débordante.

Le mobilier

Dans les campagnes, il est assez rustique, en chêne, en noyer, en frêne, en merisier, orné de motifs régionaux. Dans les fermes bressanes, le linge est rangé dans de massives **armoires** de style Lous XIV. Ailleurs on leur préfère les **coffres** dont la décoration est plus raffinée. Les **lits** peuvent être clos pour garder la chaleur. Sur certaines tables bressanes, des cavités rondes creusées dans le bois remplacent les assiettes. Les ustensiles de cuisine – cuillères, louches, moules à beurre... – sont en bois et la vaisselle en terre cuite.
Des **vanneries** aux formes variées sont employées pour conserver les aliments ou pour effectuer certains travaux. La **poterie**, aujourd'hui moins présente que dans le sud de la France, a connu dans l'Ain ses heures de gloire avec la création du blanc de Bresse qui permet de fixer les couleurs sur les plats. Meillonnas produisait une faïence particulièrement appréciée sous Lous XV (*voir p. 166*).

3/ DÉCOUVRIR LYON ET SA RÉGION

Lyon, colline de Fourvière, théâtre romain.
P. Jacques / hémis.fr

LYON

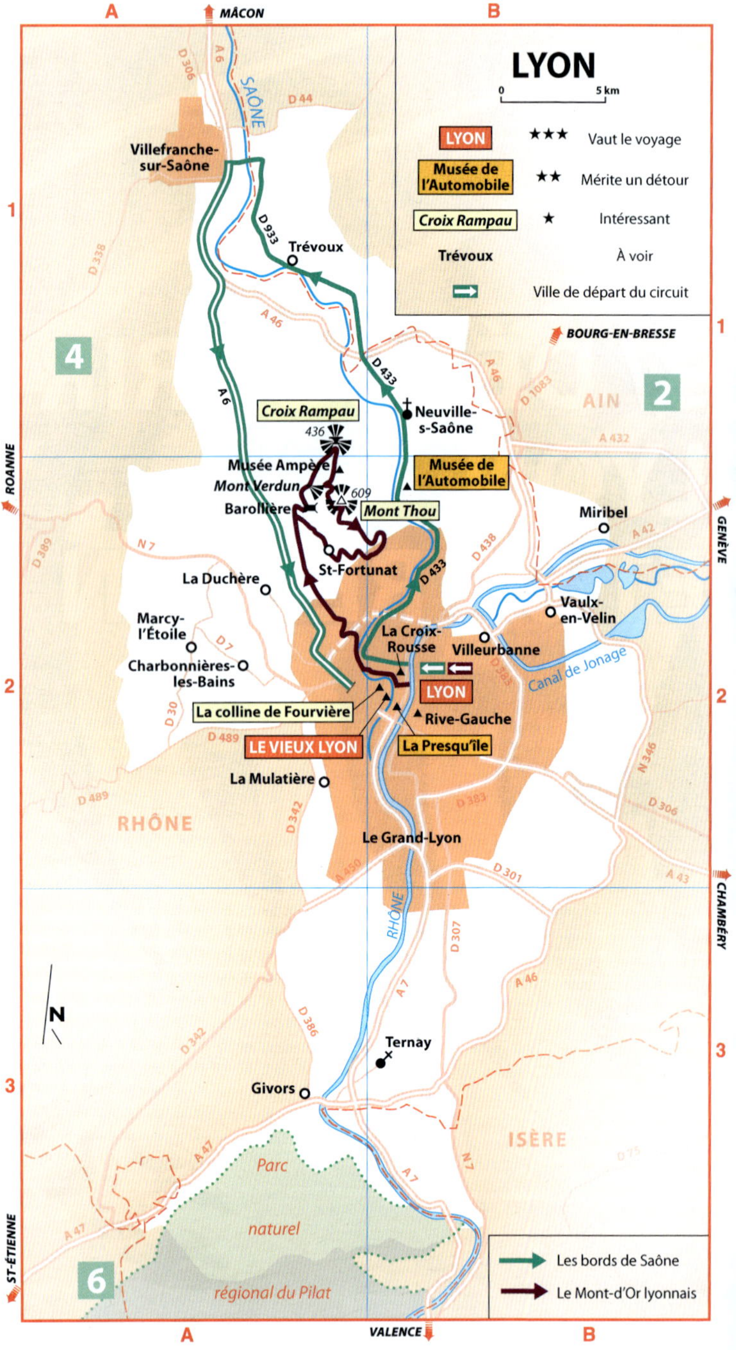

LYON
0 5 km
LYON ★★★ Vaut le voyage
Musée de l'Automobile ★★ Mérite un détour
Croix Rampau ★ Intéressant
Trévoux À voir
Ville de départ du circuit
Les bords de Saône
Le Mont-d'Or lyonnais
MÂCON
VALENCE
ROANNE
GENÈVE
CHAMBÉRY
ST-ÉTIENNE
BOURG-EN-BRESSE
Villefranche-sur-Saône
Trévoux
Neuville-s-Saône
Croix Rampau
Musée Ampère
Mont Verdun
Barollière
Mont Thou
Musée de l'Automobile
St-Fortunat
Miribel
La Duchère
Vaulx-en-Velin
Marcy-l'Étoile
Charbonnières-les-Bains
La Croix-Rousse
Villeurbanne
LYON
La colline de Fourvière
Rive-Gauche
LE VIEUX LYON
La Presqu'île
La Mulatière
Le Grand-Lyon
Ternay
Givors
Canal de Jonage
SAÔNE
RHÔNE
AIN
ISÈRE
Parc naturel régional du Pilat

Lyon 1

★★★

Carte Michelin Départements 327 H5, I5 –
Plan de ville Michelin 31 – Rhône (69)

LYON

0
400m
Mur des Canuts
Maison des Canuts
LA CROIX - ROUSSE
Gros Caillou
N
TUNNEL DE LA CROIX-ROUSSE
Boulevard de la Croix-Rousse
R. Ph. de Lassalle
Bd des Canuts
R. de Belfort
Cours d'Herbouville
Montée de la Grande-Côte
Cour des Voraces
Pt de Lattre de Tassigny
R. de la Tourette
R. des Tables-Claudiennes
Amphithéâtre des Trois-Gaules
Pl. Chardonnet
Place Rouville
Mon Brunet
St-Polycarpe
«Condition publique des Soies»
Cours du Gén. Giraud
Les Subsistances
Pl. Sathonay
Salle Rameau
Pt Morand
Quai Saint-Vincent
Hôtel de ville
Pl. L.-Pradel
Fresque des Lyonnais
Pl. des Terreaux
Opéra
La Martinière des Jeunes Filles
St-Paul
Quai Pierre Scize
Pl. St-Paul
MUSÉE DES BEAUX-ARTS
RHÔNE
R. Lainerie
Le Guignol de Lyon
Rue de Montauban
R. Juiverie
St-Nizier
Musée de l'Imprime
Parc des Hauteurs
Tour métallique
Musées Gadagne
Pl. du Change
Pl. de la Bours
FOURVIÈRE
Pl. du Gouvernement
Palais du Commerce
Pt Lafayette
Montée du Garillan
LE VIEUX-LYON
St-Bonaventu
N.-D. de Fourvière
R. du Bœuf
R. de la République
Mon des Avocats
R. Mercière
Musée de Fourvière
R. St-Jean
Cours Cournont
Musée gallo-romain
Pl. St-Jean
St-Jean
Pl. des Jacobins
Pt Wilson
Grand théâtre
Parc archéologique
Pont Bonaparte
Parking des Célestins
Musée des Hospices civils
Odéon
PRESQU'ÎLE
Funiculaire
Place Bellecour
Hôtel Dieu
Quai
Pt de la Guillotière
Montée du Gourguillon
Quai Fulchiron
Clocher
Musée «la Renaissance des Automates»
Rue Saint-Georges
R. Tilsitt
Rue Sainte-Hélène
Rue Victor Hugo
R. de la Charité
Gailleton
Bernard
TUNNEL DE FOURVIÈRE
SAÔNE
Chapelle des Jésuites
Musée des Arts décoratifs
Pont de l'Université
Pasteur
Rue de l'Unive
St-Martin-d'Ainay
Q. du Mal Joffre
MUSÉE DES TISSUS
Quai des Étroits
Place Carnot
RHÔNE
Q. Claude
RIVE-GAUCHE
Quai Rambaud
Rue Dugas
PERRACHE
Pont Galliéni
Rue

LES PLUS BEAUX QUARTIERS ET MONUMENTS DE LYON

MUSÉE DES TISSUS	★★★	Très vivement recommandé
Rue St-Jean	★★	Recommandé
Musée Gadagne	★	Intéressant
Gros Caillou		Autre site décrit dans ce guide

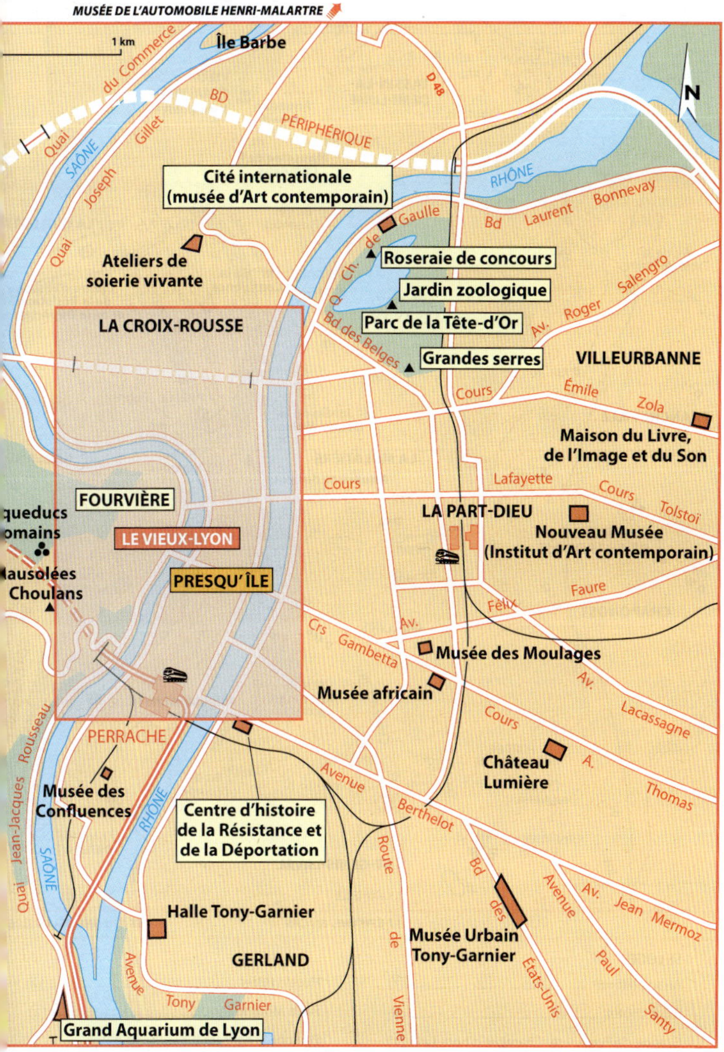

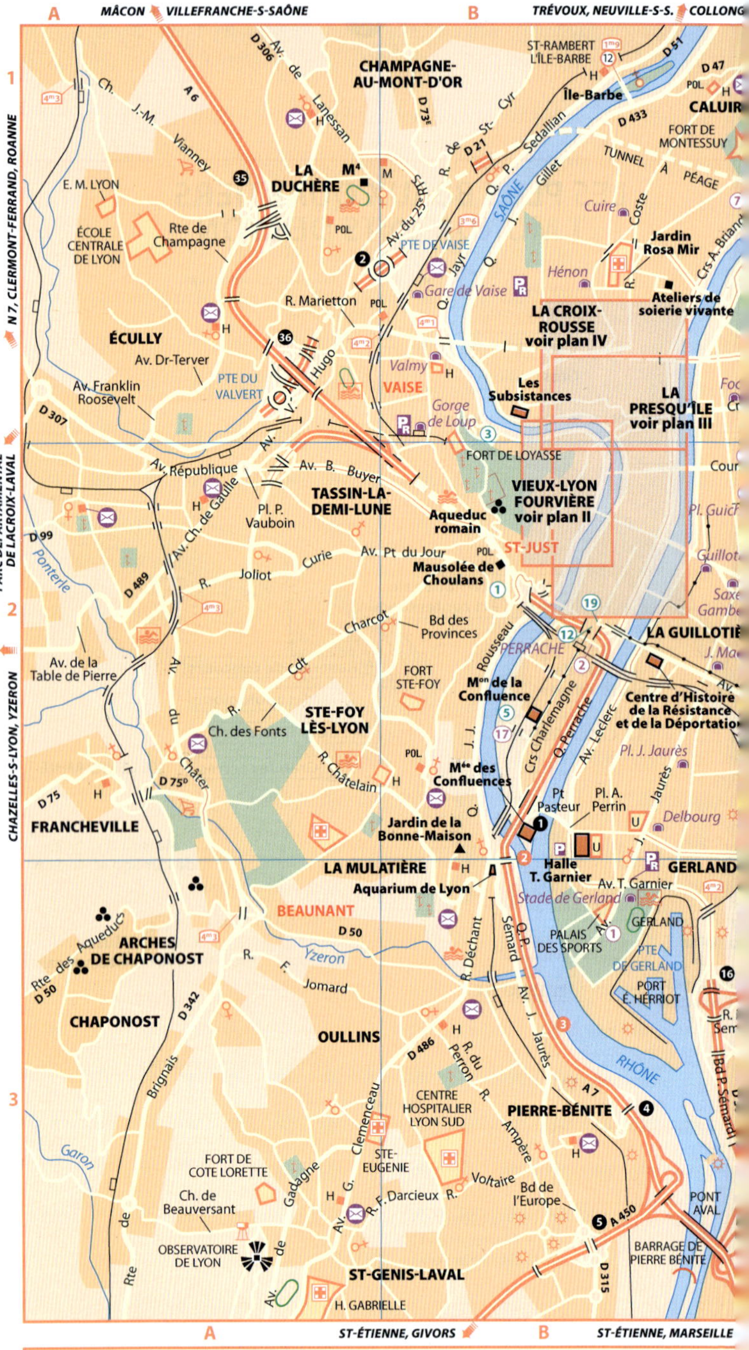

SE LOGER

Ariana (Hôtel) 7	Hotelo Hôtel 12
B & B (Hôtel) 9	Patio Morand (Au) 2
Grange de Fourvière (Chambre d'hôte La) 1	Péniche El Kantara (Chambre d'hôte) 5
Greillon (Chambre d'hôte Le) 3	Savoies (Hôtel des) 19

SE RESTAURER

Alexandrin (L')........................ 3
Argenson Gerland.................. 1
Brasserie Georges 2
Brunoise (La).......................... 5
Est (L')... 12
Merle.. 16
Rue Le Bec.................................... 17
Terrasse St-Clair (La)................ 7
126 (Le)... 18

Lyon, mode d'emploi

« Porte du Midi » trop souvent contournée par des vacanciers pressés, Lyon fut, au cours de son histoire, tantôt une ville tournée vers le nord de l'Europe, tantôt vers le sud. Si tel est le cas, l'ancienne capitale des Gaules vit aujourd'hui une phase méridionale. Et ce ne sont pas que les façades roses et terre de Sienne des quais de Saône qui lui donnent ce visage toscan. Les rues sont plus animées, la vie nocturne plus riche. On pourrait parler d'une fierté nouvelle, caractère que l'on pense plus porté par les gens du Sud. La notoriété de son club de foot, l'Olympique lyonnais y est peut-être pour quelque chose… « Lyon la catholique, industrieuse et repliée sur elle-même, n'est plus », écrivait en 2006 la journaliste Alice Géraud dans son livre *Lyon, révolutions tranquilles*. Quiconque n'est pas venu y passer un week-end depuis une dizaine d'années sera surpris. En bien. Son classement en 1998 au patrimoine mondial de l'Unesco a fait prendre conscience de la valeur de ses richesses patrimoniales. Parfois qualifiée de discrète, voire de réservée, Lyon est en fait une ville généreuse, qui séduira ceux qui lui consacrent un peu de leur temps.

S'INFORMER

Office du tourisme de Lyon – *Pl. Bellecour - 69002 Lyon - ✆ 04 72 77 69 69 - www.lyon-france.com - 9h-18h - fermé 1er janv., 1er Mai, 25 déc. Visites guidées.* L'office du tourisme propose toute une gamme de visites guidées thématiques *(réservation obligatoire - 9/12 €)* : sites incontournables, visites audioguidées (MP3), lieux insolites… Également des informations pour les balades en bateaux-mouches.

Lyon City Card – Accès aux transports en commun, aux visites guidées de l'office de tourisme, aux musées ainsi qu'à leurs expositions temporaires ; réductions shopping, spectacles, loisirs. Déclinée en 1, 2 et 3 jours. Disponible à l'office du tourisme, dans certains hôtels et sur www.lyon-france.com.

Bon à savoir – Pour les sorties, spectacles et expositions, munissez-vous de l'hebdomadaire *Lyon Poche*, en vente chez les marchands de journaux. Pour assister à un match de l'OL à Gerland, orientez-vous vers les boutiques **Planète OL** *(r. Grolée)*, et **OL Store** *(av. Tony-Garnier)*.

TRANSPORTS

Voiture – Le stationnement dans une grande cité n'est jamais simple, mais la ville de Lyon a aménagé des parkings souterrains dans de nombreux lieux stratégiques, dont les Célestins, les Terreaux et la République.

Transports urbains – Le **Ticket Liberté 1 jour** est le moyen le plus économique permettant d'utiliser, sans limitation du nombre de voyages et pendant 24h, toutes les lignes du réseau urbain lyonnais (4,80 €). Le **Ticket Liberté 2h** fonctionne sur le même principe (2,50 €). *Renseignements auprès des agences TCL, notamment à Bellecour (dans la station de métro) et à La Part-Dieu (11 bd Vivier-Merle) - fermé dim. - ✆ 820 427 000 ou www.tcl.fr.*

Vélo – Vélo'V est un système de location de vélos en libre-service fonctionnant par abonnement (30 premières minutes gratuites). Les moins sportifs loueront des vélos électriques au 3 r. du Vieil-Renversé. Le Cyclopolitain organise des visites thématiques à bord d'un tricycle électrique piloté par un jeune chauffeur, le cyclonaute.

HÉBERGEMENT

Les quartiers où loger – Le Vieux-Lyon, prisé par les touristes, propose une pléiade d'hébergements aux formules et tarifs variés. Comptez de 50 € la chambre d'hôte à 150 € environ la nuit dans un hôtel 3 étoiles du côté de

St-Paul où s'animent commerces et restaurants, à moins que vous n'optiez pour le charme d'une hôtellerie de caractère au cœur du **quartier Renaissance** ou, plus au calme, sur les pentes de **Fourvière**. La **Presqu'île**, idéale pour le shopping, propose elle aussi un large choix du 2 au 4 étoiles, contrairement au pittoresque quartier de la **Croix-Rousse** qui ne compte qu'une poignée d'hôtels, à des prix abordables (entre 50 et 100 € la nuit). Autre ambiance sur la **Rive gauche** où chaînes et résidences hôtelières rivalisent avec quelques hôtels moins impersonnels. Hors du centre, le **Grand-Lyon** réserve de bonnes adresses de chambres d'hôte et auberges de charme.

Pour vous aider – Les hôtels sélectionnés sont positionnés sur le plan de Lyon p. 86-87 et sur les différents plans de quartiers.

PROGRAMMES

– En **1 jour** : Vieux-Lyon (à pied), terrasse de Fourvière et théâtres romains (sans les musées et en utilisant le funiculaire) le matin ; musée des Tissus ou des Beaux-Arts et une promenade sur le plateau de la Croix-Rousse l'après-midi.

– En **2 jours** : le 1er pour le Vieux-Lyon, la colline de Fourvière (avec ses musées) et les bords de Saône. Le 2e, visite à pied de la Presqu'île, de ses musées (des Beaux-Arts, des Tissus, des Arts décoratifs), et de la Croix-Rousse.

– En **3 jours** : ajouter 1 journée pour le Centre d'histoire de la Résistance et de la Déportation, le parc de la Tête-d'Or avec sa Cité internationale et, au choix, un aperçu de la Rive gauche, du Grand-Lyon ou le musée de l'Automobile Henri-Malartre.

Le Vieux-Lyon

★★★

NOS ADRESSES PAGE 100

SE REPÉRER

Métro Vieux-Lyon-St-Jean, Gare St-Paul – Plan I B2 p. 86-87 – Plan II p. 95.
Pris en étau entre la Saône et Fourvière sur plus d'un kilomètre de longueur, le Vieux-Lyon se compose des quartiers St-Jean, au centre, St-Paul, au nord, et St-Georges, au sud.

SE GARER

Le Vieux-Lyon est un quartier piéton. Il n'est accessible qu'aux résidents, aux taxis et aux voitures de livraison de 4h à 11h30. Se garer sur les quais ou dans un des parkings de la Presqu'île.

ORGANISER SON TEMPS

Préférez la balade à St-Jean au petit jour, avant la foule, l'ouverture des magasins et des établissements touristiques, mais il vous faudra repasser plus tard pour voir à l'œuvre l'horloge à automates de la cathédrale qui se met en marche à midi et toutes les heures de 14h à 16h. Si vous pensez continuer la balade à pied vers Fourvière par les escaliers, munissez-vous de chaussures confortables (et de courage, cela grimpe dur !).

À NE PAS MANQUER

La primatiale St-Jean et son chœur roman ; les belles demeures de la rue St-Jean et des alentours ; la galerie de Philibert Delorme au n° 8 de la rue Juiverie.

AVEC LES ENFANTS

La Renaissance des automates, le musée des Miniatures et Décors de cinéma, l'horloge astronomique de la cathédrale, le musée international de la Marionnette, un spectacle au théâtre Le Guignol de Lyon (*voir p. 101*).

Sillonné de ruelles à l'italienne, tout d'ocre et de rose, le Vieux-Lyon marie avec grande harmonie le Moyen Âge et la Renaissance autour de sa cathédrale. Attiré là par une tourelle, ici par une merveilleuse galerie, ici encore par une façade à blasons ou un escalier à vis, vous vous perdrez avec bonheur dans ce petit labyrinthe au gré des cours et des traboules.

Se promener

C'était autrefois le centre de la cité, où se regroupaient toutes les corporations, notamment les ouvriers de la **soie** – on comptait 18 000 métiers à tisser à la fin du règne de François Ier. Négociants, banquiers, clercs, officiers royaux y habitaient de magnifiques demeures.
Près de 300 d'entre elles ont été conservées, formant un exceptionnel ensemble urbain de l'époque Renaissance. Dans ce secteur sauvegardé, objet de très importants travaux de restauration, on remarque la variété de la décoration

Le quai Bondy et la passerelle Saint-Vincent, surplombant la Saône.
C. Moirenc / hemis.fr

de ces logis, le soin apporté à leur construction, et leur hauteur qu'explique le manque de place : ces maisons vieilles de quatre siècles ont fréquemment quatre étages d'origine, car des étages supplémentaires furent très tôt ajoutés pour pouvoir exposer les métiers à tisser à la lumière.

L'aspect des logis, reflétant la date de leur construction, échelonnée du 15e au 17e s., permet de distinguer plusieurs styles.

Les **maisons fin gothique** se signalent par l'élégante décoration de leur façade de style flamboyant : arcs polylobés ou en accolades, fleurons, gâbles sculptés et ornés de crochets. Les fenêtres s'ordonnent souvent sur un rythme dissymétrique. Un couloir voûté d'ogives conduit à une cour intérieure où une tourelle d'angle abrite l'escalier à vis.

Les **maisons Renaissance fleurie** sont les plus belles et les plus nombreuses. La structure n'a pas changé, mais l'ensemble de la construction est plus important. De nouveaux détails décoratifs, d'inspiration italienne, apparaissent. Les tourelles d'escalier, polygonales, sont d'une parfaite exécution. Chaque cour possède ses galeries superposées, à arcs surbaissés.

Les **maisons Renaissance française** sont moins nombreuses. On y relève le retour à la référence classique avec l'apparition des ordres antiques. Le

LIEU HISTORIQUE

La primatiale St-Jean a abrité de nombreuses solennités. En 1245 et 1274 s'y tiennent les deux conciles de Lyon, le premier du temps de Saint Louis, le second proclamant le dogme du purgatoire et tentant une réconciliation avec l'Église grecque. Au siècle suivant, elle est le théâtre de la consécration du pape d'Avignon Jean XXII. En 1600, Henri IV y épouse en secondes noces Marie de Médicis. Plus près de nous, en 1943, s'y déroulent les fêtes du 6e Grand Pardon : ces fêtes se célèbrent environ une fois par siècle, lorsque la Fête-Dieu tombe le 24 juin, jour de la St-Jean-Baptiste, titulaire de l'église.

LES TRABOULES

Une des caractéristiques du Vieux-Lyon est ses nombreuses **traboules** (du latin *trans ambulare*, circuler à travers), notamment entre la rue St-Jean, la rue des Trois-Maries et le quai Romain-Rolland, la rue St-Georges et le quai Fulchiron. Faute de place pour aménager un large réseau de rues, ces passages perpendiculaires à la Saône relient les différents immeubles. Ces couloirs sont souvent voûtés d'ogives ou ornés de plafonds à la française, et donnent accès à des cours intérieures à galeries Renaissance. Les traboules sont des passages privés habituellement fermés par les riverains. Des conventions permettent d'assurer le libre accès à un grand nombre d'entre elles ; il est conseillé de faire le circuit le matin en s'octroyant les services d'une guide conférencière de l'office de tourisme.

célèbre architecte Philibert Delorme, d'origine lyonnaise, lance ce nouveau style avec sa galerie sur trompes, 8 rue Juiverie. L'escalier, souvent rectangulaire, est établi au centre de la façade.
Les **maisons fin 16e s. et préclassiques** se signalent par la rigueur des lignes. La décoration des façades se concentre au rez-de-chaussée : frontons triangulaires avec claveau central en relief, appareil en bossage. Les galeries sur cour trahissent une influence florentine avec leurs arcades en plein cintre reposant sur des colonnes rondes.

★★★ QUARTIERS SAINT-JEAN ET SAINT-PAUL

Au cours de la visite, appréciez les statues de la Vierge dans les cours ou dans les niches d'angle, les enseignes sculptées, les impostes et grilles en fer forgé, les traboules, les vieux puits, les amusants culs-de-lampe des retombées d'ogives dans les couloirs voûtés…

▶ *Circuit* 1 *tracé en vert sur le plan II p. 95. Partez de la place St-Jean.*

Place Saint-Jean E2-F2-3

Au centre se dresse une fontaine à quatre vasques surmontée d'un petit pavillon ajouré abritant la scène du baptême du Christ. Elle est bordée à l'est par la primatiale St-Jean et la manécanterie.

Manécanterie F3

Sur la place St-Jean, à droite de la façade, s'élève un édifice du 12e s., la manécanterie ou maison des chantres. Enfoncée de 0,80 m par suite de l'élévation du sol, la façade, décorée d'une arcature aveugle, surmontée d'incrustations de brique rouge, de colonnettes et niches à personnages, a conservé, malgré des remaniements, une allure romane.

★ Primatiale Saint-Jean F3

Commencée au 12e s., la cathédrale ou « primatiale » (siège du primat) St-Jean est un édifice gothique, élevé à partir d'une abside romane. Elle se signale extérieurement par ses quatre tours, deux en façade et deux sur les bras du transept, qui dépassent de peu la hauteur de la nef.
Les lignes horizontales de la façade sont mises en valeur par les gâbles aigus des portails et la pointe du pignon central, surmonté d'une statue du Père éternel. Les trois portails à gâbles et quadrilobes étaient ornés de statues, détruites pendant les guerres de Religion par les troupes du baron des Adrets ; mais les piédroits ont conservé leur remarquable **décoration★** du début du 14e s.

Plus de 300 médaillons forment une suite de scènes historiées : au portail central, les Travaux des mois, le Zodiaque, l'histoire de saint Jean-Baptiste, la Genèse ; au portail de gauche, les histoires de Samson, de saint Pierre et l'Apocalypse ; à droite, la légende de Théophile.

À l'intérieur, remarquez l'absence de déambulatoire qui caractérise les églises du Lyonnais. La nef (*illustration p. 75*), avec ses voûtes d'ogives sexpartites retombant sur de fines colonnes engagées, présente une belle unité gothique.

Le **chœur★★** constitue avec l'abside la partie la plus ancienne de l'église : la construction du soubassement date du 12e s. La décoration de l'abside est un exemple typique de l'art roman dans la vallée du Rhône. Sur le pourtour de l'abside, une série de pilastres cannelés supporte une arcature aveugle, surmontée d'une frise de palmettes en incrustations de ciment brun-rouge.

Deux autres frises de même style se développent au-dessus et au-dessous du triforium qui, avec ses pilastres et son arcature en plein cintre, contraste avec celui, gothique, de la nef.

Le **trône de l'évêque** est adossé au mur de l'abside. Remarquez, au-dessus du simple pilastre qui lui sert de dossier, un petit chapiteau roman représentant le Christ. Des **vitraux** du début du 13e s. garnissent les fenêtres basses du chœur. Les médaillons de la fenêtre centrale, consacrés à la Rédemption, sont les plus remarquables. Les vitraux des fenêtres hautes (13e s.), très restaurés, montrent des figures de prophètes.

1

Les roses du transept et la grande rose de la façade portent des verrières gothiques. Dans le croisillon gauche, une **horloge astronomique★** (*illustration p. 76*), remontant au 14e s., donne une curieuse sonnerie dite de « l'hymne à saint Jean », avec chant du coq et jeu d'automates représentant l'Annonciation.
Jeux d'automates 12h, 14h, 15h et 16h.

La **chapelle des Bourbons★**, de la fin du 15e s., présente une parure flamboyante d'une remarquable finesse.

Trésor – *Accès au fond du bas-côté droit - ☎ 04 78 92 82 29 - www.culture.gouv.fr/culture/sites-sdaps/sdap69/Tresor/tresor_accueil.htm - de mi-mars à mi-sept. : 9h-12h, 14h-18h30, merc. 11h-12h, 14h-18h30, 1 dim. sur 2 14h-18h30 ; reste de l'année : 9h30-12h, 14h-18h, merc. 11h-12h, 14h-18h, 1 dim. sur 2 14h-18h - fermé lun., 1er janv., 1er Mai, 25 déc. - gratuit.* Au premier étage de la manécanterie, il présente des pièces d'orfèvrerie religieuse, des objets et ornements liturgiques ayant appartenu au cardinal Fesch, des tapisseries d'Aubusson et des Flandres du 17e s.

Contournez la cathédrale par la gauche (rue St-Étienne) et gagnez le jardin archéologique Girard-Desargues.

Jardin archéologique F2-3

Sur le site de l'église St-Étienne, au nord de l'actuelle primatiale, ont été mis au jour les vestiges de plusieurs édifices qui se sont succédé depuis le 4e s. : thermes gallo-romains, baptistère paléochrétien, arcade de l'église Ste-Croix (15e s.).

L'étroite rue Ste-Croix conduit à la rue St-Jean.

★★ Rue Saint-Jean F2

C'était l'artère principale du Vieux-Lyon, empruntée par les cortèges royaux et les processions religieuses.

Juste à droite, l'ancien « **hôtel de la Chamarerie** » (F2), au n° **37**, fut édifié au 16e s. pour le chamarier de la primatiale, responsable de la surveillance du cloître. Sa façade, remaniée au 19e s., est de style gothique flamboyant.

Au croisement avec la rue de la Bombarde, engagez-vous légèrement sur la gauche pour admirer la maison des Avocats.

★ **Maison des Avocats** F2 – *60 r. St-Jean - ☎ 04 72 00 24 77 - www.mimlyon.com - ♿ - vac. scol., w.-end et j. fériés : 10h-19h ; reste de l'année : lun. 14h-18h30, mar.-vend. 10h-18h30 - fermé 1er janv. et 25 déc. - 7 € (4-15 ans 5,50 €).* Avec ses galeries à arcades reposant sur des colonnes massives et ses dépendances revêtues de crépi rose, elle forme, côté rue de la Bombarde, un bel ensemble du 16e s., d'inspiration italienne. Elle abrite aujourd'hui le **musée international de la Miniature et Décors de cinéma**. Sur trois étages, des origamis (remarquez l'**arche de Noé**), des meubles miniatures, des maisons de poupées, des rues de Lyon ou des scènes d'intérieur, réalisés par des artistes le plus souvent en activité, sont exposés. La pénombre ambiante isolant les vitrines lumineuses aide à perdre ses repères pour entrer dans cet univers imaginaire. Au dernier étage, les secrets de fabrication se dévoilent derrière les vitres de l'atelier tandis qu'au rez-de-chaussée, les expositions temporaires présentent quelques miniatures ou décors grandeur nature utilisés au cinéma.

★★ Rue Saint-Jean F2 *(suite)*

En poursuivant rue St-Jean, remarquez au no **58** le puits à voûte tripartite, accessible à la fois de la cour, de l'escalier et de l'échoppe.

Le no **54** ouvre sur **la plus longue traboule** du Vieux-Lyon qui traverse cinq cours avant d'aboutir au 27 rue du Bœuf.

Le no **52** était la résidence de l'imprimeur Guillaume Leroy (fin 15e s.). Il comporte un escalier à vis logé dans une tour ronde dont les baies s'appuient sur des arcs rampants.

Le no **50** est un bel exemple rénové d'une cour ornée de galeries et d'un escalier à vis. On retrouve les mêmes éléments au no **42**, qui a conservé un ancien passage en encorbellement supporté par des consoles sculptées.

Au no **36**, maison de la fin du 15e s., où une tour polygonale abrite l'escalier à vis, les clefs de voûte des galeries sont ornées d'écussons aux deux premiers niveaux, et le puits est couvert d'un dais en coquille orné de perles.

Prenez presque en face la rue du Palais-de-Justice et tournez à gauche dans la rue des Trois-Maries.

Rue des Trois-Maries F2

Elle tire son nom de la niche ornant le fronton du no **7**, et abritant la Vierge entre deux saintes femmes. Du côté impair s'ouvrent de nombreuses traboules qui descendent vers la Saône ; le no **9**, par exemple, donne sur le 17 quai Romain-Rolland.

Au no **5**, autre niche, à coquille, montrant une Vierge à l'Enfant.

Le no **3** est un bel immeuble Renaissance française dont l'escalier, au centre de la façade, est surmonté d'une tour ; on retrouve cette disposition au no **5** place du Gouvernement.

Revenez au no 6 et « traboulez » en traversant deux cours pour aboutir 27 rue St-Jean.

★★ Rue Saint-Jean F2 *(suite)*

Au no **27**, remarquez les fenêtres à meneaux encadrées de pilastres cannelés. Le no **28** cache une magnifique **cour★★** ; son imposante tour renferme un escalier à vis ; les voûtes d'une des galeries sont ornées de décors surprenants.

Le no **24** est l'**hôtel Laurencin** (F2) ; une tour octogonale, crénelée au niveau supérieur, abrite l'escalier à vis. Les loggias des galeries superposées sont voûtées sur croisées d'ogives.

Traversez la place de la Baleine et gagnez la place du Gouvernement.

LE VIEUX-LYON

SE LOGER	SE RESTAURER	INDEX DES RUES
Appart'observatoire Saint Jean .... ①	Adrets (Les) .... ①	Gadagne (R. de) 3
Collège Hôtel .... ②	Contretête (Le) .... ③	Lainerie (R.) 5
St-Paul (Hôtel) .... ③	Fourvière (Restaurant de) .... ⑤	Neuve-St-Jean (Pl.) 7
	Machonnerie (La) .... ⑦	Punaise (Ruelle) 8
	Vieux Lyon (Le) .... ⑨	

Place du Gouvernement F2

La façade du n° **5**, avec ses portails surmontés d'impostes en fer forgé et d'un balcon de pierre, date du début du 17e s. Au n° **2** se situe l'**hôtel du Gouvernement** (F2) (16e s.) dont on atteint la **cour★** haute par un long passage couvert d'ogives; du puits, à droite, ne subsiste plus que le couronnement à coquille (traboule avec le 10 quai Romain-Rolland).

Regagnez la rue St-Jean et suivez-la jusqu'à la place du Change.

Place du Change F2

À l'origine place de la Draperie, elle fut, aux 15e et 16e s., fréquentée par les changeurs de monnaie. La **loge du Change** (F2) est pour une grande part l'œuvre de l'architecte Soufflot qui transforma l'édifice d'origine de 1747 à 1750 : à l'étage, des colonnes engagées sont surmontées de chapiteaux ioniques et d'entablements sculptés. Depuis 1803, le bâtiment est affecté au culte de l'Église réformée.

Au n° **2**, en face, la **maison Thomassin** (F2) possède une façade édifiée au 15e s. dans le style du 14e s. : au 2e étage, les baies accolées par des meneaux et se terminant par des arcs trilobés s'inscrivent dans des arcs en ogive où apparaissent des blasons.

Continuez tout droit et remontez la rue Lainerie.

Rue Lainerie F2 5

Peu homogène, elle a conservé quelques maisons intéressantes côté pair.

Le n° **18**, par exemple, présente un superbe **couloir voûté★** dont les ogives retombent sur des culs-de-lampe sculptés.

Au n° **14**, la **maison de Claude de Bourg** (F2) a été construite en 1516 pour ce riche magistrat lyonnais et présente une façade fleurie très caractéristique avec ses accolades abondamment sculptées. À hauteur du 2e étage, une niche d'angle à coquille abrite une Vierge. *On peut rejoindre, sur la droite, la rue Louis-Garrand où est situé le théâtre de Guignol.*

La rue Lainerie se termine par la place St-Paul avec la gare et, un peu en retrait, l'église.

Avant d'emprunter la rue Juiverie, avancez de quelques mètres dans la montée St-Barthélemy à gauche. Visible de la montée St-Barthélemy, la cour de l'**hôtel Paterin** (F2) ou « maison Henri IV » (au n° **4** de la rue Juiverie) est un important témoin de l'art de la Renaissance; l'**escalier**, dans la cour d'honneur, avec ses trois séries d'arcades superposées reposant sur des colonnes massives, produit un bel effet. À gauche, dans une niche, buste d'Henri IV. *Revenez sur vos pas et tournez à droite.*

★ Rue Juiverie F2

Les Juifs en furent expulsés à la fin du 14e s.; les banquiers italiens, qui s'y installèrent, firent élever de somptueuses demeures.

Au n° **8**, la 2e cour de l'**hôtel Bullioud** (F2) s'orne de la célèbre **galerie★★** de Philibert Delorme, avec sa frise dorique richement décorée, des trompes soutenant les pavillons d'angles décorés à l'antique. Il édifia ce joyau de l'architecture de la Renaissance française à Lyon en 1536, à son retour de Rome.

La façade Renaissance de la **maison d'Antoine Groslier de Servières** (F2) (n° **10**) présente, au rez-de-chaussée, cinq arcades surmontées de frontons en marbre noir, triangulaires ou brisés.

Le n° **21** se distingue par ses fenêtres accolées aux frontons cintrés. Son sous-sol cache une cave gallo-romaine.

Entre les nos 16 et 18, la pittoresque **ruelle Punaise** (F2 8), pentue, rejoint la montée St-Barthélemy; au Moyen Âge, elle servait d'égout à ciel ouvert.

Entrée des musées Gadagne.
P. Jacques / hemis.fr

Au n° **20**, maison construite par un gentilhomme prospère du 15e s. La façade est ornée de fenêtres à meneaux flanquées de colonnettes. Dans la cour, remarquez la tour qui abrite un escalier à vis, et les galeries voûtées d'ogives.
Le n° **22**, dite **maison Baronat** (F2), possède une tourelle d'angle en encorbellement surplombant la montée du Change.
Au n° **23**, à l'angle formé avec la rue de la Loge, s'élève la **maison Dugas** (F2) dont la longue façade est ornée de bossages et de têtes de lions.
Tournez à gauche dans la rue de la Loge, puis à droite dans la rue de Gadagne.

★ Hôtel et musées Gadagne F2

1 pl. du Petit-Collège - ✆ 04 78 42 03 61 - www.gadagne.musees.lyon.fr - merc.-dim. 11h-18h30 - fermé 1er janv., 1er Mai, 25 déc., dim. de Pâques et 14 Juil. - 1 musée 6 €, les 2 musées 8 € (-18 ans gratuit) - audioguide gratuit.

Gadagne, à Lyon, c'est d'abord un nom : celui des puissants banquiers florentins – les Guadagni – qui occupèrent, de 1535 à 1581, les bâtiments formant aujourd'hui le plus vaste ensemble Renaissance du Vieux-Lyon. Après plus de dix ans de travaux, l'ensemble muséal inauguré en 2009 **(musée d'Histoire de Lyon et musée des Marionnettes du monde)** permet de découvrir, de l'intérieur, toutes les splendeurs de ce joyau architectural. De la Grande Cour majestueuse aux très inattendus jardins suspendus sur la colline, le visiteur parcourt l'histoire du bâtiment caractéristique des 16e et 17e s. (galeries couvertes, fenêtres à meneaux, escalier à vis, puits et fontaine). Chose unique dans une visite du Vieux-Lyon, il lui est donné de voir l'aménagement des pièces et leur décoration. La fidèle restauration de quatre salles (16e et 17e s.) dévoile les enduits à la chaux, le surlignage des ouvertures à l'ocre et à la terre de Sienne, les volets intérieurs, etc. Le chantier de restauration de l'aile ouest de l'hôtel de Gadagne a permis la mise au jour d'un **hypocauste romain**, astucieux système de chauffage par le sol élaboré à la fin du 2e s.

★ **Musée d'Histoire de Lyon** – Il nous promène à travers un dédale de 31 salles dans la mémoire et les transformations de la ville, de la capitale des Gaules à nos jours. La présentation de 1 500 objets choisis parmi les 80 000 que comptent les collections insiste sur les visages de Lyon au fil du temps, les enjeux urbains : plans et tableaux sont riches d'enseignements, complétés par les propos synthétiques d'universitaires lyonnais (audio-guide). Des objets d'apparence anecdotique, tel ce billet de passage sur un pont de bois, nous plongent dans le quotidien des Lyonnais. Les images animées et l'arrivée du cinématographe (celui des frères Lumière de 1895 est en vitrine) mettent en scène la seconde révolution industrielle, période majeure de l'histoire lyonnaise.

★ **Musée des Marionnettes du monde** – La collection exceptionnelle de marionnettes (à tringle, fils, tige et théâtres d'ombres), provenant de France, Belgique, Hollande, Venise, Turquie, Russie, Angleterre et Extrême-Orient, fait prendre conscience de toute la richesse de cet art. Guignol et quelques autres truculents personnages créés par Laurent Mourguet *(voir p. 101)* ouvrent la visite. Ne manquez pas avec l'audio-guide de savourer l'accent et le parler lyonnais de Jean-Guy Mourguet, le dernier descendant de la famille ! Les nombreuses vidéos projetées restituent l'ambiance vivante du castelet et rappellent l'actualité et la profondeur de la marionnette, que l'on visionne un sketch des *Guignols de l'info* ou un extrait du film *Dolls* (Takeshi Kitano, 2002) inspiré du *bunraku*, théâtre traditionnel japonais.

Au sud de l'hôtel de Gadagne s'ouvre la **montée du Garillan★** *(voir p. 103).*

Traversez la place du Petit-Collège et gagnez la rue du Bœuf.

★ Rue du Bœuf E-F 2

Elle doit son nom à une statue de bœuf, enseigne attribuée à M. Hendricy et située à l'angle de la place Neuve-St-Jean, mais il n'y a pas besoin d'être naturaliste distingué pour remarquer qu'il s'agit en fait d'un taureau ! La rue présente de beaux ensembles Renaissance, parfois occupés par des établissements hôteliers haut de gamme.

Au n° **6**, l'hôtel **« La Cour des Loges »** (F2) occupe un bel ensemble restauré de quatre immeubles.

Le n° **14** donne sur une cour à tour polygonale et galeries dont les arcs suspendus sont surmontés d'une frise grecque.

Au n° **16**, la **maison du Crible★** (F2), du 17e s., possède un riche portail à bossages et colonnes annelées, dont le fronton est orné d'une petite *Adoration des Mages*, attribuée à Jean de Bologne. Une allée voûtée d'ogives reposant sur des culs-de-lampe sculptés mène à une cour intérieure dont l'élégante tour ronde, aux ouvertures décalées, doit à son célèbre crépi le nom de **« Tour rose »**. *Ne montez pas vers les jardins suspendus.* La Tour Rose est également le nom du célèbre complexe hôtelier qui a déménagé au n° **22** : il est possible, avec l'aimable autorisation de l'hôtel, de découvrir ses deux cours étagées ; un verre dans le bar de l'établissement peut être une occasion de contempler l'un des deux murs de jeu de paume du Vieux-Lyon encore visibles.

Place Neuve-Saint-Jean F2 7

Cette ancienne rue, transformée en place sous le Consulat, est signalée à une extrémité par l'enseigne de la rue du Bœuf et à l'autre par une niche qui abrite une statue de saint Jean-Baptiste. Au n° **4**, en retrait, une vaste demeure avec un bel escalier sur arcs rampants correspondant à des galeries à arcs surbaissés.

Reprenez la rue du Bœuf.

La **maison de l'Outarde d'Or** (F2) se signale, au n° **19**, par son enseigne en pierre sculptée ; la cour est surtout intéressante par ses deux tourelles : l'une, ronde, sur trompe, l'autre, en encorbellement, de section rectangulaire sur une pyramide renversée.

Le n° **27** est la traboule la plus longue (qui communique avec le 54 rue St-Jean).

Le n° **36** s'ouvre sur une belle cour ornée de galeries restaurées ; il est intéressant de les comparer (en se retournant) à celles du n° **38**, restées obturées par des constructions parasites. La plupart des galeries avaient été fermées avec la paupérisation du quartier, pour gagner de la place et avoir une meilleure isolation.

Passez par le n° 31 qui traboule vers la rue de la Bombarde (à droite). Prenez en face (ou presque) la rue des Antonins qui ramène à la place St-Jean.

De la station de métro St-Jean, vous pouvez utiliser la correspondance avec le funiculaire ou « ficelle » menant à Fourvière, et y revenir après avoir visité la basilique et le site gallo-romain. Une visite rapide du quartier St-Georges peut aussi agréablement compléter celle que vous venez de faire.

QUARTIER SAINT-GEORGES

Circuit 2 tracé en vert sur le plan II p. 95. Gagnez la rue Mourguet que vous remontez jusqu'à la place de la Trinité.

Place de la Trinité E3

Rendue célèbre par le décor de Guignol, la **maison du Soleil** agrémente la place d'un charme vieillot ; les niches d'angle de sa façade abritent, à droite, la statue de saint Pierre, à gauche, celle de la Vierge. L'emblème du soleil surmonte une fenêtre à meneaux plats au 1er étage. À l'intérieur *(accès par le n° 2 r. St-Georges)*, la cour présente des balcons en ellipse.

Montée du Gourguillon E3

C'était au Moyen Âge la voie couramment empruntée par les charrois se rendant en Auvergne par les pentes de Fourvière ; on a peine à imaginer les lourds équipages gravissant une côte aussi raide. C'était également la communication directe entre le cloître St-Jean des chanoines-comtes et St-Just, la ville fortifiée des chanoines-barons. Au n° **2**, maison Renaissance. Un peu plus haut, l'**impasse Turquet** (E3) *(à gauche)* est plutôt pittoresque avec ses galeries de bois. Puis, dans les pentes de la rue Armand-Caillat, belle **vue** sur les toits de la ville derrière un rideau d'arbres.

Rue Saint-Georges E3

Au rez-de-chaussée du n° **3**, les arcs sont en anse de panier, et l'imposte du portail est décorée de deux lions debout en fer forgé. Au n° **3 bis**, l'imposte est ornée d'un phénix sur son bûcher. Au n° **6**, la maison du 16e s. possède une jolie cour intérieure (galerie d'art) ; l'escalier à vis est logé dans une tour ronde à ouvertures sur rampants.

Le n° **10** traboule vers le n° 12.

Musée des Automates E3 – *100 r. St-Georges - 04 72 77 75 28 - www.automates-ema.com - 14h-18h (dernière entrée 45mn av. la fermeture) - fermé 1er Mai, 25 déc. - 7 € (-12 ans 5 €).* La technique est au service du rêve dans ce musée qui présente plus de 250 automates en fonctionnement selon des thèmes culturels, traditionnels et régionaux.

Sinon, du n° 10, tournez à droite au niveau de l'église St-Georges et revenez par le quai Fulchiron. Au passage, remarquez, au n° 7, une maison de style mauresque réalisée par l'architecte Bossan (*voir la colline de Fourvière, p. 104).*

NOS ADRESSES DANS LE VIEUX-LYON

HÉBERGEMENT

BUDGET MOYEN

Hôtel St-Paul – Plan II F2 - *6 r. Lainerie - Gare Saint-Paul (trolleybus C3) - ✆ 04 78 28 13 29 - www.hotelstpaul.fr - 20 ch. 75/82 € - ☕ 7 €.* Situé dans une maison Renaissance, ce petit hôtel est au cœur du quartier très animé, parfois bruyant, du Vieux-Lyon. Les chambres sur rue sont rénovées ; celles sur cour sont plus sombres.

POUR SE FAIRE PLAISIR

Appart'observatoire Saint-Jean – Plan II F2 - *70 r. St-Jean - M° D Vieux-Lyon - ✆ 04 78 37 47 97 - www.gite-de-charme-lyon.com - 100 €.* Ce gîte de charme, appartement meublé sur deux niveaux plus une mezzanine, prend place dans la tour d'un immeuble du 18e s. Il offre des vues saisissantes sur la cathédrale Saint-Jean, la basilique de Fourvière et les toits de ce quartier historique.

Collège Hôtel – Plan II F2 - *5 pl. St-Paul - Gare-St-Paul (trolleybus C3) - ✆ 04 72 10 05 05 - www.college-hotel.com - 39 ch. 125/155 € - ☕ 12 €.* Bureaux d'écoliers, cheval d'arçon, cartes de géographie… : tout évoque l'univers scolaire d'autrefois. Chambres toutes blanches, résolument modernes, avec balcon ou terrasse.

RESTAURATION

PREMIER PRIX

Le Vieux-Lyon – Plan II F2 - *44 r. St-Jean - 69005 Lyon - M° D Vieux-Lyon - ✆ 04 78 42 48 89 - fermé dim. soir, 1 sem. en janv. - formule déj. 12 € - 16/23 €.* Tous les gourmands lyonnais connaissent ce bouchon ouvert depuis 1947. Une salle à manger tout en longueur décorée de photos de Brassens, Brel… ou Herriot. Dans l'assiette, « lyonnaiseries » maison et un menu « Les Copains d'abord » en hommage au poète-chanteur sétois.

BUDGET MOYEN

La Machonnerie – Plan II E2 - *36 r. Tramassac - 69005 Lyon - M° A Ampère-Victor-Hugo - ✆ 04 78 42 24 62 - www.lamachonnerie.com - fermé 15-30 juil., 2 sem. en janv., dim. et le midi sf sam. - 28/45 € bc.* Cette institution du quartier perpétue la tradition du mâchon lyonnais : bonne franquette, convivialité et authentiques recettes régionales. Salon dédié au jazz.

Les Adrets – Plan II F2 - *30 r. du Bœuf - 69005 Lyon - M° D Vieux-Lyon - ✆ 04 78 38 24 30 - fermé 28 fév.-12 mars, août, 26 déc.- 4 janv., sam. et dim. - formule déj. 16 € - 23/45 €.* Une vraie bonne adresse du Vieux-Lyon. Intérieur avec poutres apparentes, sol en tomettes et cuisines en partie visibles depuis la salle. Généreuses recettes traditionnelles.

BOIRE UN VERRE

La Cave des Voyageurs – *7 pl. St-Paul - Gare-St-Paul (trolleybus C3) - ✆ 04 78 28 92 28 - www.lacavedesvoyageurs.fr - tlj sf dim. et lun. 17h-1h - fermé août et j. fériés.* Sympathique petit bar à vins au décor rétro où les bourgognes, beaujolais, vins du Languedoc et crus du monde entier se dégustent avec un foie gras maison ou des assiettes de charcuterie et de fromage.

Georges Five – *32 r. du Bœuf - M° D Vieux-Lyon - ✆ 04 72 40 23 30 et 04 78 37 08 96 - www.georgesfive.*

com - tlj sf dim. et lun. 19h-1h. Il est impératif de réserver pour avoir une chance d'entrer dans la cave la plus fournie de la région Rhône-Alpes : 120 vins au verre, plus de 2 800 références de bouteilles. Dégustation de tapas dans une ambiance calme et VIP.

Les Berthom – *2 pl. Ennemond Fousseret - Gare-St-Paul (trolleybus C3) - ✆ 04 78 28 44 10 - lun.-jeu. 17h-1h, vend. 17h-2h, sam. 15h-2h, dim. 15h-0h.* Dans un quartier avare en bonnes adresses, un bar à bières bienvenu qui dispose d'une carte impressionnante mêlant pressions et bouteilles, bières d'abbaye, trappistes et blondes légères. Ambiance animée et décor chaleureux tout en bois.

SPECTACLES

Théâtre « La Maison de Guignol » – *2 montée du Gourguillon - 69005 Lyon - ✆ 04 72 40 26 61 - www.lamaisondeguignol.fr - 10 € (-18 ans 8 €).* Ce théâtre construit en 1962 a été restauré avec le souci de conserver son style d'origine un peu « rétro ». Spectacle traditionnel pour toute la famille et exposition permettant de tout savoir sur la célèbre marionnette. Séance spéciale (« Guignol fait l'info ») le vendredi soir.

Théâtre Le Guignol de Lyon - Compagnie des Zonzons – *2 r. Louis-Carrand - 69005 Lyon - ✆ 04 78 28 92 57 - www.guignol-lyon.com - 10h30-20h - fermé 1re quinz. de janv. et août - 9 € (-3 ans 7 €).* Pour les petits et les grands, la compagnie des Zonzons propose des pièces mêlant le burlesque et le fantastique, un peu dans la tradition des cartoons de Tex Avery, histoire de donner au personnage de Guignol un petit coup de jeune… Pour les adultes seulement, les spectacles sont plus mordants et s'inspirent des événements de la vie lyonnaise.

ACHATS

Chez Disagn'Cardelli - petit musée fantastique du Guignol – *6 r. St-Jean - 69005 Lyon - M° D Vieux-Lyon - ✆ 04 78 37 01 67 - 11h-12h30, 14h30-19h, dim. 11h-13h en saison, 15h-18h30 - fermé lun. matin.* Au sous-sol, le petit musée fantastique de Guignol vous révélera l'univers passionnant des marionnettes lyonnaises, automates et autres boîtes à musique en vente à la boutique. La visite est audio-guidée en plusieurs langues (anglais, espagnol, japonais, etc.) et auto-illuminée sur le passage.

Marché de la Création – *Quai Romain-Rolland - dim. 6h-13h30.* Grand rassemblement de créateurs : peintres, sculpteurs, bijoutiers, céramistes, poètes et musiciens. **Marché de l'Artisanat**, quai Fulchiron.

La colline de Fourvière

★

NOS ADRESSES PAGE 109

SE REPÉRER

Métros Fourvière, Minimes et St-Just – Plan I B2 p. 86-87 – Plan II p. 95.
Située à l'ouest de la Saône, Fourvière domine le Vieux-Lyon.

ORGANISER SON TEMPS

L'idéal est de commencer cette balade le matin. Ainsi, on monte aux heures fraîches et l'on évite les assauts du soleil au sommet (la partie basilique et théâtres romains du parcours n'est pas très arborée). Ensuite, on peut déjeuner dans le charmant quartier St-Just, très tranquille.

À NE PAS MANQUER

La basilique et son incroyable décor symboliste de mosaïques, de vitraux et de sculptures ; la vue panoramique sur Lyon et les monts alentour depuis l'esplanade ou l'observatoire de la basilique ; le grand théâtre et l'odéon romains, l'architecture du Musée gallo-romain et son historique table claudienne.

AVEC LES ENFANTS

Le parcours accrobranche de Fourvière Aventures au parc des Hauteurs.

Monter vers Fourvière, c'est remonter le temps. Se frotter aux pierres de Lugdunum, capitale des Trois-Gaules, et à celles de la basilique qui fut érigée au même endroit des siècles plus tard, s'immerger aux sources de la chrétienté et de ses premiers martyrs, jouir de la quiétude de la « colline qui prie », avec ses jardins clos et ses couvents médiévaux. C'est aussi découvrir St-Just (prononcez « Saint-Ju »), petit quartier à l'atmosphère villageoise, hors des sentiers battus.

Se promener

FOURVIÈRE

Le nom « Fourvière » viendrait de *Forum vetus*, situé au cœur de la colonie romaine établie en 43 av. J.-C. et dont subsistent quelques vestiges : théâtre, odéon, aqueducs… Le forum, occupant l'emplacement de l'actuelle esplanade de la basilique, se serait effondré en 840.
À partir du 3e s., la colline fut abandonnée et on réemploya les pierres pour reconstruire la ville en contrebas. Au Moyen Âge, la colline fut en grande partie remise en culture (surtout celle de la vigne). Au 17e s., de nombreux ordres religieux y implantèrent des établissements, ce qui inspira à l'historien Michelet le mot célèbre : Fourvière, la « colline qui prie » face à la Croix-Rousse, la « colline qui travaille ».
Aujourd'hui, Fourvière avec sa basilique, ses monuments romains et son musée, constitue un pôle touristique très visité. Elle domine la vieille ville de plus de 100 m.

L'histoire des édifices religieux élevés à l'emplacement du forum romain en l'honneur de la Vierge couvre une période de près de huit siècles. L'actuelle basilique, couronnant de sa silhouette massive – on l'a taxée d'éléphant renversé – la colline de Fourvière, fait partie intégrante du paysage lyonnais.

Circuit 3 tracé en vert sur le plan II p. 95. Comptez 1/2 journée ou 3h sans la visite du sanctuaire et des musées. Partez de la cathédrale St-Jean.

Si vous ne vous sentez pas le courage de monter à pied, optez pour le funiculaire (localement appelé « la ficelle ») à la station Vieux-Lyon et limitez votre promenade en partant du sanctuaire de Fourvière.

Si vous êtes en jambes, prenez à droite la rue des Antonins, la rue de la Bombarde à gauche, puis sur quelques mètres la rue du Bœuf à droite. Vous rencontrez la montée des Chazeaux à gauche.

Montée des Chazeaux E2

Ses 228 marches en plusieurs volées sont rudes à enchaîner. Profitez-en pour faire escale et vous retourner à plusieurs reprises : vous voyez surgir les toits du Vieux-Lyon, la cathédrale, puis la Saône et ses quais.

Courage, vous avez fait le plus dur ! Vous arrivez à la montée St-Barthélemy, que vous prenez à gauche sur quelques mètres pour trouver à droite l'entrée du jardin.

Jardin du Rosaire E2

Sa montée en lacets *(comptez 30mn)* est empruntée chaque jour par les étudiants (écoles à proximité), par les employés désespérant de se garer à proximité du Vieux-Lyon ou par les pèlerins : remarquez au sol les roses de laiton numérotées. Chacune est une étape de la prière du rosaire. Les lacets sillonnent un sous-bois d'érables, d'ifs et de buis. Propriété de la basilique mais géré par les espaces verts de la ville de Lyon, le jardin se pare petit à petit de coquetteries botaniques : la collection de roses anciennes de la **roseraie★** est à voir pour ses fleurs et senteurs de mi-mai à mi-juin. La floraison hivernale

LES MONTÉES

Escaliers tortueux ou rues en forte pente, les « montées » escaladent la colline de Fourvière tout en offrant des vues plongeantes sur la vieille ville. Chacune possède son charme particulier. Il est aussi arrivé que leur déclivité soit dangereuse : en 1930, dans la nuit du 12 au 13 novembre, de terribles glissements de terrain dévalèrent la colline autour de la montée du Chemin-Neuf, détruisant plusieurs immeubles et provoquant la mort de 40 personnes. La **montée des Carmes-Déchaussés** (E2) doit son nom au monastère fondé au début du 17e s. et occupé aujourd'hui par les Archives départementales ; elle comporte 238 marches. Si l'on y ajoute les 560 marches de la **montée Nicolas-de-Lange** (E2), c'est un total de 798 marches qu'il faut descendre pour atteindre la place St-Paul en partant de la tour métallique de Fourvière. La **montée du Change** (F2) réunit la rue de la Loge et la montée St-Barthélemy. À la descente, ses degrés offrent une vue amusante sur les flèches de l'église St-Nizier, surgissant des immeubles bordant la Saône.

La **montée du Garillan★** (F2) est remarquable par ses escaliers en chicane (224 marches) tandis que des **montées du Chemin-Neuf** (E 2-3) et **St-Barthélemy** (E 2-3), on domine les toits du Vieux-Lyon et la primatiale. Enfin, la **montée des Épies** (E3) grimpe au-dessus du quartier St-Georges et domine l'église St-Georges, édifice néogothique dû à Bossan, architecte de la basilique de Fourvière.

et très parfumée des arbustes (viburnums et chimonanthes) est plus longue, mais plus discrète. L'été, profitez des associations d'hydrangeas (famille des hortensias) bordées de buis taillés. Avec ses belles échappées sur la ville et sa fraîcheur ombragée, l'endroit est apprécié pour des pique-niques estivaux. La montée débouche par un grand escalier sur l'esplanade.

Points de vue E2 – L'**esplanade** offre une **vue★** célèbre sur la Presqu'île et la rive gauche du Rhône dominée par la tour du Crédit Lyonnais ; à l'arrière-plan vers l'ouest se profile un horizon montagneux : Bugey, Alpes, Chartreuse et Vercors.

Pour obtenir un **panorama★★** circulaire, on peut monter à pied à l'**observatoire** de la basilique (287 marches – table d'orientation) ; on découvre alors les monts du Lyonnais, le mont Pilat et le Mont-d'Or ; par beau temps, on distingue à l'est la chaîne des Alpes avec le mont Blanc et, à l'ouest, le puy de Dôme. *✆ 04 78 25 13 01 - rouvert au public en 2010 après 4 ans de travaux.*

★ Basilique Notre-Dame de Fourvière E2

✆ 04 78 25 13 01 - www.fourviere.org - 7h-19h - possibilité de visite guidée (1h), se rens. pour les horaires - gratuit, participation libre visite guidée.

Lieu de pèlerinage célèbre, la basilique a été élevée sur les plans de l'architecte Pierre Bossan, après la guerre de 1870, à la suite d'un vœu de Mgr de Genouilhac : l'archevêque de Lyon s'était engagé à construire une église si l'ennemi n'approchait pas de la ville. Ses murailles crénelées pourvues de mâchicoulis et flanquées de tours octogonales constituent un mélange curieux d'éléments byzantins et moyenâgeux. Il vous paraît chargé ? Ce n'est rien à côté de l'exubérance du **décor intérieur★**.

Commencez par descendre à la crypte, relativement sobre. Elle est dédiée à saint Joseph, à qui Pierre Bossan vouait un culte particulier. La basilique repose sur elle, symboliquement, comme la vie matérielle de la famille de Joseph reposait sur son travail. Le maître-autel illustre la mort du saint (entouré de Marie et de Jésus pour son dernier souffle, Joseph est traditionnellement le patron de la bonne mort) et Pierre Bossan lui a donné ses propres traits. Dans la nef, une mosaïque contemporaine a été offerte par les pèlerins de St-Jacques-de-Compostelle.

L'église haute est l'aboutissement du pèlerinage qui passe par le jardin du Rosaire et la crypte. Avec ses mosaïques, ses ors, ses bois sculptés et ses marbres variés, cette « maison dorée » surprend et émerveille par la profusion de ses ornements et couleurs. Dans la nef couverte par trois coupoles, les **mosaïques★**, de la fin du 19e et du début du 20e s., relatent l'histoire de la

DU ROSAIRE À LA BASILIQUE

Dès l'origine, le jardin du Rosaire s'intègre au projet de la basilique. Une première série de stèles, conçues par **Bossan** et sculptées par **Fabisch**, a disparu à une date inconnue. Les récentes étapes numérotées en rappellent le souvenir. Le rosaire a une autre raison d'être présent dans ce jardin : juste en contrebas de la roseraie se trouve la maison de Pauline Jaricot. Déclarée vénérable (première étape vers la béatification) en 1963, **Pauline Jaricot** (1799-1862) est une personnalité marquante du catholicisme à Lyon. En pleine période de révolte des canuts, en dépit de son appartenance à la grande bourgeoisie, elle prit plusieurs fois parti pour les ouvriers. Elle mit aussi sur pied une grande chaîne populaire de prière du chapelet, le « Rosaire vivant », et l'Association pour la propagation de la foi, qui donnera naissance aux œuvres pontificales missionnaires.

La basilique Notre-Dame de Fourvière.
Kat'Astrof / Fotolia.com

1

Vierge, à droite dans l'histoire de France, à gauche dans l'histoire de l'Église. À l'entrée, façade ouest, une dalle du pavement rappelle le passage du pape Jean-Paul II en 1986.

Ancienne chapelle de la Vierge E2

À droite de la basilique, la chapelle de pèlerinage proprement dite, du 18e s., abrite une Vierge miraculeuse (16e s.).

Musée de Fourvière E2

8 pl. de Fourvière - ✆ 04 78 25 13 01 - www.fourviere.org - 10h-12h30, 14h-17h30 - fermé 1er janv., dim. de Pâques, 24, 25 et 31 déc. - gratuit, tarif variable selon l'exposition.

Aménagé dans la chapelle et les bâtiments des jésuites, il abrite une collection de pièces d'orfèvrerie religieuse (18e-20e s.) dont celles qui constituent le **trésor** de la basilique (ostensoir de Fourvière, pièce maîtresse de l'orfèvre lyonnais Armand-Calliat).

On y voit également des textiles liturgiques du 19e s. ainsi que différents projets conçus au 19e s. pour la basilique et de nombreux ex-voto. Des expositions temporaires sont organisées chaque année.

Prenez à droite de la basilique la montée Nicolas-de-Lange.

Montée Nicolas-de-Lange E2

Vous n'en parcourrez qu'une petite partie. Sans vous y rendre, sachez pourtant qu'au-delà de la Tour métallique, elle se transforme en escalier. Ses 560 marches s'ajoutent aux 238 de la montée des Carmes-Déchaussés pour atteindre la gare St-Paul. Remarquez à droite la Tour métallique.

Tour métallique E2

Bâtie en 1893 sur le modèle de la tour Eiffel, mais en réduction (85 m de hauteur), elle sert aujourd'hui d'émetteur de télévision.

Prenez le chemin à gauche juste avant la Tour métallique.

Parc des Hauteurs E2

Le chemin longe et surplombe quelques grands jardins et potagers inattendus, puis s'élargit en vastes pelouses. L'ambitieuse réalisation du parc des Hauteurs a pour objectif la mise en valeur de la colline de Fourvière par la création de promenades panoramiques. Ces promenades réunissent divers sites de Fourvière. Le chemin mène à la principale originalité du lieu : la **passerelle des Quatre-Vents**, longue de 72 m, était autrefois le viaduc de la ligne de tramway la plus courte de France : 800 m seulement. Le train reliait Fourvière au **cimetière de Loyasse** et convoyait les corbillards. La voie étant unique, le train revenait en marche arrière, ceci sans aucune visibilité malgré la beauté du site panoramique. Ce n'est plus le cas aujourd'hui, la passerelle offrant une belle **vue★** plongeante sur Lyon et la Croix-Rousse. Prolongez de quelques pas la balade jusqu'au **jardin de pivoines**, qui n'abrite pas moins de 35 variétés réparties entre arbustives et herbacées. À proximité, la **piste de Sarra**, longue pente gazonnée anciennement dédiée aux skieurs, fait aujourd'hui le bonheur des VTTistes lyonnais.

Revenez sur vos pas et prenez la rue Roger-Radisson. Faites quelques pas à gauche dans la rue Cléberg. Puisque vous y accédez par le haut, profitez, depuis la vilaine petite terrasse à gauche de l'entrée, de la **vue★** plongeante sur les fouilles.

★★ Musée gallo-romain de Lyon-Fourvière E3

17 r. Cléberg - ✆ 04 72 38 49 30 - www.musees-gallo-romains.com - ♿ - 10h-18h - fermé lun., 1er janv., 1er Mai, 1er nov., 25 déc. - 7 € (-18 ans gratuit).

L'architecte Bernard Zehrfuss a conçu un musée à l'originale **architecture de béton★★**, adossé à la colline et presque entièrement enterré. Ce musée présente, par thèmes, mais de manière un peu statique, d'abondantes collections essentiellement gallo-romaines trouvées en grande partie à Lyon et dans la région ; l'ensemble épigraphique (inscriptions) est particulièrement riche.

Dans l'espace consacré à la préhistoire régionale est exposé un rarissime **char processionnel★**, trouvé à La Côte-St-André, sans doute utilisé pour le culte du soleil et datant du 8e s. av. J.-C. Les espaces suivants abordent la fondation de *Lugdunum*, son urbanisme, l'administration municipale et provinciale, l'armée, les religions, le théâtre et les jeux du cirque, la vie économique et domestique, le culte des morts et les débuts du christianisme en Gaule. La **table claudienne★★**, inscription sur bronze découverte en 1528 par un drapier de Lyon et vendue à la ville, est particulièrement remarquable parce qu'elle reproduit le discours historique de l'empereur Claude prononcé au Sénat romain en 48. Notez, grâce à la traduction, le style pompeux et peu littéraire de sa harangue. Le texte méritait pourtant d'être gravé dans le bronze : Claude, né à Lyon, ouvrait aux Gaulois l'accès à la magistrature, et donc à la vie politique romaine.

D'autres pièces méritent l'attention : le **calendrier gaulois** de Coligny gravé dans le bronze à l'époque romaine, l'inscription dédicatoire de l'amphithéâtre des Trois-Gaules, le buste de l'empereur Caracalla, le gobelet d'argent aux dieux gaulois, les larves ou masques funéraires, la mosaïque des Jeux du cirque, la maquette de la machinerie du théâtre voisin.

L'activité des potiers, verriers, ferronniers et orfèvres est illustrée par des céramiques, des vases, des outils et des bijoux. Le trésor d'orfèvrerie, découvert en 1992 dans le quartier de Vaise, est venu enrichir la collection.

Une vaste baie, aménagée dans la salle où sont présentées les maquettes des théâtres romains, permet d'en admirer les vestiges.

★ Parc archéologique de Fourvière E3

17 r. Cléberg - ✆ 04 72 38 49 30 - www.musees-gallo-romains.com - mai-oct. : 9h-19h ; reste de l'année : 9h-17h - fermé 1er janv., 25 déc. - gratuit.

Le chantier de fouilles ouvert en 1933 a permis de mettre au jour, à Fourvière, des édifices publics antiques, qui sont présentés dans ce parc.

Théâtres romains – L'ensemble monumental dégagé dans la montée de l'Antiquaille comprend un théâtre construit sous Auguste (1er s. av. J.-C.) et agrandi à plusieurs reprises, et un odéon.

Grand théâtre – De dimensions analogues à ceux d'Arles et d'Orange (108 m de diamètre), ce théâtre, moins vaste que celui de Vienne, est le plus ancien de France.

La première construction est antérieure à l'ère chrétienne. Plus tard, le nombre des gradins sera augmenté en prenant sur les promenoirs. Le dallage de marbre de l'orchestre a pu être reconstitué. La machinerie du rideau de scène, abritée dans la fosse, est l'une des mieux conservées du monde romain ; une maquette de son dispositif est visible au musée. L'anneau extérieur du théâtre montre des substructions où les archéologues reconnaissent le soin apporté par les constructeurs aux dégagements par des couloirs souterrains, et à l'assainissement du sol par un réseau de canalisations et d'égouts.

Gravissez l'escalier menant au sommet des gradins. Le théâtre apparaît dans toute son ampleur. Une voie romaine, faite de grosses dalles de granit, permet de le contourner sur sa partie supérieure.

Par la voie romaine, descendez en direction de l'odéon.

Odéon – Les odéons, réservés à la musique et aux conférences, accueillaient l'élite dans un cadre raffiné. Les dispositions d'ensemble sont identiques à celles du théâtre, mais les dimensions en sont plus réduites.

L'épaisseur du mur d'enceinte suggère qu'une véritable toiture, suspendue en porte-à-faux, abritait les gradins. Remarquez le ravissant **décor** géométrique du dallage de l'orchestre, reconstitué à partir d'éléments trouvés sur place : brèche rose, granit gris et cipolin vert.

Revenez sur vos pas pour prendre à gauche, entre le bosquet et les vestiges du quartier dominant le théâtre, les marches montant vers un pavillon ocre.

Quartier dominant le théâtre – Au-dessus de la voie dallée qui ceinture le théâtre, les fouilles récentes ont montré qu'il n'existait pas de temple de Cybèle comme on l'a longtemps affirmé. Dès la fin du 1er s. av. J.-C. est construite à cet emplacement une très vaste et riche demeure de plan centré, bordée côté rue par une série de boutiques ouvrant sur un portique. Un vaste édifice public la recouvre au début du 1er s. On en perçoit surtout, au-dessus du théâtre, les puissantes fondations destinées à prolonger vers l'est une imposante plate-forme. À une date indéterminée fut construite une énorme citerne pour l'aqueduc du Gier.

À la hauteur du pavillon, empruntez le chemin de terre qui part à gauche. Il longe le petit jardin de la Visitation, qui appartenait au couvent du même nom, aujourd'hui occupé par les archives des Hospices civils. Le jardin donne dans la rue Roger-Radisson que vous prenez à gauche.

Aqueduc romain Hors plan par E3

Au bout de la rue Roger-Radisson – ancienne voie d'Aquitaine – on peut voir, de part et d'autre de la chaussée, des vestiges intéressants de l'aqueduc du Gier, l'un des quatre qui alimentaient la ville en eau.

Redescendez, vers la gauche, par la rue du Cardinal-Gerlier que vous coupez par deux volées d'escaliers jusqu'à la rue de Trion.

Les eaux du Gier coulaient d'une fontaine offerte par Claude, dont les vestiges sont visibles place de Trion.
Revenez sur vos pas pour descendre la rue de Trion.

★ QUARTIER SAINT-JUST

La longue rue commerçante de Trion longe le site d'une ancienne nécropole que bordaient trois voies romaines, d'où son nom. Elle introduit petit à petit dans le quartier St-Just, avec son atmosphère de village, ses maisons aux façades ocre ou roses.
Prenez à droite la rue St-Alexandre.
La placette du même nom aligne quelques maisons peu élevées, dont une avec tourelle d'escalier. Empruntez à droite les charmantes rues des Macchabées et Vide-Bourse qui montent et se faufilent entre des murs de jardin.
Vous arrivez à l'église St-Irénée.
L'**église** et le **calvaire St-Irénée** qui la jouxte ont été reconstruits au 19e s., mais l'église occupe l'emplacement de l'ancienne basilique du 5e s., qui abrita les reliques de saint Irénée, un des fondateurs de la communauté chrétienne de Lyon. Une belle porte monumentale fait face à l'église.
Prenez la rue des Macchabées, puis à droite la montée de Choulans.

Mausolées de Choulans hors plan II par E3 et plan I B2
Au centre de la place Wernert, trois mausolées évoquent l'existence d'une nécropole gallo-romaine située hors les murs. Le plus ancien (1er s. av. J.-C.), au centre, porte sur une face latérale une inscription rappelant que le monument fut érigé par des esclaves affranchis.

Rue des Macchabées hors plan II par E3 et plan I B2
Elle doit son nom à l'ancien cloître des Macchabées, plus tard rebaptisé St-Just. Cet important établissement fut détruit par les protestants en 1562, mais une **fresque**, sur le mur du n° 17 (ainsi que les marques au sol du jardin archéologique un peu plus loin à droite), en ravive le souvenir. Sur la petite place, remarquez la **fontaine au taurobole** et, aux nos 17 bis et 19, la **maison du Bœuf couronné** et la **tour Bellièvre** (15e s.)
Continuez jusqu'à la rue de Trion et prenez à droite vers la rue des Farges.

Thermes romains plan II E3
Passez sous le porche de la résidence qui fait face à l'église St-Just pour découvrir les fondations d'une partie des thermes municipaux construits vers 50 apr. J.-C. La partie visible correspond à la façade sud du bâtiment, marquée par les deux grandes absides des salles chauffées.
Revenez sur vos pas pour rejoindre la rue de Trion jusqu'au **funiculaire de St-Just** (II E3), *par lequel vous pouvez regagner la cathédrale.*

NOS ADRESSES À FOURVIÈRE

HÉBERGEMENT

PREMIER PRIX

Chambre d'hôte La Grange de Fourvière – Plan I B2 - *86 r. des Macchabées - 69005 Lyon - M° St-Just - ✆ 04 72 33 74 45 - www.grangedefourviere.fr - P - 4 ch. 85 €* ☕. Une grange et une écurie du 19e s. entièrement réhabilitées, dans le « quartier-village » de St-Irénée. Chambres à la décoration soignée, certaines avec un accès indépendant, salon-bibliothèque et coin-cuisine en commun. Les petits-déjeuners sont généreux et de qualité.

POUR SE FAIRE PLAISIR

Chambre d'hôte Le Greillon – Plan I B1 - *12 montée du Greillon - ✆ 06 08 22 26 33 - www.legreillon.com - fermé 17-31 août et 18-24 fév. - 4 ch. 92/100 €* ☕. À l'écart de la rumeur de la ville, dans une montée en escalier typique de la colline de Fourvière, cette maison du 18e s. possède un jardin en terrasses unique au cœur de Lyon. Aux beaux jours, petits-déjeuners servis dans la cour, avec vue sur la Croix-Rousse et la Saône.

RESTAURATION

BUDGET MOYEN

Le Contretête – Plan II E2 - *55 quai Pierre-Scize - 69005 Lyon - ✆ 04 78 29 41 29 - restaurant@tetedoie.com - fermé 2-25 août, sam. midi et dim. - formule déj. 17 € - 25/35 €.* Couvé par Christian Têtedoie, ce bistrot cultive l'authenticité et propose des recettes de grand-mère mitonnées comme autrefois. Décor à l'ancienne envahi de vieux objets.

Restaurant de Fourvière – Plan II E2 - *9 pl. de Fourvière - 69005 Lyon - ✆ 04 78 25 21 15 - www.latassee.fr - ♿ - formule déj. 15,50 € - 25/42 €.* La basilique Notre-Dame de Fourvière à portée de main et une vue exceptionnelle sur la ville… Admirablement situé, ce restaurant jouit d'un panorama superbe que ses hôtes peuvent admirer tout en savourant une cuisine traditionnelle aux couleurs lyonnaises : quenelle de brochet, gâteau de foies de volaille, etc. Terrasse panoramique.

ACTIVITÉS

Fourvière Aventures – *3 pl. du 158e-Régt-d'infanterie - 69005 Lyon - ✆ 04 78 36 31 75 - www.fourviere-aventures.com - de mi-mars à fin mai : w.-end, j. fériés et vac. de Pâques 13h-19h ; juin : merc. 13h-19h, w.-end 10h-20h ; juil.-août : tlj 10h-19h ; sept. : w.-end 10h-19h ; oct. : w.-end 13h-18h30 ; 1re sem. nov. : w.-end 13h-18h ; vac. de la Toussaint : tlj 13h-18h - fermé déc.-fév. - 9/20 €.* Tyroliennes, ponts de singe, passerelles, tunnels… Les cinq parcours sécurisés peuvent s'adresser aux enfants dès 4 ans comme aux grands en quête de sensations. Une sortie en famille pour admirer d'exceptionnels panoramas sur la ville.

VISITE

Les Visites insolites de la basilique de Fourvière – *✆ 04 78 25 86 19 - www.fourviere.org - visite guidée juin-sept. : 14h30 et 16h ; avr.-mai et oct. : merc. et dim. 14h30 et 16h ; nov. : 14h30 et 15h - dép. dev. la tour sud-ouest de la basilique - 5 € (-12 ans 3 €).* Visite guidée des lieux cachés de la basilique, du grand carillon de 23 cloches et montée à la terrasse St-Michel pour un panorama complet sur la ville.

La Presqu'île

★★

NOS ADRESSES PAGE 123

SE REPÉRER

Métros Hôtel-de-ville, Cordeliers, Bellecour, Ampère et Perrache –
Plan I B 1-2 p. 86-87 – Plan III p. 116.
La Presqu'île est très bien desservie par le métro A. De grands axes commerçants, certains piétonniers, la sillonnent du nord au sud entre la place des Terreaux et la place Carnot. Au centre se trouve la place Bellecour.

À NE PAS MANQUER

Prendre un café en terrasse sur la place des Terreaux ; les collections des très beaux musées des Beaux-Arts et des Tissus ; l'animation de la commerçante « rue de la Ré » ; les murs peints de La Cité de la Création ; le parking à effet optique créé par Daniel Buren place des Célestins.

ORGANISER SON TEMPS

Ce quartier est le plus riche en musées : il est impossible d'en faire le tour en une journée. Il faudra donc faire des choix ; ceux des Beaux-Arts et des Tissus sont de très grande qualité. Si vous voulez rapporter des cadeaux, ne manquez pas de prévoir en plus quelques haltes dans les magasins de spécialités gastronomiques, tous présents sur la Presqu'île. Un marché réputé se tient tous les matins sauf le lundi, quai St-Antoine.

Embrassée par la Saône et le Rhône, la très minérale Presqu'île est le cœur actif de Lyon : c'est ici que l'on descend en ville le samedi, que l'on flâne dans les magasins, que l'on sort le soir dans les bouchons ou au théâtre, que l'on se retrouve les jours de grand rassemblement et que les grands musées côtoient quelques innovations architecturales.

Se promener

DES TERREAUX À SAINT-NIZIER

Circuit 1 tracé en vert sur le plan III p. 116. Comptez 1h30 (sans les musées).

Place des Terreaux B1

Pour admirer sa plus belle perspective, placez-vous côté nord, près des terrasses de café.

La place est au cœur de l'animation lyonnaise. Son réaménagement, confié en 1994 à **Buren**, a conduit à la mise en place d'un dallage en granit assorti de 14 piliers et de 69 jets d'eau et complété par un éclairage nocturne élaboré. La place tire son nom du comblement, au moyen de terres rapportées ou terreaux, d'un ancien lit du Rhône ; c'est tout près d'ici que se trouvait le confluent, à l'époque romaine. Pour avoir conspiré contre Richelieu, le marquis de Cinq-Mars y fut décapité en 1642, devant une foule de spectatrices venues voir tomber une aussi jolie tête. À la Révolution, la place reprit cette sinistre fonction contre les Lyonnais eux-mêmes, déclarés coupables de Contre-Révolution.

La célèbre **fontaine★** monumentale en plomb est due au sculpteur Bartholdi, auteur de la statue de la Liberté.

Hôtel de ville (B1 H) – À l'est de la place, cette remarquable construction, en partie Louis XIII, élevée d'après les plans de Simon Maupin, forme un grand rectangle de bâtiments, cantonné de pavillons et enserrant une cour d'honneur : l'originalité de celle-ci réside dans ses deux niveaux, séparés par un portique en hémicycle.

La façade primitive a disparu à la suite d'un incendie en 1674. Jules Hardouin-Mansart et Robert de Cotte, chargés de la réfection, transformèrent profondément cette façade; les pavillons latéraux et le beffroi furent coiffés d'un dôme. Au centre, un grand tympan arrondi, soutenu par des atlantes, est orné, sous les armes de la ville, d'une statue équestre d'Henri IV.

Au sud, la place est bordée par la façade du palais des Arts ou **palais St-Pierre★** (B1). L'édifice, construit aux 17e et 18e s., était l'une des plus anciennes abbayes bénédictines de Lyon, celle des Dames de St-Pierre, recrutées dans la haute noblesse. Intérieurement, les bâtiments conservent une partie de leur décoration primitive, d'inspiration italienne, notamment le réfectoire et l'escalier d'honneur. Désaffecté à la Révolution, le bâtiment fut transformé en musée au cours du 19e s. En 1884, Puvis de Chavannes peignit *Le Bois sacré* dans l'escalier d'entrée. Il abrite aujourd'hui le **musée des Beaux-Arts**.

1

★★★ Musée des Beaux-Arts B1

17 pl. des Terreaux - ✆ 04 72 10 17 40 - www.mba-lyon.fr - ♿ - 10h-18h, vend. 10h30-18h - fermé mar. et j. fériés - 7 € (-18 ans gratuit), 12 € (-18 ans gratuit) billet combiné avec les expositions.

De la place des Terreaux, entrez dans le jardin de l'ancien cloître dont les galeries sont surmontées d'une terrasse. Transformé au 19e s. en jardin, le cloître abrite des statues de Bourdelle, Duret et Rodin. Après huit années de travaux, le musée des Beaux-Arts de Lyon est aujourd'hui entièrement rénové et figure désormais parmi les plus beaux musées de France. Ses collections se sont enrichies grâce à la donation de 35 toiles impressionnistes et modernes de la collection Jacqueline Delubac.

Le musée des Beaux-Arts présente un exceptionnel panorama représentatif de l'art mondial. Ses collections sont organisées en cinq départements : peinture, sculpture, antiquité, objets d'art, médailles.

Peinture – Les salles exposent un choix d'œuvres des grandes périodes de l'art pictural européen, à commencer par la Renaissance italienne, avec l'*Ascension du Christ* du Pérugin, don du pape Pie VII à la ville de Lyon, la délicate *Nativité* de Costa et un ensemble de l'âge d'or vénitien : *Bethsabée au bain* de Véronèse, *Danaé* du Tintoret, deux scènes de bataille de Bassano. Le musée renferme également des œuvres des écoles bolonaise, napolitaine, florentine et romaine.

Tandis que Le Greco et Zurbarán illuminent de leurs œuvres la peinture espagnole, à côté de l'école de Cologne et de Cranach l'Ancien pour la peinture allemande, les artistes flamands et hollandais sont représentés par Gérard David, Metsys et plusieurs œuvres de Rubens.

La section de peinture française comprend un ensemble important d'œuvres des maîtres du 17e s., dont Simon Vouet *(La Crucifixion)*, Jacques Blanchard *(Danaé)*, Philippe de Champaigne *(L'Adoration des bergers)* et Charles Le Brun *(La Résurrection du Christ)*, cependant que le 18e s. est représenté notamment par Greuze *(La Dame de charité)* et Boucher *(La Lumière du monde)*.

Le « salon des Fleurs » annonce le passage au 19e s. avec une gracieuse statue de Juliette Récamier par J. Chinard, un charmant *Buste de fillette* de Houdon, et les compositions florales colorées d'A. Berjon. Une large place est consacrée à la peinture lyonnaise du 19e s. avec J.-M. Grobon, Fleury Richard et Pierre Révoil.

Figure emblématique de la peinture lyonnaise, ce dernier dirigea l'école des beaux-arts pendant 25 ans. À ces premiers maîtres succède une autre génération lyonnaise représentée par Bonnefond, Flandrin et surtout Janmot dont on peut admirer le *Poème de l'âme*, constitué de 18 tableaux mystiques.

De ce 19e s. florissant, le musée peut encore s'enorgueillir de toiles de David, Delacroix, Géricault (dont la belle *Monomane de l'envie*) ou Corot.

La peinture impressionniste se taille aussi une belle part des salles dans lesquelles se bousculent Degas, Sisley, Renoir et Gauguin. Après les Nabis, Bonnard et Vuillard préludent à un panorama de la peinture du 20e s., illustrée, au début, par des compositions de Dufy *(Bateau pavoisé)*, Villon *(L'Écuyère)*, Braque *(Le Violon)*, Jawlensky *(Méduse)*, Chagall *(La Corbeille de fruits, Le Coq)*, Severini *(La Famille du peintre)*, Foujita *(Autoportrait)*. Parmi les artistes contemporains, on relève les noms de Masson *(Niobé)*, Atlan *(Bérénice)*, Max Ernst, Dubuffet et N. de Staël *(La Cathédrale)*.

Sculpture – Le département des sculptures s'étend de la période romane au gothique et à la Renaissance. Parmi les œuvres du 17e s. au début du 20e s., on prête une attention particulière aux bustes de Coysevox et Lemoyne, aux *Trois Grâces* de Canova, aux œuvres de Daumier jusqu'aux superbes marbres de Bourdelle, Maillol et Rodin.

Antiquité – Ce département est composé de trois sections organisées en salles thématiques. La mieux dotée est la **section égyptienne** qui couvre toutes les époques de l'ancienne Égypte; le thème de « la vie après la mort » est illustré par de splendides sarcophages en bois polychrome, des amulettes ou des *ouchebtis*; la période ptolémaïque est représentée par les portes monumentales du temple de Médamoud; les cultes et la vie quotidienne sont largement évoqués par des stèles et masques funéraires, des instruments et objets usuels. Du **Proche et Moyen-Orient**, remarquez la « Tête de prêtre » d'Assyrie, les têtes de statues de Chypre et les sarcophages en plomb de la Syrie romaine (3e-6e s.) qui constituent les plus belles pièces. La dernière section couvre les civilisations **grecque et romaine**. Une exceptionnelle statue de Korê (jeune Athénienne) provenant de l'Acropole témoigne du degré de perfection atteint par la sculpture grecque antique tandis que les célèbres céramiques à figures noires rivalisent de beauté et de finesse avec la technique plus tardive des figures rouges, dans une vaste collection d'amphores, de cratères, d'hydries et autres vases.

Objets d'art – Cette section présente des collections très variées qui traversent les époques et les continents. Le Moyen Âge nous a laissé des ivoires très travaillés, comme le triptyque attribué au maître du diptyque de Soissons; cette qualité de travail se retrouve sur les émaux romans et gothiques, souvent de Limoges, ou sur les pièces d'orfèvrerie (bras reliquaire de la fin du 15e s.). L'art islamique est très bien représenté par des céramiques, des bronzes, ou par un bassin iranien de 1347, au décor particulièrement soigné (or et argent). La Renaissance française est illustrée par une armure de cheval dont le décor est d'une exceptionnelle précision. Cette période correspond au développement des faïences hispano-mauresques, des majoliques italiennes parfois historiées (assiette de 1533, *Hercule et Cacus*, Urbino), et des émaux peints, tel le retable de 27 plaques attribué à Jean Ier Limosin (fin du 16e s.). Les périodes suivantes ne sont pas oubliées avec des faïences françaises du 18e s., le salon de « La Norenchal » (décor en trompe-l'œil caractéristique du néoclassicisme), le mobilier Art nouveau d'Hector Guimard…

HISTOIRE DU QUARTIER

Du marais aux marchands – Le creusement d'un parking en 1966 a révélé que le quartier de Bellecour avait été drainé, à l'aide d'amphores renversées, dès la période romaine. Le sud de la Presqu'île était en effet marécageux, coupé par les **lônes**, bras morts que le Rhône laisse fréquemment sur son passage. C'est à la Renaissance qu'est réalisé le premier aménagement de la place d'armes de Bellecour, alors que la ville commerçante s'étend petit à petit de la rive droite à la rive gauche de la Saône. Pour ce faire, elle passe par le pont de pierre qui enjambe la rivière : c'est devant lui que s'élance la rue Mercière, dont les rez-de-chaussée s'ouvrent en bancs d'échoppes. La rue abrite, durant les 15e et 16e s., les grandes merceries, les passementeries mais aussi les librairies et les boutiques d'imprimeurs. S'ensuivent diverses rues commerçantes dont la toponymie garde le souvenir : Tupins pour les potiers, Dubois pour les menuisiers, Grenette pour le blé, mais aussi Fromagerie, Poulaillerie, etc. Dans le même temps, s'installent diverses communautés religieuses dont on trouve aussi la trace dans les places des Cordeliers, des Jacobins ou des Célestins.

Vers la ville moderne – De la Renaissance au 19e s., le quartier se peuple et se construit : il grignote à nouveau les terres du fleuve, gagnant sur les marécages et les îles vers les Terreaux. Au 17e s., le développement de l'industrie de la soie déplace le centre économique de la ville vers la Presqu'île, tandis que la construction de l'hôtel de ville ancre là le centre de la vie administrative. L'Hôtel-Dieu, installé dans le quartier depuis le 14e s., fait l'objet, ainsi que le quartier qui l'entoure, d'une véritable opération immobilière de la part de **Soufflot** au 18e s. Il se crée, petit à petit, un écart entre la fonction du lieu et l'apparence des rues et maisons anciennes : la **rue Mercière** reste la plus importante jusqu'au milieu du 19e s. C'est pourquoi le préfet Vaïsse entreprend, sous Napoléon III, les percées « haussmanniennes » des futures rues de la République et Édouard-Herriot.

1

Remarquez également la collection Raphaël Collin qui rassemble de nombreuses céramiques de Chine, de Corée et du Japon (6e-19e s.).

Médailles – La salle du médaillier, remarquable par son plafond à caissons, expose pour sa part plus de 40 000 pièces, de l'époque grecque à nos jours.

Empruntez la rue Paul-Chenavard.

Aux nos 2 et 4 (19e s.), on reconnaît dans les médaillons divers hommes célèbres de la région : Soufflot, Delorme, Jacquard, Montgolfier…

Au n° 21, vous retrouvez une des façades du musée des Beaux-Arts.

Prenez deux fois à droite la rue du Major-Martin, puis la rue de la Lanterne.

Alphonse Daudet, qui y vécut, en garde un souvenir noir qu'il rapporte dans *Le Petit Chose*. Remarquez, au n° 10, l'église évangélique de style néogothique et, au coin de la place Tobie-Robatel et de la rue d'Algérie, les grilles et lambrequins en fonte des fenêtres, typiques de la ville.

Continuez jusqu'à la rue de la Martinière. La rue tient son nom d'un illustre Lyonnais, le major Martin, et des écoles qu'il fonda. Au n° 35, **La Martinière des jeunes filles★** (A1), construite en 1906, a gardé son architecture Art nouveau, avec un élégant portail en fer forgé et des mosaïques vénitiennes. Parmi le décor, la ruche de gauche rend hommage au fructueux labeur du major, celle de droite célèbre la donatrice Mme de Cuzieu et Lyon par sa devise « Avant, avant, Lion le *melhor* ».

En face, la **salle Rameau** (A-B1) est de la même époque. Lyon gagnait avec sa construction un lieu où abriter les concerts et conférences, elle est donc ornée par les muses de la Rhétorique et de la Musique, en émaux de Venise. L'utilisation nouvelle du béton armé a permis de concevoir un vaste espace sans pilier, et l'intérieur garde des staffs et vitraux Art nouveau, dont profite encore l'académie de billard.

Suivez la rue de la Martinière vers la gauche jusqu'au quai St-Vincent.

★ Fresque des Lyonnais A1

Angle du 49 quai St-Vincent et du 2 r. de la Martinière.

Sur la place, arrêtez-vous devant cette fresque réalisée en 1995 par la cité de la Création : 31 personnages de la région y sont représentés, parmi lesquels vous reconnaissez Louise Labé, l'abbé Pierre, Bernard Pivot, Paul Bocuse, Frédéric Dard, les frères Lumière, Bertrand Tavernier, Mme Récamier, Saint-Exupéry avec son Petit Prince, Guignol et son inventeur…

Quai Saint-Vincent A1

Le quai St-Vincent offre une **charmante vue★** sur les maisons colorées du Vieux-Lyon et de Fourvière.

Faites demi-tour.

Quai de la Pêcherie

Les bouquinistes occupent le quai de la Pêcherie le week-end. Parsemée de citations, la **fresque Bibliothèque de la cité** *(r. de la Platière - A-B1)*, qui leur fait face, est justement dédiée aux écrivains de la région (Rabelais, Stendhal, Clavel, Saint-Exupéry, Chevallier…).

Suivez la rue de la Platière jusqu'à la place Meissonier.

Quartier de Saint-Nizier

La fontaine centrale (19e s.) représente un bienfaiteur de la ville, Pleney, qui légua sa fortune aux orphelins ayant charge de famille. Juste en face se dresse l'**ancienne église St-Pierre** (B1). Remarquez l'étroite façade du 12e s. et le sobre portail roman encadrant de superbes vantaux de bois du 18e s. L'édifice abrite les sculptures du musée des Beaux-Arts.

Prenez la rue Paul-Chenavard à droite pour rejoindre la place St-Nizier.

Église Saint-Nizier (B2) – Selon la tradition, l'église actuelle, dont la plus grande partie date du 15e s., s'élèverait à l'emplacement du plus ancien

LE GÉNÉREUX MAJOR ET SES ÉCOLES

Lorsqu'il s'engage dans la Compagnie française des Indes, **Claude Martin**, fils d'un tonnelier du quartier des Terreaux, n'a que 17 ans. Il n'imagine sans doute pas quel brillant avenir l'attend, d'autant moins qu'il est fait prisonnier par les Anglais et que la France cède en 1763 la quasi-totalité de ses comptoirs indiens. Mais les Anglais repèrent son intelligence et trouvent un moyen de l'utiliser sans lui faire trahir son pays. Négociant avisé, il lance la culture et l'industrie de l'indigo. Militaire, diplomate, médecin au besoin, le major Martin se met au service du nabab de la province de Lucknow où il habite durant 24 ans. Ces diverses activités lui permettent d'amasser une fortune qu'il lègue à sa mort, en 1800, pour l'éducation des garçons et des filles tant en Inde que dans sa ville natale Lyon. Ainsi naissent après sa mort **les Martinières**, qui comptèrent parmi leurs élèves les frères Lumière, et sont encore actives dans leurs deux pays d'origine.

sanctuaire lyonnais. La nef est épaulée par des arcs-boutants doubles, bien visibles de la rue de la Fromagerie. Prenez du recul pour voir les flèches, qui constituent l'une des singularités du paysage urbain lyonnais. La flèche nord, gothique, construite en brique, contraste avec celle, ajourée, du clocher sud (19e s.). Le portail Renaissance, encadré de quatre colonnes doriques, est surmonté d'un cul-de-four à caissons dans sa partie supérieure. Il est surmonté d'un pignon néogothique.
L'intérieur, restauré, est caractérisé par sa décoration flamboyante (15e s.) : la voûte, nervurée, comporte des clefs ornées d'armoiries. Un triforium très ouvragé orne tout le pourtour. Dans une chapelle du croisillon sud, remarquez la gracieuse **Vierge à l'Enfant★** de Coysevox.
La rue de la Fromagerie mène rue Édouard-Herriot, que vous prenez à droite.
Ancienne rue de l'Impératrice, elle ouvre une percée « haussmannienne » dans Lyon. S'y concentrent quelques banques et magasins de luxe. Repérez aux nos 32, 34 et 38, les cariatide et atlante dus à Fabisch, sculpteur de la basilique de Fourvière.
À l'angle avec la rue de la Poulaillerie, l'horloge Charvet est animée par Guignol et sa compagnie.
Prenez la rue de la Poulaillerie. Entrez au n° 13 pour admirer la magnifique cour Renaissance du **musée de l'Imprimerie**, qui traboule avec la rue des Forces.

1

★★ Musée de l'Imprimerie B2

13 r. de la Poulaillerie - ✆ 04 78 37 65 98 - www.imprimerie.lyon.fr - 9h30-12h, 14h-18h - fermé lun., 1er janv., 1er Mai, 1er nov., 25 déc. - 5 € (-26 ans gratuit).
Destiné à l'origine à l'un des marchands prospères qui commerçaient avec l'Italie, le superbe **hôtel de la Couronne** (fin 15e s.) accueille depuis 1963 le musée de l'Imprimerie. Le sujet est parfois un peu technique, la présentation un peu austère, mais les très riches collections du musée sont une occasion unique de découvrir l'incroyable évolution de ces métiers depuis l'apparition de la presse à imprimer au 15e s. Ce retour dans le temps permet de mesurer l'incroyable apport de l'imprimerie dans le partage du savoir et des idées, dans l'essor de la littérature, de la culture, des religions… et la ville de Lyon rend un hommage mérité à ses grands libraires, humanistes, illustrateurs et graveurs.
De rarissimes **incunables** (imprimés avant 1500), d'anciennes presses, des notices et un grand nombre d'éditions anciennes initient le visiteur à l'esthétique des caractères et du livre, à l'évolution des supports, des techniques d'impression, de l'image imprimée avec les différents procédés de la taille (estampes, bois gravés, cuivres gravés, eaux-fortes, lithographies). Ne manquez pas l'exceptionnelle collection de 600 **bois gravés** ayant servi à illustrer la Bible (16e et 18e s.), ainsi que ceux des dessins de Gustave Doré illustrant les œuvres de Rabelais.

Rue de la République B1-2

Aux nombreuses banques succède rapidement la **place de la Bourse★**. Rénovée en 1994, elle bénéficie d'agréables plantations de magnolias, rhododendrons et azalées, inscrites dans un dessin de buis taillés. Le **palais du Commerce**, contemporain de la rue de la République, la borde de sa façade massive, ornée des allégories du commerce, de la paix et de l'abondance.
Les façades des immeubles, percées de hautes fenêtres dont le linteau s'orne d'un lambrequin en tôle découpée, sont caractéristiques des constructions lyonnaises du 19e s. La rue perd petit à petit son prestige un peu guindé

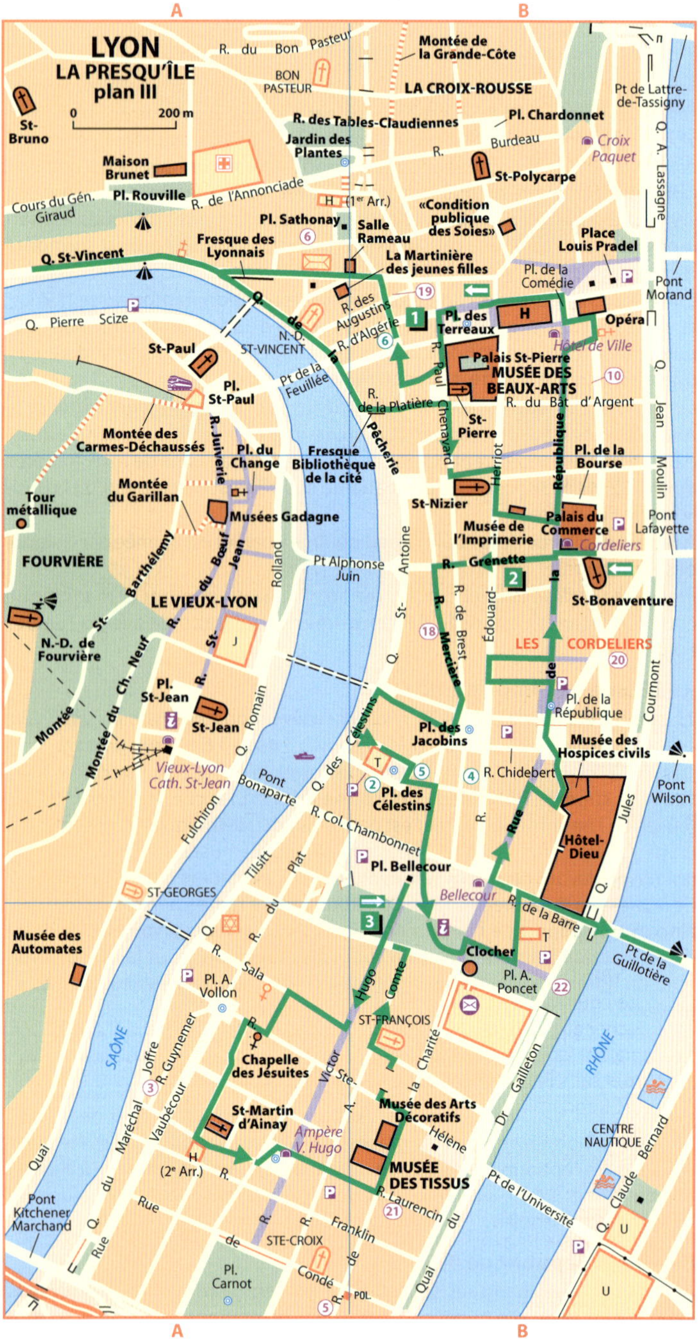

SE LOGER

- Artistes (Hôtel des) 2
- Célestins (Hôtel) 5
- Élysée (Hôtel) 4
- Toits de Lyon (Les) 6

SE RESTAURER

- Bouchon des Filles (Le) 6
- Café 203 (Le) 10
- Chez Abel 3
- Cuisine et Dépendances Acte II 5
- Magali et Martin 19
- Mercière (Le) 18
- Sud (Le) 22
- Takao Takano 20
- Thomas 21

d'ancienne rue impériale. Piétonne des Cordeliers à Bellecour, très commerçante et populaire, la « rue de la Ré » est animée de grands magasins, boutiques, cinémas et brasseries.
Prenez à droite la rue de l'Arbre-Sec, puis les rues du Garet et Pizay.

★ Rues de bouchons B1

Très vivantes, elles concentrent bouchons et établissements à la mode. Le soir, les tables empiètent sur la chaussée. Dans une atmosphère typique, traversant les lumières de restaurants et le brouhaha des dîneurs, la circulation piétonne est dense. La rue Pizay débouche place de la Comédie où de jeunes danseurs de hip-hop ou de rap s'adonnent souvent à des performances sportives. À droite s'élève l'opéra de Lyon, appelé aussi le Grand-Théâtre.

Opéra de Lyon B1

Il est l'aboutissement d'une ambitieuse modernisation. La façade de l'ancien théâtre a été restaurée. Le fronton conserve les muses que les impératifs de la symétrie avaient limitées au nombre de huit, excluant ainsi Uranie, la muse de l'Astronomie. Elles semblent aujourd'hui soutenir l'immense verrière semi-cylindrique, œuvre de l'architecte Jean Nouvel.
L'intérieur, outre le foyer rococo d'origine, abrite un amphithéâtre pour les concerts, une salle à l'italienne de 1 300 places, ainsi qu'un restaurant situé sous la verrière.
L'édifice prend une dimension particulière lorsque les éclairages nocturnes, à dominante rouge, mettent en valeur les contrastes de son architecture. Sa réhabilitation a été récompensée par son élévation au rang d'Opéra national.

1

Place Louis-Pradel B1

Décorée d'une fontaine et de sculptures d'Ipoustéguy, elle allie les formes anciennes et modernes. Au-dessus s'étage le quartier de la Croix-Rousse.
Revenez place des Terreaux en passant derrière l'hôtel de ville.

DES CORDELIERS À BELLECOUR

Circuit 2 tracé en vert sur le plan III p. 116. Comptez 1h30.

Église Saint-Bonaventure B2

Du vaste couvent des Cordeliers, il ne reste que l'église St-Bonaventure. Cet édifice, cher aux Lyonnais, a conservé son plan franciscain primitif. Les cordeliers tenaient leur nom de la corde à trois nœuds qu'ils portaient en guise de ceinture et saint Bonaventure, mort au 2e concile de Lyon, en 1274, fut une gloire de l'ordre franciscain. Le large vaisseau répond aux nécessités de la prédication, tandis que le dépouillement et la simplicité architecturale témoignent du respect des fils de saint François pour toutes les formes de la pauvreté.
À côté, l'ancien Grand Bazar (son nom reste inscrit en façade) fut le premier grand magasin de Lyon (milieu 19e s.)
En face se dresse une des façades massives du palais du Commerce.
Dans le prolongement de la place des Cordeliers se faufile la rue Grenette.

Rue Grenette B2

La rue fut très commerçante à la Renaissance. Vous ne trouverez pourtant plus de traces manifestes de cette période ; même la « grenette », la halle aux grains, a disparu. Remarquez pourtant au n° 2 la façade ornée de boiseries sculptées et surmontée d'une Vierge de pierre.
À l'angle de la rue Édouard-Herriot, jetez au moins un coup d'œil au décor de staffs et de miroirs du séculaire **Café des Négociants**.

★ Rue Mercière B2

Aujourd'hui piétonnière, elle fut pourtant une des plus importantes artères de Lyon, portant le nom de rue Mercatoria, c'est-à-dire des marchands. Elle est aujourd'hui dévolue à la restauration. Vous repérerez encore de nombreuses arcades, vestiges des anciennes boutiques, mais remaniées à diverses époques. Les n°s 48, 50 et 52 alignent de belles façades Renaissance de pierre rouge.

Au n° 56 fut imprimé le premier livre en français. Cette **grande maison** cache une cour avec galeries à l'italienne.

Place des Jacobins B2

Elle est dominée par la majestueuse fontaine des Jacobins élevée en 1886 à la mémoire de quatre artistes lyonnais, représentés en costume de leur époque : Philibert Delorme (architecte), Hippolyte Flandrin (peintre), Guillaume Coustou (sculpteur) et Gérard Audran (graveur).

Prenez à droite la rue du Port-du-Temple jusqu'au quai. La passerelle du Palais-de-Justice a été lancée en 1984. Elle offre de belles vues sur la Saône, Fourvière et la Croix-Rousse.

Prenez à gauche le quai des Célestins, puis encore à gauche la rue Charles-Dullin.

★ Quartier des Célestins B2

De proportions agréables et plantée de magnolias à feuilles caduques, la charmante **place des Célestins** qui fait face au théâtre à l'italienne (19e s.) du même nom, suffirait à justifier la visite. C'est pourtant en sous-sol que se trouve la plus étonnante réalisation architecturale. Au milieu de la place, un périscope en donne un aperçu choisi.

Pour accéder au **parking des Célestins★**, prenez à droite l'ascenseur. La rampe hélicoïdale ajourée d'arceaux du parking s'enroule autour d'un puits central. Les lignes architecturales sont accentuées par un double jeu de lumière et d'alternance de peintures noire et blanche. En bas, un miroir circulaire incliné tourne pour en refléter les arches. C'est sur lui que donne le périscope. Intitulé *Sens dessus dessous*, ce parking a été dessiné par **Daniel Buren** et **Michel Targe**.

Prenez la rue des Archers, puis à gauche la rue Émile-Zola. Les hautes arcades de cette petite rue abritent des magasins de luxe.

Place Bellecour B2-3

En son centre trône le « cheval de bronze ». Sous ce nom, les Lyonnais désignent la **statue équestre de Louis XIV** dont le piédestal porte cette inscription : « *Chef-d'œuvre de Lemot, sculpteur lyonnois* ». Une première statue du grand roi, œuvre de Desjardins (1691), avait été dressée ici dès 1713. Considérée comme un symbole de la royauté, elle fut renversée, brisée et fondue sous la Révolution. La statue actuelle date de 1828. Chose rare, son inscription ne se rapporte pas à son sujet (Louis XIV), mais à son auteur, le sculpteur Lemot. L'inscription d'origine a été retirée : c'est en effet par ce subterfuge que le commissaire extraordinaire de la République sauva la statue, à son tour menacée de destruction, en 1848. Elle est encadrée par deux bronzes des frères Coustou, le Rhône et la Saône, orientés vers les rives concernées.

Contournez la statue par la gauche pour apercevoir la basilique de Fourvière. La place est bordée à l'ouest et à l'est par d'immenses façades symétriques, de style Louis XVI, datant de 1800. De part et d'autre de la statue, deux pavillons se font face. Ils accueillent l'office de tourisme et une annexe pour les biennales lyonnaises. Vous pouvez aussi vous y rafraîchir dans un « pied humide », buvette lyonnaise.

Au sud-est de la place, isolé, devant l'hôtel des Postes, s'élève le **clocher de l'ancien hôpital de la Charité** (17e s.).
Au nord-est, la Banque nationale de Paris a succédé à une salle où furent données les premières projections du cinématographe Lumière *(voir p. 65 et 142)*.
Prenez la rue des Marronniers. Piétonnière, la rue se frange des terrasses de nombreux bouchons. Rejoignez la rue de la Barre que vous prenez sur la droite. Du pont de la Guillotière, jetez un coup d'œil sur l'harmonieuse **façade★** de l'Hôtel-Dieu *(voir ci-dessous)*, agrandie au 18e s. par Soufflot.
Revenez sur vos pas et continuez la rue de la Barre jusqu'à la rue de la République. Remarquez la belle **façade★** de l'ancien siège du *Progrès* au n° 85, encadrée de cariatides géantes. Le bâtiment Art déco du n° 79 est couronné par un coq Pathé géant; le cinéma qu'il abrite fut longtemps le plus grand de Lyon.
Prenez la rue du Prof.-Louis-Paufique.
Vous retrouvez, au-dessus de la belle porte ancienne du n° 28, une plaque en mémoire de la **Belle Cordière** *(voir l'encadré p. 120)*.

★ Hôtel-Dieu B2

Lieu de soins depuis le 12e s. et, jusqu'en 2011, centre hospitalo-universitaire dépendant des Hospices civils de Lyon, l'Hôtel-Dieu entame une reconversion complète. Les travaux qui s'engagent jusqu'en 2016 dévoileront le nouveau visage d'un édifice emblématique du patrimoine de la ville. C'est à l'équipe constituée du groupe Eiffage, de la chaîne hotelière Intercontinental et de l'atelier d'architecture lyonnais AIA/Constantin que la municipalité a remis les clés du site. Leur projet, respectueux de l'histoire, des cloîtres et des jardins, prévoit la création d'un hôtel de luxe dans la partie centrale du Grand Dôme, de surfaces de bureaux et commerces et d'un pôle « santé » autour de l'ancien musée des Hospices civils reconverti en vaste centre d'interprétation. Difficile de dire ce que l'on pourra encore visiter dans les années à venir. Ne manquez pas sa **porte★** (18e s.) très ornée sur la place de l'Hôpital ; passez-la pour admirer les jolies **cours** intérieures bordées d'arcades traboulant avec le quai Jules-Courmont. La chapelle, du 17e s., est de style Louis XIII. Si les bâtiments remontent au mieux au 17e s., l'Hôtel-Dieu est présent ici depuis le 12e s. (Rabelais y fut médecin de 1532 à 1534). Son fonctionnement exemplaire pour le secours des malades et des pauvres valut en son temps à Lyon le titre de « ville de la charité ».
Prenez à droite la rue Marcel-Gabriel-Rivière jusqu'à la rue de la République. Empruntez sur la gauche le passage de l'Argue. C'est en 1825 que ce passage, qui hérite son nom d'une ancienne activité de tréfilage *(voir Trévoux p. 190)*, a reçu sa lumineuse verrière sur arcature métallique. C'est aujourd'hui une galerie marchande.
Ressortez rue Édouard-Herriot à droite jusqu'à la rue Thomassin que vous prenez à droite. Empruntez enfin la rue de la République à gauche, jusqu'aux Cordeliers.

DE BELLECOUR À CARNOT 3

Circuit 3 tracé en vert sur le plan III p. 116. Comptez 45mn (sans les musées).

Place Bellecour B2-3

Les quartiers situés au sud de la place Bellecour épousent les contours de l'ancienne **île des Canabae**, qui tient son nom des entrepôts installés là par les Romains. En ce temps-là, le quartier comptait de riches villas, dont les mosaïques ont été transférées au Musée gallo-romain de Fourvière.
Prenez la rue Victor-Hugo. Les hautes façades bordent une artère piétonne très commerçante, qui relie Bellecour à la place Carnot. La rue a été percée

entre la fin du 18e s. et le second Empire, en gagnant sur les possessions de multiples communautés religieuses. Elle marqua longtemps une nette frontière entre les **congrégations et écoles privées à l'ouest** et les **rues actives à l'est**. Remarquez au n° 14 les grilles ouvragées.

En raison du nombre de ses issues, l'immeuble de style Art déco au coin de la rue Sala fut choisi en 1941 pour abriter la fondation du Mouvement lyonnais de Résistance. S'y tinrent plus tard des réunions auxquelles participa **Jean Moulin**, et le quartier général de l'armée secrète de la Résistance.

Tournez à droite rue Sala, puis à gauche rue St-François-de-Sales. Les communautés religieuses sont à l'origine de l'urbanisation du quartier. Vous en trouverez la trace dans l'omniprésence de bâtiments religieux, même s'ils ont souvent été reconstruits plus tardivement. À l'angle de la rue Ste-Hélène, remarquez la vaste façade néogothique de la **chapelle des Jésuites** (19e s.), construite à l'origine pour une communauté de clarisses (A3).

Prenez à droite la rue Ste-Hélène et à gauche l'impasse Catelin. À gauche, le bâtiment (19e s.) du Centre Adélaïde-Perrin, portant une statue de la Vierge, a été élevé pour accueillir des jeunes femmes handicapées, tandis que l'ancienne école paroissiale (statue de St-Joseph) est désormais animée par l'Institut supérieur d'agriculture de Rhône-Alpes.

Gagnez par la rue de l'Abbaye-d'Ainay la place d'Ainay. Avant de vous tourner vers la basilique, remarquez à droite dans l'enfilade du porche, la **voûte d'Ainay** (18e s.), construite à l'emplacement de l'ancienne porte d'enceinte de l'abbaye et, au n° 20, la jolie **façade★** néoromane de l'ancien presbytère, qui s'harmonise avec le style de l'église.

Basilique Saint-Martin-d'Ainay A3

Une première basilique fut construite au 4e s. dans le quartier, peut-être à cet endroit même, suivie par une abbaye carolingienne. La basilique, consacrée par le pape Pascal II en 1107, a subi d'importants remaniements. Le clocher-porche se termine par une pyramide encadrée de curieux acrotères d'angle qui lui donnent sa silhouette caractéristique. Remarquez la frise d'animaux courant sous la corniche entre le 2e et le 3e étage, et sa **décoration à incrustations de briques**.

À l'intérieur, la nef est séparée des collatéraux par de grosses colonnes d'origine romaine ; les arcades sont en plein cintre. Les **chapiteaux★** romans historiés représentent à droite du chœur, Adam et Ève avec le serpent, l'Annonciation, le Christ en majesté ; à gauche, Caïn tuant Abel, l'offrande de Caïn et d'Abel, saint Michel terrassant le dragon, Jean-Baptiste montrant le Christ.

Sur le croisillon sud s'ouvre la chapelle Ste-Blandine, primitivement indépendante de l'édifice principal et qui passe pour avoir abrité dans sa courte crypte les restes des martyrs de 177.

LA BELLE CORDIÈRE

Une Lyonnaise, **Louise Labé (1524-1566)**, incarne l'esprit de l'époque, tant par sa grâce et sa beauté, que par sa veine poétique. À 20 ans, Louise sait le grec, le latin, l'espagnol, l'italien et la musique. Le goût des aventures la fait partir, « envieuse de bruit », pour le siège de Perpignan, abandonnant les « habits mols des femmes ». Revenue à Lyon, mariée au bonhomme cordier Ennemond Perrin, la « Belle Cordière » ouvre son salon aux poètes, aux artistes et aux érudits, comme le fera Mme de Sévigné un siècle plus tard.

Longez l'église pour profiter, à l'angle des rues Bourgelat et Adélaïde-Perrin, de la vue d'ensemble de l'église, dominée par le clocher de façade et la tour carrée du transept.

Traversez la place Ampère. La statue qui trône en son centre est dédiée au physicien, théoricien de l'électromagnétisme, né à Lyon.

Empruntez la rue des Remparts, puis à gauche la rue de la Charité. Les hôtels de Villeroy et Lacroix-Laval, du 18e s., abritent respectivement les **musées des Tissus** et **des Arts décoratifs**. L'architecture de l'hôtel Lacroix-Laval et de ses écuries est attribuée à Soufflot.

★★★ Musée des Tissus B3

34 r. de la Charité - ✆ 04 78 38 42 00 - www.museedestissus.com - 10h-17h30 - fermé lun. et j. fériés - 7 € (-12 ans gratuit) billet combiné avec le musée des Arts décoratifs.

Fondé par la chambre de commerce de Lyon, il y a plus d'un siècle, et aménagé dans l'hôtel de Villeroy (1730), ce musée, qui abrite aussi le Centre international d'études des textiles anciens, constitue un véritable « conservatoire » du tissu d'art et fait la fierté des Lyonnais. Les prestigieuses collections sont organisées autour de deux grands pôles : l'Occident et l'Orient.

La première salle initie le visiteur aux différentes techniques utilisées dans le travail de la soie : le satin, le sergé, le taffetas, le velours… Les **tissus français** sont présentés à travers un ensemble de magnifiques étoffes exécutées surtout à Lyon depuis le début du 17e s., époque où la « Fabrique » lyonnaise se distinguait par son savoir-faire. Le 18e s. apporte beaucoup d'innovations, notamment grâce à **Philippe de Lassalle** et à **Jean Pillement** : les portraits brodés et les « chinoiseries » remportent un grand succès. On appréciera aussi le **Meuble Gaudin**★, célèbre tenture pour la chambre à coucher de Joséphine à Fontainebleau. Le début du 19e s. est marqué par le retour à l'antique : panneau à « motif pompéien » d'après les danseuses d'Herculanum. Dans la salle décorée d'un panoramique en papier peint avec des grisailles de Psyché, de petits **portraits**★ en velours illustrent le haut degré de finesse obtenu par le procédé Grégoire (peinture sur fil de soie), au cours d'un siècle pendant lequel se développent les tissus imprimés à grande échelle et l'engouement pour les « châles des Indes ».

Le musée possède également un important ensemble de vêtements et d'**ornements liturgiques**★ regroupant la production européenne du 12e au 18e s. D'Italie viennent des tissus palermitains et vénitiens, et de somptueux velours génois et florentins de l'époque Renaissance à décor stylisé de chardons et de grenades. D'Europe du Nord-Ouest, outre de précieux témoignages de l'art de la broderie, le musée possède des pièces caractéristiques de l'art franco-flamand du 15e s., tandis que l'Espagne est représentée par des tissus hispano-mauresques, au décor fortement influencé par l'art arabe, et d'admirables velours de soie du 16e s. Parmi les **costumes civils**, l'exceptionnel **pourpoint**★ (32 pièces) de Charles de Blois, du 14e s., constitue l'une des plus belles pièces.

La section réservée à l'**Extrême-Orient** présente des pièces raffinées du 16e au 19e s. : panneaux brodés et peints, kimonos du Japon, robes impériales en K'o-sseu (tapisserie au petit point) de Chine.

De l'**Orient**, le musée possède de nombreux éléments caractéristiques de civilisations anciennes : tapisseries coptes en laine ou en lin provenant des fouilles d'Antinoé, tissus sassanides à décor de scènes de chasse ou d'animaux affrontés, délicates broderies de l'Égypte des Fatimides, étoffes byzantines. De magnifiques **tapis**★, provenant de Perse, Turquie, Espagne, du 15e au 18e s., complètent cet ensemble remarquable.

★★ Musée des Arts décoratifs B3

34 r. de la Charité - ✆ 04 78 38 42 00 - www.museedestissus.com - 10h-17h30 - fermé lun. et j. fériés - 7 € (-12 ans gratuit) billet combiné avec le musée des Tissus.

Il peut être difficile d'enchaîner cette visite avec celle, passionnante, du musée des Tissus, mais les très riches collections méritent vraiment que l'on s'y attarde. Aménagé dans le cadre d'un hôtel construit en 1739, le musée est principalement consacré au décor de la vie au 18e s. ; sur trois étages, en parcourant les belles salles ornées de parquets et de boiseries, on peut admirer un important ensemble de meubles estampillés par de grands ébénistes (Hache, Oeben, Riesener), des objets d'art, des instruments de musique (magnifique **clavecin** de 1716), des tapisseries (Gobelins, Beauvais, Flandres, Aubusson), des porcelaines (St-Cloud, Sèvres, Meissen) et des faïences (Lyon, Moustiers, Marseille). Il est impossible de manquer, au deuxième étage, l'exceptionnel **décor de la salle à manger** ; les lambris dorés et sculptés (18e s.) rapportés d'un hôtel particulier de Lyon.

Parmi les salles consacrées à l'art du Moyen Âge et de la Renaissance, on s'attachera particulièrement à la galerie contenant plus de 200 **majoliques italiennes★** du 15e et 16e s.

Enfin, une section est consacrée à l'**orfèvrerie contemporaine**. Une centaine d'œuvres signées par les plus grandes maisons (Maeght, Alessi) d'après de célèbres designers y sont exposées.

Reprenez la rue de la Charité, puis la rue Ste-Hélène à gauche. Les nos 29 et 31 traboulent joliment (cour des Fainéants décorée de stucs) vers la rue Sala, que vous prenez à gauche. Les boutiques d'antiquaires et galeries d'art de la rue Auguste-Comte, à droite, vous ramènent jusqu'à la place Bellecour.

À voir aussi

Maison de la Confluence hors plan III par A3 et plan I B2

102 cours Charlemagne (à la pointe sud de la Presqu'île, au-delà de la gare Perrache) - ✆ 04 78 38 74 00 - www.lyon-confluence.fr - ♿ - de fin sept. à mi-juil. : merc.-sam. 14h-18h30 - fermé j. fériés - gratuit.

Au cœur du nouveau quartier de la Confluence, ce lieu d'information et d'expositions (photos, vidéos et maquettes) donne une idée du vaste projet urbain en cours dans lesud de la Presqu'île, au-delà de la gare de Perrache. Il s'agit d'une des plus vastes opérations d'aménagement dans un centre-ville en Europe : 150 ha, 20 000 habitants et 22 000 emplois sur place à terme. Le paysage de cet espace longtemps resté vierge, conquis sur les eaux à partir de la fin du 18e s., est en perpétuel changement. Immeubles d'habitations, sièges d'entreprises (*Le Progrès*, Eiffage, Euronews, Hôtel de Région), pôle de loisirs et de commerces – le chef étoilé Nicolas Le Bec y ouvre un nouveau restaurant – sont achevés ou en cours de construction. Les **Docks du quai Rambaud** accueillent déjà des galeries d'art et la Biennale d'art contemporain. Une promenade sur les bords de Saône et des jardins aquatiques viennent de voir le jour. Depuis la terrasse du centre d'information, admirez le point de vue sur la place Nautique dont la longue darse reliée à la Saône est désormais en eau. L'équipe d'architectes Herzog & De Meuron et le paysagiste Michel Desvigne ont été retenus pour la seconde phase d'aménagement, côté Rhône, sur les terrains libérés par le transfert du marché de gros et des prisons à l'extérieur de la ville.

À la pointe du confluent, le chantier du futur **musée des Confluences** devrait être achevé en 2014. Pluridisciplinaire, héritier des riches collections du Muséum qui touchent aux sciences de la vie, de la terre et de l'homme, ce musée abordera des domaines aussi variés que la naissance de l'Univers ou les progrès en biotechnologie. Le futur bâtiment, dessiné par le cabinet d'architectes autrichien CoopHimmelb(l)au, aura l'allure d'un nuage de cristal entre Rhône et Saône. Un **espace d'information** temporaire installé sur le site présente le projet muséographique et architectural *(℘ 04 78 37 30 00 - merc.-sam. 13h-18h, dim. 10h-12h, 14h-18h).*

NOS ADRESSES SUR LA PRESQU'ÎLE

HÉBERGEMENT

PREMIER PRIX

Hôtel des Savoies – Plan I B2 - *80 r. de la Charité - 69002 Lyon - M° A Perrache - ℘ 04 78 37 66 94 - www.hotel-des-savoies.fr - 46 ch. 62/78 € - ☕ 7 €.* Façade rehaussée de blasons savoyards, petites chambres simples, fonctionnelles et rafraîchies, prix sages et garage très apprécié de la clientèle.

BUDGET MOYEN

Chambre d'hôte Péniche « El Kantara » – Plan I B2 - *Quai Rambaud - 69002 Lyon - ℘ 04 78 42 02 75 - P - ⊠ - ⛱ - 2 ch. 90 € ☕.* Une charmante adresse, insolite et romantique que cette péniche amarrée sur la Saône. Magnifiquement restaurée, on y trouve une chambre avec deux cabines aménagées dans le logement du marinier et, sur l'avant, une autre chambre plus vaste et plus lumineuse. Entre les deux, la piscine à ciel ouvert, dès les beaux jours.

Élysée Hôtel – Plan III B2 - *92 r. Édouard-Herriot - 69002 Lyon - M° A Cordeliers - ℘ 04 78 42 03 15 - www.hotel-elysee.fr - 29 ch. 77/84 € - ☕ 8 €.* Cette adresse familiale très bien située dans la Presqu'île prend place dans un immeuble du 18e s. sur six étages. Chambres récemment rénovées, intérieur soigné et accueil attentif.

Hôtel Célestins – Plan III B2 - *4 r. des Archers - 69002 Lyon - M° D Guillotière - ℘ 04 72 56 08 98 - www.hotelcelestins.com - 27 ch. 79/149 € - ☕ 9 €.* Hôtel occupant plusieurs étages d'un immeuble d'habitation. Chambres claires et plaisantes ; celles de la façade offrent une échappée sur la colline de Fourvière.

Hotelo Hôtel – Plan I B2 - *37 cours de Verdun-Récamier - M° A Perrache - ℘ 04 78 37 39 03 - www.hotelo-lyon.com - 17 ch. 75-85 €.* Cet hôtel du quartier de la gare a fait peau neuve en 2009 et affiche une décoration au style contemporain. Les chambres, impeccables et sobrement aménagées, sont climatisées et disposent d'une connection wifi. Tarifs week-end attractifs.

Les Toits de Lyon – Plan III B1 - *4 r. Lanterne - M° A/C Hôtel-de-Ville - ℘ 06 20 45 48 92 - www. lestoitsdelyon.com - 1 ch. 95 € (2 nuits min.).* Cette véritable et unique « maison sur les toits » ménage un gîte très cosy de 29 m², avec sa pièce à vivre, cuisine, chambre, salle de bains et wc. La vue sur Lyon est saisissante.

POUR SE FAIRE PLAISIR

Hôtel des Artistes – Plan III B2 - *8 r. G.-André - M° A Cordeliers - ℘ 04 78 42 04 88 - www.hotel-des-artistes.fr - 45 ch. 120/145 € - ☕ 12 €.* Avec sa façade donnant sur l'adorable place des Célestins et le théâtre éponyme, cet hôtel possède des chambres coquettes et une ambiance théâtrale. La salle des petits-déjeuners est ornée d'une fresque à la Cocteau.

RESTAURATION

PREMIER PRIX

Le Café 203 – Plan III B1 - *9 r. du Garet - 69001 Lyon - ✆ 04 78 28 66 65 - fermé 25 déc. et 1er janv. - 8,80/16 €.* Certains le fréquentent pour sa cuisine de marché servie dans un cadre bistrot. D'autres viennent pour des nourritures spirituelles : exposition de tableaux, citations de jeunes auteurs et écoute de bandes sonores. Il y a toujours une bonne raison de traîner ses guêtres au 203.

BUDGET MOYEN

Brasserie Georges – Plan I B2 - *30 cours Verdun - M° A Perrache - ✆ 04 72 56 54 54 - www.brasseriegeorges.com - 20/25 €.* « Bonne bière et bonne chère depuis 1836 », cadre Art déco magnifique, ballet des serveurs et ambiance *ad hoc* : cette brasserie classée est un incontournable de la ville.

Le Bouchon des Filles – Plan III A1 - *20 r. Sergent-Blandan - M° A/C Hôtel-de-Ville - ✆ 04 78 30 40 44 - fermé lun.-sam. à midi ; mar. et merc. soir. - env. 25 €.* Voilà venue l'heure des nouvelles « mères lyonnaises », de jeunes cuisinières qui revisitent le traditionnel bouchon. Ambiance conviviale et saladiers des entrées pour vous souhaiter la bienvenue.

Chez Abel – Plan III A3 - *25 r. Guynemer - M° A Ampère-Victor-Hugo - ✆ 04 78 37 46 18 - www.cafecomptoirabel.fr - fermé dim. soir. - 22/39 €.* Ce restaurant est resté « dans son jus », celui d'un des plus vieux comptoirs de Lyon, patiné par le temps et plein de charme. À l'écart de l'agitation de la ville, on y déguste une cuisine traditionnelle dont la fameuse et bien préparée quenelle de brochet.

Le Mercière – Plan III B2 - *56 r. Mercière - 69002 Lyon - ✆ 04 78 37 67 35 - www.le-merciere.com - 29,90 €.* Vieille maison pittoresque à débusquer dans une « traboule » (passage) s'ouvrant sur l'une des rues de bouche les plus animées de la ville. Cuisine traditionnelle cent pour cent régionale servie dans l'atmosphère typique des bouchons lyonnais.

Le Sud – Plan III B3 - *11 pl. Antonin-Poncet - M° A Bellecour - ✆ 04 72 77 80 00 - www.bocuse.fr. - 23/29 €.* Cette brasserie de la maison Bocuse est à fréquenter surtout l'été pour sa terrasse et une carte aux accents méditerranéens qui fait la part belle aux salades du Sud, tajines, viandes et poissons grillés.

POUR SE FAIRE PLAISIR

Cuisine et Dépendances
Acte II – Plan III A3 - *68, r. de la Charité - M° A Perrache - ✆ 04 78 37 45 02, www.cuisineetdependances.com. - mar.-sam. 12h-14h30 et 19h-22h30 - formules déj. 16/21 € - 29/70 €.* Cadre contemporain (tons fuchsia et anthracite) pour une cuisine moderne, savoureuse et généreuse axée principalement sur les produits de la mer. Cher le soir mais formules lunch très avantageuses.

Thomas – Plan III B3 - *6, r. Laurencin - M° A Ampère/Victor Hugo - ✆ 04 72 56 04 76 - www.restaurant-thomas.com - fermé 22 avr.-2 mai, 7-30 août, 24 déc.-2 janv., sam. et dim. - formule déj. 18 € - 41/55 €.* Sous l'égide d'un jeune chef passionné, une cuisine fine et savoureuse (carte renouvelée chaque mois) dans une salle moderne et cosy. Trois annexes également dans la rue, avec d'aussi bons produits, dont les recettes à la plancha du trendy Comptoir.

Magali et Martin – Plan III B1 - *11, r. des Augustins - M° A/C Hôtel-de-Ville - ✆ 04 72 00 88 01 - fermé 13-25 août, 23-27 déc., 31 déc.-9 janv., sam. et dim. - formules déj. 18/21 € - 30/55 €.* La maison est dirigée par un tandem qui fonctionne en toute complémentarité : Martin s'exprime (remarquablement) en cuisine, au gré du marché, et Magali sur le choix des vins, l'accueil et le service. Jolie adresse.

Rue Le Bec – Plan I B2 - *43 quai Rambaud - T1 Montrochet - ✆ 04 78 92 87 87 - www.nicolaslebec.com - 31/69 €.* Mélange des genres à la carte (de la raviole chinoise à la terrine de canard *via* la pizza « tomate mozza ») et sous cette nouvelle halle gourmande du quartier de la Confluence, qui fait à la fois restaurant, chai, boulanger, maraîcher... Terrasse sur la Saône.

UNE FOLIE

Takao Takano– Plan III B2 - *14 r. Grolée - M° A Cordeliers - ✆ 04 78 42 15 00 - www.nicolaslebec.com - fermé en août, lun. et dim. - formule déj. 45 € - 60/100 €.* Dans un restaurant étoilé au décor feutré tout en tons gris perle, le chef japonais Takao Takano impose sa cuisine inventive et sans frontière, après avoir pris la suite de Nicolas Le Bec.

BOIRE UN VERRE

Les Terrasses Saint-Pierre (café du musée des Beaux-Arts) – *20 pl. des Terreaux - M° A/C Hôtel-de-Ville - ✆ 04 78 39 19 65 - tlj sf mar. 10h-17h30, vend. 10h30.* Que vous visitiez ou non le musée des Beaux-Arts, le café est idéal pour une pause sereine. Terrasse donnant sur le cloître, devenu jardin public, ambiance décontractée et décoration contemporaine. Restauration légère (cakes, salades) ou plus élaborée (carte tendance fusion). Fresque monumentale de Raoul Dufy, *La Seine, de Paris à la mer.*

Broc Bar – *20 r. Lanterne - M° A/C Hôtel-de-Ville - ✆ 04 78 30 82 61 - lun. 7h30-21h, mar.-sam. 7h30-1h, dim. 10h-21h.* Elle est plus « baroque que broc » la déco intérieure de ce bar aux airs de café parisien avec ses banquettes rouges. On y goûte surtout le calme de sa terrasse à l'ombre d'un catalpa lors d'interminables apéros entre amis.

SORTIR

Hot Club de Lyon – *26 r. Lanterne - 69001 Lyon - ✆ 04 78 39 54 74 - www.hotclubjazz.com - mar.-jeu. soir 21h30 ; vend.-sam. soir 22h - fermé de fin juil. à mi-sept. - 10 € (enf. 5 €).* Tous les amateurs de jazz fréquentent le Hot Club lyonnais, installé dans une cave comme ses illustres prédécesseurs de Saint-Germain-des-Prés... Du style New Orleans au jazz fusion en passant par les standards de Duke Ellington et de la bossa nova, tous les styles y sont généreusement représentés. Le samedi après-midi est gratuit et les consommations sont très abordables.

Docks 40 – *40, quai Rambaud - T1 Montrochet - ✆ 04 78 40 40 40 - lun. 8h-1h, mar.-merc. 8h-1h, jeu.-vend. 8h-3h, sam. 18h-3h.* Bar-restaurant-club immense (600 m²) au style industriel-moderne. Clientèle sélecte qui apprécie les concerts de jazz et les DJs en buvant des mojitos. Le plus, c'est la superbe terrasse donnant sur les bords de Saône.

SPECTACLES

Opéra national de Lyon – *1 pl. de la Comédie - 69001 Lyon - ✆ 0 826 305 325 - www.opera-lyon.com - fermé 29 juil.-27 août.* C'est l'un des plus beaux monuments de la ville avec sa splendide verrière imaginée par Jean Nouvel. L'Opéra (1 100 places) réunit un orchestre, un ballet, un chœur et une maîtrise d'enfants. Programmation plus variée (cabaret, jazz, musiques du monde, etc.) proposée dans l'amphithéâtre et au Péristyle (café-concert).

ACHATS

Giraudet Boutiques – *2 r. du Col.-Chambonnet - 69002 Lyon - ✆ 04 72 77 98 58 - www.giraudet.fr - lun. 11h-19h, mar.-sam. 9h-19h - fermé dim.* Fondée en 1910 à Bourg-en-Bresse, la maison Giraudet perpétue depuis quatre générations la tradition des authentiques quenelles bressanes. Cette jolie boutique lyonnaise propose également des sauces d'accompagnement et des soupes de saison fraîches, à emporter ou à découvrir dans son espace restauration *(formules 9,80/13 €)*. Cours de cuisine et dégustations.

Pignol – *8 pl. Bellecour - 69002 Lyon - ✆ 04 78 37 39 61 - www.pignol.fr - 8h-19h30 - fermé dim. et lun. en août.* Après des débuts artisanaux (en 1954) rapidement couronnés de succès, ce traiteur a multiplié les conquêtes et possède aujourd'hui trois restaurants, sept boutiques et deux unités de production. La maison se voit régulièrement confier la restauration lors d'évènements nationaux ou internationaux organisés sur Lyon.

Reynon – *13 r. des Archers - 69002 Lyon - ✆ 04 78 37 39 08 - www.reynonlyon.com - mar.-sam. 8h30-13h30, 15h-19h30 (sf lun. en déc.) - fermé dim., lun. (sf lun. fin déc.), 1er Mai, 14 Juil., 11 Nov. et 27 juil.-18 août.* Maison tenue par la même famille depuis sa création en 1937. Saucissons, rosettes, jésus, cervelas et plats cuisinés sont préparés avec beaucoup d'attention. Amateurs d'anecdotes et de recettes, lisez *Le Fils du charcutier* écrit par Claudius Reynon.

Bonnard – *36 r. Grenette - 69002 Lyon - ✆ 04 78 42 19 63 - www.charcuteriebonnard.fr - 8h30-13h30, 15h-19h30 - fermé 15 j. fin août, dim. et lun.* Cette charcuterie créée en 1850 est une belle adresse pour qui veut faire provision de spécialités lyonnaises comme le fameux cervelas truffé (5 %) ou les quenelles de brochet. Le cadre Art déco et la verrière surmontée d'une magnifique tête de lion en cuivre valent le coup d'œil.

Voisin – *28 r. de la République - 69002 Lyon - ✆ 04 78 42 46 24 - www.chocolat-voisin.com - mar.-sam. 9h-19h30, lun. 10h-19h - fermé dim.* Cette maison fabrique une cinquantaine de chocolats, pâtes de fruits et autres savoureuses spécialités lyonnaises comme les Coussins ou les Quenelles de Lyon. Elle approvisionne aussi ses 18 boutiques lyonnaises en cafés fraîchement torréfiés et en thés grands crus. Un « must ».

Tousoie – *19 r. Auguste-Comte - 69002 Lyon - ✆ 04 78 92 94 63 - 10h-13h, 14h-19h - fermé dim.-lun.* Ce magasin, spécialiste de la mousseline depuis plus de 100 ans, propose de surcroît un vaste choix de tissus prestigieux. Sa collaboration avec de grands couturiers et la qualité de ses produits lui confèrent une solide réputation.

La Croix-Rousse

NOS ADRESSES PAGE 134

SE REPÉRER
Métros Croix-Paquet, Croix-Rousse, Hénon et Cuire – Plan I p. 86-87 – Plan IV p. 128-129. La colline de la Croix-Rousse domine la Presqu'île au nord. On distingue deux grands quartiers : les pentes et le plateau.

SE GARER
Garez-vous de préférence dans la Presqu'île. Évitez en tout cas de stationner dans les pentes où les voitures sont régulièrement vandalisées.

À NE PAS MANQUER
Le mur des Canuts et la fresque des Lyonnais ; la vue plongeante sur le Rhône de la rue Justin-Godart ; la cour des Voraces ; les ateliers de soieries ; les jardins et la vue de la Grande-Côte.

ORGANISER SON TEMPS
Prévoyez de visiter les pentes avant la tombée de la nuit, et de préférence le matin par temps chaud. Pour le plateau, préférez les matinées du samedi ou du dimanche afin de partager la pause hebdomadaire qui suit le marché…

1

Il flotte à la Croix-Rousse une atmosphère villageoise, en particulier les jours de marché, lorsque les Croix-Roussiens s'attablent en terrasse, leur panier de courses aux pieds, pour prendre l'apéritif. Les plus irréductibles d'entre eux, enracinés sur « le plateau » (intégré à la ville de Lyon qu'en 1852), contemplent de loin l'agitation d'en bas et peuvent, dit-on, passer des mois sans « descendre en ville ».

Se promener

LES PENTES

Circuit 1 tracé en vert sur le plan p. 128-129.
Partez de la place des Terreaux (F2), au pied de la Croix-Rousse. Prenez les rues Romarin et Ste-Catherine jusqu'à la rue St-Polycarpe que vous remontez en direction de l'église.

« Condition publique des Soies » F1

Elle s'ouvre au n° **7** par un porche dont l'arcade supérieure est décorée d'une majestueuse tête de lion et de feuilles de mûrier. Dans cet établissement, on contrôlait, au 19e s., le degré hygrométrique des étoffes de soie. En effet, ce tissu pouvant absorber jusqu'à 15 % de son poids en eau, il était nécessaire d'en garantir le poids loyal et marchand.
Remontez la rue de l'Abbé-Rozier.
Dans l'axe se dresse l'**église St-Polycarpe** (F1), des 17e et 18e s.
Tournez à gauche dans la rue René-Leynaud.
Au n° **19** (face au n° 14), s'ouvre, encadré par deux colonnes, le **passage Thiaffait** (Village des Créateurs) qui aboutit par un escalier à double volée à la rue Burdeau. En face du n° 36 s'élève la montée du Perron conduisant à

la **place Chardonnet** (F1), dominée par le monument élevé à la mémoire du comte Louis-Marie Hilaire de Chardonnet (1839-1924), inventeur de la soie artificielle.

Gagnez la rue des Tables-Claudiennes que vous prenez sur la droite (escalier).

LYON
LA CROIX-ROUSSE
plan IV

0 — 200 m

SE RESTAURER

- Maison Villemanzy........................ 6
- Ourson qui boît (L')........................ 7
- Toutes les couleurs........................ 8

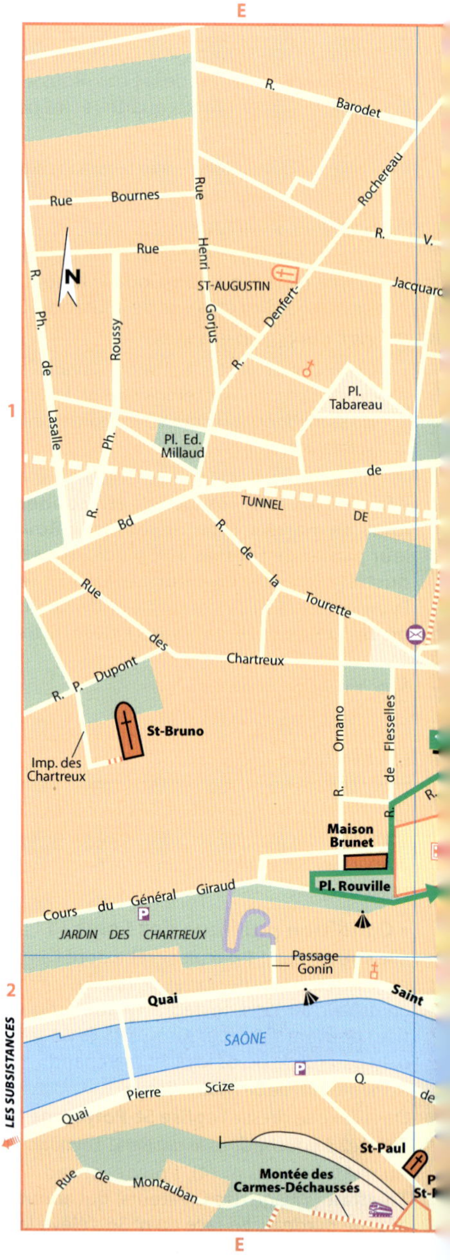

Rue des Tables-Claudiennes F1
Elle doit son nom aux inscriptions sur bronze découvertes par le drapier Gribaud dans sa vigne, à l'emplacement de l'amphithéâtre. Le n° **55** traboule vers le 20 rue Imbert-Colomès (escalier).

Prenez en face le n° 29 qui traboule vers la cour des Voraces (escalier et chemin à droite, tournez à gauche au niveau d'une lanterne, puis montez deux volées d'escalier).

Cour des Voraces F1

Cette cour intérieure, impressionnante par la taille de son escalier, était, au siècle dernier, le lieu de réunion d'une confrérie de canuts. Cette confrérie, dite des Voraces ou des Dévorants, aurait joué un rôle important dans la révolte de 1848. Vous débouchez sur la jolie place Colbert et son square.

Prenez à gauche la rue du Général-de-Sève (escalier), puis la rue Jean-Baptiste-Say qui débouche sur une grande esplanade.

★ Grande-Côte F1

La montée de la Grande-Côte porte bien son nom, mais vous la prenez… en descente. Pour compenser la destruction des maisons anciennes dans sa partie haute, elle a bénéficié d'un superbe réaménagement. L'agréable **jardin★** de la Grande-Côte, planté fin 2000, est orienté de manière à garder les belles **perspectives** sur les quartiers St-Paul, St-Jean et Fourvière. Il étage, au pied de rubans de pelouse, des essences variées d'arbres et d'arbustes à parfum, une collection de cerisiers du Japon, mais aussi les incontournables mûriers à fruits rouges ou blancs en mémoire des canuts. Amateurs de botanique, remarquez tout de suite à gauche les inhabituels mûriers à papier *(Broussonetia papyrifera)* à fruits orange, poisseux, dont l'aubier était utilisé pour fabriquer du papier en Chine, ou les fibres textiles des *tapa* en Polynésie.

La montée, longtemps très populaire, a pris des airs bourgeois, que confirme la rue pavée qui s'ensuit. Repérez après le jardin quelques fenêtres à meneaux, vestiges de bâtisses Renaissance.

Descendez jusqu'à la rue des Tables-Claudiennes que vous prenez sur la droite.

Amphithéâtre des Trois-Gaules F1

Selon la dédicace découverte au fond d'un puits en 1958, ce lieu vénérable fut construit en 12 av. J.-C. par Rufus afin de réunir les délégués des soixante tribus gauloises. Agrandi sous l'empereur Hadrien, il connut une triste notoriété sous Marc Aurèle en devenant le lieu de supplice des nouveaux adeptes du christianisme, au nombre desquels figure **sainte Blandine** qui y périt égorgée, après avoir été épargnée par les lions, en 177 (un poteau dans l'arène signale le lieu du martyre). C'est là que trônaient, à l'origine, les Tables claudiennes (*voir le Musée gallo-romain, à Fourvière p. 106*). De l'ensemble, composé d'une arène entourée d'un caniveau et d'un podium qui supportait les gradins, n'a été dégagée que la partie nord.

Jardin des Plantes F1

Il n'en reste pratiquement que le nom, et quelques grands arbres sur la place : l'orangerie, de la fin du 18e s., a été remontée à la Tête-d'Or en 1856. Pourtant, la présence d'un jardin au cœur du quartier de la soie était significative : les fleurs servaient de modèles aux dessins des soyeux. Le besoin constant d'innovation a longtemps motivé les collections de plantes. Lyon en a gardé un savoir-faire de reproduction et d'hybridation, particulièrement dans le domaine des roses (*voir p. 143*).

Prenez, dans la montée des Carmélites, la rue Pierre-Blanc à gauche, puis la rue de Flesselles.

Place Rouville E1

Elle offre un joli **coup d'œil★** sur Lyon : en face, la dernière boucle de la Saône est dominée par la colline de Fourvière, au pied de laquelle se dresse le clocher de St-Paul ; à gauche, de l'horizon de toits rouges de la Presqu'île émergent

LA COLLINE QUI TRAVAILLE

Tirant son nom d'une croix de pierre colorée qui se dressait, avant la Révolution, à l'un de ses carrefours, le quartier de la Croix-Rousse ne fut pas toujours opposé à Fourvière, « la colline qui prie ». Ce n'est en effet qu'après la Révolution, et les expulsions de communautés religieuses qui l'accompagnent, que les canuts, ouvriers de la soie, gagnent ses coteaux moins onéreux (les canuts tiennent leur nom de leur outil de travail, la canette, qu'ils glissent entre les fils de trame du métier à tisser).

L'invention de nouvelles techniques par **Joseph-Marie Jacquard** (1752-1834) accélère l'abandon du quartier St-Jean et l'installation des canuts dans de grands immeubles sévères aux larges fenêtres laissant passer la lumière. Au 19e s., les rues retentissent du « **bistanclaque** », bruit des métiers à bras actionnés par quelque 30 000 canuts. La fabrique de la soie s'est déplacée vers la Croix-Rousse, qui a gagné son surnom de « colline qui travaille ». Les traboules (*voir Le Vieux-Lyon p. 92*) de la Croix-Rousse, épousant la topographie du terrain, comportent de nombreuses marches. Elles permettent de transporter les pièces de soie à l'abri des intempéries. En 1831, puis en 1834, elles furent le théâtre des sanglantes insurrections de canuts arborant le drapeau noir, symbole de misère, où était inscrite la devise fameuse : *« Vivre en travaillant ou mourir en combattant. »*

1

le beffroi de l'hôtel de ville, le quartier de La Part-Dieu dominé par la tour du Crédit Lyonnais et, plus à droite, les flèches de St-Nizier.

Au nord de la place, les nos **5** et **6** abritent la **maison Brunet** (E1) aux 365 fenêtres, caractéristique de l'habitat canut.

Prenez à gauche la rue de l'Annonciade – notez l'immense fresque et mur végétal à gauche – et descendez sur la droite dans la ruelle F.-Rey.

Vous traversez en biais la charmante placette Fernand-Rey, bordée de quelques agréables bouchons avec terrasse.

Place Sathonay F1

Ombragée de marronniers, elle est dominée au nord par l'escalier monumental de la montée de l'Amphithéâtre, encadré par deux lions crachant un filet d'eau.

Prenez la rue du Sergent-Blandan à droite.

Profitez de la **vue★** colorée sur les quais du Vieux-Lyon puis, dans la rue de la Martinière, arrêtez-vous devant la **fresque des Lyonnais★** (*voir p. 114*) et la **Martinière des jeunes filles★** (*voir p. 113*).

Tournez dans la rue Terme sur la gauche, puis prenez la rue des Capucins. Sur la place des Capucins, un escalier et la rue Ste-Marie ramènent à la place des Terreaux.

★ LE PLATEAU

Circuit 2 tracé en vert sur le plan IV p. 128-129. Partez du métro Croix-Rousse sur la place de la Croix-Rousse.

★ Ateliers de soierie vivante hors plan IV par F1 et plan I B1

21 r. Richan - 04 78 27 17 13 - www.soierie-vivante.asso.fr - permanence et boutique 9h-12h, 14h-18h30, mar. 14h-18h30 - fermé lun. et j. fériés - visite guidée de l'atelier municipal de passementerie tlj sf dim. et lun. 14h et 16h ou sur demande préalable - visite guidée de l'atelier de tissage sept.-juin : jeu.-sam. 15h et 17h ou sur demande préalable - 5 € (-6 ans gratuit), 8 € (-6 ans gratuit) billet combiné 2 ateliers.

Cette association, créée en 1993 pour sauvegarder et mettre en valeur le patrimoine des métiers de la soierie à la Croix-Rousse, propose, à partir de l'**Atelier municipal de passementerie** *(21 r. Richan)*, deux visites d'ateliers familiaux authentiques.

La passementerie est expliquée dans l'**atelier municipal de passementerie** où l'on peut voir fonctionner de vénérables métiers en noyer, tandis qu'à l'angle des rues Godart et Lebrun revit un **atelier de tissage**. Créé au 19e s., il conserve intact ce cadre typique des ateliers familiaux de la Croix-Rousse ; lieu de production mais aussi lieu de vie comme le rappellent la cuisine et la sous-pente. Démonstrations de tissage sur un métier à bras (19e s.) et sur les métiers électriques (1950) qui ont fonctionné jusqu'en 1990.

Sur la place de la Croix-Rousse se dresse la **statue de Joseph-Marie Jacquard**.

Prenez sur la droite le boulevard de la Croix-Rousse jusqu'à la place des Tapis.

Place des Tapis F1

La place, ombragée par un double alignement de platanes, combine cinémas, terrasses de cafés et marché quotidien. L'ensemble est très fréquenté par les Croix-Roussiens.

Par la rue Jacquard et la rue Villeneuve, rejoignez le boulevard des Canuts.

★ Quartier des Canuts F1

À l'intersection du boulevard des Canuts et de la rue Denfert-Rochereau se dresse le **Mur des Canuts★** (F1) peint en trompe-l'œil (superficie : 1 200 m^2), réalisé en décembre 1987 et réactualisé en 1997. Il évoque de façon pittoresque la vie dans un quartier de la Croix-Rousse. Remarquez, au rez-de-chaussée, Guignol, son épouse Madelon et le bailli.

Prenez la rue Pelletier, puis la rue de Cuire et la petite rue piétonne Victor-Fort.

Un petit marché s'abrite chaque matin sous les arbres de la place de la Croix-Rousse.

Enfilez l'étroite rue du Mail, commerçante, puis la rue d'Ivry sur la droite. La régularité des façades, égayées par l'alternance de divers tons d'ocre et de rose, est typique du quartier des canuts.

Maison des Canuts F1

10 r. d'Ivry - ✆ 04 78 28 62 04 - http://maisondescanuts.com - ♿ - tlj sf dim. et j. fériés 10h-18h - possibilité de visite guidée (1h) avec démonstration de tissage sur métier à bras à 11h et 15h30 - 6,50 € (-12 ans gratuit) - dans la boutique, coupons de soie, foulards et beau choix de cartes postales sur Lyon.

Aux nos **10** et **12**, la maison des Canuts fait revivre les traditions des canuts lyonnais et apprécier le tissage du velours ciselé. Au cours de la visite guidée, on peut voir fonctionner un métier à la grande tire et un métier de velours. Une exposition de tissus anciens (lampas, damas, brochés, velours aux fers et aux sabres), des tableaux et portraits tissés sur soie instruisent sur cinq siècles de soierie lyonnaise.

Continuez la rue d'Ivry et tournez à droite dans la rue de Belfort, jusqu'à la rue Justin-Godart.

Descendez-la doucement, pour profiter de la lente apparition de la Rive gauche en face, couronnée par la cime des arbres de la Tête-d'Or. La rue, en pente, étroite et calme, abrite l'**atelier de tissage** qui fait partie des **Ateliers de soierie vivante** (*voir p. 131*).

Le mur des Canuts, dans le quartier de la Croix Rousse.
F. Guiziou / hemis.fr

Continuez jusqu'à ce que la rue se transforme en escalier, que vous descendrez un peu, parmi les fleurs des sophoras en été, pour profiter de la superbe **vue★** sur le Rhône, les quais de la Presqu'île à droite, la Rive gauche et le parc de la Tête-d'Or à gauche.

Revenez sur vos pas pour prendre à gauche la rue Célu.

Esplanade du Gros-Caillou F1

Elle est formée d'un long rectangle de pelouse, puis d'une succession de jardins en terrasses descendant jusqu'à la place Bellevue. Le Gros-Caillou, gros bloc de quartzite poussé par le front d'un glacier du quaternaire, trône face à ce vaste panorama sur l'est de l'agglomération, le Bugey et le massif du Mont-Blanc, bien visible par beau temps.

Suivez les escaliers qui mènent jusqu'à la rue Philibert-Delorme pour rejoindre les quais.

Vous débouchez à droite du large cours d'Herbouville. Au n° 1 vécut Édouard Herriot. Un souterrain piétonnier peint – et barbouillé – permet de gagner la rue Royale, qui traboule joliment avec le **quai Lassagne** aux n°s 13, 15, 17, 19 et 21. Profitez-en, les immeubles du quai Lassagne sont dus à Soufflot.

Rejoignez la place Louis-Pradel par la place Tolozan.

Remarquez le bel immeuble (18e s.) au n° 19. Vous arrivez face à la statue, qui semble en équilibre instable, de *L'Homme de la Liberté*, du sculpteur César, puis place des Terreaux.

À voir aussi

★ Église Saint-Bruno plan IV E1

7 imp. des Chartreux - ✆ 04 78 28 41 68 - http://baroque-stbruno.com - ♿ - 15h-17h - possibilité de visite guidée (1h) sur demande préalable - fermé dim. et j. fériés - gratuit, 8 € visite guidée.

Vestige de la Chartreuse de Lyon, cet édifice construit dès la fin du 16e s. ne se verra doté de sa **façade néobaroque** actuelle qu'en 1870 grâce aux travaux dirigés par Sainte-Marie Perrin (1835-1917). Le **dôme** est percé de huit grandes fenêtres ovales et sa couverture à pans bombés supporte le globe et la croix en plomb, symboles des chartreux. À l'intérieur, la nef correspond à la campagne de travaux menée par l'architecte Delamonce (1678-1753) au 18e s. Elle comprend quatre travées et une voûte en anse de panier reposant sur les piliers de séparation des huit chapelles latérales. À la croisée du transept s'impose le **baldaquin★** dessiné en 1738 par Jean-Nicolas Servandoni (1695-1766), élève du peintre italien Panini. Ses quatre colonnes en marbre du Valais soutiennent la couronne d'où retombent d'amples draperies trempées dans un bain de plâtre. Un véritable joyaux à la gloire du baroque.

Les Subsistances hors plan IV par E2 et plan I B1

8bis quai St-Vincent - ✆ 04 78 39 10 02 - www.les-subs.com - se rens. au moulin (accueil) pour visiter mar-vend. 12h30-18h30.

Elles regroupent un vaste ensemble architectural aux nuances ocre, qui s'étire en bord de Saône. On distingue à droite l'ancien cloître bâti pour les visitandines au début du 17e s., puis mis à disposition de l'armée (1807) pour le stockage des vivres. L'édifice fut complété d'une Manutention (devenue « Subsistances militaires ») constituée, à gauche, du grand bâtiment à base carrée et, au centre, de deux moulins. Voir en particulier les voûtes ogivales du cloître et la verrière de la cour centrale qui diffuse une douce lumière sur le pavement. Le site, aujourd'hui réhabilité, abrite l'école nationale supérieure des beaux-arts de Lyon et les « Subs », un laboratoire international de création artistique. Ce dernier accueille des artistes en résidence et organise de fréquentes manifestations publiques autour du cirque, du théâtre, de la danse et des performances.

Jardin Rosa Mir hors plan IV par F1 et plan I B1

87 Grande-Rue de la Croix-Rousse - ✆ 06 32 06 23 80 - avr.-nov. : sam. 15h-18h - gratuit.

Encastré à l'arrière des façades, ce charmant jardin de pierres et de coquillages, bien fleuri, évoque la mode des rocailles ou les fantaisies de Gaudi, en beaucoup plus petit. Le maçon espagnol qui l'a composé lui a simplement donné le nom de sa mère.

NOS ADRESSES À LA CROIX-ROUSSE

RESTAURATION

PREMIER PRIX

Toutes les couleurs – Plan IV F1 - *26 r. Imbert-Colomès - M° C Croix-Paquet - ✆ 04 72 00 03 95 - www.touteslescouleurs.fr - fermé dim., lun. et le soir en sem. - 12,50/26 €.* Bon et certifié bio, végétarien et original avec une priorité aux filières locales. Pas de tomates en avril : la cuisine est au gré des saisons et des légumes. Mini-terrasse d'été dans l'arrière-cour.

BUDGET MOYEN

Maison Villemanzy – Plan IV F1 - *25 montée St-Sébastien - 69001 Lyon - M° C Croix-Paquet - ✆ 04 72 98 21 21 - www.maison-villemanzy.com - fermé 3 sem. en août, 23 déc.-9 janv., lun. midi et dim. - carte bancaire refusée - formule déj. 19 € - 25 €.* Perchée sur les pentes de la Croix-Rousse, cette maison offre en terrasse une vue splendide sur la ville. Intérieur façon bistrot rétro, recettes familiales et plats canailles.

L'Ourson qui boît – Plan IV F1 - *23, r. Royale - M° C Croix-Paquet - ✆ 04 78 27 23 37 - fermé merc. et dim. - formules déj. 17/21 € - 25/29 €.* Un petit restaurant de quartier qui connaît un grand succès… amplement mérité. Belle cuisine locale rehaussée d'influences japonaises (canard rôti aux girolles parfumé de sauce marsala au yuzu, tiramisu au thé vert), accueil délicat, décoration épurée. Carte des vins intéressante et menus vraiment abordables. Une très belle adresse. Réservation recommandée.

FAIRE UNE PAUSE

À chacun sa tasse – *2 r. du Griffon - M° A/C Hôtel-de-Ville - ✆ 04 72 87 06 45 - tlj sf dim. 8h-19h, sam. 9h-19h.* On se sent ici chez soi, accueilli avec le sourire. Seize variétés de cafés, une centaine de thés, des chocolats et des infusions. On aime l'ourson en guimauve servi avec un chocolat inca au goût intense. Les canapés à l'étage forment un salon cosy.

BOIRE UN VERRE

L'impromptu Kafe – *7 pl. Colbert - M° C Croix-Rousse - ✆ 04 78 28 43 51 - mar.-dim. 9h30-1h, lun. 18h-1h.* Sur une place agréable dévoilant une vue impressionnante sur la ville, un café engagé réunissant jeunes branchés, couples bobos et habitants historiques de la Croix-Rousse. Les diverses manifestions (vernissages, concerts) et la terrasse le rendent presque incontournable.

Café Cousu – *Passage Thiaffait - M° A/C Hôtel-de-Ville - ✆ 04 72 98 83 38 - www.cafe-cousu.com - mar.-mer. 9h-21h, jeu.-vend. 9h-23h, sam. 11h-21h, dim. 11h-18h.* Passé le porche du monumental passage Thiaffait, ce café joue l'intimité et le côté cosy. Les machines à coudre détournées en table de bistrot font un clin d'œil à l'activité textile des lieux. Petits goûters dans l'après-midi et brunchs les samedi et dimanche.

Cassoulet, Whisky, Ping Pong – *4 ter r. de Belfort - M° C Hénon - ✆ 04 78 61 38 32 - lun. 17h30-1h, mar.-jeu. 2h, vend.-sam. 3h.* Bar croix-roussien idéal pour des fins de soirée entre amis. Vins au verre, jeux de société, musique live et… du cassoulet, du whisky et… une « table » de ping-pong !

ACHATS

Marchés – *Tlj sf lun. 6h-13h30, merc. et jeu. 6h-13h.* La place des Tapis accueille un grand marché (alimentaire tlj, vêtements le mar.). Celui de la place de la Croix-Rousse, quotidien aussi, est dévolu aux fruits et légumes de production locale.

L'Atelier de soierie – *33 r. Romarin - 69001 Lyon - ✆ 04 72 07 97 83 - www.atelierdesoierie.com - lun.-vend. 9h-12h, 14h-19h - sam. 9h-13h, 14h-18h - fermé dim.* Lyon fut la capitale française de la soie à partir du 16e s. Aujourd'hui, l'Atelier de soierie perpétue ce savoir-faire, mêlant l'utilisation de métiers traditionnels et la peinture à la main. Entre autres spécialités, la panne de velours, exclusivement réalisée à Lyon, est une mousseline de soie et de velours façonnée en relief puis peinte à la main. Superbe !

Canova – *25 quai St-Vincent - 69001 Lyon - ✆ 04 78 39 40 40 - www.ac-canova.com - lun.-vend. 9h-12h, 14h-18h30 - fermé sam. (sf en juil.) et dim.* Ce célèbre soyeux lyonnais vous ouvre les portes de son atelier d'impression où sont produits, entre autres, peignoirs, cravates ou carrés de soie d'une qualité exceptionnelle. Il confectionne aussi de la petite maroquinerie de luxe. Oui, c'est un peu cher, mais c'est si beau…

1

La Rive gauche

NOS ADRESSES PAGE 143

SE REPÉRER
Métros des lignes B et D, tramway 1 – Plan I p. 86-87.
La tour du Crédit Lyonnais, « le crayon », signale de loin le quartier de La Part-Dieu.

SE GARER
Place du Général-Leclerc ou dans la Cité internationale. Les différents points d'intérêt de la Rive gauche, quoique éloignés les uns des autres, sont aussi aisément accessibles en métro.

À NE PAS MANQUER
Le beau parc à l'anglaise de la Tête-d'Or; l'architecture du musée d'Art contemporain et de la Cité internationale.

ORGANISER SON TEMPS
Comptez une demi-journée pour la promenade.

AVEC LES ENFANTS
Le parc de la Tête-d'Or, pour ses grands espaces, ses animations (dont Guignol), son lac, ses fleurs et ses animaux; le parc de Gerland.

« Go west ! » disaient les colons des États-Unis, « Allons Rive gauche » pourraient dire les Lyonnais : la rive gauche du Rhône a permis à la ville, à l'étroit dans sa Presqu'île et au pied de Fourvière, de s'étendre à partir du 18ᵉ s. Du parc de la Tête-d'Or au très moderne Gerland, en passant par les bâtiments de verre et de brique de la Cité internationale et les superbes hôtels particuliers du boulevard des Belges, son extension, loin d'être achevée, a réuni les quartiers les plus divers. Ses quais, aménagés avec succès, y offrent aujourd'hui un idéal de vie écologique, alliant eau et espaces verts sur une promenade de 5 km. En dehors des piétons, seuls les modes de transport doux, comme le vélo ou le roller, peuvent désormais les arpenter.

Se promener

LES QUAIS DU RHÔNE DE LA CITÉ INTERNATIONALE À GERLAND

Pour aller d'un site à l'autre, utilisez le métro ou la voiture.

Cité internationale C1

Bus 4 et 47, arrêt Cité Internationale.
Ce vaste ensemble, qui a pris place entre le parc de la Tête-d'Or et le Rhône, affirme la vocation internationale de la ville. Sur un site de 20 ha, une série de pavillons inspirés des serres du 19ᵉ s. abrite bureaux, hôtels, cinémas (14 salles), restaurants et logements, mais aussi le musée d'Art contemporain et le palais des Congrès dont l'extension est marquée par l'amphithéâtre, dit « salle 3000 », signé par l'architecte génois Renzo Piano. Inauguré en 2006, l'hémicycle ouvert à 180° peut accueillir jusqu'à 3 000 personnes. En amont de l'amphithéâtre, une place publique de 4 000 m² ouvre sur le parc de la Tête-d'Or.

★ Musée d'Art contemporain C1 M1

Cité Internationale - 81 quai Charles-de-Gaulle - ☎ 04 72 69 17 17 - www.mac-lyon.com - ♿ - pdt expositions temporaires : 12h-19h - fermé lun. et mar., 1er janv., 1er Mai, 25 déc. - 6 à 8 € (-18 ans gratuit).

La structure moderne du nouveau pôle culturel de la Cité internationale, construit autour de l'atrium de l'ancien palais de la Foire, permet une grande flexibilité et une bonne mise en valeur des œuvres. La collection est présentée sous forme de spectacle permanent, juxtaposition d'« espaces » régulièrement renouvelés. Les expositions sont très variées, car depuis sa première acquisition (*Ambiente spaziale*, de Fontana), le musée est devenu un « centre de production » qui accueille les œuvres de Baldessari, Brecht, Filliou, Kosuth, Yvonnet et de nombreux autres artistes.

★ Parc de la Tête-d'Or C1

M° Masséna.

Des grilles monumentales dorées (19e s.) signalent l'entrée principale, place du Général-Leclerc.

C'est en 1856 qu'est décidée la création du grand parc de Lyon. À cet effet, le préfet Vaïsse, qui veut « offrir la campagne à ceux qui n'en ont pas », achète la ferme de la Tête-d'Or et ses terres. Avec ses animaux domestiques, ses terres inondables et ses chemins en bord de lône (bras mort du Rhône, que le fleuve alimente lors de ses crues), le site remplit cette fonction de loisirs depuis longtemps. Il tire son nom d'une tradition d'après laquelle serait enterrée à son emplacement une tête de Christ en or – des fouilles furent réalisées au 19e s., vainement.

Le projet va offrir à la ville son plus grand et son plus bel espace vert. Pratiquement de la même taille (105 ha) que Kensington Park à Londres, il est parmi les plus vastes parcs urbains d'Europe. Choisi pour le dessiner, le Suisse Denis Bühler, coauteur des parcs de Rennes et de Tours, opte pour un plan à l'anglaise, encore parfaitement lisible aujourd'hui malgré quelques modifications.

Parce que l'industrie de la soie subit alors une crise, ce sont les canuts qui travaillent au terrassement, en dépit de leur inexpérience.

Comptez 2h pour la visite complète du parc. Partez de la Porte des Enfants-du-Rhône et faites le tour du lac par la gauche.

Parc à l'anglaise, îles et lac – Les arbres sont plantés par bouquets et l'espace, laissant place à de vastes pelouses, est sillonné d'allées en lacets. Bühler a conservé quelques platanes, aujourd'hui bicentenaires. Les lignes droites sont volontairement exclues et les perspectives ne doivent pas s'embrasser d'un seul regard, pour inviter à la découverte. Le parc est isolé de la ville et du Rhône par un remblai, couronné d'un rideau de conifères. Une lône a été transformée en lac de 16 ha – l'île du Souvenir, avec le monument aux morts de Tony Garnier, étant aujourd'hui accessible par un passage souterrain.

★ **Roseraie de concours** – Aménagée le long du lac, du côté de la Cité internationale, elle est riche de 70 000 plants environ, représentant 350 variétés qui forment une superbe parure entre juin et octobre.

Si vous aimez la botanique, traquez au nord-est de la roseraie un rare spécimen d'*Ehretia Thyrsiflora*, arbuste à feuille épaisse et brillante, originaire d'Asie, à la floraison printanière blanche et parfumée *(renseignez-vous auprès des jardiniers si vous ne le trouvez pas).*

★ **Jardin zoologique** – 👪 *☎ 04 72 69 47 60 - www.zoo.lyon.fr - ♿ - mai-sept. : 9h-18h30 ; avr. et oct. : 9h-18h ; reste de l'année : 9h-17h - possibilité de visite guidée*

1

(1h30) sur demande préalable - gratuit, 6 € billet combiné avec les coulisses du zoo. À ses débuts, le parc de la Tête-d'Or abritait des animaux domestiques, puis devint de plus en plus exotique avec notamment l'arrivée en 1878 des premiers crocodiles. Aujourd'hui, le zoo compte près de 1 100 pensionnaires dont de nombreux animaux sauvages non européens. Récemment aménagée, la **Plaine africaine** offre un bel espace dédié aux animaux de la savane : girafes, zèbres, antilopes, autruches… Près de 130 animaux évoluent en semi-liberté. Certaines de ces espèces, menacées d'extinction, font l'objet de programmes d'élevage européens. Ne manquez pas non plus l'enclos des ours, la primaterie et, dans l'ouest du zoo, le **parc aux daims**.

★ **Serres et jardin botanique** – *✆ 04 72 69 47 78 - www.jardin-botanique-lyon.com - jardin alpin mars-oct. : 8h-11h30 - serres avr.-sept. : 9h-17h30h, dim. 9h-17h ; reste de l'année : 9h-16h30 - le plein air avr.-sept. : 8h-18h ; reste de l'année : 8h-17h - gratuit.* Avec ses 21 m de haut, la grande serre jouxtant le parc zoologique est la 3e plus haute d'Europe. Elle s'insère dans un réseau de 7 000 m^2 abritant une **végétation exotique luxuriante**, déclinée selon divers thèmes : l'évolution et la complexification des modes de reproduction, les plantes aquatiques (l'été, ne manquez pas les spectaculaires *Victoria cruziana*), les milieux arides de Madagascar, les orchidées, les cactus et plantes horticoles.

Le **jardin botanique** s'étend sur 6 ha. Les espèces sont regroupées par zones géographiques dans le jardin alpin ou, dans les rayons d'un demi-cercle, par familles. Observer la forme des feuilles, des fleurs, des tiges et les parfums permet de comprendre, par exemple, que la menthe, la lavande et la sauge sont cousines (labiacées ou labiées). En mai-juin, ne manquez pas la floraison des **roses** horticoles et botaniques (sauvages) et des 200 variétés de **pivoines**. Le jardin compte aussi quelques arbres rares, parmi lesquels un beau pin de Bunge à écorce de platane (à sa limite sud).

Animations – Sur la place de Guignol, des animations sont proposées aux enfants : manège, jeux et **spectacles de Guignol** présentés par l'équipe du Véritable Guignol du Vieux-Lyon. *✆ 04 78 93 71 75 - www.theatre-guignol.com - ♿ - spectacle w.-end, j. fériés, merc. et vac. scol. 15h, 16h, 17h et 18h.*

Quais du Rhône

Au sud de la Tête-d'Or, s'étend le quartier des **Brotteaux** *(M° Brotteaux)*. Ses rues géométriquement tracées occupent l'emplacement de bancs de sable déposés autrefois par le Rhône, dont il tire son nom. C'est au 18e s. que le terrain a été conquis sur la zone de crue du Rhône, tout d'abord pour un lotissement de quelques hectares, destiné aux Lyonnais aisés, puis pour un habitat beaucoup plus massif et varié. Aujourd'hui, les Brotteaux constituent un des

LES ROSES ET LYON

Les roseraies du parc rendent un hommage indirect à la place que tient la ville dans la création horticole. Stimulés par la demande de modèles pour le dessin des soieries, les horticulteurs de Lyon ont en effet quelques trophées à leur actif : plusieurs milliers de nouvelles variétés obtenues depuis le 19e s., la première exposition de roses (1840), la découverte par Jean-Baptiste Guillot de la greffe en écusson sur églantier (1849, technique généralisée depuis), la création par la même maison du premier hybride moderne ou hybride de Thé, baptisé « La France » (1867), la création du premier hybride moderne à fleur jaune (1900). S'ils ne sont plus 80 comme à leur belle époque, restent néanmoins à Lyon quelques grands obtenteurs de roses.

La Cité internationale.
Arco / Therin-Weise / age fotostock

quartiers élégants de Lyon, où sont dispersées quelques belles constructions **Art nouveau** (boulevard des Belges et, surtout, place Jules-Ferry).

À hauteur de l'Hôtel-Dieu, le quai Victor-Augagneur est bordé d'immeubles bourgeois imposants, construits à la fin du 19e s.

Au fil du fleuve, les berges aménagées offrent une promenade de nature et une longue piste cyclable au cœur de la ville. Du pont Winston Churchill, face à l'entrée principale du parc de la Tête-d'Or, le secteur du Brétillod – nom lyonnais qui désigne des milieux humides et petites îles de sable avançant sur le Rhône – fait place à un cordon végétal le long du bas-port où les péniches d'habitation, puis les bars et restaurants flottants restent amarrés aux quais. Suivent des aires de jeux et une vaste prairie jusqu'au pont Wilson. D'ici, la **vue★** s'étend, en face, sur les pentes de la Croix-Rousse, où s'étagent les hautes maisons des anciens canuts. Au sud du pont Wilson, le pont de la Guillotière remplace depuis 1958 un ouvrage établi au 13e s. par les frères pontifes. Il offre une bonne **vue** sur la colline de Fourvière. La cosmopolite **Guillotière** *(Mo Guillotière)*, à la population étudiante et multiculturelle, compte parmi les quartiers de Lyon en pleine métamorphose. Les berges déploient ici des vastes terrasses en gradins et un grand bras d'eau courante, bonheur estival pour les enfants. L'estacade nautique qui longe la piscine du Rhône, le port de l'Université puis la ripisylve prolongent l'itinéraire jusqu'au parc de Gerland.

★ Centre d'histoire de la Résistance et de la Déportation B2

Tramway T2 arrêt Centre-Berthelot - 14 av. Berthelot - ✆ 04 78 72 23 11 - www.chrd.lyon.fr - ♿ - 9h-17h30, w.-end 9h30-18h - fermé lun., mar. et j. fériés, vac. de Noël - 4 € (-18 ans gratuit).

Ce musée est établi dans une partie des bâtiments qui ont abrité de 1882 au début des années 1970 l'École de santé militaire, et constitué de novembre 1942 à 1944 le siège lyonnais de la Gestapo. Le centre a pour vocation de perpétuer la mémoire des événements ayant trait à la Résistance, à la Déportation et à la Libération en France, et à Lyon en particulier.

La visite audioguidée s'effectue le long d'un circuit jalonné de vidéogrammes, diaporamas, documents d'archives et photographies. Au 1er étage, documents, affiches, extraits de films et diffusions de discours des personnalités de l'époque rappellent l'importance de Lyon dans l'éveil et le développement de la Résistance : événements locaux de juillet 1941 et premiers mouvements de la Résistance lyonnaise, exécutions massives et publiques des otages par les Allemands en août 1944, préludes à l'insurrection et à la libération de la ville par les forces alliées, en passant par la rafle de Vénissieux en août 1942 et l'arrestation de **Jean Moulin** à Caluire-et-Cuire en juin 1943.
Un autre ensemble de salles détaille le drame de la Déportation et la chronologie du génocide des Juifs. L'importance de l'information et de la propagande en temps de guerre est affirmée par la reconstitution d'une placette lyonnaise, ornée de documents de propagande d'époque, et d'un intérieur bourgeois avec son poste de radio diffusant les célèbres « messages personnels » de Radio Londres. Le parcours s'achève par la projection d'un diaporama géant qui replace les événements survenus à Lyon et en France dans le contexte mondial.
Les caves du bâtiment, utilisées comme cellules pendant l'Occupation, accueillent tout au long de l'année des expositions temporaires.

Halle Tony-Garnier B2

Mo Stade-de-Gerland - 20 pl. Charles-et-Christophe-Mérieux - ✆ 04 72 76 85 85 - www.halle-tony-garnier.com - visite libre en fonction des manifestations - visite guidée sur RV : www.museeurbaintonygarnier.com.
Dans le cadre de son projet de « Cité industrielle », l'architecte urbaniste lyonnais Tony Garnier crée en 1914 la Grande Halle des abattoirs de La Mouche. Sa structure métallique représente le symbole même de l'architecture de fer avec une surface de près de 18 000 m^2 d'un seul tenant sans piliers de soutènement, sous une hauteur de 24 m.
Après un long abandon, cette « cathédrale » de fer a bénéficié d'une heureuse restauration, avec notamment la mise en valeur de la charpente par un important ensemble de vitrages permettant une transparence maximale de la toiture et des façades latérales. La halle accueille aujourd'hui concerts, spectacles, salons et autres manifestations sportives.

Gerland B3

Mo Stade-de-Gerland. La ligne B du métro est prolongée jusqu'au **stade de Gerland**, autre œuvre de Tony Garnier. Face au confluent du Rhône et de la Saône, le quartier de Gerland se caractérise par un habitat très morcelé, coupé par de vastes friches, et une population hétérogène.
En pleine mutation, il est appelé à devenir une technopole, dont la halle Tony-Garnier constituera le noyau central. L'aménagement en cours a déjà permis d'accueillir l'École normale supérieure, l'Institut Mérieux, l'Institut Pasteur et le palais des Sports. La Cité scolaire internationale, œuvre des architectes Jourda et Perraudin, constitue un ensemble en verre ouvert sur le **parc des Berges-du-Rhône** (anciennement parc de Gerland).
Ce dernier forme un vaste triangle vert, miroir du parc de la Tête-d'Or au nord. Espace voué aux loisirs, aux sports (skatepark) et à la découverte de la nature, il doit s'étendre à terme sur près de 80 ha. Conçu par le paysagiste Michel Corajoud, il juxtapose une immense prairie et une mosaïque de jardins à thème : mégaphorbiaie (prairie dense de roseaux et de hautes herbes) et ses longues plates-bandes rectilignes bordées d'un canal, jardin pique-nique, jardin des oiseaux offrant haies et nichoirs…

Sa fréquentation nocturne vaut la peine pour la mise en lumière pleine de fantaisie de la végétation. L'ancienne friche industrielle est désormais une porte d'entrée de la nature dans la ville, en lien avec le nouvel aménagement des berges du Rhône.

DE LA PART-DIEU AU BOULEVARD DES ÉTATS-UNIS

La Part-Dieu C2

M° La Part-Dieu. Sur un ancien terrain militaire couvrant 22 ha a été réalisé un vaste projet réunissant des services administratifs, des activités commerciales et bancaires, des sites culturels. L'ensemble comprend un grand nombre d'immeubles et de tours, parmi lesquels la cité administrative d'État, l'hôtel de la Courly, le centre commercial (3 niveaux de galeries marchandes couvrant 110 000 m²), la maison de la Radio, la bibliothèque. Au nord-est se dresse l'**auditorium de Lyon** à l'architecture originale : en forme de coquille, il comporte une voûte d'une portée de 70 m. Bâti entre 1970 et 1977, puis agrandi dans les années 1980 lors de l'aménagement de la gare TGV *(voir ci-dessous)*, le deuxième quartier d'affaires en France après La Défense vit aujourd'hui la fin de l'urbanisme sur dalle (suppression des passerelles piétonnes) et la construction d'immeubles de grande hauteur.

Familièrement appelée « le crayon » par les citadins en raison de son toit conique, la **tour du Crédit Lyonnais** domine depuis 1977 le quartier de ses 140 m *(les derniers étages sont occupés par un hôtel).* Devenue un second repère dans le paysage urbain, après les tours de Fourvière, elle arbore une couleur brique qui s'harmonise avec les toits des vieux quartiers. Ses 42 étages mettent au niveau de la colline de Fourvière sa plate-forme, avec vue panoramique.

Elle a depuis 2010 pour voisine la **tour Oxygène**, haute de 115 m et à la double « peau » de verre, et, à plus lointaine échéance (2014), la **tour Incity** (200 m). Orienté dans l'axe dominant des vents, ce bâtiment bioclimatique devrait intégrer un système de production d'énergie solaire et éolienne. Le Cours Oxygène, centre commercial sur 5 niveaux relié à celui de La Part-Dieu offre désormais 25 nouvelles boutiques et fait de l'ensemble le plus vaste centre commercial de centre-ville en Europe.

À l'est, la nouvelle **gare de La Part-Dieu**, inaugurée en 1983 pour permettre l'accueil du TGV, s'ouvre sur les façades ouest et est, les voies ferrées se trouvant au-dessus du bâtiment d'accueil. Des hôtels et des logements complètent cet équipement. Diverses sculptures modernes et des espaces verts agrémentent les esplanades. Le niveau zéro, correspondant, à la voirie urbaine est réservé à la circulation routière.

Enfin, vous ne quitterez pas La Part-Dieu sans avoir fait un tour aux **Halles de Lyon-Paul Bocuse**, grand marché couvert de Lyon qui se tenait aux Cordeliers et qui a été démoli et réinstallé dans le nouveau quartier de La Part-Dieu en 1971. Les Halles demeurent un repère de la gastronomie lyonnaise où les meilleurs artisans de bouche tiennent boutique.

Musée des Moulages C2 M3

M° Garibaldi - 3 r. Rachais - ✆ 04 72 84 81 12 - http://museedesmoulages.univ-lyon2.fr/ - mar. et jeu. 14h-18h hors exposition, mar.-sam. 14h-18h pdt les expositions, se rens. - fermé j. fériés, vac. scol. - 1,50 € (-18 ans gratuit).

Toute l'histoire de la sculpture, de la Grèce archaïque au 19ᵉ s., présentée dans un ancien atelier de confection récemment rénové. Ces moulages offrent une occasion unique et saisissante de voir réunis des chefs-d'œuvre tels que *Le Discobole, Laocoon, La Victoire de Samothrace, L'Esclave* (de Michel-Ange)…

1

Musée africain C2

M° Garibaldi - 150 cours Gambetta - ✆ 04 78 61 60 98 - www.musee-africain-lyon.org - 14h-18h - fermé lun. et mar., août, 1er janv., 1er Mai, w.-end de Pâques, 24, 25 et 31 déc. - 6 € (enf. 1,50 €).

Appartenant à la Société des missions africaines, ce musée présente sur trois niveaux 2 500 objets provenant de l'Afrique de l'Ouest, notamment du Bénin et de la Côte d'Ivoire.

Parmi les collections illustrant la vie quotidienne, sociale et religieuse de ces contrées, on remarque, au 1er étage, les figurines de bronze du Bénin, les armes et les ouvrages de passementerie touareg, et surtout, au 2e étage, un ensemble de poids géométriques et figuratifs (ashanti du Ghana et baoulé de Côte d'Ivoire) servant à peser la poudre d'or. Au 3e étage, statuettes, masques et autres objets rituels témoignent d'un art où le symbole est roi.

Musée Lumière C2

M° Monplaisir-Lumière - 25 r. du Premier-Film - ✆ 04 78 78 18 95 - www.institut-lumiere.org - ♿ - 10h-18h30 - possibilité de visite guidée (1h) - fermé lun. (sf j. fériés), 1er janv., 1er Mai, 25 déc. - 6 € (-18 ans 5 €).

Antoine Lumière, père d'Auguste et de Louis, inventeurs du cinéma et de la plaque autochrome, fit construire de 1889 à 1901 cette demeure dans le style majestueux cher à la grande bourgeoisie de l'époque. Boiseries somptueuses, lustres sophistiqués, planchers en marqueterie constituent l'étonnant décor intérieur de cet édifice qui abrite l'Institut Lumière et accueille des rencontres autour de l'image fixe et animée. Une exposition retrace la vie de la famille Lumière, illustre l'invention du cinématographe, ainsi que l'apparition des premiers autochromes et photographies couleur. Projections de films dans le hangar du premier film et soirées en extérieur pendant l'été *(se renseigner)*.

Musée urbain Tony-Garnier C2

Bd des États-Unis, de part et d'autre du boulevard, entre la rue Paul-Cazeneuve et la rue Jean-Sarrazin. Bus 32, 34, 36, 53 et 176, arrêt États-Unis-Tony-Garnier. Accueil public au 4 r. des Serpollières - ✆ 04 78 75 16 75 - www.museeurbaintonygarnier.com - ♿ - mar.-vend. 14h-18h, sam. 15h-19h (14h-18h nov.-avr.) - fermé lun., dim., vac. de Noël et j. fériés - visite guidée (2h30) sam. 15h (14h30 nov.-avr.) - visite guidée de l'appartement-musée (20mn) aux h d'ouverture de l'accueil - visite guidée 8 €, visite de l'appartement-musée 3 €, visite libre avec audio-guide 7 €.

Cet ensemble immobilier collectif a été construit dans les années 1930 par l'architecte urbaniste lyonnais Tony Garnier. À compter de 1991, les façades aveugles de ces grandes bâtisses ont bénéficié d'une mise en valeur originale par le groupe d'artistes « **La Cité de la Création** ». Ayant fait le choix d'un musée de plein air, ce groupe a réalisé une importante série de peintures murales monumentales suivant les thèmes de l'œuvre de Garnier. Il est toutefois possible de pénétrer à l'intérieur des habitations en visitant un **appartement-témoin**, décoré dans le style spécifique des années 1930.

NOS ADRESSES RIVE GAUCHE

HÉBERGEMENT

PREMIER PRIX

Hôtel B & B – Plan I C2 - *93 cours Gambetta - 69003 Lyon - ☎ 0 892 707 534 - www.hotel-bb.com - ♿ - P - 114 ch. 61/95 € - ☕ 6 €.* Cet hôtel de chaîne offre une situation centrale, à proximité de la gare et du métro, et des chambres confortables et spacieuses, toutes équipées de lits *king size*. Bonne adresse pour les budgets limités.

BUDGET MOYEN

Au Patio Morand – Plan I B1 - *99 r. de Créqui - M° A Foch - ☎ 04 78 52 62 62 - www.hotel-morand.fr - 31 ch. 81/153 € ☕.* Cet hôtel cache un patio inattendu où il fait bon prendre son petit-déjeuner. Les murs en pierre dorée mettent en valeur une décoration design. Les chambres élégantes disposent de larges literies et d'écrans plasma.

RESTAURATION

BUDGET MOYEN

Merle – Plan I B2 - *102 cours Lafayette - M° A Part-Dieu - ☎ 04 78 62 30 29 - www.maison-merle.fr - tlj sf le dim. soir de sept. à mai - env. 30-35 €.* Au cœur des Halles, un restaurant de poche, qui depuis 1938, est une véritable institution. Carte dédiée aux huîtres (Spéciales de claire, d'Isigny, Gillardeau, Utah Beach, Cancale et pied de cheval), crevettes, coquillages (palourdes, praires, clams, bulots) et escargots de Bourgogne, à accompagner d'un pot de vin blanc. Bons desserts pour terminer le repas. Service professionnel et de bon conseil.

L'Est – Plan I C1 - *14 pl. J.-Ferry - M° B C1 Brotteaux - ☎ 04 37 24 25 26 - www.nordsudbrasseries.com - 23/29 €.* Une brasserie tendance très prisée des Lyonnais. Cuisine ouverte sur la salle, rondes de trains miniatures au-dessus des têtes et saveurs des cinq continents dans l'assiette.

Le 126 – Plan I C1 - *126 r. de Sèze - M° B C1 Brotteaux - ☎ 04 78 52 74 34 - fermé sam. midi, dim. et lun. - formule déj. 20 € - 35 €.* Pas de carte, mais un menu avec deux entrées, deux plats et deux desserts au choix. Qu'importe car le jeune chef a un talent immense et l'ardoise de la semaine toujours pleine d'agréables surprises. Nombre de tables limité.

POUR SE FAIRE PLAISIR

Argenson Gerland – Plan I B3 - *40 allée P.-de-Coubertin - 69007 Lyon - M° B Stade-de-Gerland - ☎ 04 72 73 72 73 - www.nordsudbrasseries.com - formule déj. 19,60 € - 23,40 €.* Cette maison d'allure bourgeoise à deux pas du stade de football, propriété du groupe Bocuse et de l'Olympique lyonnais, possède une agréable terrasse. En été, la carte regarde vers le Sud (pâtes, risotto, poissons rôtis entiers).

UNE FOLIE

L'Alexandrin – Plan I B2 - *83 r Montcey - M° B Place-Guichard - ☎ 04 72 61 15 69 - www.lalexandrin.fr - fermé dim. et lun. - formule déj. 38 € - 60/150 €.* Un restaurant étoilé qui attire le « Tout-Lyon » : décor contemporain et terrasse revus, belle carte de côtes-du-rhône et cuisine revisitant le terroir avec originalité. Les épices et les légumes tendres restent à l'honneur.

BOIRE UN VERRE

Victoria Hall – *33 r. du Repos - M° B Jean-Macé - bus 47 (arrêt*

1

Lamothe-Madeleine) - ✆ 04 37 28 07 97 - www.victoriahall.fr - mar.-sam. 12h-14h, 19h30-23h30. Un peu à l'écart du centre-ville, cette maison bourgeoise fait dans le chic et le glamour. Le bar lounge est à l'étage : grands canapés, lumières tamisées et cheminées.

SPECTACLES

Auditorium-Orchestre national de Lyon – *149 r. Garibaldi - 69003 Lyon - ✆ 04 78 95 95 95 - www.auditorium-lyon.com - lun.-vend. 10h-18h, sam. 14h à fin concert - fermé dim.* L'auditorium de Lyon dispose d'une salle de 2 076 places où peuvent s'exprimer tous les styles de musique : classique, jazz, musiques du monde, ciné-concerts… C'est également le lieu de résidence de l'orchestre national de Lyon (orchestre symphonique) qui s'y produit tout au long de l'année.

Maison de la Danse – *8 av. Jean-Mermoz - 69008 Lyon - ✆ 04 72 78 18 18 - www.maisondeladanse.com - lun-vend. 11h45-18h45, sam. 11h45-18h - fermé dim. et 21 juil.-19 août variable.* Du flamenco aux claquettes en passant par les ballets et les danses traditionnelles d'Occident et d'Orient, vous pénétrez ici dans le temple de la danse… les plus grands noms se succèdent ici : Maurice Béjart, Carolyn Carlson, Grupo Corpo, Alain Platel, Sidi Larbi Cherkaoui, Bill T Jones…

SORTIR

Ninkasi Ale House – *267 r. Marcel-Mérieux - 69007 Lyon - ✆ 04 72 76 89 00 - www.ninkasi.fr - lun.-merc. 10h-1h, jeu. 10h-2h, vend. 10h-3h, sam. 10h-4h, dim. 16h-0h - fermé 24-25 déc. et 1er janv. - menu 18/26 €.* Microbrasserie, vaste café, terrasse d'été, petit restaurant et grande salle où l'on programme concerts, soirées D.J. et autres animations : cette ancienne usine proche du stade Gerland est une adresse très prisée. Terrasse.

àKGB – *2 r. des Bons-Enfants - ✆ 04 37 28 63 30 - www.akgb.fr - merc.-sam. 20h-3h.* Design 100 % soviet dans cette usine désaffectée du quartier de Gerland reconvertie en club-restaurant. Soirées festives et dansantes pour apparatchiks – dans le monde capitaliste, on dirait plutôt « bling bling » ! La carte du bar à vodka affiche plus de 40 variétés et la terrasse vaut la peine de prendre sa carte du parti.

ACHATS

Le centre commercial de **La Part-Dieu**, un des plus grands d'Europe, réunit 260 magasins dont les Galeries Lafayette et des restaurants.

Le Grand-Lyon

NOS ADRESSES PAGE 154

SE REPÉRER
Plan I p. 86-87 et carte de microrégion p. 82.
Pas de forme géométrique simple pour ce Grand-Lyon qui accole des communes dans un rayon d'une vingtaine de kilomètres autour de la très centrale place Bellecour, allant de Genay au nord à Vernaison au sud, de La Tour-de-Salvigny à l'ouest à Jonage à l'est.

À NE PAS MANQUER
Le musée de l'Automobile et ses pièces uniques de la fin du 19e s.; un spectacle au TNP de Villeurbanne, réputé pour sa riche programmation, très contemporaine.

ORGANISER SON TEMPS
Comptez la journée pour la promenade et le circuit.

AVEC LES ENFANTS
Le planétarium de Vaulx-en-Velin, le domaine de Lacroix-Laval à Marcy-l'Étoile, le grand aquarium de Lyon et le parc de Miribel-Jonage (*voir « Nos adresses dans le Grand-Lyon », p. 154).*

Le Grand-Lyon réunit 57 communes en couronne autour de Lyon. Au sein de cette communauté de communes, l'agglomération lyonnaise (50 000 ha), qui comprend 1,5 million d'habitants, est la troisième de France après les agglomérations de Paris et de Marseille-Aix-en-Provence. Le contraste est donc important et visiter le Grand-Lyon donne vite l'impression d'avoir échappé à la ville. Passé les gratte-ciel de Villeurbanne, en quelques tours de roues, vous vous trouverez au cœur du Mont-d'Or, ou aux confins du pays des étangs de la Dombes.

Villeurbanne et l'Est

VILLEURBANNE Plan I

Jouxtant le quartier de La Part-Dieu, la ville de Villeurbanne doit son nom à son origine romaine; la *Villa Urbana* était une importante exploitation agricole établie par les Romains sur la colline de Cusset.

Le développement de la ville est assez récent, mais il est curieux de remarquer l'indépendance qu'elle a toujours marquée par rapport à Lyon. Après un premier afflux de soyeux à la fin du 19e s., le développement de la ville s'accélère au 20e s. Elle résiste aux pressions hégémoniques lyonnaises et consacre sa différence en construisant, dans les années 1930, le spectaculaire quartier des Gratte-Ciel.

La ville poursuit aujourd'hui son développement en misant fortement sur les ressources culturelles : le fameux **Théâtre national populaire (TNP)**, une médiathèque ultramoderne, un musée d'art contemporain, la cité des Antiquaires qui ne réunit pas moins de 150 boutiques (*bd Stalingrad*)…

Les Gratte-Ciel C1

M° A Gratte-Ciel.

Vers 1930, tandis que s'étend une grave crise économique, Villeurbanne offre des structures inadaptées à sa forte croissance démographique.

À l'initiative de son maire, Lazare Goujon, un centre-ville est édifié, rapidement baptisé « cité des Gratte-Ciel », son architecture unique rappelant davantage les constructions d'outre-Atlantique que celles des faubourgs lyonnais.

Plus qu'une recherche d'originalité, cette réalisation de l'urbaniste M. Leroux résulte d'une volonté de démocratiser le cœur de la ville. L'entrée du quartier est annoncée par deux hautes tours de 19 étages qui ouvrent une perspective bordée de grands immeubles blancs. Les 6 blocs d'habitation regroupent près de 1 500 logements répartis sur 9 à 11 étages.

L'avenue Henri-Barbusse se termine par l'imposant et austère **hôtel de ville** dû à R. Giroud, dont la façade rythmée de colonnes cannelées est dominée par un beffroi de 60 m. De l'autre côté, la place du Dr-Lazare-Goujon est fermée par le **TNP**, qui était à l'origine le palais du Travail. *✆ 0478033030 - www.tnp-villeurbanne.com.*

Institut d'Art contemporain C2 M2

M° A République - descendez le cours de la République vers le cours Tolstoï qu'il faut traverser - bus C3 arrêt Institut-d'art-contemporain - 11 r. du Dr-Dolard - ✆ 04 78 03 47 00 - www.i-ac.eu - ♿ - 13h-19h - possibilité de visite guidée (1h) sur demande préalable - fermé lun., mar., 1er janv., 1er Mai, entre deux périodes d'exposition - 4 € (-18 ans gratuit).

L'association Nouveau Musée, créée en 1978, s'est installée depuis quelques années dans cet espace, logiquement moderne, qui regroupe une section d'information et de documentation avec un espace de présentation d'art contemporain.

Un partenariat efficace avec le FRAC (Fonds régional d'art contemporain) de Rhône-Alpes lui permet de proposer des expositions thématiques variées.

Maison du Livre, de l'Image et du Son C1

247 cours Émile-Zola - ✆ 04 78 68 04 04 - www.mediatheques.villeurbanne.fr - ♿ - sept.-juin : 11h-19h, sam. 10h-18h, lun. 14h-19h ; juil.-août : se rens. pour les horaires - fermé dim. et j. fériés, 1 sem. en été (se rens.) - gratuit.

Cette médiathèque réalisée en 1988 par le célèbre architecte Mario Botta est organisée sur cinq étages autour d'un puits central.

Elle comprend des bibliothèques de prêt, une vidéothèque, une discothèque et une artothèque (prêt d'œuvres d'art contemporain).

VAULX-EN-VELIN Plan I

Planétarium de Vaulx-en-Velin D1

À 11 km à l'est de Villeurbanne - M° A Laurent-Bonnevay puis bus C3 ou 56 arrêt Vaulx-Hôtel-de-Ville - pl. de la Nation (face à l'hôtel de ville) - ✆ 04 78 79 50 13 - www.planetariumvv.com - 8h30-12h30, 14h-17h, mar.-jeu. 13h30-19h30, w.-end 14h-17h (rens. seul.) - fermé 1er lun. du mois, 1er janv., pont de l'Ascension, 25 déc. - 6,50 € (-18 ans 4 €) - réserv. conseillée, se présenter 20mn av. la séance.

En préambule de la séance, un animateur scientifique vous livre les secrets de la voûte céleste.

L'écran hémisphérique de 15 m de diamètre vous assure ensuite une immersion totale au cœur de l'Univers grâce à de fabuleuses projections qui séduisent à coup sûr petits et grands, rêveurs ou savants.

L'architecture moderne de Villeurbanne.
Ph. Vouillon / MICHELIN

MIRIBEL Carte de microrégion B2

Carillon

À 13 km au nord-est de Villeurbanne, par l'A 46 puis l'A 42 - ouv. seul. pdt les concerts - possibilité de visite guidée, s'adresser à l'office de tourisme - ✆ 04 78 55 61 16.

Construit entre 1939 et 1947, il s'élève à 30 m de haut, dominant de manière spectaculaire le parc de loisirs et le canal de Miribel, et offre un beau panorama jusqu'à Lyon et son « crayon » (table d'orientation). Il accueille le concours international de jeunes carillonneurs.

La Mulatière Plan I

★ Jardin de la Bonne Maison B2

Par l'A 7, sortie La Mulatière. Prenez la direction Oullins-Centre. Au 2e carrefour, tournez à droite vers Ste-Foy-lès-Lyon, puis au 1er feu à droite. 99 chemin de Fontanières - ✆ 04 78 37 38 37 - www.labonnemaison.org - mars-juin et sept.-oct. : 9h-13h - fermé dim. et août - 9 € (-18 ans gratuit).

Installé dans la partie résidentielle de La Mulatière et protégé par ses murs, ce jardin offre son quasi-hectare de pente à une exceptionnelle **collection de roses anciennes★★**, d'arbustes (prunus, hydrangeas, viburnums), de vivaces (pivoines, hostas) et de bulbes.

Ce sont en effet quelque 750 variétés de roses horticoles ou botaniques qui montent à l'assaut des arbres, couvrent les pergolas, ruissellent des murs ou forment des buissons. Mme Masquelier, propriétaire du jardin, est une spécialiste reconnue de ce fleuron de l'horticulture lyonnaise (*voir p. 143*).

La floraison (d'avril à fin juin) est spectaculaire, suivie de septembre à novembre par les couleurs vives et les formes diverses des cynorhodons (fruits du rosier).

★ Aquarium de Lyon B3

En voiture par l'A 7, sortie La Mulatière et direction Oullins-Centre - bus 63, direction Oullins, arrêt Bastéro depuis Perrache. 7 r. Stéphane-Déchant - ✆ 04 72 66 65 66 - www.aquariumlyon.fr - ♿ - juil.-août : 10h-19h (dernière entrée 1h av. la fermeture) ; reste de l'année : 11h-19h - possibilité de visite guidée (2h) - fermé 1er janv. et 25 déc. - 14 € (-12 ans 10 €).

Sur les rives de la Saône, cette structure plutôt discrète propose une immersion dans les différentes eaux et mers du globe. Un petit tour s'impose, avant tout, dans les **eaux douces tempérées** où les impressionnants silures jouent les vedettes. Non loin de là, le **grand bassin des requins** (500 000 l sur 2 étages) retient l'attention. Beaucoup plus petits, mais très colorés et de toutes les formes, les hôtes des **lacs africains** et des **mers tropicales** assurent un spectacle permanent. Après la projection vidéo, le parcours se termine avec la **salle des cinq sens** (forêt tropicale) et le bassin tactile.

Les panneaux de présentation des différents bassins apportent des informations intéressantes, parfois cocasses, sur les caractéristiques et les mœurs des poissons. Snack, boutique.

L'ouest lyonnais

LA DUCHÈRE Plan I

Musée des Sapeurs-Pompiers A1 M4

10 km au nord-ouest par l'A 6 (direction Paris) puis la D 342 - M° D Gare-de-Vaise - bus 21, 36, 44 et 92 - 358 av. de Champagne - ✆ 04 72 17 54 54 - www.museepompiers.com - visite guidée (2h) merc.-vend. 9h-12h, 14h-17h - fermé j. fériés - 4 € (-18 ans gratuit).

Installé au centre d'intervention de La Duchère, ce musée présente une impressionnante collection de matériels d'interventions du 18e s. jusqu'à nos jours. Pompes à bras, à vapeur ou à moteur témoignent ici de l'éternelle bravoure des hommes du feu. Une salle du souvenir abritant casques, portraits et drapeaux leur est dédiée, rappelant les tristes épisodes de Saint-Jean (1930) et Feyzin (1966). La visite se poursuit avec la présentation de près de 300 coiffures françaises et étrangères, sélectionnées parmi la collection privée de l'industriel Adrien Gallet, inventeur du casque F1 qui fait aujourd'hui encore référence dans le monde entier. Au sous-sol, place aux matériels roulants avec notamment cette échelle Merryweather (1923) ou encore l'autopompe Berliet (1909), qui ne représente, faute de place, qu'une infime partie de l'importante collection de ce musée.

MARCY-L'ÉTOILE Carte de microrégion A2

Domaine de Lacroix-Laval

Sortez de Lyon par le nord-ouest (direction Mâcon), puis suivez la D 7 en direction de Charbonnières - bus 98 arrêt Parc-de-Lacroix-Laval - rte de Sain-Bel.

Situé à l'ouest de l'agglomération lyonnaise dont il constitue un des poumons verts, il couvre une superficie de 115 ha. Parmi ses aménagements, un intéressant parcours de course d'orientation.

Un **petit train touristique**, *Le Furet*, propose une présentation ludique mais documentée du château et de son parc. *✆ 06 09 93 66 03 (M. Bonjour) - ♿ - trajet en petit train : merc., w.-end et j. fériés : 14h-19h - 2,70 € (-14 ans 2,30 €) A simple, 3,70 € (enf. 3,30 €) AR.*

À l'extrémité est du parc se dresse un élégant **château** du 16e s. *(illustration p. 77)*, où des expositions temporaires sont proposées. *04 78 87 87 00 - www.lacroix-laval.com - parc uniquement mai-sept. : 6h-22h ; reste de l'année : 7h-20h - fermé lun., 1er janv., 1er Mai, 1er nov., 25 déc. - gratuit.*
Ne manquez pas, dans ses jardins, le **potager historique** du domaine ; 600 variétés de végétaux présentées à travers quatre thématiques : l'horticulture lyonnaise, les plantes aromatiques et à parfum, le jardin sauvage ou encore les cultures fruitières et légumières. Entre senteurs et couleurs, c'est un agréable parcours sensoriel qui vous est proposé.

CHARBONNIÈRES-LES-BAINS Carte de microrégion A2

10 km par le nord-ouest (direction Mâcon), puis D 307.
Dans un cadre de bois exploités jadis par des charbonniers, le vallon de Charbonnières constitue un lieu de détente traditionnel des Lyonnais.
Pourquoi ces « bains » accolés au nom de la ville ? Selon la légende, les vertus reconstituantes des eaux du lieu auraient été découvertes par un innocent aliboron. Pelé et galeux, abandonné par son maître, l'âne errait dans les bois et vint boire à une source. On le vit réapparaître, peu après, tout ragaillardi. Plus officiellement, la source ferrugineuse fut mise au jour par un abbé en 1778. Un établissement de bains ouvrit, devint célèbre dans les années 1900, puis déclina, ferma et fut détruit il y a quelques années. Il reste un casino très fréquenté.
Le rallye automobile Lyon-Charbonnières est réputé pour ses étapes de montagne particulièrement sévères.

1

Le sud lyonnais

GIVORS Carte de microrégion A3

20 km au sud par l'A 7, puis l'A 47.
En plein centre-ville, le quartier **Les étoiles**, construit en 1982 sur les plans de Jean Renaudie, a été classé Patrimoine du 20e s. et… photographié par Doisneau. Promenez-vous pour en découvrir les placettes, les ruelles et les multiples terrasses. Comment est l'intérieur de ces appartements construits en étoiles superposées ? Quelques-uns ouvrent leur porte aux curieux qui se posent cette question.
Des ruines du château de St-Gérald *(accès par le lotissement « Les Étoiles » adossé au flanc de la colline)*, vue sur l'hôtel de ville, les deux églises de Givors et le Rhône en bordure duquel se trouve **la maison du Fleuve Rhône** consacrée au patrimoine fluvial. *1 pl. de la Liberté - 04 78 73 70 37 - www.maisondufleuverhone.org - - 14h-17h30, w.-end et merc. 14h-18h - possibilité de visite guidée (1h30) sur demande préalable - fermé j. fériés et de mi-avr. à mi-juin - gratuit.*

TERNAY Carte de microrégion B3

18 km au sud par la D 307 (direction Vienne par la N 7).
L'**église** (12e s.), perchée sur le rebord du coteau dominant le Rhône, est un intéressant témoin de l'école romane rhodanienne. Autrefois dédiée à saint Mayol, elle appartenait à un prieuré clunisien. À l'intérieur, la partie la plus attachante est l'abside principale, avec sa voûte en cul-de-four et son arcature à pilastres. Les sculptures des chapiteaux forment un ensemble digne d'intérêt. Au sud de l'église, voir les vestiges du cloître.

Circuits conseillés Carte de microrégion

★ LES BORDS DE SAÔNE

49 km au nord-ouest de Lyon. Comptez environ 3h.

Les versants escarpés, dominant la Saône, ont accueilli depuis le 18e s. de nombreuses maisons de maîtres lyonnais et des petits châteaux. Les berges, qui connurent l'intense activité des lavandières et des bateliers, devinrent ensuite des lieux de baignade et de détente champêtre pour les Lyonnais qui s'y rendaient par le *Train bleu*, dont on peut voir un exemplaire au musée de l'Automobile Henri-Malartre. De nos jours, les rives de la Saône ont retrouvé une animation en fin de semaine grâce à l'aménagement d'une partie du chemin de halage, rive gauche.

Quittez Lyon par le nord (direction Trévoux). Sur la gauche se détache l'imposante masse de verdure de l'île Barbe. La D 433 longe la rive gauche de la Saône, bordée d'épais ombrages jusqu'à Rochetaillée.

★★ Musée de l'Automobile Henri-Malartre à Rochetaillée-sur-Saône B2

2 km après Fontaines-sur-Saône, suivez à droite les indications fléchées. 645 r. du Musée - ✆ 04 78 22 18 80 - www.musee-malartre.com - juil.-août : 10h-19h (dernière entrée 1h av. la fermeture) ; reste de l'année : 9h-18h - fermé lun., de fin janv. à déb. fév., 1er janv., 25 déc. - 6 € (-26 ans gratuit).

Dans ce château du 15e s., restauré, acquis par la ville de Lyon, et dans son parc en terrasses au-dessus de la Saône, sont réunies de remarquables collections d'automobiles (1890 à 1986), cycles (1818 à 1960), motocycles (1904 à 1964) et véhicules de transports en commun (1886 à 1935), tous en état de marche. Henri Malartre gérait en 1929 une entreprise de démolition d'automobiles. Sa passion de collectionneur commença en 1931, avec une Rochet-Schneider de 1898 dont le moteur fonctionnait encore puis, deux ans plus tard, avec un double-phaéton Gobron-Brillié, pièce unique, également de 1898.

Sur les 150 **automobiles** exposées, 50 modèles sont antérieurs à 1914, 18 sont de fabrication lyonnaise, rappelant que, dans la région, une centaine de constructeurs se sont lancés dans l'aventure automobile.

Certaines pièces sont uniques comme la Rochet-Schneider (1895), la Gobron-Brillié (1898), la Luc-Court (1901), la Thieulin (1908) ; d'autres ont fait date dans le développement technologique, telles la Ford T (1910), la Peugeot BB (1913), la berline Voisin (1932). L'omnibus à vapeur Scotte (1892), la voiturette électrique Mildé (1900), le prototype de la 2 CV Citroën (1936), maquillé en camionnette pendant l'Occupation, cumulent les deux particularités.

On trouve aussi quelques voitures d'hommes célèbres : la Mercedes blindée (1942) d'Adolf Hitler, saisie en 1945 par la division Leclerc à Berchtesgaden, l'Hispano-Suiza (1936), coupé de ville utilisé par le général de Gaulle après la Libération de Paris, la Renault Espace utilisée par le pape Jean-Paul II lors de son passage à Lyon en 1986.

« GUINGUETTES » ET « CLOS »

À la belle saison, les « guinguettes » et les « clos », autrefois très nombreux sur les bords du fleuve, proposent de retrouver une ambiance de fête en dégustant une friture arrosée de beaujolais (notamment autour de Collonges, à l'île Roy et à Neuville-sur-Saône).

Rhône (69), les monts d'Or, Poleymieux-au-Mont-d'Or.
F. Guiziou / hemis.fr

À noter également : un coupé-docteur De Dion Bouton (1900), un taxi de la Marne (1914), un ensemble de trois voitures Sizaire (1908, 1924, 1927), une décapotable Bugatti (1930).
Exposées dans le hall Gordini, les **voitures de course** ont été pilotées par les plus grands champions : Rolland Pilain (1923), Talbot Lago (1949) et Gordini (1952).
Une série de **cycles** allant de la draisienne au vélo d'Anquetil comprend ces étonnants « Grands Bi ».
Plus de 50 **motocyclettes** sont présentées, parmi lesquelles une Herdtlé-Bruneau (1904), la Koehler-Escoffier (1935) de Georges Monneret, des side-cars et des Zundapp (1937) de l'armée allemande en Afrique et en Russie.
Un hall est consacré aux **transports en commun**. On y voit un tramway hippomobile à impériale ouverte (1880) et à conduite bidirectionnelle (les deux chevaux pouvant être attelés indifféremment à l'avant et à l'arrière pour éviter de tourner le véhicule) ; la « motrice salon » (1900) utilisée par le président Poincaré à l'exposition de Lyon, en 1914 ; le premier trolleybus lyonnais (1935). Témoin d'un autre temps mais d'un besoin constant de nature, la motrice du « *Train bleu* » est bien connue des Lyonnais. C'est elle qui passait, jusqu'en 1957, au pied de Rochetaillée pour aller vers les lieux de baignades et les guinguettes de Neuville-sur-Saône.
Poursuivez en direction de la D 433 que l'on prend à droite.

Neuville-sur-Saône B1

La ville est joliment située à un coude de la Saône. Neuville, qui s'appelait jadis Vimy, fut, sous l'Ancien Régime, la capitale du Franc-Lyonnais (*voir l'encadré « Le Franc-Lyonnais » p. 153*). L'**église**, dominée par des clochers jumeaux du 17e s., abrite un ensemble de boiseries du sculpteur lyonnais Perrache (18e s.).

Trévoux (*voir p. 190*) A1

La D 933 puis la D 504 à gauche mènent à Villefranche-sur-Saône.

Villefranche-sur-Saône (*voir p. 244*) A1
Revenez à Lyon par l'A 6 (comptez 30mn).

★ LE MONT-D'OR LYONNAIS

55 km au nord de Lyon. Voir le circuit sur le plan ci-dessous. Comptez environ 2h30.

Dominant la vallée de la Saône en amont de Lyon, le petit massif du Mont-d'Or constitue un pays au charme rural. Son nom fait référence à un point de mine d'or. Mais au 10e s., il s'appelait déjà *Mons aureus*, ce qui pourrait être une déformation de *Monte tauro* (culte celtique du taureau).

Ses sommets offrent d'admirables points de vue. Les pentes exposées au midi sont assez arides, piquetées de buis sauvages et d'arbustes. Les versants nord sont plus boisés. Vergers, vignes, jardinets fleuris, petites cultures et pâturages composent le joli décor des vallons intérieurs.

Quand on le découvre en venant par le nord, le Mont-d'Or semble un récif émergeant de l'ample val de Saône en raison de ses dimensions modestes (6 km sur 12) et de l'altitude de ses sommets ; mont Verdun (625 m), mont Thou (609 m), mont Cindre (469 m). Les affleurements calcaires donnent au terrain une riche coloration ocrée. Des carrières y sont exploitées depuis le 15e s.

Quittez Lyon par la D 306, et empruntez à droite la D 42 vers Limonest. Au centre du bourg, tournez à droite dans la D 73 puis, à la sortie du village, prenez, à gauche, la D 92 en direction du col du mont Verdun.

Les restes de l'habitat ancien, de type méridional, et des parcelles cultivées bordées de murs de pierre sèche subsistent, notamment autour de Poleymieux.

La route contourne le **château de la Barollière** (18e s.) A2, flanqué de tourelles carrées, et offre de belles **échappées★** vers les monts du Lyonnais.

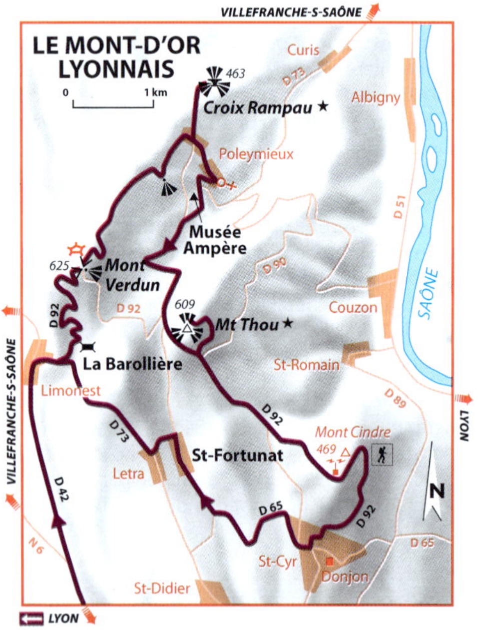

LE FRANC-LYONNAIS

Représentant la superficie d'un canton actuel, le Franc-Lyonnais était composé de treize « marches » s'étendant entre la Dombes et la rive gauche de la Saône. Une enclave isolée, en amont de Trévoux, formait le « Petit » Franc-Lyonnais. Le territoire principal allait de Genay, en amont de Neuville-sur-Saône, jusqu'au plateau de la Croix-Rousse qui échappait ainsi à la juridiction de Lyon. Les Francs-Lyonnais, pour s'être séparés volontairement du reste de la Bresse et du duché de Savoie, obtinrent de François Ier, en 1525, un véritable statut d'indépendance qui faisait de leur territoire une sorte de protectorat. Fort chatouilleux de leurs franchises et privilèges, refusant de payer aide, gabelle, taille et autres impôts, à l'exception d'un « don gratuit » de 30 000 livres au roi de France tous les huit ans, les habitants (à peine 4 000 au total) avaient à leur tête un Syndicat général. Les Francs-Lyonnais n'hésitaient pas, lorsque leurs libertés étaient encore contestées, à en appeler au Parlement de Paris. La création des départements, sous la Révolution, mit fin à l'histoire du Franc-Lyonnais.

Le col du **mont Verdun** A2 est occupé par un fort datant de 1875 *(accès interdit)*.

Au col, tournez à gauche. La descente offre de jolies vues sur le val de Saône.

Aux premières maisons de Poleymieux, prenez à gauche, puis à droite dans un chemin de terre sur 200 m. L'accès à la croix Rampau se fait à pied par un sentier en montée à gauche.

★ Croix Rampau A1

Table d'orientation. Le **panorama** s'étend, par temps favorable, du puy de Dôme au mont Blanc.

Regagnez le bourg de Poleymieux en vous dirigeant vers l'église et remontez le vallon jusqu'à la maison d'Ampère.

Musée Ampère et de l'Électricité à Poleymieux-au-Mont-d'Or A2

300 rte Ampère - ✆ 04 78 91 90 77 - http://musee-ampere.univ-lyon1.fr - dim. et j. fériés 10h-12h, 14h-18h, sam. 14h-18h - 4 € (-13 ans 2 €) + 2 € audioguide.

Le savant lyonnais **A.-M. Ampère** (1775-1836) passa ici son enfance et ses premières années d'homme. Ses découvertes en mathématiques, physique et chimie le placent au premier rang des pionniers de la science au 19e s.

Dans la chapelle, à droite, on peut suivre une présentation audiovisuelle de sa vie et de son œuvre. La « chambre à recevoir » évoque le cadre de l'existence familiale ; la salle des « Trois Ampère » rappelle la vie du savant, celle de son père mort sur l'échafaud en 1793 et celle de son fils Jean-Jacques, historien et littérateur.

Dans le **musée de l'Électricité★**, des appareils permettent d'exécuter les expériences fondamentales sur les courants, les aimants, etc.

Prenez la direction de St-Didier et, au premier carrefour, obliquez à gauche vers le mont Thou.

★ Point de vue du mont Thou A2

À 50 m du sommet *(terrain militaire, accès interdit)*, une esplanade offre une **vue** sur le val de Saône, le mont Cindre, Fourvière et l'agglomération lyonnaise.

À la descente du mont Thou, dirigez-vous vers le mont Cindre. Contournez par la droite la tour-relais de télédiffusion, d'où la D 92 descend vers St-Cyr. Dans le premier grand tournant, départ pédestre pour le « sentier des Rapaces ».

Sentier des Rapaces – Ce sentier-découverte a été aménagé sur un chemin rural de 1,9 km pour observer ces rapaces que l'on voit nombreux dans les airs du Mont-d'Or.
À l'entrée de St-Cyr, dominé par un donjon, prenez à droite la D 65 en direction de Limonest, puis encore à droite la route menant à St-Fortunat.

Saint-Fortunat A2

Le village, étiré en ruelle sur une raide échine rocheuse, est amusant à découvrir. À mi-côte s'inscrit le portail flamboyant de son humble chapelle.
Du haut de St-Fortunat, prenez à gauche, redescendez vers St-Didier et, aussitôt, tournez à droite dans la D 73.
Vues sur les monts du Lyonnais, en arrière de Fourvière.
Retour à Lyon par Limonest et la D 306.

NOS ADRESSES DANS LE GRAND-LYON

HÉBERGEMENT

BUDGET MOYEN

Hôtel Ariana – Plan I C1 - *163 cours Émile-Zola - 69100 Villeurbanne - ✆ 04 78 85 32 33 - http://www.ariana-hotel.com -* ♿ - P - *102 ch. 78/120 € - ☕ 13 €.* Les chambres sont spacieuses, climatisées et bien insonorisées. À dix minutes du centre de Lyon par le métro, l'hôtel se situe au pied du surprenant quartier des Gratte-Ciel des années 1930. Tarifs week-end très intéressants.

RESTAURATION

BUDGET MOYEN

La Terrasse St-Clair – Plan I B1 - *2 Grande Rue St-Clair - 69300 Caluire-et-Cuire - ✆ 04 72 27 37 37 - www.terrasse-saint-clair.com - fermé 5-22 août, 23 déc.-15 janv., dim. et lun. - 24 €.* Hommage à la Fanny – tant redoutée des boulistes ! – dans ce restaurant aux allures de guinguette et sur sa terrasse ombragée de platanes, aménagée pour parfaire son carreau.

POUR SE FAIRE PLAISIR

La Brunoise – Plan I C1 - *4 r. A.-Boutin - 69100 Villeurbanne - M° A/B Charpennes - ✆ 04 78 52 07 77 - www.labrunoise.fr - fermé 20 juil.-20 août, 2-7 janv., dim. soir, lun. soir, mar. et merc. - formule déj. 17 € - 27/50 € bc.* Les spécialités de la maison peintes sur la façade invitent à s'attabler dans cette lumineuse salle de restaurant. Carte actuelle élaborée sur des bases classiques.

L'Orangerie de Sébastien – *Domaine de Lacroix-Laval - 69280 Marcy-l'Étoile - ✆ 04 78 87 45 95 - www.orangeriedesebastien.fr - fermé 16 fév.-4 mars, dim. soir, lun. et mar. - ⊭ - 27/49 €.* L'orangerie du château (17e s.) accueille cette salle de restaurant. Cuisine au goût du jour, belle terrasse côté jardins et nombreuses activités proposées sur le domaine.

ACHATS

La **cité des Antiquaires** s'est installée, avec ses 150 boutiques, 117 bd de Stalingrad à Villeurbanne.

ACTIVITÉS

Parc de Miribel-Jonage – *Chemin de la Bletta - 69120 Vaulx-en-Velin - ✆ 04 78 80 56 20 - www.grand-parc.fr - mai-sept. : 9h-21h, dim. et j. fériés 9h-20h ; oct.-avr. :*

9h-19h30, w.-end 10h-18h30 - fermé 25 déc.-1er janv. Cet océan de verdure proche de la ville est accessible à tous gratuitement. Nombreuses activités sur place : randonnées pédestres ou à VTT, pêche, équitation, etc. On pourra rejoindre la base nautique du lac des Eaux-Bleues par l'une des pistes cyclables du parc.

Randonnées – Grâce à sa géographie, le Grand-Lyon bénéficie de paysages diversifiés et de nombreux milieux naturels abritant une faune et une flore variées. Pour partir à leur découverte, plusieurs sentiers vous sont proposés à l'instar du sentier des Moissons au départ de Feyzin (boucle de 3 km en zone agricole) ou celui de l'Eau au départ de Collonges-au-Mont-d'Or (4,3 km au fil des puits, citernes et aqueducs). Fiches pratiques disponibles dans les offices du tourisme des communes du Grand-Lyon.

Théâtre national populaire de Villeurbanne – *8 pl. Lazare-Goujon - 69627 Villeurbanne - ✆ 04 73 03 30 00 - www.tnp-villeurbanne.com -* Villeurbanne est une ville qui compte beaucoup sur ses ressources culturelles comme le Théâtre national populaire (TNP) sa plus grande réussite, qui a rouvert en novembre 2011 après des travaux de restructuration et d'extension. Les créations contemporaines s'y succèdent toute l'année.

LA BRESSE ET LA DOMBES

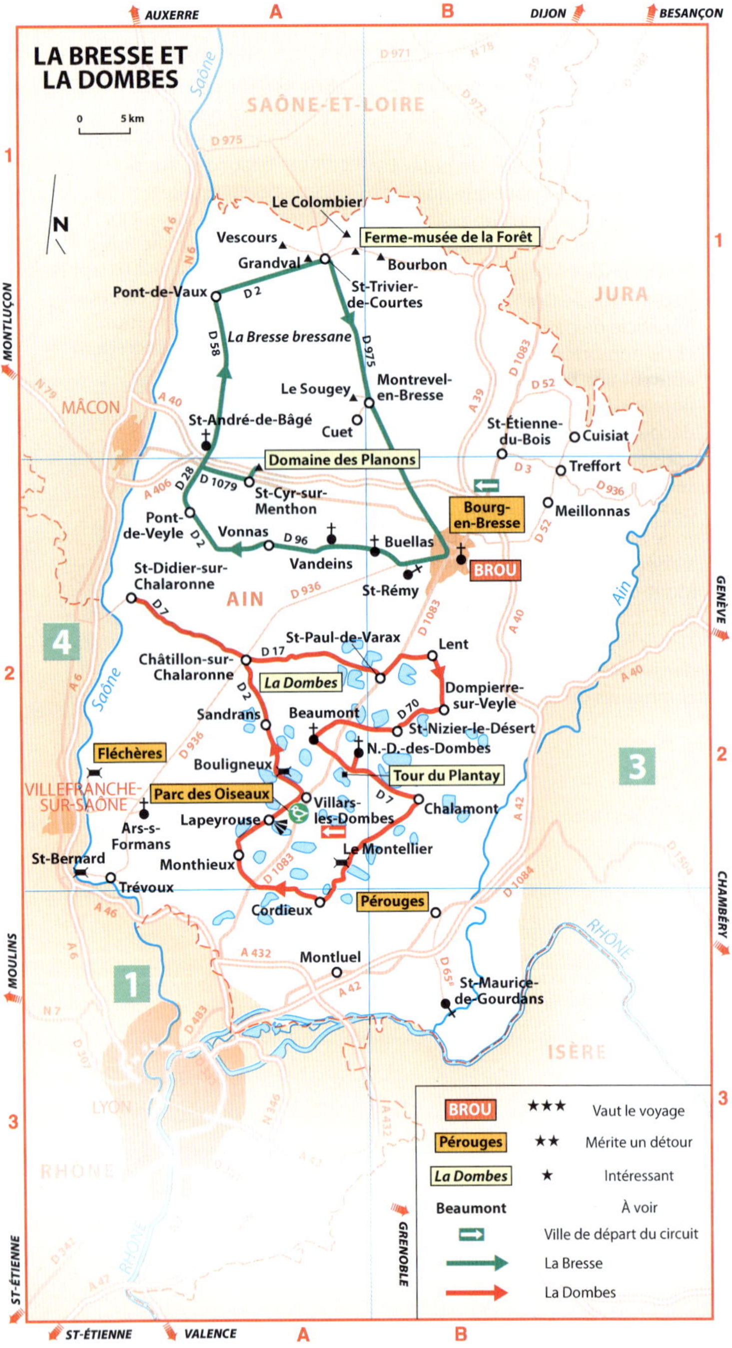

La Bresse et la Dombes 2

Carte Michelin Départements 327 et 328 – Ain (01)

Bourg-en-Bresse

★★

40 203 Burgiens – Ain (01)

NOS ADRESSES PAGE 172

S'INFORMER

Office de tourisme – *6 av. d'Alsace-Lorraine - BP 190 - 01005 Bourg-en-Bresse cedex - ✆ 04 74 22 49 40 - www.bourgenbressetourisme.fr - 9h-12h, 14h-18h30, sam. 9h-12h, 14h-18h - fermé j. fériés.*

Bon à savoir – Le **passeport Musées de l'Ain** donne accès aux expositions permanentes et temporaires et aux animations des musées de la Bresse, dont le domaine des Planons. Il s'achète sur les quatre sites départementaux des musées des Pays de l'Ain. *Prévoir une photo d'identité. Passeport adultes : 5 €.*

SE REPÉRER

Carte de microrégion B2 (p. 156) – *Carte Michelin Départements 328 E3.* Bourg se trouve à 62 km au nord-est de Lyon par la D 1083.

SE GARER

Sur le champ de foire pour visiter la ville, ou sur le parking près du monastère de Brou, à 3 km de là.

À NE PAS MANQUER

Brou est l'un de ces chefs-d'œuvre inoubliables, qui vaut largement le voyage pour ses tombeaux, ses stalles, ses vitraux et son jubé.

ORGANISER SON TEMPS

En décembre ont lieu les Glorieuses, concours de volailles de Bresse. Notez-le sur votre calendrier !

AVEC LES ENFANTS

Parcours énigmatique du monastère de Brou ; parcours-découverte au musée du Revermont à Cuisiat ; musée de la Bresse à St-Cyr-sur-Menthon ; ferme-musée de la Forêt à St-Trivier-de-Courtes ; base de loisirs de Montrevel-en-Bresse.

Bourg est la capitale historique de la plantureuse région d'élevage de la Bresse. La production de volaille blanche assure son renom, et, depuis le Moyen Âge, la ville est le grand centre de fabrication des meubles « rustique bressan » en bois fruitier et frêne, ainsi que des émaux. Mais c'est son monastère royal qui fait l'essentiel de sa renommée : une œuvre flamboyante où se grave une belle histoire.

UN GROS VILLAGE

Prononcez *Bourk* : ce terme d'origine germanique signifiait « château fort » avant de désigner « un gros village ». Au 10e s., en effet, Bourg n'est encore qu'un village qui groupe ses chaumières autour d'une forteresse.

159

BOURG-EN-BRESSE

SE LOGER	
Château de Bourdonnel (Chambre d'hôte du)	9
Hôtel de France	2
Logis de Brou (Hôtel)	1
Pillebois (Domaine)	3
Vignes (Chambre d'hôte Les)	7

SE RESTAURER	
Ancienne Auberge (L')	2
Chalet de Brou (Le)	1
Comptoir (Le)	9
Ferme-auberge du Poirier	3
Français (Le)	4
Place	5
Quatre Saisons (Les)	7

Se promener Plan de ville

Maisons anciennes

Deux édifices à pans de bois, de la fin du 15e s., attirent le regard : la **maison Hugon** (2), à l'angle de la rue Gambetta et de la rue V.-Basch, et la **maison Gorrevod** (2), dans la rue du Palais.

On remarque également, à l'angle de l'hôtel de ville, l'**hôtel de Bohan** (2), à la belle façade de pierre du 17e s., et rue Teynière, l'**hôtel de Marron de Meillonnas** (2), du 18e s., dont vous pourrez observer les belles ferronneries des balcons. Rue J.-Migonney, une rangée de maisons médiévales à pans de bois en encorbellement jouxte la **porte des Jacobins** (2), datant de 1437.

Église Notre-Dame (1)

Commencée en 1505, cette collégiale n'a été terminée qu'au 17e s. Extérieurement, elle présente une abside et une nef flamboyantes. Un triple portail Renaissance orne la façade. Le portail central est surmonté d'une Vierge à l'Enfant, copie d'une œuvre de Coysevox (17e s.). Le haut clocher a

EDGAR QUINET
Homme politique né à Bourg en 1803, démocrate, anticlérical, historien proche de Michelet, il fut l'un des premiers à investir les Tuileries en 1848. Comme Hugo (qui prononcera un discours mémorable à ses funérailles, en 1875), il dut s'exiler après le coup d'État de « Napoléon le Petit ».

été élevé sous Louis XIV, mais le dôme et le lanternon ont été reconstruits au début du siècle. Il faut une certaine ponctualité ou beaucoup de chance pour écouter le carillon qui joue à 7h50, 11h50 et 18h50.
Intérieur – Il est orné d'un mobilier et d'œuvres d'art dignes d'attention : dans l'abside, belles **stalles**★ sculptées du 16e s. Le maître-autel, l'aigle-lutrin, la chaire et le buffet d'orgue, tous en bois sculpté, sont du 18e s. ; le luxueux autel de la chapelle à gauche du chœur est du 19e s. Dans la chapelle de l'Annonciation *(à droite du chœur)* se trouve la Vierge noire du 13e s. qui est à l'origine de la construction de l'église. La chapelle St-Crépin *(3e du bas-côté gauche)* abrite une verrière de la Crucifixion, des statues polychromes et un diptyque représentant la Cène, exécutés au 16e s. Les nombreuses verrières, datant du milieu du 20e s., qui décorent les bas-côtés sont dues, pour celles de gauche, à Le Chevallier, pour celles de droite, à Auclair.

Apothicairerie de l'Hôtel-Dieu (2)
47 bd de Brou - ✆ 04 74 22 49 40 (office de tourisme) - visite guidée uniquement - juil.-août : mar. 10h30 et sam. 14h30 ; le reste de l'année : sam. 14h30 - 5 € (6-12 ans 2 €). Pour la visite, rendez-vous dans la cour d'honneur de l'hôtel-Dieu.
Transformé en maison de retraite, l'Hôtel-Dieu fut bâti entre 1782 et 1790. Destiné aux religieux, il s'organise autour d'un vaste cloître et comprend une chapelle coiffée d'un dôme. Il cache dans ses murs une magnifique apothicairerie intacte qui fut en activité jusque dans la seconde moitié du 20e s. Elle se compose de trois pièces en enfilade. La première est le laboratoire dans lequel se préparaient les remèdes : au centre trône un superbe fourneau pourvu d'alambics et de bouilloires en cuivre. Tout autour, disposés sur les étagères demeurent la vaisselle en étain, les mortiers, les flacons, les boîtes pour les ingrédients, le pressoir à vis. Les deux salles suivantes ont gardé leurs superbes meubles en bois à étagères et tiroirs, faits sur mesure. De grandes tables permettaient de trier les matières premières qui étaient ensuite stockées dans des flacons en verre, des pots en faïence et des boites en carton remarquablement conservés. La sélection et le stockage des denrées se faisaient dans la seconde pièce, la remise des médecines aux soigneurs dans la troisième. Des ouvrages en rapport avec la médecine, des 17e-20e s., sont soigneusement rangés dans une armoire, en particulier l'*Histoire naturelle* de Buffon.

Découvrir Carte de microrégion

★★★ MONASTÈRE ROYAL DE BROU B2

Jeu de découverte sous forme d'un livret distribué à l'entrée, pour explorer l'église et les cellules des moines tout en résolvant des énigmes.
Autrefois établi au voisinage de Bourg, cet ancien prieuré bénédictin, autour duquel s'était formée une petite agglomération, se retrouve maintenant au cœur d'un quartier englobé par l'extension urbaine.

Des traités et un vœu

D'UN SEIGNEUR À L'AUTRE

La lignée des seigneurs du pays s'éteint au 13e s. L'héritage revient aux puissants voisins, les ducs de Savoie, qui forment la province de Bresse. Bourg en deviendra la capitale. En 1536, lors de la 8e guerre d'Italie, le duc refuse la traversée de ses domaines à **François Ier**, qui veut envahir le Milanais. Le roi passe outre et, pour mieux assurer ses communications, met la main sur la Bresse, la Savoie, le Piémont.

Le traité de Cateau-Cambrésis met un terme à la 11e guerre (1559), obligeant **Henri II** à restituer ces conquêtes au duc Emmanuel-Philibert. En 1600, au cours de la guerre franco-savoyarde, Bourg résiste à **Henri IV**, mais celui-ci finit par envahir le duché. Le traité de Lyon, signé en 1601, contraint le duc de Savoie à échanger la Bresse, le Bugey, le Valromey et le pays de Gex contre le marquisat de Saluces, dernier vestige des possessions françaises en Italie. Bourg entre alors dans l'histoire de France.

D'UNE DAME À L'AUTRE

En 1480, Philippe, comte de Bresse, plus tard duc de Savoie, a un accident de chasse. Sa femme, **Marguerite de Bourbon**, la grand-mère de François Ier, fait vœu, s'il guérit, de transformer en monastère l'humble prieuré de Brou. Le comte se rétablit, mais Marguerite meurt sans avoir pu accomplir sa promesse. Elle en laisse le soin à son mari et à leur fils Philibert le Beau. Passé le péril, on oublie la promesse…

Vingt années s'écoulent. Philibert, qui a épousé **Marguerite d'Autriche** en 1501, meurt inopinément. Sa veuve y voit un châtiment céleste. Pour que l'âme de son mari repose en paix, elle se hâte de réaliser le vœu de Marguerite de Bourbon, d'autant plus volontiers que cela doit lui permettre d'affirmer sa propre souveraineté et de rivaliser en prestige avec sa belle-sœur Louise de Savoie, bientôt régente de France. Les travaux commencent à Brou, en 1506, par les bâtiments du monastère. L'église du prieuré est ensuite abattue pour faire place à un édifice qui servira d'écrin aux trois tombeaux où reposeront Philibert, sa femme et sa mère. Marguerite réside en Flandre où elle dirige, en tant que régente, le royaume de son frère Philippe. Décédé, il laisse en effet une veuve, Jeanne la folle, et six enfants. Elle mène sereinement sa régence et confie le chantier de Brou à un maître maçon flamand, **Van Boghem**, qui sera à la fois architecte et entrepreneur général. Réalisateur remarquable, il réussit à élever l'édifice dans le temps record de 19 ans (1513-1532).

Marguerite suit de près l'avancée des travaux mais elle ne verra jamais son œuvre réalisée. Elle meurt en effet deux ans avant la consécration du monastère, âgée d'une cinquantaine d'années. Plus chanceuse que sa fondatrice, l'église de Brou traverse les guerres de Religion et la Révolution sans dommages irréparables.

Le couvent est successivement transformé en étable à porcs, en prison, en caserne, en refuge pour mendiants, en asile de fous. Il devient séminaire en 1823 et abrite aujourd'hui le musée. Depuis quatre siècles, Brou est avant tout un symbole de l'amour conjugal…

★★ Église

✆ 04 74 22 83 83 - juil.-sept. : 9h-18h ; avr.-juin : 9h-12h30, 14h-18h ; reste de l'année : 9h-12h, 14h-17h - fermé 1er janv., 1er Mai, 1er et 11 Nov., 25 déc. - 7 € (-18 ans gratuit) billet combiné avec le musée - audioguides en location.

Ce monument, où le gothique flamboyant est pénétré par l'art de la Renaissance, est contemporain du château de Chenonceau. En avant de la façade, on verra, à plat sur le sol, un cadran solaire géant, recalculé en 1757 par l'astronome Lalande, enfant de Bourg.

Extérieur – La façade principale, au pignon trilobé, est très richement sculptée dans sa partie centrale. Le tympan du beau **portail★** Renaissance représente, aux pieds du Christ aux liens, Philibert le Beau, Marguerite d'Autriche et leurs saints patrons. Au trumeau, saint Nicolas de Tolentino, à qui l'église est dédiée (la mort de Philibert survint le jour de la fête de ce saint) ; dans les ébrasements, saint Pierre et saint Paul. Surmontant l'accolade du portail, saint André.

Toute une flore sculptée, gothique flamboyant (feuilles et fruits) ou d'inspiration Renaissance (laurier, vigne, acanthe), se mêle à une décoration symbolique où les palmes sont entrelacées de marguerites. D'autres emblèmes de Brou, les initiales de Philibert et de Marguerite unies par des lacs d'amour (cordelière festonnant entre les deux lettres), alternent avec les bâtons croisés, armes de la Bourgogne. Les façades du transept, plus simples, offrent un pignon triangulaire à pinacles. La tour, carrée, élève ses cinq étages sur le flanc droit de l'abside.

Depuis 1996, la toiture de l'église de Brou (profondément modifiée lors de travaux réalisés en 1759 par les moines augustins) a bénéficié d'une ambitieuse campagne de restauration pour lui redonner son aspect originel : les charpentes à la Mansart ont été remplacées par un comble à la française, beaucoup plus pentu. La couverture a retrouvé sa polychromie d'antan grâce à l'utilisation de tuiles plates vernissées et colorées ; le motif losangé est aux couleurs dominantes de la région (brun foncé, pain d'épice, jaune et vert).

Nef – En entrant dans l'église, après avoir longé le cloître orné d'un magnifique magnolia nain étoilé, on apprécie la clarté blonde qui baigne la nef

L'INFORTUNÉE PRINCESSE

Sur le dais du tombeau de Marguerite d'Autriche est gravée sa **devise** : « *Fortune infortune fort une* », que l'on peut développer en « Fortune (le destin) infortune (accable, persécute) fort (durement) une (une femme) ». Rappelons brièvement cette douloureuse destinée.

Fille de l'empereur Maximilien et petite-fille de Charles le Téméraire, elle perd sa mère Marie de Bourgogne à l'âge de 2 ans. L'année suivante, elle est élevée à la cour de Louis XI et on l'unit, par la cérémonie religieuse du mariage, au dauphin Charles, encore enfant. La Franche-Comté constitue la dot de la fillette. Le mariage blanc annulé, Marguerite épouse, à 17 ans, l'infant d'Espagne. Elle perd son mari après quelques mois d'union et met au monde un enfant mort-né. Quatre ans plus tard, son père, Maximilien, lui fait épouser en troisièmes noces Philibert de Savoie, jeune homme de son âge, volage et futile, mais qui respecte sa femme « intelligente pour deux » et la laisse pratiquement gouverner à sa place. Après trois années passées auprès de son « beau duc », le destin porte un nouveau coup à Marguerite : Philibert est emporté par un refroidissement pris à la chasse. Veuve pour la seconde fois, à 24 ans, elle reste fidèle à la mémoire de Philibert jusqu'à son dernier soupir.

Monastère royal de Brou, les trois tombeaux de l'église de Brou.
H. Maertens (Bruges) / © Monastère royal de Brou

2

et ses doubles bas-côtés. La lumière des fenêtres hautes illumine l'enduit des murs sur lequel a été dessiné un faux appareillage. Les piliers composés d'un faisceau serré de colonnettes montent d'un seul jet à la voûte, où ils s'épanouissent en nervures multiples aux clefs ouvragées. La balustrade qui court au-dessous des fenêtres de la nef est finement sculptée. L'ensemble architectural a beaucoup de noblesse.

Dans la 2e travée de la nef, à droite, une **cuve baptismale** en marbre noir du 16e s. porte la devise de Marguerite. Le bras droit du transept a un remarquable **vitrail** du 16e s. représentant Suzanne accusée par les vieillards *(en haut)* et disculpée par Daniel *(en bas)*.

La nef et le transept, accessibles aux fidèles, étaient séparés du chœur, domaine propre des religieux et sanctuaire des tombeaux, par le jubé. À sa droite s'ouvre la **chapelle de Montécuto**, dans laquelle se trouve une maquette du monastère tel qu'il était vers 1525. Sur la gauche du jubé sont exposées des stalles en chêne (15e s.) de l'église St-Pierre, l'église paroissiale qui précédait l'église de Brou.

Jubé★★ – Observez l'étonnante richesse ornementale des arcs en anse de panier formant comme une dentelle de pierre sur cette clôture de séparation entre la nef et le chœur.

Chœur – Marguerite a tout mis en œuvre pour obtenir la perfection dans la magnificence. Prise dans son ensemble, l'ornementation sculptée de Brou frise l'excès ; mais le moindre détail (clefs de voûtes chiffrées, appareillage de fausses pierres, dessins des arêtes…) est traité avec maîtrise. L'enchantement est d'autant plus vif que l'examen est minutieux.

Stalles★★ – Elles bordent les deux premières travées de chœur. Au nombre de 74 (pour 12 moines), elles ont été taillées dans le chêne en deux ans seulement, de 1530 à 1532. Si leur structure est encore médiévale, remarquez l'esprit de la Renaissance flamande dans les torsions des corps allongés et les gestes vifs. Le maître Pierre Berchod, dit Terrasson, dut mobiliser tous les menuisiers sculpteurs d'une région où le travail du bois a toujours été à l'honneur.

Leur dessin est attribué à Jean de Bruxelles. Les sièges, les dossiers, les dais présentent un luxe de détails ornementaux et de statuettes qui en font un des chefs-d'œuvre du genre. Les stalles du côté gauche offrent des scènes du Nouveau Testament et des personnages satiriques. Celles du côté droit se rapportent à des personnages et à des scènes de l'Ancien Testament.

Tombeaux★★★ – De nombreux artistes ont collaboré à ces trois monuments, point culminant de l'épanouissement de la sculpture flamande en Bourgogne. Les plans ont été tracés par **Jean de Bruxelles**, qui a fourni aux sculpteurs des dessins « aussi grands que le vif ». L'ornementation et la petite statuaire sont dues, pour la plus grande part, à un atelier flamand installé à Brou auquel collaboraient également des artistes français (**Michel Colombe**), des Allemands et des Italiens. Les statues des trois personnages princiers ont été exécutées entre 1526 et 1531 par **Conrad Meyt**, artiste allemand installé à Malines, au service de Marguerite dès 1512. Tout acquis aux idéaux de la Renaissance, Meyt a fait montre plusieurs fois de son goût pour les nudités de pierre. Les effigies du prince et des princesses sont taillées dans le marbre de Carrare. Les gros blocs, venant d'Italie, ont été transportés par mer, puis par la voie du Rhône. Ils ont ensuite voyagé sur des chars traînés par neuf chevaux, à l'allure de 5 à 6 km par jour. Philibert et les deux Marguerite sont représentés, sur chacun de leur tombeau, étendus sur une dalle de marbre noir, la tête sur un coussin brodé. Suivant la tradition, un chien, emblème de la fidélité, est couché aux pieds des deux princesses; un lion, symbole de la force, aux pieds du prince. Des angelots entourent les statues, symbolisant l'entrée des défunts au ciel.

Le tombeau de **Marguerite de Bourbon** occupe une niche creusée en enfeu dans le mur droit du chœur. Les deux autres tombeaux, formés chacun de deux dalles superposées, ont la particularité d'offrir du même personnage une double représentation, vif et mort. Celui de **Philibert** est placé au centre. La dépouille figurée du duc presque nu, sur la dalle du dessous, est particulièrement émouvante. Celui de **Marguerite d'Autriche**, sur la gauche du chœur, avec son énorme dais de pierre ciselée, prolonge le mur de clôture. Comme Philibert, Marguerite est représentée en double, dans son linceul : sur la plante du pied, on remarque la blessure qui, suivant la légende, a causé, par gangrène, la mort de la princesse.

Vitraux★★ – Les grandioses verrières ont été exécutées par des artistes lyonnais de 1525 à 1531. Elles illustrent surtout le thème de la résurrection. Celles de l'abside représentent, au centre, l'apparition du Christ ressuscité à Madeleine *(partie supérieure)* et la visite du Christ à Marie *(partie inférieure)*, scènes tirées de gravures d'Albrecht Dürer. À gauche et à droite, Philibert et Marguerite sont agenouillés près de leurs patrons. Au-dessus du couple sont reproduits, étincelants de couleurs, les blasons des familles (Savoie et Bourbon pour le duc, Empire et Bourgogne pour la duchesse), ainsi que les blasons des villes de l'État savoyard.

Chapelles et oratoires – Sur la gauche du chœur s'ouvre la remarquable **chapelle de Marguerite★★★**, dont un retable et un vitrail font l'orgueil. Le **retable★★★** représente les Sept Joies de la Vierge. Exécuté en marbre blanc, il nous est parvenu dans un état de conservation rare. C'est un prodige de finesse dans l'exécution, un véritable tour de force qui confond l'esprit. Dans chacune des niches ménagées à cet effet se détache une scène des Sept Joies : en bas, à gauche, l'Annonciation; à droite, la Visitation; au-dessus, la Nativité et l'Adoration des Mages; plus haut, l'apparition du Christ à sa mère et la Pentecôte encadrent l'Assomption. Trois statues couronnent le retable : la Vierge à l'Enfant est entourée de sainte Madeleine et de sainte Marguerite.

De chaque côté du retable, on remarque saint Philippe et saint André. On note des influences multiples pour le **vitrail★★★**, d'une couleur somptueuse. Il est inspiré d'une gravure de Dürer représentant l'Assomption. Les verriers ont ajouté Philibert et Marguerite, à genoux, auprès de leurs patrons. La frise du vitrail, reproduction d'un dessin que Titien avait composé pour sa chambre, figure en camaïeu le Triomphe de la Foi : le Christ, dans son char, est tiré par les évangélistes et les personnages de l'Ancienne Loi ; derrière se pressent les docteurs de l'Église et les saints du Nouveau Testament.
Marguerite avait voulu qu'on installât, pour son usage personnel, deux oratoires superposés contigus à la **chapelle,** dite **de Madame**, le plus bas au niveau du chœur, l'autre à celui du jubé, et reliés par un escalier. Ces deux pièces, garnies de tapisseries, équipée chacune d'une cheminée, devaient constituer de véritables petits salons. Une fenêtre oblique, ménagée au-dessous d'une arcade, aurait permis à la princesse de suivre l'office. La **chapelle** voisine, qui porte le nom de **Laurent de Gorrevod**, conseiller de Marguerite, possède un superbe **vitrail★★** représentant l'incrédulité de saint Thomas, ainsi qu'un triptyque commandé par le cardinal de Granvelle.
À droite du chœur, dans la **chapelle du Prince** sont exposés les vestiges d'un site funéraire antique découvert à Brou : sarcophages gallo-romains et burgondes, bijoux, éléments de parure, statuettes…

★ Musée

04 74 22 83 83 - juil.-sept. : 9h-18h ; avr.-juin : 9h-12h30, 14h-18h ; reste de l'année : 14h-17h - possibilité de visite guidée (2h) sur demande (1 mois av.) - fermé 1er janv., 1er Mai, 1er et 11 Nov., 25 déc. - 7 € (-18 ans gratuit), gratuit la Nuit des musées, 14 Juil., Journées du patrimoine.

Il est installé dans les bâtiments du monastère, qui s'organisent autour de trois cloîtres à étages, cas unique en France. L'ancien prieuré bénédictin était si délabré et si humide que les moines obtinrent de Marguerite d'Autriche de commencer les travaux par le couvent et non par l'église.
Petit cloître – Cloître originel de Brou, il permettait aux moines de se rendre à couvert du monastère à l'église. Une galerie du 1er étage desservait l'appartement que Marguerite d'Autriche s'était réservé ; l'autre devait lui permettre de gagner directement la chapelle haute en passant par le jubé. Au rez-de-chaussée se trouvaient la sacristie et la première salle du chapitre, maintenant réunies en une seule salle affectée aux expositions temporaires. Des galeries, aujourd'hui dépôt lapidaire (fragments de corniches et pinacles), s'offre une **vue** sur le pignon du transept droit et le clocher.
Grand cloître – C'était celui où les moines déambulaient en méditant. Il donne accès à la deuxième salle du chapitre, devenue salle d'accueil du musée.
Premier étage – Un escalier permet d'accéder au dortoir, où les cellules des moines abritent des collections de peinture, de mobilier et d'art décoratif. Sur le palier et dans le renfoncement situé au milieu du grand couloir, on peut voir de beaux meubles bressans et une vitrine présentant des faïences de Meillonnas du 18e s. (*voir « À proximité », p. 166*). Les cellules du côté sud sont dédiées à l'art du 16e au 18e s. : on remarque parmi les tableaux hollandais le beau **portrait de Marguerite d'Autriche★** dû à son peintre de cour, B. Van Orley (vers 1518), et un triptyque de la même année (*Vie de saint Jérôme*) ; les pièces suivantes présentent des peintures des 17e et 18e s. de l'école italienne (Magnasco : *Moines se flagellant*) et de l'école française du 18e s. (Largillière, Gresly), ainsi que du mobilier bourguignon et lyonnais (meubles de Nogaret) et des objets d'art religieux français. Sur le côté nord, les salles de droite sont consacrées à la peinture française du 19e s. (Gustave Doré, Gustave Moreau,

HABITAT RURAL ET TRADITIONS

Plutôt boisée mais pauvre en pierre, la terre bressane a favorisé la construction de fermes à pans de bois, en pisé ou en torchis; certaines arborent fièrement leur cheminée sarrasine. Les constructions postérieures ou monumentales sont en briques ou « carons ». La terre est également utilisée pour les poteries ou la faïence, comme en témoigne la fabrique de **Meillonnas**. L'artisanat régional exploite avec bonheur d'autres ressources locales; ainsi, le mobilier bressan doit son succès aux différentes essences de bois harmonieusement combinées dans sa construction.

école lyonnaise) ; celles de gauche au style troubadour et à la peinture du début du 20e s. (L. Jourdan, Migonney, Utrillo). La grande salle des États abrite une collection d'art contemporain.

Dans l'angle sud-est du grand cloître, on pénètre au rez-de-chaussée dans le réfectoire où sont exposées des sculptures religieuses du 13e au 17e s., notamment une Vierge romane polychrome (12e s.), un Saint Sépulcre de 1443, Philibert et saint Philibert provenant du tympan de l'église de Brou (début du 16e s.).

De là, on accède au 3e cloître.

Cloître des cuisines – Destiné aux communs, à la différence des deux autres, il conserve des traits caractéristiques de la région, tels les toits en pente douce couverts de tuiles creuses et les arcs en plein cintre.

À proximité Carte de microrégion

Saint-Rémy B2

7 km à l'ouest.

Le bourg est dominé par sa petite église romane, intéressante par la belle charpente de sa nef et, dans le chœur, son harmonieuse arcature romane.

Meillonnas B2

12 km au nord-est.

Meillonnas fut longtemps célèbre pour ses faïenceries dont la production fut particulièrement prisée sous Louis XV. L'activité industrielle s'est éteinte en 1866, mais on l'a reprise artisanalement depuis 1967 selon des dessins traditionnels. Voyez les maisons du 16e s. autour de l'église.

Treffort B2

15 km au nord-est.

Cette ville fortifiée a conservé tout le charme de son cadre médiéval. Empruntez les ruelles qui grimpent vers l'église, puis le Fiscal, surprenant chemin herbeux et fleuri. La Grande-Rue permet de gagner la halle du 15e s. L'église Notre-Dame (14e et 15e s.), surmontée d'un clocher à dôme, offre un ensemble de vingt-neuf stalles portant de remarquables médaillons sculptés.

Cuisiat B1

19 km au nord-est.

L'ancienne mairie-école du village accueille le **musée du Revermont**, qui évoque la vie des gens de la région du 18e s. à nos jours. La riche collection d'objets de la vie quotidienne et de documents écrits et photographiques est très bien mise en valeur, par une présentation soignée, moderne et didactique :

à voir absolument la reconstitution de la classe de l'école communale qui étonnera à coup sûr vos enfants ! Vous découvrirez aussi avec émotion les conditions de vie pas toujours faciles des enfants, en particulier des petits abandonnés. Le travail de la vigne est également évoqué de même que celui de la faïence à Meillonnas. Un potager et un verger conservatoires vous dévoileront toutes sortes de plantes aromatiques, le cornichon d'âne, des variétés de pommes anciennes et d'autres plantes amusantes. *04 74 51 32 42 - www.musees.ain.fr - - juil.-sept. : tlj sf mar. 11h-18h, dim. et j. fériés 11h-19h ; avr.-juin et de déb. oct. à déb. nov. : tlj sf mar. et merc. 14h-18h, dim. et j. fériés 10h-18h - possibilité de visite guidée (1h30) - 4 € (-26 ans gratuit), gratuit 1er dim. du mois.*

St-Étienne-du-Bois B1

16 km au nord-est.

Il faut absolument vous arrêter à la **Maison de Pays en Bresse** de St-Étienne. Vous y découvrirez cinq magnifiques habitats typiques de l'architecture bressane traditionnelle des 15e-18e s. et tout le mobilier qui va avec. Ces maisons et granges, construites en bois et pisé (*voir encadrés p. 166 et 178*) pouvaient se démonter entièrement et se reconstruire plus loin. Ainsi trois d'entre elles ont pu être sauvées de la destruction et reconstruites à l'identique. Le mobilier a retrouvé sa place, il ne manque plus que les anciens propriétaires ! C'est avec plaisir et émotion que vous entrerez dans ces maisons pourvue des célèbres cheminées sarrasines (*voir encadré p. 170*). Au rez-de-chaussée se trouvaient les pièces de vie tandis qu'à l'étage étaient engrangées les denrées. Désormais ce sont des objets de la vie quotidienne, des costumes, des outils qui vous racontent la vie d'autrefois, le bistrot, l'école, la vigne, les champs...Dans les granges sont rangées toutes sortes de machines agricoles, l'outillage nécessaire à l'élevage du poulet de Bresse et à la confection du miel. *04 74 30 52 54 - www.maisondepaysenbresse.com - juil.-août : lun.-sam. 10h-18h, dim. et j. fériés 14h-18h ; avril-nov. : mar.-sam. 10h-12h, 14h-18h, dim. et j. fériés 14h-18h - 5,50 € (7-11 ans 1,50 €, 12 ans et plus 2,50 €).*

Circuit conseillé Carte p. 156

★★ LA BRESSE

La Bresse bressane (ou savoyarde) est beaucoup mieux connue que sa voisine septentrionale, la Bresse bourguignonne, et a largement profité du dynamisme de sa capitale Bourg-en-Bresse.

104 km. Voir le circuit tracé sur la carte p. 169. Comptez environ une journée. Quittez Bourg-en-Bresse vers l'ouest en direction de Villefranche-sur-Saône. À Corgenon, prenez à droite la D 45 jusqu'à Buellas.

Buellas

L'**église**, précédée d'un auvent rustique, est intéressante par la belle arcature romane du chœur et son ensemble de statues. Remarquez le geste des anges soutenant la gloire où s'inscrit le Christ.

Poursuivez sur la D 45 jusqu'à Vandeins.

Vandeins

L'**église** est ornée d'un portail sculpté datant du 12e s. Au **tympan★**, le Christ bénissant est une belle œuvre romane. La Cène, de facture plus grossière, est représentée sur le linteau, entre deux petits groupes de damnés, sur les piédroits.

Continuez sur la D 96 qui conduit à Vonnas.

LES VALEURS SÛRES DE LA BRESSE

Les « ventres jaunes » – De la rivalité entre les paysans bressans et leurs voisins du Revermont, les « cavets », dont les terres sont beaucoup plus difficiles, est né le sobriquet de « ventres jaunes ». Il rappelle l'importance du maïs dans la nourriture régionale ; le plat traditionnel bressan, « les gaudes », est en effet une bouillie à base de farine de maïs torréfié.
Les poulets de Bresse – La renommée de la volaille de Bresse remonte au 17e s. Son succès a fait la fortune de nombreux éleveurs et elle constitue, aujourd'hui encore, une ressource importante pour la région. Les contraintes du marché ont nécessité de strictes réglementations assorties de l'attribution d'une appellation d'origine contrôlée en 1957. Le fameux poulet à plumes blanches est élevé en liberté (minimum 10 m² par poulet) pendant 4 à 5 mois ; il est nourri principalement au grain et termine sa vie dans une épinette (cage fermée) pour un bon engraissement ; les plus recherchés sont les poulardes à la chair tendre et juteuse, et surtout les chapons (castrés à 8 semaines), qui sont engraissés plus longtemps et préparés avec un soin particulier pour les fêtes de fin d'année (ils sont alors roulés et serrés dans une toile végétale). À partir du 3e vendredi de décembre se déroulent quatre concours de volaille, les « Glorieuses de Bresse », à Bourg-en-Bresse, Pont-de-Vaux, Montrevel-en-Bresse et Louhans.

Vonnas

Cette paisible petite ville abondamment fleurie est une fameuse étape gastronomique aux confins de la Bresse et de la Dombes. Si vous souhaitez goûter *la* volaille de votre vie, Georges Blanc, un des meilleurs cuisiniers de France, pourra vous soumettre sa « poularde de Bresse aux gousses d'ail et foie gras ».

Reprenez la D 96 en direction de Biziat et rejoignez la D 2.

Pont-de-Veyle

Arrosée par la Veyle, ceinturée par d'anciens fossés en eau, la bourgade s'est développée dès le 13e s. et a servi de havre aux protestants mâconnais jusqu'à la révocation de l'édit de Nantes (1685). Elle a conservé de beaux vestiges, dont la **porte de l'Horloge**, la maison du Guetteur (16e s.), la maison de Savoie (*66 Grande-Rue* - 15e s.) et l'église de style jésuite (1752).

Sortez de Pont-de-Veyle au nord par la D 28. 3 km plus loin, prenez à droite la D 1079 en direction de Bourg-en-Bresse.

Saint-Cyr-sur-Menthon

La commune rassemble plusieurs exemples exceptionnels d'architecture rurale. Au nord de la D 1079, on peut encore voir l'une des plus grandes **poypes** (mottes féodales) de la région : 46 m de diamètre et 9,50 m de haut. Un peu plus loin, le hameau de la Mulatière a conservé plusieurs fermes à cheminée sarrasine, dont la plus importante est celle du domaine des Planons.

★ **Musée de la Bresse - Domaine des Planons** – *Depuis St-Cyr-sur-Menthon, vous pouvez rejoindre l'autoroute A 40, direction Mâcon, puis sortir sur l'aire de repos « Musée de la Bresse ». 03 85 36 31 22 - www.musees.ain.fr - - juin-sept. : 10h-18h, dim. et j. fériés 10h-19h ; avr.-mai et oct.-nov. : 10h-18h ; de mi-fév. à fin mars : dim. 13h30-18h bâtiment contemporain et extérieurs uniquement - possibilité de visite guidée (1h30) - fermé mar. - 4 € (-26 ans gratuit), gratuit 1er dim. du mois.* Ce très bel exemple d'architecture bressane accueille le musée de la Bresse, aménagé, depuis l'été 2005, dans un bâtiment d'architecture contemporaine, semi-enterré. En suivant les panneaux de verre ondoyant comme le paysage environnant, vous y découvrirez toute la Bresse à travers les collections de costumes et de parures, dont de superbes émaux bressans, ainsi que les produits du terroir.

Suivant le plan d'une **ferme** à cour fermée, assez inhabituel en Bresse, le corps des bâtiments du domaine des Planons s'ouvre par un large porche ou « passou ». La maison d'habitation, remarquable par sa cheminée sarrasine, a été construite à partir de 1490 et restaurée selon les techniques traditionnelles. Un inventaire de 1784, retrouvé sur les lieux, permet de reconstituer fidèlement l'organisation et le mobilier d'une ferme à l'époque. Derrière la maison, le jardin potager a été recréé avec précision. Les autres bâtiments, dont certains bénéficient d'une animation sonore, présentent les dépendances d'une ferme, l'élevage du poulet de Bresse et quelques collections sur la vie rurale.

Le vaste **parc** accueille des animations complémentaires : mare, jeu de quilles, exposition sur le bois, élevage moderne de volailles selon les règles de l'AOC.

Revenez à St-Cyr-sur-Menthon, et reprenez la D 1079 jusqu'au croisement avec la D 28. Tournez à droite vers Bâgé-le-Châtel. L'église est isolée sur la gauche, avant le village.

Saint-André-de-Bâgé

L'**église** romane, bâtie à la fin du 11e s. grâce aux moines de Tournus, est isolée au milieu d'un cimetière. Un **clocher**★ octogonal très élégant, coiffé d'une

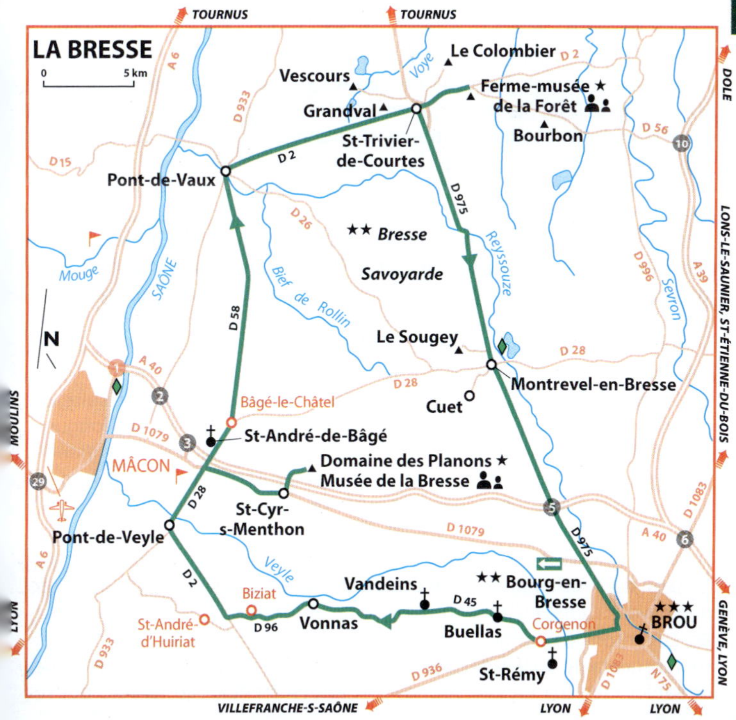

LES CHEMINÉES SARRASINES

Particulièrement répandues dans la Bresse savoyarde, elles ont été construites sur l'ancien domaine des sires de Bâgé depuis le 13e s. Une trentaine seulement, bâties entre le 15e et le 18e s., sont conservées aujourd'hui ; elles se caractérisent à l'intérieur par un énorme foyer, non adossé au mur, surmonté d'une hotte sous laquelle on peut se tenir debout, et d'un conduit de fumée en torchis et pans de bois. Ces « foyers chauffant au large » étaient répandus dans toute la France, mais la spécificité de ceux de Bresse est la présence d'une mitre ressemblant à un petit clocher – ou plus rarement à un reliquaire – qui coiffe le conduit.
De plan rond, carré (sur le modèle du clocher de St-Philibert de Tournus) ou octogonal (celui de St-André-de-Bâgé), et d'inspiration romane, gothique ou parfois byzantine, ces mitres sont ajourées sur un ou plusieurs étages et se terminent par un cône, une pyramide ou un clocheton de style baroque surmontés d'une croix en fer forgé *(une carte du domaine des Planons permet de les localiser et de remarquer leur variété).* Leur appellation « sarrasine » date seulement du 18e s. Elle ne traduit pas une origine géographique, que l'on ignore, mais une survivance du sens médiéval du mot, qui signifiait « appartenant à une civilisation étrangère, ancienne ou inconnue ».

flèche en pierre, domine l'abside et ses deux absidioles. Le chœur est tout à fait intéressant pour ses colonnettes et ses chapiteaux historiés.
Gagnez Bâgé-le-Châtel, et continuez au nord sur la D 58 jusqu'à Pont-de-Vaux.

Pont-de-Vaux

Cette cité est attachée à la mémoire du **général Joubert**, commandant en chef de l'armée d'Italie, glorieux compagnon de Bonaparte, mort à Novi en 1799 (souvenirs au musée) et inhumé dans l'église de Pont-de-Vaux. Sa disparition obligea Sieyès à choisir un autre militaire (Bonaparte) pour opérer le coup d'État contre le Directoire… Autrefois ville frontière de Savoie, la petite cité s'est développée dans une boucle de la Reyssouze, affluent de la Saône bien connu des pêcheurs. Le cours aval de celui-ci, canalisé, permet aux plaisanciers naviguant sur la Saône de venir faire escale dans cette bourgade au cadre agréable (maisons à pans de bois, édifices ou façades des 16e et 17e s.) et qui accueille en décembre l'une des quatre Glorieuses de Bresse (concours de volailles).
Musée Chintreuil – *✆ 03 85 51 45 65 - www.musee-chintreuil.com - ♿ - avr.-nov. : 14h-18h - fermé mar., 1er janv., 25 déc. - 3,50 € (-26 ans gratuit).* Il expose notamment d'intéressantes toiles de Jules Migonney *(Vieille Mauresque)* et d'Antoine Chintreuil (élève de Corot).
Église Notre-Dame – Elle remonte au 15e s. Sa façade, de style jésuite, est ornée de coquilles baroques. Faute de place, l'église fut bâtie tout en longueur et s'achève par un chœur de style gothique flamboyant éclairé par de grandes verrières. Outre les boiseries, qui proviennent de la chartreuse de Montmerle (vendue à la Révolution), l'église est ornée de onze grandes peintures dues à un élève de Boucher, Nicolas Brenet (18e s.).
Sortez au nord-est par la D 2 en direction de St-Trivier-de-Courtes.
Maison du Tourisme, de l'Eau et de la Nature – *✆ 03 85 33 03 34 - www.cc-pontdevaux.com - tte l'année merc. et sam. 14h-18h - 3 € (- 16 ans gratuit).*
Le canton de Pont-de-Vaux est riche en eaux et en espaces naturels à préserver : la prairie du Val-de-Saône, la tourbière des Oignons à Boz, les dunes de sables « les Charmes » à Sermoyer et évidemment la Saône. Vous pouvez

Élevage de poulets de Bresse AOC.
J.D. Sudres / hemis.fr

découvrir la richesse et la biodiversité de ces espaces à la maison du Tourisme à travers un parcours ludique et pédagogique (bornes et planchers interactifs, films en 3D, jeux divers, panneaux explicatifs...).

2

Saint-Trivier-de-Courtes

Ancienne possession stratégique des sires de Bâgé, la ville fut érigée en comté en 1575. Elle est aujourd'hui célèbre pour les nombreuses fermes à cheminée sarrasine conservées dans les environs : **ferme de Grandval** *(1,5 km à l'ouest par la D 2)* ; **ferme de Vescours** *(5 km à l'ouest ; à gauche à l'entrée du village)* ; **ferme du Colombier à Vernoux** *(3 km au nord-est)* ; **ferme de Bourbon à Saint-Nizier-le-Bouchoux** *(6 km à l'est).*

★ **Ferme-musée de la Forêt** – *3 km à l'est.* *04 74 30 71 89 - www.fermemuseedelaforet.com - juil.-sept. : 10h-12h, 14h-18h30, lun. 14h-18h30 ; avr.-juin et oct. : w.-end et j. fériés 10h-12h, 14h-18h30 - animations en été, fête du Vincuit 1er dim. d'oct., dépliant-jeu gratuit pour les enf. - 3 € (-12 ans gratuit).* Cette jolie ferme des 16e et 17e s. a été restaurée et transformée en musée fermier bressan. Le bâtiment – remarquez le balcon à croisillons de bois et la cheminée sarrasine – présente un intérieur traditionnel ; la cheminée à foyer ouvert, de 4 m de côté, est soutenue par une poutre de 4 t. Dans le second bâtiment, vous verrez une collection d'outillage agricole ancien.

De retour à St-Trivier, prenez la D 975 au sud en direction de Bourg-en-Bresse.

Montrevel-en-Bresse

Ancien fief de la famille de Montrevel, la ville est aussi la patrie de saint Pierre Chanel (1803-1841), missionnaire martyrisé dans l'île de Futuna et devenu saint patron de l'Océanie. Le village de **Cuet**, rattaché à la commune, perpétue le souvenir du saint (Musée océanien). La **ferme du Sougey** a conservé sa belle mitre carrée (17e s.).

Sur les gravières de la vallée de la Reyssouze, la **base de loisirs de Montrevel** constitue un important pôle d'attractions touristique de la Bresse.

Poursuivez sur la D 975 jusqu'à Bourg-en-Bresse.

NOS ADRESSES À BOURG-EN-BRESSE

HÉBERGEMENT

À Bourg-en-Bresse

POUR SE FAIRE PLAISIR

Hôtel de France – *19 pl. Bernard - ☎ 04 74 23 30 24 - www.grand-hoteldefrance.com - 44 ch. 85/105 € - ☕ 10 €.* Cet hôtel admirablement situé au cœur de Bourg-en-Bresse, propose des chambres agréables au confort moderne. Le restaurant pourvu d'une terrasse sous verrière sert une cuisine régionale savoureuse concoctée à partir des produits locaux : cuisses de grenouilles, quenelles, poulet de Bresse...

Hôtel Logis de Brou – *132 bd de Brou - ☎ 04 74 22 11 55 - www.logisdebrou.com - 30 ch. 71/81 € - ☕ 10 €.* Cet hôtel des années 1970 se refait peu à peu une jeunesse. Chambres (non-fumeurs) avec balcon, colorées et aménagées dans divers styles. Jardin fleuri et bon petit-déjeuner.

À proximité

PREMIER PRIX

Chambre d'hôte Le Château de Bourdonnel – *Pont-de-Veyle - 01290 St-André-d'Huiriat - ☎ 04 74 50 03 40 - bourdonnel@wanadoo.fr - P - 🚭 - 3 ch. 60 € ☕ - table d'hôte 22 €.* Ce château, dont l'origine remonte à 1560, se niche dans un vaste parc entouré par la campagne bressane. Vieux meubles de famille et parquets anciens agrémentent les chambres. Grande salle à manger ornée de moulures tricentenaires.

BUDGET MOYEN

Chambre d'hôte Les Vignes – *01310 Montcet - ☎ 04 74 24 23 13 - www.chambres-hotes-lesvignes.com - P - 🚭 - piscine - 4 ch. 60 € ☕ - table d'hôte 23 €.* Cette maison bressane bâtie en brique et bois profite d'un emplacement calme en pleine campagne. Un labyrinthe d'herbes, une piscine et un étang poissonneux agrémentent l'agréable et vaste jardin fleuri. Chaleureuses chambres aux murs lambrissés. Petits-déjeuners servis en terrasse ou sous la véranda.

POUR SE FAIRE PLAISIR

Domaine Pillebois – *Rte de Bourg-en-Bresse - 01340 Montrevel-en-Bresse (2 km au sud de Montrevel sur la D 975) - ☎ 04 74 25 48 44 - www.domainepillebois.com - fermé dim. d'oct. à avr. - piscine - 31 ch. 90 € - ☕ 9 €.* Une façade moderne de style bressan (brique rouge et bois) cache des chambres fonctionnelles bien tenues. Le restaurant suscite des envies de voyages avec son décor ethnique et propose d'intéressants plats du terroir revisité. Terrasse face à la piscine.

RESTAURATION

À Bourg-en-Bresse

BUDGET MOYEN

Le Chalet de Brou – *168 bd de Brou - ☎ 04 74 22 26 28 - fermé 25 juin-2 juil., 23 déc.-20 janv., dim. soir, jeu. soir et lun. - formule déj. 16 € - 22/46 €.* Un petit restaurant où règne une gentille ambiance familiale face à la célèbre église de Brou. Boiseries, chaises rustiques et tapisseries font le charme un brin désuet de la salle à manger. Cuisine traditionnelle mâtinée d'influences régionales proposée à prix raisonnables.

Les Quatre Saisons – *6 r. de la République - ☎ 04 74 22 01 86 - fermé 2-10 janv., 1er-10 mai, 15-30 août, sam. midi, dim. et lun. - formule déj. 19 € - 29/55 €.*

Le patron, passionné de vins et de produits locaux, vous mettra en appétit en vous commentant ses plats du terroir, aussi joliment réinventés que généreux. Ambiance conviviale.

Le Français – *7 av. Alsace-Lorraine - ✆ 04 74 22 55 14 - www.brasserielefrancais.com - fermé 20-23 mai, 1er-24 août, 24 déc.-4 janv., sam. soir, dim. et j. fériés - 25/56 €.* Cette authentique brasserie 1900 en plein centre-ville est très sympathique avec ses hauts plafonds moulés et ses grands miroirs. La carte suit la tradition de ce style de restaurant et son banc d'écailler fera le bonheur des amateurs de fruits de mer.

À proximité

BUDGET MOYEN

Ferme-auberge du Poirier – *Bourg de Cuet - 01340 Montrevel-en-Bresse - ✆ 04 74 30 82 97 - www.fermeaubergedupoirier.fr - fermé 30 oct.-20 mars et le soir du dim. au vend. - ♿ - P - 20,50/24,50 €.* Cette grande maison basse est typiquement bressane. Élevage en plein air de poulets et chapons, charolais et porcs. Des sabots ornent la salle à manger sous les poutres avec sa cheminée. Vous dégusterez tous les produits de la ferme.

Le Comptoir – *1 r. des Abattoirs - 01340 Montrevel-en-Bresse - ✆ 04 74 25 45 53 - www.restaurant-lea.com - fermé 1re quinz. de juil., dim. soir, mar. soir et merc. - 18/31 €.* Si vous recherchez l'authenticité d'un café traditionnel, rendez-vous au Comptoir : banquettes, affiches, miroirs et cuisine de bistrot alléchante. Quelques plats régionaux.

Place – *51 pl. de la Mairie - 01310 Polliat - ✆ 04 74 30 40 19 - fermé 24 juil.-14 août, 2-16 janv., dim. soir et lun. - 17,80/56 €.* Cette longue bâtisse donnant sur la place principale d'un charmant village fleuri constitue un bon pied-à-terre pour la découverte de la Bresse. Dans le décor rénové de la salle à manger, on sert avec beaucoup d'attention une vraie cuisine bressane. Les chambres, simples, sont pratiques et bien tenues.

L'Ancienne Auberge – *01540 Vonnas - ✆ 04 74 50 90 50 - www.georgesblanc.com - fermé janv. - formule déj. 22 € - 32/55 €.* Ce restaurant sur la place du marché s'est rhabillé à la mode du début du 20e s., époque où les grands-parents de la famille y tenaient une limonade. Les tables serrées et les banquettes en moleskine donnent le ton de ce décor bistrot, sans prétention mais convivial. Cuisine soignée.

ACHATS

Marché – *Champ-de-Foire.* Ce marché de tradition vous convie à la découverte d'une gastronomie régionale dont la réputation n'est plus à faire. Les volailles, orgueil de la plantureuse Bresse, tiennent le haut du pavé. Chaque année, en décembre, elles sont présentées dans le cadre d'un concours qui suscite l'admiration gourmande !

Émaux Bressans Jeanvoine – *1 r. Thomas-Riboud - ✆ 04 74 22 05 25 - www.emaux-bressans.com - fermé j. fériés.* Créés par un émailleur parisien installé à Bourg-en-Bresse, les émaux bressans sont aujourd'hui réalisés artisanalement par la maison Jeanvoine. Les nombreuses couches d'émail sont agrémentées de motifs en or, disposés selon une tradition qui remonte à 1850.

La Dombes

★

Ain (01)

NOS ADRESSES PAGE 180

S'INFORMER

Office de tourisme – *Pl. du Champ-de-Foire - 01400 Châtillon-sur-Chalaronne - 04 74 55 02 27 - www.tourisme-en-dombes.org - avr.-oct. : 9h-12h30, 13h30-18h, dim. et j. fériés 11h-16h (sf dim. de déb. avr. à mi-juin et de mi-sept. à fin oct.) ; reste de l'année : tlj sf dim. 9h-12h, 13h30-17h30 - fermé j. fériés.*

SE REPÉRER

Carte de microrégion A-B2 (p. 156) – *Carte Michelin Départements 328 C 4-5 et D 4-5 – Carte ci-contre.*

Entre Beaujolais à l'ouest et Bresse à l'est, le plateau de la Dombes se situe sur l'axe reliant Lyon à Bourg-en-Bresse.

À NE PAS MANQUER

Les paysages parsemés d'étangs ; les charmantes maisons en briques et galets ; le musée vivant de la Plante aquatique.

ORGANISER SON TEMPS

Comptez une journée. Si vous voulez profiter pleinement du parc des Oiseaux de Villars-les-Dombes, prévoyez une demi-journée de plus.

AVEC LES ENFANTS

Le parc des Oiseaux, en particulier lors des nourrissages qui permettent d'approcher davantage certaines espèces.

Qualifiée de « mauvaise Bresse » par Edgar Quinet, la Dombes a pris sa revanche sur une nature ingrate en devenant un haut lieu de la gastronomie et le pays élu pour le cheval, que l'on élève depuis le 15e s. dans ses riches herbages. Elle doit sa physionomie originale et son charme très particulier à la présence d'environ un millier d'étangs qui parsèment sa surface. Les fermes en pisé, les châteaux en carrons (briques rouges), les villages fleuris et les haras agrémentent les vastes paysages que survolent, par milliers, toutes sortes d'oiseaux venus pêcher ou se reposer sur ses étangs. Chaque année, le spectacle de nombreuses courses hippiques réjouit ici les passionnés.

Circuit conseillé Carte ci-contre

★ LA ROUTE DES ÉTANGS

C'est au 12e s. que de mauvaises terres commencent à être transformées en étangs fermés par des levées de terre battue, les chaussées ; le Grand Étang de Birieux, l'un des plus vastes, aujourd'hui morcelé, date du 14e s. Mais la trop grande étendue des eaux stagnantes rend la région malsaine et des maladies telles que le paludisme y sévissent. Au milieu du 19e s., sous l'impulsion des moines de l'abbaye Notre-Dame-des-Dombes, deux tiers des étangs sont

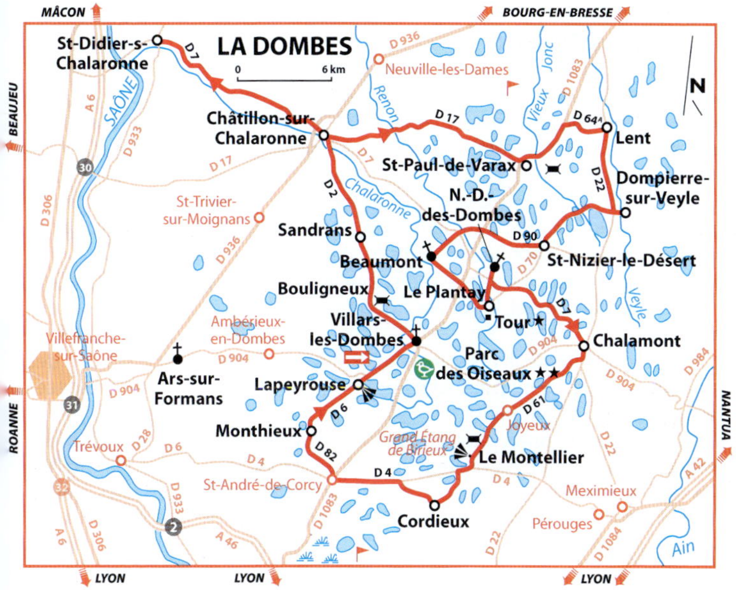

asséchés et les surfaces libérées sont converties en cultures. Cependant, durant les 100 années qui suivent, on remet en eau une partie de ces terres, en raison, notamment, des difficultés que connaît l'agriculture.

Aujourd'hui, l'eau couvre environ 10 000 ha. La plupart des étangs sont intermittents et constituent une chaîne de pièces d'eau contiguës qui se vident les unes dans les autres lors de la vidange précédant la pêche. Cette opération se fait à partir d'une vanne, le **thou**, installée à l'extrémité de l'étang de tête. Tour à tour, les étangs sont mis en eau et empoissonnés : c'est l'**évolage** qui dure deux à trois ans, puis mis en culture (assec) pendant un an, grâce à un procédé de labours en « billons », facilitant le drainage rapide du sol. La pêche avec environ 2 000 t de poissons par an (carpes, tanches, brochets) fait de la région la première région productrice de France pour le poisson d'étang.

À l'automne, ne manquez pas d'assister à la pêche dans un étang.

La Dombes est également un centre important de production laitière et de viande bovine. L'élevage de chevaux de demi-sang demeure une activité traditionnelle : il n'est pas rare d'apercevoir, enfoncés dans l'eau des étangs, des chevaux paissant la « brouille », sorte de trèfle des marais dont ils sont friands. Le paysage si particulier de la Dombes a servi de cadre à de nombreux films, tels *Les Enfants du marais* (1998, par J. Becker).

99 km au départ de Villars-les-Dombes. Voir le circuit tracé sur la carte ci-dessus. Comptez une journée.

Villars-les-Dombes

Office de tourisme *3 pl. de l'Hôtel-de-Ville - 01330 Villars-les-Dombes - 04 74 98 06 29 - www.villars-les-dombes.com - juin-août : 9h30-12h30, 14h30-18h, j. fériés 9h30-12h ; reste de l'année : 10h-12h, 14h-17h, fermé j. fériés.*

Villars-les-Dombes est une agréable cité fleurie bâtie sur la rive droite de la Chalaronne, au cœur de la Dombes. Fondée au 11e s., l'église paroissiale en carron (brique savoyarde), galet et pierre, a conservé son chœur du 15e s. et un tabernacle gothique en pierre sculpté.

★★ Parc des Oiseaux

1 km au sud de Villars, sur la D 1083. 04 74 98 05 54 - www.parcdesoiseaux.com - - juil.-août : 9h30-20h (dernière entrée 1h av. la fermeture) ; avr.-juin et sept. : 9h30-19h ; reste de l'année : 10h-17h30 - fermé de mi-nov. à fin fév. - 14 € (-12 ans 11 €), 44 € pass famille (2 adultes + 2 enf.).

On connaît cette région pour ses étangs et ses poissons, mais un peu moins pour son exceptionnelle diversité ornithologique. Ce territoire de pêche inépuisable attire en effet une multitude d'oiseaux migrateurs et sédentaires pour le plus grand bonheur des observateurs passionnés.

Un parc et une réserve ont été créés pour les protéger et faciliter leur découverte. Haut dans le ciel, le vol des cigognes signale de loin ce parc dédié aux oiseaux.

Situé à proximité de la réserve de la Dombes *(ne se visite pas)*, sur l'un des principaux axes de migration en Europe, il présente sur 35 ha 400 espèces venues des cinq continents.

Le parc, véritable conservatoire d'espèces menacées, participe à de nombreux programmes d'étude, de sauvegarde et de réintroduction. Les sentiers relient les reconstitutions, en milieu clos et plus ou moins restreint, des paysages où vivent naturellement les espèces présentées.

Commencez à droite de l'étang.

Amérique du Sud – Après avoir traversé la **forêt tropicale des toucans** et admiré ses six différentes espèces, la passerelle de la **volière du Pantanal★**, à quelques mètres de hauteur, permet de surprendre les ibis rouges, flamants roses et spatules qui cohabitent dans un joyeux brouhaha. Passez les grillages de la **cité des perroquets**, pour cohabiter un peu avec ces oiseaux de feu aux cris stridents. Bien plus débonnaires, les manchots de Humboldt habitent une **crique★** de pierres volcaniques rouges semée de graminées légères. Lorsqu'ils plongent dans la piscine-hublot, leur pittoresque démarche se change en danse vive. Passez devant le couple de **condors** avant de rejoindre la **pampa des nandous**, grands oiseaux coureurs.

Afrique – Ce nouvel espace de 1,5 hectare accueille désormais les espèces sauvages africaines et en particulier l'un des plus grands rassemblements d'Europe de **calaos**. Par ailleurs, un couple de « **becs en sabot** » occupera une des nouvelles volières de cette plaine africaine.

Australie – Le **bush australien**, vaste plaine sèche, accueille les wallabies de Bennett, seuls mammifères du parc. Une volière présente quelques espèces d'oiseaux typiques d'Australie.

Europe – Par l'éclat de leurs couleurs et l'élégance de leur allure, certains oiseaux sont à eux seuls une attraction telle que les **grues couronnées** de l'**île aux échassiers**, qui inspirent si souvent les estampes japonaises. Au fond du parc, un sentier en boucle pénètre dans la **petite Dombes** où sont présentés les divers milieux aquatiques de cette région d'étangs ; des observatoires complètent l'approche des oiseaux. Changement d'ambiance avec la **vallée des rapaces** où évoluent vautours fauves et vautours moines ainsi que quelques petits rapaces nocturnes et diurnes (chevêche d'Athéna, faucon crécerelle, buse, etc.).

Picorez des idées au **jardin des oiseaux** afin d'attirer chez vous les oiseaux sauvages.

STARS DE CINÉ

Pour les besoins du film de Jacques Perrin *Le Peuple migrateur*, des espèces ont été élevées dans le parc avec leurs « imprégnateurs » (nouveau type de dresseur se substituant dès la naissance aux parents de l'oiseau).

Parfaitement acclimatées, claquant du bec pour annoncer le passage d'un visiteur, les cigognes que l'on voyait voler de loin ont construit leurs nids sur les immenses mâts de bois du **champ des cigognes**.

Asie – Après être allé rendre visite aux plus vieux habitants du parc, les **pélicans**, dirigez-vous jusqu'à la **volière asiatique de Krabi** : aigrettes, spatules blanches ou hérons se promènent à travers les bambous et les hibiscus.

Terminez votre voyage par la **maison des Oiseaux** dédiée aux espèces tropicales (calao, goura, toucan), sans oublier la **nurserie** où naissent certaines espèces particulièrement fragiles.

Il est possible d'assister au **nourrissage commenté★** des manchots *(en bordure du bassin de la crique des manchots)*, des pélicans *(depuis le ponton de l'étang des pélicans)*, des oiseaux d'Amérique du Sud *(volière du Pantanal)*, des vautours *(vallée des rapaces)* et des perroquets *(cité des perroquets). Demandez les horaires à l'entrée.*

Autre temps fort de votre visite, le **spectacle★★** éblouissant de 70 oiseaux en vol (rapaces, aras, ibis, pélicans, grues, oies bernaches…), accompagné de la lecture d'un texte de sensibilisation à la protection des espèces.

Quittez Villars à l'ouest par la D 2.

Bouligneux

À la sortie du village se dresse un **château** en briques rouges, fondé au 14e s. De plan carré, muni aux angles de trois tours carrées et d'une tour ronde, il se dresse telle une forteresse sur un tertre artificiel entouré d'un étang.

Remanié au 17e s., doté de deux ailes et d'une galerie à arcades, il fut mutilé à la Révolution, ses tours abaissées et son enceinte en partie détruite. La petite église romane du village (12e s.) et ses deux chapelles des 15e-17e s., n'est pas toujours ouverte. Les peintures murales de son chevet, des 13e-14e s., sont en cours de restauration.

Sandrans

Ce village possède une **poype,** ancienne motte castrale caractéristique de la Bresse et de la Dombes; très répandues au Moyen Âge, les poypes étaient parfois de véritables forteresses de terre cernées de fossés. Aujourd'hui subsiste un tertre entouré d'un fossé en eau, coiffé d'une tour circulaire en briques, et sur lequel on a reconstruit au 19e s. une maison bourgeoise.

L'**église**, au chœur d'époque romane, est par sa simplicité caractéristique de la Dombes : nef unique; abside décorée d'une arcature romane dont les curieux pilastres en forme de fuseau portent des silhouettes humaines très étirées; poutres de gloire à l'entrée du chœur.

Châtillon-sur-Chalaronne *(voir p. 182)*

Prenez la D 7 en direction de St-Didier-s.-Chalaronne.

Saint-Didier-sur-Chalaronne

Musée vivant de la Plante aquatique – *Moulin des Vernes - 01140 St-Didier-sur-Chalaronne - sur la D 7 - 04 74 04 03 09 - www.lesjardinsaquatiques.fr - mars-oct. : mar.-sam. 9h30-18h30, dim. et j. fériés 14h-18h ; reste de l'année : mar.-sam. 9h30-12h, 14h-17h30 - fermé lun. - 5 € (6-16 ans 2,50 €) de mai à octobre, gratuit le reste de l'année - tables à disposition.*

L'entreprise « Les Jardins aquatiques » a créé un joli jardin paysagé où s'épanouissent arbres et arbustes, fleurs et plantes aquatiques harmonieusement disposés autour de bassins, demeures des carpes Koï du Japon. S'ajoute depuis cette année un jardin des bambous qui met en scène des variétés de bambous au milieu de cascades et de jets d'eau.

Reprenez la D 7 jusqu'à Châtillon puis la D 17 en direction de St-Paul-de-Varax.

2

LA TECHNIQUE DU PISÉ

Le pisé est le mode de construction traditionnel de la Dombes, région dépourvue de carrières de pierre. La terre argileuse qui se trouve sous la terre arable est utilisée telle quelle sans cuisson ni adjonction d'un liant. La terre à pisé est aérée pour qu'elle prenne du volume : c'est le « frassage ». On verse ensuite le pisé dans un coffrage en bois puis on le dame avec un « pisou », instrument en bois plein, avant de laisser sécher le mur. Les angles et soubassements sont protégés par des briques ou des galets.

Saint-Paul-de-Varax

Établi au milieu des étangs et des bois de la Dombes, ce village a conservé une belle **église** romane du 12e s.

La nef lambrissée est prolongée par un transept non saillant voûté en coupole. La façade ouest frappe par son bel appareil de pierres et son ordonnance d'arcatures en plein cintre. Deux arcs aveugles encadrent le portail central ; au tympan est représenté le Christ en majesté entre deux anges. Une petite porte s'ouvre du côté droit de l'église ; son tympan, fâcheusement mutilé, évoque un épisode de la vie de saint Antoine.

Le **château** est l'un des plus jolis manoirs de la Dombes *(ne se visite pas)*. Tout son charme provient de ses grands toits, de ses murs de briques et de sa tourelle d'angle qui se reflètent dans un petit étang.

Prenez au nord la D 1083, puis à droite la D 64A.

Lent

Ce village conserve de beaux monuments du 16e s., notamment un beffroi restauré au 18e s. et des maisons de bois. L'origine de l'église romane remonte au 9e s., mais son architecture date du 16e s.

Dompierre-sur-Veyle

Regroupé autour d'une vieille église romane, il voisine avec le plus grand étang de la région : le Grand Marais, d'une superficie de 100 ha.

En empruntant la D 90 en direction de St-Nizier-le-Désert, on longe sur la gauche les importantes étendues d'eau du Grand Marais.

Saint-Nizier-le-Désert

Agréable halte où sont aménagées des aires de loisirs (pêche, promenade).

Prenez la D 90 qui coupe la D 1083 et conduit à Marlieux. Traversez le village et rejoignez la D 7. À la sortie du tournant, prenez une petite route en direction de Beaumont.

Beaumont

Sur la petite place du hameau s'élève la chapelle **Notre-Dame de Beaumont**. Autrefois très fréquentée par divers pèlerinages, elle a connu une longue période d'abandon. De récentes restaurations ont mis au jour de splendides **peintures murales★** du 15e s. *En cas de fermeture s'adresser à Pierre Brevet au ✆ 04 74 24 51 29, à Roger Berthaud au ✆ 04 74 24 50 41 ou à l'office du tourisme de Villars-les-Dombes.*

Revenez en arrière sur la petite route d'arrivée jusqu'au premier embranchement. La route qui commence sur la droite passe par le hameau des Villardières, traverse la D 1083 et rejoint Le Plantay.

Villars-les-Dombes, la pêche d'étang organisée par le parc des Oiseaux.
F. Guiziou / hemis.fr

2

Le Plantay

Environnée des eaux de l'étang du Grand-Châtel, la **tour du Plantay★** *(ne se visite pas)* est remarquable par son appareil de grosses briques rouges décoré de pierres blanches.

Abbaye Notre-Dame-des-Dombes

Fondée par les cisterciens au 19e s., elle a contribué à la mise en valeur des terres cultivables et à l'assainissement de la région. Sa contribution héroïque à la Résistance a valu à l'abbaye d'être décorée de la Légion d'honneur en 1946. Les moines cisterciens sont remplacés, depuis 2001, par la communauté du Chemin-Neuf qui perpétue la fabrication de la musculine, fortifiant à base de fruits, de miel et de tissus musculaire de bœuf.

Chalamont

À 334 m d'altitude, c'est le point culminant de la Dombes. L'îlot de la rue des Halles, dans le bourg, conserve quelques maisons anciennes restaurées du 15e s., avec des étages en encorbellement et un vieux lavoir.

Poursuivez par la D 61 en direction de Joyeux. On remarque à Joyeux une belle demeure du 19e s.

Avant le village du Montellier, on aperçoit sur la droite le château.

Le Montellier

Le **château** *(ne se visite pas)*, le plus imposant de la Dombes, construit en briques, est flanqué à une extrémité d'un donjon primitif dressé sur sa poype. Dans le village, l'église gothique renferme un beau retable sculpté du 18e s.

Cordieux

On y remarque un beau manoir en briques rouges.

Reprenez la D 4 en direction de St-André-de-Corcy, puis après avoir franchi la D 1083, dirigez-vous vers Monthieux par la D 82. Poursuivez vers le nord jusqu'au croisement de la route vers Ambérieux-en-Dombes et vers Lapeyrouse.

Monthieux

La belle église romane en briques roses abrite les tombeaux des seigneurs de Damas. Le manoir de Breuil, du 16e s., qui fait partie des bâtiments du golf du Gouverneur, possède un intéressant puits sarrasin *(ne se visite pas)*.

Poursuivez vers Ambérieux et prenez la D 6 à droite.

Lapeyrouse

Du monument aux morts, **jolie vue** sur la chaîne des Alpes et, au premier plan, sur les étangs du Grand-Glareins et le château de Glareins, du 15e s.

Revenez à Villars par la D 904.

NOS ADRESSES DANS LA DOMBES

HÉBERGEMENT

PREMIER PRIX

Chambre d'hôte Le Petit Bessay – *Le Petit Bessay - 01400 Sandrans (3 km au sud de Châtillon-sur-Chalaronne par la D 2) - ✆ 04 74 55 45 82 - http://perso.orange.fr/hubert.bouvier - fermé 3 sem. en hiver - ⌀ - 3 ch. 46 € ☕ - table d'hôte 16,50 €.* Un agréable parc agrémenté de parterres de fleurs entoure cette ancienne ferme entièrement rénovée. Les chambres et la suite familiale, dotées d'une excellente literie, affichent un décor simple. La propriétaire qui réserve un accueil chaleureux prépare petit-déjeuner maison (confitures) et cuisine de terroir.

BUDGET MOYEN

Chambre d'hôte Le Moulin de Longchamp – *01240 Lent - ✆ 04 74 52 73 67 - www.lemoulindelongchamp.com - 4 ch. 57/80 € ☕.* Une occasion rare de dormir au bord d'une rivière : cet authentique moulin du 18e s. abrite des chambres de charme, aux poutres apparentes, en harmonie avec les lieux.

Ribotel – *Rte de Lyon - ✆ 04 74 98 08 03 - ribotel@wanadoo.fr - P - fermé 22 déc.-3 janv. - 45 ch. 65 € - ☕ 8,50 € - rest. 17/35 €.* À la sortie du village de Villars-les-Dombes, une adresse pratique pour ornithologues de passage. De construction moderne, cet hôtel est en effet bien tenu et propret : ses chambres sont fonctionnelles, de bonne taille, sans surprise, mais très correctes.

RESTAURATION

PREMIER PRIX

Auberge de la Voûte – *Le Village - 01400 Sandrans - ✆ 04 74 24 53 50 - www.laubergedelavoute.fr - fermé mar. soir et merc. - formule déj. 12 € bc - 19,50/42 €.* Très prisée dans la région, cette petite auberge à l'ancienne propose gibier et poissons selon la saison, cuisinés à partir de produits locaux.

Restaurants du parc des Oiseaux – *✆ 04 74 98 05 54.* **La Carpe** est un restaurant traditionnel qui sert en saison un menu « dombiste » composé de produits du terroir : terrine de carpe, poulet de Bresse, tarte au sucre *(Pass Dombiste : entrée du parc + menu à 35,50 €)*. **Le Pélican Frisé** est un self-service proposant entrées et plats chauds *(entrée du parc + entrée ou dessert + plat du jour à 25/27 €)*. Enfin, vous trouverez un choix de salades, sandwiches, tartes et glaces à **La Roselière** et à **La Petite Carpe**.

BUDGET MOYEN

Auberge des Bichonnières – *Rte d'Ars-sur-Formans - 01330 Ambérieux-en-Dombes (11 km à l'ouest de Villars-les-Dombes par la D 904) - ☎ 04 74 00 82 07 - www. aubergedesbichonnieres.com - fermé 15 déc.-20 janv., dim. soir, mar. midi et lun. - 25/36 €.* Cette ancienne ferme typique de la Dombes dispose d'un joli cadre champêtre (poutres apparentes, tomettes, mobilier agreste et poêle Gaudin). Vous savourerez sur son agréable terrasse ombragée et fleurie d'attrayantes recettes traditionnelles où pointent les saveurs du terroir.

Hostellerie des Dombes – *Au bourg - 01330 Bouligneux - ☎ 04 74 98 08 40 - www. hostelleriedesdombes.com - fermé vac. de fév., 17-28 août, merc. et jeu. en hiver, jeu. soir et merc. en été - 23,50/52 €.* Au centre du bourg, salle à manger d'esprit champêtre ou agréable terrasse estivale pour déguster une cuisine ancrée dans le terroir ; grenouilles et gibier en saison.

ACTIVITÉS

Les Attelages de la Dombes – *Domaine du Grand-Maréchal - 01400 Sandrans - ☎ 04 74 24 54 96 - sur RV.* Quel plaisir de découvrir la région au son du petit trot. Au choix, 6 voitures neuves, toutes différentes, de la calèche à l'omnibus de ville en passant par le chariot western. Promenades et visites commentées, allant d'une heure à une journée.

Châtillon-sur-Chalaronne

4 924 Châtillonnais – Ain (01)

NOS ADRESSES PAGE 185

S'INFORMER

Office de tourisme – *Pl. du Champ-de-Foire - 01400 Châtillon-sur-Chalaronne - ✆ 04 74 55 02 27 - www.tourisme-en-dombes.org - avr.-oct. : 9h-12h30, 13h30-18h, dim. et j. fériés 11h-16h (sf dim. de déb. avr. à mi-juin et de mi-sept. à fin oct.) ; reste de l'année : tlj sf dim. 9h-12h, 13h30-17h30 - fermé j. fériés.*

SE REPÉRER

Carte de microrégion A2 (p. 156) – *Carte Michelin Départements 328 C4.*
Dans le nord de la Dombes, Châtillon s'allonge dans la vallée de la Chalaronne. La ville se situe à 25 km au sud-ouest de Bourg-en-Bresse.

À NE PAS MANQUER

Le charme des vieilles halles, des rues et des ponts qui relient les rives de la Chalaronne ; le triptyque du Musée municipal.

ORGANISER SON TEMPS

Comptez 2h pour la promenade en ville.

C'est à la belle saison qu'il faut venir flâner dans cette agréable ville réputée pour son décor fleuri. Les maisons à pans de bois avec hourdage en pisé ou en brique sont égayées par des brassées de fleurs disposées dans des paniers en osier dits « nids-de-poule ». Les halles, les ponts et les bords de la Chalaronne sont particulièrement attrayants tandis que sur la rivière, des barques semblent couler sous le poids de leur chargement multicolore.

Se promener Plan de ville

L'arrivée par la route de Villefranche *(D 936)* procure une vue agréable sur les toits rouges du bourg d'où surgit le clocher de l'ancien hospice.

Place Saint-Vincent-de-Paul

Au centre de cette place, entourée de belles bâtisses en pierre et brique, se dresse la statue en bronze de saint Vincent, réalisée par Émilien Cabuchet.

L'ancien hôpital et son apothicairerie

✆ 04 74 55 15 70 - ♿ - visite guidée (45mn) avr.-sept. : 14h-18h - fermé lun. - 3 € (-16 ans gratuit) ; 4 € billet combiné avec le musée Traditions et Vie.
Élevés par le comte du Châtelard au 18e s., les bâtiments de l'ancien hôpital, devenus Centre culturel de la Dombes, ont conservé de nombreux éléments

COMMERSON DÉCOUVRE LES HORTENSIAS

Philibert Commerson vit le jour à Châtillon en 1727. Botaniste royal, il accompagna le comte de Bougainville dans son expédition autour du monde et rapporta du Japon un arbrisseau ornemental qu'il baptisa « hortensia ».

de leur passé. La **chapelle** centrale ouvre toujours au nord et au sud sur les salles qui accueillaient les malades. Ses boiseries et ses grilles ouvragées sont en excellent état. L'**ouvroir**, salle dans laquelle les religieuses travaillaient à leur ouvrage, sert de pièce d'exposition à une intéressante collection de costumes bressans. L'**apothicairerie**, de petite taille, est remarquablement conservée. Ses boiseries de style Directoire sont encore garnies de 120 pots en faïence de Meillonnas (il n'en manque aucun), de nombreux flacons en verre, et de tous les ustensiles nécessaires à la fabrication des remèdes et à leur présentation sous forme de comprimés. La tisannerie abrite toujours son grand meuble à tiroir dédié aux plantes et sert d'écrin au **triptyque**★ de la *Déposition du Christ* exécuté en 1527 et entièrement restauré. La visite se termine par le **jardin** où sont cultivées, entre autres, des plantes médicinales.

Musée Traditions et Vie

04 74 55 15 70 - www.museetraditionsetvie.fr - mêmes conditions de visite que l'apothicairerie - animations enf. en juil.-août.

Sur le chemin qui grimpe au château, ce musée évoque, à travers une riche collection d'objets, de costumes et de documents divers, la vie rurale en Bresse dans les années 1913-1920. Une succession de scènes avec personnages raconte les métiers, la vie quotidienne, les différents costumes et leur signification, le marché...

Remparts du vieux château

Le château du 11e s., l'une des plus importantes places fortes de la Bresse, fut démantelé à la fin du 16e s., lors de l'invasion de la région par Henri IV. C'est du château que vient le nom de la ville, Châtillon. Ce qui demeure des remparts se voit très bien depuis le jardin de l'ancien hôpital.

Maison Saint-Vincent

04 74 55 26 64 - visite guidée sur demande préalable - gratuit (dons bienvenus).

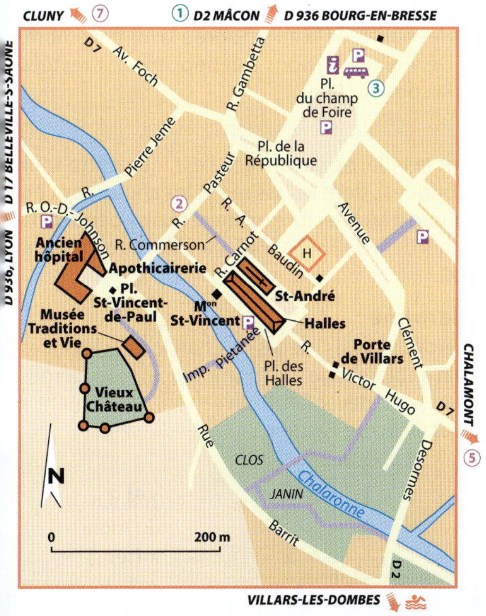

CHÂTILLON SUR-CHALARONNE

SE LOGER

École du Chapuy (Chambre d'hôte)........ 1

Inattendu (Chambre d'hôte L')........ 3

SE RESTAURER

Gourmandine (Restaurant La)........ 2

Montessuy (Auberge de)........ 5

St-Lazare........ 7

MONSIEUR VINCENT
Châtillon conserve, avec fierté, le souvenir du séjour qu'y fit **saint Vincent de Paul** ou Monsieur Vincent. Né à Pouy, près de Dax, dans les Landes, d'une famille de paysans pauvres, il se destina rapidement à la prêtrise. Devenu précepteur des enfants de M. de Gondi, général des galères, il manifesta le désir d'exercer son sacerdoce dans une paroisse retirée. Nommé curé de Châtillon-sur-Chalaronne en 1617, il n'y resta que quelques mois, assez cependant pour commencer ici son action charitable auprès de ces « pauvres pêcheurs de sangsues ». Le 23 août, il créa la première confrérie de la Charité. En 1633, avec Louise de Marillac, il fonda la compagnie des Filles de la Charité, qui, aujourd'hui encore, poursuit son œuvre.

Saint Vincent de Paul, curé de Châtillon pendant cinq mois, y fut hébergé par M. Beynier ; il fonda ici la confrérie des Filles de la Charité. Dans la chapelle élevée à l'emplacement de sa chambre est conservé l'acte de fondation de cette institution, signé de sa main.

Église Saint-André

Commencée au 13e s. par Philippe Ier de Savoie, elle subit de nombreuses transformations au cours du 15e s. C'est un édifice très coloré avec sa façade de briques et son toit de tuiles rouges, d'une hauteur exceptionnelle en Dombes. La tour ronde, à demi encastrée dans le mur sud, est le seul vestige de l'église primitive. À l'intérieur, la nef et les chapelles latérales sont en calcaire blanc du Mâconnais. Au fond, une statue de **saint Sébastien**, sculptée dans un seul morceau de noyer, par un artiste châtillonnais, Jean Tarrit (1865-1950), est saisissante de réalisme.

★ Halles

Les halles actuelles, du 17e s., remplacent celles de 1440, détruites lors d'un incendie. C'est la Grande Mademoiselle, duchesse de Montpensier, qui fournit le bois nécessaire à leur reconstruction : la charpente repose sur 32 piliers faits chacun du tronc d'un des chênes de la forêt de Tanay. Jusque dans les années 1950, on pratiquait sous les halles, de la fin octobre à la mi-novembre, la « louée » des domestiques. De vieilles maisons à échoppes sont restées encastrées à une extrémité de la construction.

Porte de Villars

Des remparts qui protégeaient la ville, ne subsiste, à l'est, que cette tour carrée du 14e s. en « carrons » (briques), dont les assises et les angles sont en pierre calcaire. C'est un bel exemple d'architecture militaire réalisé pendant la période savoyarde de Châtillon qui dura de 1272 à 1601, date du rattachement de la cité au royaume de France.

Ponts et berges de la Chalaronne

Il faut prendre le temps de se perdre dans les ruelles de Châtillon car les jolies maisons en pierre, brique et galet à colombage sont nombreuses et les berges de la Chalaronne forment un ravissant décor fleuri, en saison, notamment à hauteur de l'impasse Pietanée et de la rue Pasteur.

NOS ADRESSES À CHÂTILLON-SUR-CHALARONNE

HÉBERGEMENT

À Châtillon-sur-Chalaronne

BUDGET MOYEN

L'Inattendu – *150 pl. du Champ-de-Foire - ✆ 04 74 55 06 86 - www.inattendu-hotes.fr - fermé 25 déc.-1er janv. - ♿ - P - 11 ch. 72 € ☕ - rest. (sur réserv. uniquement) 29 € bc.* Comme nous, vous serez séduit par le charme de cette maison chaleureuse avec ses grosses poutres, ses vieux meubles et son escalier de bois. Ses chambres douillettes sont un préambule au gargantuesque petit-déjeuner qui vous attend au réveil : ne le manquez pas !

À proximité

BUDGET MOYEN

Chambre d'hôte École du Chapuy – *Les Bruyères - 01400 Romans - ✆ 04 74 55 63 30 - www.ecoleduchapuy.com - fermé nov.-mars - piscine - 2 ch. 65/80 € ☕.* Dans une ancienne école, que fréquentaient autrefois les enfants du pays, deux chambres lumineuses et romantiques, dotées de salle de bains ultracosy. Au réveil, quand le temps le permet, le petit-déjeuner est servi sous une pergola, où l'on s'installe sur d'élégantes chaises de jardin.

RESTAURATION

À Châtillon-sur-Chalaronne

BUDGET MOYEN

Restaurant La Gourmandine – *142 r. Pasteur - ✆ 04 74 55 15 92 - fermé 26 août-1er sept., 25 déc.-1er janv., jeu. soir, dim. et lun. - ♿ - formule déj. 18,50 € - 24,50/48 €.* Cette maison du 17e s. proche de la place des Halles, est remarquable avec ses murs de briques et galets. Ils donnent aussi beaucoup d'allure à la salle à manger coiffée de poutres apparentes. La jolie terrasse dressée au bord de la rivière se révèle très agréable en été. Plats régionaux.

Auberge de Montessuy – *Rte de Marlieux - ✆ 04 74 55 05 14 - www.montessuy.com - fermé dim. soir, lun. soir et mar. - ♿ - P - formule déj. 14 € - 26/35 €.* Un choix de spécialités bressanes s'emploie à combler votre appétit dans cette belle auberge traditionnelle de campagne. Salle à manger décorée d'un lustre en fer forgé présentant les écussons des différentes confréries gastronomiques régionales. Petit jardin paysagé avec herbes et plantes du pays.

À proximité

POUR SE FAIRE PLAISIR

St-Lazare – *Le Bourg - 01400 L'Abergement-Clémenciat - ✆ 04 74 24 00 23 - lesaintlazare@aol.com - fermé 19 juil.-11 août, 21-29 déc., vac. de fév., dim. soir, merc. et jeu. - ♿ - formule déj. 19 € - 29/65 €.* Salles à manger lumineuses, véranda s'ouvrant sur un jardinet méditerranéen : cette maison de famille, où le chef propose une cuisine au goût du jour, ne manque pas de charme.

ACHATS

Marché du terroir – *8h30-12h30.* Humer, tâter, goûter et même ouvrir grand ses yeux : aux plaisirs habituels du marché s'ajoute en effet ici celui d'admirer les belles halles reconstruites au 17e s. Tous les samedis matin, les petits exploitants occupent une place particulièrement importante, proposant une foule de produits fabriqués localement.

2

Château de Fléchères

★★

Ain (01)

NOS ADRESSES PAGE 189

SE REPÉRER

Carte de microrégion A2 (p. 156) – *Carte Michelin Départements 327 H3 ou 328 B4.*

À 6 km au nord-est de Villefranche-sur-Saône par la D 933, Fléchères se trouve sur la commune de Fareins.

À NE PAS MANQUER

La personnalité du « saint curé » à Ars.

ORGANISER SON TEMPS

Comptez 1h30 pour le parc et le château.

La réhabilitation d'un monument est toujours un moment intense et émouvant, particulièrement à Fléchères, où celle-ci s'est accompagnée d'un lot de découvertes. L'architecture extérieure, tout d'abord, ne peut manquer d'étonner par son originalité; il s'agit en effet d'un exemple rare de château construit autour d'un temple protestant. L'intérieur n'est pas en reste grâce aux magnifiques fresques qui ornent dix pièces du château et qui, au fil de leur restauration, réapparaissent près de quatre siècles après leur création.

Visiter

✆ 04 74 67 86 59 - www.chateaudeflecheres.com - visite guidée avr.-nov : 10h-12h, 14h30-17h30 (avr.-juin et de déb. sept. à mi-nov. : w.-end et j. fériés uniquement) - 7,50 € (8-17 ans 4 €).

Extérieur

Le château est situé dans un parc de 30 ha qui garde de longues allées ombragées de platanes et de marronniers, des perspectives, terrasses et bassin à l'italienne, et un ensemble de buis taillés en topiaire.

Entouré de douves et autrefois accessible par un pont-levis, il s'élève sur une ancienne place forte qui contrôlait un gué sur la Saône. L'entrée dans la cour est du plus bel effet, dévoilant progressivement la rigoureuse façade rythmée de fenêtres à meneaux et encadrée de tours coiffées de dômes. Le motif maniériste de triangle brisé et inversé au-dessus de la porte (inspiré de la porte des Suppliques aux Offices de Florence), de même que l'architecture des anciens communs, affichent une allure italianisante. Les appartements privés sont limités aux ailes, d'ailleurs surbaissées, tandis que le corps central plus vaste était consacré au temple. Il était en effet impératif de séparer le lieu de culte et de réunion de la communauté, de l'espace privé.

Intérieur

Depuis la cour, on accède, sur la gauche, à la cuisine voûtée en demi sous-sol. Une vaste cheminée en occupe un côté. Les nombreux ustensiles racontent

Les jardins du château de Fléchères, Ain.
Targa / age fotostock

Les surprises de Fléchères

UNE ARCHITECTURE CODÉE

N'allez pas vous imaginer que l'architecture soit le fruit du hasard ou de la simple recherche esthétique ! Elle est au contraire déterminée par une double orientation. Jean de Sève, échevin et prévôt des marchands à Lyon, fait édifier rapidement ce château à partir de 1608. Calviniste convaincu et bénéficiant de la « haute justice », il peut y organiser librement des réunions pour le culte. Le **temple** prend donc place dans le château ou, plus exactement, le château s'installe autour du temple : ce dernier occupe comme il se doit le dernier étage (pour que rien ne soit au-dessus de Dieu), éclairé par des fenêtres au nombre symbolique de 7, couronné par 3 lucarnes en trompe-l'œil, au 3e étage (trois symbolisant La Trinité), et est orienté vers le sud, ce qui différencie le château de tous ses voisins, habituellement tournés vers la Saône. Cette orientation religieuse sera prolongée dans les thèmes des décors. Seconde intention manifeste : Jean de Sève fait partie de la bourgeoisie montante de Lyon et revendique depuis peu une parenté avec l'ancienne et noble **famille italienne des Seva**. Pour accréditer cette origine, le château emprunte à l'art italien quelques éléments d'architecture et la facture de ses fresques.

LA TRIPLE CHANCE DES FRESQUES

Selon les archives du château, le peintre italien Pietro Ricchi y séjourna un an, en 1632, pour un travail à fresques. Au 18e s., la mode change et son travail est masqué derrière un ensemble de boiseries ou recouvert de plâtre. Si les boiseries protègent les couleurs, le plâtre s'accompagne en revanche d'un redoutable piquetage. La deuxième chance des fresques est d'avoir été découvertes il y a quelques années, et la troisième se trouve à la Bibliothèque nationale, qui en détenait les dessins. Cette source fiable en facilite beaucoup la restauration.

UN DÉCOR DE CINÉMA
Le château sert régulièrement de décor pour des films de cinéma et de télévision. *Le Diable par la queue*, film dans lequel Yves Montand donne la réplique à Madeleine Renaud et Marthe Keller, a été tourné à Fléchères. Dans cette comédie de Philippe de Broca (1968), des aristocrates désargentés ont transformé leur château en hôtel. Le butin de gangsters réfugiés chez eux permettrait de rendre son lustre d'antan à leur demeure…

à eux seuls le travail quotidien en cuisine. Deux pièces servaient à ranger la nourriture tandis qu'une autre était destinée aux domestiques. La visite se poursuit avec le château proprement dit. Le corps central est destiné au temple. Un vaste escalier en pierre en occupe le centre. À gauche, la **salle des Chasses** servait de salle de réunion pour la famille qui s'y retrouvait au moment des repas. Les murs recouverts tardivement de boiseries ont révélé, tout comme dans d'autres pièces du château, un exceptionnel ensemble de **fresques★★** italiennes de **Pietro Ricchi** (1606-1675). Les scènes de chasse contre le sanglier, le lion, le cerf et la panthère prise au piège de son reflet symbolisent respectivement la lutte contre l'instinct, l'orgueil, la mélancolie solitaire et l'illusion des sens. Sur la cheminée monumentale datant de la construction ont été sculptés le lion du prévôt de Lyon, la corne d'abondance de la prospérité, la licorne pour l'honnêteté.
Au-dessus de cette salle se trouve le **grand salon** ou salle du conseil dans laquelle se réunissait la communauté protestante qui ne pouvait le faire en ville. Des boiseries couvrent les murs. Remarquez les éléments symboliques de la cheminée, en rapport avec le culte. Le temple proprement dit *(ne se visite pas)* se tient au dernier étage mais sa restauration n'a pas encore commencé. Ses murs gris ne comportaient aucun décor.
Les appartement privés du rez-de-chaussée ont été réaménagées façon 18e s., époque à laquelle on se préoccupait d'un certain confort : lit en alcôve, petit boudoir, salon tendu de soieries... Au premier étage, les chambres ont retrouvé leur atmosphère plus austère du 17e s. Les fresques de l'**antichambre de la Parade** évoquent le cortège des notables lors de l'entrée triomphale d'Henri IV à Lyon en 1595. Celles de la **salle des Perspectives** plongent vers de lointains paysages à travers des architectures à colonnes étonnantes.
Dans une autre pièce, les vertus cardinales sont personnifiées par quatre femmes tandis que dans une chambre du rez-de-chaussée sont peints de grands châteaux imaginaires. La restauration des peintures est toujours en cours.

À proximité Carte de microrégion

Ars-sur-Formans A2

6 km à l'est par la D 904.
Ce petit village de la Dombes a eu pour curé **Jean-Marie Vianney** (1786-1859), originaire de Dardilly, canonisé le 31 mai 1925 par le pape Pie XI. Depuis sa canonisation, le **« curé d'Ars »** est invoqué comme saint patron des prêtres de tout l'univers, et le village est devenu un lieu de pèlerinage très fréquenté. Le plus important est celui qui se déroule chaque année le 4 août, jour anniversaire de sa mort.
La modeste église du village est maintenant soudée à une **basilique** élevée en 1862 sur les plans de Pierre Bossan. À l'intérieur, le corps du saint repose dans

une magnifique châsse. À proximité s'allonge une crypte à demi souterraine de 55 m de longueur, en béton à nu, œuvre de l'un des architectes de la basilique St-Pie-X à Lourdes.

L'ancien **presbytère** a été conservé tel qu'il était à la mort du curé d'Ars. On y voit la cuisine, la chambre et de nombreux souvenirs du saint curé. Dans une salle proche du presbytère, un montage audiovisuel évoque la vie et le message du saint. Après la visite du presbytère, on ira voir la **chapelle du Cœur** qui contient le reliquaire où est conservé le cœur du curé d'Ars. La statue en marbre de Carrare représentant le prêtre en prière est une œuvre du sculpteur bressan Émilien Cabuchet (1819-1902). *☎ 04 74 08 17 17 - www.arsnet.org - gratuit.*

L'Historial – *Descendez la rue principale. ☎ 04 74 00 70 22 ou 06 26 98 46 17 - www.musee-ars.org - ♿ - avr.-oct. : tlj sf lun. (sf j. fériés en juil.-août) 10h-12h, 14h-18h ; mars : tlj sf lun. 14h-18h ; reste de l'année : w.-end, j. fériés et vac. scol. (zone A) 14h-17h - 5,50 € (5-13 ans 2,50 €).* Ce musée, qui abrite des personnages de cire créés par Grévin, complète heureusement la visite des lieux historiques encore marqués par le passage du saint curé. Dix-sept moments forts de sa vie ont été choisis pour illustrer son extraordinaire destin : naissance de sa vocation, prédication, mort…

NOS ADRESSES À FLÉCHÈRES

Voir aussi Villefranche-sur-Saône, p. 248 et la Dombes, p. 180.

HÉBERGEMENT

À proximité

PREMIER PRIX

Chambre d'hôte Mme Robin – *R. des Vignes, « Le Marquet » - 01090 Amareins - ☎ 04 74 69 30 90 - ⊭ - 🏊 - 3 ch. 50 € ☕ - table d'hôte 20 €.* Vous serez très bien accueilli dans cette charmante maison voisine du château de Fléchères. Chambres spacieuses et bien tenues. Malgré le léger désagrément des WC installés sur le palier, l'ensemble est vraiment très correct. Un petit parc arboré et fleuri, une piscine et un solarium viendront agrémenter votre séjour.

POUR SE FAIRE PLAISIR

Hôtel Émile Job – *12 r. du Pont - 01090 Montmerle sur Saône - ☎ 04 74 69 49 21 - www.hotelemilejob.com - fermé en saison lun. et mar. midi, hors saison dim. soir, lun. et mar. midi - 22 ch. 73/85 € - ☕ 8 € - rest. (dîner, uniquement sur réserv.) 31 €.* En bordure de Saône, cet hôtel familial aux chambres spacieuses et confortables, équipées en wifi, fait également restaurant. Cuisine traditionnelle de qualité servie dans la salle à manger ou sous la belle terrasse ombragée.

RESTAURATION

À proximité

PREMIER PRIX

Au Petit Moulin – *Rte d'Ars - 01600 Ste-Euphémie - ☎ 04 74 00 60 10 - fermé dim. soir, merc. soir, lun. et mar. - 17/33 €.* Grenouilles, poissons d'eau douce et volailles, soigneusement mitonnés et généreusement servis, figurent sur la carte de cette modeste auberge de campagne voisine de la Dombes.

Trévoux

6 768 Trévoltiens – Ain (01)

NOS ADRESSES PAGE 192

S'INFORMER

Office de tourisme – *Pl. du Pont - 01600 Trévoux - ℘ 04 74 00 36 32 - www.tourisme-trevoux.com - avr.-sept. : 9h30-12h, 14h-18h, dim. et j. fériés 14h-18h ; reste de l'année : tlj sf dim. 9h30-12h, 14h-17h - fermé de fin déc. à déb. janv., 11 Nov.*

SE REPÉRER

Carte de microrégion A2 (p. 156) – *Carte Michelin Départements 328 B5.*
L'A 46 dessert cette ville, située entre Villefranche-sur-Saône et Lyon.

À NE PAS MANQUER

La vieille ville, avec son Parlement et ses hôtels particuliers datant du 18e s.

ORGANISER SON TEMPS

Comptez 2h.

Un Parlement à Trévoux ? Vous ne rêvez pas, la ville est en effet l'ancienne capitale de la principauté de Dombes, indépendante jusqu'en 1762. Le duc du Maine ayant imposé à ses magistrats l'obligation de résidence, Trévoux fut dotée au 18e s. de quelques hôtels parlementaires, bordant les ruelles des vieux quartiers.

Se promener Plan de ville

LA VIEILLE VILLE

Circuit tracé en vert sur le plan ci-contre. Garez-vous place de la Terrasse, qui domine la boucle de la Saône (table d'orientation).

Palais du Parlement

℘ 04 74 00 36 32 - visite guidée (1h) avr.-sept. : w.-end et j. fériés 15h - dép. de l'office de tourisme - fermé 1er janv., 1er et 11 Nov., 25 déc. - 3 € (-12 ans gratuit) ; 7 € billet combiné avec la filière en diamant et le château féodal.

Il fut construit à la fin du 17e s. Le parlement de Dombes y siégea de 1697 à 1771. Peut-être vous souvenez-vous des fameuses initiales SPQR qui rendent hommage au peuple romain sur les grands monuments de Rome. Cette idée a été reprise au parlement de Dombes où l'on peut lire, à l'extrémité droite de la

LE CENTRE INTELLECTUEL

Aux 17e et 18e s., Trévoux fut un des centres intellectuels les plus brillants de France disposant d'une célèbre imprimerie. En 1704, les jésuites firent paraître la première édition du fameux *Dictionnaire de Trévoux* en français et en latin : il s'intéressait tant à la langue qu'aux techniques et aux arts, et sa structure servit de modèle à l'*Encyclopédie* ; sous leur direction, le *Journal de Trévoux* mena campagne pendant 30 ans contre Voltaire et les philosophes de l'*Encyclopédie*.

deuxième poutre en partant du fond, les orgueilleuses initiales SPQD *(Senatus Populusque Dumborum)*. À droite du vestibule s'ouvre la **salle d'Audience★** dont le beau plafond à la française est décoré de motifs peints.

Rue du Gouvernement

De part et d'autre de cette rue, située en contrebas de l'église, furent rédigés et imprimés le *Dictionnaire* et le *Journal de Trévoux*. Les jésuites habitaient la vaste et haute « **maison des Pères** » dont l'entrée principale se trouvait aux n°s 3 et 9 de la Grande-Rue ; ils n'avaient que la rue à traverser pour porter leurs copies à l'imprimerie située en face. Plus bas, une suite de demeures anciennes : hôtels **du Gouverneur de Dombes**, de la **Grande Mademoiselle** et **de la Monnaie**, cachant derrière d'austères façades leurs terrasses dominant la Saône. Le carrefour avec la bien nommée rue Casse-Cou offre un amusant coup d'œil.

La filière en diamant

Rue du Pont - mêmes horaires que l'office de tourisme (voir la rubrique « S'informer » ci-contre).

Une exposition d'outils et un film retracent l'histoire du « tréfilage », travail très spécialisé qui consiste à tréfiler – d'où ce nom de « filière » –, autrement dit à fabriquer des fils de métal. C'est à Lyon que démarre au 16e s. cette activité : les tissus de soie intègrent alors des fils d'or et d'argent, et les premières filières ne sont pas en diamant, mais en rubis ou en saphir. Qu'est-ce que la filière ? C'est un disque de pierre très dure, troué, par lequel est formé le fil de métal. C'est en 1845 qu'est découverte la technique permettant de percer la pierre la plus dure qui soit, le diamant, qui remplace alors toutes les autres matières. Trévoux devient pour un siècle la capitale mondiale de fabrication des filières, utilisées tant pour les fils barbelés que pour les filaments des ampoules électriques… Aujourd'hui, deux entreprises perpétuent cette spécialité.

Par la rue des Halles, gagnez l'hôpital.

Apothicairerie de l'hôpital

✆ 04 74 00 36 32 - fermeture en 2012. Elle sera intégrée au futur espace culturel, en construction en bord de Saône. Ouv. prévue en 2013.

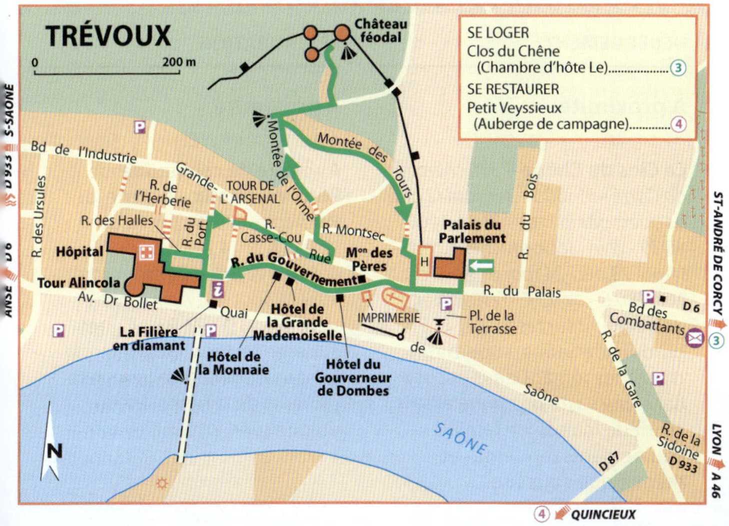

Fondé en 1686 par la Grande Mademoiselle, l'hôpital conserve sa pharmacie avec ses boiseries et une belle collection de pots de Nevers et de Gien. Sur le quai, la **tour Alincola** (13e-17e s.), est coiffée d'un dôme à lanternon.
Regagnez la rue du Port que vous remontez.

Rue de l'Herberie

La rue de l'Herberie, à droite, était jadis réservée aux juifs. Le carrefour avec la Grande-Rue forme une placette triangulaire dominée par la tour carrée de l'Arsenal (1405), transformée plus tard en beffroi.
Par la montée de l'Orme, gagnez le château féodal.

Château féodal

✆ 04 74 00 36 32 - visite guidée (45mn) de Pâques à fin sept. : w.-end et j. fériés 16h30 - fermé lun. de Pentecôte - 3 € (-12 ans gratuit) ; 7 € billet combiné avec le palais du Parlement et la filière en diamant.
Vestiges du château (14e s.) ; du sommet de la tour, vue sur la Saône.
La montée des Tours ramène place de la Terrasse.

À proximité Carte de microrégion

Château de Saint-Bernard A2

3,5 km à l'ouest. ✆ 04 74 00 37 62 - www.chateau-de-saint-bernard.fr - visite des jardins de mi-mars à fin oct. : dim. et j. fériés 14h-18h ; visite guidée du château juil.-août : se rens. pour les horaires - fermé certains sam. et dim. (se rens.) - 3 € (-12 ans gratuit) - jardins ; 5 € (-12 ans gratuit) visite guidée.
Construit au 13e s. par les seigneurs de Beaujeu, il marquait la frontière entre le Lyonnais franc dont il dépendait, la France et le Saint-Empire. Modifié aux 17e-19e s., il garde cependant son allure médiévale (tourelles, murailles, donjon, porte de pont-levis). Utrillo, sa mère et son beau-père y habitèrent.

NOS ADRESSES AUTOUR DE TRÉVOUX

HÉBERGEMENT

À proximité

UNE FOLIE

Le Clos du Chêne – *370 chemin du Carré - 01600 St-Bernard (2 km à l'ouest par la D 6) - ✆ 04 74 00 45 39 - www.leclosduchene.com - fermé 23 déc.-24 mars - 8 ch. 160/180 € - 13 € - rest. (dîner, uniquement sur réserv.) 31 €.* En bordure de Saône, superbes chambres romantiques et cosy dans une vaste propriété alliant esprit de maison de famille, équipements modernes et thématique équestre.

RESTAURATION

À proximité

BUDGET MOYEN

Auberge de campagne Petit Veyssieux – *Le Petit Veissieux - 69650 Quincieux - ✆ 04 78 91 14 70 - www.aubpetitveyssieux.com - fermé janv. et août - ouv. dim. midi et sam. - - P - 23,50 €.* Cette auberge sert une cuisine généreuse préparée avec les produits de la ferme. Menu unique servi en famille.

Pérouges

★★

1 205 Pérougiens – Ain (01)

NOS ADRESSES PAGE 197

S'INFORMER

Syndicat d'initiative – *Entrée de la Cité - 01800 Pérouges - ✆ 04 74 46 70 84 - www.perouges.org - mai-août : 10h-17h ; mars-avr. et sept.-oct. : tlj sf lun. 10h-12h, 14h-17h, sam. et 1 dim. sur 2 (mars-avr.) 14h-17h ; reste de l'année : tlj sf w.-end 14h-16h45 - fermé 1er janv., 14 Juil., 15 août, 25 déc. Visites guidées en journée, costumées et nocturnes (selon période de l'année).*

SE REPÉRER

Carte de microrégion B2 (p. 156) – *Carte Michelin Départements 328 E5.*

Relié à Lyon, tout proche, par l'A 42 et la D 1084, Pérouges est situé au sud de la Dombes, non loin d'Ambérieu-en-Bugey.

À NE PAS MANQUER

La place du Tilleul.

ORGANISER SON TEMPS

Comptez 2h pour la ville et ses environs.

C'est une miraculée ! Pérouges n'oubliera pas le 20e s. au cours duquel elle est passée d'une longue phase d'abandon, voire de destruction, à une restauration exemplaire. Couronnant une colline, protégé par ses remparts, ce véritable joyau d'architecture médiévale se découvre au fil de ses rues tortueuses bordées de vieilles maisons. Le décor pérougien est si typique que les cinéastes l'ont utilisé dans des films à cadre historique comme *Les Trois Mousquetaires, Vingt ans après* ou encore *Monsieur Vincent*.

Se promener Plan de ville

★★ LA CITÉ

Circuit tracé en vert sur le plan p. 194. Laissez la voiture, à l'extérieur, à gauche de l'église ou sur le parking en contrebas.

La plupart des maisons de Pérouges, rebâties après le siège de 1468, sont du style de transition gothico-Renaissance. Les demeures seigneuriales ou de la riche bourgeoisie se distinguaient par l'importance de leurs dimensions et par leur luxe intérieur : hautes et vastes salles, plafonds à poutres sculptées, cheminées monumentales, fresques intérieures et extérieures. Celles des artisans et des marchands étaient beaucoup plus simples, les baies cintrées du rez-de-chaussée éclairaient l'atelier ou servaient à l'étalage des marchandises. Les plus anciennes maisons sont à pans de bois, avec des étages en encorbellement. Des rues sont restées telles qu'elles étaient au Moyen Âge.

★ Porte d'En-Haut

Entrée principale de Pérouges, elle était aussi la plus exposée, en raison de la pente douce du terrain à cet endroit. Sa défense était renforcée par l'église-forteresse et par une barbacane. Dans l'encadrement ogival apparaît la maison Vernay. Du terre-plein, jolie vue sur la campagne, au-delà du fossé des fortifications.

★ Rue du Prince

C'était la voie principale. Les bouchers, vanniers, drapiers, l'armurier et l'apothicaire y tenaient boutique : on y voit encore les tables de pierre des éventaires. Elle est bordée par la **maison des Princes de Savoie**.

★★★ Place du Tilleul

Au centre de la cité, elle offre l'un des décors les plus évocateurs de France. Elle doit son nom aux halles qui brûlèrent dans un incendie en 1839. Le splendide tilleul qui se dresse au centre est un arbre de la liberté planté en 1792. Presque toutes les maisons qui entourent la place sont pittoresques.

Ostellerie – Elle est signalée par une enseigne portant les armes de la cité. La façade est, à pans de bois, est du 13e s., la façade sud Renaissance.

Musée du Vieux-Pérouges – *04 74 61 00 88 - http://hostelleriedeperouges.com - mars-janv. : 10h-12h, 14h-18h - fermé fév. - 6 € (-13 ans gratuit).* Consacré à l'histoire et l'archéologie de la Dombes et de la Bresse (gravures, ustensiles, mobilier, faïences de Meillonnas), il est aménagé dans une partie de la maison des Princes de Savoie et dans la maison Heer, qui donne sur la place par une galerie à piliers gothiques. Au rez-de-chaussée a été reconstitué un atelier de tisserand avec son métier.

Maison du Vieux-St-Georges – Sur la façade, une niche en coquille abrite une curieuse statue en bois du 15e s., représentant saint Georges, patron de Pérouges, en cavalier.

Prenez, au fond de la place, une ruelle en descente.

Maison Herriot – Avec ses vastes baies (en plein cintre, au rez-de-chaussée, à meneaux, à l'étage), elle a un aspect cossu.

Revenez sur la place et prenez la rue de la Place, au nord.

Maison Cazin – L'une des plus belles demeures de Pérouges présente des étages en encorbellement et à pans de bois. Au rez-de-chaussée, les fenêtres en plein cintre sont grillagées.

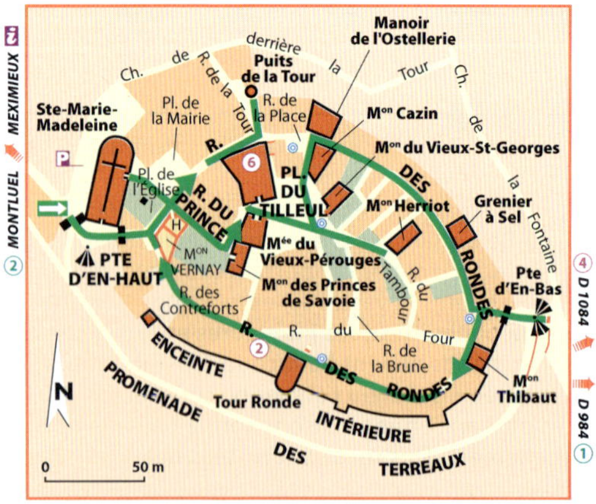

PÉROUGES

SE LOGER

M. et Mme Debeney-Truchon (Chambre d'hôte)........... 1

Petit Casset........................ 2

SE RESTAURER

Coq (Auberge du)............. 2

Mollard (Auberge de Campagne du).................... 4

Vieux Pérouges (Ostellerie du).................... 6

GRANDEUR ET DÉCADENCE

Pendant le Moyen Âge et jusqu'à l'annexion française (1601), les souverains du Dauphiné et de la Savoie se disputent la ville. Le siège de 1468, épisode de cette lutte, est resté fameux dans les annales locales.

Dans la cité, riche et active, des centaines d'artisans tissent la toile tirée du chanvre qu'on cultive tout alentour. Au 19e s., cette prospérité disparaît : Pérouges est loin du chemin de fer et l'artisanat ne peut soutenir la concurrence des usines. Des 1 500 habitants qu'elle comptait au temps de sa splendeur, l'agglomération tombe à 90. En 1909-1910, elle est sur le point de disparaître tout à fait. Beaucoup de propriétaires sont pris d'une fièvre de destruction. Des pâtés entiers de vieilles demeures tombent sous le pic. La ville aurait disparu sans l'intervention des passionnés regroupés au Comité du Vieux Pérouges qui s'allient à quelques Lyonnais et aux Beaux-Arts. Leur intervention est vigoureuse : les maisons les plus intéressantes sont achetées, restaurées avec goût, classées monuments historiques. L'essentiel de la cité est sauvé. Le Comité du Vieux Pérouges continue aujourd'hui cette action de sauvegarde.

Prenez à droite la rue des Rondes. En face de la maison Cazin, adossé au rempart nord, s'élève le **manoir de l'Ostellerie**, ancienne maison Messimy.

★ Rue des Rondes

Elle a conservé, presque partout, son pavage ancien et sa rigole centrale. Les maisons anciennes qui la bordent, dont le **grenier à sel** et la **maison Thibaut**, sont protégées par des toits en surplomb.

2

Porte d'En-Bas

Plus ancienne que la porte d'En-Haut, elle est en plein cintre. Sur sa face extérieure, une inscription, d'un latin approximatif, est relative au siège de 1468. Elle peut se traduire ainsi : « Pérouges des Pérougiens ! Ville imprenable ! Ces coquins de Dauphinois ont voulu la prendre, mais ils n'ont pas pu. Cependant, ils emmenèrent les portes, les ferrures, les serrures et dégringolèrent avec elles. Que le diable les emporte ! »

Des abords de la porte, on a une jolie **vue**★ sur les environs, les monts du Bugey et par temps clair, les Alpes.

Poursuivant dans la rue des Rondes, on débouche sur la place de l'Église.

Église Sainte-Marie-Madeleine

Elle a l'aspect d'une forteresse. Édifiée au 15e s., elle présente au nord-ouest une muraille percée de créneaux, de meurtrières et de baies très hautes et très étroites. Le clocher, détruit sous la Révolution, a été reconstruit sous l'Empire et doté d'un dôme à quatre pans, à la manière franc-comtoise. Le chemin de ronde, qui entourait l'enceinte, passe, dans l'église, au-dessus des voûtes latérales et dans les tribunes du mur de façade.

À l'intérieur, remarquez l'ensemble des clefs de voûte armoriées ; la voûte centrale, notamment, porte le blason de la Maison de Savoie et les symboles des quatre évangélistes. À droite du chœur, statue en bois polychrome du 17e s., représentant saint Georges. *Par la rue des Rondes, gagnez la rue de la Tour.*

Puits de la Tour

Pendant longtemps, il suffit à fournir l'eau de toute la ville. Il doit son nom à la tour édifiée par les Romains, qui fut détruite en 1749, et dont le presbytère

TENIR LE HAUT DU PAVÉ
Étroites et sinueuses, les rues avaient un pavage à double pente avec une rigole médiane pour l'écoulement des eaux. Les toits des maisons, débordant très largement, abritaient le « haut du pavé », réservé aux personnes de qualité. Les gens du commun devaient céder le pas et s'aventurer vers les zones insalubres du milieu de la chaussée. De cette tradition largement pratiquée en France, reste l'expression… et les pavés de Pérouges.

marque l'emplacement; avec une lanterne située à sa partie supérieure, on pouvait communiquer par signaux avec des tours analogues formant relais jusqu'à Lyon.

Les deux enceintes

La rampe partant de la porte d'En-Haut mène à la **promenade des Terreaux★** tracée dans le fossé de l'enceinte extérieure réduite à l'état de vestiges; l'enceinte intérieure est presque complète : elle sert de soubassement aux maisons de la rue des Rondes. La **tour Ronde**, où s'adosse la maison du sergent de Justice, servait de prison.

À proximité Carte de microrégion

Montluel A3

9,5 km au sud-ouest. Quittez Pérouges par la D 1084 en direction de Lyon.
Ce bourg fleuri a conservé plusieurs édifices intéressants qui rythment agréablement une promenade à partir de la collégiale Notre-Dame-du-Marais (16e-17e s.) : remarquez la façade de la **chapelle** de l'ancien couvent de la Visitation, puis le porche St-Étienne (12e s.) et les fenêtres à meneaux dans la Grande Rue, ou encore l'**apothicairerie** avec ses boiseries sculptées. *09 75 28 27 72 - mai-oct. : sam. et merc. 15h-18h; reste de l'année : sam. 15h-18h - possibilité de visite guidée (1h) sur demande préalable - fermé j. fériés - 2,50 € (-16 ans gratuit).*
Sur les hauteurs *(reprenez la voiture)*, à proximité des ruines de l'ancien château féodal, les alentours de la chapelle St-Barthélemy (13e s.) offrent une **vue** panoramique sur les confins de la Dombes.

Saint-Maurice-de-Gourdans B3

12 km au sud par la D 65B.
La bourgade est située sur le rebord d'un plateau dominant le confluent du Rhône et de l'Ain.
L'**église** date du 12e s. Une restauration adroite a mis au jour le mode de construction primitif; pierres calcaires et cailloux roulés du Rhône, avec lits intercalaires de petites briques et de pierres plates.
L'**intérieur★** frappe par son aspect archaïque : la nef unique, basse, est un long berceau reposant sur une suite d'arcatures aveugles ornées de peintures murales. Disposées en bandeaux, elles illustrent dans un style naïf des scènes tirées pour la plupart des Évangiles. Dans la Création du monde, repérez Adam et Ève piégés par le serpent.

NOS ADRESSES À PÉROUGES

HÉBERGEMENT

À proximité

PREMIER PRIX

Chambre d'hôte M. et Mme Debeney-Truchon – *« L'Hôpital » - 01150 Chazey-sur-Ain - ✆ 04 74 61 95 87 - P - ⊭ - 5 ch. 45 € ☕.* C'est l'accueil et la simplicité du cadre qui vous séduiront dans cette ferme villageoise. Les propriétaires, ravis de recevoir, regrettent juste de voir passer leurs hôtes si vite… Lui, surtout, adorerait montrer comment il fait son pain. Amateurs de pétanque bienvenus !

BUDGET MOYEN

Petit Casset – *9 imp. du Petit-Casset - 01120 La Boisse (9 km au sud-ouest de Montluel) - ✆ 04 78 06 21 33 - www.lepetitcasset.fr - fermé 31 déc. - 🏊 - 16 ch. 73/81 € - ☕ 8 €.* Hôtel rénové, calme, dans un quartier résidentiel. L'atmosphère y est accueillante et les chambres, toutes personnalisées, donnent sur un jardin fleuri et arboré.

RESTAURATION

À Pérouges

BUDGET MOYEN

Auberge du Coq – *R. des Rondes - ✆ 04 74 61 05 47 - http://monsite.orange.fr/aubergeducoq/ - fermé 3 sem. en fév., dim. soir et mar. midi de mai à nov. et dim. soir, lun. et mar. de déc. à avr. - 16,40/35 €.* Dans une ruelle pavée de galets, ce restaurant évoque les échoppes d'autrefois. Le patron, un Italien gourmand natif de Pérouges, défend à sa table quelques belles spécialités comme le gâteau de foies blonds à la crème d'écrevisses, les grenouilles fraîches ou le poulet fermier aux morilles… À découvrir.

UNE FOLIE

Ostellerie du Vieux Pérouges – *Pl. du Tilleul - ✆ 04 74 61 00 88 - www.hostelleriedeperouges.com - fermé 28 fév.-13 mars - 38/65 € - 13 ch. 230 € - ☕ 17 €.* La célébrité de cette magnifique maison au cœur du village a dépassé les frontières depuis que Bill Clinton s'y est attablé en 1997… Il faut dire que c'est une belle étape, avec son décor typiquement bressan. Cadre médiéval ou ambiance bourgeoise au restaurant ; plats du terroir dont la fameuse galette.

À proximité

BUDGET MOYEN

Auberge de Campagne du Mollard – *01320 Châtillon-la-Palud - ✆ 04 74 35 66 09 - www.aubergedumollard.com - ouv. tte l'année sur réserv., vend. soir, dim. midi et sam. - ♿ - P - 17/36 € - 4 ch. 70 € ☕.* Cette ferme dombiste alanguie au milieu des champs vous ouvre ses portes : chambres garnies d'un joli mobilier en bois sculpté, salle à manger rustique avec mezzanine et cuisine à base de produits fermiers.

2

LE BUGEY

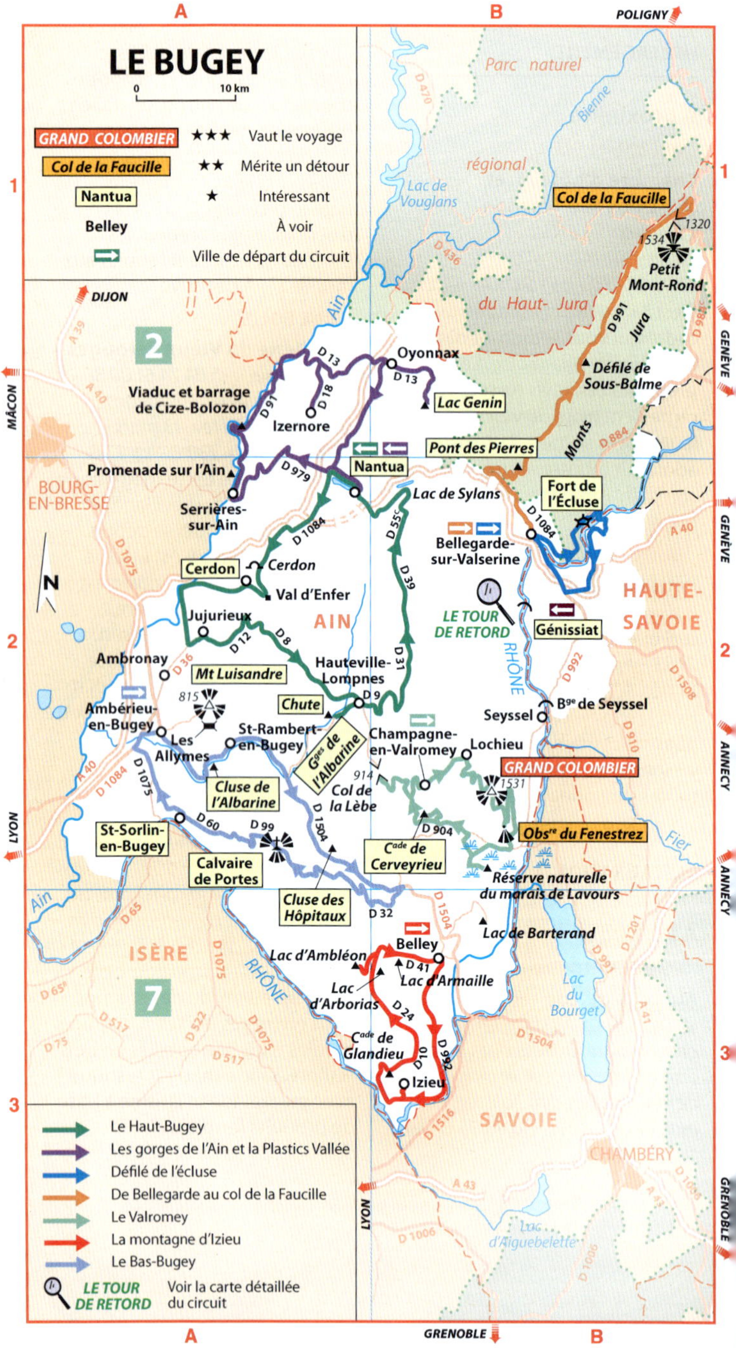
LE BUGEY
0
10 km
GRAND COLOMBIER
★★★ Vaut le voyage
Col de la Faucille
★★ Mérite un détour
Nantua
★ Intéressant
Belley
À voir
Ville de départ du circuit
A
B
POLIGNY
1
2
3
DIJON
MÂCON
BOURG-EN-BRESSE
LYON
GENÈVE
ANNECY
GRENOBLE
Parc naturel
régional
du Haut-Jura
Bienne
Lac de Vouglans
Ain
Col de la Faucille
1320
1534
Petit Mont-Rond
Jura
Monts
Défilé de Sous-Balme
Oyonnax
Lac Genin
Viaduc et barrage de Cize-Bolozon
Izernore
Pont des Pierres
Nantua
Promenade sur l'Ain
Serrières-sur-Ain
Lac de Sylans
Fort de l'Écluse
Bellegarde-sur-Valserine
Cerdon
Val d'Enfer
AIN
Jujurieux
LE TOUR DE RETORD
Génissiat
HAUTE-SAVOIE
RHÔNE
Ambronay
Mt Luisandre
Hauteville-Lompnes
815
Chute
Bge de Seyssel
Seyssel
Ambérieu-en-Bugey
Les Allymes
St-Rambert-en-Bugey
Gges de l'Albarine
Champagne-en-Valromey
Lochieu
GRAND COLOMBIER
1531
914
Col de la Lèbe
Cluse de l'Albarine
St-Sorlin-en-Bugey
Cade de Cerveyrieu
Obsre du Fenestrez
Fier
Calvaire de Portes
Réserve naturelle du marais de Lavours
Cluse des Hôpitaux
Lac de Barterand
ISÈRE
Belley
Lac d'Ambléon
Lac d'Armaille
Lac d'Arborias
Lac du Bourget
Cade de Glandieu
Izieu
SAVOIE
CHAMBÉRY
Lac d'Aiguebelette
Le Haut-Bugey
Les gorges de l'Ain et la Plastics Vallée
Défilé de l'écluse
De Bellegarde au col de la Faucille
Le Valromey
La montagne d'Izieu
Le Bas-Bugey
LE TOUR DE RETORD Voir la carte détaillée du circuit

Le Bugey 3

Carte Michelin Départements 328 – Ain (01)

Nantua

★

3 633 Nantuatiens ou Catholards – Ain (01)

NOS ADRESSES PAGE 209

S'INFORMER

Office de tourisme – *Pl. de la Déportation - 01130 Nantua - ✆ 04 74 75 00 05 - www.nantua-tourisme.com - mai-sept. : 9h30-12h, 14h-18h ; reste de l'année : 10h-12h, 14h-17h30, sam. 10h-12h - fermé dim. et j. fériés.*

SE REPÉRER

Carte de microrégion A2 (p. 198) – *Carte Michelin Départements 328 G4.*
Située à 86 km au nord-est de Lyon (A 42, puis A 404), la ville est à découvrir de la D 1084 qui longe le lac. TGV à Bourg-en-Bresse (41 km à l'ouest).

À NE PAS MANQUER

L'abbatiale Saint-Michel et son splendide *Saint Sébastien* d'Eugène Delacroix ; le musée de la Résistance et de la Déportation ; le superbe point de vue sur la cluse de Nantua, près des Neyrolles ; les paysages naturels du Haut-Bugey, en particulier le belvédère du Cerdon et les gorges de l'Albarine.

ORGANISER SON TEMPS

Prévoyez trois jours pour la ville et les sites naturels qui l'entourent. Et n'hésitez pas à faire des arrêts réguliers pour profiter des lacs en toute tranquillité.

AVEC LES ENFANTS

Le lac de Nantua ou le lac Genin pour leurs activités nautiques.

Site classé depuis 1936, son grand lac, s'échappant d'une imposante cluse couverte de sapinières, compose un lieu de caractère autour des maisons de Nantua aux couleurs pastel. Promenades sur l'esplanade, baignades et loisirs aquatiques préparent délicieusement, entre deux dégustations de quenelles pour les gourmets, à la découverte du Haut-Bugey et des gorges de l'Ain.

Se promener

★ Lac

Long de 2,5 km, large de 650 m, le lac s'est formé dans la cluse, derrière un dépôt laissé par un ancien glacier. De nombreuses sources contribuent à l'alimenter, dont la source des Neyrolles. Par le « bras du lac », ses eaux se jettent dans l'Oignin, affluent de l'Ain. L'esplanade du lac, ombragée de beaux platanes, et l'avenue du Lac offrent de belles vues sur le plan d'eau encadré par les hauteurs du Haut-Bugey dont les falaises du côté nord s'achèvent par un talus d'éboulis boisé. Base nautique assez complète, le lac est pendant la haute saison le théâtre de nombreuses activités sportives et de loisirs : baignade surveillée, pédalo, canoë, voile, plongée, ski nautique, pêche…

NANTUA DANS L'HISTOIRE

Une abbaye bénédictine s'installe sur le site de Nantua dès le 7e s. Au Moyen Âge, ville franche fortifiée, elle entre dans le tourbillon des querelles qui opposent les gens du Bugey, de la Comté, de la Savoie, de Genève, sans compter la France et l'Empire. Entre 1440 et 1449, un prieur de l'abbaye, Amédée VIII de Savoie, devient un des papes du Grand Schisme d'Occident sous le nom de **Félix V**. En 1601, **Henri IV** annexe la ville au domaine royal. Le surnom de **Catholards** aurait été donné aux habitants de Nantua par les Suisses protestants à cause des « cathèles », système de cordes et de poulies utilisé comme potence durant les guerres de Religion.

Le temps des diligences profite à Nantua, relais entre Bourg-en-Bresse et Genève.

« Vous allez voir comment on meurt pour 25 francs » : C'est le député nantuatien **Jean-Baptiste Baudin**, dont la statue orne la place d'Armes, qui prononça cette phrase célèbre sur les barricades parisiennes, le lendemain du coup d'État du 2 décembre 1851 (les salaires des députés étaient alors de 25 F par jour). Autre grande personnalité locale, l'anatomiste **Xavier Bichat** (1771-1802) légua son nom au collège où il fit ses études, ainsi qu'à un grand hôpital parisien.

Au 19e s., le chemin de fer fait tomber Nantua dans le marasme et l'oubli. Après l'armistice de 1940, la ligne de démarcation passant près de la ville, la population aide les clandestins. Dès l'été 1943 se forme le maquis avec le soutien des habitants ; nombre d'entre eux seront déportés. Aujourd'hui, le développement de l'automobile et le tourisme ont redonné à ce site d'exception comme un second souffle de vie.

★ Abbatiale Saint-Michel

Pl. d'Armes - ✆ 04 74 75 00 05 - www.nantua.tourisme.com - 8h30-19h - possibilité de visite guidée (1h30) sur demande préalable - fermé dim. mat. - 2,50 € (-18 ans 1,50 €). La « sœur aînée de Cluny », également surnommée « église d'influence bourguignonne la plus à l'est », est l'édifice roman le plus important de l'Ain. Dominée par un clocher du 19e s. très ouvragé, elle conserve les vestiges d'une abbaye bénédictine (12e s.) détruite à la Révolution. Son beau portail a été endommagé à la Révolution : on reconnaît à peine le Christ entouré des symboles des quatre évangélistes. C'est à l'intérieur qu'on découvrira ses trésors. À gauche, la **chapelle Sainte-Anne** (16e s.) a conservé sa voûte Renaissance ornée d'un superbe réseau d'arcatures moulurées. Dans le chœur, l'autel de pierre porte de très beaux anges de marbre sculpté. À sa gauche, vous pourrez admirer le magnifique *Saint Sébastien secouru par les saintes femmes*★★ (1836) par Eugène Delacroix ; il fut acheté par l'État et envoyé à Nantua à l'instigation du député de l'Ain, Félix Giraud. Là, retournez-vous vers la nef et levez la tête : surprise, les piliers de la nef s'évasent en anse de panier ! Cette curiosité fut sans doute provoquée par un élargissement imprévu de la voûte. Remarquez aussi l'orgue (1847) ; œuvre du facteur N.-A. L'été, il compte près de 3 000 tuyaux.

★ Musée d'Histoire de la Résistance et de la Déportation de l'Ain et du Haut-Jura

Dans la rue qui longe l'église - 3 montée de l'Abbaye - ✆ 04 74 75 07 50 - www.ain.fr - mai-sept. : 10h-13h, 14h-18h - possibilité de visite guidée (30mn-1h) - fermé mar., 1er Mai - 4 € (-26 ans gratuit) 1 entrée payante donne droit à 1 entrée gratuite au Mémorial des enfants juifs d'Izieu.

L'ancienne maison d'arrêt de Nantua, où des résistants furent internés, est le cadre de ce musée du souvenir qui se révèle très vivant. Habilement mises en valeur par des **scénographies audioguidées★**, commentées en voix *off* par d'anciens maquisards français et un soldat anglais, les collections (dont 95 % proviennent de dons locaux) sont variées et restituent l'atmosphère des années 1940, l'Occupation, la Résistance, l'organisation des maquis et la déportation. Également un montage de films et de chants d'époque *(18mn)*, une collection d'affiches de propagande et deux salles d'exposition temporaire.

À proximité Carte de microrégion

Quittez Nantua par la D 1084 au sud-est. Vous longerez le lac de Sylans par sa rive nord, 2,5 km après Les Neyrolles.

Lac de Sylans B2

8 km à l'est.

Ce grand lac (2 km de long et 300 m de large) occupe le fond d'une cluse ; ses eaux se sont accumulées derrière un barrage naturel formé par des éboulements. Elles s'écoulent dans deux directions opposées : une partie rejoint la Valserine, affluent du Rhône ; l'autre rejoint le lac de Nantua, dans le bassin de l'Ain. Enchâssé dans un val profond et étroit, le lac profite peu des rayons du soleil. Pendant les hivers rigoureux, il se couvre d'une épaisse couche de glace. Celle-ci fut largement exploitée au début du 20e s., avant l'apparition de la glace artificielle (1921), surtout pour approvisionner Paris.

Des visites guidées de l'ancienne usine de glace sont possibles mais peuvent être temporairement suspendues, le temps de travaux de sécurisation du site et d'aménagement d'un sentier d'interprétation (rens. à l'office du tourisme de Nantua).

Circuits conseillés Carte p. 205

LE HAUT-BUGEY

Circuit de 130 km tracé sur la carte p. 205. Comptez une journée. Quittez Nantua au nord par la D 1084. À Montréal-la-Cluse, suivez la D 1084 à gauche. 2 km après Ceignes, prenez à droite la route qui quitte la D 1084, suivez-la sur 300 m.

Grottes du Cerdon

À Labalme-sur-Cerdon, sur la D 1084. ✆ 04 74 37 36 79 - www.grotte-cerdon.com - visite guidée (1h30) - juil.-août : 10h-17h ; de mi-avr. à fin juin et sept. : w.-end et j. fériés 12h30-16h45 - 6,80 € (-14 ans 4,90 €) - parcours pédagogiques - aire de

MARIA-MÂTRE OU LA GOURMANDISE PUNIE

En randonnant sur les hauteurs de Nantua, peut-être rencontrerez-vous un rocher en forme de statue avec une sorte de galette sur la tête. Une légende affirme qu'il s'agit d'une femme du pays, l'infortunée Maria-Mâtre. La bonne chère n'est pas un vain mot en pays catholard, et cette fameuse cuisinière n'avait pas sa pareille derrière les fourneaux. Gourmande mais inventive, elle réalisa un jour une superbe et croustillante galette aux écrevisses. Après l'avoir goûtée, elle la trouva si bonne qu'il n'en resta plus au retour de son mari. Affamé et courroucé, ce dernier invoqua la justice divine qui s'abattit sur la malheureuse, la transformant en statue de pierre.

Cerdon, la grotte de la Fromagère.
C. Hughes / hemis.fr

pique-nique. N'oubliez pas de prévoir un pull (prêt de veste polaire), température entre 10 et 15° C avec un passage à 4° C. Situées sous d'anciennes fortifications, ces grottes furent longtemps utilisées comme cave de mûrissage pour le fromage local. Elles sont aujourd'hui aménagées pour la visite : un petit train conduit les visiteurs à l'entrée du site.

Le circuit suit l'ancien lit de la rivière souterraine aujourd'hui disparue… et débouche sur un belvédère en plein milieu de falaise. C'est le lac de Nantua (beaucoup plus important autrefois) qui alimentait cette rivière. La galerie présente de belles stalactites (le dais), stalagmites (la statue cambodgienne) et draperies sonores, et mène à une immense salle s'ouvrant au jour par une arche de 30 m de haut. Accès à l'ancienne résurgence de la rivière en pleine falaise. *Poursuivez sur la D 1084.*

Belvédère de Cerdon

En direction de Cerdon, un belvédère a été aménagé sur la droite de la route (au niveau du restaurant). Il offre une magnifique **vue★★** panoramique sur le vignoble de Cerdon et les paysages du Haut-Bugey.

Val d'Enfer

Près du village de Cerdon, qui eut cruellement à souffrir des représailles nazies, la route pénètre au creux d'une courbe du Valromey. Dans ce site sauvage du pont de l'Enfer, là où s'étaient regroupées d'importantes forces du maquis, a été érigé le **Mémorial des maquis de l'Ain et de la résistance** en mémoire de ses 700 morts. Cet imposant monument (œuvre de Charles Machet), présentant un buste de femme adossé à une muraille, abrite la tombe du maquisard inconnu et domine le cimetière où reposent 88 résistants.

★ Cerdon

Niché au creux d'une vallée profonde, mais ensoleillée, que l'on découvre soit du belvédère de Cerdon, soit par la D 11, ce village est réputé pour son vin rosé pétillant bénéficiant de l'appellation AOC (fabriqué selon la méthode champenoise ou celle de Die, dite « ancestrale »). Les rues de Cerdon, très

Le Bugey

Une légende rapporte qu'un petit-fils de Noé se serait installé avec sa compagne **Bugia** dans les montagnes du Bugey, d'où l'origine du nom. Le **Haut-Bugey, et ses sombres sapins**, est appelé **Bugey noir**. Très accidenté, le **Bas-Bugey, avec ses fameux vignobles**, offre un tout autre paysage.

UN TERRITOIRE DISPUTÉ...

Au 9e s., le Bugey est rattaché au royaume de Bourgogne, puis au Saint-Empire. En 1077, une grande partie du territoire passe sous la domination du comte de Savoie qui, peu à peu, se l'approprie en totalité. En 1601, la maison de Savoie cède, par le traité de Lyon, le Bugey ainsi que la Bresse et le pays de Gex à Henri IV, roi de France, en échange du marquisat de Saluces.

Une terre de passage – Sillonnées de passages transversaux (cluses), les petites montagnes du Bugey ont toujours été franchies facilement. Cela leur a attiré longtemps bien des convoitises et des luttes armées. Places fortes et châteaux disséminés dans la région, aux endroits stratégiques, en témoignent.

Parallèlement, de nombreux monastères et abbayes se sont implantés, les monts apportant l'isolement et l'espace bénéfiques à la vie monacale. Ils sont devenus puissants : gardant précieusement les reliques de leurs saints, ils attirèrent de nombreux pèlerins. L'Église prenant part aux luttes de pouvoir entre les différents suzerains, la jalousie des rois puis la Révolution mirent fin au règne des abbayes.

Au 18e s., les troupes espagnoles foulent le sol du Bugey lors de la guerre de Succession d'Espagne. Au 19e s., les nations coalisées contre Napoléon prennent la région comme théâtre de leurs luttes. Il faut attendre 1855 et l'arrivée du chemin de fer Lyon-Genève par la cluse de l'Albarine pour que le Bugey tire enfin un réel profit de sa position de lieu de passage. En 1871, la percée du Mont-Cenis et la construction de la ligne d'Italie font d'Ambérieu une gare importante ; c'est aussi au chemin de fer que Bellegarde doit son essor.

Le front de la guerre de 1914-1918 est resté éloigné de la région, mais les combats de 1939-45 laisse une empreinte terrible en Bugey. Il a payé le prix fort pour son maquis et le courage de ses habitants.

... PUIS DÉLAISSÉ

Au lendemain de la guerre, la région doit se reconstruire. Mais l'exode rural vide les campagnes qui perdent la moitié de leurs habitants. Les petites villes industrielles du début du 20e s. voient leur activité décliner ; seule Oyonnax, dont le secteur industriel avait misé sur les nouveaux matériaux, prend le tournant de la modernité. Le travail du plastique, requiérant une main-d'œuvre peu qualifiée dont les salaires sont faibles, sollicite des vagues de migration portugaises, puis maghrébines et turques, qui viennent augmenter la population des bourgs.

Les années 1980 apportent de nouveaux espoirs à la région. Avec la construction de l'A 40, impressionnante et très coûteuse réalisation aux vertigineux viaducs *(environ 100 m de haut)* et interminables tunnels *(plus de 3 km)*, et l'ouverture de la gare TGV de Bellegarde sur la ligne Genève-Paris, le Bugey redevient un lieu de passage important. Mais cela ne signifie pas des retombées économiques locales. Banlieue de Genève, parc de résidences secondaires, secteur industriel reposant sur quelques entreprises, le Bugey a du mal à trouver un nouveau dynamisme. Qualité de vie, nature préservée et patrimoine architectural seront sans doute les clés de son renouveau.

étroites, sont agrémentées de nombreuses fontaines et de ponts de pierre qui enjambent de petits cours d'eau. C'est la cuivrerie, aujourd'hui fermée, qui avait dynamisé l'ensemble du village, devenu touristique.

Rejoignez la D 1084 que vous suivez en direction de Pont-d'Ain. Environ 6 km après, prenez à gauche la D 36 vers Ambronay. Il est également possible de rejoindre plus directement Jujurieux par la D 63 qui s'embranche en face de la sortie de Cerdon ; faites attention car la route, très pittoresque, est assez dangereuse.

Jujurieux

Même si la crise industrielle lui a fait perdre de sa superbe, ce village aux 13 châteaux (excusez du peu !) conserve d'importants témoignages de l'extraordinaire développement qu'il a connu grâce au tissage au siècle dernier.

Soieries Bonnet – *Côte Levet - ✆ 04 74 36 86 65 - www.ain.fr/collectionsbonnetjujurieux - ♿ - visite guidée (1h) juin-sept. : 10h-12h, 14h-18h, w.-end et j. fériés 14h30-18h30 - fermé lun. - 4,50 € (-13 ans gratuit).*

C'est en 1835 que **Claude-Joseph Bonnet**, grand fabricant de soie lyonnais, décide d'implanter une importante fabrique dans son pays natal. La manufacture devient rapidement l'une des plus importantes soieries en France. Loin des perturbations sociales, il regroupe les différentes étapes de la fabrication

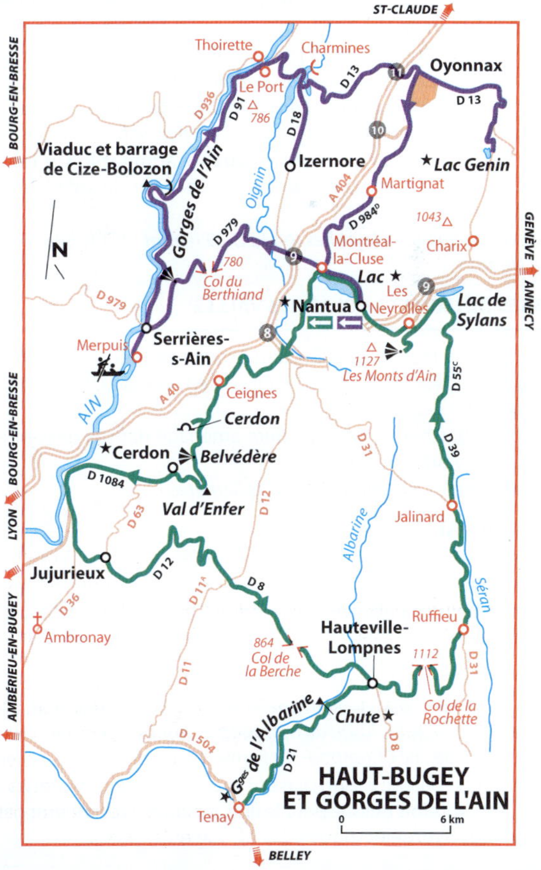

selon des conceptions très paternalistes. Dans l'enceinte de l'usine, un grand pensionnat, encadré par des sœurs, accueillait près de 400 jeunes filles à qui l'on apprenait très tôt les métiers de la soie. En 2001, la production industrielle s'est arrêtée. Aujourd'hui, cet ensemble exceptionnel est au cœur d'un vaste plan de sauvegarde et d'inventaire scientifique, la soierie ayant, au fil du temps, rassemblé quelque 300 000 objets et documents d'archives textiles. La visite des ateliers explique le processus de création d'une étoffe, de l'esquisse au tissu fini.

Rejoignez la D 12, que vous prendrez vers Corlier. À la sortie de ce village, empruntez à droite la D 8 jusqu'à Hauteville-Lompnes.

Hauteville-Lompnes

Située sur un plateau élevé (850 à 1 200 m), Hauteville-Lompnes (prononcez *Lone*) est réputée pour l'exceptionnelle pureté de son air. Station de moyenne montagne, elle bénéficie d'un cadre privilégié et d'équipements sportifs complets (VTT, ski de fond, équitation...).

Prenez à droite la pittoresque D 21, qui longe les gorges de l'Albarine.

★ Gorges de l'Albarine

De la route, on peut voir, à l'origine des gorges, la **chute★** de l'Albarine appelée « cascade de Charabotte », particulièrement majestueuse après de fortes pluies. L'eau tombe de 150 m du haut des falaises en hémicycle qui marquent le rebord du plateau de Hauteville.

Retournez à Hauteville et prenez vers l'est la D 9, par le col de la Rochette (1 112 m), jusqu'à Ruffieu. Prenez vers le nord la D 31, puis la D 31F sur la droite à la sortie de Jalinard, puis à gauche, la D 39 et à droite la D 55^C^. Au Replat, tournez à gauche sur la D 55^D^ vers les Neyrolles. Après le tunnel, prenez en face la D 39.

Après quelques lacets, on jouit d'une **vue★★** admirable sur les escarpements de la cluse de Nantua et son lac ; au coucher du soleil, le spectacle est magnifique.

Retournez au village des Neyrolles, où la D 39 rejoint la D 1084 qui, à gauche, ramène à Nantua.

LES GORGES DE L'AIN ET LA PLASTICS VALLÉE

Circuit tracé sur la carte p. 205. Comptez une journée. Quittez Nantua par la D 1084 jusqu'à Montréal-La Cluse. Prenez en face la D 979 en direction de Bourg-en-Bresse.

Après le col du Berthiand, un belvédère aménagé dans la descente dévoile une partie de la vallée de l'Ain.

Avant le pont, prenez à droite la D 91^C^ vers Serrières.

Serrières-sur-Ain

Très beau site autour d'un pont qui enjambe l'Ain d'une seule arche.

Prenez la D 91 vers le sud et Merpuis. Environ 2 km après le pont, tournez à droite en direction de Merpuis, puis avant l'entrée du village, vers le plan d'eau d'Allement (très forte descente).

Promenade sur l'Ain

04 74 37 23 14 - Poncin - www.ile-chambod.com - mai-sept. : tlj sf lun. : promenade (1h15) sur le lac jusqu'au barrage puis jusqu'au pont de Serrières - dép. de l'embarcadère de l'île Chambod, sur la rive droite, 15h et 17h - 8 € (enf. 5 €).

Embarquez sur un bateau à fond plat qui vous fait découvrir quelques secrets de cette vallée, autrefois utilisée pour le flottage du bois et largement modifiée par les ouvrages hydroélectriques.

Le maquis de l'Ain

Dans tout le Bugey, ainsi que dans le Haut-Jura, les villes et les paysages sont marqués par une histoire à la fois glorieuse et douloureuse, celle de la Seconde Guerre mondiale, de l'occupation allemande et du maquis de l'Ain.

LE MAQUIS S'ORGANISE

Alors que la résistance dans l'Ain s'organise dès 1941, le phénomène des maquis débute en 1943, à la suite des émeutes à Oyonnax contre le STO, travail obligatoire en Allemagne; les réfractaires rejoignent les montagnes du Bugey. Au cœur du massif protégé par les vallées du Rhône et de l'Ain et commandant d'importants passages routiers et ferroviaires, le maquis installe de nombreux camps. À partir de l'été 1943, le colonel Henri Petit, dit Romans, organise le maquis et le forme au combat; il va aussi travailler à l'image du maquis comme armée disciplinée pour contrer la propagande de Vichy et s'attirer le soutien des populations.

Le défilé du 11 Novembre 1943 à Oyonnax est l'événement majeur qui va décider de l'avenir du maquis et de la lutte armée contre l'occupation allemande. Les troupes du maquis défilent dans la ville occupée, déposent au monument aux morts une gerbe avec une inscription : « Les vainqueurs de demain à ceux de 1914-1918 », entonnent la Marseillaise devant les habitants ébahis puis exaltés et quittent la ville pour rejoindre le maquis sans que l'occupant ne puisse réagir. Cette démonstration d'audace et d'organisation auraient décidé les forces alliées de Londres à soutenir celles du maquis en leur envoyant armes et argent. Fin 1943, il y a entre 450 et 500 hommes dans les camps et les opérations de sabotages s'intensifient.

LA LUTTE ARMÉE

Aux opérations de harcèlement et à la guérilla, les forces d'occupation répondent par des déportations et des exécutions sommaires. Nantua, pour ne citer qu'elle, subit une rafle de 150 hommes le 14 décembre 1943. La citadelle du maquis se trouve en Valromey; elle est l'objet en février 1944 d'une attaque allemande. Le 5 à l'aube, 5 000 Allemands encerclent le massif, puis en camions, à pied ou à skis montent à l'assaut des plateaux de Hauteville, Retord et Brénod. La neige rend les opérations difficiles. Les forces de la Résistance doivent se disperser après des escarmouches ponctuelles. Du 6 au 12 février, les villages et les populations ont à souffrir des sévices et des violences de l'ennemi. Le jour de Pâques 1944, une rafle de plus de 300 hommes est orchestrée par Klaus Barbie à Saint-Claude (Jura). Reconstitué, le maquis reprend ses opérations et sabote 52 locomotives à Ambérieu le 6 juin 1944. Le débarquement en Normandie accentue les attaques allemandes. En juillet, une deuxième attaque est étendue à tout le Bugey et au Haut-Jura. Neuf mille hommes, appuyés par l'aviation et l'artillerie légère, dispersent le maquis dont les groupes se replient sur les plus hautes chaînes. Le village de Cerdon est pillé et incendié le 11 juillet. Les maquisards participent aux batailles de l'avancée des Alliés. Besançon est libérée le 8 septembre, mais le front se stabilise devant Montbéliard qui n'est atteinte que le 17 novembre après de nombreux combats.

Entre 1940 et 1945 dans l'Ain, 700 maquisards sont morts au combat ou ont été fusillés ; 641 civils sont morts ; sur les 891 déportés de l'Ain, 595 ne sont pas revenus. Les chiffres sont encore plus élevés dans le Jura. À la Libération, Nantua et Oyonnax sont décorées de la Médaille de la Résistance.

DES PEIGNES DE CHARME À LA « PLASTICS VALLÉE »

La fabrication, en hiver, par les montagnards, de très beaux peignes avec le buis des forêts jurassiennes, mais aussi avec le bois de hêtre et de charme, est une vieille tradition. À la fin du 18e s. viennent s'ajouter d'autres matériaux, notamment la corne. En 1869, le **Celluloïd** est découvert aux États-Unis, et cette matière plastique est pour Oyonnax, dès 1878, l'occasion de nouveaux développements de la fabrication non seulement du peigne, mais aussi des objets de parure auxquels viennent s'adjoindre les jouets. Quand, plus tard, la **Galalithe**, la **Bakélite**, l'**acétate de cellulose**, etc. apparaissent sur le marché, Oyonnax les utilise et maintient sa prépondérance. À partir de 1924, une matière thermoplastique, le **Rhodoïd**, contribue de manière importante à la prospérité économique de la ville. Après la Seconde Guerre mondiale, l'industrie plastique repart de plus belle. Aujourd'hui, ce sont 550 entreprises qui forment, sur une superficie de 490 km^2, la « Plastics Vallée », nom donné par un journaliste américain en comparaison avec la célèbre Silicon Valley (*www.plasticsvallee.fr*).

Revenez à Serrières et continuez sur la D 91 qui suit les gorges de l'Ain en direction de Thoirette.

La route suit le relief et découvre de superbes **vues**★ sur la rivière, qui prend parfois des couleurs irréelles.

Viaduc de Cize-Bolozon

Détruit en 1944, cet élégant viaduc a été reconstruit en 1950. Dans un site assez sauvage, il en impose, avec ses 280 m de long et ses quelque 53 m de haut.

Continuez sur la D 91 en direction de Thoirette.

Barrage de Cize-Bolozon

Surmonté d'une grue, ce barrage n'est pas de première jeunesse, car il a été construit entre 1928 et 1931. Il est de type « mobile » (156 m de longueur). La vallée s'élargit progressivement, mais garde une majesté mise en valeur par les reliefs qui la bordent.

Continuez sur la D 91. Arrivé au Port, ne traversez pas le pont, mais prenez la D 18 en direction d'Oyonnax.

Après Matafelon-Granges, la route traverse la retenue formée par le barrage de Charmines.

Poursuivez la D 18 à droite et rejoignez Izernore.

Izernore, la Gallo-Romaine

Izarnodurum était un village des Séquanes, tribu puissante de la Gaule antique. Placé sur une voie commerciale importante, ce village connut son apogée au 2e s., avec la construction d'un nouveau temple et de thermes. Ceux-ci constituent, avec quelques *villae* et le quartier des Amphores, les vestiges du village gallo-romain détruit par les invasions barbares au 4e s., puis de nouveau aux 8e et 10e s. Certaines thèses voudraient qu'Izarnodorum soit la fameuse Alésia, mais les preuves manquent.

Musée d'Archéologie d'Izernore – *Pl. de l'Église - 01580 Izernore - 04 74 49 20 42 - www.archeologie-izernore.com - mi-sept.-mi-juin : mar. 14h-18h, merc.-vend. 9h-12h, 14h-18h, sam. 9h-12h ; mi-juin-mi-sept. mar.-sam. 9h-12h, 14h-18h - fermé dim. et lun. - 2 € (-16 ans gratuit).* Ce petit musée présente quelques pièces de la vaste collection d'Izernore, mais surtout il retrace, à travers quatre salles aménagées, les étapes suivies par un objet archéologique, de sa mise au jour à son exposition.

En sortant du musée, suivez le chemin des Pierres (parcours pédagogique) jusqu'aux ruines du temple gallo-romain, dédié à une divinité des eaux. Reprenez la D 18 vers le nord, la D 13 à droite vous emmène à Oyonnax.

Oyonnax

Office de tourisme – *1 r. Bichat - 01100 Oyonnax - ℘ 04 74 77 94 46 - www.tourisme-oyonnax.com - mai-sept. : 10h-12h30, 14h-18h ; reste de l'année : tlj sf sam.-dim. 10h-12h30, 14h-17h. Dépliants gratuits pour faire le tour du centre-ville ou se promener le long de la Sarsouile (2h).*

Jadis célèbre pour ses peignes en bois, Oyonnax (prononcez *Oyona*) est aujourd'hui une cité industrielle très réputée pour le travail des matières plastiques. La création en 1986 de la « Plastics Vallée », qui groupe dans un rayon de 50 km une concentration exceptionnelle d'entreprises spécialisées, a fait d'Oyonnax la capitale des matières plastiques. Siège du lycée technique Arbez-Carme (École nationale des matières plastiques) depuis près d'un siècle, la ville est aussi celui du **Pôle européen de plasturgie** (ouvert en automne 1991), destiné à former, au niveau national, des ingénieurs plasturgistes.

Musée du Peigne et de la Plasturgie – *Centre culturel Aragon, 2e ét. - 88 cours de Verdun - ℘ 04 74 81 96 82 - www.oyonnax.fr - ♿ - 14h-18h (horaires 2011) - fermé dim., lun. et j. fériés - 3,20 € (-16 ans gratuit).*

Les collections de ce musée illustrent l'évolution et la variété de la production oyonnaxienne : peignes en buis, corne et Celluloïd, lunettes, boutons, boucles, bijoux, fleurs artificielles, etc. À côté des machines ayant servi à la fabrication de peignes en corne et en Celluloïd, de nombreux peignes du monde entier complètent l'exposition. Des objets telles les mantilles en Celluloïd et les lunettes en plastique témoignent de l'habileté et du goût artistique des fabricants.

Depuis le centre-ville, la direction du Lac Genin est indiquée. Empruntez la D 13, et après 7 km prenez à droite vers le lac.

★ Lac Genin

De taille plus modeste, ce petit lac, fierté d'Oyonnax, est situé dans un joli **site★** encadré de prairies et de pentes boisées. Ses rives ombragées constituent d'agréables promenades. Il offre diverses possibilités en fonction des saisons : baignade surveillée en été, patinage en hiver.

Revenez à Oyonnax, retournez devant le musée puis prenez la direction de l'A 404, puis de Martignat et de Montréal-la-Cluse (D 984^{D}). La D 1084 à gauche vous ramène vers Nantua.

3

NOS ADRESSES À NANTUA

HÉBERGEMENT

À Nantua

BUDGET MOYEN

Hôtel L'Embarcadère – *Av. du Lac - ℘ 04 74 75 22 88 - www.hotelembarcadere.com - P - 47 ch. 62/147 € - ☕ 10 € - rest. 23/67 €.*
La moitié des chambres offrent une échappée sur le lac, et toutes bénéficient d'un rajeunissement dans des tons chauds.
La vue panoramique sur l'eau et la goûteuse cuisine régionale sont les atouts maîtres du restaurant, auquel on accède par une passerelle couverte.

À proximité

PREMIER PRIX

Lac Hôtel – *22 av. de Bresse - 01460 Montréal-la-Cluse - ℘ 04 74 76 29 68 - www.lac-hotel.com -*

fermé dim., 1re sem. d'août et 26 déc.-1er janv. - 🅿 *- 28 ch. 38/44 € -* ☕ *7 €.* Chambres pratiques, tenue rigoureuse et prix « mini » sont les atouts de cet hôtel construit au voisinage d'un nœud routier. Accès Internet à disposition.

RESTAURATION

Ne manquez pas de goûter la fameuse sauce Nantua qui accompagne les quenelles de brochet ; elle doit son goût à un savoureux crustacé, l'écrevisse.

À Nantua

BUDGET MOYEN

Belle Rive – *23 rte de la Cluse - ✆ 04 74 75 16 60 - www.bellerive-nantua.com - juin-sept. : tlj midi et soir, oct.-mai : lun.-jeu. soir uniquement - 18/39 €.* En dégustant les spécialités locales, vous pourrez profiter de la vue sur le lac dans ce restaurant sans prétention.

À proximité

PREMIER PRIX

Auberge du Lac Genin – *01130 Charix - ✆ 04 74 75 52 50 - www.lac-genin.fr - fermé mi-oct.-déb. déc., dim. soir et lun. -* 🅿 *- formule déj. 12 € - 13/20 € - 3 ch. 50/60 € -* ☕ *6 €.* Prenez la peine de monter jusqu'au lac Genin pour dénicher cette auberge de montagne située dans un site boisé sur les berges du plan d'eau. Salle à manger rustique où l'on prépare sous vos yeux des grillades cuites au feu de bois. Belle terrasse. Chambres modestes.

BUDGET MOYEN

Auberge Les Gentianes – *01130 Lalleyriat (12 km à l'est de Nantua par les D 1084 et D 55B) - ✆ 04 74 75 31 80 - fermé 5-31 janv., dim. soir et lun. sf j. fériés - 18/35 €.* La jolie façade abondamment fleurie de cette auberge vous invite à découvrir sa cuisine sagement personnalisée dans un cadre campagnard : belle cheminée en pierre et poutres apparentes. Petite terrasse d'été.

La Toque Blanche – *11 pl. Émile-Zola - 01100 Oyonnax - ✆ 04 74 73 42 63 - www.latoqueblanche-oyonnax.com - fermé 22 juil.-20 août, 2-10 janv., sam. midi, dim. soir et lun.- ⌧ -12/70 €.* Salle de restaurant au décor soigné, égayé de chaudes tonalités. Confluences géographiques obligent, la table marie la Bresse, le Jura et le Lyonnais.

POUR SE FAIRE PLAISIR

Bernard Charpy – *1 r. la Croix-Chalon - 01460 Brion - ✆ 04 74 76 24 15 - fermé Ascension, 1er-30 août, 26 déc.-3 janv., sam. midi, dim. soir et lun. -* 🅿 *- 21/41 €.* Sous la charpente apparente de la salle à manger relookée version contemporaine, vous dégusterez une attrayante cuisine traditionnelle (très beau choix de poissons frais).

ACHATS

Gaec Michel et Girardi Stéphane – *R. de la Gumarde - 01450 Cerdon - ✆ 04 74 39 95 90 - www.cerdon-girardi.com - 8h-19h30 - fermé 25 déc.-1er janv.* Dégustation et vente de Cerdon (méthode ancestrale et méthode traditionnelle). Visite commentée et gratuite de la cave.

La Grand'Cave – *R. du 12-Juillet-1944 - 01450 Cerdon - ✆ 04 74 39 95 42 - www.closdescondamines.com.* La méthode ancestrale, pratiquée dans le vignoble de Cerdon, se caractérise par son processus de fermentation incomplète, conférant au vin un faible degré d'alcool et la naissance d'une mousse fine après la mise en bouteille. Visite commentée de la cave (pour les groupes sur réserv.) et vente directe des différents produits du terroir.

Cotélac – *4 r. du Dr-Mercier - ✆ 04 74 75 04 04 - lun.- vend. 9h15-12h30, 13h30-19h, sam. 9h15-19h, dim. de juil. 10h-12h30, 14h-18h - fermé dim. et j. fériés.* Le Tricotage de Nantua (TN) a fait peau neuve en devenant Cotélac, grande marque de prêt-à-porter. Le magasin d'usine de Nantua propose 30 à 40 % de réduction sur les retours d'usine, les prototypes et sur la nouvelle collection avec petits défauts.

Fromagerie de Brénod – *60 pl. de l'Église - 01110 Brénod - ✆ 04 74 36 01 24 - www.comte.com/brenod -* 🅿 *- ♿ - tlj 8h45-12h15, mar. et jeu. 15h30-18h45, vend.-sam. : 14h30-18h45 - fermé lun. sf vac. scol. 15h30-18h45, merc.* La fruitière de Brénod transforme 3 millions de litres de lait par an en comté, crême, beurre et fromage blanc. Accès libre à la galerie de visite, panneaux explicatifs.

ACTIVITÉS

Autoroute des Titans – C'est à François Mitterrand, surpris par le gigantisme des ouvrages, que l'on doit ce nom qui désigne une portion spectaculaire de l'A 40. Pour retracer sa construction et l'histoire de la vallée de Nantua, un petit **musée** a été aménagé sur l'**aire du Lac** entre Saint-Martin-du-Fresne et Sylans. *A 40 - accès dans le sens Lyon-Genève - sortie N° 9 - aire du Lac - fermé pour travaux lors de notre dernière visite - gratuit.*

Randonnée nature – Agnès Godard, au Poizat - *✆ 06 11 17 27 14 - www.enpleinenature.fr.* Découvrir les plantes sauvages, les cueillir et les cuisiner vous tente ? Spécialiste de marche nordique, Agnès Godard vous propose aussi randonnées, balades en raquettes et soirées sous une yourte.

AGENDA

Estivales du Lac – *Juil. - Nantua.* Animations au bord du lac.

Bellegarde-sur-Valserine

11 404 Bellegardiens – Ain (01)

NOS ADRESSES PAGE 215

S'INFORMER
Office de tourisme – *24 pl. Victor-Bérard - 01200 Bellegarde-sur-Valserine - 04 50 48 48 68 - www.ot-bellegarde01.fr - lun.-vend. 9h-12h, 14h-18h, sam. 9h-12h (juil.-août : dim. et j. fériés 10h-12h, mai-août : sam. 9h-12h, 13h-17h).*

SE REPÉRER
Carte de microrégion B2 (p. 198) – *Carte Michelin Départements 328 H4.* Au confluent du Rhône et de la Valserine, à proximité de la frontière suisse et de Genève. De Nantua (17 km à l'est), accès par l'A 40. Desserte TGV.

À NE PAS MANQUER
Le spectacle naturel des pertes de la Valserine ; le défilé de l'Écluse ; l'impressionnant fort de l'Écluse.

ORGANISER SON TEMPS
Comptez 1h pour la ville et une journée pour les environs.

AVEC LES ENFANTS
Les fêtes médiévales du château de Musinens (2e w.-end de septembre).

Ce nom qui chante comme une cascade annonce une petite ville inscrite dans un territoire naturel qui s'ouvre idéalement sur les monts Jura et la Suisse toute proche. Bien située sur l'itinéraire de Lyon au tunnel du Mont-Blanc, Bellegarde-sur-Valserine bénéficie d'un développement industriel récent.

Se promener

La ville de Bellegarde émerge au 19e s. avec l'arrivée du chemin de fer et de l'électricité. Elle comprend quelques éléments architecturaux intéressants de la fin du 19e s. et des années 1920-1930.

Découvrir la Valserine

Cette excursion est à faire de préférence l'après-midi, en remontant la vallée du sud vers le nord.

La rivière Valserine a donné son nom au val de la haute montagne jurassienne où se déroule son cours. Elle naît dans les prairies du **Valmijoux**. Longue de 50 km, elle descend de 1 000 m depuis sa source jusqu'à son confluent avec le Rhône, à Bellegarde-sur-Valserine. Son régime est torrentiel : on a vu, en 1899, son niveau monter subitement de 26 m au pont des Oulles.

Le val s'allonge entre deux lignes de montagnes parallèles dont les sommets les plus connus sont le **crêt de Chalam** (1 545 m) et le **crêt de la Neige** (1 720 m). Il est ainsi nommé parce qu'il conserve, parfois toute l'année, la seule neige « éternelle » du Jura, dans quelques creux exposés au nord.

En 1884, grâce à un barrage construit sur la Valserine, les Bellegardiens furent parmi les premiers Français à bénéficier d'un éclairage public électrique.

Au-delà du viaduc de Longeray, sur le Rhône, le défilé de l'Écluse…
C. Moirenc / hemis.fr

★ Berges de la Valserine

Montez la rue de l'office de tourisme et, au rond-point, prenez la D 1084 vers Lyon. Garez-vous au parking situé derrière le viaduc du chemin de fer (rue Louis-Dumont).

La Valserine longe la ville, mais son cours encaissé a longtemps été difficile d'accès. Un sentier a été aménagé au départ du viaduc. Compter 2h aller-retour pour ce beau parcours qui mène jusqu'aux pertes de la Valserine. Il nécessite un peu de souffle, car il y a de nombreux escaliers. Attention : par temps de pluie, le sentier est parfois boueux et les pierres peuvent être glissantes.

3

★ Pertes de la Valserine

Pour les rallier en voiture, quittez Bellegarde par la D 1084 au nord. Passez sous la voie ferrée et suivez la D 1084 sur environ 2 km. Parking à droite de la route.

45mn à pied AR. Descendez le sentier, sous bois et coupé de marches. Gagnez le site très curieux où la rivière disparaît dans les fentes étroites des rochers. Ce phénomène impressionnant se répète sur 200 m environ. Les profondes marmites de géants appelées « Oulles » ont été creusées et polies par le torrent. Le « pont des Oulles » est le nom d'un ancien ponceau métallique qui le franchissait. Les chutes de la Valserine se trouvent un peu en amont. Vous pouvez observer en direct, mais avec la plus extrême prudence, le travail de l'eau qui sculpte de superbes marmites avant de s'enfoncer dans la roche.

Circuits conseillés Carte de microrégion

★ DÉFILÉ DE L'ÉCLUSE

Circuit de 32 km tracé sur la carte de microrégion (p. 198). Prenez la D 1206 vers l'est.

C'est une fort belle cluse qui sépare le **grand crêt d'Eau** (1 621 m) de la **montagne de Vuache** (1 101 m). Le défilé de l'Écluse est surveillé par d'imposantes fortifications. Le fort inférieur est relié au fort supérieur par

un escalier de 1 165 marches creusé dans le rocher ! Outre le fleuve et la voie ferrée, deux routes l'empruntent : la D 1206, grande voie de passage franco-suisse, sur la rive nord, et la D 908A, plutôt route de promenade, sur la rive sud. Toutes deux offrent des vues très pittoresques.
Passé Longeray, tournez à droite, juste avant l'entrée du tunnel, vers le fort.

★ Fort de l'Écluse B2

04 50 56 73 63 - www.fortlecluse.fr - de mi-juin à mi-sept. : 10h-18h30 (mai-juin, w.-end uniquement) - possibilité de visite guidée (1h) - 5 € (-16 ans 3,50 €).
Érigé à même la roche, le fort de l'écluse n'était qu'une simple tour à l'époque de Jules César. Il devint par la suite maison forte, remplacée au 13e s. par un fort. Il joua, au cours des siècles, un véritable rôle de frontière, verrouillant le défilé. À partir du traité de Lyon de 1601 et jusqu'à la moitié du 18e s., les ingénieurs du roi vont travailler à agrandir et renforcer les bâtiments. En 1815, après des jours de combats acharnés, les armées autrichiennes viennent à bout du fort, dévasté. Il se relèvera bientôt.
Bel ensemble de fortifications de montagne, le fort actuel fut bâti de 1820 à 1840 au-dessus du Rhône. Sa position stratégique lui valut d'être âprement disputé par les Allemands en 1944 : « Toujours l'ennemi s'use devant le fort de l'Écluse », peut-on lire au-dessus de l'ancienne porte, au fond de la cour. Il faut beaucoup de courage pour gravir les 1 165 marches jusqu'au fort supérieur *(45mn à 1h AR, selon la condition physique)*, mais le point de vue de la **terrasse** le mérite ! Ce site remarquable prévoit à terme d'accueillir un musée du Pays de Gex consacré à l'identité de la frontière franco-suisse. Expositions annuelles.
Passez sous le tunnel et poursuivez par la D 1206 à droite. Dans Chevrier, prenez à droite la D 908A et regagnez Bellegarde par la D 1508.

DE BELLEGARDE AU COL DE LA FAUCILLE

Circuit tracé sur la carte de microrégion (p. 198). Comptez une demi-journée, plus si vous décidez de suivre la crête à pied, à partir du col de la Faucille. Quittez Bellegarde-sur-Valserine par la D 1084. 4 km après Châtillon-de-Michaille, prenez à droite la D 14 puis, à Montanges, la D 14A à droite.

★ Pont des Pierres B2

Il franchit la rivière entre Montanges et La Mulaz. Audacieuse et élégante, son arche unique, de 80 m d'ouverture, enjambe la gorge à une hauteur de 60 m. Par temps pluvieux, le spectacle est impressionnant : la Valserine, couverte d'écume, resserrée entre d'abruptes parois verticales, reçoit de bruyantes cascades qui dévalent des deux versants, entraînant terre et pierres.
À La Mulaz, prenez à gauche la D 991.

Défilé de Sous-Balme B1

La route remonte la vallée en longeant des falaises boisées. Entre Chézery-Forens et Lélex, la Valserine traverse le sauvage défilé de Sous-Balme, long de 5 km, resserré entre le crêt de Chalam et le Reculet.
Remontez la vallée jusqu'à la station Monts-Jura.

Monts Jura B1

Suivez la D 991 jusqu'au village de Mijoux. Empruntez ensuite la D 936 qui monte en lacets jusqu'au **col de la Faucille★★**, connu pour sa vue spectaculaire sur le Jura. Vous pouvez aussi gagner le **Petit Mont-Rond** dont le panorama circulaire va du Jura français aux rives du lac Léman.

NOS ADRESSES À BELLEGARDE-SUR-V.

HÉBERGEMENT

À Bellegarde-sur-Valserine

PREMIER PRIX

Hotel Hermance – *19 r. Joseph-Bertola - 01200 Bellegarde-sur-Valserine - ✆ 04 50 56 28 04 - www.hotelhermance.com - 25 ch. 45/80 € - ☕ 7 €.* Cet hôtel modeste, dont les chambres ont été récemment rénové, est situé en plein centre-ville. Préférez celles du 4e étage (ascenseur) plus calmes. Les propriétaires habitent dans l'hôtel et l'accueil est agréable. Réservez absolument le w.-end.

À proximité

BUDGET MOYEN

Hôtel Le Sorgia – *39 Grande-Rue - 01200 Lancrans - ✆ 04 50 48 15 81 - mariondo@wanadoo.fr - fermé 8-30 août, 24 déc.-18 janv., dim. soir et lun. - P - 17 ch. 54/58 € - ☕ 8,50 € - rest. 13,70/50 €.* Au cœur du village, la même famille reçoit les visiteurs dans son auberge depuis 1890. Hébergement simple mais propre et régulièrement rafraîchi. Salle à manger champêtre et terrasse fleurie dressée au bord du jardin. Carte du terroir régulièrement renouvelée.

RESTAURATION

À proximité

POUR SE FAIRE PLAISIR

Hôtel Le Fartoret – *130 r. du 14-Juin-1944 - 01200 Éloise - ✆ 04 50 48 07 18 - www.fartoret.com - fermé 23 déc.-3 janv. et dim. soir hors saison - P - 40 ch. 68/89 € - ☕ 9,50 € - rest. 26/44 €.* Ensemble hôtelier bâti autour d'une ferme centenaire, agrémenté d'un parc avec piscine et tennis. Échappée sur la vallée depuis la salle à manger campagnarde, terrasse en été. Spécialité de quenelles de brochet sauce Nantua.

ACTIVITÉS

Via Ferrata du fort de l'Écluse – *Lieu-dit Longeray - 01200 Léaz - ✆ 04 50 56 73 63 - www.fortlecluse.fr - ouv. tte l'année (interdIt la nuit, à éviter par mauvais temps) - gratuit.* Surtout destinée aux pers. expérimentées, cette via ferrata, créée en août 2005, trouve sa place sur la paroi calcaire très raide du fort de l'Écluse. On franchit le fossé par un pont de singe de 15 m. Comptez 1h30 d'efforts pour venir à bout de ce parcours d'une longueur de 400 m, et de 150 m de dénivelé. Pont de singe de 15 m. On en redescend par un sentier glissant *(20mn)* ou par le fort en été *(1 €)*.

AGENDA

Fête du Château – *Mi-sept. - http://chateaumusinens.bellegardesurvalserine.fr.* Des animations variées (défilé en costumes d'époque, démonstrations de combats à l'épée, à l'arc et à l'arquebuse, etc.) font revivre le château de Musinens à l'époque du Moyen Âge et de la Renaissance.

BD dans l'Ain – *Nov. - www.bddanslain.com - entrée payante.* Ce festival de BD accueille chaque année une vingtaine d'auteurs pour des séances de dédicaces et des expos. Marché de l'occasion. Une BD sur l'histoire de la ville du Moyen Âge à nos jours est en vente à l'*office de tourisme (13 €)*.

Barrage de Génissiat

★

Ain (01)

NOS ADRESSES PAGE 219

S'INFORMER

Office de tourisme – *24 pl. Victor-Bérard - 01200 Bellegarde-sur-Valserine.* Pour le circuit : **office du tourisme Valromey-Retord** - *Maison de Pays - 01260 Champagne-en-Valromey*, antenne aux Plans-d'Hotonnes.

SE REPÉRER

Carte de microrégion B2 (p. 198) – *Carte Michelin Départements 328 H4.* Le barrage se situe à 13 km au sud de Bellegarde-sur-V., par la D 25, la D 991 à Billiat, puis la D 72A. Sur la crête de l'ouvrage, belles vues sur la retenue.

À NE PAS MANQUER

L'impressionnant ouvrage, haut de 104 m et le fonctionnement des canaux évacuateurs du Rhône, en période de hautes eaux.

ORGANISER SON TEMPS

C'est au début de l'été que le barrage est le plus spectaculaire, lorsque les canaux évacuateurs du fleuve fonctionnent à plein.

AVEC LES ENFANTS

Le « saut de ski », qui peut générer une splendide gerbe d'écume.

Jusqu'en janvier 1948, date de la mise en eau du barrage de Génissiat, le Rhône, en arrivant à Bellegarde, disparaissait aux basses eaux dans une fissure profonde de 60 m. C'était la « perte » du Rhône. Le site a été transformé en un lac-réservoir long de 23 km ; il occupe les gorges taillées par le fleuve, deux falaises distantes de 1,70 m au point le plus resserré, qui réapparaissent pendant les « chasses », désormais très décriées.

Découvrir

Site

En amont de l'emplacement choisi, le Rhône est encaissé entre de hautes falaises, ce qui permettrait de relever son niveau de 69 m sans provoquer de submersions importantes. La qualité du calcaire sur lequel devaient s'ancrer les 600 000 m^3 de béton de l'ouvrage était une question d'une importance primordiale : il aurait pu y avoir risque de voir les eaux passer sous le barrage par les fissures du sous-sol. L'homogénéité de la roche fut reconnue satisfaisante, et les travaux purent commencer en 1937. Le barrage a été mis en eau début 1948.

Barrage

Jadis surnommé le « taureau furieux », le Rhône est aujourd'hui corseté par une ceinture de barrages qui canalise ses emportements. Haut de 104 m à partir des fondations, long de 140 m à la crête, épais de 100 m à la base, le barrage de Génissiat est de type **barrage-poids**, c'est-à-dire qu'il résiste par

Le Rhône, fleuve sous contrôle

LE RHÔNE JURASSIEN

Né en Suisse, à 2 200 m d'altitude, dans les cirques glaciaires de l'Oberland, entre les cols de la Furka et du Grimsel, le Rhône a, jusqu'à son arrivée dans le lac Léman (alt. 309 m), une allure torrentielle. Entré trouble et boueux dans ce lac, il en sort remarquablement limpide : un nouveau fleuve, le Rhône de France, commence.

La traversée du Jura

La pente moyenne est sept fois moins forte que dans le cours suisse. Mais le régime demeure irrégulier ; la hauteur d'eau varie, suivant la saison, de 0,30 m à 5 m.

Peu après avoir quitté Genève, le Rhône reçoit l'Arve, rapide et abondante, qui lui apporte les eaux des glaciers du mont Blanc. Trente kilomètres plus loin, il se heurte à la haute et abrupte barrière du Jura dont il lui faudra franchir les chaînons parallèles par une succession de cluses. La première de ces cluses est le pittoresque défilé de l'Écluse (*voir Bellegarde-sur-Valserine p. 213*). Le Rhône, large de 350 m à sa sortie de Genève, s'est ici fortement rétréci pour se frayer un passage : il n'a plus que 20 m.

LES CENTRALES

L'aménagement du fleuve a été confié, sur le territoire français, à la Compagnie nationale du Rhône. De Genève à Lyon, neuf centrales utilisent les eaux du Haut-Rhône : deux en Suisse, celles de Verbois et de Chancy-Pougny ; sept en France, celles de Génissiat, Seyssel, Chautagne, Belley, Brégnier, Sault-Brenaz et Cusset-Villeurbanne.

LES CHASSES DU RHÔNE

Les chasses consistent à vidander partiellement les barrages situés sur le fleuve afin d'évacuer une partie des sédiments entassés en rives ou fond de lit. Ces variations hydrographiques peuvent mettre en danger la faune piscicole.

Les alluvions de l'Arve en provenance du massif du Mont-Blanc s'accumulent dans la retenue de Verbois ; si celle-ci n'est pas régulièrement vidangée, les crues inondent une partie de Genève.

Dès le début du 20e s., les « chasses » du Rhône étaient organisées pour les quelques barrages existant ; avec la multiplication des retenues, un accord franco-suisse (1967) devint nécessaire pour fixer la fréquence des chasses et régler leur organisation. Tous les trois ans, 1,5 million de tonnes de matériaux fins sont ainsi chassés de Suisse pour rejoindre la Méditerranée. Le barrage de Génissiat joue alors un rôle important dans la coordination de ce transfert, fortement dépendant des débits. Depuis 2003, un moratoire devait permettre de trouver une solution moins destructrice pour l'environnement. Si la chasse de mai 2010 n'a pu être évitée, elle pourrait bien être la dernière, la Suisse envisageant de nouveaux aménagements.

sa seule masse à la poussée des eaux. La retenue d'eau, de 53 millions de m³, s'étend sur 23 km jusqu'à la frontière suisse. Pour parer aux violentes crues du Rhône, dont le débit peut passer de 140 à 2 800 m³ par seconde, deux canaux évacuateurs ont été construits, l'un à l'air libre sur la rive droite, le « saut de ski », l'autre en souterrain sur la rive gauche. Le « saut de ski » donne naissance, lorsqu'il fonctionne (généralement au début de l'été), à une majestueuse gerbe d'écume. *Un circuit de découverte à pied permet une balade entre « saut à ski », château et barrage avec des points de vue et des aires de pique-nique.*

Centrale Léon-Perrier

En application du plan Vigipirate, la centrale ne se visite plus. Des panneaux autour du kiosque touristique donnent quelques informations sur le site.

Au pied du barrage avec lequel elle fait corps, la centrale Léon-Perrier porte le nom du fondateur de la Compagnie nationale du Rhône. Elle peut produire 1,7 milliard de kWh en année moyenne. La **salle des machines** est l'une des réussites françaises pouvant être mises à l'actif de l'« esthétique industrielle ».

Circuit conseillé Carte ci-dessus

LE TOUR DE RETORD

Circuit de 73 km tracé sur la carte ci-dessous. Comptez env. 3h au départ du barrage de Génissiat. Empruntez la D 72A et traversez la D 991 pour prendre la D 30 vers le sud.

Col de Richemont

Après avoir traversé la Michaille, région ondulée qui s'étend au pied de la montagne depuis le Rhône, vous pénétrez dans la forêt pour n'en ressortir qu'après le col (alt. 1 036 m). Les arbres cachent malheureusement la vue mais juste avant le monument au mort, à travers une futaie, vous pourrez entrevoir

ON TOURNE !
Véritable ode à la nature, le merveilleux film de Luc Jacquet, *Le Renard et l'Enfant* (2007, avec Isabelle Carré, Bertille Noël-Bruneau et Kate Winslet), ne pouvait qu'être tourné dans les splendides paysages du plateau de Retord.

la vallée du Rhône, la montagne de Vuache et par temps clair, la chaîne du Mont-Blanc. Une fois le col passé, la forêt s'ouvre sur de belles prairies ondulées, on pénètre dans le Haut-Valromey. Le contraste avec la traversée de la forêt rend les paysages encore plus beaux.
Arrivés à Hotonnes, prenez à droite la D 39 vers le Grand-Abergement. La route remonte le cours du Séran et vous emmène sur le plateau de Retord. Poursuivez au-delà du village pour rejoindre la D 55 qui longe le crêt du Nu par la droite. Tournez à droite dans la D 101 à la Manche, pour gagner les hauteurs du plateau.

Plateau de Retord

De molles ondulations herbeuses, coupées de bocages, se succèdent. Dans ce paysage très doux, très vert, on éprouve une sensation d'isolement, de calme, de repos. Fin mai, début juin, c'est un immense champ de narcisses. Pour les randonneurs, des vues s'offrent à la fois sur le Valromey, la vallée du Rhône, le Jura. L'itinéraire, bientôt, domine la Michaille : le **panorama★★** *(table d'orientation au Catray)* s'étend sur les Alpes (mont Blanc au sud-est), la Valserine, le défilé de l'Écluse, le lac du Bourget.
Regagnez Bellegarde par la D 101 puis poursuivez par la D 1508 vers le sud. Prenez à droite la D 168 vers St-Germain-sur-Rhône. La D 214 vous ramène au barrage de Génissiat.

NOS ADRESSES SUR LE PLATEAU DE RETORD

FAIRE UNE PAUSE

Auberge de Retord – *Sur le plateau, juste à côté de la chapelle de Retord - ✆ 04 79 87 68 58 - 9h-18h - fermé oct. - l'ouverture dépend surtout des conditions météorologiques, tél. avant une visite pour vous assurer que l'auberge n'est pas fermée.* L'endroit parfait pour vous abriter des vents du Retord ou dévorer un bon goûter après une longue randonnée. Boissons chaudes dans des grands bols et pâtisseries maison, feu de cheminée, trophées de chasse et animaux naturalisés : un agréable goût de retour en enfance dans cette chaleureuse auberge. Petite terrasse en été.

ACTIVITÉS

Le plateau de Retord est le lieu privilégié pour de nombreuses activités de plein air - *www.plateauderetord.com*. Les Plans-d'Hotonnes concentrent les départs de la majorité des activités et des boutiques de location de matériel.
Pour tout renseignement, contactez l'OT Valromey-Retord.
Été – Dès l'éclosion des jonquilles, les randonneurs arrivent sur le plateau, de nombreux sentiers sont balisés avec des niveaux de difficulté variés. Le cyclotourisme est un moyen de visiter la région, mais c'est surtout le VTT qui vous permettra, avec 144 km de circuits depuis les Plans-d'Hotonnes

et une partie de la GTJ VTT, de découvrir les recoins isolés et la nature sauvage du plateau.

Hiver – Si le plateau possède 15 km de pistes de ski alpin avec 9 remontées mécaniques aux Plans-d'Hotonnes, ce sont le ski nordique (150 km de pistes) et les raquettes (75 km de pistes, reprenant une partie du tracé de la GTJ) qui y règnent en maîtres. Luges, snowboards et chiens de traîneaux ne sont pas en reste et le lieu est équipé pour le biathlon.

Espace sportif des Plans-d'Hotonnes – *Les Plans-d'Hotonnes - 01260 Hotonnes - ✆ 09 81 63 65 94 - accès libre toute l'année.* Intégrée aux pistes de ski de fond en hiver, cette structure est le cadre de compétitions de biathlon. Lorsque la neige fond, elle dévoile une piste bitumée de 2 km pour la pratique du roller et du ski-roues, mélangeant lignes droites, virages, montées et descentes, dans un cadre verdoyant. Location de matériel sur place et encadrement possible en biathlon à toute saison sur réservation.

Grand Colombier

★★★

Ain (01)

NOS ADRESSES PAGE 225

S'INFORMER

Office du tourisme de Culoz – Grand Colombier – Marais de Lavours – *55 r. de la Mairie - 01350 Culoz - ☏ 04 79 87 00 30 - www.culoz-tourisme.com - juil.-août : 9h30-12h30, 14h30-18h, lun. 9h30-12h30, 14h-17h, sam. 9h30-12h30 ; reste de l'année : tlj sf lun. 9h-12h, 14h30-17h30, sam. 9h-12h - fermé dim. et j. fériés, de mi-déc. à déb. janv.*

Office du tourisme Valromey-Retord – *Maison de pays - 01260 Champagne-en-Valromey - ☏ 04 79 87 51 04 - www.valromeyretord.com - juil.-août : 9h30-12h30, 13h30-16h30 ; déc.-mars : tlj sf lun. et j. fériés 9h30-12h30, 13h30-16h30 ; reste de l'année : tlj sf lun., dim. et j. fériés 10h-12h30, 14h-17h - fermé j. fériés.*

SE REPÉRER

Carte de microrégion B2 (p. 198) – *Carte Michelin Départements 328 H5.*
De Bellegarde-sur-V., prenez la D 25 jusqu'à Billiat, puis à gauche la D 991 jusqu'à Seyssel et tout droit jusqu'à Anglefort (D 992). La D 120A mène au sommet après 15 km de montée assez rude, mais qui en valent la peine ! De Virieu-le-Petit ou de Culoz (desserte TGV), empruntez la D 120.

À NE PAS MANQUER

Les superbes panoramas.

ORGANISER SON TEMPS

Une journée entière vous permettra de faire le circuit du Colombier et le Valromey. À pied ou à vélo, prévoir la journée juste pour le massif.

AVEC LES ENFANTS

Profitez des paysages splendides qui vous entourent pour vous adonner aux joies du cyclotourisme en famille.

Culminant à 1 531 m, le Grand Colombier est le sommet le plus élevé du Bugey. Certes, les routes en lacets et les chemins pierreux ne facilitent pas son accès, mais les exceptionnels panoramas qui attendent les courageux justifient largement cet effort. Les points de vue n'ont d'égal que la taille du massif… géants !

Découvrir Carte p. 222

DE VIRIEU-LE-PETIT À CULOZ

Circuit de 29 km tracé sur la carte du Grand Colombier (p. 222). Comptez env. 2h (attention, zones de dénivelé à 14 %).

Au départ de Virieu, la route aborde la montagne du Grand Colombier par une série de lacets tracés dans un paysage pastoral. Après l'orée de la forêt, le parcours, traversant de magnifiques sapinières, devient très beau. On laisse à gauche la route de Lochieu, quand, peu après, vers la grange de Fromentel, un beau replat d'alpages offre des échappées sur le bassin de Champagne-en-Valromey. Après un nouveau kilomètre de montée en forêt, la route menant au relais-hôtel du Colombier se détache à gauche, alors qu'un dernier lacet à flanc de montagne permet d'atteindre le col.

★★★ Grand Colombier

Du parking, deux sommets sont facilement accessibles à pied : au nord, celui arrondi qui porte la croix *(30mn à pied AR - table d'orientation)* ; au sud, le point culminant qui se termine en arête abrupte sur le versant ouest *(45mn à pied AR)*. Ils révèlent des panoramas amples et magnifiques sur le Jura, la Dombes, la vallée du Rhône, le Massif central et les Alpes. Par beau temps, trois lacs scintillent au soleil : Léman, Bourget, Annecy.

Sur le versant oriental de la montagne, la route parcourt d'abord de hauts pâturages avant de pénétrer en forêt.

Dans un lacet, à 5 km du sommet, prenez à droite vers le Fenestrez.

★★ Observatoire du Fenestrez

Un sentier conduit au bord de la falaise d'où l'on domine d'environ 900 m la plaine de Culoz. On découvre, au sud-est, le lac du Bourget, puis Chambéry ; à l'est, le lac d'Annecy. Au-delà, la vue s'étend jusqu'à la chaîne des Alpes.

De retour à la route principale, la prendre à droite, descente à 15 %. À 4 km de là, on laisse à gauche la route vers Anglefort.

La descente sur Culoz *(12 % par endroits – 13 lacets)* offre des vues impressionnantes sur le Bugey, la vallée du Rhône et la plaine de Culoz, surtout lorsque la route est taillée au ras de l'abrupt, au pied de la forêt.

À proximité Carte de microrégion et carte ci-dessous

Seyssel B2

13 km au nord de Culoz par la D 992.

Les habitants de Seyssel, autrefois grand port fluvial de la Savoie sur le Rhône, ne peuvent ignorer le fleuve qui coupe la commune en deux. Ils en

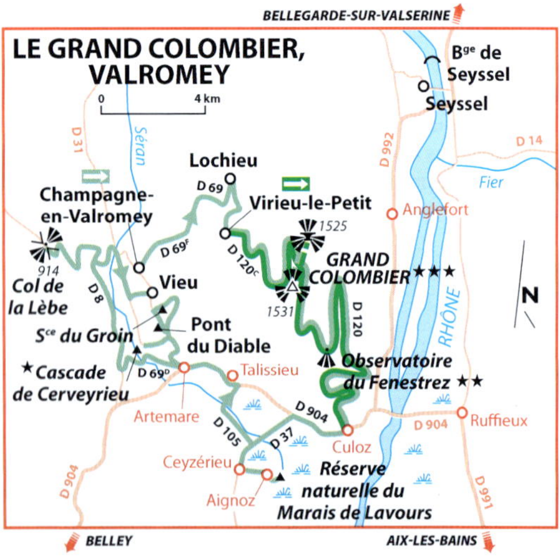

Le Rhône depuis la montagne du Grand Colombier, au fond le lac du Bourget.
C. Moirenc / Hemis.fr

ont logiquement profité pour développer un commerce fructueux avec Lyon, et fabriquaient sur place leurs fameuses **seysselanes**, grandes barques à fond plat, qui servaient au transport des marchandises.

Seyssel est aujourd'hui surtout connu pour les excellents vins blancs de son terroir, identifiés généralement sous le nom du cépage producteur, l'altesse. L'agglomération, jadis partagée entre la France et la Savoie, reste écartelée entre les départements de la Haute-Savoie et de l'Ain. Le pont suspendu reliant les deux bourgs – qui ont conservé chacun leur noyau ancien – constitue le trait le plus caractéristique du paysage seysselan. Plus récemment, un pont à haubans a été construit au sud de l'agglomération.

3

Barrage de Seyssel B2

1,5 km en amont de Seyssel.

Ce barrage de compensation est destiné à régulariser le débit du Rhône à la sortie de Génissiat. L'ouvrage a créé un nouveau plan d'eau au pied de l'éperon qui porte l'église de **Bassy**, fort bien située. L'usine peut produire 50 millions de kWh par an.

Circuit conseillé Carte ci-contre

LE VALROMEY

Circuit de 72 km tracé sur la carte ci-contre. Comptez 6h.

Ce circuit reprend le circuit proposé pour découvrir le Grand Colombier et l'élargit à la découverte du Valromey : inclus dans le Haut-Bugey, le Valromey est la vallée, descendante par marches successives, du Séran.

Champagne-en-Valromey

Actuel centre du Valromey, il conserve encore quelques maisons anciennes.
Prenez la D 69^F, puis la D 69.

Lochieu

Musée du Bugey-Valromey – *04 79 87 52 23 - www.musees.ain.fr - ♿ - juin.-août : 10h-18h ; avr.-mai et sept.-nov. : jeu.-sam. 14h-18h, dim. et j. fériés : 10h-18h - possibilité de visite guidée (1h30) - fermé lun. et mar. - 4 € (-26 ans gatuit), gratuit 1er dim. du mois ; 5 € billet combiné avec le Passeport musées.*
Installé dans un ensemble de maisons, dont une datant de la Renaissance avec pigeonnier, il associe conservation de la mémoire et évocation de la vie régionale. Une projection commentée sur une **carte en relief**, montre l'étonnante densité des cours d'eau, les pôles économiques et leur histoire. Au travers des objets s'esquissent les activités, la vie religieuse, mais aussi les personnalités de quelques initiateurs de la randonnée touristique ou sportive (tenue d'époque de la « fiancée du mont Blanc », Henriette d'Angeville, qui le gravit en 1838). Le musée présente aussi une belle collection de 140 objets d'art, contemporains, en bois.
En sortant du musée, prenez à droite la direction de Virieu-le-Petit. Avant ce village, tournez à gauche sur la D 120C vers le Grand Colombier.

★★★ Grand Colombier

La montée, puis la descente par la D 120 sont abruptes (14 %) et en lacets. Dans Culoz, prenez à droite la D 904. À l'entrée de Béon, prenez à gauche la D 37 en direction de Ceyzérieu (attention au radar après la voie ferrée). Dans ce village, suivez la direction de la réserve de Lavours.

Réserve naturelle du marais de Lavours

04 79 87 90 39 - www.reserve-lavours.com - accueil à la maison du Marais - accès libre au sentier sur pilotis toute l'année (2,4 km) - vac. scol. de Pâques : tlj 14h-18h30 ; mai-juin : w.-end et j. fériés 10h-12h30, 14h-18h30 ; vac. scol. d'été : tlj 10h-12h30, 14h-19h ; sept.-oct. : w.-end 14h-18h30 - 4 € (enf. 2 €, -12 ans gratuit) - visite guidée de la réserve juil.-août : 9h (6 €, enf. 3 €, -12 ans gratuit).
Le Rhône, rejoint par le Fier (dont le val franchit la montagne du Gros Foug) et le Séran, s'étale et divague dans un large lit de cailloux et de graviers encombré d'îlots formant les marais de Chautagne et de Lavours. L'ensemble (5 000 ha) constitue l'un des derniers grands marais continentaux d'Europe de l'Ouest. Il servit longtemps de réserve de tourbe pour les habitants de la région.
Vous ne pouvez pas accéder directement à la maison du Marais. Laissez votre voiture au parking et parcourez 500 m à pied dans le hameau d'Aignoz.
La **maison du Marais** propose, outre de petits films sur les milieux humides et la constitution de la tourbe, quelques raretés de la flore et de la faune ou des contes régionaux dans divers espaces interactifs.
Revenez à Ceyzérieu et prenez la D 37 puis la D 105 vers Talissieu. La D 904 à gauche vous emmène à Artemare. Traversez la ville et montez à Don (direction musée de Lochieu). Au carrefour dans Don, prenez tout droit puis à gauche.

Pont du Diable et source du Groin

Le pont du Diable (que l'on franchit) enjambe un vertigineux et sombre canyon, au fond duquel s'écoule le Groin. *Empruntez la D 31D à droite, la route est mauvaise mais allez jusqu'au hameau de Vaux-Morets où vous vous garez.*
Prenez le chemin de la Source à la sortie du hameau à droite, passez le petit pont, puis à gauche au croisement : l'étonnante cuvette turquoise de la source du Groin se trouve derrière le totem *(15mn AR, baignade interdite).*
Poursuivez la D 31D jusqu'à Don. Au carrefour principal, prenez la D 31 à droite. À la sortie du hameau de Chassin, à gauche un panneau « Cascade » à l'envers vous indique la route à prendre. Garez-vous sur le parking après le pont.

★ Cascade de Cerveyrieu

Le Séran s'est creusé là un lit rocheux avant de se précipiter de 60 m de haut sur des rochers détachés de la falaise. Il peut être à sec à certaines périodes de l'année. Belle vue sur le château de la Cascade, sur Artemare et sa campagne.

Revenez à Artemare et tournez à droite sur la D 69D qui permet de voir la cascade d'en bas (propriété privée). Tournez à droite sur la D 8. 2 km après le monument aux morts, le chemin de l'observatoire est sur la droite.

Col de la Lèbe

Observatoire de la Lèbe – *Sutrieu - ✆ 04 79 87 67 31 - www.astroval-observatoire.fr - ♿ - de déb. juil. à mi-sept. : 10h-18h, w.-end et j. fériés 14h-18h ; reste de l'année : tlj sf w.-end 10h-17h - possibilité de visite guidée (1h) - fermé de mi-sept. à déb. janv., 1er Mai - 5 € (-16 ans 3,50 €) visite de jour, 12 € (-16 ans 10 €) visite nocturne (2h) avec animateur, sur réserv. - sentier thématique d'accès (2,3 km) - gratuit.*

À 914 m d'altitude, le col de la Lèbe n'est gêné par aucune pollution lumineuse ou atmosphérique. Par beau temps, observez les environs jusqu'au lac du Bourget, les éruptions solaires (sidérostat, lunette équipée d'un filtre), et, la nuit, les étoiles (télescopes de 530 à 610 mm).

Une fresque sert de support à un rapide résumé de l'histoire de l'astronomie. Le lieu est parrainé par l'astrophysicienne du CNRS Anne-Marie Lagrange, originaire du Bugey.

Revenez sur vos pas. Prenez à gauche la D 54 . Tournez à droite dans la D 31 et guettez le chemin de Vieu sur votre gauche.

Vieu

Le village occupe l'emplacement de la ville romaine qui fut métropole du Valromey. L'église est du 12e s. Brillat-Savarin (*voir Belley p. 228*) avait là sa gentilhommière où, pour ses amis, il mettait en pratique ses conseils gastronomiques.

3

NOS ADRESSES AU GRAND COLOMBIER

HÉBERGEMENT

À Belmont-Luthézieu

Au Vieux Tilleul – *Luthézieu - 01260 Belmont-Luthézieu (10,5 km à l'ouest de Virieu-le-Petit par la D 69F, puis la D 54C) - ✆ 04 79 87 64 51 - fermé dim. soir sf juil.-août, lun. et mar. midi hors sais. - P - 16 ch. 52/58 € - ☕ 8 € - rest. 20,50/44 €.* Au ravissant décor qui s'harmonise autour d'un tissu bleu et jaune qu'on dirait peint par Van Gogh, ajoutez le calme, le confort des chambres et un bon accueil. Vue splendide sur le Grand Colombier ou la forêt. Cuisine, elle aussi, très bien inspirée.

À Culoz

Camping Le Colombier – *Île de Verbaou - 01350 Culoz (1,3 km à l'est, au carr. des D 904 et D 992, au bord d'un ruisseau) - ✆ 04 79 87 19 00 - http://camping.colombier.free.fr - ♿ - de fin avr. à fin sept. - 78 empl. 13/16,50 € et 6 mobile homes 250/480 € par sem. pour 6 pers.* Ce camping bordant le plan d'eau compte des emplacements de confort globalement inégal. On préférera bien sûr ceux qui combinent pelouse et ombrage, plus éloignés des nuisances sonores éventuelles. Bloc sanitaire central, de belle architecture, et aires de jeux pour petits et grands.

BUDGET MOYEN

À Saint-Martin-de-Bavel

Chambre d'hôte Les Charmettes – *R. de la fruitière - La Vellaz - 01510 Saint-Martin-de-Bavel (11 km au nord de Belley par la D 1504 jusqu'à Chazey-Bons, puis la D 31ᶜ et la D 105) - ✆ 04 79 87 32 18 - juliettejvincent@ orange.fr - - 3 ch. 47 €.* Séjour agréable garanti dans les anciennes écuries très bien restaurées de cette ravissante ferme du Bugey. Les chambres y sont mignonnes et confortables ; l'une peut accueillir des pers. handicapées. Cuisine aménagée et machine à laver à disposition. Calme de la campagne assuré.

FAIRE UNE PAUSE

Boulangerie Journet – *01350 Ceyzerieu - ✆ 04 79 87 90 60 - mar.-vend. 8h-13h30, 15h-19h30, sam. 8h-19h30, dim. 8h-13h30 - fermé lun.* L'adresse privilégiée pour déguster une tranche de salé aux noix et aux oignons (prononcez « ouanions ») ou aux pommes (1,50 €). À savourer sur un banc près de l'église, avec une fontaine à disposition pour les doigts gras !

ACTIVITÉS

Cyclotourisme – Rens. auprès des offices de tourisme sur les circuits balisés de *l'Ain à vélo* (boucles « débutants », « confirmés », « familles »), sur les montées jusqu'au col du Grand Colombier, ou encore sur les parcours de VTT dans le massif. Si vous faites l'ascension du Colombier au moins deux fois dans la même journée, vous avez votre place parmi les Fêlés du Colombier ! *(www.felesducolombier.fr)*

Stade international de Biathlon – *Les Plans-d'Hotonnes - 01260 Hotonnes - ✆ 04 79 87 59 67 - www.hotonnes.com.* Ouverte de fin avril à début novembre, cette structure dispose d'un anneau pour la pratique du roller et d'une piste bitumée de 2 km pour le ski roues, mélangeant lignes droites, virages, montées et descentes dans un cadre verdoyant. Location de matériel sur place et encadrement possible en biathlon.

AGENDA

Fêtes du four – Les fours banaux sont allumés chaque été pour cuire pains, galettes et tartes de pays à l'occasion de belles fêtes.

Belley

8 750 Belleysans – Ain (01)

NOS ADRESSES PAGE 230

S'INFORMER

Office de tourisme – *34 Grande-Rue - 01300 Belley - ✆ 04 79 81 29 06 - www.tourisme-belley-bas-bugey.fr - de déb. mai à mi-oct. : 9h-12h, 14h-19h, vend. 10h-12h, 14h-19h, sam. 9h-12h, 14h-18h ; reste de l'année : 9h-12h, 14h-18h - fermé dim. (sf manifestation) et j. fériés.*

SE REPÉRER

Carte de microrégion B3 (p. 198) – *Carte Michelin Départements 328 H6.* Belley se situe à 57 km au sud-est d'Ambérieu-en-Bugey, par la D 1504.

À NE PAS MANQUER

La cathédrale Saint-Jean-Baptiste et ses peintures murales colorées ; la balade dans le centre-ville ; le défilé de Pierre-Châtel.

ORGANISER SON TEMPS

Comptez environ 3h pour le tour de la ville, en jetant un coup d'œil aux pittoresques cours intérieures des maisons belleysanes.

AVEC LES ENFANTS

La ViaRhôna à vélo ou en roller ; les bases de loisirs aménagées sur le Rhône ou les lacs de la région.

Capitale du Bugey, Belley (prononcez « Beulé ») s'étend dans un large bassin arrosé par le Furans et le Rhône. Détruite par un incendie en 1385, elle fut reconstruite et fortifiée par Amédée VII de Savoie. La Vieille Porte, vestige de ces remparts, clôt le boulevard du Mail. Ancienne ville épiscopale, ses monuments attestent sa riche histoire religieuse.

Se promener

Cathédrale Saint-Jean-Baptiste

9h-12h, 14h-18h. Reconstruite presque entièrement au 19e s., elle a gardé son portail nord, du 12e s. À l'intérieur, l'édifice a conservé un vaste **chœur★** à chapelles rayonnantes datant de 1473 dont le triforium possède de belles balustrades ajourées. Cinq chapelles richement décorées s'ouvrent sur le déambulatoire. La **chapelle de la Vierge**, derrière le maître-autel, renferme une imposante statue de la Vierge, en marbre, œuvre de Chinard (1756-1813). Le **maître-autel** original, en marbre de Carrare sculpté de scènes bibliques, est dans la chapelle à droite de l'entrée. La châsse de saint Anthelme, évêque de Belley de 1163 à 1178 et patron de la ville, auparavant placée à gauche de l'autel, a été retirée pour la préserver des malveillances. En bronze doré orné d'émaux, elle retraçait la vie du saint en 12 scènes. Les peintures murales colorées du 19e s. ont été récemment restaurées.

Palais épiscopal

R. des Cordeliers. Dès 555, un évêque résidait à Belley. Le palais épiscopal du 18e s. aurait été construit d'après les plans de Soufflot, l'architecte du Panthéon

JEAN-ANTHELME BRILLAT-SAVARIN

Quand il naît à Belley, en 1755, sa carrière est déjà toute tracée : il sera avocat, comme son père. Il s'installe confortablement dans la quiétude de la vie belleysane, s'intéressant aux sciences et aux arts, animant les réunions de famille et d'amis à Belley ou à Vieu, dans sa maison de campagne.

En 1789, il est élu député du Tiers État et ne se départira pas, dans l'exercice de ses fonctions, de sa bonhomie, de sa tolérance. Il s'oppose à l'application de la Terreur à Belley dont il est maire, et devient l'objet des soupçons du régime. **Girondin, il doit fuir devant les Montagnards, dominants** en 1794. Après un séjour en Suisse, puis en Amérique, il regagne la France où il devient conseiller à la Cour de cassation durant le Consulat. Là, il occupe ses loisirs à écrire, d'abord des ouvrages juridiques et politiques, puis le petit chef-d'œuvre qui lui vaudra la célébrité : *La Physiologie du goût.* En 30 méditations, Brillat-Savarin aborde tous les problèmes du bien manger et du bien vivre : les principes philosophiques côtoient les réflexions sur la gourmandise, le sommeil, les rêves ; des théories scientifiques, il passe aux préceptes culinaires, sans jamais abandonner le ton débonnaire et joyeux qui a caractérisé toute sa vie d'érudit. Il meurt à Paris en 1826.

à Paris, ou d'un de ses disciples. Il abrite la bibliothèque municipale et la société savante Le Bugey, il sert aussi pour des réceptions et expositions.

Maison de Saint-Anthelme

R. Ste-Marie. Cet imposant bâtiment est un ancien séminaire construit en 1932. L'évêché le transforma en maison d'accueil en 1966.

Rue du Chapitre

Au n° 8, belle maison Renaissance à tourelle du 16e s. avec une inscription gothique au-dessus de la porte.

Maison natale de Brillat-Savarin

Au n° 62 ***de la Grande Rue.*** **Construite en grande partie au 16e s., cette** belle demeure à deux étages présente des cintres en façade. Sa cour intérieure, prolongée par un jardin, s'orne d'une loggia, d'une façade à 3 étages, de galeries (18e s.) et balustres et d'un vieux puits.

La promenade dans la Grande Rue permet d'observer des maisons des 17e et 18e s., les cours intérieures étant souvent du 15e s. Le **buste** de Brillat-Savarin trône devant l'office de tourisme *(n° 34)*, ancienne maison du Baillage.

Randonnée Carte ci-contre

Prenez la D 992 vers l'est jusqu'à Massignieu-de-Rives, puis à droite la D 37. Après Nattages, suivez la direction de Chemillieu.

La vue s'ouvre sur le bassin d'Yenne, la dent du Chat, le mont Revard (par la trouée du col du Chat) et le massif de la Chartreuse (Grand Som, Grande Sure).

Au hameau de Nant, laissez votre voiture près d'un lavoir. Prenez aussitôt à gauche un chemin goudronné, puis rocailleux (interdit aux véhicules), bientôt tracé en corniche étroite, au-dessus du défilé de Pierre-Châtel.

Défilé de Pierre-Châtel

1h30 à pied AR. À Yenne, le Rhône a trouvé le défaut de la cuirasse des plissements jurassiens ; il perce en cluse la montagne au défilé de Pierre-Châtel. La cluse est dominée par les bâtiments de l'**ancienne chartreuse** de

Pierre-Châtel. Fondée en 1383, elle fut très vite transformée en **chartreuse-forteresse**, puis en forteresse au 17e s., lorsque la position devint frontière du fait de l'attribution de la Bresse et du Bugey à la France.

Du sommet d'un banc rocheux, à gauche du chemin, **vue★** sur la cluse. L'élégante arche du pont de la Balme, jetée sur le Rhône, retient l'attention.

À proximité Carte de microrégion

Lac de Barterand B3

▶ *Quittez Belley vers le nord, par la D 69 en direction de Billieu. À la sortie de ce village, prenez à droite la D 69C, puis encore à droite, la D 37 vers Pollieu.*

Peu après Pollieu, on arrive au lac de Barterand dans un site verdoyant et reposant *(baignade surveillée en juillet-août, plage aménagée payante).*

Circuit conseillé Carte ci-dessous

LA MONTAGNE D'IZIEU

▶ *Circuit de 45 km tracé sur la carte ci-dessous. Comptez 2h30. Quittez Belley par la D 992 vers le sud, jusqu'au-delà de Murs-et-Gélignieux.*

L'itinéraire, en contournant la montagne d'Izieu, suit le Rhône qui, de nouveau, s'apprête à changer de direction : au confluent avec le Guiers, une rainure du plateau l'entraîne vers le nord-ouest.

Poursuivez par la D 19D vers Izieu.

Izieu

La petite route grimpant en lacets, dans un paysage de maquis, de bois, de vergers, conduit à ce village dont le nom reste lié à l'une des tragédies les plus bouleversantes de la Seconde Guerre mondiale avant de devenir un émouvant lieu de souvenir. Dans un hameau d'aspect paisible, situé à quelque 800 m de là, une colonie d'enfants juifs avait trouvé asile. Le 6 avril 1944, la Gestapo de Lyon arrêta les 44 enfants qui s'étaient réfugiés dans la maison d'Izieu et leurs 7 éducateurs, parce qu'ils étaient juifs. Une personne parvint à s'échapper lors de la rafle, et une seule rescapée revint des camps.

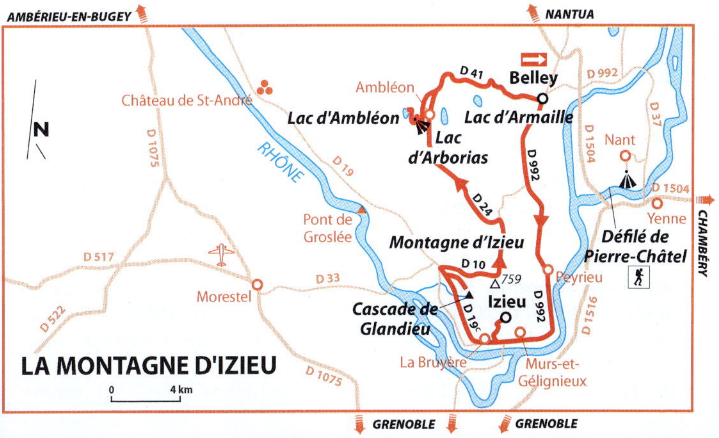

★ **Maison d'Izieu, Mémorial des enfants juifs exterminés** – *℘ 04 79 87 21 05 - www.memorializieu.eu - de mi-juin à mi-sept. : 10h-18h30 ; reste de l'année : 9h-17h, dim. et j. fériés 10h-18h, sam. 14h-18h - possibilité de visite guidée (2h) - fermé janv., vac. de Noël et w.-end de déc. - 7 € (enf. 3,50 €) billet combiné avec le musée de la Résistance et de la Déportation de Nantua.*

En 1987, après la condamnation de Klaus Barbie pour ce crime contre l'humanité, s'est constituée autour de Sabine Zlatin, directrice de la colonie en 1943 et 1944, l'Association du musée-mémorial des enfants d'Izieu.

À l'intérieur de la maison principale est évoquée ce que fut la vie quotidienne dans cet éphémère refuge (réfectoire, salle de classe partiellement reconstituée, dortoirs). Dans la grange sont retracés les itinéraires des enfants et de leurs familles sous le régime nazi ; on peut y voir deux films dont l'un se compose d'extraits inédits du procès de Klaus Barbie *(20mn, 11h, 14h, 15h)*. Une salle est consacrée à la notion de « crime contre l'humanité ». Un centre de documentation est aménagé dans la magnanerie *(uniquement sur RV)*.

De retour à La Bruyère, prenez à droite l'ancienne D 19 qui traverse les villages de Brégnier-Cordon et de Glandieu.

Cascade de Glandieu

Les eaux de cette cascade sont utilisées en semaine par deux petites centrales hydroélectriques qu'elle surplombe.

Prenez la D 10 à droite, puis empruntez à gauche la D 24 jusqu'à Ambléon.

Trois lacs

Sur la route du lac d'**Ambléon**, arrêtez-vous dans le virage pour une **vue** sur le Grand Colombier et le mont Blanc par temps clair. Les lacs d'**Arborias** et d'**Armaille**, desservis par de petites routes, parfois étroites et sinueuses, mais très agréables à parcourir, sont appréciés des amateurs de pique-nique.

Revenez à Belley par la D 41.

NOS ADRESSES À BELLEY

HÉBERGEMENT

À Belley

BUDGET MOYEN

Chambre d'hôte de Martine Barbot – *90 r. St-Jean - ℘ 04 79 81 55 27 - www.ausaintjean.com - P - ⊭ - 60 € ☕.* Une maison de campagne en cœur de ville entourée d'un joli jardin arboré. Salle de petit-déjeuner meublée avec style, chambres confortables et chaleureuses. Accueil sympathique. Parking privé.

Hôtel Sweet Home – *Bd du Mail - ℘ 04 79 81 01 20 - www.sweethomehotel.fr - ♿ - 35 ch. 59/69 € - ☕ 8,50 € - formule déj. 11,50 € - 13,50/21 €.* Adresse utile pour l'étape en centre-ville. Chambres actuelles et fonctionnelles. Petit-déjeuner servi sous forme de buffet. Au restaurant : photos d'acteurs en noir et blanc, courte carte traditionnelle.

À proximité

BUDGET MOYEN

Chambre et table d'hôte Ferme des Grands Hautains – *37 sentier de la Conche (rte du Petit-Brens) - 01300 Brens (3 km au sud de Belley par la D 31A) - ℘ 04 79 81 90 95, 06 23 03 38 89 - noel.monique.veyron@sfr.fr - fermé 15 nov.-20 déc. et dim. - ⊭ - 4 ch. 45/50 € ☕ - table d'hôte 16 €.* Dans ce havre de paix, les chambres, aménagées sous les toits sont douillettes, tout comme le salon. Vue superbe sur la vallée du Rhône et les montagnes de Savoie. À l'ombre des arbres en été ou au coin de la cheminée en hiver, vous dégusterez légumes du potager et viandes de la ferme. Terrasse indépendante.

RESTAURATION

À proximité

BUDGET MOYEN

La Fine Fourchette – *N 504 vers Virignin - ✆ 04 79 81 59 33 - delouille.titou@wanadoo.fr - fermé 23 août-1er sept., 23 déc.-2 janv., dim. soir et lun. -* P *- 23,50/54 €.* En surplomb de la route, charmant pavillon tourné vers la campagne et le canal du Rhône. Les larges baies de la salle à manger, redécorée, s'ouvrent sur la terrasse. Cuisine classique.

FAIRE UNE PAUSE

La Cascade – *En face de la cascade de Glandieu - 01300 Saint-Benoît - ✆ 04 79 87 22 34 - www.la-cascade-restaurant.com - fermé mar. - formule déj. 14 € - 19/33 €.* Pour une halte à l'ombre d'un grand platane bicentenaire, avec une glace ou une pâtisserie maison ou pour un repas plus consistant de plats du terroir. Décoration intérieure étrangement « stylée ».

ACHATS

Magasins d'usine – Maroquinerie Le Tanneur – *Av. Charles-de-Gaulle - 01302 Belley - ✆ 04 79 81 60 60 - mar.-sam. 10h-12h15, 14h-18h - fermé dim., lun. et j. fériés.* Au milieu des bâtiments d'usine, belle collection de sacs de luxe à prix abordables (-40 % pour les retours de boutiques, -20 % sur les produits avec défauts de la nouvelle collection).

Distillerie Kario – *44 r. Ste-Marie - 01302 Belley - ✆ 04 79 81 02 55 - www.distillerie-kario.fr - nov.-avr. lun.-jeu. 8h30-12h, 14h-18h, vend. 8h30-12h, 14h-17h, fermé sam., dim. et j. fériés ; mai-oct. 9h-12h, 14h-19h. Visites guidées le sam. ou tte l'année sur RV.* Vous pourrez vous y procurer la célèbre boisson tonique aux plantes créée en 1905 par un frère de la Ste-Famille, mais aussi maintes préparations naturelles, des compléments alimentaires au marc du Bugey.

Caveau Laubez René – *01300 Andert-et-Condon (5 km au nord de Belley par les D 10 et D 1504) - ✆ 04 79 81 16 10.* On retrouve toute l'authenticité du Bugey dans ce caveau. En plus de faire déguster ses vins (rouge, blanc, rosé, méthode traditionnelle et roussette de Bugey), le propriétaire vigneron et apiculteur offre une mine d'informations les charmes de la région.

ACTIVITÉS

Lacs et plans d'eau – Sur le Rhône : à **Massignieu**, 5 km à l'est par la D 992 (base de loisirs) et à **Murs-et-Gélignieux**, 12 km au sud par la N 504. Lacs : **Virieu-le-Grand**, 12 km au nord (baignade surveillée) et **Barterand**, 8 km au nord par la D 992 et la D 27 vers Saint-Champ (baignade surveillée).

ViaRhôna – Plus de 45 km de parcours pour vélos et rollers le long du Rhône. *Rens. à l'OT.*

AGENDA

Les entretiens de Belley – *2e vend. d'oct.* Dédiés à la gastronomie, aux produits du terroir et aux tendances de la consommation, ils accueillent scientifiques, chefs, professionnels, journalistes pour des conférences grand public.

Ambérieu-en-Bugey

8 750 Ambarrois – Ain (01)

NOS ADRESSES PAGE 235

S'INFORMER

Pavillon du tourisme – *Les Arcades - r. Alexandre-Bérard - 01500 Ambérieu-en-Bugey - ✆ 04 74 38 18 17 - www.ville-amberieuenbugey.fr - 10h-12h, 14h-18h - fermé lun., dim. et j. fériés.*

Office du tourisme de la Vallée de l'Albarine – *Maison de Pays - 7 av. de l'Europe - 01230 St-Rambert-en-Bugey - ✆ 04 74 36 32 86 - www.tourisme-albarine.com - 9h-12h, 14h-17h - fermé dim., lun. et j. fériés.*

SE REPÉRER

Carte de microrégion A2 (p. 198) – *Carte Michelin Départements 328 G4.* Accès par l'A 40 à l'ouest, les départementales 1084, 1075 et 1504 se rejoignent à Ambérieu.

À NE PAS MANQUER

La balade au mont Luisandre, la route des cluses et les petites rues de St-Sorlin.

ORGANISER SON TEMPS

Ne consacrez pas trop de temps à la visite d'Ambérieu, mais préférez les curiosités alentour. Comptez une demi-journée pour le circuit.

AVEC LES ENFANTS

Le musée du Cheminot d'Ambérieu-en-Bugey, le musée des Traditions bugistes de Saint-Rambert-en-Bugey.

De Saint-Exupéry à Laure Manaudou, l'exploit et le challenge font l'esprit d'Ambérieu, ville des sports et des transports. Sa position de carrefour permet de s'engouffrer rapidement dans les vallées du Bas Bugey pour découvrir l'héritage historique et industriel de ces lieux de passage.

Se promener

Ambérieu-en-Bugey

Important nœud de communications ferroviaires et routières, Ambérieu se développe dans la plaine de l'Ain, au débouché de la cluse de l'Albarine.

Base aérienne dès 1909, elle a joué un rôle important durant les deux guerres et accueilli de grands pilotes comme Louis Mouthier ou Antoine de Saint-Éxupéry. C'est de l'aérodrome d'Ambérieu, dit alors de «Bellièvre», que ce dernier prit son premier envol en 1912.

Musée du Cheminot – *46bis r. Aristide-Briand - ✆ 04 74 46 84 67 - http://musee.cheminot.free.fr - visite guidée (2h30) de mi-juin à mi-sept. : 14h-18h ; reste de l'année : sam. 9h-12h, 14h-18h, dim. 14h-18h - 3 € (-14 ans gratuit) - fermé 1er janv., 25 déc.*

Cette ville, dont le développement a été fortement lié à l'histoire du chemin de fer, méritait bien un musée ferroviaire à la fois riche et complet. Lampisterie, travail des rames, trains à vapeur, atelier des apprentis, pupitres de conduite, tout y est expliqué en suivant l'évolution des chemins de fer. Le premier étage présente des scènes de vie des cheminots : dortoir, infirmerie, billetterie, tandis que le second étage propose des expositions temporaires. Les bénévoles vous feront vivre un moment ludique et passionnant!

Toute proche d'Ambérieu, la superbe cité médiévale de **Pérouges★★** mérite largement le détour (*voir p. 193*). Véritable joyau d'architecture, elle se découvre au fil de ses ruelles tortueuses bordées de pittoresques maisons.

À hauteur du parking de la grande surface d'Ambérieu, prenez à gauche une route en montée vers le château des Allymes. La route, étroite, traverse une zone résidentielle. Laissez votre voiture à l'entrée du hameau de Brey-de-Vent d'où se font à pied les promenades au mont Luisandre et au château des Allymes.

À proximité Carte de microrégion et carte p. 234

★ Mont Luisandre A2

1h15 à pied AR.

Dans le village, à gauche du lavoir, prenez entre deux maisons le sentier caillouteux, en forte montée : après 15mn de marche, parvenu à un seuil, gravissez, à droite, à travers les pâturages et les friches, la rampe qui mène au sommet (805 m) surmonté d'une croix.

En faisant le tour du bosquet, on jouit d'une **vue★** remarquable sur le château des Allymes, sur la Dombes où miroitent les étangs, sur le confluent de l'Ain et du Rhône, sur les monts boisés du Bugey.

Château des Allymes A2

Hameau de Brey-de-vent - 04 74 38 06 07 - www.allymes.net - juin-sept. : 10h-12h30, 13h30-19h ; mars-mai et oct.-nov. : 14h-18h ; reste de l'année : w.-end 14h-17h - possibilité de visite guidée (1h20) sur demande - fermé vend. - 4 € (-10 ans gratuit) visite libre, 5 € (-10 ans gratuit) visite guidée, 6 € (-10 ans gratuit) billet combiné avec l'abbaye d'Ambronay. Animations médiévales ponctuelles.

Cette forteresse savoyarde du 14e s., édifiée sur plan carré, enferme une cour protégée aux angles par un robuste donjon carré et par une tour ronde à belle **charpente★**.

En faisant le tour des courtines au 2e étage, on bénéficie, par les ouvertures, de vues sur la Dombes et la Bresse. *Expositions temporaires dans le donjon.*

Descendez dans la vallée vers Saint-Rambert-en-Bugey pour entamer le circuit.

Circuit conseillé Carte p. 234

LE BAS-BUGEY

Circuit tracé sur la carte p. 234.

Le circuit emprunte les cluses de l'Albarine et des Hôpitaux, qui séparent les deux parties du Bugey.

Saint-Rambert-en-Bugey

L'arrivée en surplomb du site est avantageuse. S'étirant le long de l'Albarine, dans un vallon verdoyant, Saint-Rambert est une petite ville industrielle.

Musée des Traditions bugistes – *04 74 36 32 86 - 9h-12h, 14h-17h - fermé dim., j. fériés et lun., 24 déc.-3 janv. - 3 € (-6 ans gratuit).*

3

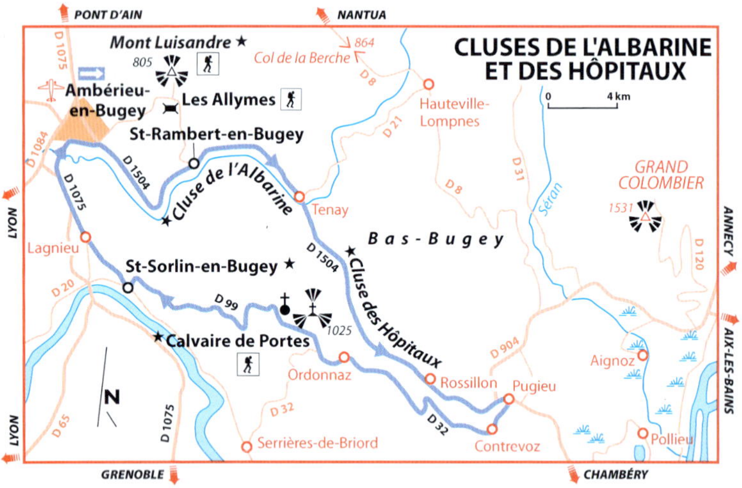

Situé dans les mêmes locaux que l'office de tourisme, ce musée présente la vie dans la vallée de l'Albarine de 1850 à 1940. La demeure bugiste est expliquée, ainsi que les anciens métiers comme le charbonnier, le charron ou encore le « schappiste ».

La proximité de Lyon et de ses industries textiles est à l'origine du développement du travail de la **schappe**. Cette petite industrie consistait à récupérer des déchets de soie pour fabriquer un fil solide et bon marché.

Entre Argis et Tenay, dans le fond de la cluse, des usines se succédaient le long de la route, entourées de cités ouvrières ; elles se reconvertirent dans le Nylon et ses dérivés. Un incendie en 1986 leur a porté un coup fatal. Aujourd'hui, l'activité de ces usines n'a plus de rapport avec le textile.

Le circuit suit la D 1504 en empruntant les cluses.

★ Cluse de l'Albarine

Elle va d'Ambérieu à Tenay. L'Albarine, le chemin de fer et la route y serpentent de compagnie entre des versants encaissés. Quelques rares vignes tapissent les pentes inférieures. Les pentes supérieures, boisées, se terminent par des escarpements calcaires où l'on distingue de nombreuses strates inclinées ou redressées, des rochers ruiniformes…

La vallée est très sinueuse et se resserre rapidement. Vous aurez parfois l'impression qu'un cirque vous entoure et que vous allez buter sur sa paroi ; c'est au dernier moment que se découvre l'issue.

★ Cluse des Hôpitaux

Elle s'ouvre entre Tenay et Pugieu. Comme il n'y coule plus qu'un mince ruisseau, elle est bien moins verdoyante que la cluse de l'Albarine. Ses défilés, ses escarpements rocheux, plus élevés et plus sauvages que ceux de l'Albarine, lui donnent un aspect sauvage qu'accuse l'absence presque totale d'habitations.

En passant le long de Rossillon, notez les nombreux pignons à redents, typiques du Bugey. Passé la ville, la vallée s'élargit.

Dans Pugieu, prenez à droite la D 32B, jusqu'à Contrevoz (bel ensemble de pignons à redents) que vous traversez pour emprunter la sinueuse D 32. 4 km après Ordonnaz, prenez à droite la D 99.

★ Calvaire de Portes

Laissez votre voiture sur le parc de stationnement qui se trouve à côté de la route (D 99). On aperçoit le calvaire qu'on atteint par un sentier *(15mn à pied AR)*. Il est situé au sud-est de la **chartreuse de Portes** *(habitée par des religieux, elle ne se visite pas)*, à l'extrémité d'une crête à 1 025 m d'altitude, et offre un beau **panorama**★ sur les rides du Bas-Bugey.
De la table d'orientation, on distingue, petite et pointue, la dent du Chat (1 390 m) ; sur la gauche se dresse, massif, le Grand Colombier (1 531 m). Sur la droite s'étend la plaine où l'Ain rejoint le Rhône.
La D 99 qui redescend vers Lagnieu offre quelques vues sur la vallée du Rhône et, au loin, le centre nucléaire de St-Étienne-d'Hières. La route descendant depuis la D 99 vers le vieux centre de St-Sorlin-en-Bugey permet à hauteur de l'ancien château d'avoir une belle **vue** sur le village et la vallée.

★ Saint-Sorlin-en-Bugey

Le village, réputé pour son exceptionnel fleurissement, occupe un site pittoresque au pied d'une falaise dominant un coude de la vallée du Rhône.
Il faut absolument s'arrêter pour découvrir ses étroites ruelles et la montée à l'église qui dévoile des maisons très bien restaurées.
Au croisement avec la montée des Sœurs, remarquez tout particulièrement la belle **fresque de saint Christophe** (16e s.).
L'église a connu plusieurs campagnes d'agrandissement et de restauration ; la plus importante a repris l'édifice intérieurement en rehaussant sa voûte et en édifiant de hauts piliers gothiques portant une voûte en réseau.
Revenez vers Ambérieu-en-Bugey par Lagnieu et la D 1075.

NOS ADRESSES À AMBÉRIEU-EN-BUGEY

HÉBERGEMENT

À Ambérieu-en-Bugey

BUDGET MOYEN

Hôtel Ambotel – *D 1075 - 01500 Ambérieu-en-Bugey - ✆ 04 74 46 42 22 - www.ambotel.fr - fermé 25-31 déc. - P - 35 ch. 64/75 € - 6,50 € - formule déj. 15 € - 20/35 €.* Cet hôtel se signale par son architecture contemporaine et sa pimpante façade ocre. Chambres actuelles meublées en bois clair. Agréable salon-bar. La salle à manger joliment colorée propose une cuisine traditionnelle sans fioriture.

À proximité

BUDGET MOYEN

Gîte des Allymes – *Hameau de Brey-de-Vent - 01500 Ambérieu-en-Bugey - ✆ 04 74 38 64 94, 06 84 08 78 45 - http://giteallymes.free.fr/ - 5 ch. 50 €.* En face du four banal du village, une grande maison en pierre a été aménagée pour accueillir les visiteurs. Chambres dans l'ancienne grange (avec une cuisine indépendante), très beau gîte dans l'atelier-pressoir *(min. 2 pers. pr 2 nuits, 2 ch., capacité 6 pers., 250 € les 2 nuits)* et auberge dans le bâtiment central.

POUR SE FAIRE PLAISIR

Hôtel L'Auberge Campagnarde – *Le Village - 01230 Évosges - ✆ 04 74 38 55 55 - contact@auberge-campagnarde.com - fermé 1er-8 sept., 16-30 nov., janv., mar. soir et merc. hors saison - P - 15 ch. 60/85 € - 10 € - rest. 22/60 €.* Savourez la quiétude de cette auberge tenue par la même famille depuis cinq générations. Accueil chaleureux, chambres simples mais impeccables, minigolf, piscine. Salle à manger champêtre (objets anciens), terrasse fleurie et cuisine féminine aux accents du terroir.

RESTAURATION

À proximité

POUR SE FAIRE PLAISIR

La Cigale d'Or – *Au village - 01470 Seillonnaz - ✆ 04 74 36 13 61 - www.restaurantlacigaledor.fr - fermé vac. Toussaint, 22-28 déc., lun. soir du 15 oct. au 15 mars, dim. soir, mar. soir et merc. - formule déj. 15 € bc - 28/65 €.* Ne manquez pas cette adresse d'un village perché : vous y dégusterez de savoureuses recettes actuelles dans une salle feutrée et voûtée (pierres). Terrasse dominant la vallée.

Auberge de Contrevoz – *01300 Contrevoz - ✆ 04 79 81 82 54 - www.auberge-de-contrevoz.com - fermé 2 sem. en janv., 2 sem. en sept., merc. soir, dim. soir et lun. - P - formule déj. 15/21 € - 26/41 €.* On se sent bien dans cette maison régionale à l'intérieur rustique. Généreuse cuisine actuelle avec des touches terroir (menus à thèmes selon les saisons, truffe du Bugey…).

ACTIVITÉS

Lacs et plans d'eau dans les proches environs d'Ambérieu-en-Bugey :

- Lacs : **Virieu-le-Grand**, à 12 km au nord (baignade surveillée) et **Barterand**, à 8 km au nord par la D 992, puis la D 27 vers Saint-Champ (baignade surveillée).
- Sur le Rhône : à **Massignieu**, à 5 km à l'est par la D 992 (base de loisirs) et à **Murs-et-Gélignieux**, à 12 km au sud par la N 504.

Centre nautique Bugey Côtière - Espace Laure Manaudou – *Avenue de Mering - 01500 Ambérieu-en-Bugey - ✆ 04 74 38 92 60 - www.centrenautiquelauremanaudou.jimdo.com - lun.-sam. 10h-12h30, 13h30-18h30.* Si Laure Manaudou a quitté Ambérieu, son frère s'y entraîne encore donnant à la ville l'espoir d'un nouveau titre sportif. Ce centre propose activités aquatiques et espace bien-être pour vous détendre ou vous muscler en douceur.

Branche Évasion Parc Aventure – *À la sortie d'Ambérieu, sur la route du château des Allymes - ✆ 06 34 39 06 77 - www.branche-evasion.fr - vac. scol. avr. : tlj 13h15-19h ; mai, déb. sept. : merc., sam. et « ponts » 13h15-19h, dim. 10h-19h ; juin : merc. 13h15-19h, w.-end. 10h-19h ; juil.-août : tlj 10h-19h ; mi-sept.-fin sept. : sam. 13h15-19h, dim. 10h-19h ; déb. oct.-mi-oct. : w.-end. 13h15-19h - fermé mi-oct.-mars - 20 € (enf. 5/15 € selon taille).* Quatre hectares de chênaie vous attendent pour 5 parcours de difficultés différentes dans les arbres. Pour les fans de vitesse, un parcours enchaîne les tyroliennes sur 1 km (suppl. 5 €).

Pêche – La région permet divers types de pêche et les espèces sont variées : **Albarine** (rivière de 1re catégorie), **étang de Buynand** (aire de pique-nique), **lac des Hôpitaux** (pêche en barque), **étang de la Cascade** (réservoir mouche). *Se rens. à l'OT pour les contacts des sociétés de pêche, les règles et les tarifs, pour le Guide de la pêche en Ain.*

Via Ferrata / Canyoning – La via ferrata de la Guinguette (Hostiaz) a deux circuits de niveau peu difficile à assez difficile (1h/2h30). Le canyon de Chaley est, lui, le site idéal pour découvrir le canyoning. Contacts des moniteurs : *Pierre Coillard, ✆ 04 74 21 15 22; Stéphane Bodillard, ✆ 06 12 50 65 77; Xavier Poilbout, ✆ 04 74 23 34 71; location de matériel : gîte La Fora - Marie Manas - 01110 Hostiaz - ✆ 04 74 37 59 44, réserv. oblig.*

AGENDA

La Ronde des Grangeons – *Sept. - Ambérieu-en-Bugey - www.amberieumarathon.org.* Quinze kilomètres de course ou de marche sur les chemins viticoles. Les ravitaillements se font dans les grangeons, ces petit bâtiments au milieu des vignes où les viticulteurs pressaient leur raisin ou rangeaient leurs outils, lieux de sociabilité paysanne. Beau parcours que l'on choisit de faire à son allure.

Ambronay

2 296 Ambrunois ou Ambournois – Ain (01)

NOS ADRESSES PAGE 239

S'INFORMER

Office du tourisme du Pays du Cerdon – Vallée de l'Ain – *10 pl. Xavier-Bichat - 01450 Poncin - ✆ 04 74 37 23 14 - www.paysducerdon-valleedelain.fr - juil.-août : 9h-12h30, 14h-18h, dim. et j. fériés 9h30-12h30 ; de mi-avr. à fin juin et sept.-oct. : tlj sf dim. et j. fériés 9h30-12h30, 14h-17h30 ; reste de l'année : tlj sf dim. et j. fériés 9h30-12h, 14h-17h, sam. 9h-12h.*

SE REPÉRER

Carte de microrégion A2 (p. 198) – *Carte Michelin Départements 328 F4*. À 6 km au nord d'Ambérieu-en-Bugey par la D 36.

À NE PAS MANQUER

La belle abbaye bénédictine.

ORGANISER SON TEMPS

Haut-lieu de la musique baroque et classique, Notre-Dame d'Ambronay accueille, chaque automne, un festival apprécié des mélomanes.

Oubliée l'abbaye, remaniée du 13e au 17e s., transformée en grange, prison, logements ! Le refuge bénédictin fondé au 9e s. par saint Barnard, chevalier de Charlemagne, se mue, depuis 2003, en un lieu vivant pour les arts du spectacle, accueillant en résidence jeunes espoirs et artistes confirmés… Grâce à son acoustique exceptionnelle, il revêt chaque année une dimension internationale à l'occasion du Festival de musique baroque.

Visiter

Ancienne abbaye

✆ 04 74 34 52 72 - juin-sept. : 9h-18h ; reste de l'année : 9h-16h30 - possibilité de visite guidée (1h30) sur demande préalable (2 €) - gratuit visite libre. Visites guidées (1h30) par le Centre culturel de rencontre d'Ambronay ✆ 04 74 38 74 00 - www.ambronay.org - ts les 1ers dim. du mois d'avr. à juin et ts les dim. de juil. à sept. à 15h - 5 €, enf. 3 € (parcours pour les enfants sur réserv.).

De Notre-Dame d'Ambronay, plusieurs fois reconstruite, il reste l'église, le cloître, la salle capitulaire et la majorité des bâtiments conventuels.

★ **Abbatiale** – *Un enregistrement audio peut être démarré pendant la visite (3 €), sf pdt les cérémonies religieuses.* L'église est en majeure partie des 13e et 15e s., avec quelques vestiges plus anciens (sous l'avant-chœur ont été découverts des restes de l'ancienne église carolingienne). La façade a été mutilée. Sur le linteau du portail central, on distingue la Résurrection des morts (13e s.) : au centre, Abraham reçoit les âmes dans son manteau.

Dans le chœur, verrières et stalles sculptées *(restaurées)* du 15e s. À gauche du chœur, la **chapelle Sainte-Catherine** abrite le **tombeau**★ de l'abbé Jacques de Mauvoisin (15e s.), restaurateur de l'église. Dans le bas-côté gauche, dans un enfeu, on remarque une Pietà du 15e s. en pierre polychrome.

Cloître – *Accès par une porte du collatéral droit.* Le cloître (15e s.) compose un bel ensemble de style gothique. Il comporte, au-dessus d'arcades aux élégants fenestrages, une **galerie** à laquelle on accède par un **escalier d'angle Louis XIV** *(restauré).* Dans l'escalier, regardez la peinture murale au plafond. En sortant de l'abbaye, prenez le temps d'une promenade tranquille autour des bâtiments et dans le parc.

NOS ADRESSES À AMBRONAY

HÉBERGEMENT

À proximité

BUDGET MOYEN

Chambre d'hôte Le Grand Noyer – *Merland - ✆ 04 74 38 81 95/06 08 40 46 89 - http://legrandnoyer.ambronay.fr - ⍁ - ♿ - 2 ch. 50/80 € ☕.* À côté des petites maisons de pierre du village, une nouvelle maison couleur ocre aux grandes baies vitrées qui donnent sur la vallée abrite ces belles chambres d'hôte. Possibilité de stages fromagers à la ferme des propriétaires.

Gîte La Championnière – *Lieu-dit La Championnière, sur la D 77D - ✆ 04 74 38 14 10 - www.gites-de-france.fr - ⍁ - 275/315 €/sem. pour 6 pers.* Aménagé sur 2 niveaux, ce gîte de 60 m², contigu à la maison des propriétaires, peut accueillir jusqu'à 6 pers. Cuisine, salle de séjour, 2 chambres, lave-linge. Terrasse avec salon de jardin.

RESTAURATION

À Ambronay

POUR SE FAIRE PLAISIR

Auberge de l'Abbaye – *Pl. des Anciens-Combattants - ✆ 04 74 46 42 54 - www.aubergedelabbaye-ambronay.com - fermé dim. soir, lun. et merc. soir, 18-27 oct., 24 déc.-3 janv. - réserv. conseillée - 29/42 €.* Cette auberge entièrement rénovée allie saveurs anciennes et contemporaines, dans sa déco comme dans son menu. Celui-ci est unique, renouvelé chaque jour en fonction des produits du marché. Belle cave où le client peut choisir sa bouteille.

ACHATS

Librairie du Centre culturel – *✆ 04 74 38 74 00 - lun.-vend. 9h-12h, 14h-18h.* Librairie musicale où vous pouvez trouver les enregistrements du Festival mais aussi disques et livres dédiés à la musique.

AGENDA

Festival de musique baroque – *De mi-sept. à mi-oct. - ✆ 04 74 38 74 00 - www.ambronay.org.* Un rendez-vous très apprécié des mélomanes, grâce à la merveilleuse acoustique de l'abbaye, à la richesse de la programmation ou à la présence de nouveaux talents. Les principaux concerts ont lieu dans l'abbaye, mais sont complétés par des soirées musicales beaucoup plus intimistes à la tour Dauphine ou dans d'autres lieux privilégiés.

Le Beaujolais et les monts du Lyonnais 4

Carte Michelin Départements 327 et 328 – Loire (42), Rhône (69) et Saône-et-Loire (71)

Les vignobles dans le Beaujolais.

SGM / Age fotostock

LE BEAUJOLAIS ET LES MONTS DU LYONNAIS
NANTUA
BOURG-EN-BRESSE
CHALON-SUR-SAÔNE
MONTCEAU-LES-MINES
MOULINS, VICHY
SAÔNE-ET-LOIRE
AIN
MÂCON
ROANNE
Saône
Rhins
St-Amour-Bellevue
Juliénas
Chénas
Romanèche-Thorins
Corcelles
Fleurie
Villié-Morgon
Belleville
Arginy
Mont Brouilly
484
Salles-Arbuissonnas-en-Beaujolais
St-Julien
Villefranche-sur-Saône
La Terrasse
660
Avenas
Beaujeu
Le Beaujolais
Vaux-en-Beaujolais
Signal de St-Bonnet
680
Montmelas-St-Sorlin
Jarnioux
Theizé
Le Boitier
Oingt
Ternand
Claveisolles
Chénelette
Mont Tourvéon
953
Les Écharmeaux
Col de Favardy
862
St-Nizier-d'Azergues
Chambost-Allières
Chambost
St-Appolinaire
Monts de Tarare
Lac des Sapins
Amplepuis
D 23
D 10
D 385
D 116
D 504
D 337
D 62
D 306
D 70
D 98
D 313
N 6
N 7
N 79
A 6
A 40
A 406
0
10 km
N
A
B
C
1
2
5

CLERMONT-FERRAND
NANTUA, BOURG-EN-BRESSE
CHAMBERY, GRENOBLE
LE PUY-EN-VELAY
VALENCE
A
B
C
3
4
1
6
7
LOIRE
RHÔNE
ISÈRE
Châtillon
St-Jean-des-Vignes
L'Arbresle
Éveux
N 7
Savigny
St-Pierre-la-Palud
D 389
D 307
Col de la Luère
714
Parc animalier de Courzieu
D 24
D 489
Grézieu-la-Varenne
LYON
D 113
Yzeron
D 112
Haute-Rivoire
D 489
D 81
D 101
D 637
Aveize
N.-D.-de-la-Neylière
St-Symphorien-sur-Coise
D 2
Chazelles-sur-Lyon
D 12
St-Galmier
Veauche
Signal de St-André
934
D 113
Riverie
Monts du Lyonnais
St-Martin-la-Plaine
D 6
D 54
D 89
D 1089
D 1082
A 72
A 89
A 47
D 1498
ST-ÉTIENNE
D 342
A 7
A 46
A 450
D 301
A 6
A 42
A 432
D 483
RHÔNE
Parc naturel régional du Pilat
Le Beaujolais
★★ Mérite un détour
Corcelles
★ Intéressant
Tarare
À voir
Ville de départ du circuit
Le vignoble
La montagne
Le pays des Pierres-Dorées
Monts de Tarare
Les monts du Lyonnais

Villefranche-sur-Saône

34 159 Caladois – Rhône (69)

NOS ADRESSES PAGE 248

S'INFORMER

Office de tourisme – *96 r. de la Sous-Préfecture - 69400 Villefranche-sur-Saône - 04 74 07 27 40 - www.villefranche-beaujolais.fr - mai-sept. : 9h-18h, jeu. 10h-18h, sam. 9h-12h30, 13h30-18h ; reste de l'année : 10h-17h, sam. 10h-12h30, 13h30-17h - fermé dim. et j. fériés. Visites guidées.*

SE REPÉRER

Carte de microrégion B2 (p. 242-243) – *Carte Michelin Départements 327 H4.*
L'A 6 et la D 306 relient la ville à Lyon, à 34 km au sud. Porte du Beaujolais, Villefranche est également proche de la Dombes, située de l'autre côté de la Saône.

À NE PAS MANQUER

La découverte de la peinture régionale au musée Paul-Dini.

ORGANISER SON TEMPS

Comptez environ 2h.

Villefranche, ou comment une charte peut changer le destin d'une cité. La ville doit en effet beaucoup à Guichard IV de Beaujeu qui en a fait la capitale du Beaujolais et l'a dotée de nombreux privilèges. On n'y vient pas pour un cœur historique ancien, mais pour sa fameuse et interminable rue Nationale qui résume bien l'originalité de son urbanisme.

Se promener Plan de ville

Les sires de Beaujeu créèrent cette ville autour de la tour de péage de Limans, en 1140, pour faire pendant à la forteresse d'Anse appartenant aux archevêques de Lyon. Elle se développa rapidement et, en 1260, Guichard IV de Beaujeu accorda aux habitants une charte de libertés et franchises, d'où son nom de « Villefranche ».

Vieilles demeures caladoises

04 74 07 27 40 - www.villefranche-beaujolais.fr - mai-oct. : lun. 9h-18h ; reste de l'année : lun. 9h-17h - possibilité de visite guidée (2h) sur demande préalable - 6 € (-8 ans gratuit).
Érigées et transformées entre le 15e et le 18e s., elles bordent, de part et d'autre, la **rue Nationale** (B 1-2). Elles doivent l'étroitesse de leurs façades à un article de la charte de 1260 prescrivant pour les nouveaux habitants, en contrepartie de la gratuité du terrain et des libertés et franchises accordées, une redevance

LES CALADES

Autrefois, les commerçants avaient coutume de tenir marché sur le parvis de l'église qui était pavé de pierres plates appelées « calades ». « Aller à la calade » signifiait « aller à la ville », et le nom de « Caladois » est resté pour désigner les habitants de Villefranche.

Le Beaujolais, Villefranche-sur-Saône, cours caladoises.
H. Hughes / hemis.fr

annuelle de trois deniers par toise de largeur de façade (une toise équivalait à 1,95 m environ). La numérotation des maisons part soit de la rue Nationale, soit du nord de la ville :

Côté impair – Remarquez les n^{os} **375** (allée voûtée d'ogives), **401** (escalier à vis ajouré du 16e s. dans la cour) et, au n° **17** de la rue Grenette, la tourelle d'escalier à claire-voie. Dans la cour du n° **507**, le puits est surmonté d'un dais en coquille. Au n° **523**, l'hôtel **Mignot de Bussy** (B1) forme un bel ensemble Renaissance avec son escalier à vis, ses fenêtres à meneaux et sa niche à coquille qui abrite une élégante statue.

Au n° **561**, derrière la façade de 1760, une voûte d'ogives retombant sur des culots sculptés mène à une cour du 16e s., au crépi rose.

La **maison Eymin** (B2) au n° **761** présente une façade du 18e s. avec voûtes sur quatre niveaux dans la cour, armoiries martelées et élégante tourelle abritant un escalier à vis.

Au n° **793**, l'ancienne demeure de la famille Roland de la Platière, signalée par un médaillon et une plaque commémorative, possède un escalier monumental pourvu d'une belle rampe en fer forgé.

Côté pair – Du n° **400**, on a une bonne vue sur la tour polygonale et la balustrade en pierre sculptée de la maison Renaissance italienne située au n° **407**, en face.

Au n° **476**, à l'angle formé avec la rue du Faucon, se dresse une maison du 15e s. à encorbellement et pans de bois. Au n° **486**, au fond de l'allée, à droite, un bas-relief Renaissance montre deux angelots joufflus présentant des armoiries avec la date de 1537.

L'**auberge de la Coupe d'Or** (B1), au n° **528**, transformée au 17e s., était la plus ancienne auberge de Villefranche (fin du 14e s.). À l'angle avec la rue Paul-Bert, au n° **596**, deux jolies façades : celle de droite est de la fin du 15e s. avec ses gâbles en accolade ornés de choux frisés et de pinacles à crochets ; celle de gauche, Renaissance, présente des fenêtres moulurées à meneaux, où s'intercalent des médaillons.

« LA VAGUE »

Chaque année, le dernier dimanche de janvier a lieu la **Fête des conscrits** qui anime la ville vers 11h du matin par un défilé haut en couleur. Dans un décor de mimosas et d'œillets, les hommes de 20 à 80 ans, au coude à coude, forment « la Vague » de l'amitié. Ils défilent dans la rue Nationale en costume noir, coiffés d'un gibus orné d'un ruban de couleur différente selon la décennie (20 ans, 30 ans, etc.).

Remarquez la niche d'angle, gothique, au n° **706**.

Le passage, au n° **810**, mène à une cour restaurée (puits, galerie et tourelle). L'ancien **hôtel de ville** (B2) au n° **816**, pillé en 1562 par les troupes du baron des Adrets, fut terminé en 1660. La façade, en pierres dorées de Jarnioux (*voir p. 261*), possède un portail en chêne orné de clous forgés et d'une imposte à panneaux rayonnants. Au n° **834**, la maison édifiée à la fin du 15e s. possède une jolie cour avec une haute tourelle à pans coupés logeant un escalier à vis. Le blason est aux armes de Pierre II de Bourbon et d'Anne de Beaujeu.

Musée Paul-Dini, musée municipal de Villefranche-s.-Saône B1

2 pl. Faubert - 04 74 68 33 70 - www.musee-paul-dini.com - ♿ - jeu.-vend. 10h-12h30, 13h30-18h, w.-end 14h30-18h, merc. 13h30-18h - fermé lun., mar. et j. fériés - 5 €, gratuit 1er dim. du mois.

SE LOGER

Émile Job (Hôtel) ①
Plaisance (Hôtel) ③

SE RESTAURER

Bicheronne (Ferme-auberge La) ⑤
Comptoir Corlin ⑥
Juliénas (Le) ⑦

LE MARAIS CHOISI PAR LA VIERGE
Un jour, dans les marais qui entouraient Villefranche, des bergers trouvèrent une statue de la Vierge. On la transporta solennellement dans l'église Ste-Madeleine. Le lendemain, elle avait disparu, elle était retournée dans le marais. Les habitants de Villefranche s'empressèrent alors de construire une chapelle à cet emplacement. Ce type de tradition est assez fréquent en France.

La donation de Paul Dini, directeur du *Dauphiné libéré* pendant plusieurs années, a donné naissance au musée qui porte son nom dans l'ancienne halle aux grains. Sa collection constitue un véritable panorama de la peinture régionale de 1875 à aujourd'hui, où l'on repère l'influence des écoles impressionniste, fauviste, abstraite et cubiste. Elle révèle également la création contemporaine en Rhône-Alpes.
Cet art régional se dévoile dans le travail du paysagiste (Auguste Ravier), dans les compositions florales (François Vernay) qui rappellent qu'à cette époque le motif floral est très présent dans l'industrie de la soie. Les femmes peintres comme Susanne Valadon, mère d'Utrillo, Émilie Charmy ou Jacqueline Marval sont à l'honneur de même que les toiles de l'ami de Renoir Albert André. Chacune des salles se rapporte à un thème : géométrisme abstrait, symbolisme, portraits et autoportraits, figure, expressionisme, paysage urbain, art brut, polyptyques...
Le musée présente également les toiles de Jacques Truphémus qui ornait jusqu'en 1990 les murs du restaurant lyonnais Henry. En 2005, le musée a intégré l'ancien site industriel Cornil tout proche ; cette extension lui a permis de doubler sa surface d'exposition. Ce nouvel espace accueille désormais des expositions temporaires d'art contemporain.

Rue de la Paix A 1-2
Sur la façade du bâtiment jouxtant la Poste au sud a été rapportée de la rue Nationale la **niche du Pélican** (A2), sculpture gothique décorée de fleurons et de pinacles.
En retrait, à côté, également rapporté de la rue Nationale, se dresse un gracieux puits Renaissance.

Place des Marais B1
Jouxtant l'église au nord-est, cette place agrémentée d'une fontaine carrée est bordée de bâtiments modernes à arcades aux tons roses et ocre.
Dans le prolongement de la place, à l'angle avec la rue Nationale, une inscription rappelle l'octroi, en 1260, de la charte de Villefranche. Au-dessus, une décoration en céramique représente Pierre II de Bourbon et Anne de Beaujeu, en orants, d'après le fameux triptyque du maître de Moulins.

Église N.-D.-des-Marais B1
Seul subsiste de la chapelle primitive du 13e s. un petit clocher de style roman, au-dessus du chœur. L'église a subi de nombreux remaniements : la tour centrale est du 15e s. ; la somptueuse façade flamboyante du 16e s. a été offerte par Pierre II de Bourbon et Anne de Beaujeu ; la flèche, détruite lors d'un incendie survenu en 1566, a été reconstruite en 1862.
À l'intérieur, la nef surprend par son élévation ; jolie voûte ouvragée à clefs pendantes ; orgues de 1835, dues au facteur J. Callinet et belle **chaire en marbre** du 17e s. (*voir illustration p. 76*). Sur la façade nord, remarquez les gargouilles ; l'une d'elles représente la luxure.

NOS ADRESSES À VILLEFRANCHE-SUR-SAÔNE

HÉBERGEMENT

À Villefranche-sur-Saône

BUDGET MOYEN

Hôtel Plaisance – *96 av. de la Libération - 69400 Villefranche-sur-Saône - ✆ 04 74 65 33 52 - www.hotel-plaisance.com - fermé 23 déc.-2 janv. - P - 68 ch. 75/120 € - ☕ 11 €.* Dans cet immeuble des années 1970 agréablement situé au cœur de la capitale du Beaujolais, de jolies chambres et des suites au look réactualisé vous attendent.

À proximité

POUR SE FAIRE PLAISIR

Hôtel Émile Job – *12 r. du Pont - 01190 Montmerle-sur-Saône - ✆ 04 74 69 33 92 - www.hotelemilejob.com - fermé 1re quinz. mars, 23 oct.-15 nov., dim. soir d'oct. à mai, mar. midi et lun. - 22 ch. 72/82 € - ☕ 8 € - rest. 21/57 €.* Sur les bords de Saône, cette maison régionale a su préserver son atmosphère familiale et propose des chambres traditionnelles ou plus actuelles (rénovées et colorées). La carte alterne entre grands classiques et spécialités locales. Cadre bourgeois ; terrasse ombragée.

RESTAURATION

À Villefranche-sur-Saône

PETIT PRIX

Comptoir Corlin – *143 r. Corlin - ✆ 04 74 07 04 11 - lun.-sam. midi et soir - fermé 3 sem. en été, 2 sem. en hiver - formule déj. 15 € - 22 €.* Ce restaurant situé au centre ville propose une très bonne cuisine traditionnelle du marché dans un cadre agréable et une ambiance sympathique. Le menu du midi change tous les jours, au gré des fantaisies d'un cuisinier qui ne manque décidément pas d'imagination. Très bon rapport qualité-prix.

POUR SE FAIRE PLAISIR

Le Juliénas – *236 r. d'Anse - ✆ 04 74 09 16 55 - www.restaurant-lejulienas.com - fermé 2-21 août, lun. soir, sam. midi et dim. - menu 18 € - 28/48 €.* Vins de pays et savoureuse cuisine aux accents du Sud sont à l'honneur dans ce petit restaurant d'esprit bistrot aux tables simplement dressées.

À proximité

BUDGET MOYEN

Ferme-auberge La Bicheronne – *Le Bicheron - 01480 Fareins - ✆ 04 74 67 81 01 - fermé janv., lun., jeu. et le soir - ♿ - P - formule déj. 12,50 € - 23/28 €.* Cette ferme-auberge bien connue des gens du coin fait souvent salle comble : depuis plus de 20 ans, la propriétaire régale ses hôtes de ses poulets, coqs et pintades maison, accompagnés très souvent d'un gratin dauphinois. La ravissante terrasse ombragée est prise d'assaut aux beaux jours.

Le Beaujolais

★★

Rhône (69)

NOS ADRESSES PAGE 261

S'INFORMER

Office du tourisme Au cœur du Beaujolais – *Pl. de l'Hôtel-de-Ville - 69430 Beaujeu - ☏ 04 74 69 22 88 - www.beaujolaisvignoble.com - fermé déc.-fév.; se rens. pour les horaires - Visite audioguidée de la ville : 3 €.*

Office du tourisme de Belleville – *68 r. de la République - 69220 Belleville - ☏ 04 74 66 44 67 - www.beaujolaisvignoble.com - 10h-12h, 14h-18h, sam. 10h-12h, 14h-17h - fermé lun., dim. et j. fériés.*

Office du tourisme d'Anse – *8 pl. du 8-Mai-1945 - 69480 Anse - ☏ 04 74 60 26 16 - www.tourismepierresdorees.com - tlj sf dim. et j. fériés : 9h-12h, 14h-17h; juil-août : 10h-18h.*

SE REPÉRER

Carte de microrégion B1-2-3 (p. 242-243) – *Carte Michelin Départements 327 F 2-4, G 2-4, H 2-4.*

Séparé de la Dombes par la Saône, le Beaujolais s'étend au nord-ouest de Lyon. La circulation nord-sud se fait essentiellement par la vallée de la Saône (D 306), car elle est particulièrement difficile dans la montagne.

À NE PAS MANQUER

Le lacis inextricable de routes qui sillonnent les célèbres vignobles et le pays des Pierres-Dorées. Tout du long, vous pouvez faire halte dans des villages de caractère tels que Oingt et Ternand.

ORGANISER SON TEMPS

Comptez 2 jours pour parcourir la région.

AVEC LES ENFANTS

La collection de poupées du musée des Traditions populaires à Beaujeu.

« Lyon, dit-on, est arrosé par trois fleuves : le Rhône, la Saône et... le Beaujolais. » Certes la région est connue pour ses domaines viticoles et son beaujolais nouveau mais elle possède aussi un patrimoine touristique qu'elle ne cesse de valoriser. Sa richesse tient beaucoup à la variété et aux contrastes de ses paysages; dans le Nord, la montagne y est souvent sauvage, image renforcée par les sombres bois de sapins Douglas, tandis que dans le Sud, les lumineux villages du pays des Pierres-Dorées vibrent aux premières caresses du soleil.

Circuits conseillés Carte p. 251

★ LE VIGNOBLE

98 km de Villefranche-sur-Saône à St-Amour-Bellevue. Circuit tracé sur la carte p. 251. Comptez environ 5h.

La route serpente à travers le vignoble, escaladant les coteaux, puis redescendant vers la vallée de la Saône.
Quittez Villefranche par la D 504. Prenez à droite la D 19, puis à gauche la D 44.

Montmelas-Saint-Sorlin

Le **château** du 10e s., remanié à plusieurs reprises puis restauré par Dupasquier, élève de Viollet-le-Duc au 19e s., appartient à la même famille depuis 1566 ! Juché sur un promontoire rocheux, il domine la vallée du haut de ses murailles crénelées, de ses tourelles et de son donjon. La vue sur le paysage alentour est remarquable. Les propriétaires font visiter leur demeure et font déguster leur production. *04 74 67 32 94 - www.chateau-montmelas.com - janv.-nov. : visite guidée et dégustation le 1er sam. du mois à 11h ; en juil., mar. et jeu. 14h - 5 € (-14 ans gratuit).*
De Montmelas, poursuivez jusqu'au col de St-Bonnet. Du col, à droite, un chemin non revêtu conduit au signal de St-Bonnet (30mn à pied AR).

Signal de Saint-Bonnet

Du chevet de la chapelle, on découvre un panorama, au premier plan sur Montmelas, puis sur le vignoble et les monts du Beaujolais et, au-delà, sur la vallée de la Saône ; au sud-ouest, vue sur les monts du Lyonnais et de Tarare.
Du col, empruntez à droite la D 20.

Saint-Julien

Ce village de vignerons est la patrie de Claude Bernard (1813-1878).
Musée Claude-Bernard – *Rte fléchée - 04 74 67 51 44 - 14h-18h, dim. et j. fériés 10h-12h, 14h-18h - possibilité de visite guidée (2h) - fermé lun. et mar., mars et 1 sem. de fin déc. à déb. janv. - 5 € (-16 ans 3 €).* Au milieu des vignes se trouve la demeure acquise par le savant : « J'habite sur les coteaux qui font face à la Dombes… » Le musée, aménagé sous l'égide de la Fondation Mérieux de Lyon, expose des manuscrits, des documents et des photographies qui évoquent la vie et les découvertes de Claude Bernard (*voir encadré ci-dessous*). Les objets racontent sa passion pour la viticulture et témoignent de la vie littéraire, scientifique et quotidienne de son époque. En traversant le jardin qui longe les vignes, on peut accéder à sa maison natale située en arrière de la propriété.
Prenez la D 19 jusqu'à Salles.

Salles-Arbuissonnas-en-Beaujolais

Salles-Arbuissonnas-en-Beaujolais a conservé quelques bâtiments d'un **prieuré** fondé au 10e s. par les moines clunisiens et occupé à partir du 14e s. par un chapitre de religieuses bénédictines qui deviendront, au 18e s., chanoinesses-comtesses non cloîtrées, libérées du vœu de pauvreté comme l'atteste la taille de leur maison. Parmi elles se trouvait la future Mme de Lamartine, tante du poète.

LE PÈRE DE LA PHYSIOLOGIE

Fils d'humbles vignerons, **Claude Bernard** vient à Paris en 1834. Ses études sur la fonction glycogénique du foie font de lui le véritable créateur de la physiologie. Ses travaux ont servi de base à la médecine moderne et ses méthodes, exposées dans l'*Introduction à l'étude de la médecine expérimentale*, et font encore autorité. Chercheur, il enseignait également dans les plus grands instituts : à la Sorbonne, au Collège de France, au Museum d'histoire naturelle.

On accède encore au prieuré par une majestueuse entrée (18e s.) donnant sur le parc, entre deux pavillons couronnés de vases de pierre.

Église – Elle s'ouvre par un beau portail roman de grès ocre, au décor floral de style clunisien. À l'intérieur, chœur du 11e s., jolie chaire du prieur, du 16e s., autel et stalles du 18e s.

Salle capitulaire – *Accès par le jardin et le cloître, tout de suite à gauche en sortant de l'église. Le Chapitre - ✆ 04 74 67 53 38 - www.salles-arbuissonnas.mai ries69.net -*

8h-18h - possibilité de visite guidée (30mn) sur demande préalable - 3 €. Les voûtes de cette salle du 15e s. retombent sur un pilier central. Remarquez les élégantes clefs de voûte décorées des symboles des quatre évangélistes, ainsi que des fresques, malheureusement très abîmées. Différents souvenirs et objets d'art ont été rassemblés dans cette salle.

Cloître – À droite de la façade de l'église, une petite porte de style flamboyant donne accès à l'ancien cloître roman dont il ne reste qu'une galerie à gracieuse colonnade composée alternativement d'une colonne et de deux colonnettes jumelles ; la cour était le cimetière de la communauté ; à droite de la salle capitulaire, le passage est voûté d'ogives, avec une clef de voûte armoriée. Sortez par là et retournez-vous pour apprécier la vue sur le clocher et un charmant escalier extérieur.

Place du Chapitre – Ombragée de tilleuls et bordée par le rythme régulier des petits balcons et escaliers des anciennes maisons de chanoinesses, elle permet d'admirer la sobriété du chevet de l'église et de son clocher roman coiffé d'une toiture en pyramide, comme le sont souvent les églises bâties au 12e s. en Beaujolais.

De Salles, suivez la D 35, puis la D 49E à droite.

Vaux-en-Beaujolais

Ce village vigneron accroché aux pentes de la montagne beaujolaise (*voir « Nos adresses dans le Beaujolais » p. 262*) a inspiré Gabriel Chevallier (1895-1969) dans son truculent roman *Clochemerle*. Ce village n'est évidemment pas comme les autres et il suffit d'y flâner pour profiter un peu de son ambiance.

La D 49E traverse le Perréon. Par la D 62, dirigez-vous vers Charentay.

À 1 km à l'est de Charentay, dans un tournant à droite, on découvre la silhouette de l'étrange château d'Arginy.

Château d'Arginy

Très délabré, il intéresse par le mystère qui l'entoure. Certains y placent le trésor des Templiers qui aurait été rapporté par le comte Guichard de Beaujeu, neveu de Jacques de Molay, Grand Maître de l'ordre. De l'époque des Templiers ne subsiste que la grosse tour en brique rouge dite « tour des Huit Béatitudes » ou « tour d'Alchimie ».

Continuez par la D 62, puis la D 19 à gauche et la D 337 à droite jusqu'à Belleville.

Belleville

Située au carrefour des axes de circulation nord-sud et ouest-est, cette ancienne bastide est à la fois un centre viticole et industriel (construction de machines agricoles).

L'**église** du 12e s. faisait partie d'une abbaye de chanoines augustins, édifiée par les sires de Beaujeu. Le clocher carré fut construit au 13e s. sur le croisillon sud. Le beau portail roman, qui donne accès à la nef gothique, présente une arcade extérieure décorée de motifs géométriques. À l'intérieur, les sculptures des chapiteaux, qui représentent les péchés capitaux, sont d'une naïve verdeur.

L'**Hôtel-Dieu**, construit au 18e s. en remplacement du vieil hôpital, a été occupé par des malades jusqu'en 1991. Ses trois grandes salles présentent les alignements typiques d'alcôves aux rideaux blancs et communiquent avec la chapelle par de belles grilles ouvragées. L'apothicairerie renferme une collection de faïences des 17e et 18e s., mises en valeur par les boiseries de noyer. *68 r. de la République - ✆ 04 74 66 44 67 - www.beaujolaisvignoble.com - se rens. pour les horaires - possibilité de visite guidée (1h).*

Les vins du Beaujolais

Grâce à la culture de la vigne et à la réputation de ses vins, le Beaujolais est connu bien au-delà de nos frontières. La vigne, cultivée ici depuis l'époque romaine, a connu des fortunes diverses : florissante au Moyen Âge, presque abandonnée au 17e s., elle bénéficie au 18e s. d'une véritable renaissance ; Lyon, « la pompe à beaujolais », cesse alors d'être le seul débouché et des convois sont acheminés vers Paris. Les marchés s'élargissent avec le développement des réseaux routier et ferroviaire, et la culture de la vigne devient une monoculture.

Aujourd'hui, le vignoble s'étend de la côte mâconnaise au nord à la vallée de l'Azergues au sud, il recouvre les pentes des coteaux ensoleillés qui dominent la Saône. Le cépage, très homogène, est constitué de gamay noir à jus blanc. Il produit des vins rouges frais et fruités dont le parfum varie selon la composition du sol. Le vignoble est en fait divisé en deux régions dont les productions sont différentes :

Les coteaux du Beaujolais – Au nord de Villefranche, les terrains granitiques donnent en se décomposant le « gore », argile à l'aspect cendreux qui est caractéristique du vignoble beaujolais. C'est la région des beaujolais-villages et des 10 crus : moulin-à-vent, fleurie, morgon, chiroubles, juliénas, chénas, côte-de-brouilly, brouilly, saint-amour et régnié.

Le pays des Pierres-Dorées – Entre Villefranche et la vallée de l'Azergues, les terrains sédimentaires dominent et donnent un parfum différent au jus du gamay. C'est la région des beaujolais et beaujolais supérieurs.

LE BEAUJOLAIS EN PRATIQUE

Dans les pays de vignobles, il est souvent possible de visiter les chais et découvrir la grande variété des crus ; les visites sont accompagnées de dégustations de la production locale. Certaines caves sont célèbres, comme celles du château de la Chaize (108 m de long), de Clochemerle et de Villié-Morgon, mais il ne faut pas hésiter à rendre visite aux nombreux vignerons de la région. Il faut parfois prendre rendez-vous : renseignez-vous auprès de l'organisme « Pays Beaujolais ».

Site officiel du beaujolais : **www.beaujolais.com**

Voir notre sélection de caveaux de dégustation dans « Nos adresses dans le Beaujolais » p. 265.

	CARACTÉRISTIQUES	GARDE	PRIX MOYENS
BEAUJOLAIS	Essentiellement rouges. Belle teinte rubis profond, des arômes exprimant des notes de fruits rouges ou de bonbons anglais. En général des tanins soyeux malgré une bonne vinosité.	1 à 2 ans.	Entre 4 et 6 €.
BEAUJOLAIS-VILLAGES ET CRUS	En vieillissant, ils prennent des notes de gibier, de sous-bois et « pinotent » à la manière des bourgognes.	3 à 5 ans, et plus pour les bons millésimes.	Entre 6 et 12 €.

Reprenez la D 337. Après Cercié, la route contourne le mont Brouilly.
Pour y accéder, empruntez la D 43, tournez à gauche dans la D 43E, puis 100 m plus loin, prenez de nouveau à gauche la route de la « Côte de Brouilly ».

Mont Brouilly

Sur ses pentes se récolte le cru des côtes-de-brouilly, à la fois fruité et bouqueté ; ce cru est, avec le brouilly, produit dans les communes s'étendant autour du mont Brouilly, le plus méridional du vignoble beaujolais.
De l'esplanade, **vue★** sur le vignoble, les monts du Beaujolais, la plaine de la Saône et la Dombes ; une chapelle, au sommet (alt. 484 m), est un lieu de pèlerinage pour les vignerons.
Revenez à Cercié, et à la sortie du village, prenez à gauche la D 68E pour gagner le vieux bourg de Corcelles. De là, prenez à gauche la D 9.

★ Château de Corcelles

☏ 04 74 66 00 24 - www.chateaudecorcelles.fr - ♿ - mars-nov. : 10h-18h30 ; reste de l'année : 10h-17h30 - fermé dim. et j. fériés - possibilité de visite audioguidée (20mn) sur demande - gratuit, 4 € avec audioguide.
Ce château fort fut édifié au 15e s. pour défendre la frontière entre la Bourgogne et le Beaujolais. Aménagé au 16e s., il prit une allure de gentilhommière.
Au-dessus de l'entrée du donjon, armes de la famille Madeleine-Ragny. La cour intérieure est agrémentée de galeries Renaissance et d'un puits orné de ferronneries du 15e s. La chapelle renferme des boiseries gothiques remarquables.
Le château de Corcelles figure parmi les célèbres domaines vinicoles du Beaujolais. Son grand **cuvier** du 17e s. compte parmi les plus beaux de la région.
Reprenez la D 9 à droite.
Cette route traverse les vignobles de crus aux noms prestigieux et offre de belles vues sur la vallée de la Saône. Dans chaque village, un caveau ou une cave coopérative propose la dégustation des grands vins.

Villié-Morgon

Son cru a pour caractéristique de bien vieillir. Produit sur des schistes décomposés, il a un parfum très fruité.
De Villié-Morgon, prenez au nord la D 68.

Fleurie

Ses vins « tendres » et légers se boivent jeunes.
De Fleurie, suivez la D 32, à l'est, puis la D 186, sur la gauche.

Romanèche-Thorins (*voir p. 267*)

Par la D 266 traversant le hameau du Moulin-à-Vent, rejoignez la D 68.

Chénas

Cette commune est le berceau de deux grands vins : le moulin-à-vent, charnu et robuste, dont elle partage les vignobles avec la commune de Romanèche-Thorins, et le chénas proprement dit, plus léger.
Dans une cave voûtée du 17e s., vous pouvez déguster des vins du Beaujolais et de Bourgogne rouge et visiter les installations. *Les Michelons - ☏ 04 74 04 48 19 - www.cavedechenas.com - lun.-sam. 9h-12h, 14h-19h (nov.-mars sam. jusqu'à 18h), dim. et j. fériés 14h30-19h (Pâques à Noël).*

Juliénas

Ses vins corsés et résistants peuvent se déguster dans le **cellier** de la vieille église, décoré de scènes bachiques. À la sortie du village, par la D 137, la maison

de la Dîme (16e-17e s.) présente une très belle façade à arcades. *✆ 04 74 04 42 98 - ♿ - juin-sept. : 10h-12h30, 15h-19h ; reste de l'année : tlj sf mar. 10h-12h, 15h-18h - fermé 2 sem. en janv. et 3 sem. en fév.-mars, 1er janv., 25 déc. - gratuit.*
Gagnez St-Amour-Bellevue.

Saint-Amour-Bellevue

Située à la pointe nord du Beaujolais, cette commune produit des vins rouges colorés et charnus ainsi que des vins blancs de qualité.

★ LA MONTAGNE

▶ *134 km de St-Amour-Bellevue à Villefranche-sur-Saône. Circuit tracé sur la carte p. 251. Comptez environ 6h.*
Ce circuit très pittoresque s'élève à travers les coteaux couverts de vignes, s'enfonce dans les sombres forêts de sapins, puis redescend sur la riante vallée de l'Azergues animée par ses scieries.

Saint-Amour-Bellevue et Juliénas (*voir description ci-dessus*)

À Juliénas, prenez la D 26 qui s'élève jusqu'au col de Durbize (550 m), puis passe par le col du Truges (445 m).

Beaujeu

« À tout venant, beau jeu », telle était la devise de l'ancienne capitale du Beaujolais, qui aligne ses maisons basses (dont plusieurs tombent en ruine) le long d'une rue étroite, entre les collines tapissées de vignes.

Caveau des Beaujolais-villages – *Pl. de l'Hôtel-de-Ville - 69430 Beaujeu - ✆ 04 74 04 81 18 - 10h30-13h, 15h30-20h (sf lun. oct.-avr.) - fermé janv. - gratuit.* Dans les caves voûtées du musée Marius-Audin, signalé par une belle tête de Bacchus, un caveau de dégustation offre un vaste choix de beaujolais-villages à goûter (*voir « Nos adresses dans le Beaujolais », p. 265*).

Les Sources du Beaujolais – *Entrée par la maison de Pays, en face de l'église. ✆ 04 74 69 20 56 - ♿ - sur demande préalable juil.-août : 10h-12h30, 14h-19h, dim. et j. fériés 10h-12h30, 15h-19h ; mars-juin et sept.-déc. : tlj sf mar. 10h-12h30, 14h-18h, dim. et j. fériés 15h-18h - gratuit.* Ce pôle œnologique, agrémenté d'une muséographie originale et moderne, propose un parcours historique consacré au monde vinicole du Beaujolais. Le plus étonnant est sans doute la

DE LA GRANDE FAMILLE AU BEAUJOLAIS

C'est la **famille de Beaujeu** qui a donné son nom à la région. Beaujeu pourrait venir du latin *bellus* (beau) et de *jugum* (montagne). Durant les 9e, 10e et 11e s., les sires de Beaujeu se taillèrent un territoire important entre le Mâconnais et le Lyonnais ; ils fondèrent Villefranche et l'abbaye de Belleville. En 1400, Édouard de Beaujeu fait don de ses terres aux Bourbon-Montpensier. Véritable figure dans la région, Anne de France (1461-1522), fille de Louis XI, épousa Pierre II de Beaujeu, fils cadet du duc de Bourbon. La « **Dame de Beaujeu** » assura avec sagesse la régence du royaume de France pendant la minorité de son frère Charles VIII, dont elle favorisa le mariage avec Anne de Bretagne. Sous François Ier, le connétable de Bourbon fit de lourdes erreurs sanctionnées par la confiscation de ses terres, et donc du Beaujolais, par la couronne ; mais, en 1560, les Bourbon-Montpensier reprennent possession de leurs biens. À sa mort, Marie-Louise de Montpensier, **la Grande Mademoiselle**, lègue le Beaujolais à la famille d'Orléans qui le garde jusqu'à la Révolution.

réplique grandeur nature d'une **péniche** dont on traverse le pont. Boutique de produits régionaux.

Église St-Nicolas – Les moellons irréguliers de roches noires ayant servi à sa construction lui donnent un aspect fort curieux. Édifiée en 1130, mais profondément remaniée au cours des siècles, elle a conservé son clocher roman.

Musée des Traditions populaires Marius-Audin – *Pl. de l'Hôtel-de-Ville - ☏ 04 74 69 22 88 - www.aucoeurdubeaujolais.fr - juil.-août : 9h30-12h30, 14h30-19h ; mai-juin et sept. : 9h30-12h30, 14h30-18h30 ; reste de l'année : tlj sf lun. 10h-12h, 14h30-18h - fermé déc.-fév. - 2 € (12-16 ans 0,75 €) ; 6 € billet combiné avec les Sources du Beaujolais + dégustation.* Ce musée fut créé en 1942 par l'imprimeur érudit Marius Audin (1872-1951), né à Beaujeu. Il raconte, à travers de nombreux objets et documents, la vie quotidienne dans le Beaujolais durant les 19e-20e s., la culture de la vigne, les activités paysannes et artisanales. Un intérieur paysan du 19e s. a été reconstitué de même qu'une salle de classe restitue l'ambiance scolaire des années 1900. Certains meubles et objets proviennent des hospices de Beaujeu. Le musée retrace également la vie des sires de Beaujeu et leur place dans l'histoire de France.

Le musée conserve une intéressante **collection de poupées** de mode du 19e s., et de miniatures délicatement présentées. Ces poupées ont été les messagères de l'élégance française à l'étranger, surtout en Angleterre, avant de servir de jouets précieux. Certaines figurines arborent des costumes régionaux de France ou d'Italie : Champagne, Bourgogne, Piémont, Sardaigne…

Au n°29 de la rue des Écharmeaux vous attend l'**Huilerie Beaujolaise**. L'ancien moulin du 19e s. a repris son activité et les huiles produites sont désormais exportées dans le monde entier (*voir « Nos adresses dans le Beaujolais », p. 266*).

Par les D 26 et D 18, montez à la Terrasse.

★★ La Terrasse

Alt. 660 m. Table d'orientation. Située à 1 km du col du Fût-d'Avenas, dans une boucle de la D 18.

UN RELIEF CONTRASTÉ

Le Beaujolais est un massif montagneux situé entre les bassins de la Loire et du Rhône, à la ligne de partage des eaux (océan Atlantique-Méditerranée). Ses limites sont nettes à l'est et à l'ouest, beaucoup moins au nord et au sud où il se rattache au Charolais et aux monts du Lyonnais. Si l'altitude est relativement peu élevée – le mont St-Rigaud, point culminant, est à 1 009 m –, on est frappé par l'abondance des plateaux, l'existence des vallées sinueuses et encaissées, et surtout, par la dissymétrie entre les versants est et ouest. Alors qu'à l'ouest on s'élève par une pente assez douce, c'est un talus accentué qui domine à l'est la plaine de la Saône. Ce talus constitue la « Côte beaujolaise », tandis que tout le reste du massif forme la « Montagne ». Avec ses monts et ses vallées pittoresques, ses paysages variés, la Montagne est une région digne d'être visitée.

De la ligne de crête, et d'un grand nombre de belvédères, on découvre de vastes panoramas : au-delà de la plaine de la Saône apparaissent les contreforts du Jura et, plus loin, les hauts sommets des Alpes. Aux bois de sapins et aux landes de genêts qui couvrent les sommets, succèdent, sur les pentes, forêts de chênes et vastes clairières.

De ce lieu-dit se révèle un magnifique **panorama** semi-circulaire : au-delà de la vallée de la Saône, il embrasse les plaines de la Bresse, le Jura et, par temps clair, les Alpes avec le mont Blanc, le massif de la Vanoise et le Pelvoux.

Avenas

Avenas est situé sur l'ancienne voie romaine reliant Lyon à Autun. Ce petit village vit du travail du bois et de la fabrication d'un fromage de chèvre, le « blanc de Faye ».

Son **église** date de la seconde moitié du 12e s. et renferme un magnifique **autel★** en calcaire blanc de la même époque. Sur la partie antérieure, le Christ en majesté lève la main droite en signe de bénédiction. Il est entouré des symboles des évangélistes, tandis que les apôtres, disposés de chaque côté sur deux registres, tiennent le livre de leurs écrits. Sur les faces latérales, on voit, à gauche, des scènes de la vie de la Vierge, à droite, le roi Louis VII offrant l'église d'Avenas au chapitre de St-Vincent de Mâcon.

La D 18E, puis la D 32 mènent au col de Crie.

Juste avant ce col se dégage une très belle vue vers le nord par la trouée de la Grosne orientale. En redescendant, sur la droite, se dresse la masse imposante du **mont St-Rigaud** (alt. 1 009 m), point culminant de la région.

Chénelette

Cette petite localité est agréablement située dans une région boisée. Elle est dominée par le **Tourvéon** (alt. 953 m) au sommet duquel se dressait l'énorme château fort, dit « de Ganelon ». Ce château aurait été rasé sur ordre du roi Louis le Débonnaire. *Accès aux ruines : 45mn à pied AR.*

Les Écharmeaux

Au milieu des herbages cernés de forêts de sapins, situé sur l'ancienne route de Lyon à Autun, le col des Écharmeaux forme un important nœud routier du Beaujolais, à 720 m d'altitude. De ce carrefour, belle vue sur les monts du Haut-Beaujolais.

À partir des Écharmeaux, la D 10 en direction de Ranchal passe par le col des Aillets, puis celui des Écorbans à travers la forêt.

Entre Ranchal et St-Nizier-d'Azergues, la D 54 offre des **vues★** sur la vallée de l'Azergues. Après le **col de Favardy** (alt. 862 m), un belvédère permet de découvrir un beau **panorama★** vers le nord-est : au premier plan sur la vallée de l'Azergues et au loin, sur la masse du Tourvéon et les derniers contreforts du Beaujolais.

4

Saint-Nizier-d'Azergues

Ce petit bourg occupe un site agréable au-dessus de la vallée de l'Azergues.

La route, très pittoresque, se poursuit jusqu'à Grandris.

Après Grandris, prenez à gauche la D 504 jusqu'à La Folletière, puis à gauche, de nouveau, la D 385.

La route longe la haute vallée de l'Azergues. Elle traverse ensuite le village de Lamure-sur-Azergues.

Au Gravier, prenez à droite la D 9.

Claveisolles

Ce petit village juché sur un promontoire est surtout connu pour ses sapinières. Au 19e s., le comte du Sablon importa d'Amérique des sapins Douglas. Le peuplement forestier actuel est l'un des plus beaux de France.

Revenez sur la D 485 et prenez à gauche la direction de Chambost-Allières.

Chambost-Allières

Cette commune est formée de deux villages distincts. Allières, dans la vallée, est actif. C'est un lieu de passage. **Chambost**, que l'on atteint par la D 116 s'élevant au-dessus de la vallée, est un petit hameau au charme rural.

De Chambost-Allières à Cogny par Le Saule-d'Oingt, le **parcours★★** est très pittoresque. La route s'élève jusqu'au col du Joncin (alt. 735 m). C'est une agréable route de crête d'où, par temps clair, on découvre une très belle **vue★** sur les Alpes.

Au Saule-d'Oingt, prenez à gauche la D 31, puis encore à gauche la D 19.

Au cours de la descente, le panorama s'étend à la vallée de la Saône, la Bresse et aux contreforts du Jura.

La D 504 ramène à Villefranche.

★★ LE PAYS DES PIERRES-DORÉES

59 km au départ de Villefranche-sur-Saône. Circuit tracé sur la carte p. 251. Comptez environ 4h. Quittez Villefranche par la D 70 au sud.

Cette jolie **route de crête★** offre des vues dominantes sur la vallée de la Saône.

Marcy

À l'extérieur du bourg *(accès par une petite route à gauche signalée « Tour Chappe »)* se dresse une **tour de télégraphe**, construite par Claude Chappe en 1799, dont le mécanisme à bras mobiles, restauré, a servi à transmettre des messages optiques jusqu'en 1850. *☏ 04 74 67 02 21 - mars-nov. : dim. apr.-midi - possibilité de visite guidée - 1,50 € (enf. 1 €), gratuit dim.*

Du pied de la tour, la vue embrasse la vallée de la Saône, la Dombes, les monts du Lyonnais et du Beaujolais.

Charnay

Située au sommet d'une colline, cette petite bourgade possède des vestiges de fortifications provenant d'un château féodal du 12e s. Sur la place, entourée de maisons des 15e et 16e s. en pierres dorées, l'**église** abrite une très belle statue gothique de saint Christophe en pierre polychrome (12e s.). Plus haut, l'imposant château du 17e s., appelé « la Mansarde », abrite la mairie.

Prenez, au sud de Charnay, une route étroite menant à St-Jean-des-Vignes.

Saint-Jean-des-Vignes

La petite église perchée offre, dans son cadre fleuri, une très belle vue sur l'ensemble du pays lyonnais.

Les vignobles du Beaujolais en automne.
C. Cousin / Fotolia.com

Espace Pierres Folles – *04 78 43 69 20 - www.espace-pierres-folles.com - - mars-nov. : 10h-12h30, 14h-18h, merc., w.-end et j. fériés 14h-18h - fermé lun., 1er Mai - 4,50 € (-6 ans gratuit).* La présence de sites géologiques importants dans les environs est à l'origine de la création du musée. Une partie de celui-ci retrace l'histoire de la planète, telle qu'on peut la lire dans la composition du sous-sol. Des vitrines, tableaux et films expliquent cette lente évolution de la vie sur la terre ; remarquez l'aquarium de nautiles vivants et l'hologramme d'un « vol de ptérosauriens ». Le reste du musée est consacré à la découverte du terroir et à son exploitation industrielle et touristique.
Rejoignez la D 30 pour atteindre Chazay-d'Azergues.

Chazay-d'Azergues

De la cité fortifiée dominant l'Azergues subsistent un beffroi et quelques maisons des 15e et 16e s. Le château *(ne se visite pas)*, du 15e s., était la résidence des abbés d'Ainay. Ne manquez pas d'aller voir la fameuse « porte du Babouin » : elle doit son nom à un bateleur qui, déguisé en ours, sauva d'une tour en feu la dame du seigneur et sa petite fille qu'il épousa.
Empruntez la D 30 jusqu'à Lozanne, puis la D 385 jusqu'à Châtillon.

Châtillon

Ce village est dominé par une forteresse des 12e et 13e s. qui commandait l'entrée de la vallée de l'Azergues. Englobée à l'origine dans cette forteresse, la **chapelle St-Barthélemy** du 12e s. *(accès en forte montée signalé à gauche de l'église paroissiale)* fut agrandie au 15e s. par Geoffroy de Balzac, gendre de Jean le Viste pour qui furent tissées, dit-on, les tapisseries de *La Dame à la licorne* exposées au musée de Cluny à Paris. Il ajouta le double portail de style gothique flamboyant. Son clocher est de type clunisien. L'abside en encorbellement est très curieuse : elle possède des niveaux réservés, en bas au peuple, en haut aux seigneurs de Châtillon. À l'intérieur, tableaux de Lavergne et d'H. Flandrin. *04 78 43 92 66 - possibilité de visite guidée (45mn) de mi-avr. à fin oct. : dim. et j. fériés 14h30-18h - gratuit.*
De l'esplanade du Vingtain, jolie vue sur le bourg en contrebas. À la sortie du village, sur la D 76 en direction d'Alix, pittoresque puits couvert dit « sarrasin ».
Suivez la D 385 bordée de terrils rouges.

Chessy

L'**église** de style gothique flamboyant abrite un beau bénitier du 16e s. et une sainte Marthe terrassant un dragon. Dans cette localité était exploité autrefois

4

LE TRAGIQUE DESTIN DES ROLAND
Manon et **Jean-Marie Roland de la Platière** furent aux débuts de la Révolution des Girondins convaincus. Dans le salon qu'elle tenait à Paris, Mme Roland recevait Robespierre, et elle intervenait aussi bien dans *Le Patriote français* que dans les discours de son mari lorsqu'il fut ministre de l'Intérieur. Mais les temps étaient instables et, tandis que M. Roland échappait de justesse à l'arrestation, Mme Roland était emprisonnée, puis exécutée. En l'apprenant, Jean-Marie Roland se suicida.

un important gisement de cuivre dont Jacques Cœur fut propriétaire. Le minerai, dit « chessylite », est une variété d'azurite aux beaux reflets bleus, très prisée des collectionneurs.
Empruntez la D 19 en direction de Bagnols.

Bagnols

Le village possède un beau château des 13e-15e s. restauré en château-hôtel haut de gamme (*voir « Nos adresses dans le Beaujolais », p. 264*). Bâti en pierres dorées, il demeure très majestueux avec ses magnifiques tours rondes, son pont-levis, ses douves asséchées, sa cour pavée, ses jardins, ses peintures murales et ses magnifiques cheminées. L'**église**, de la même époque, possède une belle clef de voûte pendante. Sur la place, de très jolies maisons à auvent des 15e et 16e s.
Revenez sur la D 19, prenez-la à gauche. Arrêtez-vous au hameau du Boitier.

Le Boitier

À la sortie du hameau sur la droite se trouve le clos de la Platière où **Mme Roland** passa ses plus beaux jours.

Theizé

Parking à droite de la route. Prenez la rue qui grimpe à droite de la place de l'église.
L'agréable village de Theizé, typique de la région des Pierres-Dorées, a la particularité de posséder deux châteaux, l'un en contrebas de la route et l'autre au sommet du village. Sur la partie haute du village, le **site de Rochebonne**, constitué d'une ancienne chapelle (16e s.) et d'un château, concentre l'intérêt touristique. La **chapelle**, dont on peut admirer le chœur gothique flamboyant à clef pendante, est aujourd'hui utilisée pour des concerts et des expositions temporaires. Le **château de Rochebonne** se distingue par sa façade classique flanquée de deux tours et surmontée d'un fronton. L'intérieur, qui a conservé un bel escalier à vis, accueille un pôle œnologique et des expositions. Les étages supérieurs, dégradés au cours de longues périodes d'abandon, sont progressivement restaurés. *04 74 71 16 10 - www.theize-en-beaujolais.com - 15h30-18h - possibilité de visite guidée (2h) sur demande (1 mois av.) - fermé lun.-merc., de mi-oct. à fin déc. (sf dernier dim. de nov.) - gratuit.*

★ Oingt

De la redoutable forteresse d'Oingt, il ne reste que la porte de Nizy par laquelle on pénètre dans le village dont les rues piétonnes, la « Maison commune » du 16e s., restaurée, et de nombreux ateliers artisanaux (céramique, tissage, etc.) accentuent le charme. Des ruelles bordées de très belles maisons mènent à l'**église**, ancienne chapelle du château (14e s.), où, sur les culs-de-lampe supportant les arcades du chœur, figurent les têtes sculptées de Guichard IV, son épouse et leurs six enfants dont le futur Guichard V. Dans une des chapelles sont exposés des objets liturgiques du 19e s. ainsi qu'une belle *pieta* du 16e s. Dans la **tour** (18 m de haut) construite au 12e s. et qui faisait partie d'un ensemble de deux châteaux sont exposés des fossiles, des céramiques et des documents qui illustrent la vie locale du Moyen-Âge à nos jours. Depuis son sommet, vous aurez un magnifique panorama sur les monts du Lyonnais et du Beaujolais ainsi que sur la vallée de l'Azergues. *℘ 04 74 71 21 24 - avr.-sept. : w.-end et j. fériés : 15h-19h (tlj en juil-août) - 1,50 € (-12 ans gratuit).*

Continuez sur la D 96.

À **St-Laurent-d'Oingt**, remarquez l'église à auvent. En arrivant sur la D 385, tournez à droite. Sur la gauche se dresse le bourg fortifié du vieux Ternand.

★ Ternand

Autrefois bastion des archevêques de Lyon, Ternand a gardé des vestiges de fortifications : le donjon et le chemin de ronde qui offre une jolie perspective sur les monts de Tarare et la vallée de l'Azergues. L'**église** est surtout intéressante par ses chapiteaux carolingiens dans le chœur et ses peintures murales de la même époque dans la crypte. Remarquez au-dessus de l'entrée latérale la **galonnière** du 15e s. : Il s'agit d'un porche soutenu par des colonnes en pierre, couvert en tuiles creuses. Il était réservé aux funérailles des pauvres. *Visite guidée sur demande à la mairie - ℘ 04 74 71 33 43.*

Faites demi-tour, traversez le lieu-dit Les Planches et suivez la D 31.

Ce **parcours★★**, qui passe par le col du Saule-d'Oingt, est très pittoresque. À flanc de coteau, de très belles fermes dominent des pâturages. Du Saule-d'Oingt, en descendant vers Villefranche, on a une vue très étendue sur la vallée de la Saône.

À la Maladière, tournez à droite vers Jarnioux.

Jarnioux

Le **château**, à six tours, construit aux 15e et 17e s., comprend une très belle partie Renaissance. La majestueuse entrée, où subsistent des traces de pont-levis, donne accès à deux cours successives. *℘ 04 74 03 80 85 - visite guidée (50mn) de déb. à mi-juil. et de mi-août à fin sept. : 14h-17h, mar. et jeu. 9h-12h - fermé w.-end et j. fériés - 5 € (-15 ans 3 €).*

Revenez à Villefranche par la D 116 et la D 338.

4

NOS ADRESSES DANS LE BEAUJOLAIS

HÉBERGEMENT

PREMIER PRIX

Camping La Grappe Fleurie – *69820 Fleurie (600 m au sud du bourg par la D 119E et à droite) - ℘ 04 74 69 80 07 - www.camping-beaujolais.fr - ouv. de mi-mars à mi-oct. - réserv. conseillée - - 96 empl. 17 €.* Ce camping municipal bordé de vignes et très bien entretenu propose des emplacements verdoyants bien délimités et des chalets. Piscine, court de tennis, tables de ping-pong et jeux d'enfants.

BUDGET MOYEN

Chambre d'hôte M. et Mme Bonnot – *Au bourg - 69430 Les Ardillats (5 km au nord-ouest de Beaujeu par la D 37) - ℘ 04 74 04 80 20 - fermé janv. - - 5 ch. 55 € - table d'hôte 18 €.* Enseigne où tout se conjugue pour rendre votre séjour agréable : convivialité, bonne chère et belle cave forcément dédiée au différents nectars du Beaujolais. Des mangeoires donnent un cachet rustique à la salle des repas et chaque chambre est associée à un fruit.

Chambre d'hôte Domaine des Quarante Écus – *Les Vergers - 69430 Lantignié (3,5 km à l'est de Beaujeu par la D 78) - 04 74 04 85 80 - bnesme@wanadoo.fr - - 5 ch. 56 €* . Ce domaine viticole dispose de quelques chambres garnies de meubles anciens ou modernes et décorées de reproductions de Van Gogh. Toutes offrent une échappée sur les vignes ou sur le jardin et les vergers. Petit-déjeuner servi dans une belle salle rustique. Visite de la cave et dégustation du vin de la propriété.

Chambre d'hôte Domaine de La Grosse Pierre – *La Grosse Pierre - 69115 Chiroubles (accès par la D 119 dir. Chiroubles) - 04 74 69 12 17 - www.chiroubles-passot.com - fermé déc.-janv. - - 5 ch. 66 €* . Adresse idéale pour une immersion complète en plein Beaujolais, ce beau domaine viticole (10 ha) met à votre disposition des chambres agréables, quoique simplement aménagées, et un plaisant salon avec cheminée. Dégustations de vins dans la cave voûtée.

Hôtel des Vignes – *Les Capitans - 69840 Juliénas (3 km au sud-ouest de St-Amour-Bellevue par la D 17E) - 04 74 04 43 70 - www.hoteldesvignes.com - fermé mi-déc.-mi-fév. - - - 22 ch. 60/82 € - 9 €*. À la sortie de Juliénas, cet hôtel bâti à flanc de coteau et entouré de vignes abrite des chambres rénovées, gaies et fonctionnelles. Le petit-déjeuner et ses spécialités charcutières locales, servi dans une salle aux tons ensoleillés, mérite une mention spéciale. Accueil sympathique.

Chambre d'hôte Gérard Lagneau – *Huire - 69430 Quincié-en-Beaujolais (accès par la D 37, dir. Beaujeu et rte à gauche apr. la station Avia) - 04 74 69 20 70 - www.domainelagneau.com - fermé janv. - réserv. obligatoire - 4 ch. 65 € - table d'hôte 25 €*. Cette belle bâtisse en pierres du pays située au cœur du vignoble constitue une « case départ » idéale pour partir à la découverte du Beaujolais. Chambres sobrement décorées. Vue étendue sur les vignes et la plaine de la Saône. Dégustation de vins de la propriété dans un caveau du 16e s.

Chambre d'hôte Domaine de Romarand – *69430 Quincié-en-Beaujolais (5,5 km au sud-est de Beaujeu par la D 37, la D 9, puis la dir. château de Varennes) - 04 74 04 34 49 - www.domainederomarand.com - fermé 25 déc.-1er janv. - - 4 ch. 65/68 € - table d'hôte (réserv. obligatoire) 25 €*. Cette belle demeure tenue par un couple de viticulteurs ouvre sur les vignes et les monts alentour. Les chambres, modernes et confortables, profitent de cet agréable panorama tout comme la piscine et le jardin de rocaille joliment fleuri. Pâtisseries et confitures maison au petit-déjeuner ; dégustation et vente de vin.

POUR SE FAIRE PLAISIR

Chambre d'hôte Les Picorettes – *Montrichard - 69460 Vaux-en-Beaujolais (2 km au sud de Vaux-en-Beaujolais par la D 49E, au lieu-dit Montrichard) - 04 74 02 14 07 - www.picorettes.com - - 3 ch. 75/110 € - table d'hôte 28 €*. Josette et Francis Blettner ont aménagé trois chambres et une suite familiale dans cette jolie maison beaujolaise. Au 2e étage, c'est la chambre « Vigne » qui offre la plus belle vue sur le village. Petit-déjeuner sucré-salé et cuisine traditionnelle (blanquette, poulet de Bresse) servie à la table d'hôte.

Chambre d'hôte Domaine de la Chapelle de Vâtre – *Le Bourbon - 69840 Jullié - ☏ 04 74 04 43 57 - www.vatre.com - P - ≈ - 3 ch. 70/95 € ☕.* Un couple de Belges a restauré ce domaine, sis au sommet d'une colline, d'où le panorama est exceptionnel sur les vignobles et la vallée de la Saône. Ils ont trois chambres de caractère – mêlant l'ancien et le contemporain – et un gîte tout aussi superbe. Belle piscine à débordement.

Chambre d'hôte Les Pasquiers – *Les Pasquiers - 69220 Lancié (2,5 km au sud-est de Fleurie par la D 119E) - ☏ 04 74 69 86 33 - www.lespasquiers.com - ⊠ - ≈ - 4 ch. 85 € ☕ - table d'hôte 30 €.* Un grand jardin clos entoure cette belle demeure du second Empire qui a conservé ses aménagements d'origine : tapis, bibliothèque, piano à queue dans le salon... Les chambres du bâtiment principal possèdent de beaux meubles du 19e s., celles de la dépendance proposent un « look » plus contemporain.

Chambre d'hôte Les Terrasses Dorées – *403 chemin du Bois-du-Four - 69380 Châtillon - ☏ 09 61 40 83 13 et 06 10 08 20 56 - www.terrassesdorees.com - 2 ch. 95 € ☕.* Dans cette jolie maison de village soigneusement restaurée, au cœur de la région des Pierres-Dorées, vous attendent deux chambres décorées avec beaucoup de goût, fraîches et totalement indépendantes. Accueil très chaleureux. Petit-déjeuner copieux servi en terrasse.

UNE FOLIE

Chambre d'hôte Domaine de Pouilly-le-Châtel – *121 montée des Cordeliers - Pouilly-le-Châtel - 69640 Denicé - ☏ 04 74 67 41 01 ou 06 70 36 55 77 - www.pouillylechatel.com - ≈ - 4 ch. 100/115 € ☕, 1 suite pour 4 à 180 € - table d'hôte (réserv. impérative) 35 €.* Dans cette belle demeure au ravissant jardin en terrasse avec piscine, l'atmosphère est au voyage et à l'art. Les chambres meublées d'objets chinés ou rapportés de lointaines contrées sont très confortables : trois donnent sur une cour intérieure fleurie, une a sa terrasse privée qui embaume le jasmin. Petit-déjeuner copieux, savoureuse cuisine du marché servie le soir uniquement (chaque plat est véritablement un tableau). Accueil vraiment très chaleureux. Une très belle adresse.

RESTAURATION

BUDGET MOYEN

Le Buffet de la Gare – *Pl. de la Gare - 69220 Belleville - ☏ 04 74 66 07 36 - lay.sylvie@9business.fr - fermé en août et 1 sem. en hiver - réserv. conselllée - formules déj. 13/18 €.* Ce restaurant a du cachet avec son décor « vieux bistrot », ses banquettes, ses meubles en bois et ses vieilles affiches. On y sert d'appétissantes recettes régionales et un menu du jour, dans une ambiance chaleureuse et bon enfant. L'adresse faisant souvent salle comble à l'heure du déjeuner, pensez à réserver.

Auberge Vigneronne – *Au bourg - 69430 Régnié-Durette (5 km au sud de Beaujeu par la D 78) - ☏ 04 74 04 35 95 - www.aubergevigneronne.fr - fermé mar. soir d'oct. à avr. et lun. - formule déj. 11 € - 18/29 €.* Près de l'église, derrière une belle façade en pierre dont la porte arbore un magnifique vitrail, ce restaurant traditionnel et son caveau de dégustation sert des plats régionaux élaborés avec les produits du terroir : coq au Régnié, saucisson chaud, gratin d'andouillette... Cadre typiquement beaujolais et terrasse d'été.

La Maison des Beaujolais – *441 av. de l'Europe, RN 6 - 69220 St-Jean-d'Ardières - ✆ 04 74 66 16 46 - www.lamaisondesbeaujolais.com - fermé 22 déc.-4 janv., dim. soir, merc. soir et lun. - formules déj. 11/12,70 € - 21/34 €.* Une excellente adresse pour découvrir la cuisine et les vins du Beaujolais. Nombreux menus et formules du jour préparés à partir de produits frais. Boutique et espace dégustation où l'on propose des initiations (à partir de 5 personnes et sur réservation).

La Terrasse du Beaujolais – *Rte d'Avenas - 69115 Chiroubles - ✆ 04 74 69 90 79 - www.laterrassedubeaujolais.fr - fermé lun., mar. et merc. de déc. à f év. - 22/58 €.* La salle à manger et la terrasse de ce restaurant campé sur les hauteurs de Chiroubles offrent une vue exceptionnelle sur les monts du Beaujolais. Cuisine régionale avec pain, terrines et pâtisseries maison ; salon de thé et en-cas l'après-midi.

Le Coq à Juliénas – *Pl. du Marché - 69840 Juliénas - ✆ 04 74 04 41 98 - www.chez-la-rose.fr - fermé mi-déc.-mi-mars, mar. soir, jeu. soir et merc. - 15/35 €.* Au pays des vins, le coq est roi ! C'est en tout cas vrai dans cette maison pimpante sur la place de Juliénas. Dans le cadre d'un bistrot d'autrefois, sous le regard d'une belle collection de coqs de toute sorte, vous dégusterez les spécialités du terroir : quenelles, saucisson cuit, charcuteries beaujolaises...

Les Platanes de Chénas – *Les Deschamps - 69480 Chénas (2 km au nord de Chénas par la D 68) - ✆ 03 85 36 79 80 - www.platanes-chenas.com - fermé 1er fév.-10 mars., 18-30 déc., mar. et merc. - 28/53 €.* Ah qu'il est doux de ne rien faire quand tout s'agite autour de soi ! Installé sous les platanes de la terrasse, votre regard s'étend sur les vignobles de Chénas et votre palais découvre les vins d'ici accompagnés d'une honnête cuisine au goût du jour.

POUR SE FAIRE PLAISIR

La Terrasse de Pommiers – *La Buisante - 69480 Pommiers - ✆ 04 74 65 05 27 - fermé vac. de fév. et de la Toussaint, mar. et merc. - formule déj. 19 € bc - 29/48 €.* Belle vue sur la vallée de la Saône et les monts du Lyonnais par les vitres de la serre parquetée où l'on s'attable en été, devant des plats de saison. Salle « en dur » pour l'hiver.

Auberge du château – *Pl. de l'Église - 69210 Bully (16 km au nord par la D 8 puis la D 45) - ✆ 04 74 72 50 95 - www.aubergedu-chateau.com - fermé 1 sem. en mai, 1re quinz. de sept., mar. de nov. à mars, sam. midi, dim. soir et lun. - formule déj. 20 € - 32/62 €.* En face de l'église du village, cette vénérable auberge de 1749 dissimule un fin restaurant moderne, avec une salle et une terrasse aménagées dans l'esprit actuel. Cuisines apparentes et carte gastronomique, inspirée des produits du terroir.

UNE FOLIE

Le Cep – *Pl. de l'Église - 69820 Fleurie - ✆ 04 74 04 10 77 - fermé 15-30 mars, 30 juin-12 juil., 20 déc., 15 janv., dim. et lun. - 27/65 €.* Foin du décor élégant ou de la brigade stylée ! Cette digne ambassade du Beaujolais a renoncé au luxe pour mieux retrouver les saveurs d'une authentique cuisine du terroir. Ses spécialités : des cuisses de grenouilles sautées et le pigeonneau de grain, avec un beaujolais blanc de Fleurie.

Château de Bagnols – *Le Bourg - 69620 Bagnols - ✆ 04 74 71 40 00 - www.chateaudebagnols.*

fr - 21 ch. et suites - 27/65 €. Au pays des Pierres-Dorées se dresse le magnifique chateau de Bagnols transformé en hôtel de luxe. Le restaurant, installé dans la très belle Salle des Gardes, est réputé pour sa cuisine gastronomique et ses spécialités régionales ainsi que pour ses vins. Pour plus de romantisme, vous pouvez dîner sur la terrasse à l'ombre des tilleuls centenaires.

ACHATS

Cave Beaujolaise de Quincié – *(5,5 km au sud de Beaujeu par la D 37E puis la D 37) - 69430 Quincié-en-Beaujolais - ✆ 04 74 04 34 17 - www.cavedequincie.com - mai-août : lun.-sam. 9h-12h, 14h30-18h30, dim. et j. fériés 10h-12h, 15h-18h ; sept.-avr. : 14h-18h - fermé 1er janv., 1er nov. et 25 déc.* Les différents crus (beaujolais-villages, régnié, brouilly, etc.) de cette coopérative viticole née en 1928 dispensent des arômes de fruits et de fleurs régulièrement primés dans les concours. Une salle de vente et de dégustation très moderne permet de présenter la sélection dans des conditions optimales.

La Cave de Clochemerle – *69460 Vaux-en-Beaujolais - au bourg (15 km au nord-ouest de Villefranche-sur-Saône par la D 43) - ✆ 04 74 03 26 58 - tlj 10h30-12h, 15h-20h (sam. 22h) - fermé 1er janv. et 25 déc.* La cave fut inaugurée en 1956 par Gabriel Chevallier lui-même. Outre un manège relatant en 4 scénettes musicales l'histoire de Clochemerle, le pôle œno-touristique consacre un espace au romancier qui fit passer le village à la postérité : film retraçant les étapes de sa vie, 6 bornes sonores contant son histoire *(avr.-oct.)*. Caveau de dégustation et vente de beaujolais-villages rouge et rosé.

Cave des Producteurs des Grands Vins de Fleurie – *Au bourg - 69820 Fleurie - ✆ 04 74 04 11 70 - www.cavefleurie.com - 15 avr.-15 oct. : 9h30-13h, 14h30-19h ; 16 oct.-14 avr. : 9h30-12h, 14h-18h.* Cette coopérative créée en 1927 est la doyenne des caves du Beaujolais. Elle vinifie un tiers du cru Fleurie, produit une gamme de vins par climat – La Chapelle des Bois, Les Garants, etc. – et s'enorgueillit d'y élever deux cuvées d'exception baptisées « Cardinal Bienfaiteur » et « Présidente Marguerite ».

Cave du Château de Chénas – *La Bruyère (3,5 km au nord-est de Fleurie par la D 68) - 69480 Chénas - ✆ 04 74 04 48 19 - www.cavedechenas.com - 8h-12h, 14h-18h (sam. 19h), dim. et j. fériés 10h (avr.-déc. : 9h) -12h, 14h30-18h.* Dans le cadre magnifique du château de Chénas fut constituée en 1934 cette association de viticulteurs qui compte aujourd'hui 275 adhérents. Le domaine de 280 ha produit plusieurs AOC (le vignoble de Chénas donne naissance à deux grands vins : moulin-à-vent et chénas) élevées sous de superbes voûtes du 17e s.

Caveau des Beaujolais-Villages – *Pl. de l'Hôtel-de-Ville - 69430 Beaujeu - ✆ 04 74 04 81 18 - 10h30-13h, 15h30-20h - fermé lun. d'oct.-avr.*
Ce « temple de Bacchus », créé en 1956 par les vignerons pour valoriser l'authenticité de l'appellation beaujolais-villages, concerne 38 communes et occupe les caves voûtées de la mairie. La statue de saint Vincent, patron des vignerons, et l'effigie en cire d'Anne de Beaujeu veillent sur les dégustations de beaujolais-villages rouge, blanc et rosé. Nouvelle cuvée Pierre et Anne de Beaujeu.

La Maison des Beaujolais – *441 av. de l'Europe, RN 6 - 69220 St-Jean-d'Ardières - ✆ 04 74 66 16 46 - www.lamaisondesbeaujolais.com - 12h-21h - fermé vac. de Noël, 1er janv., dim. soir, merc. soir et lun.* L'enseigne est sans équivoque : cette maison fondée en 1952 par le vignoble est entièrement dédiée aux vins du Beaujolais. Dégustation, boutique et restaurant vous permettront de mieux connaître cette célèbre région viticole ainsi que sa production.

Cap Vignes - Château Bel Air – *394 rte Henry-Fessy-Belleville, à Belleville - 69220 St-Jean-d'Ardières - ✆ 04 74 66 45 97 ou 04 74 66 62 78 - www.capvignes.com - tlj sf w.-end 8h-12h, 14h-18h - visites sur RV - fermé 1re quinz. d'août.* Pour tout savoir sur les métiers du vin, le pôle œnologique et touristique du Beaujolais a créé cet espace éducatif dans l'enceinte du château. Visite complète avec projection de films sur les vendanges, parcours sur le sentier viticole, découverte du jardin aromatique et accès aux bornes interactives.

La Maison des Vignerons – *69430 Regnie Durette (4,8 km de Chiroubles) - ✆ 06 80 01 32 58 - cvba@cave-belair.com - 10h-12h30, 14h30-18h30 - fermé lun., mar., merc. mat. et j. fériés.* La maison, nichée dans le petit village de Chiroubles, a mis en place depuis une vingtaine d'années une démarche qualité rigoureuse. Elle vinifie aujourd'hui les récoltes d'environ 250 adhérents cultivant une centaine d'hectares situés sur les aires d'appellations contrôlées chiroubles, fleurie, morgon, régnié, beaujolais-villages, chénas et saint-amour.

Château du Moulin-à-Vent – *Le Moulin-à-Vent (3,5 km à l'est de Fleurie) - ✆ 03 85 35 50 68 - chateaudumoulinavent@gmail.com - 9h-12h, 14h-18h, w.-end et j. fériés sur demande préalable - fermé 1re quinz. d'août.* Vous voici sur les lieux de production d'une des plus fameuses appellations du Beaujolais. De couleur rubis, ronds, corsés et charpentés, les moulin-à-vent sont des vins puissants et racés aptes à bien vieillir. Dégustation sur place, millésimes anciens disponibles.

Huilerie Beaujolaise « Mireille et Jean-Marc » – *29 r. des Écharmeaux - 69430 Beaujeu - ✆ 04 74 69 28 06 - boutique@huilerie-beaujolaise.fr - 9h15-13h, 15h-19h - fermé lun., dim., 1re quinz. de janv. et j. fériés.* La vieille meule en pierre de ce moulin du 19e s. continue de broyer les fruits secs (noix, noisettes, pignons de pin, argan, amandes, noix de pécan, pistaches, etc.) et quelques graines oléagineuses pour en tirer les huiles vierges les plus fruitées qui soient. Vous trouverez également des vinaigres (balsamique, framboise, coing...) et autres produits fins. Visite du moulin possible et dégustations.

ACTIVITÉS

Forêt de Flachère – *69620 Légny - ✆ 04 74 71 73 28 (ONF).* Cet ancien domaine des chevaliers de Malte (13e s.) constitue l'une des rares forêts de feuillus du nord du département. 3 km de sentiers y sont aménagés et balisés pour la promenade ainsi qu'un sentier botanique et sylvicole de 2 km ponctué de panneaux d'informations. Deux étangs et des aires de pique-nique créent d'agréables espaces détente.

Romanèche-Thorins

1 710 Romanéchois – Saône-et-Loire (71)

NOS ADRESSES : VOIR LE BEAUJOLAIS P. 261

SE REPÉRER

Carte de microrégion C1 (p. 242-243) – *Carte Michelin Départements 327 H2 ou 328 B3.*

Entre la Saône et la montagne beaujolaise, Romanèche-Thorins, traversé par la N 6, se trouve à 18 km au sud de Mâcon et à 35 km à l'ouest de Bourg-en-Bresse.

À NE PAS MANQUER

Admirez la démarche gracieuse des très rares tigres blancs royaux, et laissez-vous attendrir par le regard tendre des gorilles du Touroparc.

ORGANISER SON TEMPS

Comptez une journée pour visiter le Hameau Dubœuf et découvrir son théâtre d'automates, ses expositions, sa gare et son jardin. Vous pourrez, si vous le désirez, vous restaurer sur place.

AVEC LES ENFANTS

Avec ses animaux des quatre coins du monde et ses attractions, Touroparc vous promet de bons moments en famille. Vos enfants n'en apprécieront pas moins Cérès, Tchoutchou et Toine au Hameau Dubœuf…

Au cœur des beaujolais-villages, Romanèche-Thorins est réputé pour son célèbre cru du moulin-à-vent, « seigneur des beaujolais », qui doit son appellation à un vieux moulin situé au milieu des vignes, en haut d'une colline. Deux sites d'attractions majeurs, l'un consacré au monde animal, l'autre dédié à l'univers du vin et de la vigne, vous inviteront à y passer de bons moments.

Visiter

★ Parc zoologique et d'attractions Touroparc

Accès : au carrefour de la Maison-Blanche, sur la N 6, prenez la D 466^E route de St-Romain-des-Îles. ✆ 03 85 35 51 53 - www.touroparc.com - ♿ - juin-août. : 9h30-19h (attractions 13h30-18h) ; mars-mai et sept.-oct. : 9h30-18h (attractions 13h30-17h30) - 19,50 € (3-10 ans 16,50 €) juin-août, 15,50 € (3-10 ans 13 €) reste de l'année.

Dans un cadre de verdure égayé de constructions ocrées, ce parc zoologique accueille, sur 10 ha, quelque 120 espèces d'animaux des cinq continents évoluant en semi-liberté. Ne manquez pas le belvédère des singes, avec ses gorilles, chimpanzés et orangs-outans, la serre tropicale, le vivarium ou encore la **planète sauvage★**, où vous découvrirez de merveilleux tigres blancs royaux ; le Touroparc, qui participe activement à la conservation de cette espèce en voie de disparition, a eu à plusieurs reprises le privilège extraordinaire de voir naître en ses murs des petits. Le Touroparc est également un parc d'attractions dont le monorail aérien, le petit train, le « TGV des étoiles », les toboggans et jeux aquatiques divers feront le bonheur des enfants.

Maison de Benoît-Raclet

03 85 35 51 37 - visite guidée (1h) sur demande préalable - gratuit.
Vers 1830, les vignes du Beaujolais étaient dévastées par le « ver coquin » ou pyrale, et les vignerons se trouvèrent désemparés face à ce fléau. Un certain **Benoît Raclet** remarqua qu'un pied de vigne planté le long de sa maison, près du déversoir d'eaux de ménage, se portait à merveille. Il décida d'arroser tous ses ceps avec de l'eau chaude, portée à 90°, dès le mois de février, afin de tuer les œufs de la pyrale. C'est ainsi qu'il sauva sa vigne, sous l'œil sceptique de ses voisins. Ceux-ci finirent pourtant par adopter sa technique. Les vignerons lui sont à jamais reconnaissants d'avoir découvert la technique de l'échaudage des vignes qui fut généralisée et utilisée jusqu'en 1945. Souvenirs divers et matériels d'échaudage sont rassemblés dans sa maison.

★★ Le Hameau Dubœuf

03 85 35 22 22 - www.hameauduboeuf.com ou http://boutiquehameauduboeuf.com - ♿ - 11h-18h - fermé 25 déc. - 10 € (-16 ans gratuit si accompagné d'un adulte).
« Stationné » en gare de Romanèche-Thorins, ce vaste site est avant tout un outil de promotion, conçu avec des moyens spectaculaires, du producteur de beaujolais Dubœuf, mais c'est aussi une très belle vitrine de l'univers de la vigne. La visite du **Hameau Dubœuf** commence dans la salle des pas perdus d'une gare 1900 *(reconstitution)*, où l'on prend son ticket pour partir à la découverte de l'univers du vin. Une succession labyrinthique de salles est consacrée à l'histoire du vignoble, aux outils du vigneron, aux goûts du vin et à leurs liens avec la terre, aux étapes de fabrication du vin (impressionnant pressoir mâconnais de 1708), des tonneaux, des bouchons de liège, du verre, des étiquettes, etc. De beaux objets bénéficient d'une muséographie résolument moderne, avec un théâtre d'automates et divers petits films, dont une comédie musicale en 3D mettant en scène Paul Bocuse et Bernard Pivot… Une dégustation vient logiquement clore la visite dans la **salle du limonaire★**.
En face du Hameau Dubœuf, la **gare** montre au visiteur le lien étroit qui unissait le vin et le rail aux 19e et 20e s. Elle abrite le beau **wagon impérial** qu'utilisait Napoléon III pour saluer la foule, une collection d'objets et de trains électriques circulant dans des maquettes de villes et paysages, et une exposition sur l'aventure du TGV.
Rendez-vous ensuite au **jardin en Beaujolais** *(prenez le petit train, ce n'est pas tout près)*, pour y découvrir les arômes propres aux vins du Beaujolais à travers des parterres thématiques (fleuri, végétal, boisé, fruits à coques, fruité, épices). Trônant au milieu de ce grand jardin de 5 000 m², le **centre de vinification** des vins Georges Dubœuf permet d'enrichir la visite avec la découverte, grandeur nature, de toutes les étapes de la production.

Musée du Compagnonnage Guillon

03 85 35 22 02 - www.musee-compagnonnage.cg71.fr - juin-sept. : 10h-18h ; reste de l'année : 14h-18h - fermé de mi-déc. à déb. janv., 1er Mai - 3,50 € (-18 ans gratuit), gratuit 1er dim. du mois.
Voici une belle illustration du compagnonnage à travers la collection de **Pierre-François Guillon** (1848-1923). Des chefs-d'œuvre, des documents et des souvenirs ont été réunis dans cet atelier où, à la fin du 19e s., ce compagnon charpentier dirigeait une école de dessin appliqué à la construction en bois.

Monts de Tarare

★

Rhône (69)

NOS ADRESSES PAGE 271

S'INFORMER
Office du tourisme du pays de Tarare – *6 pl. Madeleine - 69170 Tarare - ✆ 04 74 63 06 65 - www.ot-paystarare.com - 9h-12h, 14h-18h, sam. 9h-12h - fermé lun., dim. et j. fériés.*

SE REPÉRER
Carte de microrégion A B2-3 (p. 242-243) – *Carte Michelin Départements 327 F4 – carte p. 270.* Tarare, porte d'entrée des monts qui portent son nom, se situe sur la N 7 entre Roanne (à 42 km à l'ouest) et Lyon (à 46 km à l'est).

À NE PAS MANQUER
Les vallons et forêts de sapins de la route de crête.

AVEC LES ENFANTS
Se baigner au lac des Sapins.

Entre Beaujolais et Lyonnais, à la limite du Rhône et de la Loire, les monts de Tarare occupent un massif granitique agricole et boisé propice aux randonnées. Côté tradition, il faut voir Tarare enveloppé de milliers de mètres de voiles multicolores lors des traditionnelles Fêtes de la mousseline (tous les cinq ans) pour saisir l'importance de cette industrie pour la ville et toute l'histoire textile de la région.

UNE DÉLICATE ENVOLÉE

La mousseline – Ce tissu en laine originaire de Mossoul est très léger et aéré. En 1754, **Georges-Antoine Simonet** monte à Tarare les premiers métiers à mousseline. En s'inspirant des méthodes de fabrication qu'il a étudiées en Suisse, il espère produire une mousseline de qualité. Il fait donc venir du coton du Levant : les gros ballots arrivent à Lyon et à Tarare et se vendent au détail. Mais les tissus qu'il obtient sont défectueux car les fils de coton sont irréguliers et pas assez fins. Il meurt ruiné en 1778. Son neveu, **Adrien Simonet**, réussit là où il a échoué en utilisant du coton de qualité importé de Suisse qu'il fait tisser au métier à bras dans les campagnes. Pendant le Premier Empire, le blocus continental, en interdisant l'entrée en France de tissus étrangers, fait la fortune de l'industrie de la mousseline. En 1863 est introduit le tissage mécanique du coton pour faire face à la concurrence des manufactures d'Alsace et des Vosges.

Le synthétique – Après 1918, la reproduction des filés de rayonne accroît son développement, tandis que la fabrication et la vente des voiles commencent à prendre de l'importance : les tissus synthétiques fins remplacent la mousseline. Tarare s'affirme jusque dans les années 1980 comme un grand centre de tissage et de montage du rideau. Aujourd'hui, après une forte crise, cette spécialité perdure grâce à quelques usines qui produisent du synthétique, et des artisans qui se consacrent aux tissus dits nobles.

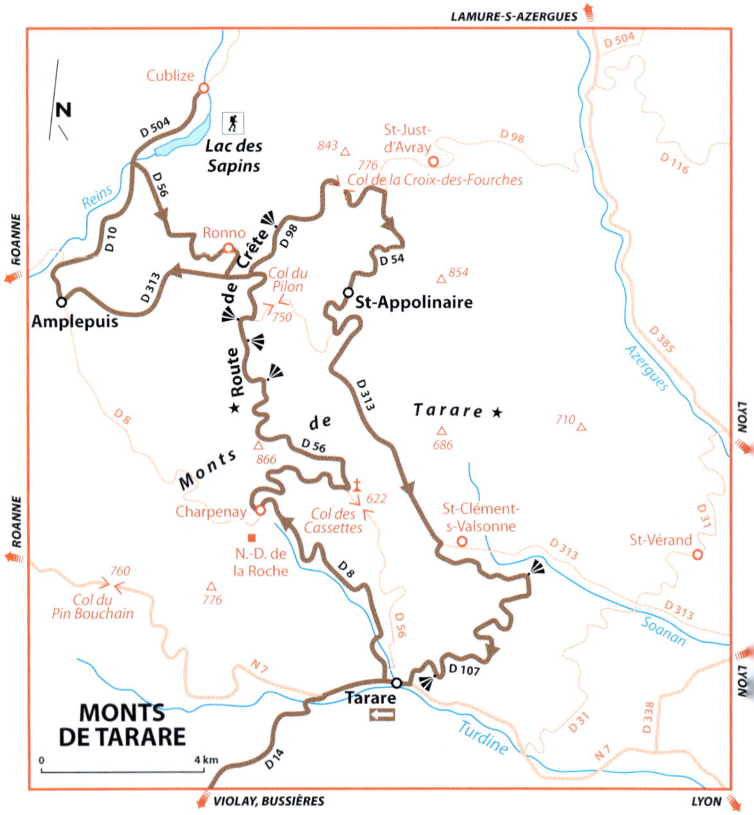

Circuit conseillé Carte ci-dessus

113 km au départ de Tarare. Comptez une demi-journée.

Au confluent de la Turdine et du Taret, **Tarare** est profondément encaissé dans le chaînon occidental des **monts du Beaujolais**.

Quittez Tarare par la D 8. Dans un virage, à l'entrée du Charpenay, situé au pied d'une butte rocheuse portant la statue de N.-D.-de-la-Roche, tournez à droite, à angle droit. Ensuite, à la hauteur de la croix du col des Cassettes, prenez à gauche la D 56.

Cette **route de crête★** offre de belles échappées sur de profonds vallons ou traverse de sombres bois de sapins.

Tournez à gauche dans la D 313 pour gagner Amplepuis.

Amplepuis

Barthélemy Thimonnier (1793-1857), inventeur de la machine à coudre (*voir p. 64*), a vécu à Amplepuis.

Musée Barthélemy-Thimonnier de la Machine à coudre et du Cycle – *04 74 89 08 90 - avr.-sept. : 14h30-18h30 ; reste de l'année : tlj sf lun. 14h30-18h - fermé mi-déc à fin janv., 1er nov. - 4 € (10-18 ans 1,50 €), gratuit 8 déc. (nocturnes).* Aménagé dans la chapelle et les bâtiments de l'ancien hôpital, le musée présente, à l'aide de modèles français et étrangers (Berthier, Omega, Hurtu, Peugeot, Wheeler et Wilson, etc.), une rétrospective des évolutions de la machine pour laquelle le génial tailleur déposa un premier brevet en 1830.

À l'étage sont présentés l'histoire d'Amplepuis, un atelier de couturière et de blanchisseuse, une collection de fers à repasser… mais aussi l'histoire du vélocipède, depuis la draisienne (machine à courir du baron Drais) jusqu'à la première roue lenticulaire, en passant par le vélo de Bernard Hinault.

Suivez au nord d'Amplepuis la D 8, la D 10 puis la D 504 en direction de Cublize. La route suit la verdoyante vallée du Reins.

Lac des Sapins

Formé par une retenue d'eau sur la vallée du Reins, le lac est officiellement né le 31 décembre 1979 peu avant minuit, au moment de son remplissage. Issu de l'inondation de terres agricoles et de leurs trois fermes, il résulte d'une option économique régionale qui a choisi le développement du tourisme pour contrebalancer le déclin du marché du textile.

Enchâssé dans les prairies et les conifères, son plan d'eau de 40 ha se prête à la baignade, la voile et la pêche. Un sentier pédestre *(1h)* en fait le tour.

Faites demi-tour et prenez à gauche la D 56 qui traverse la bourgade rurale de Ronno et débouche sur la D 313. À 1,5 km environ, reprenez à gauche la D 98 qui conduit au col de la Croix-des-Fourches (alt. 776 m), situé en pleine forêt.

Au cours de la montée, vaste panorama sur la chaîne du Forez, de Pierre-sur-Haute aux monts de la Madeleine avec, en arrière-plan, par temps clair, le sommet du puy de Dôme.

Continuez vers St-Just-d'Avray et tournez à droite dans la D 54 vers St-Appolinaire.

Au cœur de la zone de sapins de Douglas, **St-Appolinaire** est un centre de sylviculture important.

La D 313 mène à St-Clément-sur-Valsonne. À droite, la D 107 ramène à Tarare.

La route domine la vallée du Soanan et offre une jolie vue sur le site de Tarare.

NOS ADRESSES DANS LES MONTS DE TARARE

HÉBERGEMENT

PREMIER PRIX

Camping intercommunal du Lac des Sapins – *69550 Cublize - ✆ 04 74 89 52 83 - www.lacdessapins.fr - ouv. tte l'année - réserv. conseillée - 155 empl. 18 €.* Proche du lac et de la base de loisirs, ce camping dispose d'emplacements agréables et soignés. Location de chalets équipés, installés à l'orée d'un bois. Terrain multisports, court de tennis.

BUDGET MOYEN

Hôtel Burnichon – *(1,5 km à l'est de Tarare par la D 307) - ✆ 04 74 63 44 01 - www.hotel-burnichon.com - P - - fermé 21-27 déc. - 34 ch. 51/59 € - 9 € - rest. 16/37 €.* Cet hôtel moderne proche de Tarare est une étape pratique sur la route du Beaujolais. Ses chambres sont plutôt grandes et bien équipées, malgré un style années 1980 un peu daté. Au restaurant, cuisine traditionnelle sans prétention et menu pour les petits.

RESTAURATION

POUR SE FAIRE PLAISIR

Le Tilia – *Pl. du Plaisir - 69170 Joux (6 km à l'ouest de Tarare par la N 7) - ✆ 04 74 05 19 46 - www.letilia.com - fermé 17-31 août, 15-21 fév., dim. soir, lun. et mar. - formule déj. 20 € - 26/55 €.* Près du château, une maison régionale cosy, aux boiseries claires, aux tables soignées. Cuisine traditionnelle et généreuse. Jolie terrasse d'été.

Monts du Lyonnais

★

Rhône (69)

NOS ADRESSES PAGE 280

S'INFORMER

Office du tourisme des Hauts-du-Lyonnais – *Place de l'Église - 69850 St-Martin-en-Haut - ☏ 04 78 48 64 32 - www.hautsdulyonnaistourisme.fr - mar.-sam. : 9h-12h, 14h-18h ; dim. et j. fériés : 10h-12h, 15h-18h.*

Office du tourisme de Forez-en-Lyonnais – *9 pl. J.-B. Galland - 42140 Chazelles-sur-Lyon - ☏ 04 74 01 48 87 - www.cc-forez-en-lyonnais.fr - mar.-sam. : 9h-12h, 14h-18h.*

Office du tourisme du pays de L'Arbresle – *18 pl. Sapéon - 69210 L'Arbresle - ☏ 04 74 01 48 87 - www.arbresletourisme.fr - juil.-août : 9h30-12h, 15h-19h, lun. 15h-19h ; avr.-juin et sept.-oct. : tlj sf dim. et lun. 9h30-12h, 15h-18h30 ; reste de l'année : tlj sf dim. et lun. 10h-12h, 15h-18h - fermé 1 sem. pdt les vac. de Noël.*

Office du tourisme des Vallons du Lyonnais – *☏ 04 78 57 57 47 - www.ccvl.fr.*

Office du tourisme des Balcons du Lyonnais – *www.cc-paysmornantais.fr.*

Office du tourisme de Chamousset-en-Lyonnais – *www.chamousset-en-lyonnais.com.*

SE REPÉRER

Carte de microrégion A-B-C3-4 (p. 242-243) – *Carte Michelin Départements 327 F6, G 5-6, H5– carte p. 242-243.*

Les monts du Lyonnais s'interposent entre St-Étienne et Lyon, au-dessus du parc naturel régional du Pilat. Ils sont coupés de profondes dépressions – Brévenne et Azergues au nord, Gier au sud – qui séparent la montagne des massifs voisins : Pilat, monts de Tarare et du Beaujolais. À l'ère quaternaire, les glaciers ont raboté la partie orientale, donnant naissance au plateau lyonnais. Son rebord domine le Rhône de 100 à 150 m par un front de collines portant la trace d'anciennes moraines.

À NE PAS MANQUER

Les vestiges des aqueducs romains, notamment les arches de Chaponost ; le signal de St-André qui offre un panorama sur les Alpes ; l'architecture de Le Corbusier pour le couvent de Ste-Marie-de-la-Tourette.

LES PONTS-SIPHONS

Plus encore que par leur architecture, les aqueducs romains nous étonnent par la science hydraulique dont ils témoignent. La technique des ponts-siphons fait l'originalité des aqueducs lyonnais. Ils permettaient de franchir les vallées sans avoir recours à de gigantesques et coûteux ponts-aqueducs, comme celui du Gard.

MONTS DU LYONNAIS

ORGANISER SON TEMPS
Comptez deux jours pour parcourir la région.

AVEC LES ENFANTS
Le spectacle des rapaces en vol au parc animalier de Courzieu, les espèces animales du zoo de St-Martin-la-Plaine et les chevaliers de Salva Terra.

C'est un véritable dépaysement qui attend le promeneur lyonnais à deux pas de son immense agglomération. La région regroupe un peu de plaine, mais surtout des coteaux et des monts (700-900 m). Les vieilles maisons rurales, à la disposition caractéristique – trois bâtiments en équerre enserrant une cour généralement fermée – sont encore nombreuses. Les paysages parfois tourmentés de cette région montagneuse offrent de belles balades dans un milieu naturel encore préservé.

Découvrir Carte p. 276-277

LES AQUEDUCS ROMAINS

Le plateau conserve de nombreux vestiges des aqueducs qui alimentaient Lyon en eau à l'époque gallo-romaine. La ville recevait journellement 75 000 m³ d'eau de ses quatre aqueducs : Mont-d'Or, Brévenne, Yzeron et Gier. C'est l'aqueduc du Gier, le dernier construit, long de 75 km, qui a laissé le plus de vestiges. Sa construction, sous le règne d'Hadrien, au début du 2e s., fut particulièrement soignée : parement réticulé, à moellons clairs et foncés, disposés en nid d'abeilles, arcades à claveaux alternés de pierres et de briques, canal cimenté. Il était le seul à alimenter les hauteurs de la colline de Fourvière.
Voir la maison de l'Araire à Yzeron (p. 279).

★ Arches de Chaponost

À **Beaunant**, dans le creux du vallon de l'Yzeron, envahi par les constructions suburbaines, subsiste une partie du pont-siphon.
Poursuivez par la D 50.
Au débouché sur le plateau, au « Plat de l'Air », vous avez, à droite, une jolie **perspective★** sur l'enfilade d'une quarantaine d'arches subsistantes, sectionnées en plusieurs tronçons.
Laissez la voiture à l'entrée du chemin et longez à pied l'aqueduc.
À l'extrémité de l'enfilade, l'ancien réservoir de chasse du pont-siphon de Beaunant est encore visible, sur la pile terminale. Un plan incliné, en maçonnerie, permet d'accéder au sommet. On distingue les orifices des tuyaux et l'enduit de ciment rougeâtre du canal *(15mn à pied AR).*

Autres vestiges

D'autres vestiges subsistent à **Brignais** (mur réticulé), **Soucieu-en-Jarrest** (réservoir de l'aqueduc ou « chameau », en raison de sa silhouette bossue), **Craponne** (tourillons ou piles d'un réservoir) et **Mornant** : à 300 m du bourg – qui conserve une belle église gothique –, empruntez sur la D 63, direction St-Sorlin, un sentier, à droite, menant au pied d'une arche, dans le creux d'un vallon *(5mn à pied AR).* À Mornant, arrêtez-vous à la maison de Pays au cœur du bourg, dans une ancienne maison 16e-18e s. : exposition d'outils liés à la vigne et métier à tisser le velours de soie.
À Lyon même, on peut voir également des vestiges d'aqueduc comme l'entrée de l'ancienne voie d'Aquitaine, aujourd'hui rue Roger-Radisson.

Circuit conseillé Carte p. 276-277

ENTRE LYON ET SAINT-ÉTIENNE

203 km. Voir le circuit sur la carte p. 276-277. Comptez deux jours sans la visite de Lyon. Quittez Lyon, à l'ouest, par l'autoroute A 6. À la sortie de Tassin-la-Demi-Lune, suivez la N 7 jusqu'à L'Arbresle.

L'Arbresle

Au confluent de la Brévenne et de la Turdine, cette cité industrielle, qui était spécialisée dans la soierie, est dominée par les vestiges du château des abbés de Savigny et par les pinacles couronnant le clocher (19e s.) de l'église. L'Arbresle est la patrie de **Barthélemy Thimonnier**, inventeur de la machine à coudre.

Église – Remarquez, dans le chœur, les belles verrières (16e s.) des hautes baies et les stalles du 18e s. La première chapelle du collatéral gauche abrite une statue de saint Pierre et une *pietà* du 15e s.

Prenez la D 19 au sud-est de L'Arbresle.

★ Couvent d'Éveux

04 74 26 79 70 - www.couventlatourette.com. Bâtiments en cours de restauration : visites guidéesdu couvent dim. 15h (7 €), jardins accessibles tlj.

Situé à flanc de coteau, le couvent dominicain de **Ste-Marie-de-la-Tourette** a été édifié de 1956 à 1959 sur les plans de **Le Corbusier**. C'est un remarquable exemple d'architecture moderne appliqué à la vie conventuelle. L'ensemble des bâtiments, construits en béton brut, dessine un quadrilatère fermé au nord par l'église. Celle-ci, très dépouillée, est éclairée latéralement par d'étroites fentes horizontales. Les cellules des religieux donnent sur les prairies et les bois environnants. Dans l'église, à droite de l'entrée, la chapelle du Saint-Sacrement capte la lumière par trois ouvertures inclinées suivant des axes différents. Il est actuellement habité par une dizaine de dominicains.

Retournez sur la D 389 pour rejoindre la D 159 sur votre droite.

Savigny

Ce bourg s'est bâti autour d'une abbaye bénédictine fondée au 8e s. Des bâtiments abbatiaux subsiste un corps de logis Renaissance. Dans le cœur du bourg se trouve un petit **musée lapidaire** où sont exposées des sculptures des 12e et 14e s. provenant de l'abbaye bénédictine : linteau présentant la Cène, chapiteaux richement sculptés, fragments de clôture de chœur. *04 74 72 09 09 - www.savigny-en-lyonnais-patrimoine.fr - visite guidée (1h - dép. dev. la mairie), dim. en juil-août, 1er sam. du mois et Journées du patrimoine : 15h - fermé j. fériés - 2 € (-16 ans gratuit) billet combiné avec la visite du village et de l'abbaye.*

Dans l'église, remarquez une Vierge de majesté en bois (13e s.) et un retable (16e s.).

Quittez Savigny par la D 7 et continuez sur cette route, après avoir traversé la D 389 au passage.

Musée de la Mine de Saint-Pierre-la-Palud

1 r. du Musée - 04 74 30 39 66 - www.musee-de-la-mine.com - visite guidée des galeries et visite libre des salles d'exposition juil.-août et vac. (zone A) de la Toussaint et de Pâques (sf mar.) : mar. et jeu. 15h, w.-end et j. fériés 14h-18h (dernière entrée 30mn av. la fermeture)- 5 € (6-16 ans 3,50 €).

Cet ancien site minier sur lequel est implanté le musée fut prospère de 1840 à 1972, année de sa fermeture, grâce à la pyrite de fer. La visite débute au cœur de galeries reconstituées où pénombre et ambiance sonore offrent la sensation d'un voyage sous terre. À l'étage, l'exposition de matériels et documents retrace l'histoire des mineurs et de leur vie quotidienne si difficile.

Le musée présente également une collection de plus de 2000 minéraux, ainsi qu'une salle consacrée à la paléontologie régionale.

Terminez la visite en suivant le sentier pédestre qui mène jusqu'au puits d'extraction, vestige de l'ancienne mine.

Rejoignez la D 389 en direction de St-Étienne. À Ste-Foy-l'Argentière, tournez à droite dans la D 489, puis la D 81 à gauche.

Parc Salva Terra à Haute-Rivoire

Ancienne Voie Romaine - 04 74 26 35 92 - www.salva-terra.com - - juil.-août : 13h-20h - fermé lun. et mar. - 18 € (-16 ans 14 €).

Accueilli par une joyeuse troupe de saltimbanques et troubadours, vous vivrez l'espace d'un après-midi un véritable voyage à travers le 13e s. Dans la cité fortifiée s'affairent forgerons et écuyers, tandis que sur le campement des guerriers, les plus téméraires s'essaient à quelques exercices d'escrime ou de lancés de javeline. Sous sa tente, le seigneur des lieux vous dévoile dans une narration tout aussi pédagogique que ludique les réalités de la vie féodale. Animations, contes, chants et duels se succèdent ainsi tout au long de la journée jusqu'au soleil couchant lorsque la lice des chevaliers devient la scène d'impressionnantes passes d'armes et démonstrations équestres.

Prenez la D 637 qui débouche sur la D 389 que l'on prend à gauche ; tournez à droite dans la D 633 et empruntez la D 4 jusqu'à Aveize.

Aveize

À l'entrée nord du bourg, de la D 4, **vue★** sur Ste-Foy-l'Argentière établie au creux de la dépression de la Brévenne.

Prenez la direction de St-Symphorien-sur-Coise par la D 4, puis tournez à droite dans la D 662.

Notre-Dame-de-la-Neylière

Outre la chapelle, il est possible de visiter les musées d'Océanie et de Jean-Claude Colin, chaque dim. apr.-midi à partir de 15h et sur demande préalable à la Neylière - 69590 Pomeys - 04 78 48 40 33.

Maison d'accueil des pères maristes bâtie sur une colline dominant la vallée de la Coise. Dans la chapelle très dépouillée, mais ornée de vitraux et d'une fresque modernes, repose le père **Jean-Claude Colin** (1790-1875), fondateur de la Société de Marie.

Saint-Symphorien-sur-Coise

Son église gothique du 15e s., bâtie à l'emplacement d'un château fort, domine cet ancien bourg fortifié. Des remparts, il ne reste que la porte Riverie. Un circuit proposé par l'office de tourisme parcourt la cité, son église, ses maisons du Moyen Âge, celles des tanneurs aux balcons typiques... Saint-Symphorien était jadis réputée pour ses peaux tannées, aujourd'hui c'est un petit centre industriel où l'on fabrique du saucisson sec et le patchi, patisserie aux fruits et à la crème.

Chazelles-sur-Lyon

Chapeau bas pour cette commune qui doit sa célébrité à la qualité de ses couvre-chefs en feutre ! Les temps ont bien changé depuis le début du 20e s., période faste pour la bourgade qui comptait une trentaine de fabriques. Aujourd'hui, l'industrie du chapeau a bien régressé et il ne reste qu'une entreprise où l'on perpétue le savoir-faire traditionnel.

Musée du Chapeau – *04 77 94 23 29 - www.museeduchapeau.com - - visite guidée (55mn) 14h-18h, dim. et j. fériés 14h30-18h30 - fermé mar. hors juil-août, 1er janv., 1er Mai, 25 déc. - 4,60 € (-18 ans 2,60 €).*

Pourquoi cette présence du chapeau à Chazelles ? Au 12e s., le comte **Guy II de Forez** y fixa une commanderie de chevaliers de St-Jean-de-Jérusalem dont il ne subsiste aujourd'hui qu'une tour hexagonale. Une tradition veut que les commandeurs aient enseigné aux habitants l'art de fouler le feutre, technique qu'ils auraient eux-mêmes apprise auprès des Arabes lors des croisades.

Le musée, aménagé dans une ancienne usine de chapellerie, présente dans dix ateliers reconstitués les étapes de la fabrication du feutre de luxe, depuis

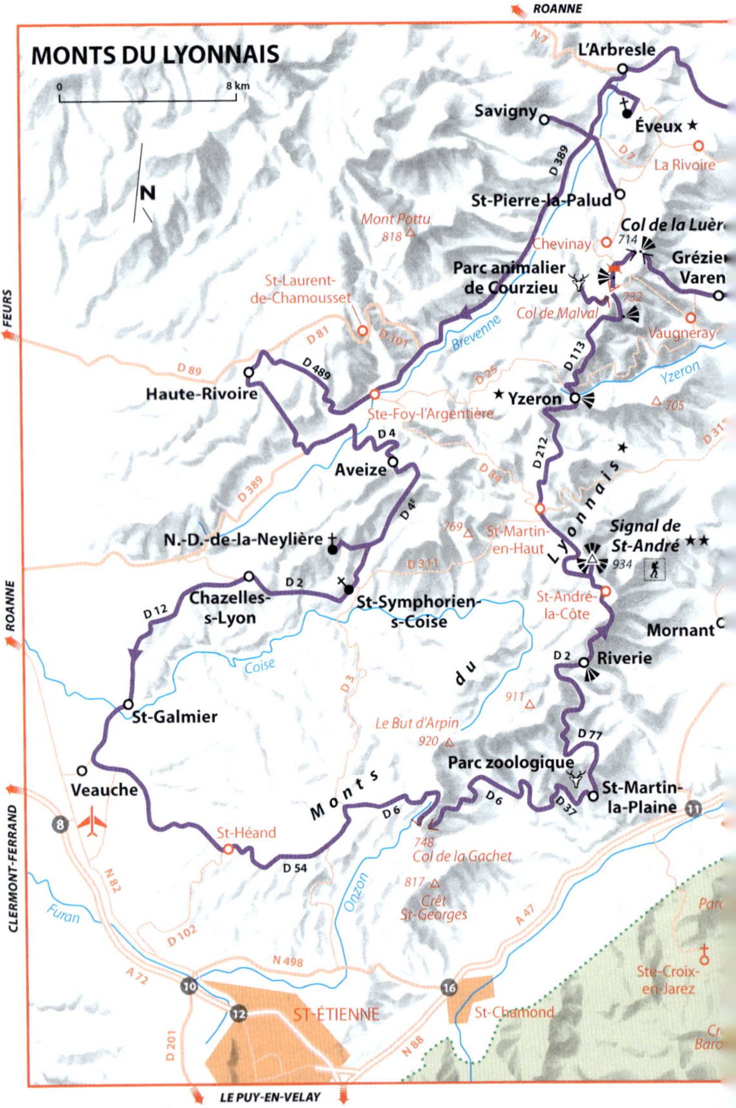

le soufflage et le « bastissage » du poil de lapin ou de lièvre jusqu'au bichonnage et au garnissage. Un film vidéo réalisé dans la dernière usine en activité, un diaporama et des démonstrations sur d'authentiques machines en état de marche agrémentent la visite. Un espace réservé à la création contemporaine accueille chaque année des modistes renommés. Parmi les couvre-chefs exposés, certains le sont à double titre : ils ont été portés par Antoine Pinay, François Mitterrand, Paul Bocuse ou Michel Troisgros.

Saint-Galmier

Les eaux de la ville, connues dès l'époque romaine, ne devinrent vraiment réputées qu'au début du 19e s., grâce à l'esprit d'initiative de **A.-S. Badoit** qui, le premier en France, eut l'idée de mettre l'eau en bouteilles. Pour vaincre les préjugés de son époque – on pensait alors que l'eau ainsi transportée perdait ses propriétés –, Badoit organise une véritable campagne publicitaire, en France et à l'étranger : la société qui porte son nom connaît rapidement un essor important. Cette eau pétillante, froide et limpide, est riche en gaz carbonique, sels de calcium et fluorures. Elle est captée à une profondeur de 78 m et mise en bouteilles dans l'**usine** située près de la source. *✆ 04 77 54 06 08 - www.paysdesaintgalmier.fr - visite guidée (1h30) sur demande préalable à l'office de tourisme de St-Galmier au ✆ 04 77 54 06 08 - mai-sept. : 9h-12h30, 14h-18h ; reste de l'année : 9h30-12h, 14h-17h - fermé dim. et j. fériés - 8 ans mini - 3,50 € (-18 ans 2,50 €) se munir d'une pièce d'identité.*

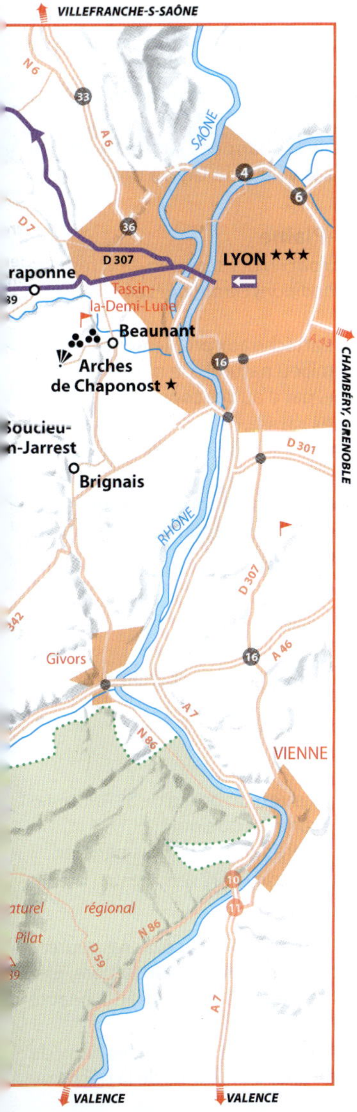

Église – C'est un édifice de style flamboyant à trois nefs. En entrant, à gauche, sous la tribune, très belle **Vierge du pilier★** de l'école de Michel Colombe (16e s.). Contre le 2e pilier de la nef, à droite, **triptyque★** de l'école flamande (15e s.) ; le volet central, en bois sculpté et doré, représente une Vierge à l'oiseau, entre sainte Barbe et sainte Catherine.

Hôpital – Il est installé dans un ancien couvent d'ursulines. La chapelle, à droite en entrant, possède un beau retable en bois sculpté, à colonnes torses, du 17e s.

Vieux quartier – *En sortant de l'hôpital, tournez à droite, puis empruntez à gauche la rue Félix-Commarmond.* Cette rue bordée de maisons anciennes mène place des Roches.

Roseraie – *Pour y accéder, prenez la direction de Cuzieu et, à gauche, l'avenue de la Coise. Suivez le fléchage.* Créée en l'an 2000 pour célébrer le passage au 3e millénaire, elle réunit sur moins d'un hectare environ 300 variétés de roses anciennes et modernes, soigneusement étiquetées au milieu d'un choix judicieux d'arbustes (collection de viburnums) et de plantes vivaces (plusieurs variétés de nepetas, de vrais géraniums, etc.).

Veauche

Sur le rebord d'un coteau dominant la Loire, Veauche, dont l'activité principale est la fabrication des bouteilles pour les eaux de St-Galmier, est connue des archéologues et des amateurs d'art. L'**église** était, à l'origine, un petit prieuré donné en 970 à l'abbaye de Savigny. Très modeste extérieurement, l'édifice a été presque entièrement rebâti aux 15e et 16e s. La partie préromane (deux premières travées de la nef) se distingue par une sobre arcature plaquée contre les murs des collatéraux.

Gagnez St-Héand par la D 54 et poursuivez par la D 6 (à partir de Fontanès) en direction de St-Martin-la-Plaine.

À partir de St-Héand, la route offre de belles échappées sur les monts du Lyonnais. Les vues plongent au-dessus de la vallée du Gier, à droite, et du bassin de la Loire, à gauche.

Parc zoologique de Saint-Martin-la-Plaine

✆ 04 77 75 18 68 - www.espace-zoologique.com - mars-sept. : 9h-18h ; reste de l'année : 10h-16h - fermé 25 déc. et selon les conditions climatiques en hiver - 13 € (3-10 ans 9 €).

À proximité de la vallée du Gier, ce parc s'attache aux problèmes de reproduction des espèces menacées dans leur milieu naturel. De nombreux animaux ont été placés en prêt, pour l'élevage, par d'autres zoos.

Parmi les espèces présentes et devenues rares : des gorilles, tigres de Sibérie, loups à crinière des pampas d'Amérique du Sud, des binturongs, babiroussas…

Dans la maison des gorilles, où sont recréées les conditions climatiques des forêts humides équatoriales, évoluent quelques représentants de ces grands anthropoïdes. Possibilité d'assister à leur repas *(vers 14h)*.

Gagnez St-Martin-la-Plaine et suivez la D 77 puis la D 126 jusqu'à Ste-Catherine, où vous prenez la D 2 à droite.

Riverie

Vieux bourg féodal établi sur un promontoire. De l'ancien chemin de ronde, vue bien dégagée en direction du sud-est.

Poursuivez sur la D 113 au nord.

★★ Signal de Saint-André

45mn à pied AR. À environ 800 m au nord-ouest du bourg de St-André-la-Côte, un sentier, partant de la D 113, mène au sommet du signal (alt. 934 m). Un **panorama** se révèle face aux Alpes, et en arrière sur des villages perchés.

Empruntez la D 113 jusque St-Martin-en-Haut, puis la D 122 vers Yzeron.

★ Yzeron

Ce village aux maisons de pierre est marqué par l'abondance de ses sources qui lui ont permis de conserver sa vocation rurale. Production laitière, élevage de chèvres et culture de fruits rouges donnent à cette contrée la beauté de ses paysages.

Le **lac du Ronzey**, créé ici il y a vingt ans, est aujourd'hui l'un des lieux de prédilection des Lyonnais qui viennent s'adonner aux plaisirs de la pêche ou du pédalo. C'est dans ce pays de l'eau que les Romains établirent le point de départ d'un aqueduc qui se dirigeait vers Lyon en passant par Vaugneray et Craponne.

La **maison de l'Araire** y consacre une importante exposition. Photos, maquettes et vidéos expliquent la construction des quatre aqueducs qui alimentaient Lugdunum. Au rez-de-chaussée, vous pourrez également découvrir les techniques du tissage de velours de 1830 à 1930 ou encore retrouver l'ambiance des foires et marchés du début du 20e s. *✆ 04 78 45 40 37 - www.araire.org - de mi-avr. à fin oct. : w.-end et j. fériés 14h-18h - 2 € (-16 ans 1 €).*

Avant de quitter les lieux, admirez depuis la terrasse la **vue★** sur la vallée du Rhône.

À environ 800 m au sud du col de Malval, un **panorama★** se dégage sur la plaine du Rhône, le Mont-d'Or à droite, le mont Pilat à gauche et, au fond, les contreforts des Alpes. Plus loin, la D 113 ménage successivement des échappées sur la vallée de la Brévenne à gauche et la vallée du Rhône à droite.

Parc animalier de Courzieu

✆ 04 74 70 96 10 - www.parc-de-courzieu.fr - ♿ - de mi-mars à fin août : 10h-19h (dernière entrée à 16h45) ; 1er sept.-11 Nov. : lun., mar., jeu. et vend. 12h-18h (dernière entrée à 16h30) - 9,20 € (-12 ans gratuit).

Promenez-vous dans le sous-bois de ce parc de 20 ha pour découvrir la vie des prédateurs d'Europe tels que le loup ou les rapaces. Une structure d'accueil d'inspiration nordique (cabanes en rondins de mélèze et toits en gazon), une aire de jeux de même inspiration et un jardin botanique agrémentent la visite.

Dans la journée, vous pourrez assister au repas des loups et à un beau **spectacle de rapaces en vol★** *(30mn)* sur fond musical (effraies, hulottes, grand duc, buse américaine, milan noir, vautours, aigles royal et d'Amérique).

★ Col de la Luère

Agréable site forestier. Entre les cols de Malval et de la Luère, près du château de St-Bonnet-le-Froid, vous avez, à gauche, un belle **vue★** sur la vallée de la Brévenne.

Poursuivez la D 24 jusqu'à Grézieu-la-Varenne.

Grézieu-la-Varenne

L'histoire de cette bourgade est étroitement liée à son activité de blanchisserie. C'est ici qu'au 17e s. était lavé le linge des communautés religieuses de Lyon et c'est ici encore que continue à travailler l'un des derniers blanchisseurs de la région. L'**écomusée de la Blanchisserie artisanale** rend hommage à cette activité qui s'éteint peu à peu. Du lavoir au tambour en bois, du poêle à coke à l'essoreuse toupie, tout est réuni pour comprendre l'évolution des procédés techniques qui firent passer la blanchisserie de l'artisanat à l'industrie. *R. des Pierres-Blanches - ✆ 04 78 57 38 82 ou 04 78 57 15 86 - visite guidée 4e dim. du mois 14h-18h - fermé août - 2 €.*

Revenez à Lyon par la D 489.

4

NOS ADRESSES DANS LES MONTS DU LYONNAIS

HÉBERGEMENT

BUDGET MOYEN

Hôtel Forez – *6 r. Didier-Guetton - 42330 St-Galmier (10 km au sud-ouest de Chazelles-sur-Lyon par la D 12) - ☏ 04 77 54 00 23 - www.hostellerieduforez.com - 16 ch. 66/71 € - ☕ 9 € - rest. (fermé 10-30 août, 21 déc.-4 janv., dim. soir et lun. midi) 13/35 €.* Dans la localité où jaillit la source d'eau minérale Badoit, modeste affaire familiale progressivement rénovée abritant des petites chambres fonctionnelles, un restaurant et un caveau de dégustation.

Chambre d'hôte Le Chêne Patouillard – *69210 Bully (8 km au nord-ouest de L'Arbresle par la D 307 et chemin à dr.) - ☏ 04 74 26 89 50 et 06 10 98 04 16 - fermé vac. de Noël - 🚭 - 🏊 - 5 ch. 70/82 € ☕ - table d'hôte 26 €.* Cette ferme se trouve en pleine campagne, au milieu des vignes et des pâturages, avec les monts du Lyonnais en toile de fond. Les chambres, sobres et bien tenues, portent des noms de plantes et offrent une jolie vue sur la nature. Produits maison servis à la table d'hôte, le soir sur réservation.

POUR SE FAIRE PLAISIR

Chambre d'hôte Château de la Charmeraie – *Domaine de la Batie - 69930 Saint-Laurent-de-Chamousset - ☏ 04 74 70 50 70 et 06 62 22 56 40 - www.chateaudelacharmeraie.com - 🚭 - 🏊 - 5 ch. et suites pour quatre 95/230 € ☕.* Dans cette agréable maison d'hôte d'où la vue sur les monts du Lyonnais est exceptionnelle, vous pourrez profiter de la piscine, du parc, de la bibliothèque et de la véranda. L'accueil y est très chaleureux et les chambres, coquettes et confortables, sont spacieuses. L'une est pourvue d'une terrasse privée (chambre Renoir), une autre d'un jacuzzi (chambre Rimbaud).

Chambre d'hôte Chez Jacotte et Elia – *Le Plat - 42330 St-Galmier (à 3 km du centre sur la D 12 vers Chazelles, prenez une petite rte dir. Le Plat) - ☏ 04 77 54 08 27 - http://jacotte.elia.free.fr - 🚭 - 🏊 - 4 ch. 70/82 € ☕ - table d'hôte 28 €.* Cette authentique ferme fortifiée, isolée en pleine campagne, a été restaurée avec goût. Meubles anciens et décoration soignée, notamment dans les chambres, climatisation et wifi. La table d'hôte, dressée dehors aux beaux jours, invite à découvrir les légumes du potager et les produits locaux. Tennis, jacuzzi extérieur et terrain de pétanque.

Chambre d'hôte La Maison Dieu – *3 r. Dupuy - 42330 St-Galmier - ☏ 04 77 54 03 03 et 06 25 80 07 51 - www.peycelon.fr - fermé déc. - 🚭 - 🏊 - 4 ch. 95 € ☕ - table d'hôte 30 €.* Vous serez séduit par le charme insolite de cette maison bourgeoise recélant une chapelle (1882) et, à côté du superbe jardin, une galerie en forme de cloître qui donne aux petits-déjeuners d'été une saveur inoubliable. Chambres raffinées et table d'hôte réputée : Martine Peycelon anime par ailleurs un atelier de cuisine.

RESTAURATION

PREMIER PRIX

Auberge la Picoraille – *Pl. du Marché - 69440 Riverie - ☏ 04 78 81 82 87 - fermé merc., lun. soir, mar. soir, jeu. soir et dim. soir - 🚭 - formule déj. 12,50 € - 15/19 €.* Dans une belle bâtisse du 14e s., cette auberge fut créée en 1975 par des agricultrices qui souhaitaient réunir citadins et ruraux autour de leur table. Malgré une nouvelle équipe, l'adresse n'a rien perdu de son authenticité ! Cuisine familiale préparée avec une majorité de produits fermiers.

BUDGET MOYEN

Ferme-auberge des 17 Clochers – *Domaine de Lérieux - 69620 St-Vérand - ✆ 04 74 71 74 82 - ouv. vend. soir-dim. - 21,50/25 € - 4 ch. 52 € ☕.* Cette ferme-auberge réputée profite d'une splendide vue sur les vignobles et les églises des 17 villages alentour. Ambiance rustique, cuisine du terroir et dégustations de vin ; les cuvées Vieille Vigne, Fût de Chêne et Sainte-Catherine Vendange Tardive valent le détour. Chambres d'hôte au confort simple.

POUR SE FAIRE PLAISIR

L'Auberge – *Pl. neuve - 69690 Brullioles - ✆ 04 72 54 55 24 - www.l-auberge.fr - fermé 3 premières sem. de janv., dim. soir, lun. d'oct. à avr. - 19/48 € - 7 ch. 95/115 € - ☕ 12 €.* Voici un restaurant qu'il ne faut pas manquer. À déguster dans la belle salle à manger ou sur la terrasse ombragée, la cuisine d'Aude-Marie, élaborée à partir des produits locaux et régionaux est un délice, pour les yeux comme pour les papilles. Sur un site propice à de belles balades, cette maison de charme propose des chambres, toutes différentes, meublées et décorées avec goût. Piscine dans un joli cadre de verdure. Une adresse recommandée !

ACHATS

La maison de Pays – *6 r. Joseph-Venet - 69440 Mornant - ✆ 04 78 44 03 76 - www.maison-pays.com - 15 juin-15 sept. : 14h30-18h30 ; reste de l'année : sam. 14h30-18h30, dim. 11h-12h30, 14h30-18h30 - fermé janv.-fév.* Occupant les trois niveaux d'une bâtisse du 16e s., la maison de Pays propose une découverte du patrimoine régional à travers des expositions de peintures, sculptures et objets anciens. Vente de produits locaux au rez-de-chaussée : vins des coteaux du Lyonnais, saucissons, terrines, miels, confitures, etc.

Maître-Verrier - Pierre Marion – *Manoir Philip, bd du Sud - 42330 St-Galmier - ✆ 06 79 67 81 31 - pierre.marion.verre@hotmail.fr - pour les horaires d'ouverture : se renseigner.* Après avoir terminé son apprentissage outre-Manche et transmis son savoir aux États-Unis, Maître Marion (oui, il mérite ce titre) est revenu au pays perpétuer la tradition verrière. Au cours d'une démonstration commentée, il transforme sous vos yeux la matière brute en œuvre d'art. De la magie ? Non, du métier !

Le Roannais et le Forez 5

Carte Michelin Départements 327 – Loire (42) et Puy-de-Dôme (63)

Dans le parc naturel régional du Livradois-Forez.

C. Guy / hemis.fr

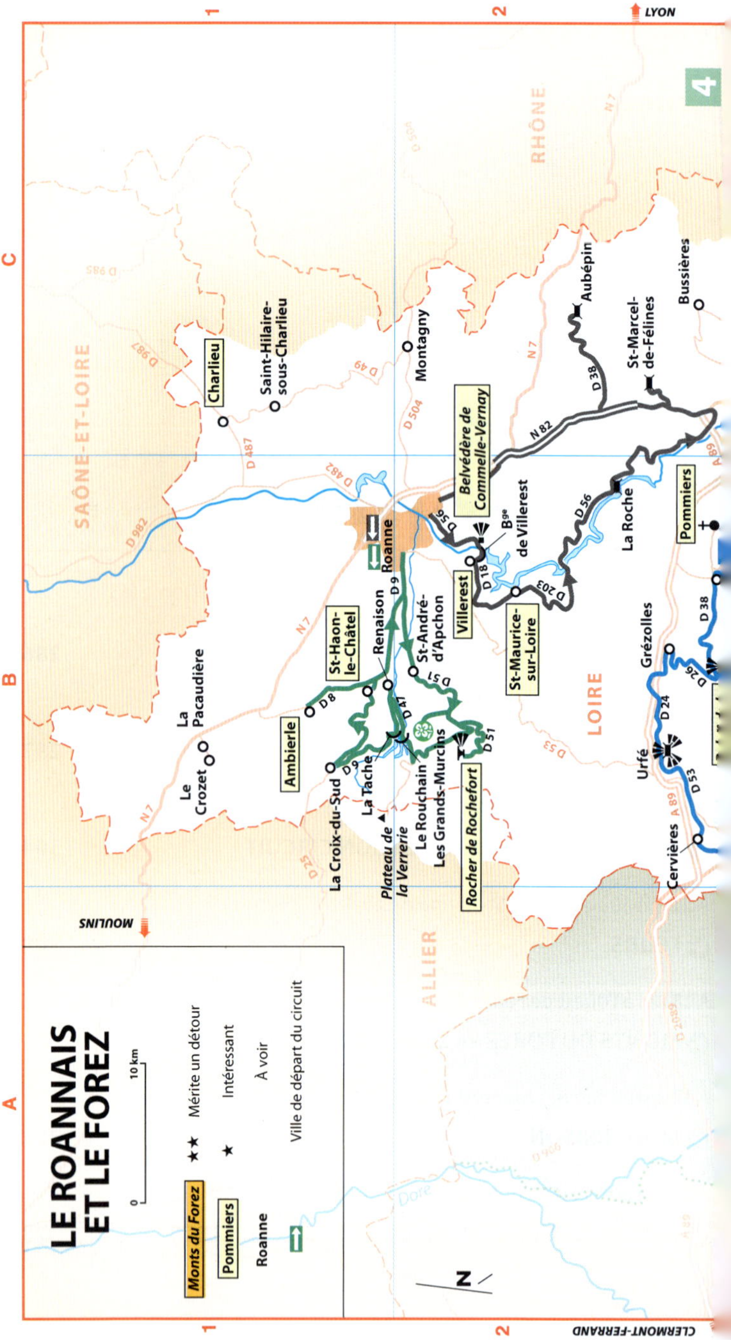
LE ROANNAIS ET LE FOREZ
0
10 km
Monts du Forez
★★ Mérite un détour
Pommiers
★ Intéressant
Roanne
À voir
Ville de départ du circuit
N
A
B
C
1
2
4
LYON
MOULINS
CLERMONT-FERRAND
SAÔNE-ET-LOIRE
RHÔNE
LOIRE
ALLIER
Charlieu
Saint-Hilaire-sous-Charlieu
Montagny
Aubépin
St-Marcel-de-Félines
Bussières
Belvédère de Commelle-Vernay
Roanne
Bge de Villerest
Villerest
La Roche
Pommiers
St-Maurice-sur-Loire
Grézolles
Urfé
Cervières
St-André-d'Apchon
Renaison
St-Haon-le-Châtel
Ambierle
La Pacaudière
Le Crozet
La Croix-du-Sud
La Tache
Plateau de la Verrerie
Le Rouchain
Les Grands-Murcins
Rocher de Rochefort
N 7
N 82
D 9
D 8
D 47
D 51
D 18
D 56
D 203
D 38
D 24
D 26
D 53
D 482
D 487
D 504
D 49
D 982
D 987
D 985
D 25
A 89

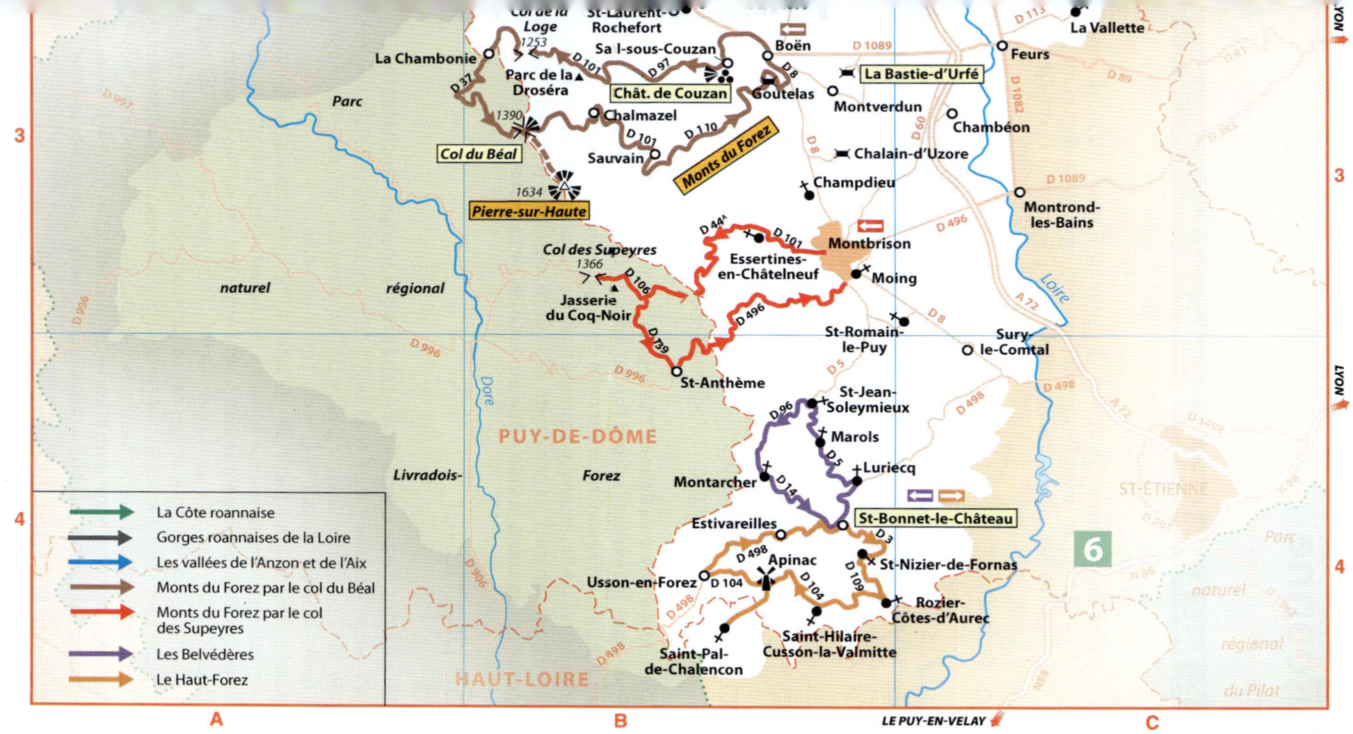
La Côte roannaise
Gorges roannaises de la Loire
Les vallées de l'Anzon et de l'Aix
Monts du Forez par le col du Béal
Monts du Forez par le col des Supeyres
Les Belvédères
Le Haut-Forez
Loge
1253
St-Laurent-Rochefort
La Chambonie
Parc de la Droséra
Sail-sous-Couzan
Boën
Châtt. de Couzan
Goutelas
La Bastie-d'Urfé
Montverdun
Chambéon
Feurs
La Vallette
Chalmazel
1390
Col du Béal
Sauvain
Monts du Forez
Chalain-d'Uzore
Champdieu
1634
Pierre-sur-Haute
Montrond-les-Bains
Montbrison
Essertines-en-Châtelneuf
Moing
Col des Supeyres
1366
Jasserie du Coq-Noir
St-Romain-le-Puy
Sury-le-Comtal
St-Anthème
St-Jean-Soleymieux
Marols
Luriecq
Montarcher
St-Bonnet-le-Château
Estivareilles
Apinac
St-Nizier-de-Fornas
Usson-en-Forez
Rozier-Côtes-d'Aurec
Saint-Hilaire-Cusson-la-Valmitte
Saint-Pal-de-Chalencon
Parc naturel régional Livradois-Forez
PUY-DE-DÔME
HAUT-LOIRE
Dore
Loire
ST-ÉTIENNE
Parc naturel régional du Pilat
6
LYON
LE PUY-EN-VELAY
D 1089
D 1082
D 8
D 101
D 97
D 37
D 110
D 60
D 496
D 44
D 106
D 739
D 996
D 906
D 5
D 96
D 14
D 498
D 104
D 109
D 3
A 72
A
B
C
3
4

Roanne

35 936 Roannais – Loire (42)

NOS ADRESSES PAGE 294

S'INFORMER

Office de tourisme – *Pl. du Mar.-de-Lattre-de-Tassigny - 42300 Roanne - ℘ 04 77 71 51 77 - www.leroannais.com - mai-sept : 9h30-18h, lun., dim. et j. fériés 14h-18h ; reste de l'année : tlj sf dim. et j. fériés 9h30-12h30, 14h-18h, lun. 14h-18h.*

SE REPÉRER

Carte de microrégion B1-2 (p. 284-285) – *carte Michelin Départements 327 D3.*
À 85 km au nord-ouest de Lyon, Roanne est accessible par la N 7 et l'A 72 qui relie Clermont-Ferrand à St-Étienne. La ville s'étend dans la vallée de la Loire, plaine limitée par les monts de la Madeleine à l'ouest et les monts du Beaujolais à l'est.

À NE PAS MANQUER

Un repas dans le grand restaurant de Troisgros ou son annexe *Le Central* ; la Côte et les gorges roannaises.

ORGANISER SON TEMPS

Comptez une journée pour sillonner la région.

Pourquoi vient-on à Roanne ? Sa réputation de ville industrielle spécialisée dans le textile n'est pas forcément une référence touristique. S'il en est une, en revanche, c'est celle de la gastronomie. La ville compte plusieurs établissements de qualité dont un des plus célèbres de France. Ajoutez-y son port, sa proximité de la Côte roannaise (vins AOC) et des gorges de la Loire, la ville a finalement bien des atouts !

Se promener

Musée des Beaux-Arts et d'Archéologie Joseph-Déchelette

22 r. Anatole-France - ℘ 04 77 23 68 77 - 10h-12h, 14h-18h, sam. 10h-18h, dim. 14h-18h - possibilité de visite guidée (1h) sur demande (15 j. av.) - fermé mar., j. fériés - 4,50 € (-18 ans 2,50 €), gratuit merc. apr.-midi.

Installé dans un hôtel particulier de la fin du 18e s., le musée a été fondé par le grand archéologue roannais **Joseph Déchelette** (1862-1914). On lui doit la riche **section archéologique** avec ses antiquités gallo-romaines provenant de fouilles de la région ; d'importantes réserves, présentées en rotation, illustrent les périodes préhistorique et égyptienne. Le musée possède aussi d'intéressantes collections de céramiques dont les célèbres **faïences révolutionnaires★** (300 pièces), regroupées par thèmes. Remarquez les bouteilles en forme de livre, décorées de scènes historiques et les pièces de céramiques contemporaines. Un ensemble de peintures et de sculptures du 15e au 20e s. complète la visite.

Place du Maréchal-de-Lattre-de-Tassigny

L'ancienne place du château *(une partie du donjon reste encore debout)* est bordée au sud par l'**église St-Étienne**, dont subsiste le vitrail représentant le martyre de saint Sébastien, du 15e s. *(2e travée à droite)*. Au chevet de l'église,

Château de la Roche, à St-Priest-la-Roche.
Grand Roanne Agglomération

on a mis au jour des fours de potiers gallo-romains. Flanquant l'église au nord, le « caveau de Roanne » est une petite maison à colombages.

Port de plaisance

Jusqu'à la fin du 17e s., le trafic sur la Loire n'est possible qu'en aval de la ville. Des bateaux en chêne, les « cabanes », du nom de l'abri qu'ils transportent, relient Roanne à Paris ou à Nantes. Au 18e s., des travaux rendent la Loire navigable vers St-Étienne.

Le **canal de Roanne à Digoin** est mis en service en 1838. Son trafic commercial est très important jusqu'en 1945. À l'origine, le canal sert presque exclusivement dans le sens Roanne-Digoin pour le transport du charbon venant de St-Étienne, puis le charbon de Montceau-les-Mines « monte » vers Roanne. À partir de 1970, le déclin s'accentue et le trafic commercial s'arrête définitivement en 1992. La navigation de plaisance a pris le relais depuis l'ouverture des écluses le dimanche, d'avril à fin octobre.

De même, la construction du **barrage de Villerest** en 1984 permet à Roanne de célébrer des retrouvailles avec un fleuve longtemps redouté pour ses crues.

DEUX-TROIS MOTS SUR ROANNE…

En 1814, la ville résista pendant sept jours aux Autrichiens avec seulement deux canons. Après la capitulation, le maire **Populle** réussit à éviter le pillage. Un jardin public perpétue son nom.

En 1959, sa fameuse équipe de basket, la Chorale, devient championne de France. Elle collectionne depuis les titres de champions junior, espoir pro, minimes…

Aujourd'hui, Roanne est l'un des centres français de l'industrie textile les plus réputés pour la confection, la maille (2e rang en France, après Troyes) et le tissage éponge. Parmi les activités économiques, citons un Arsenal (GIAT) et une unité de production Michelin.

Aujourd'hui, on y pratique la pêche dite « au coup », une pêche statique qui vise à attirer les poissons dans un endroit précis, et l'on s'y balade également le long du sentier qui rejoint les anciennes gravières de Matel. 5 km offerts aux marcheurs et VTTistes, ponctués de panneaux présentant l'histoire du fleuve et son écosystème.

Chapelle Saint-Nicolas-du-Port

Sa courte silhouette se dresse à proximité des quais du port. La date inscrite au fronton – 1630 – évoque le vœu, fait cette année-là par les mariniers, d'élever une chapelle à leur patron s'ils échappaient à l'épidémie de peste.

À proximité Carte de microrégion

Montagny C2

14 km à l'est par la D 504. Suivez la pancarte « Roseraie » au sortir de Montagny, la parcelle pouvant être déplacée d'une saison à l'autre.

Roseraie Dorieux – *04 77 66 11 46 - www.dorieux.fr - juil.-sept : tte la journée ; reste de l'année : se rens. - possibilité d'achat de rosiers - accès libre et gratuit.* Dans ce paysage régulier de jaune et de vert, la roseraie vient comme une étole jeter ses reflets chatoyants sur la colline. À la belle saison, on peut humer les fragrances des roses créées ici même et baptisées de noms de rêve.

Plateau de la Verrerie B1

40mn. Quittez Roanne à l'ouest par la D 9 jusqu'à Renaison, puis prenez la D 47 à droite : à la Grand'Borne, tournez à droite et suivez la D 478 qui conduit au site de la Tourbière. Pour redescendre : au col de la Rivière prenez la D 39, puis la D 9 pour Roanne ou la D 4 pour un détour par Briennon.

Pour une échappée de la ville, une envie de solitude, choisissez cette route qui grimpe dans la fraîcheur forestière avant de déboucher sur la sécheresse du **plateau de la Verrerie**. La tourbière, fleuron écologique du massif, est aménagée pour une agréable promenade. Cette incursion dans les **monts de la Madeleine** découvre une large **vue** sur la plaine de Roanne.

Le Crozet B1

25 km au nord-ouest par la N 7.

Cette petite cité médiévale étage ses maisons fleuries sur les premiers contreforts des monts de la Madeleine. Propriété au 10e s. des vicomtes de Mâcon, elle fut cédée au 13e s. aux comtes de Forez qui la fortifièrent et l'élevèrent au rang de châtellenie au siècle suivant.

Laissez la voiture sur le parking prévu à l'entrée.

On pénètre dans l'ancienne place forte par la « Grand-Porte » flanquée de deux tours rondes tronquées et en partie masquées par des maisons.

Maison du Connétable – Elle se distingue par sa belle façade à pans de bois. À cette demeure fait suite l'ancienne halle de cordonnerie (15e s.) ; remarquez les arcades, aujourd'hui murées, qui abritaient les échoppes.

Maison Dauphin – Ancienne halle de la boucherie, cette maison de la fin du 15e s., fortement restaurée, conserve de belles fenêtres Renaissance.

Maison Papon★ – Pénétrez dans la cour afin d'admirer la belle façade Renaissance de céramique émaillée, ornée de fenêtres à meneaux.

Tour de guet – L'ancien donjon, du 12e s., se dresse à proximité de l'église (19e s.). Il a perdu son couronnement de mâchicoulis. Du sommet, la vue se porte sur les monts de la Madeleine au sud, du Charolais à l'est ; table d'orientation.

Musée des Amis du Vieux Crozet – *✆ 04 77 63 00 87 - www.festivalduverre decrozet.fr - juin-sept. : 15h-19h - fermé lun. et mar., j. fériés - 2,50 € (12-18 ans 1 €).* Un petit intérieur paysan a été reconstitué dans cette maison du 15e s., ainsi qu'un atelier de sabotier et celui d'un maréchal-ferrant taillandier.

Le Petit Louvre à La Pacaudière B1

23 km au nord-ouest par la D 207, puis la N 7. ✆ 04 77 64 35 25 - juil.-sept. : 15h-19h - 2,50 €.

Construite au 16e s., cette ancienne propriété des ducs de Bourbon garde une superbe **toiture★** en tuiles vernissées (motifs de croisillons) de 13 m de haut, une tourelle d'angle, et des fenêtres à meneaux.

Circuits conseillés

★ LA CÔTE ROANNAISE Carte p. 291

Une ligne de coteaux à vignobles, « la Côte », orientée nord-sud, domine à l'ouest le bassin de Roanne. Séparés d'elle par les vallées du Rouchin et de la Tache se dressent en arrière-plan les **monts de la Madeleine**, hauteurs granitiques culminant à la Pierre-du-Jour (1 165 m) et prolongeant les monts du Forez et les Bois-Noirs. À la sévérité des monts de la Madeleine, la Côte oppose un aspect riant et coloré, avec ses vignobles produisant des vins rouges réputés classés AOC, mais aussi des vins rosés ou blancs.

100 km. Circuit tracé sur la carte p. 291. Comptez une demi-journée. Quittez Roanne par la D 9 et empruntez la D 51 vers St-André-d'Apchon.

Saint-André-d'Apchon

Au centre du bourg se cache, dans un cadre retiré, un château du 16e s. construit pour le maréchal de St-André et conservant sa façade primitive décorée de médaillons Renaissance.

Empruntez à pied, sur la place du monument aux morts, la rue située à l'angle de l'hôtel du Lion-d'Or, puis passez sous le passage voûté à 30 m, à droite.

L'**église**, de style flamboyant, est couverte de tuiles vernissées et ornée de vitraux du 16e s. À droite du clocher, remarquez le portail Renaissance : au tympan, belle statue en pierre de saint André (16e s.), surmontée d'une petite effigie du Père éternel.

Poursuivez sur la D 51 vers Arcon.

La montée en lacet, au-dessus de St-André, offre une succession de vues sur la plaine roannaise.

Quittez Arcon par le nord et gagnez l'arboretum des Grands-Murcins.

Arboretum des Grands-Murcins, à Arcon

15mn à pied AR. L'arboretum créé en 1936-1937, au cœur d'un domaine forestier de 150 ha, à une altitude moyenne de 770 m, est surtout riche en résineux, parmi lesquels figurent des pins pleureurs de l'Himalaya, des sapins

DE L'EAU GAZEUSE À LA FONTAINE !

Entre les dégustations dans les caves de la Côte, faites un petit tour par la petite ville thermale **St-Alban-les-Eaux**. Il est possible de goûter, à la fontaine du village, son eau agréablement gazeuse dont la production a repris dans une usine ultramoderne.

LES PAYSANS-TISSEURS

Dès le 16e s., le travail domestique des étoffes passa sous le contrôle des négociants lyonnais, qui fournirent dès lors la matière première et appliquèrent à cette main-d'œuvre dispersée les règles du système manufacturier. Le tisseur à domicile exerçait donc son activité dans un bâtiment ou une pièce annexe à son habitation (la cabine) tout en continuant à cultiver la terre pour améliorer son revenu.

Dans la région roannaise, l'industrie textile prit son envol à partir de 1880, époque où s'affairaient plus de 6000 tisserands. À la fin du 19e s., l'industrie cotonnière s'étendait des monts de la Madeleine à l'ouest, aux monts du Beaujolais à l'est.

Abies alba, *Tsuga canadensis* aux branches en draperies, et *Douglas* qui prospèrent dans la région à une altitude inférieure à 900 m. De la table d'orientation, **vue** sur la plaine de Roanne et les monts du Lyonnais.

Revenez à Arcon et gagnez La Croix-Trévingt. Prenez la D 51 vers St-Priest.

★ Rocher de Rochefort

Le rocher de Rochefort est surmonté d'une table d'orientation. **Vues** sur la plaine de Roanne, les monts du Beaujolais et du Lyonnais.

Revenez à La Croix-Trévingt. Par la D 51 à gauche, puis la D 41, encore à gauche, empruntant la vallée du Rouchain, on atteint le barrage du Rouchain.

Barrage du Rouchain

Un emplacement pour les voitures et une zone piétonne permettent de s'approcher du barrage du Rouchain. Le pied du barrage est accessible par la route qui va au barrage de la Tache. Ce dernier possède également un parking, un agréable restaurant ainsi que des aires de jeux pour enfants et un mini-golf; des sentiers s'élèvent vers la crête du barrage. Nombreuses promenades possibles.

Doublant le barrage de la Tache pour alimenter en eau potable l'agglomération roannaise, cet ouvrage (1977) en enrochement est long de 230 m, haut de 55 m, large de 9 m en crête et de 190 m à la base.

Pourvue d'un évacuateur de crue sur la rivière le Rouchain, la retenue possède une capacité de 6500000 m^3 et occupe trois vallées. La D 47, reliant Renaison au bourg des Noës, suit la berge de la retenue.

Barrage de la Tache

Le barrage de la Tache, long de 221 m et haut de 51 m, a été construit de 1888 à 1892. Son épaisseur, qui n'est que de 4 m au sommet, atteint 47,50 m à la base. Il est du type « barrage-poids », c'est-à-dire qu'il résiste par sa masse à la poussée des eaux. Sa capacité est de 3326000 m^3.

De l'extrémité droite de la crête, près de la D 41, jolie vue sur le lac-réservoir *(30mn à pied AR)*.

Au cours de la descente vers Renaison, bordée de belles plantations de cèdres bleus de l'Atlas, on découvre le vignoble de la Côte roannaise.

Renaison

Centre économique de la Côte roannaise. L'église néogothique renferme un orgue romantique du facteur John Abbey.

Faites demi-tour; suivez la D 9 en direction de La Croix-du-Sud.

À gauche, jolie vue depuis le **rocher-belvédère★** sur le plan d'eau de la Tache. La montée vers le col ménage ensuite des vues sur les hauteurs de la Madeleine.

La Croix-du-Sud

Important carrefour de routes établi sur un seuil séparant les monts de la Madeleine de la « Côte », et les vallées de la Teyssonne et de la Tache.

Au cours de la **descente★** par la D 39, remarquez l'étagement de la végétation : sur la crête, landes de bruyères ou manteau forestier ; au-dessous, pâturages et cultures diverses ; plus bas la zone viticole, et enfin, au loin, la plaine, avec ses riches herbages et ses vastes domaines. Avant d'arriver au-dessus des terres rouges du vignoble, belles vues sur les villages de St-Haon-le-Vieux et St-Haon-le-Châtel.

★ Saint-Haon-le-Châtel

Laissez la voiture sur une place dans le haut du village et passez, à gauche d'une boucherie, sous une porte fortifiée, à vantaux de bois cloutés.

Capitale du Roannais ! C'est ce que fut, du 15e s. à 1677, St-Haon *(prononcez St-Han)*, jusqu'à ce que l'hôpital et la justice soient transférés à Roanne. Il reste de cette période de relative puissance un bourg à l'aspect médiéval, une partie des remparts, une belle porte du 14e s. avec ses clous en pointes de diamant. Au hasard des ruelles, vous découvrirez de charmants manoirs du 15e s. ou Renaissance, notamment l'ancienne prévôté (panonceau de notaire et mairie), la maison du Cadran solaire, le manoir de la Fleur de lys. Dans l'**église** (12e-17e s.), des peintures murales du 16e s. ont été mises au jour et restaurées.

★ Ambierle

Le bourg, bien exposé au soleil du matin, s'étage sur les pentes de la Côte roannaise, couverte de vignobles produisant un agréable rosé. Il conserve, dans sa partie haute, un ancien prieuré de Cluny montrant encore une porte fortifiée, un vaste logis du 18e s. et une belle église gothique.

★ **Église** – Bâtie à la fin du 15e s., elle est de style gothique flamboyant. À l'intérieur, la nef étroite est d'une grande élégance. De magnifiques **vitraux★** du 15e s. garnissent les cinq fenêtres du chœur, hautes de 13 m, celles des deux chapelles latérales et du bas-côté gauche. Sur le maître-autel, derrière la grille

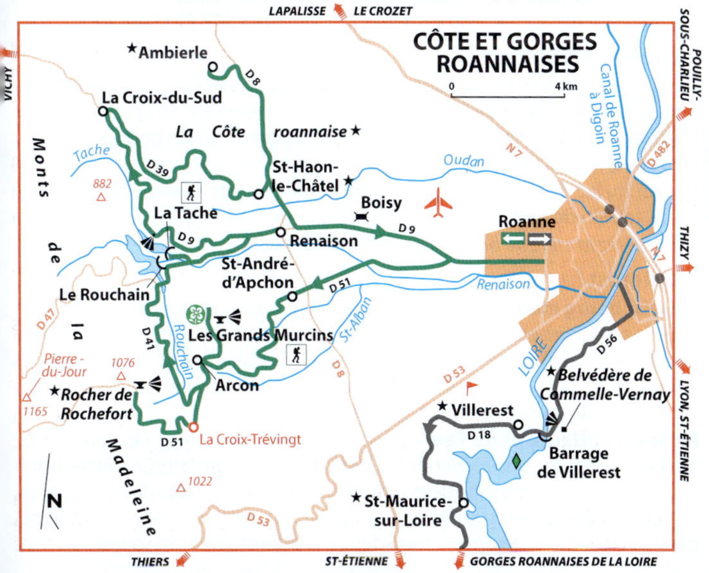

du chœur, est exposé un **retable flamand★** du 15e s. Les sculptures sur bois de la partie centrale représentent des scènes de la Passion.

Musée Alice-Taverne – *✆ 04 77 65 60 99 - www.museealicetaverne.fr - fév.-nov. : 10h-12h, 14h-18h - 4,50 € (-10 ans gratuit).* Aménagé dans un bâtiment du 18e s., il dévoile les jeux, coutumes, rites et superstitions qui émaillaient la vie dans les campagnes alentour, mais aussi l'habitat et les usages domestiques. Reconstitution de la « maison », pièce unique du logis rural ordonné autour de son âtre central, et de divers intérieurs (auberge, atelier de couturière, etc.).

Retour à Roanne par les D 8 et D 9.

À gauche, jolie vue sur la grosse tour ronde du **château de Boisy** *(ne se visite pas).* Ce château (14e-16e s.) occupe une place importante dans l'histoire roannaise. Il appartint successivement aux Couzan, à Jacques Cœur puis aux Gouffier. C'est en faveur d'Arthur Gouffier, son ancien précepteur, que François Ier érigea la terre de Boisy en duché-pairie de Roannais.

★ GORGES ROANNAISES DE LA LOIRE Carte de microrégion

139 km. Circuit tracé sur la carte de microrégion (et en partie sur celle p. 291). Comptez une demi-journée. Quittez Roanne au sud par l'avenue de la Libération et prenez à droite la D 43, puis la D 56 en direction du belvédère de Commelle-Vernay, signalisé.

La construction en amont de Roanne du barrage de Villerest a fait apparaître un nouveau « lac de Loire », qui s'allonge sur 33 km et attire, l'été, de nombreux plaisanciers.

★ Belvédère de Commelle-Vernay B2

La **vue** embrasse, au nord, l'agglomération roannaise et le pont de Vernay, à l'ouest, la commune et le barrage de Villerest, ainsi que les installations modernes des Papeteries de Villerest avec, à l'arrière-plan, les monts de la Madeleine. Un **petit train touristique** propose un parcours commenté de 7 km sur la rive droite du lac de Villerest. *✆ 04 77 68 58 12 ou 04 77 71 51 77 - www.train-des-belvederes.com - trajet en petit touristique surplombant la Loire, ponctué d'animations (attaque de train, cirque, etc.) juil.-août : 15h, 16h30, 18h ; avr.-juin et sept.-oct. : w.-end et j. fériés 15h, 16h30 - 5,50 € (3-12 ans 4 €).*

Barrage de Villerest B2

Destiné à maîtriser les crues de la Loire, c'est un ouvrage en béton de type poids d'une longueur de crête de 469 m. Sa forme en arc en accentue la stabilité. La retenue à niveau variable a une longueur de 30 km pour une largeur moyenne de 250 m.

Autour du lac de retenue s'est développée une aire de loisirs avec base nautique, terrain de golf, etc.

Franchissez la crête du barrage pour gagner Villerest.

★ Villerest B2

Le vieux **bourg médiéval** est agréable à parcourir. Il conserve de nombreuses maisons à encorbellement ou à pans de bois et des vestiges de remparts. La **porte de Bise**, du 13e s., marque le début de la visite à pied dont les étapes intéressantes sont illustrées de panneaux explicatifs. En période estivale, les vieilles échoppes sont animées par des artisans.

Musée de l'Heure et du Feu – *✆ 04 77 69 71 97 - juil.-août : 14h-18h sf mar. ; reste de l'année : w.-end et j. fériés 14h-18h - 3 € (-12 ans gratuit).* Ce musée original, installé dans une vieille demeure forézienne, se compose de deux parties. La **section du feu★** retrace l'histoire du feu domestique à travers différents pays, sa création et sa conservation depuis la préhistoire. Sont soigneusement

présentés les différents éléments indispensables pour faire du feu, comme l'amadou, qui n'est autre qu'un champignon arboricole.
Dans les vitrines sont exposés toutes sortes de briquets dont un briquet japonais miniature du 18e s., un briquet-couteau à pinces datant de la Révolution française, et le célèbre briquet hydropneumatique de Gay-Lussac, dangereux à manipuler car fonctionnant à l'hydrogène.
Dans la section suivante, plus éclectique, vous verrez un bel ensemble d'horloges et de montres des 18e-20e s. ainsi qu'une intéressante collection de briquets fabriqués par les poilus de 1914-1918.
Prenez la direction de St-Jean-St-Maurice-sur-Loire.

★ Saint-Maurice-sur-Loire B2

St-Maurice occupe un **site★** pittoresque dans les gorges roannaises de la Loire. Dominant un méandre de la retenue du barrage de Villerest, les vieilles maisons du bourg s'accrochent sur un éperon couronné par les vestiges d'un château féodal. Depuis 1974, le village s'est associé à St-Jean-le-Puy pour former la commune de St-Jean-St-Maurice-sur-Loire.
Laissez la voiture sur la petite esplanade à l'entrée de la partie haute du bourg.
De la terrasse du **donjon** (12e s.), belle vue sur les gorges.
Église – L'édifice conserve une abside romane, à chevet plat, décorée d'intéressantes **peintures romanes** du 13e s. Elles représentent, sur les registres de la voûte, l'Annonciation, la Visitation, la Nativité et la fuite en Égypte, le massacre des Innocents et le paradis terrestre (Création d'Ève, le fruit défendu).
Manoir de La Mure-Chantois – On y accède par une porte ornée de sculptures représentant Adam et Ève; la tour d'escalier (16e s.), qui desservait une partie du logis aujourd'hui disparue, conserve un fronton finement sculpté.
Prenez la direction de Bully d'où l'on redescend du coteau vers la Loire au pont de Presle. Prenez à droite la D 56, route bordière.
Le parcours offre un beau passage rocheux à hauteur du château de la Roche.

Château de la Roche, à Saint-Priest-la-Roche B2

✆ 04 77 64 97 68 - www.lechateaudelaroche.fr - ♿ - juil.-août : 10h-12h, 14h-19h ; mai-juin et sept. : tlj sf lun. 14h-18h ; reste de l'année : se rens. - possibilité de visite guidée (45mn) - fermé nov.-mars - 5,50 € (-18 ans 4,50 €).
Rescapé de justesse du barrage sur la Loire, grâce à la mobilisation de nombreux bénévoles, cet étonnant petit château de style troubadour (19e s.) est devenu l'endroit idéal pour présenter les évolutions des gorges de la Loire au cours des siècles (maquette et photos).
En amont, la vallée présente un aspect plus pastoral. *Peu après le viaduc de Chessieux, on atteint Balbigny où l'on emprunte à gauche la N 82 vers Neulise. À 6 km, tournez à droite dans la D 5.*

5

Saint-Marcel-de-Félines C2

Situé en terrasses sur une croupe de terrain dominant la cuvette de Feurs, face aux monts du Forez, ce bourg paisible possède un château, maison forte du 12e s., agrandie et embellie au 16e s.
Château – *✆ 04 77 63 54 98 - www.chateaudesaintmarceldefelines.com - visite guidée (1h) de Pâques à la Toussaint : dim. et j. fériés 14h30, 15h30 et 16h30 (et lund. en août) - 5 € (6-18 ans 3 €).* Ses toitures, ses tours basses et la belle teinte dorée des pierres lui donnent une silhouette pittoresque ; remarquez les lucarnes aux frontons ornés de motifs en forme de bulbe. Par un pont franchissant les anciens fossés, on accède à la cour intérieure d'inspiration italienne ; un vieux puits est orné de sphinx à tête de femme. Les salons doivent leur

homogénéité à des **peintures★** de la seconde moitié du 17e s. Lambris et plafonds sont divisés en compartiments peints de rinceaux, figures allégoriques ou grotesques, natures mortes, paysages ou portraits. Dans le salon de Jeanne d'Arc, un des rares portraits de la sainte habillée en femme.
Revenez sur la N 82, puis à Neulise tournez à droite dans la D 38. Après Croizet, franchissez le Gand et prenez le chemin à droite.

Château de l'Aubépin C2

✆ 06 19 74 20 19 - www.chateaudelaubepin.fr et lauredechoiseul@yahoo.fr - 9h-17h30 - fermé mar. et merc., 15 août - gratuit.
Cette jolie demeure (16e-18e s.), flanquée de pavillons d'angle coiffés en poivrière et précédée d'un avant-corps à décor de mascarons, est campée en terrasses dans un cadre verdoyant.
Ouverte à la visite, elle accueille aussi des hôtes qui profitent de chambres douillettes *(90-140 €).*
Regagnez Roanne par la N 82. La route offre des vues sur la Côte roannaise et vers la cuvette de la Loire, en aval.

NOS ADRESSES À ROANNE

HÉBERGEMENT

À Roanne

PREMIER PRIX

Hôtel Terminus – *15 cours de la République - ✆ 04 77 71 79 69 - www.hotel-terminus-roanne.com - fermé 2 sem. en août et 26 déc.-1er janv. - P - 55 ch. 46,60/52,10 € - ☕ 6 €.* Bâti en face de la gare, cet hôtel fraîchement rénové propose un hébergement correct à des prix très avantageux, compte tenu de sa situation. Les chambres, confortables et insonorisées, disposent toutes d'une salle de bains avec WC, téléphone, TV et prise Internet.

POUR SE FAIRE PLAISIR

Grand Hôtel – *18 cours de la République, face à la gare - ✆ 04 77 71 48 82 - www.grand-hotel-roanne.com - fermé 1er-15 août - P - 31 ch. 72/92 € - ☕ 10 €.* Situé en face de la gare de Roanne, cet hôtel du début du siècle, bien tenu, a été récemment rénové. Chambres de différentes tailles.

À proximité

POUR SE FAIRE PLAISIR

Chambre d'hôte Domaine du Fontenay – *42155 Villemontais (12 km au sud-est de Roanne par la D 53, puis la D 8 et chemin à dr.) - ✆ 04 77 63 12 22 - www.domainedufontenay.com - 4 ch. 72 € ☕.* Dans un domaine viticole de 10 ha, un chemin grimpant parmi les vignes mène à cette maison dont les chambres spacieuses, lumineuses et aménagées avec goût, offrent une vue splendide sur les vignobles et la plaine du Roannais. Les propriétaires, charmants, proposent des dégustations de leur vin à l'ancienne.

Chambre d'hôte L'Échauguette – *Ruelle Guy-de-la-Mure - 42155 St-Jean-St-Maurice-sur-Loire (12 km au sud-ouest de Roanne par la D 53 et la D 203) - ✆ 04 77 63 15 89 - www.echauguette-alex.com - ⊄ - 4 ch. 68/78 € ☕ - table d'hôte 28 €.* Située en lisière du bourg, L'Échauguette surplombe un lac entouré de collines. Les chambres sont toutes différentes et le petit-déjeuner se prend dans la cuisine ou, s'il fait beau, sur la terrasse d'été où vous ne perdrez aucune miette du panorama !

RESTAURATION

Bon à savoir – Pour vous faire plaisir sans trop dégarnir votre porte-monnaie, vous trouverez des petits restaurants sympathiques et peu onéreux du côté de la rue Victor-Bach. On a aimé le Visconti (pizzeria), la crêperie l'Armorique, ainsi que La Petite Fourchette et Le Coq en Paille qui proposent tous deux une cuisine plus traditionnelle.

Roanne « Table ouverte » – Chaque année, au mois d'octobre, se déroule le Festival Roanne table ouverte qui associe gastronomie et spectacles. À cette occasion, de nombreux restaurants proposent des représentations variées à l'heure du dîner (théâtre, musique classique, magie, chanson française…), et les Halles Diderot organisent des soirées dégustation. Exposition à thème culinaire et ateliers de cuisine ou d'œnologie. *www. roannetableouverte.com*

À Roanne

BUDGET MOYEN

Le Central – *20 cours de la République (face à la gare) - ✆ 04 77 67 72 72 - www.troisgros. com - fermé 2-22 août, dim. et lun. - réserv. obligatoire - formule déj. 23 € - 30 €.* À côté du restaurant des frères Troisgros *(voir ci-dessus)*, ce bistrot-épicerie, qui appartient à cette célèbre famille, sert une cuisine simple, au goût du jour, fréquemment renouvelée. Les bocaux, qui composent en partie le décor peuvent s'acheter à l'épicerie.

UNE FOLIE

Troisgros – *Pl. de la Gare - ✆ 04 77 71 66 97 - www.troisgros.com - fermé 2-17 août, 22 fév.-9 mars et lun. midi d'oct. à fév. - réserv. obligatoire - formule déj. 95 € - 165/200 €.* Véritable institution, cette maison est une référence gastronomique française. La famille Troisgros accueille ses hôtes dans sa maison où modernisme, qualité, luxe et sobriété se marient élégamment.

À proximité

PREMIER PRIX

L'Auberge du Barrage – *Lieu-dit La Tache - 42370 Renaison - ✆ 04 77 64 41 23 - fermé de déc. à mi-mars, mar. et merc. sf juil.-août - 14/28 €.* Cette auberge située au bord d'un ruisseau et en lisière de forêt, vous reçoit, selon la saison, dans l'une de ses deux salles à manger rustiques ou en terrasse. Le chef, un enfant du pays parti 15 ans aux Antilles, prépare une cuisine du terroir (grenouilles, fritures…) rehaussée d'épices.

BUDGET MOYEN

Ma Chaumière – *3 r. St-Marc - 42120 Le Coteau - rive droite de la Loire - ✆ 04 77 67 25 93 - ma-chaumiere@wanadoo.fr - fermé dim. soir, mar. soir et lun. - 15/46 €.* Bon accueil et bonne table dans ce restaurant situé entre les quais et le centre-ville. Le sympathique couple qui tient la maison avec passion soigne ses clients avec sa cuisine traditionnelle élaborée à partir de produits frais.

L'Escale – *Pl. St-Jean - 42155 St-Jean-St-Maurice-sur-Loire - ✆ 04 77 63 14 24 - fermé 1 sem. en janv., dim. soir (sf juin-août) et lun. - 18,50/35 €.* Ce restaurant, proche du barrage de Villerest et des côtes du Roannais, séduira les amateurs de cuisine régionale, cuisses de grenouilles et autres spécialités de friture. Vaste salle de style contemporain et terrasse.

Le Relais de la Vieille Tour – *42155 St-Maurice-sur-Loire - ✆ 04 77 63 16 83 - fermé lun. et mar. (sf juil.-août) - 20,50/30 €.* Sympathique adresse familiale aux salles à manger fleurie et bourgeoise ; à l'étage, la salle rénovée et la terrasse d'été offrent une jolie vue sur la région. Registre culinaire classique.

Le Marcassin – *Rte de St-Alban-les-Eaux - 42153 Riorges (3 km à l'ouest de Roanne par la D 31) - ✆ 04 77 71 30 18 - lemarcassin@wanadoo.fr - fermé vac. de fév., dim. soir et sam. - formule déj. 21 € - 25/53 € - 9 ch. 55/63 € - ☕ 8 €.* Après la visite du musée de la Maille à Riorges, vous pouvez vous arrêter dans ce restaurant familial. Tenu par un jeune chef, il décline des saveurs actuelles, dans un cadre moderne plutôt agréable ou sur la terrasse. Chambres très simples.

ACHATS

Bon à savoir – Il existe encore quelques fabricants textiles réputés en France, dont les boutiques d'usine sont accessibles aux particuliers. Vous y trouverez des articles de l'année précédente à des tarifs très intéressants.

Griffon *(41 r. Georges-Plasse - ✆ 04 77 23 65 60)* et **Lewinger-Degriff** *(50 r. St-Alban - ✆ 04 77 71 66 46)* proposent du prêt-à-porter masculin et féminin. **Janine Pauporté** *(6 bd Charles-de-Gaulle au Coteau - ✆ 04 77 68 82 24)* s'adresse exclusivement aux femmes. Et, pour les enfants, vous pourrez opter pour **FGM** *(14 r. Jean-Mermoz - ✆ 04 77 68 97 18).*

Pralus – *8 r. Charles-de-Gaulle/les Halles Diderot - ✆ 04 77 71 24 10 ou 04 77 67 69 02 - www.chocolats-pralus.com - tlj sf dim. et lun. 9h-12h, 14h-19h.* Adresse célèbre pour ses pralulines, brioches au beurre agrémentées de praline, d'amandes et de noisettes.

Domaine Robert Sérol – *Les Estinaudes - 42370 Renaison - ✆ 04 77 64 44 04 - 8h30-12h30, 13h30-19h, dim. et j. fériés sur RV.* Ce domaine familial de 20 ha fournit depuis plus de 20 ans la maison Troisgros en vins AOC de la Côte roannaise rouge et rosé. Vue magnifique et très sympathique caveau de dégustation-vente.

Les Brasseurs du Sornin – *400 rte de Roanne - 42720 Pouilly-sous-Charlieu - ✆ 04 77 60 82 28 - www.brasseursdusornin.com - tlj sf dim. et j. fériés 8h-12h, 14h-18h.* Cet établissement familial créé en 1998 bénéficie de l'expérience d'un maître brasseur formé en Belgique. Parmi les 17 parfums originaux proposés, goûtez la Perle Verte, à base de lentille du Puy-en-Velay, la Bière Rouge, aux baies de fleurs et la Bière des Verts, aux couleurs des célèbres maillots stéphanois…

La Maison des métiers d'art – *Pl. du Mar.-de-Lattre-de-Tassigny - ✆ 04 77 67 87 90 - tlj sf dim. et lun. 14h-18h30 (les j. d'exposition).* L'Association des métiers d'art du Roannais regroupe les artisans de la région autour d'expositions thématiques. Poterie, sculpture, céramique, ébénisterie… Cette vitrine du savoir-faire artisanal mérite le détour.

EN SOIRÉE

Bon à savoir – Le **château de la Roche** accueille des expositions tout au long de l'année. Des soirées à thème sont organisées chaque samedi de juin et juillet, et un spectacle son et lumière pyrotechnique s'y déroule le 3e samedi d'août. Enfin, une année sur deux s'y tient le Festival de la science-fiction et de l'imaginaire.

Charlieu

★

3 652 Charliendins – Loire (42)

NOS ADRESSES PAGE 303

S'INFORMER

Office de tourisme – *Pl. St-Philibert - 42190 Charlieu - ☏ 04 77 60 12 42 - www.leroannais.com - avr.-sept. : 9h30-12h30, 14h30-18h, dim. et j. fériés 9h30-12h30 ; reste de l'année : tlj sf dim. et j. fériés 9h30-12h30, 14h30-17h30 - fermé lun.*

SE REPÉRER

Carte de microrégion C1 (p. 284-285) – *carte Michelin Départements 327 E3.* Charlieu se trouve au carrefour des routes du sud du Brionnais, avec Roanne à 19 km au sud, et Paray-le-Monial à 40 km au nord.

À NE PAS MANQUER

À Charlieu, appréciez la façade de l'abbaye bénédictine, les collections de tissus et de robes d'époque du musée de la Soierie ou encore les chapiteaux du couvent des Cordeliers. Partez ensuite à la découverte des sites clunisiens du Brionnais, notamment à Semur-en-Brionnais. à Anzy-le-Duc, ne manquez pas l'église surmontée d'un élégant clocher et dotée d'un abondant décor sculpté.

ORGANISER SON TEMPS

Comptez environ 1h pour visiter l'abbaye, et au moins autant pour flâner dans la vieille ville et admirer ses maisons à pans de bois. Les églises et châteaux du Brionnais méritent une journée. Le mercredi après-midi, assistez à la foire aux bestiaux de Saint-Christophe-en-Brionnais. L'expérience en vaut la peine !

AVEC LES ENFANTS

Après les démonstrations de tissage au musée de la Soierie, enchantez-les avec le pilotage de modèles réduits au parc des Canaux à Briennon (*voir « Nos adresses à Charlieu », p. 304*). Sur la route des églises et châteaux en Brionnais, faîtes une halte au musée du Reflet brionnais. Et emmenez-les à la foire aux bestiaux.

Marché actif dès l'époque médiévale, sur la voie reliant la vallée de la Saône à celle de la Loire, Charlieu devint au 19e s. un grand centre de tissage de soieries. Mais c'est surtout à la qualité de ses trésors architecturaux que la cité doit sa renommée. En témoignent l'abbaye bénédictine et le couvent des Cordeliers.

★ Découvrir l'abbaye bénédictine

Fondée vers 870 et rattachée à Cluny vers 930, l'abbaye fut transformée en prieuré un siècle plus tard. Au 12e s., elle bénéficia de la collaboration des architectes et artistes de Cluny (qui reconstruisirent l'église et ajoutèrent l'avant-nef et le nouveau portail, cette fois-ci latéral), ainsi que de l'aide de Philippe Auguste, son protecteur, qui la fit fortifier.

En entreprenant leurs recherches, les archéologues ont découvert sur le site de l'abbaye une succession de constructions. Les **fouilles** attestent ainsi la présence de deux églises, du 9e et du 10e s., ainsi que d'une abbatiale du 11e s., légèrement désaxée.

À partir du 10e s., l'église est flanquée de collatéraux pour permettre la circulation des pèlerins autour des reliques des saints Fortuné et Étienne. La prieurale du 11e s. adopte le plan de la croix latine, avec un transept et un chœur à absidioles orientées typiquement bénédictin.

Lorsque la tourmente révolutionnaire arrive, le prieuré bénédictin ne compte plus que six moines. Il est sécularisé en mars 1789, et les bâtiments – dont l'église St-Fortuné, « la plus parée des filles de Cluny » – sont en grande partie démolis. Le site entame alors une longue période de déclin qui se poursuivra jusque vers la fin du 19e s.

De St-Fortuné ne subsistent aujourd'hui que la dernière travée, dont les chapiteaux sont typiques du Brionnais, et l'avant-nef ajoutée au 12e s.

★★★ Façade

La façade nord de l'avant-nef s'ouvre par un **grand portail** du 12e s., véritable chef-d'œuvre de l'art roman. Bien que toutes les têtes aient été brisées ou martelées à la Révolution, il continue d'éblouir par la qualité de sa décoration sculptée.

Le **tympan** figure le Christ en majesté dans une mandorle, soutenue par deux anges et entourée des symboles des quatre évangélistes; sur le linteau sont représentés la Vierge assistée de deux anges et les douze apôtres. Notez la précision des vêtements. Quelques copies de têtes ont été

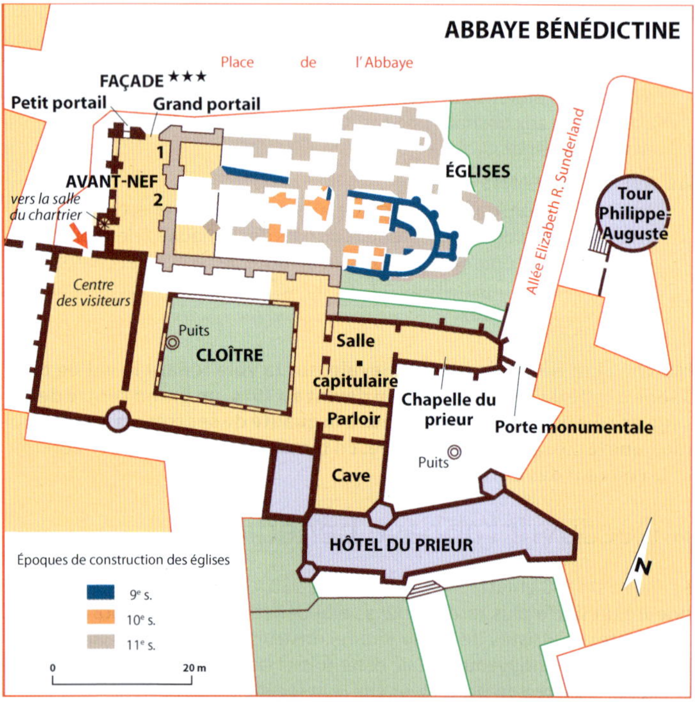

Le cloître et la salle capitulaire de l'abbaye bénédictine de Charlieu.
C. Guy / hemis.fr

placées, sans qu'on soit vraiment sûr de leur attribution (les originaux sont conservés au musée lapidaire de l'abbaye). Aux impostes des piédroits apparaissent, à gauche, mutilés, le roi David et sans doute Boson, roi de Bourgogne et de Provence, qui aurait été l'un des bienfaiteurs de l'abbaye, qu'il porte entre ses mains ; à droite, saint Jean-Baptiste et l'évêque Robert, fondateur de l'abbaye.

Au-dessus de l'archivolte, on ne peut manquer l'agneau pascal. Le même travail de la toison se retrouve dans la peau de bête dont est vêtu Jean-Baptiste. Aux voussures et sur les colonnes qui encadrent la porte s'allient les motifs géométriques et floraux dont la luxuriante décoration, d'inspiration orientale, est un héritage des croisades.

Le tympan du **petit portail,** à droite, est lui aussi intéressant. On reconnaît au linteau des animaux qui sont amenés vers un personnage assis pour être sacrifiés : la scène, qui évoque le temple de Jérusalem et les rites de l'ancienne Alliance, s'inspire des représentations antiques de sacrifices païens. Elle est surmontée par les noces de Cana, premier miracle du Christ.

À l'archivolte, la transfiguration du Christ est dominée par un nuage : des nuées sortaient le visage et le bras de Dieu (martelés) pour désigner son fils. Ce portail résume par ses scènes successives le passage de l'ancienne à la nouvelle Alliance.

Centre des visiteurs

℘ 04 77 60 09 97 - www.amisdesartscharlieu.com - juil.-août : 10h-12h, 13h-19h ; avr.-juin et sept.-oct. : tlj sf lun. 10h-12h30, 14h-18h30 ; reste de l'année : tlj sf lun. 10h-12h30, 14h-17h30 - fermé janv., 25 déc. - 4,30 € (enf. 2,70 €).

Aménagé dans l'ancien dortoir des novices, à l'entrée de l'abbaye, le centre des visiteurs propose, en introduction à la visite, une présentation sur l'univers monastique.

De là, vous pénétrez à proprement parler dans l'abbaye.

Intérieur de l'abbaye

Avant-nef – Édifice rectangulaire de 17 m de longueur sur 10 m de largeur environ, il comprend deux salles superposées, voûtées d'arêtes, dont une abrite un **sarcophage gallo-romain** (1), trouvé au cours de fouilles archéologiques. À l'est, le mur est constitué par la façade occidentale de l'ancienne église St-Fortuné, consacrée en 1094, qui comporte : un portail (2), dont le tympan, encadré de trois voussures à arêtes vives, figure le Christ en majesté ; deux baies géminées à voussures, séparées à l'extérieur par un pilier flanqué d'une colonnette cannelée à chapiteau corinthien (au-dessus, deux figures affrontées).

Salle du chartrier – On y accède par un escalier à vis. À l'est, la grande baie est flanquée de deux petites arcades aveugles et surmontée de belles voussures reposant sur les chapiteaux à feuillages des colonnes engagées.

Elle offre une vue d'ensemble sur les fondations des trois sanctuaires des 9e, 10e et 11e s. qui se sont succédé à cet emplacement, et que distinguent la couleur des joints et la verdure de la pelouse. La vue englobe également la tour Philippe-Auguste, l'hôtel du Prieur et les toits de la ville. Dans la première travée de l'ancienne église du 11e s., observez d'intéressants chapiteaux : une représentation de Daniel dans la fosse aux lions et une sirène bicaudée.

Cloître – Il a été édifié au 15e s., en remplacement du cloître roman. Un vieux puits subsiste, adossé à la galerie ouest. Dans la galerie est, six arcades massives reposent sur des colonnettes jumelées dont les chapiteaux présentent une simple ornementation de feuilles d'acanthe, d'oiseaux et de motifs géométriques.

Parloir – Cette belle salle voûtée du début du 16e s. abrite un **musée lapidaire** où, à côté d'anciens chapiteaux du prieuré, on remarque deux bas-reliefs : l'un, carolingien (10e s.), représente à nouveau Daniel dans la fosse aux lions ; l'autre (12e s.) figure l'Annonciation dans un ensemble de quatre arcades accolées.

Cave – Voûtée de deux berceaux en plein cintre, elle accueille un **musée d'Art religieux** comportant un bel ensemble de statues en bois polychrome du 15e au 18e s., dont une Vierge à l'oiseau provenant de l'église d'Aiguilly, près de Roanne, et une Vierge à l'Enfant, toutes deux gothiques (15e s.). Remarquez aussi les visages expressifs des petits chantres (19e s.).

Salle capitulaire – Elle date du début du 16e s. Ses ogives reposent sur un pilier rond portant un lutrin sculpté dans la masse.

Chapelle du prieur – Édifiée à la fin du 15e s., elle est surmontée d'un clocheton couvert de lamelles de bois. Le carrelage de terre cuite a été reconstitué sur le modèle ancien.

Hôtel du prieur – Ce logis borde une élégante cour ornée en son centre d'un puits au couronnement en fer forgé. La construction (1510) comprend deux tours d'angle aux toitures couvertes de petites tuiles de Bourgogne. Sur la tour située à l'angle sud-est figure le blason des prieurs de la Madeleine.

À l'intérieur, meubles et objets évoquent le cadre de vie des prieurs au 18e s. En sortant, admirez la **porte monumentale** du 16e s., en anse de panier, surmontée de créneaux décoratifs et d'un blason de prieur.

Tour Philippe-Auguste

Cette imposante tour, de belle pierre ocre, faisait partie du système défensif de l'abbaye construit sur ordre du roi vers 1180. Philippe Auguste estimait la place forte de Charlieu « très utile à la Couronne ».

Se promener Plan de ville

Circuit tracé en vert sur le plan de ville ci-dessous. Comptez 1h.

En flânant dans la vieille ville, vous découvrirez de nombreuses habitations du 13e au 18e s. À l'angle de la place St-Philibert et de la rue Grenette, l'office de tourisme est installé dans une maison en pierre du 13e s. Notez, à l'étage, les fenêtres géminées réunies par une colonnette.

Église St-Philibert

Commencée au 13e s., cette église a reçu son tympan au 20e s. Sans transept, elle possède une nef de cinq travées, flanquée de bas-côtés, et un chœur rectangulaire, caractéristique de l'art bourguignon.

Elle abrite de beaux objets d'art : chaire en pierre monolithe du 15e s., **stalles** des 15e et 16e s. Ces dernières sont accompagnées de panneaux peints : ceux de gauche représentent 12 saints et saintes ; ceux de droite, signés du maître huchier Colinet, font se succéder les apôtres portant chacun une phrase du Credo. Remarquez la statue de Notre-Dame-de-Septembre, patronne de la corporation des tisserands, portée chaque année lors de la procession qui a lieu le deuxième dimanche de septembre. Dans la chapelle Ste-Anne, à droite du chœur, le retable peint sur pierre (15e s.) représente la Visitation et la Nativité. Dans la chapelle St-Crépin, à gauche du chœur, remarquez une *pietà* du 17e s. et la statuette de saint Crépin, patron des cordonniers et des bourreliers, en pierre polychrome.

Ancien Hôtel-Dieu

Ce bâtiment du 18e s., dont on peut apprécier la belle façade sur la rue Jean-Morel, regroupe deux musées.

★ **Musée de la Soierie** – *04 77 60 28 84 - www.amisdesartscharlieu.com - www.tistra.com - juil.-août : 10h-13h, 14h-19h ; fév.-juin et sept.-déc. : tlj sf lun. 14h-18h - possibilité de visite guidée (40mn) - fermé janv., 25 déc. - 4,30 € (enf. 3,50 €) ; 15 € (-12 ans gratuit) billet combiné avec le Musée hospitalier, l'abbaye bénédictine et le couvent des Cordeliers.* Ce musée témoigne des traditions du tissage de la soie à Charlieu. La ville est d'ailleurs le siège de la dernière corporation de

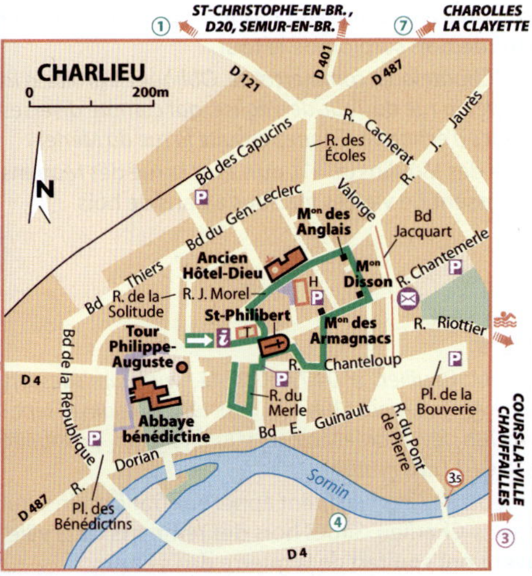

SE LOGER

Domaine du château de Marchangy (Chambre d'hôte)............ ①

Relais de l'Abbaye (Hôtel).. ④

Violetterie (Chambre d'hôte La)........ ⑦

SE RESTAURER

Moulin de Rongefer (Le).... ③

tisserands en France. Le beau choix de soieries (luxueuses robes anciennes, créations personnalisées pour les grandes familles, échantillons de tissus de rêve…), accompagnant les imposants métiers à tisser, montre un reflet de l'évolution des techniques depuis le 18e s. Du métier « à bras » au métier sans navette, l'ensemble du matériel présenté fonctionne en **démonstrations★**.

À l'étage, vous trouverez une exposition de tissus et de créations de grands couturiers, et vous pourrez assister à une projection vidéo sur les techniques traditionnelles et actuelles du tissage de la soie.

Musée hospitalier – *✆ 04 77 60 28 81 - www.amisdesartscharlieu.com - ♿ - juil.-août : 10h-13h, 14h-19h ; reste de l'année : tlj sf lun. 14h-18h - fermé janv., 25 déc. - 4,30 € (-12 ans gratuit).* L'Hôtel-Dieu, où officièrent pendant trois siècles les religieuses de l'ordre de Ste-Marthe, a cessé son activité en 1981. Transformé en musée, il témoigne de l'atmosphère quotidienne d'un petit hôpital, de la fin du 19e s. aux années 1950. L'apothicairerie a conservé son aménagement du 18e s., et la lingerie, ses belles armoires régionales.

L'une des grandes salles des malades a été reconstituée avec son double alignement de lits ceints de rideaux ; par la fenêtre qui permettait aux malades d'assister de leur lit à l'office, on contemple la chapelle qui abrite un bel **autel en bois doré** (1733), au devant paré de cuir repoussé.

Rejoignez le n° 32 de cette même rue Jean-Morel.

Maison des Anglais

C'est la plus jolie de la vieille ville. Datant du début du 16e s., elle est dotée de fenêtres à meneaux séparées par une niche gothique, d'une galerie et de deux échauguettes qui flanquent la façade. Pour apercevoir sa tour de guet, empruntez la rue de la Fromagerie sur quelques mètres.

Tournez à droite dans la rue André-Farinet.

Observez les maisons à pans de bois au n° 31 et au n° 27, et vous verrez la **maison Disson**. Au n° 29, maison en pierre du 13e s. ; à l'angle en vis-à-vis, au n° 22, quelques vestiges d'un grenier à sel du 14e s.

Prenez à droite dans la rue Charles-de-Gaulle.

Maison des Armagnacs

Au n° 9, cette maison des 13e et 14e s. présente deux fenêtres géminées, surmontées d'arcs trilobés, décorés à gauche d'un motif floral, à droite d'une tête humaine ; l'étage à pans de bois surplombe le tout.

Prenez la rue Michon et la rue Chanteloup, commerçante. Obliquez à droite, à la hauteur de l'église, pour trouver la rue du Tour-de-l'église, qui compte diverses maisons à pans de bois et bancs d'échoppe. Gagnez ensuite la rue du Merle.

Aux angles formés avec la rue des Moulins (n° 11), puis avec la rue des Moulins et la place St-Philibert, se dressent de vieilles maisons à pans de bois.

À voir aussi Hors plan de ville

★ Couvent des Cordeliers

Sortez à l'ouest par la rue Ch.-M.-Rouiller. ✆ 04 77 60 07 42 - www.amisdesartscharlieu.com ou www.loire.fr - ♿ - juil.-août : 10h-13h, 14h-19h ; avr.-juin et sept.-oct. : tlj sf lun. 10h-12h30, 14h-18h ; fév.-mars et nov. : tlj sf lun. 14h-17h - possibilité de visite guidée (45mn) - 4,30 € (-12 ans gratuit).

C'est au 13e s. que les bourgeois de Charlieu firent appel aux franciscains, qui s'établirent à Saint-Nizier-sous-Charlieu. Situés hors des remparts de la ville, les bâtiments de leur couvent ont souffert de la guerre de Cent Ans.

Les galeries du **cloître** (fin 14e-15e s.) sont décorées de motifs végétaux très variés. Les **chapiteaux★** de la galerie nord *(à droite en entrant)* sont les plus intéressants. Ils représentent les vices et les vertus. On reconnaîtra, dans l'ordre, à l'intérieur, l'hermine (la pureté), le félin (la prudence), le porc-épic (la justice), l'agneau (la douceur), le coq et l'écureuil (le travail), le chien (la fidélité) ; à l'extérieur, on trouve dans cette même portion un autre chien (la vigilance), une chouette (la sagesse), une tête de religieux (la sérénité), un animal casqué (le courage), deux dragons (le mal contrôlé), un visage voilé (la pudeur). Les vices occupent l'autre partie de la galerie : à l'extrémité opposée, on voit le singe (la lubricité), le serpent (l'hypocrisie), le perroquet (le bavardage), le vieillard (l'orgueil), un moine et une femme (la luxure) et, à l'intérieur, le soldat et la mort (la luxure), le chien (la paresse), les lions (la colère), le centaure (le vol) et de nouveau le singe.
L'**église** (14e s.) à nef unique, sans transept, avec trois chapelles latérales au sud (fin 15e-début 16e s.), a été en partie restaurée. Entièrement peinte à l'origine, elle conserve quelques fragments de son décor dans le chœur.

À proximité Carte de microrégion

Saint-Hilaire-sous-Charlieu C1

6 km au sud par la D 49.
Le Grand Couvert – *℘ 04 77 60 12 42 - ♿ - tte la journée - diaporama 2 € (16mn).* Cette grange aux pans très inclinés est typique de l'architecture rurale de la région. Ce type de bâtiment date généralement du 18e ou du 19e s. Des panneaux et des écrans présentent l'ouvrage et le pays de Charlieu.

NOS ADRESSES À CHARLIEU

HÉBERGEMENT

À Charlieu

POUR SE FAIRE PLAISIR

Hôtel Relais de l'Abbaye – *415 rte du Beaujolais - ℘ 04 77 60 00 88 - www.relais-abbaye.fr - P - 27 ch. 68/125 € - ☕ 10 € - rest. formule déj. 14 € - 22/49 €.* Établissement rénové où vous séjournerez dans des chambres fonctionnelles, colorées et bien tenues. Vaste pelouse avec aire de jeux pour enfants. Salle à manger néo-rustique, paisible terrasse et plats classiques aux accents du terroir.

À proximité

BUDGET MOYEN

Chambre d'hôte La Violetterie – *71740 St-Maurice-lès-Châteauneuf - ℘ 03 85 26 26 60 - madeleinechartier@yahoo.fr - P - non-fumeurs - 3 ch. 65 € ☕ - table d'hôte 25 €.* Cette maison bourgeoise du 19e s. est charmante avec son perron et son portail à l'entrée de la cour. L'accueil de l'hôtesse l'est tout autant. Les chambres sont claires et ouvrent sur le jardin. Boiseries et cheminée dans le salon-salle à manger.

POUR SE FAIRE PLAISIR

Chambre d'hôte Domaine du château de Marchangy – *Château de Marchangy - 42190 St-Pierre-la-Noaille - ℘ 04 77 69 96 76 - www.marchangy.com - P - non-fumeurs - piscine - 4 ch. 95/115 € ☕.* Au milieu de son parc, ce château du 18e s. en fera rêver plus d'un avec sa cour d'honneur, ses écuries et sa ferme. Les chambres, aménagées dans les dépendances, sont spacieuses, calmes, confortables et agrémentées par des ciels de lit. Terrasse et piscine.

RESTAURATION

À proximité

BUDGET MOYEN

Le Moulin de Rongefer – *300 chemin de Rongefer - 42190 St-Nizier-sous-Charlieu - ✆ 04 77 60 01 57 - www.lemoulinderongefer.fr - fermé 16 août-10 sept., 15 janv.-5 fév., dim. soir, mar. soir et merc.* - P - *formule déj. 15 € - 26/51 €.* Ancien moulin bordant le Sornin où l'on déguste une cuisine actuelle (belle carte des vins honorant la Bourgogne). Salle à manger campagnarde et agréable terrasse fleurie.

ACTIVITÉS

Le Parc des Canaux – *Le Port - 42720 Briennon - ✆ 04 77 69 92 92 - www.lesmarinsdeaudouce.fr - vac. scol. : 14h-18h ; avr.-oct. hors vac. scol. : merc. et w.-end.* En plus de la découverte du canal par la voie des eaux, les Marins d'eau douce (oui, c'est bien leur nom) proposent un large éventail d'activités ludiques ou instructives comme la visite de la péniche-musée ou le pilotage de modèles réduits dans un circuit avec écluses et ascenseurs à bateaux.

Saint-Germain-Laval

1 624 Germanois – Loire (42)

S'INFORMER

Office de tourisme – *28 r. Robert-Lugnier - ✆ 04 77 65 48 75 - 9h30-12h, 14h-17h30, vend. 9h30-12h - fermé w.-end et j. fériés.*

SE REPÉRER

Carte de microrégion B2 (p. 284-285) – *carte Michelin Départements 327 D5.* La voie d'accès la plus rapide est certainement l'A 72, qui passe à 5 km de St-Germain (sortie 5). Le bourg se trouve à 33 km au sud de Roanne.

À NE PAS MANQUER

Le charmant village perché de Pommiers ; le panorama depuis le belvédère de la Sauveté.

ORGANISER SON TEMPS

Comptez environ 1h.

L'Aix arrose ce bourg de montagne, agréablement circonscrit par un amphithéâtre de collines qui se nuancent, au fil des saisons, du doré au vert sombre. Un endroit charmant où il fait bon flâner et demeurer. Vous serez sans doute séduit, comme Louis Pize qui lui trouve une atmosphère virgilienne.

Se promener

La D 38, en venant de l'ouest, offre une vue agréable de ce bourg forézien, établi sur un mamelon dominant le vallon de l'Aix.

Église de la Madeleine
Datant du 18e s. et couverte d'un dôme en lanternon, elle est désaffectée et sert de cadre à des expositions thématiques durant la belle saison.

Église paroissiale
Situé à l'autre extrémité du bourg, cet édifice néogothique abrite une **statue de Moïse** (1065), en pierre, à droite en entrant, et une petite *pietà* naïve en bois polychrome, dans une niche au-dessus des fonts baptismaux.

Place de la Mairie
Elle est bordée de demeures anciennes : l'une d'entre elles, à pans de bois, est la maison natale de l'explorateur Greysolen du Luth.
La mairie, installée dans un hôtel du 18e s., à l'emplacement de l'ancienne forteresse, abrite un petit **musée** : tapisseries, mobilier, miniatures françaises et orientales. Deux belles tapisseries d'Aubusson sont à voir dans la grande salle. *Pl. de l'Hôtel-de-Ville - ✆ 04 77 65 41 30 - visite guidée (30mn) sur demande préalable 8h30-12h, 13h30-17h - fermé w.-end et j. fériés - gratuit.*

À proximité Carte de microrégion

Chapelle Notre-Dame-de-Laval
1,3 km par la D 38, à la sortie ouest de St-Germain.
La chapelle, gothique, apparaît comme une vision de grâce au bord de l'Aix, enjambé par un beau pont médiéval. La façade ornée d'un gâble flamboyant surmonte deux portails en anse de panier ; à l'intérieur, statue de la Vierge noire. Ce sanctuaire dédié à Notre-Dame reçut la visite de Louis XI, revenant du Puy, et attira des foules de pèlerins du Moyen Âge au 17e s.

★ Pommiers B2
3 km à l'est de St-Germain par la D 21. L'arrivée par le sud (D 94) offre un coup d'œil nettement plus beau.
En limite du Forez et du Roannais, ce très joli village perché, tout en rondeur, vous enchantera, tout en vous dépaysant agréablement. Ce site, occupé dès l'époque romaine et les premiers temps de l'ère chrétienne, s'est développé au 9e s., autour d'un monastère bénédictin rattaché à Nantua. Au 14e s., comme beaucoup de villages inquiets de la montée de l'insécurité, Pommiers s'entoure de bonnes murailles. C'est à l'intérieur de cette enceinte fortifiée que nous vous invitons à musarder un peu.
Le conseil général de la Loire s'est rendu propriétaire de l'**ancien prieuré** bénédictin.
Église – L'église bénédictine est aujourd'hui paroissiale. Cet édifice des 11e et 12e s. frappe dès l'abord par son austérité. Le vaisseau central gagne ainsi en rigueur. À partir de la 5e travée, la voûte de la nef est percée de petits orifices, les *échéas*, sortes d'amphores encastrées dans la maçonnerie et servant à améliorer l'acoustique.
L'absidiole nord a conservé une intéressante série de **peintures murales** du 16e s. Remarquez dans le collatéral nord une arcature sur pilastre, d'inspiration rhodanienne, et dans une niche, un beau **torse de Christ en bois**, datant du 13e s.

Bâtiments conventuels – Au 16e s., le prieur commendataire fait édifier une façade Renaissance devant la Maison Forte où il tient ses séances de justice. Aux 17e et 18e s., le prieuré est complètement reconstruit, avec un cloître ample et majestueux donnant sur l'église romane, demeurée intacte.

Circuit conseillé Carte de microrégion

LES VALLÉES DE L'ANZON ET DE L'AIX

90 km environ. Voir le circuit tracé sur la carte de microrégion p. 284-285. Comptez 5h. Quittez St-Germain-Laval au sud par la D 1 puis empruntez à droite la D 21 en direction de Nollieux. Poursuivez jusqu'à l'Hôpital-sous-Rochefort.

L'Hôpital-sous-Rochefort B3

Comme il le précise dans son journal de voyage, Montaigne, de retour d'Italie, fait étape dans cette « petite ville close » : le village et l'**église** furent fortifiés au 15e s. Des remparts, il reste deux portes d'enceinte. La façade de l'**église** du 12e s. présente un mur carré surmonté d'une jolie arcature ouverte. La nef, étroite, abrite une remarquable **Vierge à l'Enfant**★★ en bois polychrome, de la fin du 15e s. Cette statue, grandeur nature, est merveilleuse de grâce et de fraîcheur.

Quittez l'Hôpital-sous-Rochefort par la D 21 à l'ouest, direction St-Didier-sur-Rochefort; sur cette route s'embranche le chemin d'accès à Rochefort (vieux village perché). Revenez sur la D 21 et prenez la direction de St-Didier-sur-Rochefort.

Saint-Laurent-Rochefort B3

Remarquez, à côté de l'église, une belle croix à personnages du 15e s.

Gagnez St-Didier-sur-Rochefort par la D 21. Entre St-Didier-sur-Rochefort et St-Julien-la-Vêtre, un mégalithe, la **Pierre branlante**, se dresse au bord de la route (D 73).

Poursuivez vers St-Julien-la-Vêtre par la D 73, puis vers Noirétable par la D 1089.

Noirétable B2

Office de tourisme – *8 r. des Tilleuls - 42440 Noirétable - ☎ 04 77 24 93 04 - www.noiretable-haut-forez.com - avr.-oct. : 9h-12h30, 14h30-17h30, merc. 9h-12h30; reste de l'année : tlj sf merc. 9h-12h30 - fermé dim. et j. fériés.*

Aux confins du Puy-de-Dôme et de la Loire et au cœur des montagnes du Haut-Forez, la station climatique de Noirétable domine la vallée de l'Anzon, trouant le manteau de sombres sapinières qui l'encadre. Artisanat (coutellerie, broderie au fil d'or, fabrication de ruches) et industrie du bois constituent les principales ressources de cet agréable bourg de montagne.

Église – De style gothique flamboyant dans son ensemble (15e s.), elle tire son originalité du **porche** précédant la façade. Autrefois beaucoup plus vaste, celui-ci servait de marché couvert. Au sommet de son fronton se dresse la statue de saint Jean-Baptiste, dans une pose évoquant un empereur romain; de part et d'autre, Moïse et Élie. Toutes ces statues du 17e s., en pierre noire de Volvic, proviennent du monastère de l'Hermitage *(8 km au sud-ouest de Noirétable)*, d'où elles furent apportées sous la Révolution. Sous la voûte, à gauche, remarquez une statue représentant Madeleine étendue (17e s.), la main sur un crâne.

La région de Noirétable est particulièrement riche en pierres dites « druidiques », pour ne citer que les pierres creuses juxtaposées de **La Baronnie** *(qui se situe à 1 km de Cervières)* et les pierres branlantes des environs de

Site de Pommiers en limite du Forez et du Roannais.
C. Gibot / Age fotostock

St-Julien-la-Vêtre.
À la sortie ouest de Noirétable, prenez la D 24 au nord en direction de Cervières.

Cervières B2

Laissez la voiture sur l'esplanade à l'entrée du village. Passé la belle arche de granit, vous voici au Moyen Âge dans la superbe résidence d'été des comtes de Forez : le bourg de Cervières tout entier.

Dans l'**église** gothique, un peu trapue, les retombées d'ogives se font sur des éléments sculptés en forme de masques. À voir, une petite *pietà* naïve.

En face de l'église, une belle maison Renaissance au nom charmant, l'Auditoire. Franchissez le passage voûté et longez à gauche la ligne ombrée des anciennes fortifications jusqu'à une nouvelle arche de granit ; là, une ruelle en montée ramène à l'église.

Après la mairie, on atteint le champ de foire qui surplombe joliment les alentours.

Maison des Grenadières★ – *✆ 04 77 24 98 71 - www.grenadieres.com - juil.-14h30-18h, août : jeu.-vend. et w.-end, avr.-juin et de déb. sept. à la fin des vac. de la Toussaint : jeu.-vend. et dim., nov. : dim.* Les brodeuses du canton de Noirétable fabriquaient au 19e s. l'emblème de la gendarmerie et des pompiers, la « grenade », une munition en flamme. Ces réalisations en grandes séries, brodées de cannetilles d'or, leur valurent le nom de « **grenadières** ». Au nombre de 500 dans les années 1960, les brodeuses subirent de plein fouet la mécanisation et la création des insignes métalliques ; elles ne sont plus qu'une dizaine aujourd'hui mais leur répertoire de clients n'est pas des moindres : grands couturiers, représentants de l'État, académiciens…

Installé dans la coquette maison de l'Échevin (Renaissance), le musée retrace avec précision et émotion l'histoire et les techniques de ce métier : une scénographie moderne valorise outils, dessins (manteau de Napoléon Ier), écussons (pattes d'épaules de Bokassa Ier) et costumes. Au 3e étage, démonstration et initiation par une grenadière. La vidéo du rez-de-chaussée rassemble des témoignages touchants. Une exposition temporaire complète la visite.

Continuez sur la D 24 jusqu'aux Salles, puis gagnez Champoly par la D 53. À gauche part une petite route revêtue et balisée qui conduit au site du château d'Urfé.

Château d'Urfé B2

45mn à pied AR. Cette forteresse (12e-15e s.) a été la résidence de la famille d'Urfé, avant la construction de la Bastie-d'Urfé (*voir p. 310*). Ce château, également connu sous le nom de « Cornes d'Urfé », est progressivement restauré.

Une **table d'orientation** installée en haut du donjon accompagne la belle vue circulaire sur les monts du Lyonnais et les contreforts des monts d'Auvergne.

Revenez vers Champoly pour emprunter la D 24. Après St-Marcel-d'Urfé, suivez la D 1 à droite qui mène à Grézolles.

Grézolles B2

Village dominé par le clocheton d'ardoise d'une petite chapelle du 16e s.

Gagnez St-Martin-la-Sauveté par la D 26 et, au sud du village, prenez à gauche de la D 20 le sentier d'accès au belvédère.

★ Belvédère de la Sauveté B2

Table d'orientation. *15mn à pied AR.* Le chemin mène au pied du château d'eau et de la statue de la Vierge ; vaste **panorama**.

Revenez à l'entrée de St-Martin et prenez la D 38 à droite vers St-Germain-Laval.

Feurs

7 561 Foréziens – Loire (42)

NOS ADRESSES PAGE 312

S'INFORMER

Office de tourisme – *Pl. Drivet - 42110 Feurs - 04 77 26 05 27 - www.feurs-tourisme.fr - 9h-12h, 14h-18h, lun. 14h-18h (oct.-juin : sam. 9h-12h) - fermé dim. et j. fériés.*

SE REPÉRER

Carte de microrégion C3 (p. 284-285) – *carte Michelin Départements 327 E5.*

Entre Roanne (à 41 km au nord) et St-Étienne (à 50 km au sud), Feurs est établi au centre de la plaine forézienne, sur la rive droite de la Loire.

ORGANISER SON TEMPS

Comptez 2h pour la ville et ses environs.

On ne refait pas l'Histoire et c'est dommage pour Feurs, qui a connu une réelle prospérité au temps des Gaulois dont elle était une place commerciale importante. La situation n'est pas si grave car elle bénéficie, aujourd'hui encore, de sa position stratégique dans la vallée de la Loire. Cet atout lui apporte pas mal d'activités et en fait une étape pratique pour rayonner dans la plaine forézienne.

Se promener

Musée d'Archéologie

3 r. Victor-de-Laprade - ✆ 04 77 23 24 48 - www.feurs.org - 14h-18h - fermé w.-end et j. fériés - 3 € (12-26 ans 1,50 €), gratuit 2e dim. du mois.

Il est consacré à l'archéologie gauloise et gallo-romaine ainsi qu'aux arts et traditions populaires. Exposition sur le cheval en Forez et section consacrée aux peintres paysagistes du 19e s.

Église Notre-Dame

C'est un édifice à trois nefs, de style gothique flamboyant. Le clocher, très ouvragé, refait au 19e s., porte une horloge à jacquemart de la fin du 15e s. Le chœur du 12e s. subsiste en partie. À droite de celui-ci, une *Vierge à l'Enfant* de J.-M. Bonnassieux. Les boiseries et les stalles (18e s.) proviennent du prieuré de Pommiers.

À proximité Carte de microrégion

Dès que l'on s'écarte des grands axes pour emprunter ses petites routes sinueuses, la cuvette intérieure du Forez réserve d'agréables découvertes.

Pouilly-lès-Feurs C2

7 km au nord par la D 1082 et la D 58.

Ancien bourg fortifié dont l'église romane, intéressante, dépendait d'un **prieuré** clunisien; remarquez surtout la façade, très sobre, et, à l'intérieur, l'homogénéité de la construction du 12e s. *Possibilité de visite guidée - ✆ 04 77 26 05 84.*

À l'ouest de Pouilly, un petit pavillon Renaissance conserve un fronton sculpté et une loggia à l'étage.

Musée du Tissage et de la Soierie de Bussières C2

14 km au nord par la D 1082, puis la D 58 à droite. ✆ 04 77 27 33 95 - www.museedutissage.com - ♿ - visite guidée de l'atelier (1h30) et visite libre de l'exposition juil.-août : 15h-18h, dép. des visite tlj sf lun. 15h, 16h et 17h; avr.-juin et sept.-oct. : w.-end 15h-18h - 4,50 € (-12 ans gratuit).

Ce musée présente une collection étonnante de machines à tisser qui datent de 1800 aux années 2000 et qui sont toutes en état de marche. La visite des ateliers est faite par des bénévoles qui ont travaillé pour la plupart dans le milieu du tissu. Passionnés, ils vous raconteront la grande épopée du tissage des premiers métiers à bras à la révolutionnaire mécanique Jacquard qui a bouleversé le monde des tisserands, jusqu'aux machines industrielles des années 2000. Tout en vous montrant les différents types de tissus – soierie, velours, éponge... – et en vous expliquant comment les obtenir, ils mettront pour vous les machines en marche et vous pourrez ainsi observer l'ingéniosité de ces incroyables métiers à tisser.

La Vallette C3

7 km au nord-est par la D 113. À 2 km à l'est de Salvizinet, empruntez à droite, après le pont sur la Charpassonne, le chemin d'accès revêtu s'amorçant devant l'auberge.

Humble **église** rurale, au flanc du vallon de la Charpassonne. C'est un petit édifice roman à nef unique et chœur surélevé; mobilier typiquement forézien, d'une naïve rusticité.

Chambéon : Écopôle du Forez C3

6 km au sud par la D 1089 et la D 107. Fléché à partir de Chambéon et de Magneux-Haute-Rive. ☏ 04 77 27 86 40 - www.frapna-loire.org - ♿ - 11 fév.-8 oct. : dim. 14h-19h, lun. 14h-18h ; reste de l'année : w.-end, j. fériés et merc. 14h-18h - possibilité de visite guidée (1h30) ; visite thématique 1er dim. du mois 16h30 - fermé 1er janv., 25 déc. - 3 € visite libre, 5 € visite guidée (-7 ans gratuit).

À proximité de l'aéroport de St-Étienne, mais aussi et surtout de la Loire, l'Écopôle est une zone préservée en milieu humide devenue un observatoire idéal pour étudier les oiseaux migrateurs et la faune aquatique. Un grand centre d'observation et 12 km de sentiers pédagogiques invitent à découvrir les secrets de la nature sur les berges de la Loire. Si vous en avez, emportez vos jumelles, car cela facilitera l'observation des oiseaux. À défaut, il y a possibilité d'en emprunter (sur le grand observatoire) ou d'en louer pour votre parcours.

★ Château de la Bastie-d'Urfé B3

13 km à l'ouest par la N 89. À partir du village de St-Étienne-le-Molard, des panneaux fléchés indiquent le chemin jusqu'au château. ☏ 04 77 97 54 68 - www.loire.fr - visite guidée (1h) avr.-sept. : 10h-19h ; de mi- à fin mars et oct.-nov. : 10h-13h, 14h-17h ; reste de l'année : w.-end sur demande préalable - fermé 1er janv., 24, 25 et 31 déc. - 4 € (enf. 1 €) ; 12 € billet combiné avec le prieuré de Pommiers, l'abbaye bénédictine de Charlieu et le couvent des Cordeliers.

Bienvenue au pays d'Astrée et de Céladon. Vous êtes en effet dans la verdoyante vallée du Lignon, lieu d'inspiration inépuisable si l'on en croit Honoré d'Urfé qui y a commis *L'Astrée*, célèbre roman-fleuve de quelque… 5 000 pages ! Mais on vient surtout à la Bastie-d'Urfé pour découvrir son château, véritable joyau Renaissance – style d'ailleurs très rare dans la région – connu pour ses belles galeries superposées et sa séduisante grotte de rocaille (*voir illustration au chapitre « Art et architecture » p. 74*).

Trois corps de bâtiment entourent la cour d'honneur à laquelle on accède en franchissant la seule partie subsistante des douves. À gauche, l'aile réservée au corps de garde comprend un cellier légèrement enterré, surmonté d'une suite de six loges voûtées. L'aile de droite est composée de deux galeries superposées à l'italienne et d'une rampe dont le départ est marqué par un sphinx (*voir page suivante*). Le rez-de-chaussée ouvre sur une cuisine médiévale tandis que les salles du premier étage montrent d'admirables plafonds peints. Les pièces de réception sont ornées d'un mobilier raffiné (16e s.), d'un beau **buste★** de Marc Aurèle et d'une collection de tapisseries représentant des scènes de *L'Astrée*.

Au rez-de-chaussée du corps de logis central s'ouvre la célèbre **grotte de rocaille★★** ou salle de fraîcheur. Son revêtement de cailloutis, de coquillages et de sables diversement teintés, d'où se détachent des figures en relief, forme un ensemble richement coloré. On reconnaît dans les thermes, dont le bas du corps se termine de manière informe, l'été et l'hiver. Les statues antiques du printemps et de l'automne occupaient les niches. Celle du dieu Pan est remplacée aujourd'hui par un Dionysos. Du décor païen de ce nymphée, on passe aux scènes bibliques qui décorent la **chapelle** contiguë. L'élégante **voûte★** à caissons de stuc doré est d'un raffinement exquis.

À l'extérieur, les abords et les jardins sont recomposés pour former à nouveau un bel écrin d'eau et de verdure.

Montverdun B3

18 km à l'ouest par la N 89 et la D 42.

Curiosité géologique insolite, le « pic » de Montverdun s'élève entre la vallée du Lignon et le mont d'Uzore. C'est une éminence volcanique formée à l'ère

La Bastie-d'Urfé, château de légende

UN LIEU SPIRITUEL

Au 15e s., les rudes seigneurs d'Urfé se bâtissent un manoir sur les rives du Lignon. Le terme Bastie ou Bâtie, comme celui de bastide, désigne une maison forte. Pendant les guerres d'Italie, Claude d'Urfé séjourne plusieurs années à Rome : il y représente François Ier au concile de Trente, où est proclamé le dogme de la présence réelle du Christ dans l'eucharistie. Il en ressort catholique convaincu, choisissant l'agneau immolé comme armes de sa famille. À son retour, il transforme son manoir en demeure Renaissance, dont les thèmes religieux et humanistes imprègnent l'architecture et le décor : dès l'entrée, un sphinx, symbole de la science et de la connaissance, trône en bas de la rampe. Derrière, la grotte de rocaille est isolée par une superbe grille ornée des raisins de l'eucharistie. Elle est parée de stalactites, de coquillages, d'antiques rapportés d'Italie, dont un dieu Pan (qui engendre la panique), et mène à la chapelle. C'est le passage du paganisme au christianisme. Sur la porte de la chapelle, remarquez les signes trinitaires : les 3 marches, les fleurs à 3 pétales, le triangle. Le contraste avec le décor explicite de la chapelle est saisissant. Les armes de la famille et les phrases en hébreu proclament la foi et la culture de cet humaniste catholique. Dans la partie profane de l'habitation, la rampe cavalière est ornée d'un personnage (le Christ ? l'homme de bonne volonté ?) qui porte sa croix, d'une scène de lutte (la connaissance contre l'ignorance ? la vertu contre le vice ?), d'une femme chargée de la corne d'abondance, et mène à… la bibliothèque, le lieu du savoir.

LE BEST-SELLER DU ROMAN PASTORAL

L'Astrée, publié de 1607 à 1628, lance en France la mode du roman et des bergeries. Les interminables amours d'un berger, Céladon, et de sa bergère, Astrée, serviront de cadre à un bréviaire de « l'honnête homme » au 17e s. Les amours vécues par son auteur **Honoré d'Urfé** (1567-1625) furent tout aussi romanesques. L'écrivain passe son enfance dans le cadre raffiné de ce château. Après ses études au collège de Tournon, il regagne la Bastie auprès de son frère aîné. L'épouse de celui-ci, la belle et ardente **Diane de Châteaumorand**, lui inspire une brûlante passion. Ayant obtenu l'annulation de son premier mariage non consommé, elle épouse son beau-frère en 1600. Les nouveaux époux s'installent à Châteaumorand, dans le château de Diane, au nord-ouest de La Pacaudière. Ce second mariage n'est pas plus heureux que le premier. Honoré d'Urfé fuit Châteaumorand et se remet à la rédaction de *L'Astrée*, ébauchée à son retour de Tournon.

MISÈRES D'URFÉ

Lorsque la famille d'Urfé s'éteint au 18e s., le château entre dans une redoutable succession de propriétaires. En 1872, en triste état, il tombe entre les mains d'un avocat de Montbrison. C'est lui qui fait araser les bastions de la façade sud au premier étage, supprime les jacobines qui éclairaient les combles et vend à un antiquaire lyonnais les décors du château. Ceux de la chapelle, les plafonds de la galerie, les portes de la grotte partent pour le Louvre, la collection Rothschild, le Metropolitan Museum à New York. Sauvé par La Diana (*voir p. 320*), le bâtiment a retrouvé les peintures de sa chapelle, l'autel et le tympan de la porte, ainsi que la porte de la grotte.

tertiaire par les mouvements tectoniques qui ont donné naissance à la plaine du Forez. Au cours de son histoire, elle a été couronnée d'un prieuré fortifié et a vu un village se développer à ses pieds.

Prieuré – *Partant du bourg moderne, une route mène à la butte. Laissez la voiture à l'extérieur de l'enceinte. ✆ 04 77 97 53 33 - http://prieure-montverdun.monsite.orange.fr - 10h-19h - possibilité de visite guidée (1h10) 4 pers. mini - fermé lun., 1er janv., 11 Nov., 25 déc. - 3 € (-12 ans gratuit).* Le prieuré, fondé au 8e s. par **saint Porcaire**, fut confié au 13e s. aux bénédictins de La Chaise-Dieu, qui en firent un domaine important. Le dernier moine s'y éteignit en 1700. Du monastère fortifié ne subsistent que les soubassements, l'église et des vestiges des bâtiments conventuels, dont le logis prieural. Le cloître a disparu.

L'**église** est un édifice des 12e et 15e s., dont la sévérité est accentuée par l'emploi de basalte noir. Remarquez un bénitier du 15e s. et un autel en bois doré du 18e s., dédié à la Vierge. Des peintures murales ont été dégagées : observez celles surmontant la porte dans le mur nord, qui donne accès au cimetière. À gauche, dans le chœur, est exposée la châsse en argent finement ciselée (17e s.) de saint Porcaire, torturé par les Sarrasins au 8e s. Dans le croisillon sud, on repère la pierre tombale d'un Bourbon, archevêque de Narbonne et prieur à Montverdun au 15e s.

Le **cimetière** est jonché de croix en fonte désordonnées. De cet endroit, la fortification du monastère apparaît évidente : murailles percées de meurtrières, tour crénelée. Les dimensions du clocher de l'église laissent supposer la présence passée d'un hourd.

Le **logis du prieur** a conservé sa remarquable **galerie en chêne★** du 15e s. À l'étage, dans la salle ornée d'une cheminée gothique aux armes des Bourbons, ont été dégagés des décors peints superposés dont les premiers dateraient du début du 13e s.

Du terre-plein, la **vue★** s'étend sur le Forez, le Beaujolais, le Lyonnais, et barrant la perspective au sud, le mont d'Uzore.

NOS ADRESSES À FEURS

HÉBERGEMENT

À proximité

PREMIER PRIX

Chambre d'hôte La Bussinière – *Rte de Lyon, Bussin- 42110 Feurs - A 72 sortie n° 6 - ✆ 04 77 27 06 36 - www.labussiniere.com - ⊭ - 4 ch. 45/53 € ☕ - table d'hôte 17 €.* Les chambres occupent une dépendance attenante à cette ancienne ferme rénovée située au bord de la route. Toutes sont confortables, parfaitement tenues et insonorisées. Accueil des plus charmants ; cuisine familiale et produits du jardin à la table d'hôte.

BUDGET MOYEN

Chambre d'hôte La Ferme des Roses – *Le Clair - 42360 Panissières (20 km au nord-est de Feurs par la D 89 puis la D 60) - ✆ 04 77 28 63 63 - jednostka.arabians@free.fr - ⊭ - 5 ch. 54/59 € ☕ - table d'hôte 17 €.* Les chambres de cette ancienne ferme (1813), garnies de meubles contemporains, sont baptisées sur le thème des roses, deuxième passion du propriétaire après celle des chevaux. Les repas mettent à l'honneur les produits du terroir, notamment le traditionnel « casse-croûte forézien », sur réservation, servi en guise de petit-déjeuner.

POUR SE FAIRE PLAISIR

Gîte Le Nid Douillet – *Rte de Montbrison - 42110 Poncins (5 km à l'ouest de Feurs par la D 1089) - ☏ 04 77 27 80 36 et 06 88 26 44 07 - www.le-nid-douillet.com - - 6 chalets 325/500 €/sem. pour 6 pers. - restauration.* Ce parc résidentiel et de loisirs aménagé au cœur de la plaine du Forez dispose de chalets équipés (four, linge fourni, terrasse et salon de jardin) pouvant accueillir 4 à 6 personnes. Possibilité de louer à la nuitée hors saison. Piscine avec solarium et transats ; 10 box à chevaux pour « touristes équestres ».

RESTAURATION

À Feurs

BUDGET MOYEN

La Boule d'Or – *42 r. René-Cassin - ☏ 04 77 26 20 68 - fermé 19 juil.-15 août, dim. soir, lun. soir et merc. soir - 17/56 €.* Située à la sortie de la petite ville, sobre bâtisse abritant trois salles à manger colorées où se déguste une solide cuisine traditionnelle. Terrasse de poche ombragée.

À proximité

PREMIER PRIX

Assiette Saltoise – *Le Bourg - 42110 Salt-en-Donzy - ☏ 04 77 26 04 29 - www.assiette-saltoise.com - fermé 1er-8 janv., mar. soir et merc. - formule déj. 14 € - 17,80/34,80 €.* Cette auberge de campagne jouxte la petite église romane d'un paisible village. Dans cette vieille maison, devancée par une terrasse ombragée d'une tonnelle et de tilleuls, le cadre est simple mais la cuisine du terroir est généreuse et soignée.

5

Monts du Forez

★★

Loire (42) et Puy-de-Dôme (63)

NOS ADRESSES PAGE 320

S'INFORMER
Maison du parc naturel régional Livradois-Forez (*voir ci-dessous*).
Syndicat mixte des pays du Forez – *Pl. du Prieuré - 42600 Champdieu - 04 77 97 70 35 - www.paysduforez.fr - visites découvertes dans le cadre du label Pays d'art et d'histoire.*

SE REPÉRER
Carte de microrégion A-B 3 (p. 284-285) – *carte Michelin Départements 327 B-D 5/6*. Au sud-ouest de Roanne, les monts du Forez se situent au cœur d'un quasi-rectangle ponctué, à l'ouest, par Ambert et Thiers et, à l'est, par St-Germain-Laval et Montbrison.

À NE PAS MANQUER
Les panoramas du col du Béal et du balcon du Forez; le point de vue depuis le col des Supeyres.

ORGANISER SON TEMPS
Comptez une journée et demie pour découvrir la région.

AVEC LES ENFANTS
Parc de la Droséra à Jeansagnière (maquettes des sites majeurs de la région du Forez) ; station de ski de Chalmazel ; Docil'Âne à Valensanges (*voir « Nos adresses dans les monts du Forez », p. 321*).

Pays des hauts chaumes, des jasseries et de l'estive, les monts du Forez ou « montagnes du Soir » offrent des paysages contrastés, assombris par les noirs bois de sapins. Mais au-dessus, souvent masqués par les brumes et les nuages, les sommets étonnent par leurs vastes landes dénudées paraissant abandonnées. Cet étrange paysage devient presque lunaire sous certains éclairages; seuls, des rochers granitiques, de profondes tourbières ou des buissons de genêts marquent ces rudes étendues.

Découvrir Carte p. 318

PARC NATUREL RÉGIONAL LIVRADOIS-FOREZ

Les monts du Forez sont une petite partie du parc naturel régional Livradois-Forez, créé en 1984 et couvrant plus de 300000 ha. Ses objectifs sont la revitalisation d'un milieu rural en déclin, la présentation et la promotion du patrimoine local, notamment artisanal et industriel. Par ailleurs, le parc cherche à favoriser le tourisme vert.

Maison du Parc (Saint-Gervais-sous-Meymont)

Carte Michelin Départements 326 I8. 30 km au sud-ouest de Noirétable par les D 53 et D 906. 63880 St-Gervais-sous-Meymont - à côté de la mairie - 04 73 95 57 57 -

ZONE PROTÉGÉE
Bien préservée grâce à son enclavement, la montagne forézienne comblera certainement les amoureux de la nature. Il convient de respecter les plantes rares ou même protégées, comme le lys martagon. Une règle essentielle : si vous devez cueillir des fleurs, n'arrachez jamais les racines ou les bulbes.

www.vacances-livradois-forez.com - ♿ - juil.-août : 9h-13h, 13h30-18h ; reste de l'année : tlj sf w.-end 9h-12h30, 13h30-17h30 - fermé j. fériés (sf 14 Juil. et 15 août). La Maison du parc naturel régional Livradois-Forez met à disposition différents documents, vend des topoguides et tient l'agenda de l'ensemble des manifestations et animations du parc. Vous pourrez aussi visiter « l'Atelier encyclopédique », exposition de maquettes et d'objets qui s'appuie sur six pages connues d'une *Encyclopédie des arts et techniques du Livradois-Forez* disparue, traitant de l'utilisation de la roue et de la force hydraulique.

La route des Métiers

Terre de traditions et de savoir-faire ancestraux (papier, coutellerie, minoterie, tannerie, tissage, tressage, chapelet…), le parc naturel régional Livradois-Forez vous propose de suivre cette route, qui regroupe des châteaux, musées, artisans d'art et producteurs fermiers, et fait découvrir aux visiteurs les témoignages des métiers d'autrefois.

Circuits des Balcons et du Basalte

Pour une découverte plus longitudinale du Forez, suivez les panneaux : tout en hauteur, la route des Balcons relie Cervières à St-Juste-St-Rambert tandis que la route du Basalte chemine en contrebas dans les plaines, entre Boën et Montbrison.

Circuits conseillés Carte p. 284

★ PAR LE COL DU BÉAL

84 km au départ de Boën. Circuit tracé sur la carte p. 318. Comptez une journée.

Boën

Dominant la rive gauche du Lignon, Boën *(prononcez Bo-in)* marque la limite entre la plaine et la montagne foréziennes. La ville est la patrie de l'**abbé Terray** (1715-1778), contrôleur général des Finances à la fin du règne de Louis XV. Les mesures impopulaires qu'il dut prendre pour rétablir l'équilibre du budget, compromis par les dépenses de la Cour, lui valurent le triste surnom de « vide-gousset ».

★ **Château de la vigne et du vin** – *✆ 04 77 24 08 12 - www.chateaumuseedelavigne.com - ♿ - visite guidée juil.-août : 10h-12h, 14h-18h ; mars-juin et sept.-nov. : 14h-18h - possibilité de visite guidée (1h30) sur demande (3 j. av.) - fermé lun., 1er Mai - 5 € (-7 ans gratuit).* Cette élégante demeure du 18e s. abrite un **musée** à la scénographie inventive. Il est constitué presque exclusivement de dons de Foréziens, ce qui confère une réelle authenticité aux reconstitutions d'intérieurs traditionnels (loges, fermes) comme aux présentations plus techniques de l'activité viticole. La visite débute au 2e étage et propose un cheminement historique au travers de mobiliers, d'outillages, d'alambics, d'ambiances sonores (ne manquez pas le bistrot sous les combles) et de récits

MONTS ET VALLÉES
Les monts granitiques du Forez forment, sur 45 km, une chaîne centrale de laquelle se détachent des chaînons parallèles séparant les pittoresques vallées qui se dirigent d'un côté vers la Dore, de l'autre vers la Loire. Le versant est domine la plaine du Forez (*voir p. 308 Feurs*) ; il est moins abrupt que le versant ouest qui tombe brusquement sur le fossé de la Dore.

de la vie d'autrefois racontés avec le savoureux accent du Forez. Toute la vie vigneronne de jadis est là dans cet écrin muséographique. Avant de partir, ne manquez pas la dernière salle œnologique présentant des testeurs olfactifs et gustatifs des côtes du Forez.
Quittez Boën par la D 1089, puis à 2,5 km, prenez à gauche la D 6 vers Sail-sous-Couzan.

Sail-sous-Couzan
Ce village tranquille est devenu depuis peu un lieu de pèlerinage pour les passionnés de foot qui veulent connaître les lieux où Aimé Jacquet a fait ses premières armes ou plutôt ses premières passes. Inévitable, le stade qui porte son nom près de la rivière offre une belle vue sur le château. Il ne faudrait pas quitter Couzan sans faire un petit tour à sa fontaine où coule une eau gazeuse déjà recommandée par un prieur au 17e s.
Empruntez, sur la route de St-Georges-en-Couzan (D 6), le chemin revêtu, à droite, menant en très forte montée jusqu'au pied des ruines où on laisse la voiture.

★ Château de Couzan
Fort de ses trois enceintes épaulées de puissantes tours, le château de Couzan se dresse sur un promontoire rocheux, étranglé entre les ravins du Lignon et du Chagnon. Il fut construit à partir du 11e s. par les Damas, issus d'une importante famille bourguignonne. Quand ils venaient au château, les seigneurs de Couzan résidaient dans la citadelle qui couronne la place forte. Elle est progressivement restaurée et, en saison, un centre culturel (La Diana) y entretient une animation locale.
★ **Panorama** – Du promontoire rocheux situé derrière le château, à l'ouest, admirez la vue sur les murailles de l'enceinte, ancrées à pic au-dessus du Lignon, et le vigoureux contraste entre les âpres ravins du côté montagne et la plaine forézienne.
De retour à Sail-sous-Couzan, rejoignez à gauche la D 97 en direction de St-Just-en-Bas.
La route franchit le col de Croix-Ladret. Un tracé en corniche au-dessus de la haute vallée du Lignon dominée par Pierre-sur-Haute précède l'arrivée à Jeansagnière.

Parc de la Droséra à Jeansagnière
04 77 24 81 44 - www.ladrosera.fr - - fermé du 11 Nov. au 20 déc. - 6 € (-16 ans 4 €).
Des reproductions miniatures des monuments du Forez parsèment la flore naturelle d'un joli **site** avec en bouquet final, une chute d'eau vertigineuse. Les reproductions ne sont pas d'une grande qualité, mais l'ensemble offre un panorama complet de la région, chaque monument étant accompagné d'une longue notice bien documentée et riche en anecdotes.
Poursuivre vers le **col de la Loge** : le rideau de sapins s'entrouvre en clairière, délimitant une fraîche pelouse. Avant La Chamba, la forêt cède la place à un

Parc naturel régional Livradois-Forez, col des Supeyres.
R. Manin / hemis.fr

paysage pastoral ; le tracé, épousant une succession de cirques occupés par de beaux pâturages, offre de belles échappées vers la trouée de la Dore et le Livradois.
2 km après La Chamba, tournez à gauche et poursuivez en direction du Brugeron.

La Chambonie

Village niché dans un cirque pastoral.
Aussitôt après une scierie, prenez à droite la D 37.
Après une longue montée forestière, la **vue** se dégage de façon magnifique sur la chaîne des monts Dôme. Après un nouveau passage forestier, on atteint la zone des hauts pâturages parsemés de jasseries.

★ Col du Béal

Du col, on jouit d'un **panorama** étendu sur les monts d'Auvergne et du Lyonnais. Il forme un seuil entre les deux versants du Forez.

★★ Pierre-sur-Haute

Promenade de 2h30 à pied AR, recommandée par temps clair, en montant directement à travers les chaumes par la ligne de crête, ou accès par télécabine. 04 77 24 85 09 - www.loire-chalmazel.fr - juil.-août : 12h30-18h30 ; de mi-déc. à fin mai : 9h-17h - 5,50 € (5-12 ans 4 €).
Pierre-sur-Haute, point culminant des monts du Forez (1 634 m), est une montagne granitique en forme de dôme, couronnée par des installations de radars de l'armée. Les landes qui la tapissent, balayées par le vent, sont surmontées çà et là de gros éboulis rocheux. Des jasseries sont établies sur ses flancs.
Du point culminant (signal et croix), à droite des installations militaires, le **panorama** englobe tout le Forez, les monts du Lyonnais et du Beaujolais, la Limagne, les monts Dôme, les monts Dore, le Cantal, les monts du Velay et du Vivarais.

Au cours de la descente rapide du col du Béal sur Chalmazel, trois types de paysages se succèdent : chaumes, puis belle forêt de sapins et enfin une zone de pins et de prairies.

À 7 km du col du Béal une route sur la droite mène aux pistes de ski et à la télécabine de Pierre-sur-Haute.

À l'arrivée sur Chalmazel, jolie vue plongeante sur le château.

Chalmazel

Accroché au flanc du ravin de Lignon, ce bourg montagnard, animé par les sports d'hiver, est dominé par l'ancien **château des Talaru-Marcilly** (13e s.), grosse bastide flanquée de tours d'angle conservant son chemin de ronde et son souterrain de fuite. La chapelle est ornée de fresques du 16e s. *✆ 04 77 24 88 09 - www.chateaudechalmazel.com - visite guidée (45mn) juil.-août : 14h30-18h30 ; 12 mai-30 juin et de déb. à mi-sept. : w.-end et j fériés 14h30-17h30 - fermé mar. - 7 € (-16 ans 4,50 €).*

Prenez la D 101 en direction de Sauvain.

Sauvain

On ne saurait affirmer avec certitude que le village ait été fondé par les sylvains, sympathiques génies des bois, mais il y a de fortes présomptions !

La **maison Sauvagnarde**, ancienne ferme du 17e s., appartenait au célèbre Louis Lépine, organisateur du fameux concours d'innovations. Les expositions illustrent la fabrication de la fourme et la vie dans la région au début du siècle.

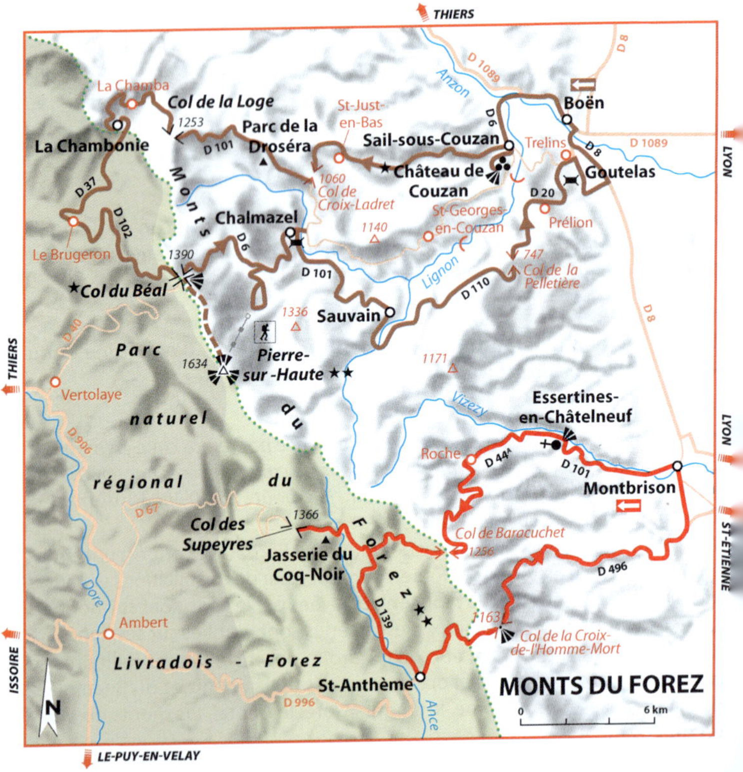

L'ESTIVE DANS LES HAUTES CHAUMES

L'homme, ou plutôt la femme, a essayé de s'accommoder de cet environnement hostile : en effet une société matriarcale a vu le jour et s'est développée dans les fermes d'estive à la belle saison ; c'est l'origine des **jasseries**. Tandis que les hommes travaillaient et moissonnaient dans la vallée, les femmes et les enfants rejoignaient les hauteurs avec le bétail (vache ferrandaise) pour fabriquer la fameuse fourme ou cueillir les « simples » (plantes médicinales).

Ce mode de vie difficile a lentement décliné et désormais il n'y a plus de jasseries en activité ; cependant, certaines d'entre elles ont été restaurées sous forme d'écomusées qui présentent les traditions et métiers de ces fières « amazones » de la montagne.

04 77 76 85 21 - www.maisonsauvagnarde.com - ♿ - mai-oct. : dim. et j. fériés 14h30-18h30 (tlj en juil.-août) - fermé lun. - 4 € (6-12 ans 2 €).

Poursuivez la D 101 en direction de Montbrison. Aussitôt après avoir traversé le Lignon à Pont-de-Pierre, prenez à gauche la D 110 vers le col de la Pelletière. Par La Bruyère et Prélion (D 20), gagnez Trelins où vous prenez à droite la D 20^A^.

Château de Goutelas

Dominant en terrasses la plaine du Forez, c'est une jolie demeure de la fin du 16e s., restaurée, qui accueille des stages et des séminaires. On peut pénétrer dans la cour d'honneur et faire le tour extérieur du bâtiment.

Faites demi-tour pour regagner Boën par la D 8.

★ PAR LE COL DES SUPEYRES

70 km au départ de Montbrison. Circuit tracé sur la carte ci-contre. Comptez une demi-journée.

Montbrison (voir p. 352)

Quittez Montbrison à l'ouest par la D 101 qui remonte le ravin pelé et rocailleux du Vizezy. Un court crochet mène au village d'Essertines.

Essertines-en-Châtelneuf

Petite église gothique à décoration flamboyante. Du bourg, vue sur la plaine du Forez d'où émerge le piton de St-Romain-le-Puy.

Reprenez la D 101, puis tournez à gauche par la D 44^A^. À Roche, prenez à gauche la D 44 et poursuivez ensuite par la D 113 vers le col de Baracuchet.

La route offre quelques échappées sur la plaine du Forez. La montée se poursuit en traversant des vallons cultivés dominés par des hauteurs boisées. À l'approche du col, les arbres rabougrissent, puis laissent la place à une vaste clairière d'où l'on aperçoit, à gauche, la vallée de l'Ance et, face à la route, la ligne de crête du Forez.

La montée au col des Supeyres s'effectue au milieu des hauts chaumes tapissés de bruyères. Çà et là des jasseries apparaissent. On laisse à gauche les jasseries du Grand Genévrier qui seront visitées au retour.

Col des Supeyres

Alt. 1 366 m. Situé dans l'est du parc naturel régional Livradois-Forez, il offre un paysage steppique de hauts chaumes mal drainés, d'une solitude prenante. On ressentira particulièrement cette impression de sauvage isolement en empruntant une amorce de route en direction de Pierre-sur-Haute,

LE SAVIEZ-VOUS ?

Feurs, Forez, c'est toujours la même racine latine (*forum* = marché, place) qui désigne aussi bien la plaine que la montagne forézienne.

La Société historique et archéologique du Forez, La Diana, œuvre pour la connaissance du passé de la région ; elle anime les sites de la Bastie-d'Urfé et du château de Couzan.

Au moins une personnalité forézienne est universellement connue : **Aimé Jacquet,** l'entraîneur de cette fameuse équipe de football française qui remporta la Coupe du monde en 1998.

carrossable sur 1 km environ. Une table de lecture de paysage, « la Montagne des Allebasses », et un sentier à thème *(durée 2h30)*, aident à la compréhension de la vie dans la région.

À la descente du col vers St-Anthème, la route longe le groupe de **jasseries du Grand Genévrier**, dont l'une est ouverte aux visiteurs.

Jasserie du Coq-Noir au Grand Genévrier

La visite de cette ancienne ferme de transhumance instruit sur la vie pastorale en montagne, l'art de couvrir les toits de chaume et la fabrication des fourmes. On peut y faire collation de lait, de pain de seigle et de fourme de St-Anthème.

La descente vers St-Anthème offre des vues sur les sucs du Velay : Meygal, Lizieux, Mézenc et Gerbier-de-Jonc.

Saint-Anthème

Ce bourg abrite ses toits rouges au creux de la vallée de l'Ance.

Pour le retour à Montbrison, empruntez à St-Anthème la D 496.

Après le col de la Croix-de-l'Homme-Mort, la route offre de très jolies vues sur la plaine du Forez, les monts du Lyonnais et le mont Pilat.

NOS ADRESSES DANS LES MONTS DU FOREZ

HÉBERGEMENT

BUDGET MOYEN

Chambre d'hôte L'Écusson – *Le Bourg - 42560 Marols - ✆ 04 77 76 70 38 - fermé nov.-avr. - ⊠ - 4 ch. 51 € ☕.* Vous vous sentirez très vite à l'aise dans cette maison rénovée avec goût et qui hébergeait jadis un bistrot-boulangerie (le four à bois fonctionne toujours). C'est à l'humour et à la bonne humeur contagieuse de la propriétaire que l'on doit le nom des jolies chambres meublées d'ancien. Table d'hôte sur réservation.

Chambre d'hôte du Mazet – *42990 St-Georges-en-Couzan - ✆ 04 77 24 80 95 - 5 ch. 53 € ☕ - table d'hôte 15 €.* Cette maison d'hôte perchée sur les hauteurs du village profite d'une belle vue sur les monts du Forez. Appétissante cuisine élaborée avec les produits des fermes environnantes servie dans un cadre rustique. Six chambres d'hôte et un gîte d'étape, simples et bien tenus.

Parc de la Droséra – *42920 Jeansagnière (5 km au nord de Chalmazel par la D 101) - ✆ 04 77 24 81 44 - 🏊 - www.ladrosera.fr - 10 chalets 115 €/nuit pour 5 pers. - ☕ 8,50 € - rest. 23/34 €.* Ce parc locatif situé sur le versant est des monts du Forez propose 10 chalets tout équipés, aménagés en pleine nature. Vous trouverez sur place un restaurant servant une cuisine régionale et une piscine couverte.

RESTAURATION

PREMIER PRIX

Ferme-auberge des Granges – *Les Granges - 42920 Chalmazel (5 km au sud-ouest de Chalmazel dir. le col du Béal) - ✆ 04 77 24 80 62 - fermé nov. - réserv. conseillée le soir - 10,70/15 €.* Ce long chalet élevé à seulement 100 m des pistes s'avère des plus commodes pour recharger ses batteries après une tonifiante journée de ski. Copieuses préparations valorisant les sains produits de la ferme.

Les 4 Saisons – *21 r. St-Jean - 42130 Boën - ✆ 04 77 24 09 04 - fermé le soir - formule déj. 12 € - 11/25 €.* Ne vous fiez pas à l'aspect passe-partout de cet établissement. Derrière sa devanture toute simple se cache en effet un petit restaurant fort sympathique, très prisé des locaux. Au menu, plusieurs formules qui vont du plat unique à « la totale » avec foie gras maison, sauté de biche et assiette gourmande.

Rival – *R. Centrale - 42550 Usson-en-Forez - ✆ 04 77 50 63 65 - hotelrival@msn.com - fermé 25 juin-6 juil., 12 nov.-3 déc., dim. soir et lun. hors sais. - 12,50/40 € - 10 ch. 44 € - ☕ 7 €.* Simple affaire familiale proche de l'écomusée du bourg, sur le chemin de Compostelle. Menus régionaux et salle des repas rustique. Chambres rafraîchies. Tarif spécial pèlerins.

ACHATS

Les Vignerons Foréziens – *Le Pont-Rompu - 42130 Trelins - ✆ 04 77 24 00 12 - 9h-12h, 14h-18h30 (18h nov.-mars), dim. 10h-12h, 14h-18h30 (sf nov.-mars).* Cette cave coopérative produit chaque année des vins principalement issus du cépage gamay noir à jus blanc. Outre l'enfant du pays, le côtes-du-forez AOC, on appréciera particulièrement la cuvée du domaine de Montaubourg ou encore le vin de pays d'Urfé (cépage chardonnay) en rosé demi-sec.

ACTIVITÉS

Ski – *Les Granges - 42920 Chalmazel - ✆ 04 77 24 83 11 - station-chalmazel.com - 18 € (enf. 14 €).* Un télésiège, plusieurs téléskis, une batterie de canons à neige et toutes sortes de pistes. Que demander de plus pour être de plain-pied avec le panorama de Pierre-sur-Haute ?

Docil'Âne – *Valensanges - 42600 Lézigneux - ✆ 04 77 58 68 22 - www.lahaltebleuedocilane.com - sur réserv. - fermé vac. de la Toussaint - location 1 âne : 27 € la 1/2 j ; 43 € la j.* Les randonnées paraissent faciles quand un âne porte les bagages. Partageant les locaux avec la Halte Bleue, cette structure de loisirs propose des séjours-promenades de plusieurs jours pour découvrir le Forez de manière originale. À vivre en famille.

Montbrison

14 931 Montbrisonnais – Loire (42)

NOS ADRESSES PAGE 326

S'INFORMER

Office de tourisme – *1 pl. Eugène-Beaune - 42600 Montbrison - 04 77 96 08 69 - www.loireforez.com - 9h-12h, 14h-18h; fermé dim. (sf juil.-août : 9h-12h) et j. fériés. Visite guidée pdt les vac. scol., se rens.*

SE REPÉRER

Carte de microrégion B3 (p. 284-285) – *Carte Michelin Départements 327 D6.*
Montbrison est situé sur la D 8, à 34 km au nord-ouest de St-Étienne.

À NE PAS MANQUER

Les orgues de la collégiale N.-D.-d'Espérance, l'église fortifiée de Champdieu; les boiseries et plafonds du château de Sury-le-Comtal.

ORGANISER SON TEMPS

Comptez une demi-journée pour la ville et ses environs.

AVEC LES ENFANTS

La collection de poupées du musée d'Allard.

Montbrison, bâti en cercle autour d'une butte volcanique, est dominé par le dôme (18e s.) de l'ancien couvent de la Visitation (actuel palais de justice) et par l'imposant clocher de son église gothique. Au 11e s., quelques maisons se groupent au pied du château des comtes du Forez. Des boulevards ombragés remplacent maintenant les anciens remparts de cette ville close. Différentes festivités culturelles animeront votre séjour. L'ancienne capitale du comté du Forez vit aujourd'hui surtout du commerce de la fourme (AOC), dont la finesse et le goût délicat restent sans égal.

Se promener

Collégiale Notre-Dame-d'Espérance

Fondée en 1226 par Guy IV, comte du Forez, cette importante construction gothique a été restaurée en 1970. L'austérité de la façade est accentuée par l'aspect massif de la tour-clocher épaulée de contreforts. Le portail flamboyant, ajouté au 15e s., expose au tympan une jolie Vierge à l'Enfant du 14e s.

L'**intérieur**★ frappe par l'aspect harmonieux et la longueur de la nef. Remarquez la disposition des grandes fenêtres en triple lancette; leur partie inférieure offre l'aspect d'un triforium aux arcatures trilobées.

Le chœur, de style gothique rayonnant, abrite, à gauche, le tombeau de Guy IV. À l'extrémité du collatéral nord, beau gisant du 14e s.

L'orgue est classé monument historique : son buffet, réalisé par le facteur d'orgue alsacien Callinet, se compose de 46 jeux ou registres, et de 4 claviers. Sa qualité lui permet de recevoir, une année sur deux, le Concours international d'improvisation.

LE « MONT BRISÉ »
Une aimable tradition raconte que les Gaulois avaient dédié le site de Montbrison à Briso, la déesse des Songes. Mais le nom de la ville signifierait plutôt « mont brisé », en référence à la butte d'origine volcanique sur laquelle elle est construite. La ville a vu naître **Pierre Boulez**, le célèbre compositeur créateur de l'IRCAM, et la comique **Muriel Robin**, à 30 ans d'écart exactement.

La Diana

7 r. Florimond-Robertet - ✆ 04 77 96 01 10 - www.ladiana.com - merc. et sam. 9h-12h, 14h-17h, mar. et vend. 14h-17h - possibilité de visite guidée (45mn) sur demande préalable - fermé j. fériés - 3 € (-12 ans gratuit) visite libre, 5 € (-12 ans gratuit) visite guidée.

Construite à l'occasion du mariage du comte du Forez, Jean Ier, en 1296, cette salle servit plus tard de lieu de réunion aux prêtres du doyenné, en latin *decanatus*, d'où son nom de Diana. L'intérieur (14e s.) est remarquable par sa voûte en bois, divisée en petits caissons peints – près de 1 700 – représentant les armoiries, répétées plusieurs fois, de grandes familles françaises et maisons nobles du Forez. C'est assurément un édifice à ne pas manquer ! La salle donne accès à un musée lapidaire.

Musée d'Allard

13 bd de la Préfecture - ✆ 04 77 96 39 15 - 14h-18h - possibilité de visite guidée (2h30) sur demande préalable - fermé mar., 1er janv., 1er Mai, 25 déc. - 3,20 € (8-15 ans 1,50 €), 6,50 € billet famille (2 adultes + 1 enf.).

Situé dans l'ancien hôtel particulier de Jean-Baptiste d'Allard, ce musée est aménagé sur 4 niveaux. Au sous-sol et au rez-de-chaussée sont rassemblées d'importantes collections de minéraux (beaux spécimens de roches fluorescentes) et d'oiseaux naturalisés.

Au 1er étage est exposée une importante collection de **poupées** du monde entier (plus de 600 pièces). Vous avez l'embarras du choix, depuis les « shaouabtis » découvertes dans les sarcophages égyptiens jusqu'aux poupées de mode du 18e s., en passant par les modèles précolombiens en terre cuite. Remarquez les dînettes anciennes et récipients miniatures, en porcelaine de Limoges ou de Chine et en faïence de Nevers, et une remarquable collection de bénitiers de chevet. Le musée s'est agrandi pour accueillir des petits trains et du matériel ferroviaire miniature.

Jardin d'Allard

Ce jardin public est agréablement tracé et ombragé. Il fut aménagé à la demande de Jean-Baptiste d'Allard, derrière son hôtel particulier.

Promenade dans la ville

Il faut prendre le temps de baguenauder un peu dans le centre ancien, qui cache de **beaux hôtels particuliers,** notamment rue St-Pierre (*nos 1, 7, 10, 11, 13 et 17*), rue Puy-de-la-Bâtie (*nos 5, 9, 11, 14, 18, 19 et 20*) et rue Martin-Bernard (*nos 5, 14, 23 et 25*).

L'office de tourisme a édité en plusieurs langues des circuits de balades qui vous guideront aussi vers le **palais de justice**, ancien couvent de la Visitation dont l'autre partie sert de cadre à un centre musical, la **butte du Calvaire**, et la **chapelle des Pénitents**, transformée en centre culturel, dont la façade 18e s. est attribuée à Soufflot.

À proximité Carte de microrégion

Moingt B3

3 km au sud par la D 8.

Cette ancienne cité, de fondation romaine, a gardé son aspect médiéval avec ses ruelles étroites et sinueuses. L'**église** St-Julien est intéressante pour son clocher et ses chapiteaux à entrelacs datant du 11e s. La place de l'église s'ouvre par une porte voûtée, flanquée d'une tour du 15e s., vestiges d'un château médiéval.

Champdieu B3

4,5 km au nord par la D 8.

Église et prieuré – À la limite de la plaine et des monts du Forez, Champdieu possède une remarquable **église romane★** construite pour un prieuré bénédictin. Au 14e s., l'église et l'ensemble des bâtiments du prieuré reçurent une puissante armature fortifiée.

Elle surprend par l'importance de son appareil défensif : de hautes arcatures forment mâchicoulis sur le flanc et le croisillon sud de l'église ; un même système d'arcatures se développe le long des murs du prieuré établis en quadrilatère autour d'une cour dont l'église forme le côté méridional. Des deux clochers du sanctuaire, le plus remarquable, d'époque romane, est celui du transept, percé de jolies baies en plein cintre. Le second clocher, sur la façade, date du 15e s. ; sa base forme le narthex. Au portail de la façade, à gauche, regardez le chapiteau représentant une sirène à double queue.

À l'**intérieur**, on est frappé par la sobriété des lignes et l'influence très marquée du style roman auvergnat, le prieuré de Champdieu relevant de l'abbaye de Manglieu en Auvergne : nef centrale en berceau, collatéraux voûtés en quart-de-rond et croisillons saillants, percés à leur extrémité d'une arcature encadrant un arc en mitre caractéristique. Une arcature, à colonnettes et chapiteaux sculptés, décore l'abside principale. Sous le chœur s'étend une crypte de la fin du 11e s., dont la partie centrale est divisée en trois nefs par des colonnettes à chapiteaux sculptés.

Réfectoire – *Accès par une porte s'ouvrant à gauche de l'église.* Au rez-de-chaussée de la partie ouest du prieuré, l'ancien réfectoire des moines a conservé sa décoration du 15e s. : plafond peint à caissons et, au-dessus de la cheminée, belle peinture murale représentant la Cène.

Château de Vaugirard – Classique et relativement modeste, la construction présente, dans sa façade et ses pavillons, une symétrie caractéristique du 17e s. Parmi les bas-reliefs rapportés sur la façade, l'un commémorerait le passage d'Henri IV. Mais c'est l'intérieur qui se révèle le plus intéressant : d'abord par la signification des armes du constructeur Jacques Girard, négociant en grain anobli pour avoir fait don de ses réserves lors d'une famine, qui choisit trois épis surmontés de trois roses avec pour devise « L'espoir d'une autre vie ». Ensuite pour les plafonds à la française, cheminées (19e s.) et fresques des salles d'apparat. Malheureusement très restaurées « à l'identique », les fresques offrent une rare représentation du grand carrousel de Louis XIV.

Chalain-d'Uzore B3

7,5 km au nord par la D 5.

Le **château** (14e-16e s.) est surtout intéressant pour son ancienne salle de Justice, transformée en salle des Fêtes à la Renaissance (cheminée monumentale), et pour sa galerie aux portes sculptées. De la terrasse, jolie vue sur les monts du Forez. Jardins à la française. *04 77 97 13 12 - visite guidée (45mn) 14 Juil.-27 août : 15h30 et 16h30 - 5 € (-18 ans gratuit).*

Vue aérienne de Champdieu.
Mairie de Champdieu

Montrond-les-Bains C3

11 km à l'est par la D 496.
Cette station thermale du Forez, où l'on soigne l'obésité et le diabète, a gardé son château dont les ruines se dressent sur une motte basaltique proche de la Loire. Brûlé au 18e s., le **château** a conservé intact son mur d'enceinte. Le vaste porche orné de pilastres cannelés et de chapiteaux en marque l'entrée. La visite débute dans l'espace muséographique dédié aux seigneurs de Montrond et à l'entrée royale d'Henri II à Lyon. Reconstitution, costumes Renaissance et livres sonores dévoilent les fastes de l'époque. À l'extérieur, une bande audio accompagne votre déambulation dans les vestiges du corps de logis des 14e et 15e s. (belles fenêtres à meneaux et vestiges de monumentales cheminées). Dans la salle souterraine, c'est en sons et lumières que l'ambiance des festins vous est contée, alors que depuis les tours s'offre une belle vue sur la plaine et les monts du Forez à l'ouest, le mont Pilat au sud-est. La tour ronde accueille un insolite **musée de la Poste**. *04 77 94 64 74 - www.montrond-les-bains.com - 14h30-19h, juil.-août : tlj sf mar ; avr.-mai : w.-end et j. fériés ; juin et sept. : merc.-dim. et j. fériés - fermé oct.-mars - 4,50 € (enf. 3,50 €, -10 ans gratuit).*

5

Saint-Romain-le-Puy C3

7 km au sud-est par les D 8 et D 95.
L'église de l'ancien prieuré de St-Romain-le-Puy qui dépendait, dès la fin du 10e s., de l'abbaye St-Martin-d'Ainay, à Lyon, se dresse sur un piton volcanique émergeant de la plaine du Forez, dominant une verrerie de St-Gobain située au pied du pic. Une source minérale est exploitée au nord-est de la localité près de la D 8 (source Parot).
De la plate-forme devant l'église, le panorama s'étend sur un vaste cercle montagneux : monts du Forez à l'ouest, d'Uzore au nord et de Tarare et du Lyonnais du nord-est au sud-est.
Église du prieuré★ – *Accès en voiture à partir de la place Michalon jusqu'au parking situé à mi-pente. 04 77 76 92 10 - rens. à l'office du tourisme de Montbrison*

pour les horaires et le tarif. Par sa situation, son ancienneté, l'originalité de sa construction et de son décor sculpté, l'édifice est très curieux. On y relève la trace de plusieurs chantiers successifs. Les vestiges les plus anciens sont antérieurs au 10e s. (partie proche de la porte et, du côté droit, deux portes, murées, avec une alternance de briques). Les murs sont construits en moellons de granit rose ou gris, mêlés de blocs de basalte. Le chevet est la partie la plus intéressante avec son arcature en plein cintre et surtout la curieuse frise sculptée encastrée sous l'arcature et constituée de plaques rectangulaires ou carrées, décorées de motifs en relief très frustes.

L'**intérieur** frappe par son aspect archaïque et la dissymétrie du plan. Le sol de l'abside et du chœur est surélevé par rapport au niveau de la nef primitive. L'ensemble des chapiteaux est à décor floral et géométrique.

Des vestiges de **peintures murales**, exécutées en plusieurs étapes du 12e au 15e s., sont visibles en différents endroits ; elles ont été restaurées.

Sury-le-Comtal C4

10 km au sud-est par la D 8. Laissez la voiture sur la place de l'Église et dirigez-vous vers l'entrée du château qui se trouve à droite de l'église.

Château – *☎ 04 77 30 18 80 - visite guidée (1h) juil.-août : jeu., vend. et sam. 9h-12h, 14h-17h - 5 €.* La **décoration★** de ce château du 17e s. est constituée de riches boiseries et plafonds sculptés. Admirez dans le salon du cardinal de Sourdis les deux cheminées Louis XIII, l'une en pierre, l'autre en bois sculpté, et un cabinet dont les panneaux illustrent des scènes de *L'Astrée* ; dans le salon d'été, le plafond et, au 1er étage, dans la chambre de Marie de Médicis, les boiseries et les coquilles du plafond.

Également dans la chambre de Diane restaurée, le panneau de la cheminée, l'arche de l'alcôve et le plafond sont remarquables.

Église – C'est un édifice gothique, couvert de belles voûtes d'ogives. Remarquez la clef de voûte du chœur, représentant le Père éternel entouré des quatre évangélistes, et la première chapelle du collatéral gauche, d'époque Renaissance.

NOS ADRESSES À MONTBRISON

HÉBERGEMENT

À Montbrison

BUDGET MOYEN

Hôtel Le Gil de France – *18 bis bd Lachèze - ☎ 04 77 58 06 16 - www.legildefrance.com - 30 ch. 58 € - ☕ 7 € - rest. 12/35 €.* Bordé d'un vaste espace verdoyant et arboré, cet hôtel-restaurant se situe à proximité de la vieille ville et de ses rues commerçantes. Un ensemble vraiment correct pour un prix très doux.

À proximité

PREMIER PRIX

Camping Le Bigi – *2 km au sud-ouest de Montbrison par la D 113 dir. Lérigneux - ☎ 04 77 58 06 39 - www.camping-le-bigi.fr - mi-mai-déb. sept. - réserv. conseillée - 🏊 - 37 empl. 15 €.* Ce terrain installé sur le site d'une ancienne pépinière, aux portes des monts du Forez, est relativement simple mais bien tenu. Location de mobile homes, abri-jeux pour les enfants et piscine.

BUDGET MOYEN

Chambre d'hôte Sous le Pic - La Pérolière – *20 r. Jean-Moulin - 42610 St-Romain-le-Puy - ✆ 04 77 76 97 10 - www.laperoliere.com - fermé 2 janv.-15 mars - ⊠ - 3 ch. 65 €* ☕. Cette ferme forézienne soigneusement rénovée se trouve au pied d'un prieuré du 11e s. illuminé le soir. Après une bonne nuit au calme, vous pourrez déguster un petit-déjeuner gourmand (salades de fruits, gâteaux et confitures maison, etc.). Accueil charmant.

Hôtel Marytel – *95 rte de Lyon - 42600 Savigneux (1,5 km à l'est de Montbrison par la D 496) - ✆ 04 77 58 72 00 - hm4203@inter-hotel.com - P - 45 ch. 71/95 € - ☕ 9 €.* Cette construction récente en bord de route est protégée des bruits de la circulation par un double vitrage efficace. Les chambres, simples et fonctionnelles, sont bien tenues.

RESTAURATION

À Montbrison

BUDGET MOYEN

La Roseraie – *61 av. Alsace-Lorraine - ✆ 04 77 58 15 33 - www.restaurantlaroseraie.com - fermé 24 avr.-7 mai, 16 août-3 sept., dim. soir, mar. soir et merc. - formule déj. 16 € - 26/58 € bc.* Cuisine actuelle inspirée du terroir à déguster dans la salle à manger colorée, sous l'agréable véranda ou à l'ombre de la cour intérieure (en été).

À proximité

BUDGET MOYEN

Yves Thollot – *93 rte de Lyon - 42600 Savigneux - ✆ 04 77 96 10 40 - www.yves-thollot.com - fermé vac. de fév., 1er-22 août, mar. soir, dim. soir et lun. - 23/59 €.* Cette maison récente, entourée d'espaces verts, abrite une salle à manger dont le cadre moderne est ponctué de discrètes touches agrestes. Cuisine simple et généreuse.

EN SOIRÉE

Casino de Montrond-les-Bains – *Rte de Roanne - ✆ 04 77 52 70 70 - www.moliflor.com - 10h-4h, w.-end 10h-5h ; discothèque : w.-end 22h30-4h.* 180 machines à sous et jeux traditionnels (roulette, black jack, stud poker, boule 2000). Discothèque (Saxo) et restaurant (La Montgolfière).

ACHATS

Spécialité – La **fourme de Montbrison**, fromage à pâte onctueuse et persillée, est plus moelleuse que celle d'Ambert. Fabriquée sur les hauts chaumes, elle est très parfumée. Pour effectuer vos emplettes, privilégiez le **marché** du samedi ainsi que les **journées annuelles** de la fourme. Il existe trois sites de production de fourme dans les monts du Forez qui accueillent les visiteurs et proposent dégustation et vente sur place : la fromagerie des Hautes Chaumes (*✆ 04 77 76 89 12*), la fromagerie Forez-Fourme (*✆ 04 77 76 81 80*) à Sauvain, et enfin la fromagerie du Pont-de-la-Pierre (*✆ 04 77 76 82 86*) à St-Bonnet-le-Courreau.

ACTIVITÉS

Les Thermes – *Av. des Sources - 42210 Montrond-les-Bains - ✆ 04 77 20 08 00.* Outre leurs qualités digestives reconnues, les eaux thermales de Montrond-les-Bains permettent de traiter différents troubles de la nutrition. Bains hydromassants, douches au jet…

Saint-Bonnet-le-Château

★

NOS ADRESSES PAGE 333

1 519 Castel-Bonisontins – Loire (42)

S'INFORMER

Office de tourisme – *7 pl. de la République - 42380 St-Bonnet-le-Château - ℘ 04 77 50 52 48 - www.pays-st-bonnet-le-chateau.fr - juil.-août : 9h30-12h30, 14h30-18h30 ; avr.-juin et sept.-oct. : tlj sf lun. 9h-12h, 14h-18h, dim. et j. fériés 10h-12h, 15h-18h, jeu. 9h-12h ; reste de l'année : tlj sf dim., j. fériés et lun. 9h-12h, sam. 9h-12h, 14h-18h.*

SE REPÉRER

Carte de microrégion B4 (p. 284-285) – *Carte Michelin Départements 327 D7.* La ville se trouve à 30 km à l'ouest de St-Étienne et à 32 km au sud de Montbrison. Il faut découvrir le site en arrivant par la D 3 à l'est.

À NE PAS MANQUER

La vieille ville ; l'écomusée du Forez à Usson-en-Forez.

AVEC LES ENFANTS

L'écomusée du Forez à Usson-en-Forez.

Au pays des hauts chaumes, St-Bonnet est un village de caractère, avec son église gothique et ses ruelles médiévales montant lestement à l'assaut de la butte qui porte la collégiale. « La perle du Forez », ancien oppidum romain, semble ainsi rayonner de la plaine du Forez au Pilat. C'est aujourd'hui un petit centre industriel actif, surtout réputé pour sa fabrique de boules (1 million de paires par an).

Se promener Plan de ville

LA VILLE ANCIENNE

Circuit tracé en vert sur le plan ci-contre.

Maisons anciennes

Sur le chemin de l'église, remarquez au passage deux maisons Renaissance à l'entrée des rues s'ouvrant à gauche de la place du Cdt-Marey et, plus loin, d'autres maisons des 15e et 16e s., rue de la Châtelaine, rue et place des Fours-Banaux, où se dressent, à l'angle, deux vastes logis du 15e s.

★ Chemin des Murailles

Il suit les anciennes fortifications du 14e s. et contourne la butte. Le panorama sur la plaine du Forez donne un vif attrait à cette promenade que l'on prolongera jusqu'à la **porte de la Châtelaine**, du 14e s. La « châtelaine » est le nom donné à Notre-Dame-du-Bon-Secours. À l'occasion d'une épidémie de peste au 18e s., les Castel-Bonisontins lui ont symboliquement confié la protection de la ville par un oratoire logé dans la porte elle-même, auquel ne manque que la statue d'origine.

Presque au bout du chemin, traversez le jardin vers la collégiale.

★ Point de vue

De la terrasse au nord du chevet de la collégiale (table d'orientation), la vue s'étend sur la plaine du Forez d'où émergent la butte de St-Romain-le-Puy, les monts du Beaujolais et du Lyonnais, les Alpes, le mont Pilat, le pic du Lizieux et le Mézenc.

Collégiale

Cet édifice gothique, du début du 15e s., a fière allure avec ses deux clochers et surtout sa situation exceptionnelle. L'acte de naissance de la collégiale est gravé dans un mur de la crypte, indiquant précisément le 8 mai 1400. Elle est achevée dans les premières années du 16e s. Collégiale jusqu'à la Révolution, elle connut sous l'Ancien Régime une renommée due notamment à la qualité de ses musiciens.

L'intérieur surprend par la faible élévation des voûtes.

La **bibliothèque** se trouve dans une salle à gauche du chœur. Le fonds ancien, installé en 1716, présente des incunables, en particulier un missel lyonnais du 15e s., une bible de Louis XI de 1476, première imprimée en France, et les *Chroniques* de Froissart (1490), reliées aux armes des Urfé. Remarquez aussi une bible de Robert Estienne (1565) et un exemplaire de *Lancelot du lac* (1520).

✆ 04 77 50 52 48 - avr.-oct. : 14h-18h - fermé lun. et mar. - gratuit.

Dans la nef, avec une jolie rampe en fer forgé, la **chaire** du 18e s. représente Jésus – enfant – enseignant au Temple, les quatre apôtres et le Bon Berger.

Au fond de la nef à droite se trouve le **caveau des Momies** contenant une trentaine de corps desséchés qui datent de la seconde moitié du 17e s. Ces sépultures ont été découvertes dans l'église en 1838, et leur bon état de conservation leur a valu l'appellation impropre de « momies ».

Ressortez par le portail principal Renaissance et contournez l'église par la droite. L'entrée du bureau des guides se trouve à la hauteur du chevet de la collégiale.

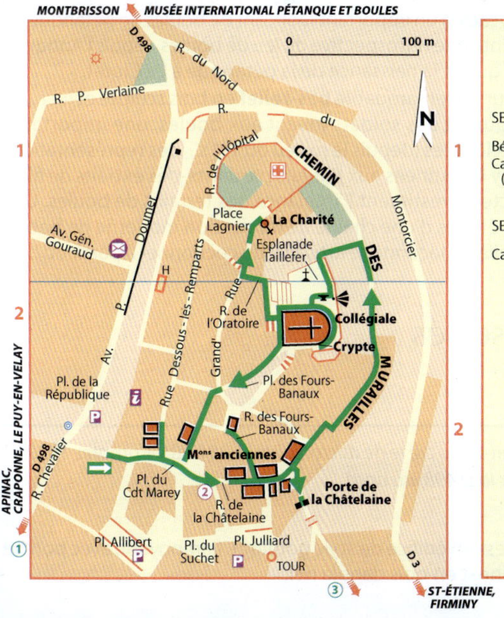

ST-BONNET-LE CHÂTEAU

SE LOGER

Béfranc (Le) .... ①
Campagnarde (Chambre d'hôte La) .... ③

SE RESTAURER

Calèche (La) .... ②

UN ÉVÊQUE ARVERNE
St-Bonnet-le-Château porte le nom d'un ancien évêque arverne dont les reliques ont été transférées de Lyon à Clermont en 722 à travers le Forez. Il a laissé son vocable à de nombreuses paroisses sur son passage.

Crypte

☏ 04 77 50 52 40 - visite guidée (1h) sur demande (2 sem. av.) avr.-oct. : jeu.-dim. et j. fériés 10h-12h, 14h30-18h - 5 € (-13 ans gratuit).

La crypte, située sous le chœur et accessible par une porte extérieure à droite de l'église, est revêtue de peintures murales du 15e s. Parmi les sujets représentés, empruntés au Nouveau Testament, les plus remarquables sont les quatre évangélistes (petites voûtes du chœur) et la Crucifixion (mur nord). On voit aussi des anges musiciens.

Descendez l'escalier à droite du parvis et, via *la rue de l'Oratoire, tournez à droite dans la Grand'Rue.*

Chapelle de la Charité

Cet édifice du début du 17e s. est intéressant par sa décoration et son mobilier : plafond à caissons peints, devant d'autel sculpté, statues anciennes et une très belle grille en fer forgé qui fermait la partie réservée aux religieuses.

Revenez en passant en contrebas de la collégiale.

À voir aussi

Musée international Pétanque et Boules Hors plan de ville

Au nord de la ville par la D 498. ☏ 04 77 50 15 33 - www.obut.com - ♿ - juin-sept. : 9h-12h, 13h30-18h30, sam. 13h30-18h30 (dernière entrée 30mn av. la fermeture) ; reste de l'année : tlj sf dim. et j. fériés 9h-12h, 13h30-17h30, sam. 13h30-17h30 - fermé 1 sem. pdt les vac. de Noël - 2 € (-8 ans gratuit).

Aménagé dans des locaux d'un important fabricant de boules de pétanque, ce musée original présente une rétrospective du jeu de boules depuis l'Antiquité jusqu'à l'année 1910 qui vit la naissance de la pétanque à La Ciotat.

On observe tour à tour un remarquable **bas-relief** en bois sculpté et incrusté d'ivoire, du 18e s., figurant des soldats jouant aux boules, une importante collection de boules cloutées (depuis le milieu du 19e s.), des représentations populaires de « Fanny » destinées aux joueurs perdants, des extraits de films et des répliques d'acteurs restituant l'ambiance des terrains de boules. Une vidéo présentant les étapes d'une chaîne de fabrication moderne de boules de pétanque et de celle du façonnage artisanal du cochonnet à partir du buis termine cette visite.

Circuits conseillés Carte de microrégion

LES BELVÉDÈRES

35 km. Voir le circuit sur la carte de microrégion p. 284-285. Comptez 1h30. Quittez St-Bonnet par la D 498, au nord.

Luriecq B4

L'**église**, très simple, est un édifice de style gothique flamboyant, avec porche Renaissance ; beau Christ en bois dans la nef.

Dans une maison, sur la place de l'Église, modeste collection d'objets foréziens d'autrefois.
Faites demi-tour et prenez la D 5 à droite.

Marols B4
L'**église** a été fortifiée au 14e s. Des deux clochers, le plus élancé, au-dessus du chœur, est une véritable tour défensive. *Poursuivez sur la D 5.*

Saint-Jean-Soleymieux B4
L'**église** est intéressante pour sa crypte du 12e s., dont les piliers trapus portent de frustes chapiteaux. Ce village est situé à proximité d'une très ancienne voie de passage. Reliant les futures Lyon et Bordeaux, la grande *via Agrippa*, qui desservait dans l'Antiquité le pays des Vellaves et des Gabales, fut baptisée au Moyen Âge la voie de Bolène. D'après Franck Imberdis, on trouve la trace de son nom au lieu-dit Boulaine, situé entre Usson et St-Bonnet.
Empruntez successivement la D 96 et la D 44.

Montarcher A-B 4
De la terrasse de la petite **église** (12e-15e s.), ornée à l'entrée du chœur d'un bel arc décoratif rustique, **vue★** sur le mont Pilat, le Mézenc, les sucs de la région d'Yssingeaux et les monts de la Margeride. L'eau de source de Montarcher a été commercialisée en 1999.
Les D 14 et D 498 ramènent à St-Bonnet.

LE HAUT-FOREZ

50 km. Voir le circuit sur la carte de microrégion p. 284-285. Comptez environ 2h.
Quittez St-Bonnet par la D 3 au sud-est et prenez la D 109 à droite.

Saint-Nizier-de-Fornas B4
La jolie **église** de style flamboyant conserve d'importants éléments romans (façade et nef). Extérieurement, le clocher rectangulaire, dont les contreforts s'ornent de pinacles et de grosses gargouilles, lui donne, du côté sud, une silhouette particulière. À l'intérieur, bel ensemble de clefs de voûte sculptées.
Continuez sur la D 109.

Rozier-Côtes-d'Aurec B4
L'**église**, construite aux 11e et 12e s., est celle d'un prieuré clunisien ; le clocher à double étage de baies géminées a été refait sur le modèle primitif. La façade présente un mur plat dont le pignon repose sur une corniche ornée d'une frise. Au **tympan**, un groupe sculpté, d'une admirable sobriété d'exécution, représente l'*Adoration des Mages*, et dénote une influence espagnole ; remarquez l'allongement des visages.
À l'intérieur, la nef unique est étayée d'arcatures. À voir surtout : l'abside décorée d'une **belle arcature** dont les pilastres cannelés évoquent les églises romanes rhodaniennes héritières des traditions romaines. Dans la nef, à gauche, **bas-relief roman**, représentant le Christ bénissant. Dans la chapelle sud, *pietà* en pierre du 15e s.
Faites demi-tour et prenez à gauche la D 104, puis de nouveau à gauche la D 42.

Saint-Hilaire-Cusson-la-Valmitte B4
Église en partie romane, remaniée aux 15e et 19e s. ; remarquez le petit déambulatoire ménagé en arrière de l'arcature de l'abside primitive. Deux statues de bois polychrome du 15e s., la Vierge et saint Jean, sont disposées à l'entrée du chœur. Chaire du 18e s.

Faites demi-tour pour prendre tout de suite à gauche, à la hauteur de l'église, la route qui ramène à la D 104, que vous prenez à gauche.

Moulin de Vignal à Apinac B4

℘ 04 77 50 80 23 - http://moulinvignal.online.fr - visite guidée (45mn) juil.-août : 14h30-18h30 ; de Pâques à fin juin et de déb. sept. à la Toussaint : w.-end et j. fériés - 4 € (-12 ans gratuit).

Sauvé par une association, cet ensemble de bâtiments du 18e s., qui comprend quatre moulins, a été soigneusement restauré. Grâce au bief en prise sur l'Andrable, les roues horizontales et verticales tournent à nouveau et produisent de la farine par gros sacs, mais aussi de l'huile de colza. Les astuces et mécaniques du moulin sont ingénieuses et intéressantes à découvrir.

Revenez vers Apinac et tournez à gauche pour attraper, à droite, la D 443. Continuez par la D 24.

Saint-Pal-de-Chalencon A4

Bourg fortifié conservant plusieurs portes anciennes.

L'ensemble formé par l'église et la maison attenante du côté sud offre un joli coup d'œil. À l'intérieur de l'**église**, voyez notamment une *pietà* du 15e s., dans le bas-côté gauche.

Les D 241 et D 91 conduisent à Usson.

Usson-en-Forez A4

Le bourg, autrefois fortifié, est dominé par la haute flèche de son clocher (16e s.). La nef de l'**église** date du 15e s. ; de part et d'autre du chœur, remarquez le **décor sculpté des deux petites niches** ménagées dans les retombées des ogives et les statues en bois doré de saint Sébastien et de saint Roch.

Écomusée du Forez★ – *℘ 04 77 50 67 97 - www.ecomusee-usson-en-forez.fr - 14h-18h - fermé 1er janv., 25 déc. - 4 € (-8 ans gratuit).* Créé en 1993 à partir d'une donation privée, il occupe d'anciens bâtiments conventuels restaurés et ranime les modes de vie, coutumes et métiers de la région. Pas à pas, en allant du peigne à la lessiveuse, du vêtement au carreau de dentellière, se reconstitue la **vie familiale** dans une maison de bourg. L'étable abrite encore les outils de travail. À l'étage, les centres d'intérêt s'élargissent aux métiers disparus des sabotiers (jolie collection de sabots), scieurs de long, paillons ou charrons, à la grande tradition de la **dentelle**, avec un utile décryptage des nombreux points, et à **la vie religieuse du Haut-Forez★**, illustrée par une riche collection d'objets de la piété populaire. Dans les bâtiments annexes, écoutez les **contes** (mis en forme par Henri Pourrat) qui se transmettaient pendant les longues soirées d'hiver et découvrez une collection de calèches rutilantes. Un joli jardin de curé, reconstitué à partir des plans de celui d'Usson, conclut le parcours.

À la sortie sud du bourg, à 300 m à gauche de la D 498, **chapelle de Notre-Dame-de-Chambriac**, dont l'abside romane abrite une statue ancienne de la Vierge.

Prenez la D 498 vers Estivareilles.

Estivareilles B4

Les maquis régionaux entreprirent en août 1944 de couper ici le repli des colonnes allemandes, ce lieu a donc été le théâtre de violents combats lors de la libération du Forez. Le **musée d'Histoire du 20e s.** retrace les étapes de cette campagne et, au-delà, grâce à une muséographie moderne et ludique, les grands bouleversements de ce siècle mouvementé. Les époques ressurgissent au travers d'objets, de vêtements, de musiques ou de petits films significatifs. *℘ 04 77 50 29 20 - ♿ - 11 avr.-1er nov. : 14h-18h ; reste de l'année : tlj sf sam. et lun. 14h-18h - fermé 1er janv., 25 déc. - 3,10 € (8-16 ans 1,50 €).*

La D 498 ramène à St-Bonnet.

À SAINT-BONNET-LE-CHÂTEAU

HÉBERGEMENT

À Saint-Bonnet

BUDGET MOYEN

Hôtel Le Béfranc – *7 rte d'Augel - 42380 St-Bonnet-le-Château - ☎ 04 77 50 54 54 - www.hotel-lebefranc.com - fermé 20-27 oct., 2 fév.-2 mars, dim. soir et lun. sf juil.-août - P - 17 ch. 55 € - ☕ 7 € - rest. formule déj. 12,50 € - 18,50/37 €.* Aux portes d'une localité surnommée « la perle du Forez », hébergement des plus « honnêtes », mettant à profit les anciens locaux de la gendarmerie ! Chambres proprettes. À l'heure de passer à table, choix de préparations traditionnelles.

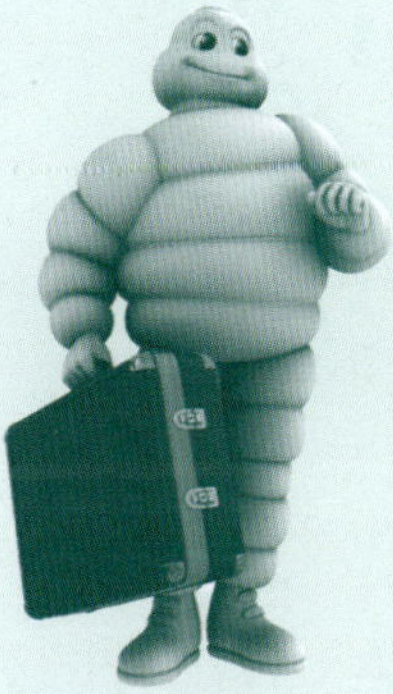

À proximité

PREMIER PRIX

Chambre d'hôte La Campagnarde – *Rte d'Estivareilles - 42380 St-Nizier-de-Fornas - ☎ 04 77 50 71 19 - P - ⊠ - 4 ch. 52 € ☕ - table d'hôte 18 €.* Pas de chichis, mais une bonne humeur toujours de mise en cette vaste ferme forézienne perchée à plus de 900 m d'altitude. Les chambres, au calme, possèdent toutes salle de bains et WC privatifs. Après un solide petit-déjeuner servi auprès de la grande cheminée de la salle commune, vous serez prêt à démarrer la journée.

RESTAURATION

À Saint-Bonnet

POUR SE FAIRE PLAISIR

La Calèche – *2 pl. du Cdt-Marey - 42380 St-Bonnet-le-Château - ☎ 04 77 50 15 58 - www.restaurantlacaleche.fr - fermé 2-16 janv., 23-31 août, 1er-7 juin, dim. soir, lun. soir, mar. soir et merc. - 22/55 €.* Le restaurant, aménagé dans une maison classée (17e s.), dispose de trois salles à manger joliment colorées. Le chef y concocte une cuisine dans l'air du temps personnalisée.

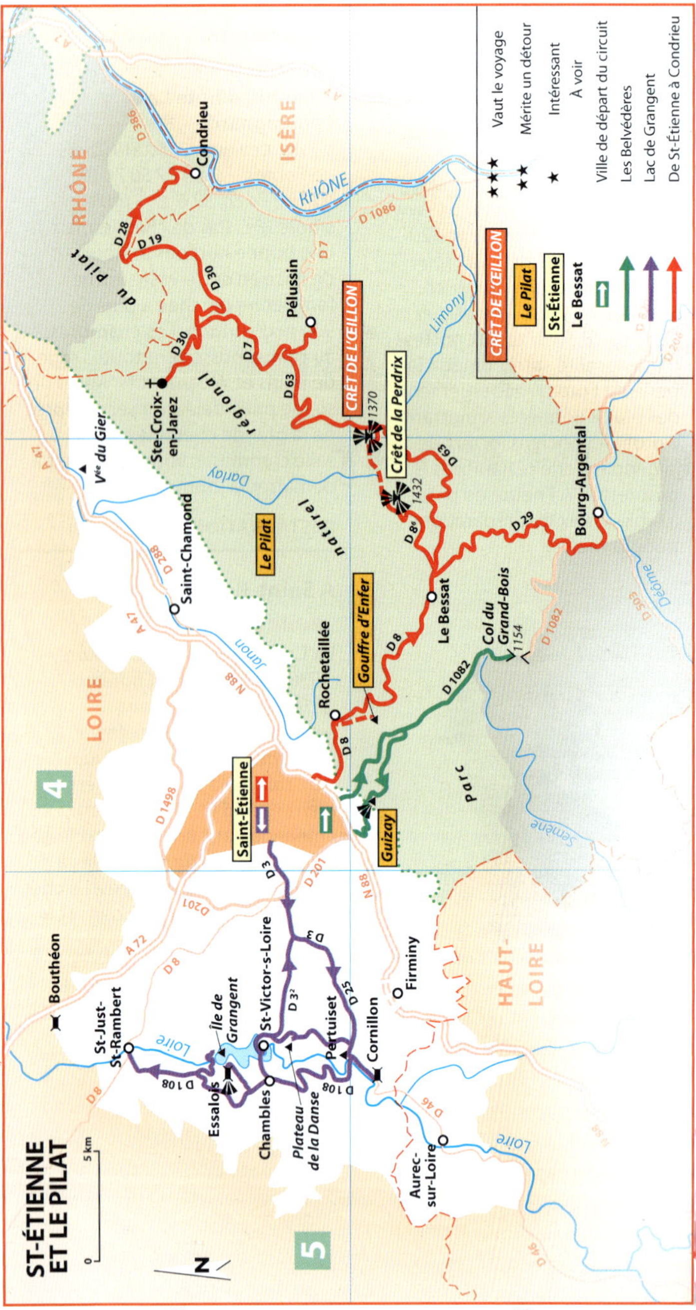
ST-ÉTIENNE ET LE PILAT
0
5 km
N
CLERMONT-FERRAND
LYON
LYON
A
B
C
1
2
4
5
RHÔNE
ISÈRE
LOIRE
HAUTE-LOIRE
parc naturel régional du Pilat
Condrieu
Pélussin
Ste-Croix-en-Jarez
Vallée du Gier
Saint-Chamond
Crêt de l'Œillon
1370
Crêt de la Perdrix
1432
Le Pilat
Bourg-Argental
Le Bessat
Col du Grand-Bois
1154
Gouffre d'Enfer
Rochetaillée
Saint-Étienne
Guizay
Bouthéon
St-Just-St-Rambert
Île de Grangent
St-Victor-s-Loire
Essalois
Chambles
Plateau de la Danse
Pertuiset
Cornillon
Firminy
Aurec-sur-Loire
Rhône
Limony
Dorlay
Janon
Semène
Déôme
Loire
D 386
D 1086
D 7
D 28
D 19
D 30
D 63
D 8
D 29
D 1082
D 503
D 288
A 47
N 88
D 1498
D 201
D 3
D 32
D 25
D 108
D 46
A 72
A 7
Vaut le voyage
Mérite un détour
Intéressant
À voir
Ville de départ du circuit
Les Belvédères
Lac de Grangent
De St-Étienne à Condrieu
CRÊT DE L'ŒILLON
Le Pilat
St-Étienne
Le Bessat

Saint-Étienne et le Pilat 6

Cartes Michelin Départements 327 et 331 – Loire (42))

Saint-Étienne

★

172 696 Stéphanois – Loire (42)

NOS ADRESSES PAGE 350

S'INFORMER

Office de tourisme – *16 av. de la Libération - 42000 St-Étienne - 04 77 49 39 00 - www.tourisme-st-etienne.com - 9h30-12h30, 14h-18h30, dim. et j. fériés 9h30-12h30 - fermé dim. (sf juil.-août), 1er janv., 1er Mai, 1er nov., 25 déc.* Label Ville d'art et d'histoire. Visites guidées.

SE REPÉRER

Carte de microrégion B1 (p. 334) – *carte Michelin Départements 327 F7.*
À proximité du massif du Pilat et de la plaine du Forez, St-Étienne occupe le fond de la dépression du Furan. Par la N 88 puis l'A 47, on file vers Lyon et Vienne (situées au nord-est).

SE GARER

La circulation dans la ville n'est pas aisée : il est conseillé de se garer à proximité d'une des places situées près de la ligne de tramway.

À NE PAS MANQUER

Les très belles collections du musée d'Art moderne et du musée d'Art et d'Industrie.

ORGANISER SON TEMPS

Comptez une journée pour la ville et ses environs.

AVEC LES ENFANTS

Une visite au planétarium du site de la Manufacture ; baignade et activités nautiques à St-Victor-sur-Loire.

Les images sont souvent tenaces et beaucoup voient encore St-Étienne comme une ville noircie par l'exploitation du charbon et les fumées de ses industries. Sans renier son passé, bien au contraire, St-Étienne offre un bel exemple de reconversion réussie : les façades ont été reblanchies, des jardins et des places ont été aménagés au cœur de la ville, qui vit au rythme de la cloche de son célèbre tramway, et ses musées d'excellente qualité attirent un public de curieux. Et surtout, la ville s'est donné un challenge, celui de devenir la cité du Design : se perpétue ainsi la longue tradition d'innovation et de création amorcée au 19e s. par les grandes entreprises industrielles, la Manufacture des armes en tête de liste.

OÙ EST PASSÉ LE FURAN ?

Jadis très fréquenté par les lavandières, ce cours d'eau est très présent sur toute l'iconographie ancienne de la ville et on peut légitimement se demander ce qui lui est arrivé : il traverse toujours la ville, mais englouti sous les pavages des places et des rues.

Se promener Plan de ville

Des allées du jardin des Plantes, en particulier de la terrasse qui s'étend devant la **maison de la Culture** (C3) (1969), se révèle une **vue** caractéristique de la ville : sur le versant opposé, la colline Ste-Barbe et, plus loin, deux terrils, recouverts en partie par la végétation.

★ LE VIEUX SAINT-ÉTIENNE

Circuit tracé en vert sur le plan p. 338-339.
Partir de la **place du Peuple** (B3), champ de foire au Moyen Âge et aujourd'hui étape sur l'avenue utilisée par les tramways. L'angle de la rue Mercière est occupé par une tour du 16e s. s'ouvrant par des arcades et une croisée de pierre ; une maison à colombages, de la même époque, lui fait face.
Rejoignez la **rue Denis-Escoffier** (B2) qui marque l'entrée de l'ancien faubourg d'Outre-Furan. À l'angle de cette rue et de la rue des Martyrs-de-Vingré, une curieuse **maison** du milieu du 18e s., ornée d'une statue, est représentative de l'architecture urbaine du Forez avec sa génoise à quatre rangs de tuiles et des poutres apparentes de belle taille. À gauche au n° **3 rue Georges-Dupré**, une façade massive arbore d'imposants linteaux d'une seule pièce. Reprenez la rue des Martyrs-de-Vingré ; les **nos 19** et **30** sont des exemples de maisons du 18e s. abritant des ateliers. Remarquez les arcades à bossages au deuxième niveau.
On atteint la place Neuve. Empruntez à droite la rue Nautin qui traverse la rue Michelet.

Rue Michelet B 2-3

Cette artère, percée dans l'axe nord-sud et parallèle à la rue Gambetta, vaut par les exemples d'architecture des années 1930 que l'on découvre aux **nos 34, 36, 42** et particulièrement au **n° 44**, imposant immeuble en béton armé.
Reprenez la rue Nautin et tournez à droite dans la rue Gambetta.

Musée du Vieux-Saint-Étienne B3

Entrée dans la 2e cour à gauche. 13bis r. Gambetta - ☎ 04 77 25 74 32 - www.vieux-saint-etienne.com - 14h30-18h - possibilité de visite guidée (1h30) 1er sam. du mois à 15h - fermé lun., dim et j. fériés - 2,50 € (-18 ans 1,50 €) visite libre, 5,60 € (-18 ans 4,10 €) visite guidée.
Une borne d'octroi du 18e s., provenant de l'ancienne commune d'Outre-Furan, marque l'entrée de l'hôtel de Villeneuve, du 18e s. Le musée occupe le 1er étage, dans une succession de salles aux beaux plafonds à caissons moulurés. On y découvre la première charte mentionnant le nom de St-Étienne en 1258 et divers plans ou gravures illustrant l'expansion de la ville. Un beau retable baroque sculpté et des statues provenant d'églises stéphanoises sont également exposés. La mise en service de la première ligne de chemin de fer industriel en 1828 à St-Étienne est rappelée à travers une série de documents, dont le premier billet délivré sur cette ligne.
De retour rue Nautin, rejoignez la place W.-Rousseau.
Contournez la place dominée par l'ancien château qui accueille l'école des beaux-arts. La rue du Théâtre conduit à la place Boivin. En arrivant sur la place, remarquez, à gauche, les maisons en encorbellement.

Place Boivin B2

Ancien cœur de la ville, la place marque l'emplacement de l'ancien rempart nord au 15e s. Dirigez-vous vers l'avenue du Prés.-Émile-Loubet située en face de l'église ; au n° **12**, belle façade, ornée de cinq cariatides, de la **maison de**

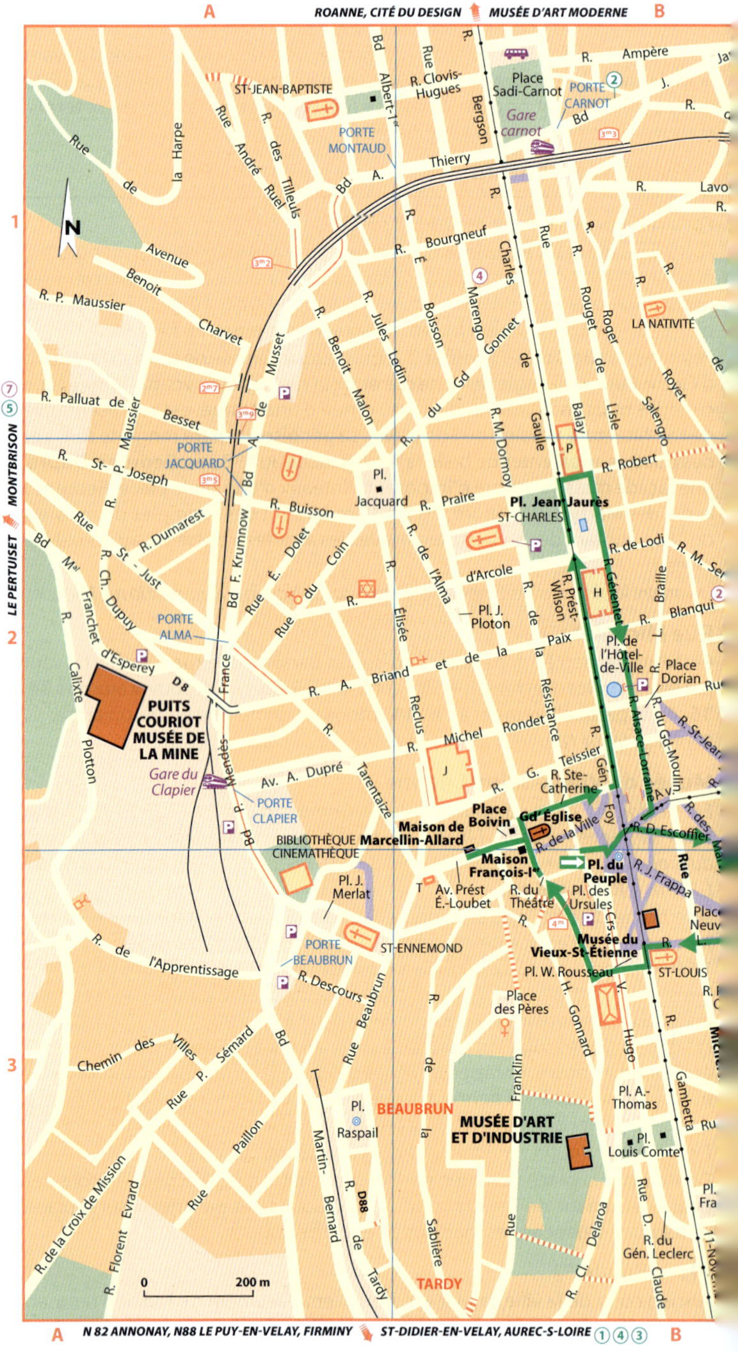
ROANNE, CITÉ DU DESIGN
MUSÉE D'ART MODERNE
LE PERTUISET
MONTBRISON
N 82 ANNONAY, N88 LE PUY-EN-VELAY, FIRMINY
ST-DIDIER-EN-VELAY, AUREC-S-LOIRE
PUITS COURIOT MUSÉE DE LA MINE
MUSÉE D'ART ET D'INDUSTRIE
Musée du Vieux-St-Étienne
Gare du Clapier
Gare carnot
Place Sadi-Carnot
PORTE CARNOT
PORTE MONTAUD
PORTE JACQUARD
PORTE ALMA
PORTE CLAPIER
PORTE BEAUBRUN
ST-JEAN-BAPTISTE
LA NATIVITÉ
ST-CHARLES
ST-ENNEMOND
ST-LOUIS
BEAUBRUN
TARDY
Pl. Jean Jaurès
Pl. Jacquard
Pl. J. Ploton
Pl. de l'Hôtel-de-Ville
Place Dorian
Place Boivin
Gd' Église
Maison de Marcellin-Allard
Maison François-Ier
Pl. du Peuple
Pl. des Ursules
BIBLIOTHÈQUE CINÉMATHÈQUE
Pl. J. Merlat
Pl. W. Rousseau
Place des Pères
Pl. Raspail
Pl. A.-Thomas
Pl. Louis Comte
Av. Prést É.-Loubet
R. Michel Rondet
R. A. Briand et de la Paix
R. de la Résistance
R. Gérentet
R. Prést-Wilson
R. Alsace-Lorraine
R. du Gd-Moulin
R. D. Escoffier
R. J. Frappa
R. du Théâtre
R. de la Ville
R. Ste-Catherine
R. G. Teissier
R. Gén. Foy
Crs V. Hugo
R. H. Gonnard
Rue Gambetta
R. du Gén. Leclerc
Rue D. Claude
R. Cl. Delaroa
Rue Franklin
R. de la Sablière
R. Beaubrun
R. Descours
R. de l'Apprentissage
Chemin des Villes
Rue P. Sémard
Rue Paillon
R. de la Croix de Mission
R. Florent Evrard
R. Martin-Bernard
R. de Tardy
D88
D8
Bd P. Mendès France
Bd F. Krumnow
Bd A. de Musset
Av. A. Dupré
R. Tarentaize
R. Calixte Plotton
Bd Mal Franchet d'Esperey
R. Ch. Dupuy
Rue St-Just
R. Dumarest
R. St-Joseph
R. P. Maussier
R. Palluat de Besset
Avenue Benoit Charvet
Rue de la Harpe
Rue André Ruel
R. des Tilleuls
Bd A. Thierry
Bd Albert-Ier
Rue Clovis-Hugues
R. Bergson
R. Ampère
R. Bourgneuf
R. Jules Ledin
R. Benoit Malon
R. É. Boisson
R. Marengo
R. Charles de Gaulle
R. du Gd Gonnet
R. M. Dormoy
Rue Balay
R. Rouget de Lisle
R. Roger Salengro
R. Royet
R. Robert
R. de Lodi
R. L. Braille
R. Blanqui
R. Buisson
R. É. Dolet
Rue du Coin
R. Praire
R. de l'Alma
R. d'Arcole
R. Élisée Reclus
R. A. Briand
0
200 m
A
B
1
2
3

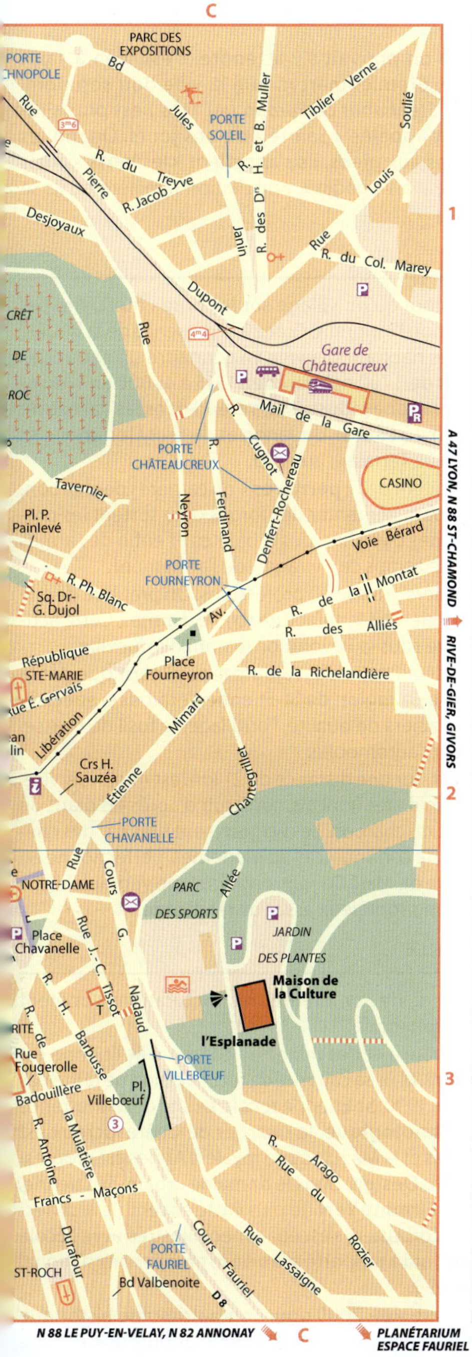

ST-ÉTIENNE

SE LOGER

Blanc Discount (Hôtel)............... ②

Bonnefond (Chambre d'hôte du domaine de)............ ①

Cèdres Bleus (Les)............ ③

Midi (Hôtel du)............ ④

Mme Grimand (Chambre d'hôte)............ ⑤

SE RESTAURER

Corne d'Aurochs............ ②

Evasion (L')............ ③

Plaisir en équilibre (Le)............ ④

Presqu'île (La)............ ⑦

Le destin de Saint-Étienne

Comme on pouvait s'y attendre, c'est bien à saint Étienne, premier martyr, que la ville doit son nom. *Sanctus Stéphanus de Furano* (au 11e s.) est plus simplement appelée « Sainté » de nos jours. Quand les Stéphanois ont des crampons aux pieds, ils s'appellent « les Verts », mais la plupart d'entre eux sont de vrais « gagas », appellation familière qu'ils se donnent encore entre eux.

UNE VILLE INDUSTRIEUSE

Au 12e s., St-Étienne n'est encore qu'un village sur les bords du Furan. Les grandes voies de communication l'ignorent. Grâce à la présence de la houille et à l'esprit d'entreprise de ses habitants, la ville va connaître un extraordinaire développement passant de 3 700 habitants en 1515 à 45 000 en 1826 et à 146 000 en 1901, tandis que la zone industrielle s'étend dans les vallées de l'Ondaine (la Ricamarie, Firminy) à l'ouest, du Janon et du Gier (Terrenoire et St-Chamond) à l'est, du Furan (la Terrasse) au nord.

Dès 1296, les Stéphanois exploitent des « **perrières** » ou carrières de charbon, à des fins domestiques, puis pour alimenter des forges d'où sortent les premiers couteaux, suivis des armes blanches, des arbalètes et enfin des armes à feu ; St-Étienne sait prendre à temps ce « virage » de l'armement.

En 1570, la Loge des arquebusiers groupe 40 professions. On pratique déjà le travail en série. En 1764 est fondée la Manufacture royale d'armes. Cette activité vaudra à la cité de prendre sous la Révolution le nom d'Armeville.

À l'industrie du ruban, importée d'Italie, s'est ajouté le tissu élastique dès la fin du 19e s. Pour éviter la crise, la région de St-Étienne s'était déjà spécialisée, à cette époque, dans les aciers de qualité, l'outillage, le fusil de chasse, la bicyclette et les pièces pour l'automobile.

Entre St-Étienne et Andrézieux, sur une distance de 21 km, est mis en service, en mai 1827, le premier chemin de fer français, construit d'après les plans de Beaunier ; il assure le transport du charbon. Les wagons sont tirés par des chevaux. Cet ancêtre des moyens de communication modernes, perfectionné en 1829 par la chaudière tubulaire de Marc Seguin, entraîne une véritable révolution dans les transports et un prodigieux essor de l'industrie.

L'HISTOIRE D'UNE RENAISSANCE

Dans la seconde moitié du 20e s., de nombreuses restructurations s'opèrent dans la sphère industrielle stéphanoise.

Après la fermeture de Manufrance et des mines de charbon, St-Étienne est décrite comme une ville en péril. Mais sa capacité de reconversion ne tarde pas à se révéler. À la fin des années 1990, St-Étienne renaît. Le site de Manufrance s'est transformé en **pôle technologique**, le quartier de Châteaucreux est reconstruit en **Cité des Affaires** et la Manufacture royale d'Armes est progressivement réhabilitée en **cité du Design**. Dans le domaine urbain, St-Étienne, déjà réputée pour son site de **Firminy Vert** (le plus vaste ensemble architectural réalisé en Europe par Le Corbusier), s'est également illustrée avec l'École stéphanoise d'aménagement, qui a rapporté à la ville le premier prix national d'aménagement urbain en 1999.

Classée « Ville d'art et d'histoire » en 2000 pour son patrimoine historique et industriel magnifiquement réhabilité, elle accueille depuis une dizaine

La « platine », cité du Design.
© LIN Finn Geipel + Giulia Andi, photographe: Jan-Oliver Kunze

d'années la prestigieuse **Biennale internationale du design** qui attire plus de 85 000 visiteurs. À l'image de son centre-ville traversé par deux lignes de tramway et parsemé de nombreux chantiers, St-Étienne est aujourd'hui une ville ouverte et en mouvement, à la scène culturelle dynamique ! La ville peut en effet s'enorgueillir de posséder de nombreux **cafés-concerts** et autres lieux associatifs qui égayent et dynamisent ses nuits.

« ALLEZ LES VERTS »

C'est l'histoire d'une légende et de la passion d'une ville pour son équipe de football qui porte le célèbre maillot vert. L'équipe de St-Étienne (ASSE) est née avec le soutien de l'entreprise Casino et la construction du stade Geoffroy-Guichard en 1931. Les débuts du club sont marqués par l'accession à la première division en 1938, puis la montée vers la gloire de 1957 à 1981, amorcée par de grands joueurs tels Mekloufi, Herbin et Keita ; avec la finale de la Coupe d'Europe des clubs champions en 1976, l'épopée devient mythique. La France se passionne pour la « bande à Herbin » qui fait vibrer le **« Chaudron » de Geoffroy-Guichard**, grâce à des matchs d'anthologie, notamment en quart de finale, où l'ASSE s'impose 3-0 après prolongations contre le Dynamo Kiev, après s'être inclinée 2-0 en Ukraine au match aller. Les Stéphanois échoueront en finale, à Glasgow, contre le grand Bayern Münich 1-0, après avoir pourtant touché les poteaux deux fois…
Revelli, Rocheteau (dit l'Ange Vert), Larqué, puis Platini (à partir de 1979) incarnent les « dieux du stade » portés aux nues par une médiatisation à l'image de l'extraordinaire palmarès de l'équipe : outre la finale de la Coupe d'Europe des champions, 10 titres de champion de France (1957, 64, 67, 68, 69, 70, 74, 75, 76 et 81), six Coupes de France (1962, 68, 70, 74, 75 et 77) et quatre doublés Coupe-Championnat (1968, 70, 74 et 75). Mais, en 1982, une affaire de caisse noire déstabilise l'équipe et met fin à ces grands moments. Depuis, la ville qui n'a pas oublié son heure de gloire rêve d'un nouveau « miracle stéphanois ».

« **Marcellin-Allard** » (16e s.). À droite de l'église, au début de la rue de la Ville, deux belles façades des 15e et 16e s. Celle du n° **5**, dite « **maison François-Ier** », est ornée de cinq médaillons Renaissance. Un côté de la place est occupé par l'église St-Étienne, dite la Grand'Église.

Grand'Église B2

C'est l'appellation que lui donnent familièrement les Stéphanois. Seul témoin de l'architecture gothique dans la ville et la paroisse la plus ancienne, elle fut bâtie en grès forézien au 15e s. Le clocher n'a été ajouté qu'au 17e s. Dans la première chapelle de gauche, belle *Mise au tombeau* polychrome du 16e s. Le chœur, de style gothique flamboyant, date du milieu du 15e s. et les vitraux du 19e s.

En sortant de l'église, tournez à droite pour rejoindre la rue Ste-Catherine qui descend jusqu'à la rue du Gén.-Foy. Tournez à gauche en direction de la place Jean-Jaurès.

La place de l'Hôtel-de-Ville et la place Jean-Jaurès concentrent une bonne part de l'animation stéphanoise.

Place Jean-Jaurès B2

Un kiosque à musique, une esplanade totalement refaite et ombragée de platanes, la place devient un lieu très animé dès l'arrivée des beaux jours. Elle se termine par la cathédrale ou église St-Charles.

Par la rue Gérentet, la place Dorian et la rue Alsace-Lorraine, revenez à la place du Peuple.

À voir aussi Plan de ville

★★ Musée d'Art et d'Industrie B3

2 pl. Louis-Comte - ✆ 04 77 49 73 00 - www.musee-art-industrie.saint-etienne.fr - ♿ - 10h-18h - possibilité de visite guidée (1h30) - fermé mar. et j. fériés - 4,50 € (-12 ans gratuit) visite libre, 6 € (-12 ans gratuit) visite guidée, gratuit 1er dim. du mois ; 8,50 € billet combiné avec le musée d'Art moderne et le puits Couriot, musée de la Mine (tarif réduit 7 €).

Réaménagé par l'architecte J.-M. Wilmotte dans l'ancien palais des Arts, il constitue un véritable conservatoire sublimé du savoir-faire régional du 16e s. à nos jours ; une scénographie moderne met en valeur les collections exceptionnelles qui illustrent sur quatre niveaux la créativité de la ville.

D'anciens passementiers viennent régulièrement faire fonctionner les métiers à tisser. Des démonstrations qui rendent plus vivant le souvenir de la florissante activité rubanière de St-Étienne. *Se renseigner à l'accueil.*

Dans l'espace voûté du rez-de-jardin, la plus grande collection publique française de **cycles** retrace au travers de pièces uniques l'histoire de la « petite reine ». En effet, ce que l'on peut considérer comme la première bicyclette fut fabriqué à St-Étienne en 1886 par les frères Gauthier. Ce corps à corps entre l'homme et la machine a donné lieu à des expérimentations audacieuses et fantastiques, tels le monocycle à cavalier intérieur de Jackson (1870), les vélos horizontaux (entre 1933 et 1945), le vélo avec lequel Roger Rivière battit le record du monde de l'heure sur la piste de Milan en 1957, et plus récemment un prototype à double pédalage jaune canari (1993), mis au point par Raymond Cloarec. Les passionnés ne rateront pas les diverses créations de ce dernier, des vélos de haute technologie utilisés par les pistards et pendant les contre-la-montre des épreuves des grands Tours.

Le 1er étage est entièrement consacré aux **rubans** et à la passementerie. La « chambre des rubans » rassemble les trésors de petites tailles : modèles réduits de métiers Jacquard et commodes garnies de livres d'échantillons de velours et de soies du 18e s. La salle du « grand atelier des métiers » contient de véritables et gigantesques métiers à tisser dont on saisit toute la complexe mécanique en rejoignant la mezzanine.

Les **armes** du 3e étage offrent une démonstration magistrale de l'inventivité des armuriers, des hallebardes de la Renaissance aux *flash-ball* de 1990, en passant par le siècle d'or de l'armurerie stéphanoise. La salle dédiée aux « grandes heures de la Manufacture royale » expose des pièces très délicatement ouvragées (notamment un fusil de chasse à silex de Louis XIV, 1670).

Le 2e étage est destiné à des expositions temporaires illustrant parfaitement cette heureuse alliance entre l'art et l'industrie.

★ Puits Couriot, musée de la Mine A2

3 bd du Mar.-Franchet-d'Esperey - Puits Couriot - ✆ 04 77 43 83 26 - www.musee-mine.saint-etienne.fr - tlj sf mar. 9h-12h45 (dernier départ à 11h15), 14h-19h (dernier départ à 17h30) - fermé j. fériés - 4,50 à 6 € la visite guidée (-12 ans gratuit) selon le type de visite, gratuit 1er dim. du mois ; 8,50 € billet combiné avec le musée d'Art et d'Industrie et le musée d'Art moderne de St-Étienne Métropole.

Le puits Couriot, annoncé par l'impressionnant chevalement (1913), cette tour de fer de 35 m destinée à supporter le poids des cages et des cables d'extraction, a été exploité de 1913 à 1973 par les Houillères du bassin de la Loire. Au temps de sa pleine activité, le puits, d'une profondeur de 700 m, produisait 3 000 t de charbon par jour et employait 1 500 mineurs. Presque reconquis par la nature, les crassiers (terrils) émergent toujours dans le paysage stéphanois.

Passé la cour d'honneur, ornée d'un monument aux morts, cette passionnante visite commence par la **« salle des Pendus »★**, vaste pièce qui servait de vestiaire pour les mineurs : leurs tenues y étaient suspendues au plafond pour gagner de la place et mieux sécher ; la salle de douche qui la jouxte témoigne, elle, des conditions de vie collective. L'impression laissée au visiteur est saisissante. La visite se poursuit dans la **lampisterie**, qui renferme les lampes de sûreté distribuées aux mineurs, aptes à éclairer sans danger d'explosion en milieu grisouteux.

La **descente** dans les galeries s'effectue grâce aux cages d'extraction qui servaient à la descente des mineurs, puis à la remontée du charbon, et éventuellement des blessés. La galerie d'accueil – la **recette** – est le point de départ d'un circuit historique en wagonnets qui remonte le temps à partir des années 1960, époque de l'exploitation très automatisée et électrifiée utilisant la technique de la « taille à soutènement marchant » mise au point dans le bassin de la Loire.

Après les années 1950 (la galerie moderne) et les années 1930 (rationalisation plus rigoureuse du travail et utilisation de l'éclairage portatif), la visite se poursuit avec une reconstitution fidèle d'un front de taille de 1900 où toute l'activité était encore manuelle : de l'abattage au pic et du transport par bennes poussées par des enfants, jusqu'à l'élargissement de la galerie. Enfin, une écurie rappelle que les chevaux, qui passaient leur vie dans la mine, constituèrent longtemps l'unique force de trait pour tirer les bennes (technique antérieure à l'exploitation du puits Couriot). Émile Zola décrit la situation dans *Germinal* : le cheval y porte le nom significatif de « Bataille »…

Avant la remontée en surface, la représentation de la patronne des mineurs, sainte Barbe, évoque les grandes festivités religieuses et laïques auxquelles participe le 4 décembre chaque cité minière.

La visite se termine par la grande salle du bâtiment de la **machine d'extraction** et de la salle d'**énergie**.

★★ Musée d'Art moderne de Saint-Étienne Métropole

hors plan par B1

À 4,5 km du centre-ville. Tramway 4 dir. Hôpital-Nord, arrêt Musée-d'Art-Moderne. En voiture, quittez St-Étienne au nord par la rue Bergson, en direction de la Terrasse. Sur l'autoroute en direction de Clermont-Ferrand, prenez la sortie La Terrasse-St-Priest-en-Jarez. St-Priest-en-Jarez - ✆ 04 77 79 52 52 - www.mam-st-etienne.fr - ♿ - 10h-18h - possibilité de visite guidée (1h30) - fermé mar. et j. fériés - 5 € visite libre, 6 € visite guidée, gratuit 1er dim. du mois ; 8,50 € billet combiné avec le puits Couriot, musée de la Mine et le musée d'Art et d'Industrie, -12 ans gratuit,.

Ce très vaste musée, conçu par l'architecte D. Guichard, contient l'une des plus belles collections publiques françaises d'art moderne et contemporain. Le bâtiment sobre et fonctionnel qui couvre le quartier de la « Terrasse » apparaît de l'extérieur comme une structure de type industriel dont les murs couverts de panneaux en céramique noire rappellent la vocation charbonnière (révolue) de la région. Vivant foyer de rencontres, le musée propose des expositions d'artistes contemporains, talents reconnus ou créateurs émergents, des spectacles, des cycles de conférences, des ateliers de pratique artistique pour tout public, une bibliothèque spécialisée, une boutique et un restaurant.

Les 4 000 m² d'espaces d'exposition ne suffisent pas à mettre totalement en valeur la fabuleuse richesse de la collection, présentée dans une enfilade de salles aux hauts murs blancs, d'autant que la politique du musée vise aussi la diversité d'expositions thématiques ou monographiques consacrées à des artistes majeurs (Gilbert & George, Roman Opalka, Georg Baselitz, Orlan, Sean Scully, Dennis Oppenheim, Bertrand Lavier).

MANUFRANCE : « BIEN FAIRE ET LE FAIRE SAVOIR »

Aujourd'hui reconverti pour accueillir des technologies de pointe, le site de l'ancienne usine Manufrance reste un symbole pour les Stéphanois. L'aventure commence en 1885 quand Étienne Mimard s'associe à Pierre Blachon pour reprendre l'entreprise Martinier-Collin. Précurseurs de la vente par correspondance, leur génie consiste à distribuer massivement les catalogues de leurs productions (armes, cycles et machines à coudre), les fameux « Tarif-albums ». Dynamisée par le succès des fusils *Robust* (1913), l'arme de chasse la plus vendue dans le monde, ou de la bicyclette *Hirondelle* (autour de 1925), la Manufacture (qui deviendra Manufrance en 1947) se développe et investit dans de nouveaux locaux et dans un imposant siège social conçu par Lamaizière. Elle apparaît alors comme « une usine modèle » basée sur une organisation scientifique de la production, de l'administration et de la publicité, inspirée des méthodes américaines (en particulier celles d'Henry Ford). Mimard gère son entreprise de façon très « paternaliste » et s'apprête même à la léguer à son personnel quand une grève de 100 jours brise ses espoirs en 1937. C'est le premier gros coup dur pour cette grande firme, qui souffrira pendant et après la guerre. Les années 1960-1970 sont celles du renouveau : les produits sont adaptés aux nouveaux besoins des ménages français et les catalogues s'ornent de délicieuses couleurs pop. Malgré son slogan choc « Manufrance, c'est la confiance », la firme a de plus en plus de mal à exister dans un monde où les revendications des ouvriers sont plus fortes, où l'alourdissement des charges et impôts accroît son déficit et où l'apparition des grandes surfaces détourne les Français de la vente par correspondance. Malgré de nombreux plans de relance, Manufrance cesse ses activités en 1985, après un siècle d'existence.

Ainsi, la présentation des 19 000 œuvres, dont des pièces de design et des photographies, est renouvelée régulièrement pour offrir au public un panorama pertinent de l'histoire de l'art de la seconde moitié du 20e s. La collection est enrichie chaque année avec des œuvres mettant l'accent sur la création contemporaine (Gilbert & George, Bertrand Lavier, Jan Fabre, Sean Scully), les artistes vivants et l'ouverture aux talents d'Europe centrale et orientale. Le musée poursuit ainsi l'établissement d'une collection d'œuvres d'artistes incarnant les discours actuels et les nouvelles méthodologies de la pratique artistique. Une quinzaine d'expositions annuelles rassemblent des artistes internationaux de haut niveau, sur des sujets anthropologiques, socioculturels et « narratifs » reflétant l'actualité contemporaine.

Cité du Design hors plan par B1

2 r. Javelin Pagnon- ☏ 04 77 49 74 70 - www.citedudesign.com - ♿ - mar.-dim. 11h-18h (accès à la tour sam.-dim. 11h30-17h30) - possibilité de visite guidée (1h30) les sam. et dim. à 15h - fermé lun. et j. fériés - 4 € visite libre, 5,60 € visite guidée.

Dédiée à la création, à la recherche et à l'enseignement, la cité du Design a investi le site de l'ancienne Manufacture d'armes (dont les bâtiments classés abritent aujourd'hui des résidences d'artistes). Surplombée par une tour métallique de 32 m de haut offrant un panorama sur le quartier de Carnot, **« la Platine »★** est un espace unique de 6 000 m² sans murs ni poteaux et recouvert d'une peau opaque, transparente ou photovoltaïque. Des expositions temporaires y sont présentées, créant une interaction entre les étudiants de l'école de design et le grand public, dans un esprit de démocratisation du design. Les années impaires s'y déroule une prestigieuse Biennale.

Site de la Manufacture des armes et cycles de Saint-Étienne
hors plan par C3

Cours Fauriel. Tracé sous le Second Empire pour être, avec l'avenue de la Libération, l'une des vitrines de l'expansion industrielle stéphanoise, le cours Fauriel fut essentiellement occupé par les bâtiments de la Manufacture édifiés par Léon Lamaizière en 1893. Celle-ci fonctionna jusqu'en 1985. Une partie du site a été restaurée et réaménagée en centre de congrès accompagné de bureaux, d'une galerie marchande et d'un planétarium.

L'Astronef★, planétarium – *28 r. Pierre-et-Dominique-Ponchardier - ☏ 04 77 33 43 01 - www.planetarium-st-etienne.fr - ♿ - visite guidée (1h) sur demande préalable horaires, se rens. - 6,60 € (-25 ans 5,50 €).* Le planétarium dispose d'un équipement technique très performant qui fait l'attrait de ses spectacles didactiques sur l'Univers. Le cœur du dispositif est un simulateur astronomique qui peut recalculer et projeter les mouvements des planètes et de quelque 3 000 étoiles.

À proximité Carte de microrégion

6

Firminy A2

11 km au sud par la D 88.

R. St-Just-Malmont - 42700 Firminy - ☏ 04 77 61 08 72 - www.ville-firminy.fr - mars-oct. : 10h-18h ; reste de l'année : tlj sf mar. 10h-18h - fermé 1er janv., 1er Mai, 25 déc.

Située dans la vallée de l'Ondaine, Firminy a toujours servi de trait d'union entre la montagne et la « plaine » de St-Étienne. La cité se distingue par les réalisations de l'architecte **Le Corbusier** (1887-1965), qui représentent sept années de sa carrière pendant lesquelles il a pu mettre en application ses théories en faveur de l'homme et de l'architecture contemporaine à l'échelle d'une ville.

Site Le Corbusier★ – *Billetterie r. de St-Just-Malmont - ✆ 04 77 61 08 72 - http://lecorbusier.ville-firminy.fr - visite libre (maison de la culture, stade et église) juil.-août : 10h-19h ; reste de l'année : 10h-18h (sf mar. sept.-mars) - visite guidée (1h30 : un ou plusieurs des monuments) à 10h30, 11h, 15h et 17h - visite guidée (3h : totalité des monuments) à 14h30 - fermé 1er janv., 1er Mai et 25 déc. - visite libre 8 € (5 € église uniquement), visite guidée 1h30 8 €, visite guidée 3h 12 €.*

Le Corbusier y a construit une **unité d'habitation**, dernière d'une série de quatre immeubles construits dans toute la France, où cohabitent l'individu et la collectivité.

La **maison de la Culture** et le **stade** mettent en évidence la culture de l'esprit et du corps. Quant à **l'église St-Pierre★**, Le Corbusier ne la verra jamais édifiée puisqu'elle n'a été achevée qu'en 2006, sous la direction de l'architecte José Oubrerie, qui avait collaboré au projet initial au côté du « maître ». Sous la forme d'une pyramide à base carrée, le bâtiment évolue en un cône tronqué qui culmine à 33,09 m.

L'impressionnante sobriété de la nef offre un espace unique au jeu de lumière prévu sur le fronton sous la forme de la constellation d'Orion. La partie basse, destinée à l'origine à la vie paroissiale, accueille un **centre d'interprétation**, où mobilier, sculptures mais aussi maquettes et vidéos témoignent de la richesse de l'œuvre de l'architecte. L'ensemble, unique en Europe, fait de Firminy le deuxième « site Le Corbusier » dans le monde, après Chandigarh (Inde).

Écomusée des Bruneaux – *3 r. de Chanzy - ✆ 04 77 89 38 46 - www.multitex.fr/bruneaux - château : tlj sf lun. 14h-18h - mine témoin : dim. et j. fériés 14h-18h - fermé 1er janv., 1er nov., 25 déc. - 3,50 € (enf. 2 €) château ; 5 € (6-15 ans 3,50 €) château et mine.* S'il vous reste un peu de temps, vous pourrez aller visiter le **château des Bruneaux**. Il présente un atelier de cloutier, un fournil et l'espace Jouets (collection venant de l'usine Gégé). Dans les communs, une mine témoin reconstituée par d'anciens mineurs montre les différents types de soutènement et de matériels utilisés.

Saint-Chamond B1

7 km au nord-est par la N 88.

Saint-Chamond est le noyau industriel le plus important de la **vallée du Gier**, groupant encore quelques forges et aciéries, des constructions mécaniques (fabrication d'engins blindés), tresses, lacets et tissus élastiques, et une teinturerie. L'autoroute ne la traversant plus, la ville réaménage peu à peu son centre. La bonne surprise est d'y découvrir un **jardin botanique★** de moins d'un hectare, architecturé avec les moyens du bord, empreint de la fantaisie joyeuse de son créateur Michel Manevy et réunissant quelque 4 500 variétés de plantes, arbres et arbustes (collections d'hostas, de lierre, d'hortensias et

RAVACHOL

Ravachol, alias François-Claudius Kœnigstein (1859-1892), a bien sinistre réputation. Son père, d'origine néerlandaise, a quitté sa mère (Ravachol est son nom). Le jeune homme a sa famille à charge. Il ne cesse pourtant de perdre ses emplois d'ouvrier et devient cambrioleur. En 1891 à Chambles, il assassine un vieil ermite qui l'a surpris en pleine rapine. C'est son premier meurtre. Peu de temps après, ce solitaire commet de sanglants attentats à Paris au nom de l'Anarchie. Il sera guillotiné le 11 juillet 1892.

d'arbustes à fleurs). *Pour y accéder, quittez l'autoroute par la sortie 17 (La Varizelle) vers St-Chamond. Au rond-point, tournez juste après la gendarmerie. Au 2e feu, prenez à droite la rue Pilat, traversez la petite place puis prenez à gauche la rue du Général-de-Gaulle. Le chemin se faufile entre les nos 70 et 72. Le jardin est à quelques mètres à droite (portail rouge). ✆ 04 77 22 07 22 - ♿ - mai-oct. : 9h-12h, 14h-19h - fermé w.-end, 13-15 août - 4 €.*

Aurec-sur-Loire A2

20 km au sud-ouest par la D 3.

Blottie dans une boucle de la Loire, la bourgade a conservé un bel ensemble médiéval récemment restauré : à partir de l'**église,** construite sur des bases antérieures à l'an mille, on chemine dans le **parc du château** (tour Guillaume-de-la-Roue, 1466) et le long des remparts qui dominent le fleuve, avant de passer sous la porte David (à côté de la maison du Bailli).

Le **château du Moine-Sacristain** et sa **tour** des Bourguignons (16e s.) abritent un **musée** traditionnel bien fourni. *✆ 04 77 35 26 55 - www.otloiresemene.fr - mai-sept. : vend. et sam. 9h30-12h, 14h-18h, mar. 10h-12h, 14h-18h, dim., j. fériés, lun. et jeu. 14h-18h ; reste de l'année : mar.-merc. et vend. 9h30-12h, 14h-17h30, lun. et jeu. 14h-17h30, sam. 9h-12h - fermé j. fériés - 2 € (-12 ans gratuit).*

Château de Bouthéon A1

15 km au nord-ouest par l'autoroute A72 sortie 8 Andrézieux-Bouthéon. Au rond-point, prenez la D12 rue du Treyve puis la rue Mathieu de Bourbon. ✆ 04 77 55 78 00 - www.chateau-boutheon.com - 15 juin-14 sept. : 10h-19h ; reste de l'année : 14h-18h - dernière entrée 1h avant la fermeture - fermé 25 déc. et 1er janv. - 5,50 €.

Résidence des Bourbons au 15e s., puis des Gadagne au 16e s., il fut définitivement remanié au 19e s. La visite du château se veut ludique et interactive. Dans les différentes salles, des écrans s'allument, des voix interpellent les visiteurs donnant un semblant de vie au décor.

Après la découverte de la cuisine, de la cour et de ses calèches, de la forge, de la sellerie..., on appréhende la vie quotidienne dans le Forez à travers de nombreux objets rassemblés dans les caves du château. Passé dans la seconde aile qui sert surtout pour les séminaires et à l'étage pour des expositions temporaires, vous verrez la chapelle 19e s. du château et dans la cave, le centre d'interprétation du fleuve Loire et ses aquariums.

Le domaine possède aussi (en accès libre) un potager, un jardin à la française, uen roseraie, une bambouseraie et un parc botanique et animalier de 12 ha (chevaux de traits de l'Auxois, aurochs, chèvres du Rove..).

Circuits conseillés Carte de microrégion

LES BELVÉDÈRES

Quittez St-Étienne au sud par le cours Fauriel (D 8). La N 82 s'élève au flanc du sauvage ravin du Furet, hérissé de sombres arrachements schisteux.

Le **col du Grand-Bois** (ou de la République) est un très joli site forestier.

Faites demi-tour et, par Planfoy où l'on tourne à gauche, gagnez Guizay.

★★ Point de vue de Guizay B2

Du pied de la statue du Sacré-Cœur, on découvre, juste dans l'axe de la célèbre Grande-Rue, une vue sur l'ensemble de la ville. À l'extrême droite, Rochetaillée (*voir p. 355*) apparaît sur sa crête. En avançant vers le relais de télédiffusion,

le panorama révèle à gauche le couloir de l'Ondaine : le Chambon-Feugerolles, Firminy et les monts du Forez. Au cours de la descente, belles échappées sur l'agglomération stéphanoise et la vallée de l'Ondaine.
La D 88 ramène à St-Étienne.

★★ LAC DE GRANGENT

80 km. Voir le circuit sur la carte de microrégion p. 334. Comptez 4h.
Quittez St-Étienne au sud-ouest par la D 3 puis continuez sur la D 25. Au rond point, ne pas prendre le pont suspendu mais la sortie suivante St Paul-en-Cornillon.
Le pont suspendu du **Pertuiset** marque la transition entre la cité industrielle et les paysages sauvages des gorges de la Loire.

Château de Cornillon A2

Quand vous longez la Loire, le château est dans votre dos. Continuez jusqu'à St-Paul et faites demi-tour. C'est en descendant la route prise pour monter que vous verrez bien le site.
Le château, perché sur un éperon rocheux, domine les gorges de la Loire ; ce fut jadis le siège d'une des plus importantes baronnies du Forez.
Revenez au rond point, passez le pont suspendu et prenez à droite la D 108 direction Chambles, sur 10 km.
Le parcours en **corniche★★** escarpée offre de très belles vues sur les méandres sauvages en partie submergés.

Chambles A1

Ce site des gorges de la Loire se remarque de loin à son église trapue et à sa tour qui se dresse sur le rebord d'un haut escarpement, dominant les méandres de Grangent. Cette tour, seul vestige de l'ancien château, est caractéristique du système défensif des forteresses du Moyen Âge par son entrée située à mi-hauteur, qui n'était accessible qu'avec une échelle escamotable ; une porte plus récente permet de grimper au sommet *(accès difficile)*, d'où s'étend un vaste **panorama★** sur le Forez et le Lyonnais ; à gauche, remarquez au loin les silhouettes des châteaux de Vassalieux et d'Essalois.
2 km après Chambles, prenez à droite la petite route vers le château d'Essalois.

Château d'Essalois A1

Tlj 9h-19h, entrée libre. Sa robuste silhouette se détache au-dessus des gorges escarpées ; la restauration de l'édifice a simplement consisté à maintenir les murs en état, à refaire un plancher et à couvrir le tout d'un toit. Depuis ce site, **vue★★** impressionnante sur le lac et l'île de Grangent.
À proximité du château, un oppidum celtique témoigne de l'importance stratégique des lieux.
Sur l'autre rive, des sites comme le plateau de la Danse (site préhistorique) ou St-Victor-sur-Loire (base nautique) permettent d'autres points de vue sur les gorges. L'histoire de ces lieux, faite de légendes, de guerres et de vie religieuse leur confère, aujourd'hui encore, magie et mystère.
Revenez à Chambles par la même route, puis reprenez la D 108 vers le nord.
Sur la route, remarquez à gauche Notre-Dame-de-Grâce de Vassalieux et plus loin sur votre droite, le château d'Essalois.

Saint-Just-Saint-Rambert A1

Office de tourisme – *7 pl. de la Paix - 42170 St-Just-st-Rambert - ✆ 04 77 52 05 14 - www.loireforez.com - 9h30-12h30, 13h30-17h30 et dim. et j. fériés en juil.-août 9h-12h.*

LES « SAINT-RAMBERTES »
St-Rambert a donné son nom à des embarcations en sapin, les « saint-rambertes », qui étaient fabriquées sur place pour transporter le vin et le charbon. Arrivées à destination, elles étaient détruites ou vendues, car on ne pouvait leur faire remonter le courant.

Situé au débouché des gorges de la Loire, dans le sud de la plaine du Forez, St-Rambert, ancien bourg gallo-romain d'*Occianum*, est accroché au flanc d'une butte ; St-Just, la partie moderne de la localité, s'étend sur la rive droite.

Église St-André★ – *R. Desimiane-de-Montchal - 9h-19h ou clefs disponibles à l'office de tourisme - ✆ 04 77 52 05 14 - possibilité de visite guidée dans le cadre de la visite du quartier médiéval de St-Rambert, se rens. à l'office de tourisme.* C'est un robuste édifice des 11e et 12e s. Deux clochers le surmontent : au-dessus de la façade s'élève un clocher-tour fortifié (11e s.) et à la croisée du transept se dresse le **clocher★** proprement dit, du 12e s. À l'intérieur, les arcs situés entre la nef et les bas-côtés sont de plus en plus larges à mesure que l'on approche du chœur, ce qui a pour effet de donner plus de profondeur à la perspective. À la croisée du transept, une coupole sur trompes soutient le clocher central.

Chapelle Saint-Jean – *Visite combinée avec l'église St-André, rens. à l'office de tourisme.* Cet édifice du 11e s., qui servait de baptistère, flanque l'église au nord.

Musée des Civilisations « le Prieuré » – *Pl. Madeleine-Rousseau - ✆ 04 77 52 03 11 - 10h-12h, 14h-18h, w.-end et j. fériés 14h-18h - possibilité de visite guidée (1h30) sur demande (7 j. av.) - apr.-midi - fermé mar., 1er janv., 1er Mai, 25 déc. - 4 € (-10 ans gratuit).* L'histoire locale est représentée par des objets d'art évoquant saint Rambert et le passé de la cité. Caricatures de Cham, Daumier, etc. D'autres salles abritent des collections de divers pays, en particulier une collection d'art africain et océanien : **bronzes★** du Bénin, et un beau masque égyptien en obsidienne (18e dynastie).

Revenez sur vos pas direction Chambles (d'abord D 102 puis D 108). Prenez à gauche la D 32 direction barrage de Gasteng.

Arrêtez-vous au belvédère d'où la **vue★** sur l'île Grangent est vraiment belle.

Île de Grangent A1

Le lac artificiel a isolé la languette d'une échine rocheuse portant les vestiges du château de Grangent (tour du 12e s.) et une petite chapelle coiffée de tuiles rouges.

Reprenez la D 108 et continuez (15 km) en direction de Saint-Victor-sur-Loire.

Saint-Victor-sur-Loire A1

Ce bourg, dont la route d'accès est abondamment fleurie, surtout de roses, occupe un **site★** remarquable sur un promontoire s'avançant dans le lac artificiel formé par la Loire en amont de Grangent. Cette retenue et ses rives, très fréquentées en saison par les Stéphanois, se prêtent aux activités sportives (voile, motonautisme, ski nautique, randonnées pédestres et équestres).

Avant d'être quasiment annexé par St-Étienne, St-Victor était un petit bourg rural où les **vergers de cerisiers** embaumaient au printemps. Les habitants venaient vendre leur production de cerises à St-Étienne, ce qui leur a valu le sobriquet de « croque-cerises ».

L'**église** est un édifice roman, remanié aux 16e et 17e s., qui présente une nef et des collatéraux voûtés en berceau et séparés par des piliers carrés. Le maître-autel est constitué par un précieux retable baroque du 17e s. et un devant d'autel en cuir de Cordoue, gaufré et peint, à décor d'hermines. Vitraux modernes de J.-M. Benoît et beau buffet d'orgue.

De la terrasse de l'église, la **vue★** sur la retenue est très belle. Le **château** avec ses tours du 11e s., et le théâtre de plein air occupent le haut de la colline. *✆ 04 77 90 49 29 - www.chateau-saint-victor.com - juil.-août : 10h-13h, 14h-18h ; reste de l'année : tlj sf j. fériés 10h-17h30, w.-end 14h30-17h30 - possibilité de visite guidée (1h30) - gratuit.*

Continuez sur la même route. À l'entrée de Quéret, sur la place, prenez à gauche une route en forte descente.

Plateau de la Danse A1

45mn à pied AR. Laissez la voiture au parc de stationnement et suivez un sentier balisé « Point de vue », serpentant dans la forêt.

Ce lieu, chargé d'histoire et de légendes, aurait accueilli un temple de Jupiter. D'un promontoire rocheux, **vue★★** sur la retenue et l'île de Grangent, le promontoire de St-Victor, le château d'Essalois, l'église et la tour féodale de Chambles.

Revenez à St-Étienne par la D 25 et la D 3.

NOS ADRESSES À SAINT-ÉTIENNE

HÉBERGEMENT

Week-end Pass'ion – La ville est partenaire de cette opération (toute l'année) et organise des week-ends thématiques. À la deuxième nuit d'hôtel offerte s'ajoutent des cadeaux, ainsi que des réductions pour les visites de la ville et des musées. Pour obtenir la liste des hôtels et les conditions de réservation, se renseigner à l'office de tourisme.

À Saint-Étienne

PREMIER PRIX

Hôtel Blanc Discount – B1 - *11 bd Jules-Janin - ✆ 04 77 74 27 16 - http://www.hotel-lecarnot.fr - ♿ - 24 ch. 30 € - ☕ 4,20 €.* Les habitués fréquentent cet hôtel près de la gare Carnot pour son accueil chaleureux et pour ses prix raisonnables. Le confort est plutôt modeste mais les chambres sont bien tenues. Wifi.

POUR SE FAIRE PLAISIR

Hôtel du Midi – *19 bd. Pasteur - ✆ 04 77 57 32 55 - www.hotelmidi.fr - fermé 26 juil.-24 août et 27 déc.-5 janv. - 33 ch. 75/120€ - ☕ 11 €.* Deux bâtiments sont reliés par un plaisant salon doté d'une cheminée originale. Chambres un peu petites, mais pratiques et insonorisées. Tenue sans reproche.

À proximité

BUDGET MOYEN

Chambre d'hôte du domaine de Bonnefond – *42660 St-Romain-les-Atheux - ✆ 06 50 28 16 23 - www.chambres-hotes-pilat.info - P - ⊠ - 🏊 - 2 ch. 60/67 € ☕.* Tout en étant proche de St-Étienne, cette ancienne ferme bénéficie du calme de la campagne. Les chambres, confortables, sont décorées avec goût et la cheminée de la vaste salle de séjour invite à s'attarder. Piscine couverte et chauffée.

Chambre d'hôte Mme Grimand – *Pracoin - 42230 St-Victor-sur-Loire - ✆ 04 77 90 37 95 - www.chambre-hotes-loire.com - fermé 25 déc.-1er janv. - P - ⊠ - 3 ch. 50 € ☕.* À proximité des gorges de la Loire et du village médiéval de St-Victor, ces trois chambres harmonieusement aménagées vous sont proposées.

Petit-déjeuner composé de pâtisseries et confitures maison. La propriétaire, très accueillante, saura vous conseiller pour découvrir les charmes de la région.

POUR SE FAIRE PLAISIR

Les Cèdres Bleus – *Rte de Bas-en-Basset - 43110 Aurec-sur-Loire - ✆ 477 35 48 48 - www.lescedresbleus.com - fermé 2 janv.- 2 fév. et dim. soir - ♿ - P - 15 ch. 90 € ☕ - rest. formule déj. 20 € - 23/90 € (fermé dim. soir, lun. midi et mar. midi).* Entre les gorges de la Loire et le lac de Grangent, dans un parc arboré, trois chalets en bois aux confortables chambres rénovées. Repas servis dans la salle panoramique ou sur la terrasse fleurie. Cuisine traditionnelle.

RESTAURATION

À Saint-Étienne

BUDGET MOYEN

L'Évasion – C3 - *10 pl. Villebœuf - ✆ 04 77 32 70 22 - fermé dim. - formule déj. 16 € - 35 €.* Face à un carré de verdure, près de la maison de la Culture. Décoration épurée et contemporaine, aux teintes beiges et claires. Cuisine moderne et raffinée, aux cuissons délicates et saveurs subtiles. Bon accueil.

Corne d'Aurochs – B2 - *18 r. Michel-Servet - ✆ 04 77 32 27 27 - fermé 2e quinz. d'août, sam. midi, dim. et lun. - formule déj. 12 € - 17/35 €.* Ce bistrot à la devanture en bois offre un intérieur original avec sa collection de fouets à pâtisserie et ses vieilles affiches publicitaires. Les plats servis (pied de cochon grillé, cervelle d'agneau, ris de veau, etc.) s'inspirent à la fois du style bouchon et de la cuisine traditionnelle. Accueil vraiment charmant.

Le Plaisir en Équilibre – B1 - *23 r. Marengo - ✆ 04 77 30 61 27 - fermé dim., lun. et mar. soir - formule déj. 12 € - 21/32 €.* Ce restaurant original est le fruit d'une collaboration entre un jeune chef et une diététicienne. Préserver sa santé ne veut évidemment pas dire négliger les saveurs. Ici, la cuisine est légère, aérienne et mélange élégamment goûts et textures.

À proximité

PREMIER PRIX

La Presqu'Île – *Rte du Port - 42230 St-Victor-sur-Loire - ✆ 04 77 53 70 08 - fermé 25 déc.-10 janv., le soir du 16 nov. au 1er mars - ♿ - P - formule déj. 14 € -18/55 €.* Ce bâtiment situé aux portes du village médiéval ménage une très belle vue sur les gorges de la Loire et la presqu'île du Châtelet. C'est donc avec plaisir que vous prendrez place près de la baie vitrée pour déguster une cuisine traditionnelle raffinée, préparée avec des produits frais.

ACHATS

Chocolat Weiss – *8 r. du Gén.-Foy - ✆ 04 77 21 61 09 - www.weiss.fr - 9h-19h, lun. 14h-19h - fermé Pâques, Ascension, 14 Juil., 15 août et 1er janv.* Depuis 1882, Weiss est le temple du chocolat stéphanois et compte parmi ses clients les plus grands noms de la cuisine française et internationale qui apprécient particulièrement son savoir-faire artisanal mis au service du cacao grand cru. Savourez, entre autres, napolitains, nougamandines et nougastelles.

Manufrance MF – *6 r. de Lodi - ✆ 04 77 21 29 92 - www.manufrance.fr - 9h-12h,14h-18h45 - fermé dim., lun matin et j. fériés.* Beaucoup se souviennent avec nostalgie des heures passées à feuilleter l'énorme catalogue de la Manufacture des armes et cycles de St-Étienne (*voir encadré p. 344*). Aujourd'hui restructurée, la firme et son réseau de magasins présentent une multitude de produits de bricolage, jardinage, maison, loisirs, décoration, chasse, pêche, équitation… toujours disponibles sur catalogue.

Design et antiquités – La rue Gambetta regroupe de jolies boutiques de design, parmi lesquelles **A Contrario** *(au n° 27)* qui vend mobilier et objets divers *(mar.-sam. 10h-12h et 14h-19h)*. À quelques encablures, des brocanteurs et antiquaires sont regroupés dans et autour de la rue de la Badouillère. **Les Objets Trouvés** *(21 r. de la Badouillère - lun.-sam. 14h-19h)* ravira les chineurs qui pourront y dégotter des objets vintage des années 1950-1980.

BOIRE UN VERRE

Certes, la vie nocturne stéphanoise est moins dense que celle de sa rivale et voisine lyonnaise mais les fins de semaine sont vibrantes et, surtout, la ville dispose de nombreux lieux culturels d'excellente facture.

Place Jean-Jaurès – Face à l'église St-Charles, cette grande place est un lieu de rendez-vous habituel à St-Étienne. En partie ombragée (ce qui la rend d'autant plus prisée l'été), la place est bordée de nombreux cafés qui possèdent de larges terrasses. Le **Midi-Minuit** arbore boiseries et banquettes profondes et dispose notamment d'une belle carte de whiskies. Son voisin, le **Ninkasi**, est un lieu culturel (café-concerts) actuel qui brasse ses propres bières. Juste à côté, le **café du cinéma Méliès** est particulièrement agréable et propose d'intéressants cocktails.

Rue des Martyrs-de-Vingré– Cette rue est un haut lieu de la vie nocturne stéphanoise. Vous y trouverez de nombreux bars, rassemblant une foule hétéroclite et bigarrée. Le **Little Soba** fait notamment l'unanimité chez les élèves de l'école de design avec ses expos, concerts et vernissages.

Les Pères Peinards – *5, r. du Jeu-de-l'Arc - ✆ 09 54 92 55 36 - mar.-jeu. 7h30-22h, vend. 7h30-1h, sam. 14h-1h et dim. 14h-20h*. Niché dans une rue tranquille du centre, ce café culturel accueille expos et concerts dans un esprit alternatif. Ambiance sympathique.

SPECTACLES

Infos spectacles – Les infos spectacles de la ville sont contenues dans un bulletin trimestriel diffusé par l'office de tourisme, ainsi que dans *l'Agenda stéphanois* qui paraît tous les 15 jours. Chaque jeudi, le supplément « Sorties » du journal local *La Tribune du Progrès* offre un panorama complet des activités sportives et culturelles.

Le Triomphe – *4 sq. Violette - ✆ 04 77 32 22 16 - jeu.- sam. 14h-20h30 - fermé juil.-août, lun.-merc. et dim. - 12 €*. Ce café-théâtre installé dans un ancien cinéma cultive l'esprit, l'humour, l'accent et le vocabulaire stéphanois. Également, concerts de jazz, musique du monde, chanson française…

Comédie de St-Étienne, Centre dramatique national – *7 av. du Prés.-Émile-Loubet - ✆ 04 77 25 14 14 - www.comedie-de-saint-etienne.fr - lun.-vend. 14h-19h, sam. 15h-18h - fermé juil.-août - 15-29 €*. Fondée en 1947 pour promouvoir la décentralisation théâtrale, elle dispose d'une troupe de comédiens permanents, d'ateliers de construction de décors et de costumes, de quatre salles de spectacles et d'un théâtre itinérant. Essentiellement centre de création, elle accueille aussi de nombreuses productions extérieures.

Opéra Théâtre de Saint-Étienne – *Jardin des Plantes - BP 237 - ✆ 04 77 47 83 47 - www.opera-theatre.saint-etienne.fr - 14h-20h - fermé de mi-juil. à mi-août et j. fériés.* L'Opéra Théâtre accueille chaque année plus de 100 000 spectateurs au sein du théâtre Copeau (350 places) et du Grand Théâtre Massenet (1 250 places). Œuvres lyriques, théâtre, danse, musique figurent au programme de ces deux lieux, qui portent en outre une attention particulière envers le jeune public en proposant de nombreuses animations.

Nouvel Espace culturel – *9 r. Claudius-Cottier - 42272 St-Priest-en-Jarez - ✆ 04 77 74 41 81 - fermé août.* Implanté dans la proche banlieue de St-Étienne, le « NEC » (Nouvel Espace Culturel) a été créé en 1989. De nombreuses troupes de théâtre viennent y présenter leur travail. Concerts de musique classique ou folklorique, danse et spectacles pour enfants complètent une programmation dynamique et exigeante.

Le Pilat

★★

Loire (42)

NOS ADRESSES PAGE 359

S'INFORMER

www.pilat-tourisme.fr, www.parc-naturel-pilat.fr

Maison du Parc à Pélussin – *Voir p. 354.*

SE REPÉRER

Carte de microrégion B-C 1-2 (p. 334) – *carte Michelin Départements 327 F7-8, G7-8, H7.*

Le massif du Pilat s'élève à l'est de St-Étienne, entre le bassin de la Loire et la vallée du Rhône.

À NE PAS MANQUER

Les sensations fortes procurées par le site du gouffre d'Enfer *(1h à pied AR)* et le panorama sur la vallée du Rhône depuis le crêt de l'Œillon.

ORGANISER SON TEMPS

Comptez une journée pour traverser le massif et profiter de ses paysages.

AVEC LES ENFANTS

L'exposition de la maison du Parc à Pélussin.

Ce sont d'abord des paysages, beaux et variés : au bord du Rhône, des vergers et des vignobles (comme celui, fameux, de la Côte-Rôtie) qui font place, sur les plateaux, aux pâturages, puis en altitude à des forêts de hêtres et de sapins. La fraîcheur de ses sapinières, de ses eaux vives

et de ses hauts pâturages, contrastant avec les vallées industrieuses de l'Ondaine, du Janon et du Gier, en font un lieu fort apprécié des randonneurs comme de tous ceux qui, pour un temps, rêvent de « se mettre au vert ».

Découvrir Carte p. 356-357

PARC NATUREL RÉGIONAL DU PILAT

Créé en 1974, le parc s'étend sur 700 km² et regroupe 47 communes rurales réparties sur les départements du Rhône et de la Loire. Subissant les influences méditerranéennes dans l'est, et atlantiques dans l'ouest, le Pilat comporte une ligne de partage des eaux, notamment au col de Chaubouret (1 363 m), et joue pour la région stéphanoise un rôle de « château d'eau ».

Maisons du Parc

Moulin de Virieu à Pélussin – *Maison du Parc et office du tourisme du Pilat rhodanien - 42410 Pélussin - ✆ 04 74 87 52 00 - www.parc-naturel-pilat.fr - juil.-août : 9h30-12h30, 14h-18h, w.-end et j. fériés 9h30-12h30, 14h-18h30 ; reste de l'année : lun. et mar. 14h-18h, jeu. 10h-12h30, 14h-18h, vend. 14h-17h, sam. 9h30-12h30, 14h-18h - randonnées accompagnées, sorties découvertes, animations, programme sur demande.* Siège administratif du parc naturel régional du Pilat, le moulin de Virieu, bâtiment d'un ancien moulinage de soie, accueille une exposition permanente conçue pour les enfants avec de nombreuses maquettes, un diaporama, un théâtre virtuel et un jardin de découverte.

Maison du Châtelet à Bourg-Argental – *Maison du Parc et office de tourisme - 18 pl. de la Liberté - 42220 Bourg-Argental - ✆ 04 77 39 63 49 - www.pilat-tourisme.fr - de mi-juin à mi-sept. : 9h30-12h30, 14h30-18h30 ; de déb. mai à mi-juin : 9h-12h, 14h-17h30, w.-end et j. fériés 9h-12h, 14h-18h, mar. et vend. 14h-18h ; reste de l'année : 9h-12h, 14h-17h30, mar. et vend. 14h-18h, sam. 9h-12h.* Cet ensemble architectural des 16e et 18e s. abrite les locaux de l'office de tourisme, un espace de découverte aménagé par le parc naturel régional du Pilat et des salles d'expositions temporaires *(avr.-oct.)*. Remarquez le plafond à fougère de style forézien, unique en son genre.

Sentiers de randonnée

Le parc balise et entretient un important réseau de circuits pour randonneurs pédestres, VTTistes et équestres :

– plus de 600 km de sentiers pédestres balisés dont des tronçons des GR 7, GR 65 (chemin de St-Jacques-de-Compostelle) et GR 42, ainsi que des sentiers en boucle (balisage jaune, de 1h à une demi-journée) au départ de 35 villages du parc ;

– 9 sentiers d'interprétation à la découverte du patrimoine et de la nature : sentier sur caillebotis aménagé dans la tourbière de Gimel (St-Régis-du-Coin), sentier des moulins (La Versanne), sentier de l'Arbuel dans les vallons rhodaniens (Condrieu), sentier de l'agriculture du Haut-Pilat (Marlhes).

Maisons du Patrimoine

Maison des Tresses et Lacets à La Terrasse-sur-Dorlay – *Le Moulin Pinte - ✆ 04 77 20 91 06 - ♿ - visite guidée (1h) mars-nov. : 14h-18h - fermé mar., de fin déc. à fin fév. - 4,40 € (-8 ans gratuit).* Ce musée-atelier de 1920 possède d'anciens métiers à tresser dont le fonctionnement est très impressionnant, de même que l'une des dernières roues à augets du village.

Maison de la Passementerie à Jonzieux – *℘ 04 77 39 93 38 - www.maison-passementerie.info - de déb. mai à mi-oct. : dim. 14h30-18h30 - possibilité de visite guidée (1h30) sur demande préalable - fermé j. fériés - 3 € (-14 ans gratuit).* L'atelier complet d'un passementier et un métier Jacquard tel qu'il fonctionnait au 19e s.
Maison de la Béate et de l'Allier à Marlhes – *Hameau de lo'Allier - ℘ 04 77 51 24 70 - juil.-sept. : dim. 14h30-18h30 - fermé j. fériés - gratuit.* Cette modeste maison de béate – nom donné aux membres d'un ordre religieux de la région – est dédiée à l'histoire locale et à la vie d'autrefois.

Circuit conseillé Carte p. 356-357

DE SAINT-ÉTIENNE À CONDRIEU

89 km. Voir le circuit sur la carte p. 356-357. Comptez environ une journée. Quittez St-Étienne vers le sud-est par la D 8.

Rochetaillée

Au cours de la montée, on découvre le site bien exposé de Rochetaillée, petit village perché sur un étranglement rocheux, entre deux ravins, et dominé par les tours en ruine d'un château féodal.

★★ Gouffre d'Enfer

1h à pied AR. À droite de l'auberge de la Cascade, un chemin suit le lit de l'ancien torrent jusqu'au pied du barrage. Le site est impressionnant : les parois rocheuses, vigoureusement taillées, se referment jusqu'à former un étroit et sombre goulet. Le barrage a été construit en 1866 pour alimenter St-Étienne en eau. Des escaliers permettent d'accéder à la crête. La retenue se développe au pied de versants couverts de sapins. À 50 m à gauche, des escaliers donnent accès à un **belvédère** face à Rochetaillée.
Pour rejoindre la voiture, tournez à gauche et prenez à droite le chemin passant devant la maison des Ponts-et-Chaussées.
Après Rochetaillée, jolies vues plongeantes, à droite, sur le barrage du Gouffre-d'Enfer et le barrage du Pas-du-Riot. La route passe ensuite par **Le Bessat**, station estivale et de sports d'hiver.
Si vous désirez vous rendre à Bourg-Argental, prenez à droite la D 29 peu après avoir quitté Bessat.

Bourg-Argental

Cette petite ville active qui abrite une maison du parc, située au pied du massif du Pilat (*voir p. 354*), a largement diversifié ses activités industrielles et artisanales.
Reconstruite au 19e s. dans le style roman, l'**église** conserve, sur la façade, un **portail★** sculpté (12e s.) ; remarquez surtout le tympan dont le registre inférieur, sous la mandorle du Christ en majesté, est orné de scènes de la vie de la Vierge, trahissant une certaine influence clunisienne.
Revenez sur vos pas, poursuivez sur la D 8 en direction de la croix de Chaubouret.

★ Crêt de la Perdrix

Peu après la croix de Chaubouret, prenez à gauche la D 8A vers la Jasserie. Épicéas, hauts chaumes et bruyères se succèdent.
À environ 5 km, au sommet de la montée, laissez la voiture à hauteur du sentier conduisant au crêt de la Perdrix couronné par un chirat, éboulis rocheux particulier à la région (15mn à pied AR).

De la table d'orientation, le **panorama** s'étend sur les pics du Mézenc, du Lizieux, du Meygal et du Gerbier-de-Jonc.
Revenez sur la D 8 et empruntez la D 63 en direction du crêt de l'Œillon.
La route serpente tantôt parmi les conifères, tantôt parmi des landes à bruyères.

★★★ Crêt de l'Œillon

15mn à pied AR. Au col de l'Œillon, empruntez à gauche la route conduisant au relais de télédiffusion. Laissez la voiture au parc de stationnement. Au sommet, contournez l'enceinte du relais par sa gauche pour rejoindre la table d'orientation au pied d'une croix monumentale.

Le **panorama** est l'un des plus grandioses de la vallée du Rhône. Au premier plan, au-delà des rochers du pic des Trois-Dents, vue plongeante sur la vallée du Rhône, de Vienne à Serrières. Au loin à l'est, la vue s'étend sur les Alpes; au sud-est, sur le mont Ventoux; à l'ouest, sur le puy de Sancy et les monts du Forez; au nord, sur les monts du Lyonnais et au nord-est sur le Jura.
Poursuivez vers Pélussin.
Au belvédère de la Faucharat, belles échappées sur les vallée du Régrillon et du Rhône.

Pélussin

Laissez la voiture près de la maison du Parc. Descendez la rue du Dr-Soubeyran et prenez à gauche de la rue de la Halle.
L'ancienne halle forme un belvédère au-dessus de la plaine du Rhône et de l'agglomération de Pélussin. *Passez sous une porte fortifiée et tournez à gauche.* Remarquez l'ancienne chapelle et le vieux château. Dans le quartier Notre-Dame, dans le village *(20mn à pied)*, se trouve l'agréable **jardin des Sons** où onze objets jouent avec l'eau et le vent dans le clos de l'ancienne maison de Gaston Baty, homme de théâtre natif de Pélussin. (*Voir également la Maison du Parc naturel régional au moulin de Virieu décrite p. 323.*)

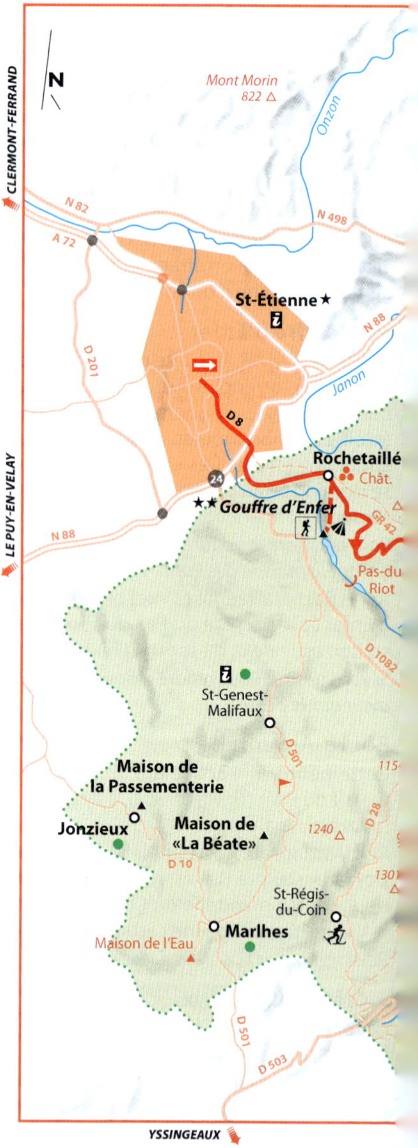

Faites demi-tour et prenez la D 7 à droite vers le col de Pavezin.

Sainte-Croix-en-Jarez (*voir p. 360*)
Au col de Pavezin, empruntez à droite la D 30 offrant au début de la descente une belle vue sur la vallée du Rhône. Par les D 19 et D 28, on atteint Condrieu.
L'arrivée est précédée, au tournant du calvaire, au-dessus de la ville, d'une **vue**★ panoramique sur le bassin de Condrieu et la boucle du Rhône.

LE PATRIMOINE TEXTILE

D'abord artisanal puis industriel, le travail de la soie fut l'une des activités économiques majeures de la région dès le 15e s. lorsque s'installent les premiers moulinages. Le moulinage est la préparation du fil de soie après le dévidage du cocon. Les propriétaires des ateliers, puis des usines, trouvent dans les rivières du Pilat la force motrice nécessaire au fonctionnement de leurs machines. Le fil obtenu est ensuite tissé ou tressé. C'est l'une des particularités de la région que d'avoir connu diverses techniques et largeurs de tissu : tissage de rubans étroits (passementerie) dans l'ouest du Pilat autour de St-Genest-Malifaux, moulinage et tissage d'étoffes, tressage de lacets ou de cordons dans la vallée du Dorlay et dans les environs de St-Chamond. L'activité connaîtra son âge d'or au 19e s. Aujourd'hui, de nombreux bâtiments et aménagements témoignent de cette histoire industrielle : maisons-ateliers de passementiers à Jonzieux, vastes usines à St-Julien-Molin-Molette, biefs et petites retenues d'eau dans les fonds de vallons.

Condrieu

Office de tourisme – *Pl. du Séquoïa - 69420 Condrieu - 04 74 56 62 83 - www.parc-naturel-pilat.fr - de mi-juin à fin août : 9h30-18h, dim. 9h30-12h ; de déb. mai à mi-juin et de déb. à mi-sept. : lun., vend. et sam. 9h30-18h ; reste de l'année : vend. 10h-12h30, 14h-18h, sam. 9h30-12h30 - fermé j. fériés.*

La position de la ville à la jonction de l'Arbuel et du Rhône est à l'origine de son nom : le terme gaulois *condate* désigne un confluent. Le territoire de Condrieu produit un vin blanc renommé à partir d'un cépage unique, le viognier. Cultivé sur les fortes pentes qui dominent le Rhône, il a connu une large diffusion grâce au dynamisme du port, longtemps animé par ses célèbres mariniers, dont les culottes doublées de cuir leur avaient valu le surnom de « culs-de-piau ». Maintenant la tradition, les Condriots s'affrontent chaque année avec les meilleurs jouteurs nationaux dans des tournois nautiques sur le Rhône. Réduit à une petite dizaine d'hectares à la fin des années 1960 du fait des difficultés d'exploitation, le vignoble a fait l'objet d'une reconquête exemplaire, notamment sur les terrasses viticoles. Le nom de Condrieu est aussi associé à un fromage au lait cru de chèvre consacré en 2009 par une Appellation d'origine contrôlée, la rigotte de Condrieu.

Église – Le tympan de son portail gothique porte un fragment de bas-relief roman, très mutilé. De belles grilles ornementées du 18e s. ferment les chapelles latérales.

Maison de la Gabelle – Située à côté de l'église, sa façade du 16e s. s'orne d'un réseau de moulures s'entrecroisant avec des pilastres à peine saillants, décorés de médaillons. La poutre d'angle sculptée du toit évoque un animal fantastique.

Maison des Villars – Au n° 31 de la rue de l'Arbuel, ce modeste logis de la famille du maréchal de Villars est précédé d'un élégant portail d'entrée.

Quartier du port – Dans la basse ville, il évoque un petit port du littoral méditerranéen. On pourra flâner rue des Sauzes et rue du Grand-Port. Au pied du pont suspendu reliant Condrieu aux Roches, la **place Frédéric-Mistral** rappelle que le grand poète provençal trouva à Condrieu l'inspiration de son *Poème du Rhône*.

NOS ADRESSES DANS LE PILAT

HÉBERGEMENT

PREMIER PRIX

Hôtel Le Cottage – *3 r. Barge - 42410 Pélussin - ✆ 04 74 87 52 52 - lecottage42@wanadoo.fr - P - 25 ch. 38/52 € - ☕ 5,80 € - rest. 12/44 €.* Un hôtel au centre du village, scindé en deux bâtiments de part et d'autre de la rue. Les chambres aménagées au-dessus du bar-restaurant sont modestes (WC sur le palier), et moins chères. Choisissez l'aile récente pour plus de confort. Prix sages.

Chambre d'hôte Le Troll – *49 r. du Forez - 42660 St-Genest-Malifaux - ✆ 04 77 39 02 70 - www.gite-pilat.com - ⊭ - 4 ch. 42 € ☕.* Ne vous laissez pas intimider par l'enseigne, vous serez accueilli chaleureusement dans cette maison des années 1950. Chambres sobres et agréables ; cuisinette à disposition des hôtes. Une adresse idéale, à un prix raisonnable.

Domaine de l'Astrée – *L'Allier - 42220 Bourg-Argental (à la sortie du bourg dans le sens St-Étienne-Annonay) - ✆ 04 77 39 72 97 - prl@bourgargental.fr - ♿ - 16 empl. 14 €/j. + 22 chalets 490/550 € la sem.* Ce camping municipal installé au cœur du parc naturel régional du Pilat propose des emplacements et des chalets, dont plusieurs accessibles aux handicapés, de très bon confort : cuisine équipée, salle de bains avec WC indépendants, terrasse et salon de jardin. Nombreuses activités sur place et à proximité.

BUDGET MOYEN

Chambre d'hôte Le Moulin du Bost – *42131 La Valla-en-Gier (13 km au nord du Bessat par la D 2, puis la D 76 après La Valla-en-Gier dir. Doizieux) - ✆ 04 77 20 06 62 - moulinbost@orange.fr - fermé 1er nov.-Pâques - ⊭ - 2 ch. 53/69 € ☕ - table d'hôte 19 €.* Marcheur passionné et membre des « relais randonneurs », le propriétaire de cette maison située dans le parc naturel régional du Pilat vous conseillera plusieurs circuits pédestres adaptés à votre niveau. Chambres simples et table d'hôte généreuse. Une adresse pour communier avec la nature.

Chambre d'hôte La Rivoire – *42220 St-Julien-Molin-Molette (5 km à l'est de Bourg-Argental par la D 1082) - ✆ 04 77 39 65 44 - www.larivoire.net - ⊭ - réserv. obligatoire en hiver - 5 ch. 61/66€ ☕ - table d'hôte 20 €.* Avec sa tour ronde et sa terrasse, cette maison familiale, tenue par un jeune couple, souriant et disponible, est pleine de charme. La vue qu'on peut admirer de toutes les chambres est splendide et le repos garanti. Le soir, vraie table d'hôte où l'on partage discussions et produits du jardin.

POUR SE FAIRE PLAISIR

Domaine des Soyeux – *42220 St-Julien-Molin-Molette (1 km au nord de St-Julien par la D 8, dir. Le Bessat) - ✆ 04 77 51 56 04 - www.domaine-soyeux.com - réserv. conseillée - 🏊 - 5 ch. 75/135 € ☕.* Noble demeure fin 19e s. embellie par un grand parc. Restauré dans l'esprit de l'époque, l'intérieur conserve son parquet d'origine et les chambres sont meublées dans les styles Louis XV et Louis XVI. Les salles de bains ont fait quelques concessions à la modernité.

RESTAURATION

BUDGET MOYEN

Aux 3 D – *42410 La Chapelle-Villars - ✆ 04 74 87 89 20 - fermé lun. - 17/20 €.* Seul commerce du petit village, cette auberge fait aussi office de bar, épicerie, dépôt de pain et fabrique elle-même des pizzas. Ambiance campagnarde et cuisine rigoureusement maison : plats en sauce, foie gras en hiver, cassolette de grenouilles au vin de viognier… Aux beaux jours, les repas peuvent être servis sous le préau en bois.

BUDGET MOYEN

La Fondue « Chez l'Père Charles » – *Grande-Rue - 42660 Le Bessat - ✆ 04 77 20 40 09 - www.lafonduechezleperecharles.fr - fermé 5-15 janv. - 20/29 € - 8 ch. 40/50 € - ☕ 7 €.* Les salles à manger à l'esprit champêtre sont logées dans une auberge située au centre du village. Goûteuse cuisine traditionnelle aux accents régionaux. Chambres simples.

ACTIVITÉS

Le parc naturel régional organise des sorties tout public encadrées pour découvrir les milieux et espèces remarquables du Pilat. Au **centre d'observation de la nature de l'île du Beurre**, des affûts permettent l'observation des oiseaux et des castors sur le Rhône *(RN 86 - 69420 Tupin-Semons - ✆ 04 74 56 62 62 - www.iledubeurre.org).*

De nombreuses activités sportives de pleine nature sont proposées dans le Pilat : trottinette tout-terrain, dévalkart, VTT de descente, parcours acrobatiques dans les arbres, via ferrata (Planfoy), téléski nautique (Condrieu) et sports d'eaux-vives (St-Pierre-de-Bœuf). *Rens. à la maison du Parc à Pélussin.*

Sainte-Croix-en-Jarez

424 Cartusiens – Loire (42)

NOS ADRESSES PAGE 363

SE REPÉRER

Carte de microrégion C1 (p. 334) – *Carte Michelin Départements 327 G7.*
Comme caché au nord du Pilat, entre Vienne et St-Étienne, ce village est accessible par la petite D 30 depuis Rive-de-Gier ou Condrieu.

À NE PAS MANQUER

Les fresques de l'ancienne chartreuse.

ORGANISER SON TEMPS

Comptez environ 1h.

Voici certainement un des villages les plus insolites de France : situé dans un vallon verdoyant de la haute vallée du Couzon, en plein cœur du parc du Pilat, il a investi les bâtiments d'une ancienne chartreuse, fondée en 1280 par Béatrix de Roussillon : école, mairie, appartements se sont installés dans les vénérables cellules des pères… et le monastère est devenu une commune. Comme les autres ? À vous d'en juger !

Visiter Plan de monument

La beauté se mérite : si la route, qui depuis Rive-de-Gier conduit à Ste-Croix, n'est pas très longue, elle comporte de nombreux virages. La récompense ? De beaux paysages puis ce village original qui a su préserver son authenticité.

ANCIENNE CHARTREUSE

✆ 04 77 20 20 81 - www.saintecroixenjarez.com - juil.-août : 10h30-12h30, 13h30-19h ; avr.-juin et sept. : tlj sf lun. 10h30-12h30, 14h-18h ; reste de l'année : w.-end et j. fériés 14h-17h - possibilité de visite guidée (1h) - fermé 1er janv., 25 déc. - 5,50 € (-12 ans gratuit).

Façade

Sur la façade des anciens bâtiments conventuels a été ouverte, au 17e s., une **porte monumentale** en granit, flanquée de tours rondes en moellons de schiste et surmontée d'un fronton de style Renaissance avec les **armoiries** des Chartreux : la croix dentelée entourée d'étoiles et de fleurs de lys ; les étoiles symbolisent saint Bruno, fondateur en 1084 de cet ordre contemplatif, et ses six compagnons. De chaque côté s'étend l'ancienne enceinte, défendue, à ses extrémités, par deux tours d'angle et occupée par des maisons d'habitation. L'accueil est au niveau de l'ancienne boulangerie du monastère.

Cour des Frères ou cour des obédiences

La vaste cour rectangulaire est bordée par des édifices qui abritaient autrefois les activités des frères convers et « donnés » (liés à l'ordre par des contrats civils) qui assuraient la vie matérielle de la communauté : pressoirs, celliers, boulangerie, ateliers, forge, écuries... Leurs cellules individuelles se trouvaient dans les bâtiments de gauche tout comme un passage en pente, sous **voûte (1)**, qui menait et mène toujours aux potagers bordés par le Couzon : remarquez la belle **imposte en fer forgé** (1692) **(2)** qui surmonte le vieux portail en bois. Les bâtiments à droite servaient d'**hôtellerie** pour les laïcs. Au fond de la cour, à gauche, s'ouvre une rue dallée, autrefois entièrement couverte, le « **corridor** », qui desservait les pièces destinées à un usage commun : réfectoire pour les repas du dimanche, salle du chapitre pour les réunions, bibliothèque, hôtellerie pour les religieux de passage desservie par un grand escalier, cuisine avec cheminée monumentale dans laquelle étaient préparés les repas de la semaine que les moines prenaient dans leur cellule, cellule du père Prieur qui dirigeait le monastère....

L'HISTOIRE DE L'ABBAYE

Ayant pris la Croix en 1277, le seigneur Guillaume de Roussillon meurt en Terre sainte. Il laisse une jeune épouse, Béatrix de la Tour, qui loin d'être une veuve joyeuse, décide de se retirer du monde. Une croix lumineuse lui apparaît alors et la guide en ces lieux où elle fonde un monastère dédié à la Sainte-Croix, dirigé par l'ordre des Chartreux pendant 500 ans. Mais à la Révolution, les moines, qui partageaient leur temps entre la prière, l'étude et les travaux manuels, sont expulsés et, en 1792, les cellules vendues puis transformées en fermes, boutiques et bâtiments administratifs. L'abbaye, fait unique dans l'histoire de France, est devenue un vrai village avec sa mairie et son école.

Les églises et le cloître

Les églises, le cloître et la cuisine ne sont accessibles qu'en visite guidée.

Le **cloître** du 13e s., en partie détruit, desservait la salle du chapitre, l'église et le réfectoire. Les moines sont enterrés dans sa cour.

Le portail de l'**église conventuelle** (devenue l'église paroissiale) est signalé par la présence de deux bénitiers latéraux en pierre. Du 17e s., elle conserve des boiseries des 16e-17e s. et des stalles du 14e s. dont les miséricordes et les accoudoirs sont sculptés de motifs très variés : masque grimaçant, coiffe de paysanne du Pilat, animaux, etc. Au-dessus du portail, le mur est orné de trois tableaux du 17e s. représentant le martyr de saint Sébastien (copie d'un tableau de Mantegna), saint Charles Borromée, agenouillé, et saint Bruno refusant l'épiscopat, vêtu de l'habit cartusien, la « cuculle » blanche. Du chœur, on accède aux vestiges de l'**église primitive** : l'**ancienne salle capitulaire** (3) et l'**ancienne sacristie** (4) du 13e s. Celle-ci conserve de belles **fresques★** du 14e s., restaurées, qui illustrent avec un certain réalisme le couronnement de la Vierge, la Crucifixion (inspirée de Giotto), les funérailles de Thibaud de Vassalieu, qui, en 1312, traita avec Philippe le Bel pour le rattachement du Lyonnais à la couronne de France. Au-dessus de la Crucifixion figure le groupe des Chartreux de Ste-Croix.

À l'extrémité du corridor, on débouche dans la seconde cour. À gauche de l'entrée, l'accueil est installé dans l'ancienne boulangerie du monastère.

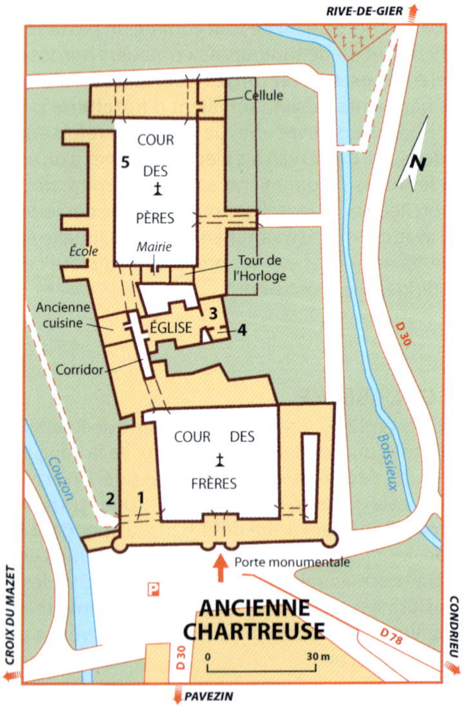

Cour des Pères

Elle était autrefois entièrement bordée par un cloître sur lequel donnaient les cellules des Chartreux, surmontées d'un cartouche qui permettait d'identifier le moine. Chaque cellule comportait, au niveau de la cour, un oratoire, une chambre, une terrasse et un promenoir ; au niveau inférieur se trouvaient le bûcher, l'atelier et le jardin ; le moine recevait sa nourriture, les jours de semaine, par un guichet situé à côté de la porte d'entrée de sa cellule. Aujourd'hui, le cloître a disparu et les cellules (sauf une, reconstituée au fond de la cour) ont été transformées en logements, mairie, école… L'une des cellules, à l'ouest dans la cour, est surmontée d'une scène en **bas-relief** (5) représentant saint Bruno méditant sur la mort. À l'angle sud-est se dresse la **tour dite de l'Horloge** qui n'a plus son cadran depuis la Révolution.

Prenez le **tunnel** juste à côté : il permettait jadis aux moines de sortir sans être au contact des laïcs. À votre gauche se trouvaient les viviers à poissons. À droite, vous empruntez «la **planche à cul**», petit pont qui permettait de transporter le défunt jusqu'au cimetière, étendu sur une planche. *Traversez la départementale et montez en direction de Jurieu (promenade 15 mn).* Depuis la table d'orientation, belle vue sur l'ensemble de la chartreuse. Continuez vers les maisons et prenez immédiatement à gauche pour rejoindre la Chartreuse par un petit chemin. Vous verrez alors le **moulin** utilisé pour la farine et l'huile, puis les **jardins suspendus** qui permettaient aux moines de cultiver sans être vus et les **promenoirs**, édifices perpendiculaires à la chartreuse qui assuraient aux moines des promenades quotidiennes cachées.

NOS ADRESSES À SAINTE-CROIX-EN-JAREZ

HÉBERGEMENT

À proximité

BUDGET MOYEN

Chambre d'hôte Le Clos de Jeanne – *Thezay - ✆ 04 77 54 82 28 - www.leclosdejeanne.com - - 3 ch. 50 €* . Dans un hameau situé à 1 km de l'ancienne chartreuse (direction Jurieux), cette ferme restaurée avec soin comporte trois chambres d'hôte. Les petits-déjeuners sont servis dans une grande salle commune. Salon et coin cuisine à la disposition des hôtes. Agréable jardin en été.

PETITE ET GRANDE RESTAURATION

À Sainte-Croix-en-Jarez

BUDGET MOYEN

Le Prieuré – *Pl. des Portes - ✆ 04 77 20 20 09 - www.hotelrestoleprieure.com - fermé 2 janv.-13 fév. et lun. (rest.) - 15/40 € - 4 ch. 58 € - 9 €.* À l'entrée de Ste-Croix-en-Jarez, juste à droite de sa porte monumentale, ce restaurant sera parfait pour clore votre visite du village. En hiver, ne manquez pas les alléchantes charcuteries du patron.

Les Saisons de Rosalie – *R. de la Mairie - 69420 Longes - ✆ 04 37 22 64 67 - www.lessaisonsderosalie.com - fermé lun. et mar.* Le salon de thé d'un maître confiturier qui invite à des goûters gourmands (crêpes, tartes, assiettes de fromages).

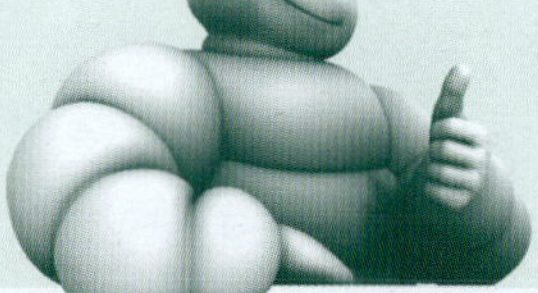

Le Bas-Dauphiné

7

Carte Michelin Départements 332 et 333 – Isère (38)

Rue de Crémieu.

S. Lopez Ferrer / MICHELIN

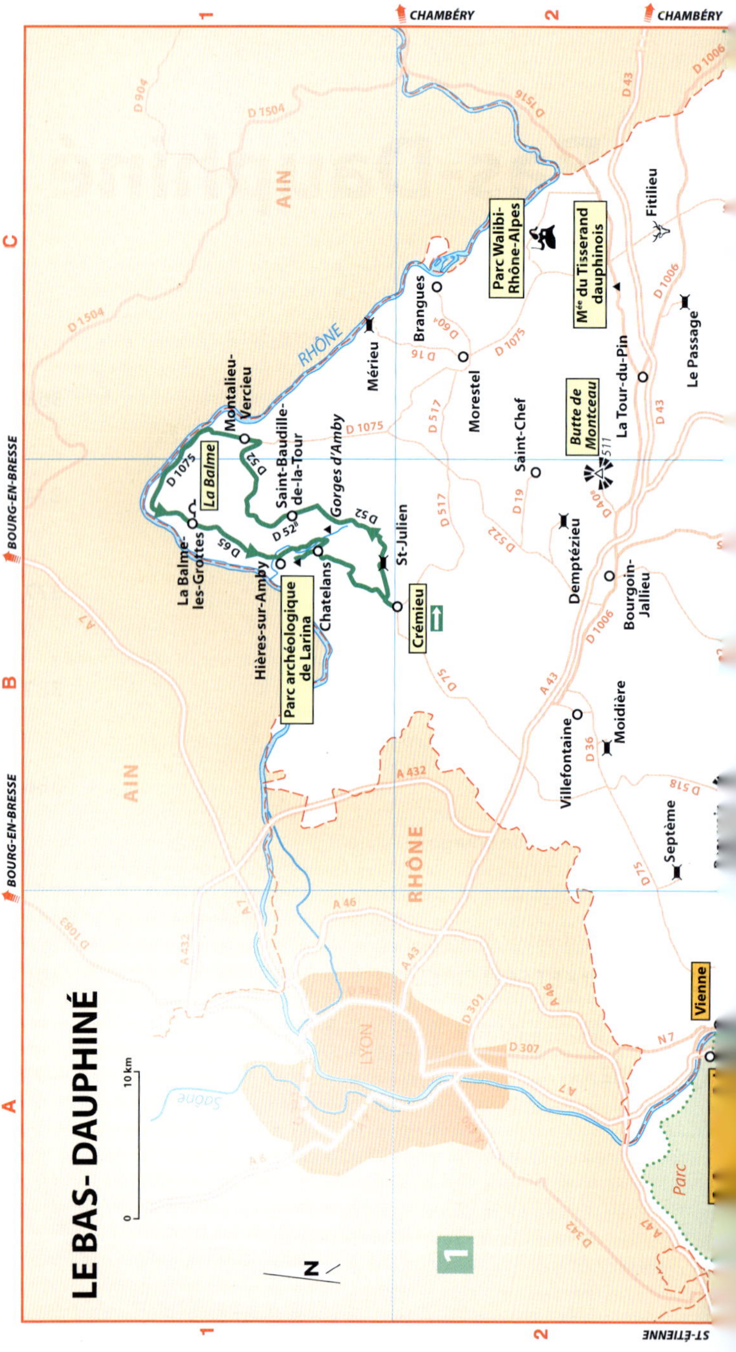
LE BAS-DAUPHINÉ
1
CHAMBÉRY
BOURG-EN-BRESSE
ST-ÉTIENNE
AIN
RHÔNE
LYON
Saône
0
10 km
N
La Balme
La Balme-les-Grottes
Hières-sur-Amby
Parc archéologique de Larina
Chatelans
Montalieu-Vercieu
Saint-Baudille-de-la-Tour
Gorges d'Amby
St-Julien
Crémieu
Mérieu
Brangues
Morestel
Parc Walibi-Rhône-Alpes
Mée du Tisserand dauphinois
Fitilieu
Le Passage
La Tour-du-Pin
Saint-Chef
Butte de Montceau
511
Demptézieu
Bourgoin-Jallieu
Villefontaine
Moidière
Septème
Vienne
Parc
A

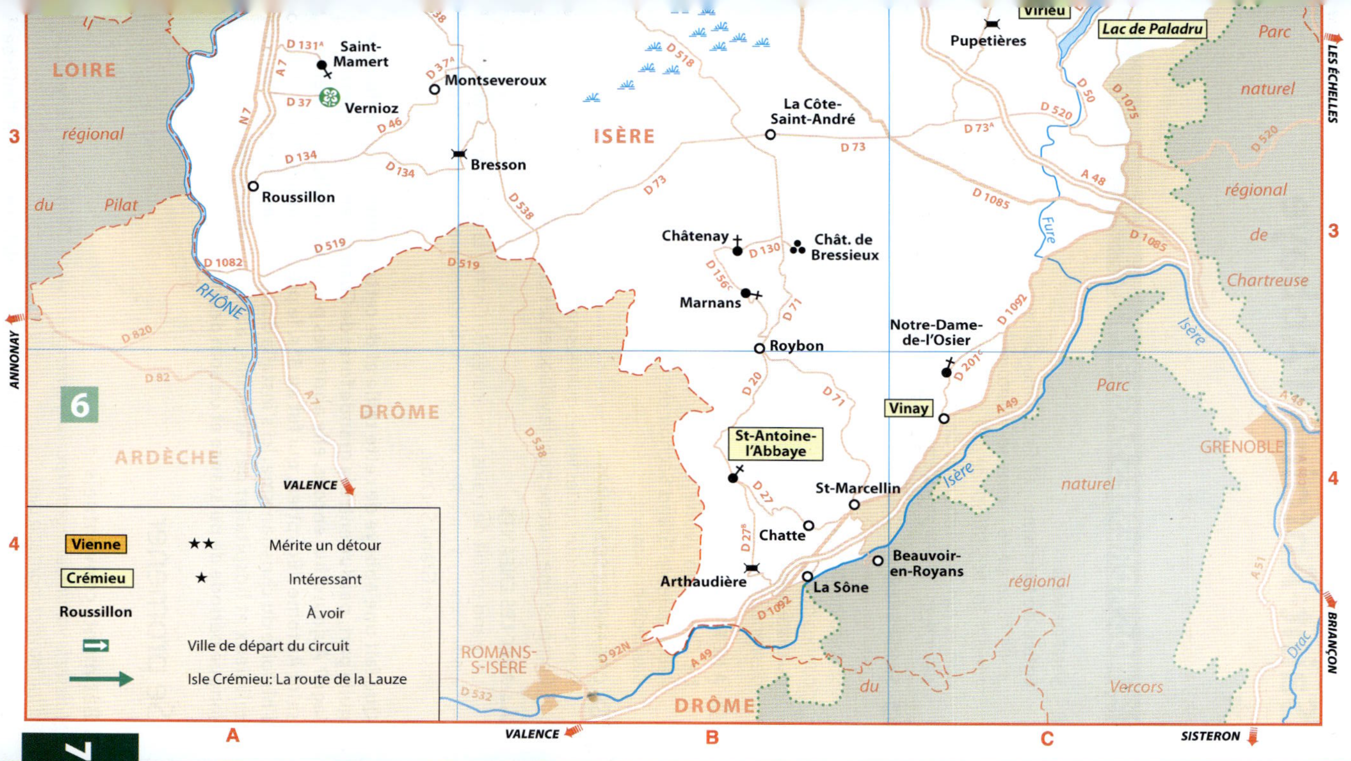
LES ÉCHELLES
BRIANÇON
SISTERON
VALENCE
ANNONAY
A
B
C
3
4
LOIRE
Parc naturel régional du Pilat
Parc naturel régional de Chartreuse
Parc naturel régional du Vercors
ISÈRE
DRÔME
ARDÈCHE
RHÔNE
Isère
Fure
Drac
GRENOBLE
ROMANS-S-ISÈRE
Lac de Paladru
Virieu
Pupetières
Saint-Mamert
Vernioz
Montseveroux
Bresson
Roussillon
La Côte-Saint-André
Châtenay
Chât. de Bressieux
Marnans
Roybon
Notre-Dame-de-l'Osier
Vinay
St-Antoine-l'Abbaye
St-Marcellin
Chatte
Beauvoir-en-Royans
La Sône
Arthaudière
N 7
A 7
A 48
A 49
A 51
D 1082
D 519
D 538
D 73
D 134
D 46
D 37
D 131A
D 37A
D 518
D 73A
D 520
D 50
D 1075
D 1085
D 1092
D 130
D 156C
D 71
D 20
D 201C
D 27
D 27B
D 92N
D 532
D 820
D 82
6
7
Vienne
Crémieu
Roussillon
★★ Mérite un détour
★ Intéressant
À voir
Ville de départ du circuit
Isle Crémieu: La route de la Lauze

Saint-Antoine-l'Abbaye

★

983 Antonins – Isère (38)

NOS ADRESSES PAGE 374

S'INFORMER

Office de tourisme – *Pl. Ferdinand-Gilibert - 38160 St-Antoine-l'Abbaye - 04 76 36 44 46 - www.saintantoinelabbaye.fr - de mi-juil. à fin août : 10h-12h30, 14h-18h30 ; de déb. mai à mi-juil. et sept. : 10h-12h30, 14h-18h, dim. et lun. 14h-18h ; reste de l'année : 14h-17h30, mar. et merc. 10h-12h, 14h-17h30 - fermé 23 déc.-7 janv.*

SE REPÉRER

Carte de microrégion B4 (p. 366) – *carte Michelin Départements 332 E2.*

St-Antoine-l'Abbaye se situe à 24 km au nord-est de Romans-sur-Isère. Aux confins de la Drôme et de l'Isère, le village apparaît dans un vallonnement du plateau de Chambaran. La vue est particulièrement spectaculaire en descendant du col de la Madeleine par la D 27.

À NE PAS MANQUER

Le Christ en ivoire du trésor ; l'architecture et les fresques de l'abbatiale ; le Grand Séchoir des noix de Grenoble à Vinay, le site de Beauvoir-en-Royans.

ORGANISER SON TEMPS

Renseignez-vous sur les visites guidées pour ne pas rater l'accès au trésor. Comptez une journée pour le village et ses environs.

AVEC LES ENFANTS

Le grand circuit de trains miniatures de Chatte, la croisière commentée sur le bateau à roue Royans-Vercors, la découverte des noix et de leur histoire au Grand Séchoir.

Que fait une abbaye de cette taille et de cette beauté ici, au milieu de nulle part, perdue entre la grande forêt de Chambaran et un si petit village ? Aujourd'hui encore, elle abrite les précieuses reliques du grand saint Antoine l'Égyptien, qui fut au 3e s. le premier moine et ermite de l'histoire du christianisme. Ici s'installa donc la maison mère de l'ordre religieux et hospitalier des Antonins, aujourd'hui disparu après une longue période de puissance et de soin des malades.

Se promener

Bâtiments conventuels

Laissez la voiture sur le grand parking aménagé environ 100 m derrière le syndicat d'initiative et montez à pied.

Dans la partie haute du bourg, l'accès à l'abbatiale se fait par l'**entrée d'honneur** du 17e s., le long de l'ancienne porterie occupée aujourd'hui par l'hôtel de ville, et se signalant par la mosaïque de ses tuiles vernissées. Trois portails à fronton brisé décorent la façade. L'encadrement du portail central, qui a conservé ses vantaux de bois sculpté, est constitué de deux colonnes ioniques. Les portails latéraux portent des bossages en pointes de diamant. Ils marquaient autrefois la frontière entre l'abbaye et la ville.

Arrêtez-vous sous le portail : un plan vous permet de repérer l'abbaye et les rues parallèles. Vous débouchez sur une grande esplanade rectangulaire qui occupe l'emplacement de deux anciens cloîtres. Des artisans (potier, tailleur de pierre, relieur) se sont installés dans les édifices en pierre qui la longe. À droite, le **bâtiment des étrangers** a pris, au 17e s., la place des infirmeries du Moyen Âge, sans doute rendues inutiles par la raréfaction du « feu de St-Antoine ». Il accueillait les hôtes de marque, ainsi que leurs équipages. Son salon d'apparat, orné de gypseries, d'une toile provenant du palais abbatial et d'une fontaine pétrifiante, se visite.

À gauche, les **anciennes écuries** sont désormais occupées par une exposition permanente sur les herbes médicinales, les remèdes et les parfums. À côté de grands panneaux explicatifs très clairs et très bien illustrés, vous avez un parfum (qui correspond au texte) que vous pouvez sentir : parfum impérial, parfum des gants, civette... Vous serez plus d'une fois surpris par ce que vous sentirez ! À l'extérieur, quelques-unes des plantes mentionnées ornent le petit jardin médiéval. On finit la visite par la boutique dont les articles concernent l'ensemble de l'abbaye.

Musée départemental

Le Noviciat - 04 76 36 40 68 - www.musee-saint-antoine.fr - - juil.-août : 10h30-12h30, 14h-18h ; mars-juin et de déb. sept. à mi-nov. : 14h-18h - fermé mar., 1er Mai, 1er et 11 Nov. - gratuit.

Installé dans l'ancien noviciat du monastère, il propose un itinéraire de découverte (panneaux illustrés et objets) sur le monachisme, les pèlerinages, les maladies et leurs remèdes au Moyen Âge, les antonins, mais aussi des œuvres de **Jean Vinay** (1907-1978), peintre paysagiste dauphinois, et de ses amis de l'École de Paris.

Contournez l'église à gauche, en direction du parvis, et prenez du recul pour observer la façade.

LE FEU DE SAINT-ANTOINE

Au 11e s., un noble du Viennois, Jocelyn de Châteauneuf, accomplit un pèlerinage en Terre sainte. À son retour, il rapporte de Constantinople les ossements de saint Antoine, le premier des moines qui vécut au désert. Les reliques sont confiées par l'évêque de Vienne à des bénédictins venus de l'abbaye de Montmajour et installés à La Motte-St-Didier. Un premier monastère s'élève et le village change de nom. Peu après, en 1089, éclate en Dauphiné une redoutable épidémie, le **mal des ardents**, appelé aussi feu de St-Antoine. Cet empoisonnement du sang, causé par un champignon parasite du seigle, brûle et gangrène les membres. Les reliques du saint attirent une foule de malades et de pauvres gens. De nombreux miracles se produisent et, pour venir en aide aux malades, un groupe de jeunes nobles crée une confrérie : les frères de l'Aumône. Au 13e s., les frères évincent les bénédictins. En 1297, la confrérie devient l'ordre hospitalier de St-Antoine. Les « antonins » fondent des hospices dans toute l'Europe. Dans la grande abbatiale de St-Antoine, dont la construction, commencée au 13e s., se poursuivra jusqu'au 15e s., viennent s'agenouiller devant les reliques empereurs d'Allemagne, papes et rois de France.

★ Abbatiale

Façade – L'église, construite entre le 12e et le 17e s., est visiblement inachevée : il manque le couronnement de son portail, et peut-être une flèche. Les portails flamboyants de la façade sont prolongés de chaque côté par les fenêtres basses des premières chapelles latérales. Une immense baie flamboyante s'inscrit au milieu de la façade.

Le **portail central★**, décoré de trois voussures ornées de statuettes, est l'œuvre d'Antoine le Moiturier qui séjourna à St-Antoine de 1461 à 1464, avant d'aller exécuter à Dijon le tombeau du duc de Bourgogne, Jean sans Peur. Au centre du portail, le Christ Pantocrator («tout-puissant») est entouré d'angelots. Au rang inférieur sont représentés plusieurs personnages parmi lesquels on reconnaît, assis, à droite, Moïse avec les Tables de la Loi et en dessous, la Sibylle. Ces personnages en hauteur ont été endommagés par les troupes du baron des Adrets pendant les guerres de Religion (à cette époque, le toit et le clocher furent incendiés, les vitraux brisés, les arcs-boutants abattus). À hauteur d'homme, une série de niches restent vides, mais il est possible que les statues qu'elles devaient abriter n'aient jamais été réalisées.

Intérieur – *✆ 04 76 36 44 46 (office de tourisme) ou 04 76 36 54 95 (association ADA) - http://patrimoine.sud-gresivaudan.org/patrimoine/ada ou www.saintantoinelabbaye.fr - ♿ - l'église est ouverte tte l'année, mais le trésor se visite seulement d'avr. à oct. : tlj sf lun. et mar. - dép. des visites : se rens. - possibilité de visite du trésor en visite libre - église et trésor : 4,50 € (12-18 ans 2,50 €) ; trésor seul : 3,50 € (12-18 ans 2 €).* Le vaisseau est ample : 62 m de longueur, 22 m de hauteur, sur 36 m de largeur. La nef de sept travées est flanquée de collatéraux sur lesquels s'ouvrent des chapelles. Les 2e et 6e chapelles du bas-côté gauche ainsi que les 2e, 4e et 7e du bas-côté droit conservent des **fresques★** des 15e et 17e s., restaurées. Remarquez dans la 2e chapelle de gauche la finesse des traits de la **Pesée des âmes★** et de la rare Crucifixion asexuée. Les trois travées du chœur se terminent par une abside à pans dont le soubassement circulaire (13e s.) est la partie la plus ancienne de l'édifice. Les 97 stalles du maître menuisier François Hanard meublent le chœur.

Le maître-autel, conçu comme un mausolée de marbre revêtu de bronzes ciselés, abrite la châsse de saint Antoine, recouverte de plaques d'argent repoussé (17e s.). Il est couronné par une colombe dont l'ombre s'inscrit deux fois par an dans un triangle au sol, symbolisant l'Esprit saint dans la Trinité. Le buffet d'orgues, du 17e s., a été restauré et sert à nouveau pour des **concerts**.

Dix tapisseries d'Aubusson (17e s.), représentant l'histoire de Joseph, décorent le chœur, le transept et les chapelles du bas-côté droit. Elles portent les armoiries des antonins, reconnaissables au T ou « tau » figurant la croix de St-Antoine.

Trésor★ – Il réunit de nombreuses châsses, des bustes-reliquaires, des instruments de chirurgie légués par le dernier malade soigné par les antonins et rappelant la vocation hospitalière de ces religieux, *Sainte Marie l'Égyptienne* peinte

LE COCHON DE SAINT ANTOINE

Anachorète de la Thébaïde, **saint Antoine**, fut populaire au Moyen Âge, autant par ses démêlés avec le démon que par son cochon, compagnon de sa vie à l'écart du monde. Les antonins seront à leur tour accompagnés de troupeaux de cochons. Ces troupeaux, portant clochettes, étaient les seuls à avoir le droit de divaguer sur les terres de tous. Propriétés des antonins, ils étaient en effet le bien des pauvres, leur viande nourrissait les malades et les nécessiteux, tandis que le saindoux était incorporé dans des onguents.

Vue de l'abbaye.
Office de tourisme de Saint-Antoine l'Abbaye

par Ribera, et un somptueux **Christ en ivoire★★** de 33 cm, dont la veinure s'apparente à un écorché. Une 3e salle, décorée de ravissantes boiseries de style rocaille, renferme un intéressant chapier (meuble où sont disposées des chapes) riche de beaux **ornements**.

Revenez au parvis de l'église.

Deux portes monumentales se font face : l'une ouvre sur les anciens jardins (*ouverts à l'occasion des Journées du patrimoine et de concerts*), l'autre domine un degré descendant vers le bourg. Remarquez de la terrasse le plan des ruelles.

Le bourg

Il s'étage le long de deux rues parallèles reliées par divers « **goulets** », passages entièrement ou en partie couverts. Dans la rue haute (Grande-Rue), remarquez les façades travaillées, l'élévation des constructions et quelques bancs d'échoppe ; empruntez quelques goulets pour surprendre les façades arrière, quelques jardinets et remarquez, dans la rue basse, les constructions plus simples en galets : vous distinguez ce qui fut le quartier des notables et celui des faubourgs.

À proximité Carte de microrégion

La Sône B4

6 km au sud par la D 20, puis la D 71.

Château de la Sône – *Au village, suivez les indications. Ne se visite pas.* Idéalement situé sur un socle rocheux dominant la vallée de l'Isère, il est doté d'un agréable parc. Les premières pierres de l'édifice remontent au 12e s.

Jardin des Fontaines-Pétrifiantes – *Accolé au château de la Sône. ☎ 04 76 64 43 42 - www.jardin-des-fontaines.com - ♿ - juin-août : 10h30-19h ; mai : tlj sf lun. 10h30-18h30 ; 1er-18 sept. : tlj sf lun. 11h30-18h, w.-end 10h30-18h30 ; reste de l'année : se rens. - 8,50 € (3-13 ans 5 €) ; 17,50 € billet combiné avec promenade en* *bateau à roue.* Ce jardin, agrémenté de près de 15 000 plantes, a été aménagé dans un site de pétrification où l'eau, chargée en bicarbonate de calcium, recouvre en quelques mois les objets d'une pellicule de cristaux scintillants constituant le tuf.

En contrebas, dominé par les toitures colorées du château, un chemin longe les rives de l'Isère.

Mais le meilleur moyen de découvrir cette vallée pittoresque est certainement le **bateau à roue Royans-Vercors.** Le parcours commenté « La Sône-St-Nazaire-en-Royans » *(aller simple possible pour les randonneurs et les cyclistes)* révèle la variété de la faune et la beauté des paysages préservés que l'on trouve au pied du Vercors. *04 75 48 45 76 ou 04 76 64 43 42 - www.bateau-a-roue.com - croisière commentée de déb. avr. à mi oct. : horaires se rens., dép. St-Nazaire-en-Royans et La Sône - 12 € (3-13 ans 6,50 €) AR ; 17,50 € billet combiné avec le jardin des Fontaines-Pétrifiantes ou la grotte.*

Château de l'Arthaudière B4

7 km au sud par la D 27B qui longe des falaises de molasse.

Élevé sur une maison forte du 13e s., le château (16e-19e s.) a été de multiples fois modifié. Les **écuries** du 18e s., restaurées, accueillent désormais une exposition permanente sur l'architecture régionale. *04 76 38 63 88 - www.saint-bonnet-de-chavagne.fr - juil.-août : 15h-19h ; juin et sept. : w.-end 15h-19h - gratuit.*

Remarquez le puits couvert (18e s.) et l'élégant lanternon de la grange. Le château garde une **galerie Renaissance** à croisées d'ogives, ornée de médaillons en réemploi, et des jardins en terrasses (vue sur le Vercors et la Chartreuse). L'ensemble, très endommagé par des années d'abandon et un incendie, est en cours de restauration.

Chatte B4

8 km au sud-est par la D 27.

Le petit bourg est connu pour son **Jardin ferroviaire**. C'est un vrai petit monde en réduction qui a été recréé dans ce jardin où le train miniature *(échelle 1/22,5)* s'intègre dans une nature exubérante composée de plus de 200 espèces de plantes.

Une trentaine de convois circulent sur plus d'1 km de voies, pour la plus grande joie des petits et des grands. *04 76 38 54 55 - www.jardin-ferroviaire.com - ♿ - de mi-mars à déb. nov. : 10h-19h - possibilité de visite guidée - fermé nov.-fév. - 8,50 € (-18 ans 7,50 €).*

Plusieurs moulins à huile (de noix) attestent l'importance de la culture des noyers dans cette région qui fait partie du territoire de l'**AOC noix de Grenoble**.

Saint-Marcellin B3

10 km à l'est par la D 27, puis la D 20 à droite.

Humbert II, le dernier dauphin du Viennois, installa ici au 14e s. son conseil delphinal qui servait de Parlement, de Conseil d'État et de Chambre des comptes. La ville ne fut pas épargnée par les guerres de Religion : prise deux fois par le baron des Adrets, elle fut définitivement récupérée par le camp des catholiques en 1568.

Le marché du samedi et les foires annuelles attirent les habitants du Bas-Grésivaudan. Le **saint-marcellin**, petite tomme ronde obtenue avec du lait de vache, constitue la spécialité locale.

La **promenade de Joud** offre une jolie vue sur la vallée de l'Isère et le Royans dominés par la muraille du Vercors.

★ Le Grand Séchoir, à Vinay C4

26 km à l'est par la D 27 puis la D 1 092, sur la commune de Vinay. ✆ 04 76 36 36 10 - www.legrandsechoir.fr - ♿ - avr.-oct. : 10h-18h ; reste de l'année : 14h-17h30 - fermé janv., 1er Mai, 25 déc. - 3,50 € (-12 ans gratuit) - vente de noix et de produits dérivés dans la boutique.

L'ancienne ferme à séchoir est méconnaissable dans son architecture renouvelée, consacrée exclusivement à la **noix de Grenoble**. Seul subsiste le séchoir, sorte de grand balcon au plancher en lattes de pin sur lequel on étendait les noix à sécher. La noix – franquette, mayette ou parisienne – est racontée sous divers angles : mythique, avec de jolis contes sur ses origines (écouteurs) ; traditionnel, avec des photos anciennes et les outils de la culture d'hier ; botanique, avec la belle **collection de noix** du monde entier, de toutes tailles et formes, des pépinières Treyve, les techniques de greffes et les agrandissements de photos sur les fleurs et les feuilles du noyer ; actuel enfin, avec un film intéressant sur les nuciculteurs et la récolte des noix de Grenoble, aujourd'hui.

Notre-Dame-de-l'Osier C4

26 km à l'est par la D 27, puis la D 1 092. Traversez Vinay par la D 22, puis prenez à droite la D 201. Se renseigner à la maison paroissiale pour les horaires : ✆ 04 76 36 70 44 - gratuit.

L'église actuelle, élevée en 1873, reprend par une mosaïque un miracle de 1649 : Pierre Port-Combet, paysan et protestant, a fait saigner, devant témoins et à plusieurs reprises, un osier en le taillant. Il ne comprend d'abord pas ce qui lui arrive et, huit ans plus tard, reçoit l'apparition d'une « belle demoiselle » l'appelant à changer de vie et demandant aux pèlerins de prier avec plus de ferveur. Les croyants affluent, des miracles se produisent. À « Bon rencontre » sera donc élevée une chapelle, puis une basilique mineure qui reste un lieu de pèlerinage.

Couvent des Carmes de Beauvoir-en-Royans B4

18 km au sud-est par la D 27.

Dans un beau site qui surplombe la vallée de l'Isère, le couvent des Carmes a retrouvé une nouvelle jeunesse. Seul vestige du palais des princes du Dauphiné (à l'exception de quelques ruines éparses dans le jardin), le couvent du 14e s. se veut désormais un centre culturel. Il abrite donc plusieurs structures dédiées au Dauphiné.

Le **Musée des Dauphins** retrace l'histoire de la dynastie depuis le roi Guigues au 10e s. jusqu'à Humbert II au 15e s. Il explique comment, n'ayant pas de descendant, Humbert II décida de donner son royaume, le Dauphiné, à la couronne de France à la seule condition qu'il soit attribué au fils ainé du roi de France qui porta dès lors le titre de Dauphin. Il évoque les palais disparus de ces rois dont on ne possède aucun portrait si ce n'est des bustes fantaisistes.

Le **Musée delphinal** retrace à travers du mobilier et des gravures, la vie quotidienne des habitants de la région. Il est une résurgence de l'ancien musée delphinal créé au 19e s. par César Filhol. Ce riche mécène, amoureux du Dauphiné, avait réuni une vaste collection d'objets et créé avec sa fille un musée dans le couvent qu'il réussit à faire classer par les Monuments historiques.

La visite se poursuit avec la découverte en salle de la **flore du parc naturel régional du Vercors** et se termine par le **jardin médiéval**. Le bistro des Carmes et sa boutique vous proposent de déguster des produits régionaux.

✆ 04 76 38 01 01 - www.couventdescarmes.com - avril-oct : tlj 10h-18h ; reste de l'année : sur réservation - 5 € (enf. 3 €).

NOS ADRESSES À SAINT-ANTOINE-L'ABBAYE

HÉBERGEMENT

À Saint-Antoine

PREMIER PRIX

Chambre d'hôte Les Voureys – *Les Voureys - ✆ 04 76 36 41 65 - http://chambrehote.site.voila.fr - 💳 - 3 ch. 46 € - table d'hôte 18 €.* Trois chambres d'esprit campagnard ont été aménagées dans l'ancien grenier de cette maison en pierre vieille de 150 ans. Les petits-déjeuners et les repas, élaborés à base de produits fermiers, sont servis dans une grande salle à manger conviviale. Petite cuisine à disposition des hôtes désirant préparer leurs repas.

RESTAURATION

À proximité

PREMIER PRIX

Le St-Marcell'inn – *2 pl. des Carmes - 38160 St-Marcellin - ✆ 04 76 38 34 26 - www.resto-le-saint-marcellinn.fr - fermé dim. soir - formule déj. 12,90 € - 16,90/29,90 €.* Avec ses larges fenêtres, ses murs colorés, ses grands miroirs, ses banquettes et son personnel nombreux, l'endroit fait un peu penser à une brasserie. Cuisine traditionnelle copieusement servie et joliment présentée.

Roussillon

7 959 Roussillonnais – Isère (38)

NOS ADRESSES PAGE 376

S'INFORMER

Office du tourisme du Pays roussillonnais – *Château de Roussillon - pl. de l'Édit - 38150 Roussillon - ✆ 04 74 86 72 07 - www.ot-pays-roussillonnais.fr - de déb. mai à mi-sept : merc., jeu. et sam. 10h-12h, 14h30-18h30 ; reste de l'année : merc. 10h-12h, 14h-18h, sam. 10h-12h, 14h-17h, jeu. et vend. 14h-18h, dim. 14h-17h.* L'office se situant à l'intérieur du château de Roussillon *(voir ci-après)*, ne pas confondre ses horaires avec ceux du château.

SE REPÉRER

Carte de microrégion A3 (p. 366-367) – *carte Michelin Départements 333 B5.* Accroché à un coteau du Rhône à l'écart de l'autoroute, Roussillon se trouve à 20 km au sud de Vienne *via* l'A 7 ou la N 7. Le parc naturel régional du Pilat est de l'autre côté du fleuve. La ville domine une vaste zone industrielle dont le développement est lié à l'essor de Rhône-Poulenc (aujourd'hui Rhodia).

À NE PAS MANQUER

Le château Renaissance.

ORGANISER SON TEMPS

Comptez environ 1h.

LE PREMIER JOUR DE L'AN

L'édit de Roussillon – En 1564, Charles IX, accompagné de sa mère Catherine de Médicis, vint rendre visite aux Roussillonnais. L'événement serait sans doute passé inaperçu si le roi n'en avait profité pour signer l'édit de Roussillon. Ce dernier désigna le **1er janvier** comme premier jour de l'année pour l'ensemble du royaume. Jusqu'alors, chaque région fixait cette date à sa convenance.

Les étapes de l'unification – C'est petit à petit que le royaume a fait son « unité technique » : la « monnaie unique » royale s'imposa à partir du 14e s., lorsque les seigneurs perdirent le droit de battre monnaie ; c'est en 1539 que le français fut imposé comme langue administrative par l'ordonnance de Villers-Cotterêts, et en 1582 qu'on adopta le calendrier grégorien en passant (sans le moindre « bug » !) en une nuit du 4 au 15 octobre ; quant aux poids et mesures, il fallut attendre la Révolution et l'adoption du système métrique pour qu'ils aient la même valeur d'une région à l'autre.

Ce Roussillon-là est peu connu. Et pourtant, chaque début d'année, lorsque le moment est venu de rédiger ses cartes de vœux, on devrait avoir une petite pensée pour cette vieille cité de la vallée du Rhône. Sans elle, ou plutôt sans l'édit qui porte son nom, on ne saurait pas que le 1er janvier est le « Jour de l'an »...

Se promener

Château

✆ 04 74 86 72 07 - www.ot-pays-roussillonnais.fr - visite guidée (1h15) juin-août : 15h30 ; reste de l'année : w.-end 15h30 - fermé certains j. fériés (se rens.) - 5 € (-18 ans 4 €), gratuit dernier dim. du mois.

Ce robuste édifice Renaissance, de style florentin, flanqué d'une tourelle côté ouest, a été construit en 1552 par le cardinal de Tournon. À l'intérieur, un escalier à balustres mène à la salle de l'Édit. Plus loin, la chambre de Catherine de Médicis conserve des vestiges de frise peinte au ras du plafond.

L'aile ouest du château abrite la **maison du Pays roussillonnais** dont la salle du patrimoine présente les principales richesses culturelles, artisanales, industrielles et architecturales de la région.

Église

De style flamboyant, elle fut construite aux 14e et 15e s. Le clocher, lui, est moderne. Dominant l'église et le cimetière, la motte de l'ancien donjon occupe le sommet de la colline.

À proximité Carte de microrégion

Montseveroux A3

17 km à l'est par la D 134, puis la D 46 à gauche.

Le **château** (13e-14e s.) a gardé ses épaisses murailles ponctuées de meurtrières, quatre tours d'angle, la vue sur la vallée, l'emplacement de son pont-levis et une belle porte. De larges fenêtres ont été percées à la Renaissance. Remarquez aussi le portail de l'ancienne maladrerie (17e s.) jouxtant le château et les décors en trompe-l'œil (18e s.) de la simple **église** romane.

Château de Bresson A-B3

17 km à l'est, sur la commune de Moissieu-sur-Dolon. Suivez la D 134, puis deux fois à gauche la D 51 et la D 134B. ✆ 04 74 84 57 82 - www.chateaudebresson.com - visite guidée (1h15) sur demande (3 j. av.) - 9h-12h, 14h-18h - 4 € (-18 ans gratuit) château + jardin.

Construit aux 16e et 17e s. et modifié au 19e s., il intègre les restes d'une ancienne maison forte dont on trouve les traces dans l'épaisseur des murs et sur la façade arrière. Bel **escalier** central d'inspiration Philibert Delorme ; rare cadran solaire et lunaire dans le jardin en terrasses du 17e s. (dessin, bassin et canalisations d'origine), et labyrinthe de charmes sans doute plus tardif.

Jardin du Bois-Marquis, à Vernioz A3

17 km au nord-est par la N 71 puis la D 37. ✆ 04 74 84 42 32 - visite sur RV - gratuit.

À l'entrée, un joli jardin botanique de pur style anglais vous attend. Plantes vivaces, graminées et bruyères composent la collection. Sur votre gauche, le chemin mène vers un arboretum de 4 ha regroupant plus de mille essences, dont des bouleaux, chênes ou érables asiatiques. Deux étangs apportent une agréable fraîcheur et font de cet espace verdoyant un petit coin de paradis.

NOS ADRESSES À ROUSSILLON

HÉBERGEMENT

À Roussillon

BUDGET MOYEN

Hôtel Médicis – *R. Fernand-Léger - ✆ 04 74 86 22 47 - www.hotelmedicis.fr - P - 15 ch. 63 € - ☕ 7,50 €.* Dans un quartier pavillonnaire calme, hôtel récent aux chambres spacieuses et fonctionnelles ; sol carrelé, mais bonne isolation phonique. Salon équipé d'une TV grand écran.

À proximité

UNE FOLIE

Domaine de La Colombière – *38270 Moissieu-sur-Dolon - ✆ 04 74 79 50 23 - www.lacolombiere.com - P - 🏊 - 21 ch. 89/109 € - ☕ 14 € - rest. 29/65 €.* Demeure bourgeoise de 1820 entourée d'un parc de 4 ha. Les vastes chambres, bien équipées, sont décorées sur le thème des peintres célèbres. Grande salle à manger, salon privé et terrasse face à la nature.

RESTAURATION

À proximité

BUDGET MOYEN

L'Atelier d'Antoine – *2176 Mas-de-Gerbey (2 km au sud de Chonas-l'Amballan, côté plan d'eau des Roches-de-Condrieu ; 9 km au nord de Roussillon par la D 4) - ✆ 04 74 56 41 21 - www.atelier-antoine.fr - fermé dim. soir, mar. soir et merc. sf juil.-août - formule déj. 20 € - 29/52 €.* Cuisine traditionnelle revisitée et teintée d'exotisme. Décor classique ou tendance (suivi en direct des cuisines *via* un écran) et terrasse.

La Côte-Saint-André

4 749 Côtois – Isère (38)

NOS ADRESSES PAGE 380

S'INFORMER

Office du tourisme du Pays de Bièvre-Liers – *5 pl. Hector-Berlioz - 38260 La Côte-St-André - 04 74 20 61 43 - www.tourisme-bievre-liers.fr - juil.-août : 9h-12h, 14h-18h, sam. 10h-12h30, 13h30-16h, merc. 9h-12h, 15h-18h, lun. 10h-12h, 14h-17h ; reste de l'année : 9h-12h, 14h-17h30, merc. 9h-12h, 15h-17h30, sam. 9h-12h, lun. 14h-17h - fermé dim. et j. fériés (se rens.), 24 déc.-3 janv.*

SE REPÉRER

Carte de microrégion B3 (p. 366-367) – *carte Michelin Départements 333 E5.*

Entre Vienne (à 39 km à l'ouest) et Grenoble (51 km à l'est), La Côte-St-André se développe sur le versant d'une longue colline.

À NE PAS MANQUER

Le musée Hector-Berlioz, consacré à la vie et à l'œuvre du musicien.

ORGANISER SON TEMPS

Comptez environ 3h pour la promenade en ville et la visite au musée Hector-Berlioz.

AVEC LES ENFANTS

Une visite gourmande au Paradis du chocolat.

Il faut venir à La Côte pour comprendre la passion qui anima Berlioz, admiratif de ce site qui « domine une assez vaste plaine, riche, dorée, verdoyante ». Les mots manquent en effet pour décrire ces éclairages de la Bièvre si particuliers et qui ont inspiré tant de peintres, cette architecture en cailloux roulés ou ces pavillons qui apparaissent au détour d'une place ou dans les pentes d'une vigne. Cette symphonie resterait toutefois « inachevée » sans la touche gastronomique apportée par les délicieuses liqueurs et autres produits locaux.

Se promener

Il faut monter au niveau du château Louis-XI ou à la table d'orientation de Notre-Dame de Sciez pour bien découvrir le site.

Musée Hector-Berlioz

04 74 20 24 88 - www.musee-hector-berlioz.fr - de mi- à fin août : 10h-20h pdt le festival ; de déb. juin à mi-août : 10h-12h30, 13h30-19h ; reste de l'année : 10h-12h30, 13h30-18h - fermé mar., 1er janv., 1er Mai, 25 déc. - gratuit.

Il est installé dans la maison natale du compositeur, demeure bourgeoise construite à la fin du 17e s. et restaurée en 1969.

La collection est constituée d'un ensemble précieux de partitions, livrets et instruments de musique anciens, ainsi que de portraits, caricatures, reproductions de lettres autographes et de lithographies de Fantin-Latour inspirées par l'œuvre du musicien. Le nouvel aménagement thématique du musée s'attache, sur trois étages, à la vie et à l'œuvre de Berlioz comme à la place

UN MÉLODISTE SURDOUÉ

Hector Berlioz, fils d'un riche médecin côtois, est né à La Côte-St-André en 1803. À l'âge de 17 ans, il arrive à Paris pour apprendre la médecine. Il suit, certes, les cours de la Faculté, mais en même temps fréquente assidûment les théâtres lyriques tout en allant consulter la bibliothèque de l'École royale de musique, où, trois ans plus tard, il s'initiera à la composition auprès de Lesueur et de Reicha. En 1828, il connaît ses premiers succès avec *Huit Scènes de Faust*. 1830 est l'année du Grand Prix de Rome et de *La Symphonie fantastique*.

Par la suite, il partagera son temps entre la critique musicale, qui l'aidera à vivre, et la composition où il connaîtra des alternances de succès et d'échecs : *Le Requiem, Benvenuto Cellini, Roméo et Juliette, La Marche hongroise, La Damnation de Faust, L'Enfance du Christ, Les Troyens*…

Romantique, Berlioz ? Il répond : « Je ne sais pas ce que cela veut dire. Je suis un classique. » Parmi les musiciens européens, il est considéré comme le créateur du « poème symphonique », mode nouveau et hardi, qui, par une riche orchestration, aboutit à une définition rythmique plus souple qu'auparavant et des associations sonores inattendues, exprimant les aspirations de l'idéal romantique au fantastique et au grandiose.

C'est à l'étranger qu'il rencontrera le meilleur accueil : Berlin, Weimar, Vienne, Prague, Saint-Pétersbourg. Il ne reviendra que fort rarement à La Côte-St-André. Mort à Paris en 1869, ce génie, méconnu de son temps, connaîtra une gloire posthume.

Il laisse derrière lui une œuvre écrite, dont un *Grand traité d'instrumentation et d'orchestration modernes*.

que celui-ci occupe dans l'histoire de la musique. La visite de la cuisine, de la salle à manger, du cabinet du Dr Berlioz ou de la chambre natale d'Hector permet de faire plus ample connaissance avec le romantisme, les femmes qu'il a aimées (en particulier Harriet Smithson) et d'apprécier pleinement son héritage artistique.

Halles

Construites au 13e s., elles frappent par leurs dimensions exceptionnelles (29 m x 76 m). Cinq allées sont ménagées sous la charpente.

En contrebas de la place s'ouvre l'étroit passage de la Halle où, dans un retour à gauche, on remarque de vétustes maisons à balcons de bois.

Église

Élevée du 11e au 15e s., elle est intéressante par son clocher construit en cailloux roulés et en briques, contrastant avec ses chaînages d'angle en calcaire blanc. Sa silhouette et sa riche coloration ont souvent inspiré le peintre Jongkind. À l'intérieur, remarquez dans le chœur, un Christ de jubé du 18e s.

Château Louis-XI

Bâtie au 13e s. par Philippe de Savoie sur un beau site défensif, cette construction, conçue à la fois comme forteresse et château résidentiel, fut dévastée par les guerres du 16e s., et réédifiée par la suite.

Le Paradis du chocolat – *04 74 20 35 89 - www.paradis-chocolat.com - - w.-end, vac. scol. (zone A) et j. fériés 15h-17h30 - possibilité de visite guidée (1h) à 15h30 - fermé 1er janv., 25 et 31 déc. - 4 € (-6 ans gratuit), visite libre, 7 € (6-12 ans 4 €) visite guidée.* C'est à une famille de chocolatiers réputés, les

Buste d'Hector Berlioz.
F. Guiziou / hemis.fr

Jouvenal, que l'on doit cette incursion chocolatée dans le château. Elle ne manquera pas de séduire les palais les plus exigeants. Depuis l'histoire du cacao jusqu'aux délicieuses créations, tout y est, même la dégustation.

De la terrasse supérieure s'offre une **vue** étendue sur les toits rouges de La Côte, la plaine de la Bièvre et les Alpes.

Musée des liqueurs

Av. Camille-Rocher - ✆ 04 74 93 38 10 - www.cherry-rocher.com - tlj du 2e mar. de juil. à fin sept. : 15h-18h ; dim. uniquement reste de l'année - fermé janv.-fév., 14 Juil. et 15 août - tarif non communiqué.

Fondée en 1705 par **Barthélemy Rocher** (1675-1747) dans un hôtel de style néoclassique, la distillerie **Cherry Rocher** propose une visite commentée des étapes de la fabrication.

La collection, installée dans une cave voûtée, comporte une série d'appareils anciens (pressoir à fruits, alambics, colonnes à rectifier, « infuseurs »). Parmi les chais, remarquez une énorme cuve en chêne de Hongrie, d'une capacité de 32 400 l. Affiches et étiquettes présentent des placards publicitaires truculents, sur les liqueurs, eaux-de-vie et autres élixirs.

La visite s'achève par la dégustation d'une des liqueurs artisanales à base de fruits rouges.

À proximité Carte de microrégion

Château de Bressieux B3

8 km par la D 71 au sud et la petite route s'amorçant, à gauche, à la sortie de St-Siméon-de-Bressieux. Au centre du village, à l'endroit où la route décrit un coude, empruntez le sentier à gauche (15mn à pied AR).

Isolés sur une butte, en haut du village de Bressieux, les vestiges du château composent un décor attachant.

Église de Châtenay B3

11 km au sud, par la D 71.

L'abbé Combalot, natif de Châtenay, professeur au séminaire de Grenoble et tourné vers les arts, dota cette église au 19e s. de ses deux raretés : un **mobilier** – autels, chaire, chemin de croix – en fonte peinte et un **carillon** de 19 cloches de la maison Bollée (Orléans). Ce qui vaut au village une école et un festival de carillonneurs. *Possibilité de visite guidée sur demande préalable à la mairie - ✆ 04 74 20 09 82 - auditions du carillon de mi-juin à mi-sept. : sam. 18h 18h30 (à l'exception des jours de concert).*

Marnans B3

18 km par la D 71 au sud, la D 130, Viriville et la D 156C.

Dans un repli retiré du plateau de Chambaran, cet humble village possède une belle **église** romane. Dans la partie basse de la façade ouest s'ouvre le portail principal en plein cintre, aux voussures moulurées de boudins, de denticules et de palmettes, et au tympan orné d'une croix grecque ; dans la partie haute s'ouvre une baie en plein cintre, surmontée d'un œil-de-bœuf.

Le chœur présente une travée très courte, voûtée en berceau, précédant un hémicycle voûté en cul-de-four et percé de trois baies flanquées de colonnettes.

Remarquez la triple baie au-dessus de l'arc triomphal : celle du milieu est en forme de croix.

Roybon B3

17 km au sud par la D 71.

Ce petit bourg pentu de la forêt de Chambaran possède un charmant ensemble de façades traditionnelles, typiques de ce pays sculpté dans la glaise et le bois, décoré de galets (remarquable église néoromane St-Jean-Baptiste). Ce patrimoine ancien, doté d'un vestige de rempart médiéval, reçoit une surprenante touche de modernité avec sa statue de la Liberté, l'une des treize répliques françaises du modèle new-yorkais.

NOS ADRESSES À LA CÔTE-SAINT-ANDRÉ

HÉBERGEMENT

À proximité

BUDGET MOYEN

Chambre d'hôte La Ferme des Collines – *446 r. des Castilles - 38260 Gillonnay - ✆ 04 74 20 27 93 - ⊭ - 5 ch. 50 € ☕.* Endroit idéal pour se ressourcer que cette ancienne ferme juchée sur une colline, face à la vaste plaine qui inspira Berlioz. Plaisantes chambres garnies de meubles chinés par le propriétaire, antiquaire ; celles en duplex plaisent beaucoup aux familles.

RESTAURATION

À La Côte-Saint-André

POUR SE FAIRE PLAISIR

Hôtel de France – *Pl. de l'Église - ✆ 04 74 20 25 99 - www.hoteldefrance.info - fermé dim. soir et lun. sf j. fériés - 28/80 € - 14 ch. 65/75 € - ☕ 10 €.* Cette grosse maison rose est également un bastion de la cuisine traditionnelle française : sa table réputée est bien connue des habitants de la région qui viennent y déguster ses truites en croûte… Quelques chambres.

À proximité

BUDGET MOYEN

Auberge du Château – *38870 Bressieux - ✆ 04 74 20 91 01 - www.aubergedebressieux.fr - fermé 24 oct.-3 nov., 15 fév.-6 mars, dim. soir hors sais., mar. et merc. - formule déj. 20 € - 28/58 €.* Au faîte d'un vieux village perché, accueillante maison ancienne bien restaurée dont la terrasse ombragée offre un beau point de vue sur la vallée et les monts du Lyonnais.

ACHATS

Chocolaterie Jouvenal – *25 r. de la République - ✆ 04 74 20 31 77 - www.paradis-chocolat.com - magasin : 7h30-19h.* Depuis 1912, la famille Jouvenal transmet sa passion du chocolat de génération en génération. Même si, au comble de l'Obsession, vous succombez à la Tentation, la Damnation (ce sont les 3 spécialités maison) vous conduira au Paradis… du chocolat, véritable petit musée où vous apprendrez tout de la divine fève du cacaoyer.

Lac de Paladru

★

Isère (38)

NOS ADRESSES PAGE 385

S'INFORMER

Office du tourisme de Charavines – *230 r. des Bains - 38850 Charavines - ☏ 04 76 06 60 31 - www.paysvoironnais.info - avr.-oct. : 9h-12h, 14h-18h ; reste de l'année : tlj sf w.-end et j. fériés 9h-12h, 14h-17h - fermé de déb. à mi-janv.*
Visites guidées du Pays du lac de Paladru-Les Trois Vals dans le cadre du label Pays d'art et d'histoire. *Renseignements et programmations au musée du lac de Paladru à Charavines ou sur www.museelacdepaladru.com.*

SE REPÉRER

Carte de microrégion C3 (p. 366-367) – *carte Michelin Départements 333 G5.*
À un peu plus de 20 km à l'est de La Côte-St-André, ce lac est finalement très proche de Grenoble grâce à l'A 48.

À NE PAS MANQUER

Le tour du lac, à pied ou en voiture, la belle architecture du château de Virieu.

ORGANISER SON TEMPS

Comptez 1h30.

Le lac de Paladru occupe une dépression d'origine glaciaire parmi les collines verdoyantes du Bas-Dauphiné. Ses eaux émeraude forment une jolie nappe étirée en longueur sur 390 ha. Pendant la belle saison, cette dernière attire de nombreux Lyonnais et Grenoblois, amateurs de sports nautiques et de randonnées.

Se promener

Musée du Lac de Paladru à Charavines

Pl. de l'Église - ☏ 04 76 55 77 47 - www.museelacdepaladru.com - 14h-18h ; fermé le w.-end d'oct. à avril - 3 € (-12 ans gratuit).
Il présente le résultat des fouilles subaquatiques des villages engloutis du néolithique et du Haut Moyen Âge. La présentation des plus belles pièces mises au jour, de superbes maquettes et des audiovisuels font revivre au visiteur la vie quotidienne des habitants à deux époques charnières de l'histoire du lac.

★ Tour du lac

Au départ de Charavines, deux promenades faciles procurent d'agréables vues d'ensemble sur le lac et le relief méridional. Il existe des possibilités de tour pédestre du lac, renseignez-vous à l'office du tourisme de Charavines.
Deux jolies routes – D 50 et D 50^{D} (prolongée par la D 90) – permettent de faire le tour du lac (15 km). Elles relient la station animée de **Charavines**, à la pointe sud du lac, au village plus paisible de Paladru, à l'autre extrémité. Elles permettent d'admirer en plusieurs points les évolutions des cygnes et des oiseaux habitant les nombreuses roselières.

Habité de longue date

LA CIVILISATION DU BOIS

Dans sa partie méridionale, le lac de Paladru recèle deux sites archéologiques immergés d'un grand intérêt. Loin de conforter l'existence de cités palafittes (bâties sur pilotis), la découverte de nombreux pieux et madriers émergeant par basses eaux a permis d'affirmer que ceux-ci constituaient l'ossature de maisons construites sur des hauts-fonds de craie lacustre, qui furent, à plusieurs reprises, affectés par des variations du niveau du lac. La variété et l'abondance des vestiges mis au jour, ainsi que l'analyse des pollens contenus dans les sédiments, ont contribué à définir la nature du manteau forestier environnant et les activités quotidiennes des habitants, largement orientées vers l'exploitation du bois.

LA STATION DES « BAIGNEURS »

Ce village néolithique d'agriculteurs a connu autour de 2700 av. J.-C. deux phases d'occupation successives se rattachant à la civilisation Saône-Rhône.
Grâce à la présence de manches de haches et de cuillères en bois, de silex taillés, de fusaïoles ainsi que de débris calcinés, on a pu mettre en évidence, outre la production artisanale, la pratique, après déforestation, de l'écobuage – fertilisation des sols par brûlage des arbres abattus – précédant la mise en culture (blé, pavot, lin).

LE SITE DE COLLETIÈRE

Actuellement noyé sous 6 m d'eau, il révèle un habitat fortifié établi à la fin du 10e s. à la suite d'une baisse sensible du niveau du lac correspondant à une embellie climatique. Les habitants ont vécu là jusqu'au début de l'an mille, lorsqu'une montée brusque des eaux les a obligés à quitter précipitamment les lieux en abandonnant leurs biens. L'intérêt archéologique exceptionnel de Colletière réside dans l'absence, depuis son immersion, de pillage ou de dégradation.
Les habitants étaient à la fois cultivateurs, éleveurs et pêcheurs. La découverte d'équipements d'équitation, de lances et d'armes lourdes atteste qu'ils assuraient aussi la défense de la communauté. Cette société préféodale était régie par des règles égalitaires devant le travail et paraissait subvenir largement à ses besoins. Les archéologues estiment probable une population d'une centaine d'individus.
Le milieu lacustre a parfaitement protégé de nombreux objets usuels fragiles qui d'habitude nous parviennent rarement : chaussures en cuir intactes, textiles, instruments rares de musique en bois (tambourin, hautbois, embout de cornemuse), des jeux (intégralité d'un jeu d'échecs) et même des jouets reproduisant des armes (arbalète).
Vers 1040, à l'abandon des habitats littoraux, la colonisation du lac de Paladru se poursuit avec l'apparition sur les collines environnantes des premières « mottes castrales ». Remplacées pour bon nombre d'entre elles par des constructions en pierre au cours du 13e s., elles constituent les noyaux des futurs fiefs des grandes familles dauphinoises : tour de Clermont, les Trois Croix (à Paladru), château de Virieu…

LE SAVIEZ-VOUS ?
Dans le film *On connaît la chanson* d'Alain Resnais, le personnage joué par Agnès Jaoui évoque les « chevaliers-paysans de l'an mille » du lac de Paladru au travers d'une préparation de thèse.

Les traditionnelles fermes des coteaux dominant le lac et la vallée supérieure de la Bourbre sont remarquables par leur vaste toiture débordante. Par la D 17 en direction du Pin, on admirera la **grange dîmière de la Silve bénite** (16e s.) qui abrite, en saison, des expositions. *04 76 55 64 15 - - www.grangedimiere.com - juil.-août : 15h-19h ; mai-juin et sept. : w.-end et j. fériés 14h-18h - gratuit.*

La tour de Clermont

45mn. Au départ de Charavines, suivez le chemin longeant la Fure jusqu'au pont de la D 50, puis prenez à gauche le chemin balisé en jaune qui monte à travers prés. Après la traversée du hameau de la Grangière, un chemin à gauche mène à la tour de Clermont.
Ce fier donjon du 13e s., de forme pentagonale à trois niveaux, est le seul vestige du puissant château de Clermont démantelé au début du 17e s. Le sommet a disparu et la porte a été percée ultérieurement (à l'origine une passerelle était jetée à hauteur du premier étage). C'était la demeure d'une des plus anciennes familles du Dauphiné dont la descendance unie à la Bourgogne allait donner la branche des Clermont-Tonnerre.

La croix des Cochettes

Cet itinéraire plus pentu que le précédent offre l'avantage d'être bien balisé (45mn). Depuis le parking de Colletière, prenez le sentier en montée, marqué en orange, en direction de Louisias. À un replat, poursuivez vers l'est à flanc de coteau pour rejoindre un sentier balisé en bleu qui permet d'atteindre la croix des Cochettes. Vue panoramique sur le lac.

À proximité Carte de microrégion

★ Château de Virieu C3

7,5 km au nord-ouest par la D 17. 04 74 88 27 32 - www.chateau-de-virieu.com - visite guidée (45mn) avr.-oct. : w.-end et j. fériés 14h-18h - tlj sf lun. juil.-août - 7 € (7-16 ans 3,50 €).
La construction, échelonnée du 11e au 18e s., fut restaurée au début du 20e s. Le château eut l'honneur d'accueillir Louis XIII, en 1622, à son retour de Montpellier où il avait signé la paix. Le monarque fit don, lors de son passage à Virieu, de plusieurs **canons**, conservés avec leurs affûts fleurdelisés sous les arcades de la cour intérieure. On y visite la chambre de Louis XIII, l'ancienne cuisine avec une grande cheminée à arc surbaissé de la fin du 15e s. et une plaque portant les armoiries primitives de l'ordre des Chartreux, la Grande Salle…

Château de Pupetières C3

Au sud de Virieu.
C'est dans le cadre agreste de la vallée de la Bourbre, au château de Pupetières, que **Lamartine** composa, en 1819, son célèbre poème, *Le Vallon*, publié l'année suivante avec ses *Premières Méditations* :
« Repose-toi, mon âme, en ce dernier asile, Ainsi qu'un voyageur qui, le cœur plein d'espoir, S'assied, avant d'entrer, aux portes de la ville, Et respire un moment l'air embaumé du soir. »

NOS ADRESSES À PALADRU

HÉBERGEMENT

À Paladru

PREMIER PRIX

Camping Le Calatrin – *38850 Paladru - ✆ 04 76 32 37 48 - www.campinglecalatrin.fr- ouv. déb. avr.-fin sept. - - réserv. conseillée - 60 empl. 18,50 €.* À l'instar de ses voisins bordant le lac de Paladru, ce camping dispose d'emplacements bien entretenus, aménagés en terrasses. Un grand bâtiment à l'entrée abrite l'accueil et un bloc sanitaire classique et correct. Une adresse de choix pour qui souhaite visiter la région et profiter de la fraîcheur du plan d'eau.

À proximité

BUDGET MOYEN

Chambre d'hôte Les Balcons du Lac – *145 chemin de Béluran, lieu-dit Vers-Ars - 38730 Le Pin (1 km au sud-ouest du lac de Paladru par la D 50) - ✆ 04 76 06 68 82 - http://balcons38.e-monsite.com - - 5 ch. 54 € - table d'hôte 18 €.* Cette ancienne ferme s'ouvre d'un côté sur le lac de Paladru, de l'autre sur les champs et les bois. Les chambres, simples et douillettes, jouissent presque toutes de la vue sur les eaux couleur émeraude ; trois d'entre elles possèdent une kitchenette. Accueil charmant.

RESTAURATION

À proximité

PREMIER PRIX

Hôtel Les Bains – *345 r. Principale - 38850 Charavines (1 km au sud du lac de Paladru par la D 50) - ✆ 04 76 06 60 20 - www.hoteldesbains-charavines.com - 15/40 €.* Des bains, oui mais des bains… -marie et la plonge, dans l'évier ! Car le lieu est bien un restaurant. Son chaleureux décor à l'ancienne – parquet, mobilier bistrot, assiettes fleuries… – est très plaisant. Cuisine traditionnelle et une spécialité : la friture.

ACTIVITÉS

Bon à savoir – Le lac de Paladru étant privé, la baignade y est interdite en dehors des 6 plages surveillées. Sachez qu'elles sont toutes payantes, à l'exception de la plage municipale de Charavines.

Bourgoin-Jallieu

24 669 Berjalliens – Isère (38)

NOS ADRESSES PAGE 390

S'INFORMER
Office de tourisme – *1 pl. Carnot - 38300 Bourgoin-Jallieu - ☏ 04 74 93 47 50 - www.bourgoinjallieu.fr - juin-août : 9h-12h, 13h30-17h30, sam. 9h-12h, 14h-16h, lun. 13h30-17h30 ; reste de l'année : 9h-12h, 13h30-18h, sam. 9h-12h, 14h-16h, lun. 13h30-18h - fermé dim. et j. fériés.*

SE REPÉRER
Carte de microrégion B2 (p. 366-367) – *carte Michelin Départements 333 E4.*
Située à 44 km au sud-est de Lyon, Bourgoin-Jallieu est desservie par l'A 43 et la D 1006. Ces grands axes routiers permettent de rejoindre Chambéry et Grenoble.

À NE PAS MANQUER
L'ennoblissement textile et la peinture postimpressionniste au musée de Bourgoin-Jallieu, les constructions en terre de Villefontaine, les triptyques et les maisons Renaissance de la Tour-du-Pin, et pour les amateurs un match de rugby au stade Pierre-Rajon.

ORGANISER SON TEMPS
Comptez une demi-journée pour la ville et ses environs.

AVEC LES ENFANTS
Les animaux du château de Moidière ou du zoo de Fitilieu.

Au pied d'une colline boisée, au croisement des anciennes routes de la soie, Bourgoin-Jallieu conserve les traces vivantes de sa spécialisation textile dans l'impression sur étoffe et le travail des soieries. Après les cours royales d'Europe, ce sont aujourd'hui les grands couturiers parisiens qui prisent ses tissus raffinés. La ville, capitale du Nord-Isère, réserve d'autres « impressions » : fines en bouche avec les délicieux « chaudelets » parfumés à l'anis, ou concentrées d'énergie avec les matchs de l'équipe de rugby locale au stade Pierre-Rajon.

Se promener

★ Musée de Bourgoin-Jallieu
17 r. Victor-Hugo - ☏ 04 74 28 19 74 - www.bourgoinjallieu.fr/51-musee-bourgoin.htm - ♿ - 9h-12h, 14h-18h - possibilité de visite guidée (1h) sur demande (3 sem. av.) - fermé lun. et j. fériés - gratuit visite libre, 4 € (-18 ans 2,50 €).
Aménagé sur trois étages dans la chapelle des Antonins (1503) et dans l'Hôtel-Dieu (18e s.) récemment restaurés, le musée déploie ses collections autour de deux axes : l'œuvre de **Victor Charreton** (1864-1936), peintre postimpressionniste qui fonda le musée en 1929, et l'**ennoblissement textile** – nom donné aux différentes étapes finales de traitement du tissu – qui a forgé l'identité industrielle de la région.
Le patrimoine régional fait l'objet d'expositions temporaires.

QUELQUES CÉLÉBRITÉS

Le nom de la ville atteste une histoire de désunions et de retrouvailles. Jallieu n'a longtemps été qu'un lieu-dit de la « terre de Bourgoin ». Réunies en 1654, les deux cités se séparent en 1791 dans le tourbillon révolutionnaire pour fusionner définitivement en 1967.

Bourgoin-Jallieu et la toute proche ferme de Monquin (sud-est de Maubec) ont marqué une étape importante (1768-1770) de la vie errante de **Jean-Jacques Rousseau** : il s'y « maria » avec sa compagne de toujours, Thérèse Levasseur, et y rédigea une partie des *Confessions*. La ville est la patrie d'autres célébrités comme l'écrivain **Frédéric Dard** (alias San-Antonio, *voir St-Chef p. 389*) et l'ancien boxeur **Brahim Asloum**, médaillé d'or aux JO de Sydney (2000).

Sur les traces de Jean-Jacques Rousseau

Durée 2h30 - voiture obligatoire - rens. et inscriptions à l'office de tourisme - pl. Carnot - 04 74 93 47 50.

Un circuit original pour retrouver pas à pas les lieux qui abritèrent le séjour berjallien de Jean-Jacques Rousseau.

À proximité Carte de microrégion

Le domaine de la Terre à Villefontaine B2

7,5 km à l'ouest par la D 1006. Prenez la direction de Vaulx-Milieu, puis du bourg et du vieux village, et suivez le fléchage.

Voici un quartier très particulier de la « grande banlieue du Grand-Lyon » : il a été construit dans les années 1980, pour assurer un habitat social moderne, en terre crue !

Aujourd'hui coquettement arborés, ces HLM résidentiels donnent à voir les multiples aspects de ce matériau traditionnel : briques et blocs de terre comprimée, pisé naturel, « terre-paille » (structure en bois emplie de paille trempée dans de l'argile)…

La Tour-du-Pin C2

16 km à l'est par la D 1006.

La vieille ville étagée au pied de l'église garde quelques logis Renaissance, notamment au n° 29 de la rue d'Italie, la **maison des Dauphins**. Remarquez, dans l'église, deux **triptyques★** : celui de la Passion, peint en 1541 par un élève de Dürer, Georg Pencz ; celui de la visite des mages, contemporain, peint par Arcabas. *04 74 97 14 87 - www.latourdupin.fr - horaires, se rens. - possibilité de visite guidée (2h) sur demande - gratuit visite libre, 3 € visite guidée.*

Château du Passage C2

23 km à l'est par la D 1006, puis la D 73ᵏ à droite. Tournez à gauche à la hauteur de l'église. 04 74 88 15 77 - visite guidée (45mn) sur demande (2 j. av.) de mi-juil. à fin août : 14h-18h - 5 € (-10 ans gratuit).

Construit au 18e s. sur les restes d'une maison forte, il a vu sa façade principale remaniée au 19e s. Le toit, fortement pentu et couvert de tuiles en écaille, est typiquement dauphinois.

Les étages sont desservis par un escalier monumental avec rampe en fer forgé, orné de **fresques** militaires en trompe-l'œil. Ces fresques, réalisées

LE RUGBY BERJALLIEN
Loin de ses succès d'antan (vice-champion de France en 1997 et demi-finaliste en 1995, 1999 et 2004), le rugby à Bourgoin connaît des heures assez sombres, avec, à l'issue de la saison 2010-2011 une relégation en Pro D2 sur fond de problèmes financiers. Mais le club au maillot « ciel et grenat » jouit d'un capital sympathie important au sein du rugby français. Essentiellement car il a formé ou lancé la carrière de joueurs de grand talent qui ont nourri ensuite des équipes plus ambitieuses ainsi que le XV de France : Marc Cécillon, Sébastien Chabal, Lionel Nallet, Morgan Parra, Julien Bonnaire, Julien Pierre, Jérôme Thion, Pascal Papé, etc.

par un artiste italien au 18e s., se prolongent par des thèmes floraux dans les salons d'apparat.
Remarquez aussi le billard, le beau poêle alsacien, le portrait de soie tissée et la lettre de Napoléon.

★ Musée du Tisserand dauphinois à La Bâtie-Montgascon C2

24 km à l'est par la D 1006, puis la D 1516 à gauche. 76 r. de Tisserand - 04 74 83 08 99 - http://tisserand.dauphinois.free.fr - ♿ - mai-oct. : 14h-18h - fermé lun., mar. et j. fériés - 3 € (12-16 ans 1,50 €) - joli choix de foulards à la boutique.

Fuyant la révolte des canuts, l'industrie de la soie a gagné au 19e s. le Nord-Dauphiné où savaient été fabriquées les « toiles de Voiron » de chanvre (jusque-là très cultivé dans la région) pendant plus de deux siècles.
Dans une ancienne usine de tissage réhabilitée, les dévidoirs, les canetières à pédales, les métiers à bras, façonnés et velours, la mécanique jacquard, entre autres, se remettent en marche le temps de fabriquer leur petit bout d'ouvrage. Une section du musée est réservée aux métiers moins connus du tulle et de la dentelle. De la soie brute au produit fini, tout peut être observé, touché, expliqué et réveille souvent, parmi les visiteurs aussi, le souvenir de longues et dures expériences de travail.

Le domaine des Fauves à Fitilieu C2

26 km à l'est par la D 1006, puis la D 1075 à gauche. Les Abrets - 04 76 32 14 71 - www.le-domaine-des-fauves.fr - ♿ - avr.-sept. : 10h-19h ; oct.-nov. et mars : 13h30-17h ; reste de l'année : w.-end, vac. scol. et j. fériés 13h30-17h - fermé j. fériés, merc. et dim. apr.-midi - 10 € (3-9 ans 6 €). Distributeurs de granulés pour les animaux et aires de pique-nique.

Sur un espace relativement restreint sont réunis des pumas, des lynx, des panthères, des lions, mais aussi des ratons laveurs, quelques lémuriens, des loups, des singes, des perroquets et quelques herbivores.

Château de Moidière B2

12 km à l'ouest par les D 1006, D 36 et D 124. Au lieu-dit « Les Eynards », prenez une petite route à gauche en direction de Bonnefamille, et à droite vers le château - 04 74 96 44 63 - www.chateau-moidiere.com - juil.-août : tlj sf mar. 14h30-18h ; reste de l'année : merc., w.-end et j. fériés 14h30-18h - animaux domestiques interdits - fermé en cas de tempête, de mi-nov. aux vac. de fév. - 8,50 € (4-12 ans 6,50 €).

Son toit, en pente très accusée couvert de tuiles à écailles, lui donne une allure typiquement dauphinoise. Premier jalon historique de la « route des Dauphins », ce château d'époque Louis XIV fut reconstruit sous l'Empire après avoir été détruit à la Révolution. À l'intérieur, le grand vestibule et l'escalier d'honneur sont décorés de peintures en trompe-l'œil, réalisées au début du 19e s. par des artistes italiens. On visite également le grand salon et la chambre Empire.

Dans les caves voûtées est installé un vivarium où évoluent des batraciens, reptiles, poissons et petits rongeurs.

Parc animalier – Au cours d'une agréable promenade, on découvre les animaux de la région : fouines, putois, genettes, blaireaux, renards, rapaces nocturnes, ou encore des mouflons, bouquetins, daims, sangliers et loups. Un parc botanique présente, le long d'un sentier d'observation, plus de 2000 arbres d'espèces de la région.

Saint-Chef B2

10,3 km au nord-est par la D 522 et la D 19.

Office de tourisme – *Pl. de la Mairie - 38890 St-Chef - 04 74 27 73 83 - www.saint-chef.fr - 14h30-17h30 - tlj juin-sept ; dim. mi-déc.-mi-fév. ; w.-end reste de l'année - fermé j. fériés (sf 14 Juil., 15 août), 20 déc.-15 janv.*

Dans le cadre verdoyant des Balmes dauphinoises, St-Chef est une ancienne cité abbatiale qui a prospéré jusqu'à la Révolution.

Les temps ont bien changé mais son trésor reste son église, ou plus exactement ses magnifiques fresques romanes qui nous sont parvenues dans un incroyable état de conservation.

Église – *04 74 92 59 52 - visite libre de l'abbatiale - visite guidée (20mn) fresques et chapelle haute juil.-août : 10h-12h, 14h30-18h30 ; avr.-juin et sept.-oct. : 14h30-18h30 - fermé mar., 1er Mai - visite guidée, 3,50 € (-12 ans 3 €) ; 5 € billet combiné avec la maison du Patrimoine.* Cette église abbatiale des 10e et 11e s. est célèbre pour ses **fresques romanes** qui se trouvent dans la chapelle s'ouvrant sur le croisillon nord. Un petit escalier à vis mène à cette chapelle haute, dite **chapelle des Anges★★**, qui a conservé le remarquable ensemble de sa décoration primitive. Autour du Christ en gloire, la cour céleste est représentée en une ordonnance admirable. Elle est composée de la Vierge entourée d'anges et de la Jérusalem céleste figurée par une tour surmontée de l'agneau mystique. Des anges complètent le chœur céleste. Au-dessous, sur les parois, prophètes, apôtres, saints, martyrs ou vieillards de l'Apocalypse occupent deux registres superposés. Une grande habileté transparaît dans l'exécution et notamment la façon dont le peintre a joué avec l'attitude des personnages : les ailes des anges se dressent ou se ferment suivant la mission qui leur est attribuée.

Maison du Patrimoine – *2 r. du Seigneur-de-By 04 74 92 59 92 - juil.-août : 10h-12h, 14h30-18h30 ; avr.-juin et sept.-oct. : 14h30-18h30 - fermé mar., 1er Mai - 3,50 € (-12 ans 3 €) ; 5 € billet combiné avec les fresques de la chapelle des Anges.* Elle forme le complément indispensable à la visite de l'église abbatiale. Le parcours sur l'histoire du bourg est en effet largement consacré à la chapelle des Anges. On approche en particulier celle-ci de très, très près, grâce à un CD-ROM spécialement réalisé sur les fresques. Les dernières salles s'ouvrent sur les richesses locales contemporaines, de la gastronomie (vins des Balmes

L'ADIEU DU COMMISSAIRE

Qui n'a jamais entendu parler des incroyables aventures du célèbre commissaire **San-Antonio** ? Le style et le ton leste peuvent dérouter, mais comment ne pas être impressionné par le talent et l'imagination débridée de Frédéric Dard qui a écrit plus de 300 ouvrages avant de s'éteindre le 6 juin 2000. Il a choisi de se faire enterrer à St-Chef, son village familial.

dauphinoises) à la culture (Louis Seigner, **Frédéric Dard** et sa machine à écrire) en passant par l'architecture (construction en « pisé »).

★ Butte de Montceau C2

9 km à l'est par la D 54^{B}.

Elle offre un panorama étendu sur la chaîne des Alpes et le mont Pilat.

Château de Demptézieu B2

6 km au nord-est par la D 143^{C}.

Ancienne possession des plus prestigieuses familles du Nord-Dauphiné, l'édifice occupe le centre d'un ancien bourg fortifié établi sur les hauteurs de la colline de St-Savin. Cette forteresse médiévale, attestée depuis l'an mille, a été remaniée à l'époque moderne, mais conserve de beaux vestiges des 13e-15e s. Fortement endommagée par la Révolution, elle fait l'objet de restaurations attentives (*visite extérieure libre toute l'année*).

NOS ADRESSES À BOURGOIN-JALLIEU

HÉBERGEMENT

À Bourgoin-Jallieu

BUDGET MOYEN

Hôtel Menestret – *Sur la D 1006 - rd-pt du Couchant - ✆ 04 74 93 13 01 - fermé 12-21 août, 22 déc.-9 janv., lun. midi et dim. - 9 ch. 60 € - ☕ 10 € - rest. 14/28 €.* Cette pimpante maison jaune abrite une sympathique adresse familiale. Chambres bien tenues, plus calmes sur l'arrière. Petites salles à manger décorées d'objets chinés ici et là et paisible terrasse arborée ; cuisine traditionnelle et régionale.

À proximité

BUDGET MOYEN

Chambre d'hôte Le St-Hilaire – *43 r. de la Tour-St-Benoît - 38460 St-Hilaire-de-Brens - ✆ 04 74 92 81 75 - www.le-st-hilaire.com - 🏊 - 5 ch. 65/79 € ☕ - table d'hôte 20 € (lun.-jeu.).* Au cœur d'un petit village, ce solide bâtiment en pierre abrite des chambres confortables, toutes différentes, une grande salle à manger et un coin salon agrémenté d'une belle cheminée à feu ouvert. Petit-déjeuner et cuisine « comme à la maison ». Piscine dans la cour intérieure. Également, location de gîte.

RESTAURATION

À proximité

BUDGET MOYEN

Bernard Lantelme – *57 rte de Lyon - La Grive - 38300 St-Alban-de-Roche (4,5 km de Bourgoin-Jallieu par la D 312) - ✆ 04 74 28 19 12 - fermé 26 juil.-25 août, sam. et dim. 24/44 €.* Dans cette ancienne ferme du 19e s., les tableaux modernes de la coquette salle à manger rustique forment un heureux contraste avec la cuisine traditionnelle. Spécialités de la maison, comme les médaillons de lotte ou les ris de veau, élaborées avec les produits du marché.

Morestel

4 090 Morestellois – Isère (38)

NOS ADRESSES PAGE 394

S'INFORMER

Office de tourisme *– 100 pl. des Halles - 38510 Morestel - ☏ 04 74 80 19 59 - www.morestel.com - juin-sept. : mar. 9h-12h, 14h30-18h30, dim. et lun. 9h30-12h ; reste de l'année : mar. 9h-12h, 14h30-18h, dim. et lun. 9h30-12h - fermé 25 déc.-1er janv.*

SE REPÉRER

Carte de microrégion B1 (p. 366-367) *– carte Michelin Départements 333 F3.*

Morestel se trouve à 20 km au nord-est de Bourgoin-Jallieu. Le Jura et la Savoie sont à deux pas, en poursuivant vers l'est.

À NE PAS MANQUER

Le site du château de Mérieu.

ORGANISER SON TEMPS

Comptez environ 1h.

AVEC LES ENFANTS

Le parc d'attractions Walibi-Rhône-Alpes.

Combien de voyageurs traversent la ville sans se douter de l'intérêt de cette ancienne « cité des peintres » ? Le site et la lumière si particulière de cette place forte ont en effet attiré, depuis le milieu du 19e s., de grands artistes tels que Corot, Daubigny ou Turner. Cette vitalité artistique perdure dans la vieille ville restaurée, qui accueille de nombreuses galeries d'art.

Se promener

Les espaces consacrés à la peinture sont nombreux et nous ne citons que les deux plus connus :

Maison Ravier

☏ 04 74 80 06 80 - www.maisonravier.com - mars-nov. : 14h30-18h30 - fermé mar. - 4 € (- 8 ans gratuit), gratuit 1er lun. du mois (selon les expositions, se rens.).

Les peintres ont souvent bon goût comme en témoigne cette très belle maison dans laquelle l'artiste a vécu de 1867 à 1895. Rachetée par la ville, elle est aujourd'hui un centre culturel connu pour la qualité de ses expositions.

DES PAYSAGES À PEINDRE !

La région, sublimée par les plus grands peintres paysagistes, répond aujourd'hui au superbe nom de « pays de la fine lumière dorée ». Parmi les peintres qu'elle séduisit figure **Auguste Ravier** (1814-1895), qui termina ses jours à Morestel. Cet ami de Corot s'est spécialisé dans les crépuscules, dont il savait à merveille rendre les incroyables nuances.

Tour médiévale

Cet ancien donjon est le principal vestige de la forteresse qui dominait la ville dès le 11e s. Il constitue un excellent belvédère sur la région (table d'orientation) et connaît une reconversion réussie en lieu d'exposition. *✆ 04 74 33 04 51 - www.morestel-expositions.com - de mi-juil. à mi-août : 10h-12h, 14h30-18h30 ; reste de l'année : 14h30-18h30, dim. et j. fériés 10h-12h, 14h30-18h30 - possibilité de visite guidée thématique, se rens. à l'office de tourisme - fermé lun., de mi-déc. à déb. avr. - gratuit.*

À proximité Carte de microrégion

Château de Mérieu C1

8 km au nord par la D 16.

Datant en majeure partie du 17e s., il occupe un **site★** magnifique sur la rive gauche du Rhône, dans un cadre de prairies et de bois se détachant sur les escarpements du Bugey méridional.

Brangues C2

6 km à l'est par la D 60A.

Sur la route historique Stendhal, ce bourg du Bas-Dauphiné est remarquable par la belle apparence de ses maisons de calcaire blanc aux grands toits de tuiles plates ; beaucoup de demeures présentent encore des pignons à mantelure. Brangues intéressera, en outre, les touristes sensibles aux souvenirs littéraires. L'auteur du *Soulier de satin* (1868-1955) s'était attaché au **château** de Brangues *(ne se visite pas)*, grosse gentilhommière du 18e s. située aux abords nord-ouest du bourg. Chaque année, il y réunissait autour de lui ses enfants et ses petits-enfants.

Espace Stendhal-Claudel – *✆ 04 74 80 32 14 - http://claudel-stendhal.com - juil.-août : 10h-12h, 15h-19h ; reste de l'année : dim. et j. fériés 14h-19h - fermé mar., 1er janv.-23 avr., 25 déc. - gratuit.* Étrange coïncidence qui réunit là ces deux écrivains, quand on lit le mépris qu'avait le second pour le premier. Illustré par de nombreuses photos et citations, le lieu s'avère une bonne occasion de découvrir, au-delà de l'ambassadeur et du grand auteur de théâtre, Paul Claudel le croyant, le travailleur, le grand-père tendre, l'homme de tous les jours, qui s'émerveille de la nature, doute de lui-même ou se prépare à mourir.

Tombe de Paul Claudel – *Accès par la D 60 à l'ouest de Brangues.* Il avait écrit « Alors salut, étoile du soir ! Il y a pour t'indiquer pensivement dans le ciel, au fond du parc, dans le coin le plus reculé de mon jardin, un long peuplier mince, comme un cierge, comme un acte de foi, comme un acte d'amour ! C'est là, sous un vieux mur tapissé de mousses et de capillaires, que j'ai marqué ma

UN FAIT DIVERS STENDHALIEN

En 1827, un ancien séminariste, **Antoine Berthet**, originaire de Brangues, tira un coup de feu dans l'église du bourg sur l'épouse d'un notable de la région. Berthet, condamné à mort, fut guillotiné en 1828. L'église, où eut lieu le drame, a été remplacée par un autre édifice, mais on peut voir encore, en contrebas du chevet, la petite maison qu'habitait Berthet, fort jolie d'aspect, avec son grand toit débordant et son grenier à fourrage. Inspiré par ce fait divers, Stendhal écrivit *Le Rouge et le Noir*, roman qui parut au début de l'année 1830. La scène y est transposée à Verrières en Franche-Comté.

place. C'est là, à peine séparé de la campagne et de ses travaux, que je reposerai, à côté de ce petit enfant innocent que j'ai perdu, et sur la tombe de qui je viens souvent égrener mon chapelet. » Selon son vœu, il est donc inhumé là, avec sa femme et son fils. Un petit jardin japonais, hommage du pays dont cet ambassadeur s'était épris, intègre désormais les tombes en son sein.

★ Parc Walibi-Rhône-Alpes C2

Desservi presque directement par l'A 43 qui relie Lyon à Chambéry, le parc est établi sur la commune des Avenières, à 13 km au sud-est de Morestel.

Rte de la Corneille - 0 820 426 436 - www.walibi.com - ♿ - de déb. juil. à mi-août et w.-end d'août : 10h-19h ; w.-end avr.-juin, de mi- à fin août et w.-end de sept. : 10h-18h ; dernière sem. d'avr., 1re sem. de mai, merc. de juin, dernière sem. de juin et w.-end d'oct. : 10h-17h - fermé de déb. nov. à fin mars - 31 € (3-11 ans 24 €).

À l'heure où les parcs d'attractions connaissent un grand succès en France, le parc Walibi-Rhône-Alpes tient bien sa place grâce à un développement régulier. Environné d'étangs, ce parc de 35 ha propose toute une gamme d'attractions et de spectacles de qualité pour satisfaire petits et grands plus ou moins téméraires. Il est devenu un pôle touristique majeur de la région.

Attractions – Les amateurs de sensations fortes seront sans doute comblés par les trois loopings avant et arrière du **Boomerang★**, par les redoutables descentes du **Totem★** et de l'**Aquachute**, à moins qu'ils ne préfèrent une croisière mouvementée (pied marin recommandé) dans le traditionnel **Bateau pirate** ou les secousses du **Zigzag**. La petite mais vive **Coccinelle** rouge vous invite à partager sa course folle, avant de partir à l'aventure sur les flots tumultueux de la **Radja river★** ou de tenter la descente de la **Rivière canadienne**. L'évasion est au rendez-vous avec le **Tamtamtour**, balade exotique en bateau qui vous plonge au cœur de la jungle tropicale.

Les jeunes enfants ne sont pas oubliés et de nombreuses activités leur sont dédiées : vieux tacots, ranch à poneys, mini-jets du **Baron rouge**, manèges ; on peut faire le tour du parc dans un petit train et parcourir l'étang à bord d'un bateau à roue.

Aqualibi★ – La partie la plus courue, à la belle saison, est sans doute l'espace nautique : la piscine à vagues, le Colorado (grands toboggans) et surtout le Rapido (torrent jalonné de tunnels et de trous d'eau) vous attendent dans une eau maintenue à 25°.

Spectacles – Parmi les spectacles qui rythment la vie du parc, ne manquez pas la **Légende de Prince Thibaud★**, un spectacle équestre sur l'histoire médiévale.

NOS ADRESSES À MORESTEL

HÉBERGEMENT

À Morestel

PREMIER PRIX

Hôtel Servhotel – *Rte de Grenoble - ✆ 04 74 80 06 22 http://servhotel-hotel.fr - P - 21 ch. 38,50/52 € - ☕ 6 €.* Cet établissement avant tout fonctionnel est une adresse utile à seulement 10 km du parc d'attractions Walibi-Rhône-Alpes. Les chambres offrent un confort simple et moderne. Terrasse, aire de pique-nique privée et grand parking. L'accueil y est cordial.

À proximité

BUDGET MOYEN

Chambre d'hôte La Paumanelle – *St-Martin - 38630 Corbelin - ✆ 04 74 83 77 72 - www.lapaumanelle.com - 💳 - 🏊 - 3 ch. 57 € ☕ - table d'hôte 22 €.* Les chambres portent les noms des trois massifs – la Chartreuse, la Belledonne, la dent du Chat – que l'on peut contempler depuis cette ferme en pisé entièrement restaurée. Aménagements intérieurs sobres et chaleureux, copieux petits-déjeuners et appétissante cuisine traditionnelle à base de produits frais.

RESTAURATION

À proximité

Bon à savoir – Il est bien connu que les émotions, ça creuse ! Et plus particulièrement à **Walibi-Rhône-Alpes**. On sera donc satisfait de trouver au sein du parc des sandwicheries (**Le Bistro'quai**), des fast-foods (**L'Aquapulco, Le Buffalo, Looping Burger**), des restaurants formule italienne (**Pizza, Pasta é Basta**) ainsi que des buffets-grills (**L'Hacienda**), pour se requinquer et faire une pause avant de repartir à l'aventure.

POUR SE FAIRE PLAISIR

Le Bec Fin – *Pl. du Champ-de-Mars - 38110 La Tour-du-Pin (15 km au sud de Morestel par la D 16) - fermé 2-23 août, dim. soir et lun. - formule déj. 17 € - 28/48 €.* Installé dans une ex-maison de négociants et tenu par un jeune couple accueillant, le restaurant prépare de généreuses recettes régionales dans deux salles aux tons verts et jaunes.

Ambroisie – *38110 St-Didier-de-la-Tour (18 km au sud-est de Morestel par la D 16 puis la N 6) - ✆ 04 74 97 25 53 - www.restaurant-ambroisie.com - fermé 15-30 oct.,dim. soir, mar. soir et merc. - menu 28/55 €.* Bordant un lac, ce pavillon vous ouvre les portes de sa salle moderne aux tons grège et chocolat ou de sa terrasse sous les platanes, devant la vue. Cuisine gastronomique concoctée avec des produits simples, par un chef d'origine provençale.

Auberge Au Coq en Velours – *1 800 rte de St-Genix - 38490 Aoste - ✆ 04 76 31 60 04 - www.au-coq-en-velours.com - fermé janv., jeu. soir (sf hôtel), dim. soir et lun. - P - formule déj. 21€ - 29/59 € - 7 ch. 68/78 € - ☕ 10 €.* Pimpante auberge de village tenue par la même famille depuis 1900. Chaleureuse salle à manger contemporaine et terrasse ombragée dressée dans un jardin fleuri.

Crémieu

★

3 327 Crémolans – Isère (38)

NOS ADRESSES PAGE 400

S'INFORMER
Office de tourisme – *9 pl. de la Nation-Charles-de-Gaulle - 38460 Crémieu - 04 74 90 45 13 - www.ville-cremieu.fr - avr.-sept. : 9h-12h, 14h-17h30 ; reste de l'année : 9h-12h, 14h-17h - fermé 20 déc.-4 janv., 1er Mai.*

SE REPÉRER
Carte de microrégion B2 (p. 366-367) – *carte Michelin Départements 333 E3.*
Crémieu est situé entre Lyon et Morestel, à 22 km au nord de Bourgoin-Jallieu.

À NE PAS MANQUER
Les anciennes halles du vieux Crémieu, avec leur toit de lauzes ; les grottes de la Balme où logèrent des hommes préhistoriques et… le bandit Mandrin ; le parcours instructif du parc archéologique de Larina.

ORGANISER SON TEMPS
Comptez au moins une demi-journée pour l'ensemble des visites.

Beau témoin du savoir-faire de nos ancêtres bâtisseurs, Crémieu garde fière allure dans son enceinte encore jalonnée de portes fortifiées : rajeunie par une restauration réussie, elle sait encore séduire les promeneurs curieux en dévoilant les charmes de ses places lumineuses, de ses étroites ruelles, de ses vénérables maisons qui ont traversé les siècles.

Se promener

L'arrivée à Crémieu par la D 517 est spectaculaire en venant de Morestel. La route traverse les gorges de la Fusa et ne découvre la ville qu'au dernier moment.

LE VIEUX CRÉMIEU

Pour découvrir l'ensemble du vieux Crémieu, il faut monter *(si possible le matin)* sur la colline St-Hippolyte qui porte les restes d'un prieuré fortifié de bénédictins, dont la **tour de l'Horloge**, du 16e s. Au niveau de cette tour, prenez à gauche un petit chemin qui conduit à une table d'orientation.

Circuit tracé en vert sur le plan p. 396. Partez de la porte de la Loi.

LE SAVIEZ-VOUS ?
C'est au 12e s. que l'on retrouve une mention de Cremiacum qui deviendra Crémieu. Le site appartient alors à la baronnie du Pin et reviendra à la France avec le Dauphiné en 1349. On sait par ailleurs qu'un prieuré de bénédictins s'est installé au 12e s. sur les falaises de St-Hippolyte. Rattachés à l'abbaye de St-Chef (1247), les moines abandonnèrent les lieux au 15e s.

Porte de la Loi

Vestige de l'enceinte du 14e s., elle est coiffée d'un toit à quatre pans et a conservé les corbeaux de ses mâchicoulis.

Franchissez la porte des Augustins.

Place de la Nation

Elle tient son nom de la période révolutionnaire. Dans l'angle nord-est s'élève une fontaine à balancier construite en 1823.

Hôtel de ville (H)

℘ 04 74 90 45 13 (office de tourisme) - ♿ - avr.-sept. : 9h-12h, 14h-17h30 ; reste de l'année : 9h-12h, 14h-17h - possibilité de visite guidée de la ville (2h) sur demande (3 sem. av.) juin-août : dim. à 15h - fermé 1er janv., 1er Mai, 1er nov., 25 déc. - gratuit, 7,60 € (enf. 4 €) visite guidée de la ville.

Il occupe, sur la place de la Nation, une partie des bâtiments de l'ancien couvent des Augustins, fondé au 14e s. Le hall d'entrée conserve un plafond à la française ; à chacune de ses extrémités, des portes donnent accès, à gauche, à la salle du conseil municipal ornée également d'un plafond à l'italienne, et à droite, à la salle de justice de paix, ancien chauffoir des moines ; ses voûtes d'ogives retombent sur un pilier central.

Cloître

L'ancien cloître du couvent des Augustins communique avec la place de la Nation par une belle grille en fer forgé réalisée en 1715. Remarquez, à droite en entrant, les dalles funéraires qui servent, depuis le 19e s., de pavement aux galeries voûtées d'arêtes. Sur certaines sont représentés des outils d'artisans dont le tranchet des adobeurs ou tanneurs de cuir. Dans un angle du cloître,

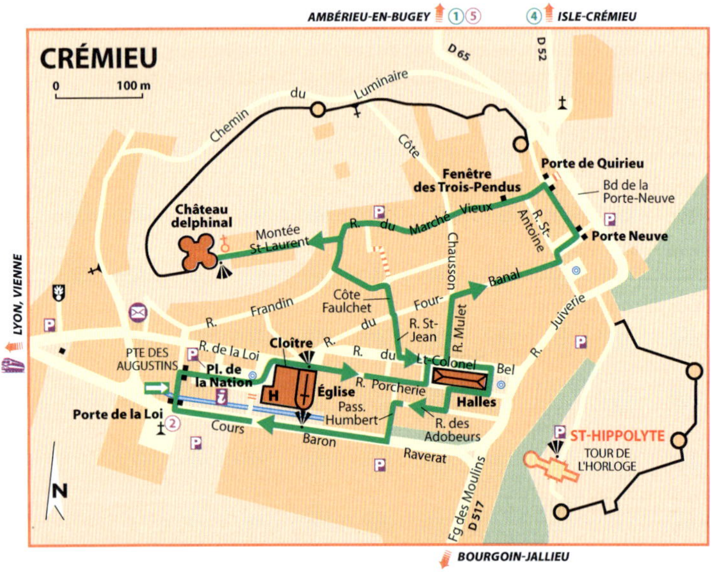

SE LOGER	SE RESTAURER
Basses Portes (Chambre d'hôte Les) ①	Chaite (Auberge de la) ②
Maison de la Noisette (Chambre d'hôte La) ④	Val d'Amby (Le) ⑤

près des dalles funéraires, on reconnaît sur une grille le symbole des augustins : un cœur surmonté d'une flamme et transpercé de deux flèches.

Église

Chapelle du monastère, de 1318 à 1791, l'église a subi des transformations. La grille qui permet d'apercevoir l'intérieur est signée Redersdorff (1982). L'édifice abrite un mobilier intéressant : boiseries des stalles et de la chaire, grilles en fer forgé des chapelles latérales. Remarquez aussi la forme des piliers, tous différents, et les bas-côtés étroits aux voûtes d'ogives très serrées.
Du parvis, belle vue sur le Château delphinal et les maisons anciennes décorées de génoises à double ou triple bandeau.
Par la rue Porcherie, gagnez les halles.

★ Halles

Elles ont été construites en 1434. Leur grand toit de lauzes repose à ses extrémités sur un mur épais, percé de trois arcades. Remarquez sous la charpente, magnifiquement ordonnée, les trois allées qui correspondent chacune à un commerce déterminé. Au fond des halles, à droite, subsistent des auges en pierre sur lesquelles s'adaptaient des mesures à grains, des goulottes permettant de remplir les sacs.
La rue Mulet, puis la rue du Four-Banal, à droite, mènent à la porte Neuve.

Portes fortifiées

Dite aussi de François Ier, la **porte Neuve** a été édifiée au 16e s. La **porte de Quirieu**, avec ses degrés et sa rigole centrale est du 14e s. Prenez la rue du Marché-Vieux. Remarquez, sur la droite, au no 14, la **fenêtre des Trois-Pendus** (14e s.).
Poursuivez par la montée St-Laurent.

Château delphinal

Les origines de ce château fort *(bar-restaurant, accès réservé aux consommateurs)*, situé sur la colline St-Laurent, remontent au 12e s. Sur la terrasse se dresse une chapelle dédiée à Notre-Dame-de-la-Salette ; belle **vue** sur les toits de lauzes de l'église et de l'ancien couvent.
Faites demi-tour et prenez à droite la rue Frandin, puis à gauche la côte Faulchet en forte descente.
À l'intersection avec la rue du Four-Banal se dresse une demeure du 16e s., ajourée de fenêtres à meneaux, qui abrite la **maison du Colombier** (expositions).
Prenez la rue St-Jean, la rue du Lieutenant-Colonel-Bel et contournez les halles par l'ouest pour gagner la rue des Adobeurs. Elle est bordée de petites maisons basses qui abritaient autrefois des ateliers d'artisans dont de nombreux tanneurs.
Le passage Humbert, à gauche, mène au cours Baron-Raverat.
À hauteur du chevet de l'église, belle **vue** sur le clocher hexagonal dont la flèche se dresse au-dessus d'une ancienne tour d'enceinte.

Circuit conseillé Carte p. 398

ISLE -CRÉMIEU : LA ROUTE DE LA LAUZE

70 km. Voir le circuit sur la carte ci-contre. Comptez 5h.
L'Isle-Crémieu est un plateau calcaire détaché de son massif d'origine, le Jura. Avec de sublimes falaises en toile de fond, c'est un paysage parsemé de tourbières et d'étangs, de gentilhommières et de toits de lauzes, de champs bordés de dalles levées.

Quittez Crémieu par la D 52 en direction d'Optevoz.
La montée offre d'abord un joli coup d'œil sur l'étang de Ry et, en contre-haut, l'important **château de St-Julien**, moderne. Au débouché sur le plateau, les vues se développent vers le Bugey et en direction des Alpes.
À la sortie du frais bassin d'Optevoz, poursuivez par la D 52 jusqu'au lieu-dit La Plaine où vous empruntez, à gauche, une agréable petite route (D 52^B) suivant un vallon verdoyant.

Saint-Baudille-de-la-Tour

Ce charmant village abrite une belle maison forte du 15e s., dite « des Dames », avec sa tour couverte de lauzes et son porche armorié.
Suivez la D 52^B jusqu'à Torjonas où vous prendrez à droite la direction d'Ecottier, puis de Charette avant de rejoindre la D 52 en direction de Montalieu-Vercieu.

Montalieu-Vercieu

L'histoire de ce petit bourg est indissociable de celle du bassin carrier qui l'environne. Ici, la pierre de Montalieu est exploitée depuis près de 2 000 ans, activité à laquelle rend hommage la **maison de la Pierre et du Ciment** : carte en relief interactive des différentes zones d'extraction de la région, reconstitutions, vidéos et exposition d'outils de tailleurs de pierre. La visite s'achève dans une annexe du bâtiment où la **maison de Pays** reconstitue l'intérieur et le quotidien d'un tailleur de pierre de Montalieu à la fin du 19e s.
1 r. du Rhône - ✆ 04 37 06 10 71 - www.paysdelapierre.org - 14h-18h - tlj sf lun. juil.-août ; w.-end et merc. avr.-juin et sept. ; merc. fév.-mars - possibilité de visite

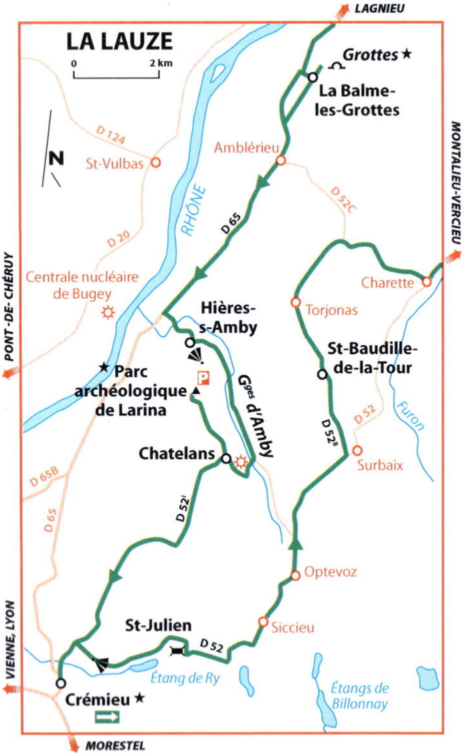

thématique 1 fois par mois, se rens. - fermé j. fériés - 3 € (8-18 ans 2 €), 7 € billet famille (2 adulte + 2 enf.).
Rejoignez La Balme-les-Grottes par la D 1075.

La Balme-les-Grottes

Cet agréable village est surtout connu pour ses grottes qui s'ouvrent au pied de la falaise marquant l'extrémité du plateau de l'Isle-Crémieu. Nombreux parkings et possibilités de restauration.
Grottes de la Balme★ – *✆ 04 74 90 63 76 - visite guidée (1h15) de fin juin à déb. sept. : 10h30-18h ; reste de l'année : tlj sf lun. dép. 14h, 15h, 16h et 17h, dim. et j. fériés (et sam. d'av. à juin) 11h, 14h-17h (avr.-juin 13h30-17h15) - oct.-mars. w.-end uniquement - fermé janv., 25 déc. - 7,70 € (-14 ans 4,70 €).* 270 marches.
Habitées au paléolithique supérieur, connues dès le Moyen Âge, visitées par François Ier, célébrées comme une des « sept merveilles du Dauphiné », elles auraient, au 18e s., servi de repaire au fameux brigand Mandrin. Un immense porche, haut de 40 m, sous lequel s'élèvent deux chapelles superposées, donne accès à une vaste salle à l'aspect chaotique, appelée Grande Coupole. De là partent plusieurs galeries. À gauche, la galerie de Mandrin, très étroite, mène au balcon du même nom, commandant l'entrée de la grotte. La galerie du lac longe un superbe ensemble de petits **gours★★** (vasques naturelles) avant d'atteindre la rivière souterraine.
Après une escalade dans la partie appelée « Grottes supérieures » aux riches concrétions, on pénètre dans la galerie de François Ier. Ce véritable labyrinthe conduit à un balcon surplombant d'une trentaine de mètres le lit du torrent à l'entrée de la grotte. Un spectacle son et lumière anime la salle de la Grande Fontaine.
Faites demi-tour. Par la D 65, puis par la première route à gauche, rejoignez Hières-sur-Amby.

Hières-sur-Amby

La petite bourgade s'étend au débouché du val d'Amby, au pied du plateau de Larina. En contrebas de l'église, l'ancien presbytère du 18e s., couvert de lauzes, a été transformé en **maison du Patrimoine**. Une partie de l'exposition archéologique est consacrée aux produits des fouilles effectuées sur le site de Larina *(voir ci-après)* : ossements, outils, monnaies, bijoux et maquette de ferme mérovingienne. Au rez-de-chaussée est reconstituée par un procédé électronique la tombe sous tumulus d'un prince celte (8e s.) découverte en 1987 à St-Romain-de-Jalionas. Les objets mis au jour, bijoux en or, dont un torque (collier) et un bracelet, vaisselle, armes en bronze et le plus ancien couteau en fer découvert en Europe, sont présentés dans des vitrines voisines. *✆ 04 74 95 19 10 - www.musee-larina-hieres.fr - ♿ - tlj (sf w.-end oct.-mars) 14h-18h (dernière entrée 1h av. la fermeture) - possibilité de visite guidée, se rens. - 3,50 € (-12 ans gratuit) avec audioguide.*
Si vous avez un peu de temps, nous vous conseillons un petit tour sur la D 65C en direction du château du Cinglé. La route est très belle et dévoile de belles constructions à toits de lauzes.
Traversez Hières-sur-Amby, et tournez à gauche dans la D 52A.

Gorges d'Amby

La rivière serpente au pied des parois piquetées d'arbrisseaux. On remarque au passage la maison forte de Brotel (15e s.), en à-pic.
Une étroite route, s'embranchant à droite sur la route des gorges, à hauteur d'une ancienne cimenterie, franchit l'Amby et conduit, par une forte montée, à Chatelans.

Chatelans

Au centre du village, dans une auberge, le **musée de la Lauze** présente de manière didactique les techniques traditionnelles de cette architecture qui caractérise l'habitat de l'Isle-Crémieu. *Montée de la Cure - ✆ 04 74 95 19 10 - www.musee-larina-hieres.fr - avr.-nov. : apr.-midi - 3,50 € (-18 ans gratuit).*

Prenez une petite route à droite, qui, en 2,5 km, mène à la pointe du plateau occupée par le site archéologique de Larina.

★ Parc archéologique de Larina

Circuits balisés et panneaux explicatifs. ✆ 04 74 95 19 10 - du lever au coucher du soleil - gratuit.

Le camp de Larina s'étend sur 21 ha. Il est limité au nord et à l'ouest par des falaises dominant la plaine du Rhône et le val d'Amby ; au sud et à l'est, il est ceint d'un rempart de pierre long de près d'1 km, encore recouvert de végétation. L'occupation humaine du site est attestée par des objets datant de la période néolithique (vers 3 000 av. J.-C.). Du 5e au 1er s. av. J.-C., un oppidum est édifié sur le plateau, enserrant dans son enceinte des cabanes en bois et torchis. La découverte d'un autel et de gros blocs de fondation attestent l'érection, à l'époque romaine, d'un temple dédié au dieu Mercure.

À la fin de l'Antiquité et pendant le Haut Moyen Âge, deux grands domaines agricoles se succèdent. Le premier (établi aux 4e et 5e s.) regroupe, autour d'une villa à galerie, divers bâtiments d'exploitation (entrepôts, groupes…) construits en terre et en bois sur des fondations de galets encore bien visibles. Du 6e au 8e s., un second domaine se développe autour d'une vaste maison en pierre couverte de lauzes et de ses bâtiments annexes. Sur la butte au nord, deux nécropoles ont été installées ; de la seconde, on a retrouvé des tombes sous forme de coffres en dalles de lauzes.

La pointe nord de la falaise, où se dresse une statue de la Vierge, est un spectaculaire **belvédère** : au premier plan, sur le Rhône, la centrale nucléaire de Bugey et la tourbière de Larina ; plus loin sur les monts du Bugey, la côtière de la Dombes, les monts du Beaujolais, du Lyonnais, les torchères de Feyzin…

De retour à Chatelans, prenez à droite la D 52I vers Crémieu.

NOS ADRESSES À CRÉMIEU

HÉBERGEMENT

À proximité

BUDGET MOYEN

Chambre d'hôte La Maison de la Noisette – *La Prairie - 38460 Annoisin-Chatelans - ✆ 04 74 83 86 09 - www.maison-noisette.com - P - piscine - 4 ch. 70 € petit-déj. - table d'hôte 20 €.* Vous serez accueilli à bras ouverts dans cette maison de campagne noyée dans la verdure. Ses chambres sont gaiement colorées. En été, vous pourrez faire des barbecues, profiter de l'agréable jardin et de la piscine.

Chambre d'hôte Les Basses Portes – *À Torjonas - 38118 St-Baudille-de-la-Tour - ✆ 04 74 95 18 23 - www.basses-portes.com - fermé 15 nov.-15 janv. - P - piscine - 3 ch. 56/59 € petit-déj. - table d'hôte 23 €.* D'importants travaux ont permis de réhabiliter cette ancienne ferme sans rien ôter à son charme rustique originel. Mélange réussi de l'ancien et du moderne dans les chambres au décor parfois surprenant.

Les salles de bains sont flambant neuves.

RESTAURATION

À Crémieu

BUDGET MOYEN

Auberge de la Chaite – *Pl. des Tilleuls - ✆ 04 74 90 76 63 - www.aubergedelachaite.com - fermé 22 avr.-10 mai, 22-30 août, 20 déc.-15 janv., dim. soir, merc. midi et lun. - formule déj. 18 € - 28/39 € - 9 ch. 60/65 € - ☕ 8,50 €.* Face à la porte de la Loi, cette maison de pays propose des plats traditionnels à déguster dans une salle rustique à souhait ou sur la terrasse ombragée. Chambres modestes.

À proximité

BUDGET MOYEN

Le Val d'Amby – *Pl. de la République - 38118 Hières-sur-Amby - ✆ 04 74 82 42 67 - www.hotel-levaldamby.com - fermé 1er-6 mars, 25 avr.-1er mai, 27 juil.-21 août, 23-25 déc., dim. soir et merc. - formule déj. 13 € bc - 29/60 € - 13 ch. 58/70 € - ☕ 8 €.* Sur la place du village, belle maison de pays en pierre. Menu du jour servi dans l'espace café et cuisine traditionnelle dans la salle à manger plus confortable. Terrasse. Chambres simples et bien tenues.

ACHATS

Spécialités – Parmi les spécialités locales, le sabodet (saucisson à cuire) et la foyesse (pâtisseries).

Berlioux – *4 pl. de la Poype - ✆ 04 74 90 75 70 - 7h-13h, 14h30-19h30, w.-end 7h-19h - fermé lun. et congés variables.* L'atmosphère chaleureuse de cette belle pâtisserie à l'ancienne en séduit plus d'un. Mais l'on est véritablement conquis par les 25 références de chocolats, les viennoiseries, les crèmes glacées et les entremets. Ces délices n'éclipsent pas pour autant la spécialité locale, la foyesse, brioche au beurre, plate et sucrée.

7

Vienne

★★

29 905 Viennois – Isère (38)

NOS ADRESSES PAGE 416

S'INFORMER

Office du tourisme de Vienne – *Cours Brillier - 38200 Vienne - ☏ 04 74 53 80 30 - www.vienne-tourisme.com - de mi-juin à fin août : 9h-18h, dim. 9h-12h, 14h-18h, lun. 10h30-18h ; reste de l'année : 9h-12h, 13h30-18h30, j. fériés 9h-12h, 14h-18h, lun. 10h30-12h, 13h30-18h - fermé dim. (de fin nov. à mi-fév.), 1er janv., 1er Mai, 25 déc.* Visites guidées dans la cadre du label Ville d'art et d'histoire.

SE REPÉRER

Carte de microrégion A2 (p. 366-367) – *Carte Michelin Départements 333 C4.* Située à 38 km au sud de Lyon et à 52 km à l'est de St-Étienne, Vienne est desservie par l'A 7 et la N 7.

À NE PAS MANQUER

L'importante cité gallo-romaine de St-Romain-en-Gal ; la cathédrale St-Maurice ; le temple antique d'Auguste et de Livie.

ORGANISER SON TEMPS

Comptez 1h30 pour St-Romain, autant pour Vienne.

« Assise comme un autel sur les contreforts du noble Dauphiné » (Frédéric Mistral), la ville de Vienne est baignée par la lumière rhodanienne qui lui donne une touche déjà méditerranéenne. Site romain dont les ruines imposantes – temple et théâtre, mais aussi cité de St-Romain-enGal – lui ont assuré la renommée, elle est aussi une ville du Moyen-Âge avec son cloître roman, sa cathédrale gothique et ses passages couverts. À Vienne, on prend le temps de flâner dans ses ruelles pentues et de s'assoir à la terrasse d'un café sur l'une de ses places.

Découvrir Plan de monument

★★ CITÉ GALLO-ROMAINE DE SAINT-ROMAIN-EN-GAL A1

Visite : environ 3h. Plan p. 404.

St-Romain-en-Gal et Ste-Colombe, sur la rive droite du Rhône, sont situés en face de Vienne : ces trois localités formaient à l'époque romaine un seul ensemble urbain.

Les fouilles pratiquées sur ce site, depuis 1967, ont mis au jour un quartier urbain, comprenant à la fois de somptueuses maisons *(domus)*, des commerces avec des pièces de stockage, des ateliers d'artisans et des thermes. Les plus belles découvertes, essentiellement des mosaïques, sont présentées dans le musée. *Vous pouvez commencer la visite aussi bien par le musée que par le site.*

Saint-Romain-en-Gal, le Musée gallo-romain.
F. Guiziou / hemis.fr

★ Site

✆ 04 74 53 74 01 - www.musees-gallo-romains.com - ♿ - 10h-18h - 4 € (gratuit jeu. et -18 ans) - fermé lun., 1er janv., 1er Mai, 1er nov., 25 déc. - 6 € (-18 ans gratuit).
Une passerelle descend du pavillon d'entrée vers le site et en offre une vue générale. Restez d'abord en hauteur. L'ensemble du site est très riche. Les vestiges actuellement dégagés sur plus de 3 ha attestent une occupation allant de la fin du 1er s. av. J.-C. au 3e s. apr. J.-C. La structure du quartier ne correspond pas au schéma de quadrillage en damier des rues habituellement adopté par les Romains : trois voies et deux ruelles déterminent cinq îlots irréguliers, progressivement mis au jour. Les ateliers d'artisans côtoient les grandes demeures et ne sont pas systématiquement regroupés dans un quartier spécifique.
La porte du pavillon d'entrée ouvre au-dessus des thermes à gauche, de la *domus* du Lion à droite. L'architecture du musée a été conçue pour aider à lire le site : surélevé par des pilotis, ce dernier est ancré dans les murs de la **maison au Lion** dont il occupe l'exacte surface (1 900 m^2), ce qui donne une idée de son importance. Les restes de la maison elle-même ont été recouverts de sable, en attendant la reprise des fouilles à cet endroit.
Descendez la passerelle, prenez à gauche vers les thermes.
Remarquez les dalles des voies romaines : elles ont des ornières creusées par les roues des charrettes. La rue qui mène au Rhône était utilisée pour le chargement et le déchargement de marchandises.
Les vestiges des **thermes des Lutteurs** sont visibles au sol, avec leur *caldarium* (salle chaude), leur *tepidarium* (salle tiède) et leur *frigidarium* (salle froide). Le musée en reprend l'élévation probable (sans les pilotis). Deux autres thermes, plus grands, ont été découverts sur le site, ce qui donne une idée de l'importance de la ville. Remarquez dans les latrines, à gauche, la fontaine, la circulation des eaux usées, les peintures murales (des copies, les originales étant au musée) et l'hypocauste (1), système de chauffage par le sol : l'ensemble atteste le rôle majeur des thermes dans la vie sociale gallo-romaine. Les bains publics comme les latrines, outre leur fonction de confort et d'hygiène, sont un lieu de discussion, de rencontre, sans doute aussi de négociation.

Prenez en face la rue dite « des Thermes ».

Remarquez au sol l'inclinaison des dalles et l'évacuation des eaux : le système d'égouts, haut de 1,50 à 2 m, est encore efficace aujourd'hui. À droite, la rue mène à trois maisons dont les cours intérieures ont été approximativement reconstituées. À gauche, l'îlot triangulaire formé par les rues du Commerce et des Thermes est un **quartier artisanal** bordé à l'est et à l'ouest par des portiques. Les salles du bâtiment nord recèlent un système de canalisations ; lui fait suite, au sud, un atelier composé de neuf pièces s'ordonnant autour d'une cour. La présence de bassins couverts d'un mortier rose étanche et la découverte de produits colorants, à la jonction des rues du Commerce et des Thermes, signale une activité de foulons ou de **teinturiers** (3). La base du triangle, dite **« le marché »** (2), est occupée par des ateliers et des boutiques.

Bordant la rue du Commerce, au nord-ouest, les **grands entrepôts**, ou *horrea*, s'étendent sur plus de 3 000 m². La façade côté est est percée par une entrée unique, adaptée au passage des charrettes. Une des salles (4) montre un ingénieux dispositif pour assainir les pièces, favorisant la conservation des denrées périssables : des amphores sphériques, fichées en terre par le col, créent un vide sanitaire.

La **maison des Dieux Océan**, qui s'élevait sur deux étages, est la plus belle et la plus spacieuse du site. Elle s'inscrit dans un rectangle de 110 m de long et 24 m de large et qui, à part l'entrée située au sud et l'accès à la ruelle par le grand péristyle au nord, ne comporte pas d'ouverture vers l'extérieur. Le sol du vestibule *(atrium)* était revêtu d'une mosaïque, comportant des têtes de dieux Océan barbus et chevelus, et des motifs marins, visible dans le musée. Vient ensuite un petit jardin *(viridarium)* à péristyle cernant deux bassins : l'un en U, l'autre rectangulaire. Au nord, le grand jardin à portique occupant le tiers de la surface est légèrement désaxé par rapport aux autres pièces. On peut observer un système, restauré, de chauffage par hypocauste (5).

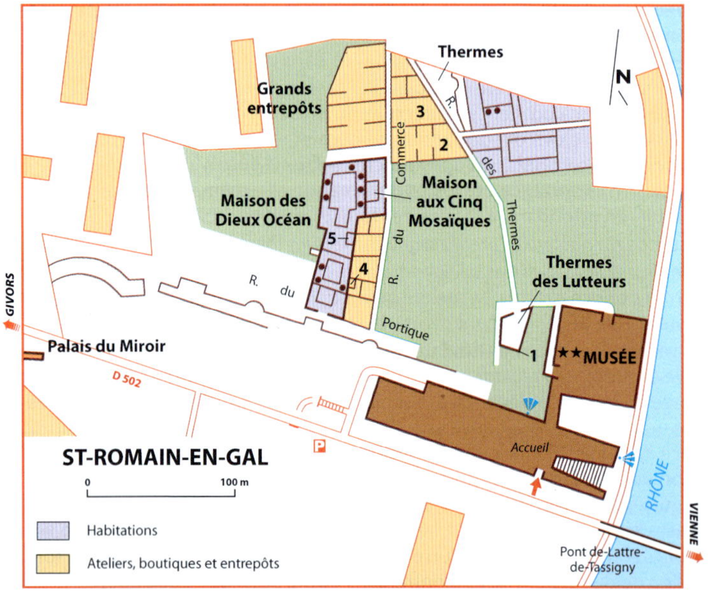

LES PLUS GRANDS ENTREPÔTS DE L'EMPIRE
Les sites romains découverts à St-Romain-en-Gal et à Vienne font estimer leur population à 30 000 habitants au 2e s. apr. J.-C., au plus fort de leur expansion romaine, soit 5 fois plus qu'au Moyen Âge. Une maquette du musée reconstitue les entrepôts installés sur la rive gauche du Rhône, à la hauteur de la pyramide. Leur taille impressionnante (près de 6 ha) les place parmi les plus grands de l'Empire. Plus qu'un simple lieu de commerce, ils pourraient être le lieu de stockage de l'annone, l'impôt en nature payé par la Gaule romaine.

À ses côtés la **maison aux Cinq Mosaïques** tire son nom des pavements que l'on a découverts, entre autres, dans le péristyle, la salle à manger *(triclinium)* et la salle de réception. Ces mosaïques sont remises en place de mai à octobre.

★★ **Musée** A1 Plan de ville p. 410
Riche d'une belle collection de mosaïques et d'une architecture moderne parlante, le musée a été conçu comme une vitrine du site archéologique d'un côté, du Rhône et de la Vienne actuels de l'autre. Il se visite en boucle, en commençant par le rez-de-chaussée.
C'est la célèbre **mosaïque des Dieux Océan★**, devenue l'emblème du site, qui accueille le visiteur. Elle témoigne de la richesse de la ville, qui connut son heure de gloire grâce à de fructueux échanges avec la civilisation romaine. Les pilotis retrouvés dans le Rhône ou la reconstitution d'un bateau de commerce (d'après un modèle retrouvé à Toulon) rappellent l'importance du fleuve, vecteur d'activité primordial pour l'essor de la ville. Les céramiques (remarquez les grands *dolia* qui contenaient jusqu'à 1 000 l de vin), le travail de l'os et du tissu et deux maquettes illustrent avec une profusion de détails l'activité des immenses entrepôts de Vienne (60 000 m²) et de St-Romain-en-Gal. Y transitaient de l'huile, du vin et même du *garum*, une sauce de poisson originaire d'Espagne qu'on redécouvre aujourd'hui sous le nom de… nuoc-mam.
La principale richesse du site consiste en ces magnifiques **mosaïques de sol** qui rivalisent de beauté avec les pavements en *opus sectile*, composés de carreaux de marbre beaucoup plus importants. Les pierres qui les composent sont originaires de Turquie, de Tunisie ou de plus loin encore. Les décors, souvent inspirés de la mythologie, mettent en évidence les goûts ou les principes du propriétaire des lieux ; ainsi, la mosaïque d'Orphée illustre la prédominance de la culture sur la nature. L'**ornementation murale** était plutôt peinte ; la magnifique peinture des **Échassiers★** ou celle des **Lutteurs** révèle le degré de finesse de la décoration intérieure. Plusieurs passerelles aident à mieux visualiser certaines de ces pièces soigneusement reconstituées, et leur place dans l'organisation des vastes demeures patriciennes. Au centre du 1er étage, l'exceptionnelle mosaïque du **Châtiment de Lycurgue★★** clôt en beauté ce voyage parmi les fastes de l'époque gallo-romaine. Deux carrés ont malheureusement été découpés et volés. S'y trouvaient pourtant des personnages essentiels à l'histoire, sans doute Ambrosia et Dionysos. Selon le mythe illustré ici, Lycurgue, roi de Thrace, aurait en effet chassé Dionysos qui voulait traverser son territoire et se serait attaqué à Ambrosia, une des bacchantes de sa suite. Alors, Ambrosia implora la Terre Mère, et la Terre s'ouvrit. Elle disparut en son sein et se changea en vigne qui, tissant des liens entourés sur eux-mêmes, enserra le cou de Lycurgue d'un nœud étrangleur.
Des bornes informatiques et une salle audiovisuelle (5 films) permettent d'approfondir la connaissance de cette période ainsi que les techniques

Une histoire bouillonnante

LA VILLE ROMAINE

L'origine de son nom *(Vigenna)* est celtique et signifierait soit « bourgade au bord de l'eau », soit « rive inondable, marais ». Les Allobroges en font leur capitale au cours du 1er s. av. J.-C. et, plus de 50 ans avant la conquête de la Gaule par Jules César, la ville est assujettie par les légions romaines. Elle bénéficie d'une position géographique plus facile à exploiter que celle de Lyon : il n'y a qu'un fleuve à traverser. Les drapiers, peaussiers et potiers déploient une activité florissante et le poète Martial peut parler au 1er s. de « Vienne la Belle ». Les monuments publics s'élèvent au pied de la colline de Pipet, les résidences particulières comme les édifices à vocation commerciale ou artisanale s'étendent sur les deux rives, à Vienne et à l'emplacement des bourgs de Ste-Colombe et de St-Romain-en-Gal, au-delà du Rhône.

HEURS ET MALHEURS D'UNE « GRANDE BOURGOGNE »

En dépit de la confusion politique lors de la dissolution de l'Empire romain d'Occident, Vienne reste un foyer d'art : la construction de l'église-nécropole St-Pierre se poursuit ; l'abbaye de St-André-le-Bas est fondée. Avec les Carolingiens, les querelles incessantes pour l'héritage de Charlemagne permettent, en 879, à **Boson**, comte de Vienne, d'Arles et de Provence, de se faire proclamer « roi de Bourgogne » au château de Mantaille. Il réside dans son palais à Vienne.

VIENNE, CITÉ SAINTE

L'autorité temporelle des archevêques, comtes de Viennois, s'exerce sur la cité. Autour de l'abbaye St-André-le-Bas, parvenue au faîte de sa puissance, une nombreuse colonie juive entretient la prospérité commerciale.

Deux grandes figures s'illustrent alors sur le siège du « primat des primats des Gaules » : Guy de Bourgogne (1088-1119), couronné pape dans sa cathédrale sous le nom de **Calixte II**, et **Jean de Bernin** (1218-1266), qui préside notamment aux travaux d'agrandissement de la cathédrale St-Maurice. Divers conciles se tiennent dans la ville, en particulier celui qui prononce, en 1312, la suppression de l'ordre des Templiers.

UNE LUTTE INÉGALE

La présence de cette terre d'Église aux confins du Royaume et de l'Empire ne laisse pas la monarchie française indifférente. Dès 1335, Philippe de Valois annexe Ste-Colombe et fait élever une **tour** marquant cette prise de possession. En 1349, le Dauphiné est cédé en apanage aux fils aînés de la Maison de France. La mainmise apparaît totale au cours du 15e s. avec la réunion définitive de Vienne à la France.

LES TEMPS MODERNES

L'activité commerciale s'effondre et la population diminue d'un cinquième entre 1650 et le début du 18e s. Même le pont sur le Rhône, emporté par une crue en 1651, ne sera pas rétabli avant le 19e s. Une certaine renaissance industrielle se manifeste à la fin de l'Ancien Régime : les manufactures de drap s'alignent le long de la Gère. Aujourd'hui, Vienne est redevenue une ville active et commerçante.

actuelles de recherche et de restauration. Travaillent en effet à demeure une équipe d'archéologues et un **atelier de restauration de mosaïques** d'envergure internationale.

Sainte-Colombe A1-2 Plan de ville p. 410

Ce faubourg était couvert à l'époque romaine de luxueuses résidences, décorées d'œuvres d'art et d'immenses mosaïques.

Palais du Miroir – *Vestiges visibles de la N 87, sur la gauche en venant du musée.* Les découvertes les plus importantes ont été faites dans ces vastes thermes. Leur nom serait dû aux revêtements de marbre poli habillant les murs du monument et réfléchissant la lumière comme un miroir.

Tour Philippe-de-Valois – Elle se dresse à proximité du Rhône. Philippe de Valois la fit construire en 1343, après l'annexion de Ste-Colombe au domaine royal.

Église – Cette ancienne chapelle mérite une visite pour son remarquable **groupe sculpté★** du 14e s., en marbre blanc : sainte Anne instruisant la Vierge *(à gauche en entrant)*.

Se promener Plan de ville

Pour comprendre comment s'est ordonnancée cette ville dans son amphithéâtre de collines, montez au sommet du **mont Pipet**, occupé par une chapelle et une statue de Notre-Dame de la Salette. Le **point de vue★** est remarquable sur la ville et le magnifique vaisseau de la cathédrale. On distingue à gauche, au flanc du mont St-Just, les vestiges de l'odéon ; à droite, au-dessus de la trouée de la Gère, le mont Salomon portant les ruines du château épiscopal de la Bâtie et les bâtiments du nouvel hôpital. *Point de vue accessible en voiture ou par la rue Pipet, en 30mn AR à pied.*

★★ VIENNE ROMAINE ET CHRÉTIENNE

Circuit tracé en vert sur le plan p. 410-411. Comptez 2h sans la visite des musées.
Partez de la place St-Maurice.

★★ Cathédrale Saint-Maurice B2

Construite du 12e au 16e s., elle apparaît comme une œuvre majeure réunissant des éléments romans et gothiques.

Les portails – La façade, avec ses trois portails flamboyants, est imposante et d'une grande complexité. Si les guerres de Religion l'ont dépouillée des statues ornant les niches des piédroits et des tympans, la décoration ravissante des voussures est heureusement intacte.

Le **portail méridional** *(à droite)*, de la fin du 14e s., comprend deux voussures : à l'intérieur, des prophètes assis sous des dais ; à l'extérieur, des anges musiciens très expressifs groupés par deux.

Le **portail central**, dont le gâble a été coupé, date de la fin du 15e s. Les sculptures se lisent horizontalement sur les trois voussures, mettant en relation un épisode de l'Ancien et du Nouveau Testament. Dans le tympan du portail, au-dessus des colonnes torses, s'inscrivent deux statues personnifiant, à droite, l'Église, à gauche, la Synagogue.

Le **portail septentrional** *(à gauche)*, du milieu du 15e s., est consacré à la Vierge. Au sommet de la niche centrale, deux anges, ailes repliées, apportent la couronne de la Vierge. La voussure intérieure représente des chérubins à six ailes ; sur la voussure extérieure, des anges musiciens accomplissent différentes fonctions liturgiques.

LE SAINT ÉGYPTIEN ET LA DÉCIMATION

Maurice (3e s.) et la légion thébaine (environ 3 000 hommes) qu'il commandait auraient refusé de sacrifier aux dieux païens de Rome, et auraient donc été décimés : un soldat sur dix fut tué. Du lieu supposé de ce massacre en Suisse est né le culte de saint Maurice, qui s'est ensuite répandu dans les Alpes et la vallée du Rhône.

Intérieur – Long de 97 m, l'ample et lumineux vaisseau à trois nefs, dépourvu de transept, est harmonieux et élancé, malgré une construction échelonnée sur quatre siècles.
Enchâssées dans le vaisseau gothique, les sept premières travées présentent une ordonnance romane jusqu'au-dessus des grandes arcades ; survivance des souvenirs romains, les piliers sont flanqués de pilastres à l'antique et de demi-colonnes cannelées ; cette campagne de construction, du début du 12e s., est contemporaine ou légèrement postérieure au pontificat de Guy de Bourgogne.
Un banc de marbre garnit le pourtour de l'abside ; le trône de l'évêque *(cathedra)* est dressé dans l'axe de la nef. Au-dessus du banc, des colonnettes soutiennent une corniche sous laquelle court une frise de marbre à incrustation de ciment brun ; une seconde frise de même style règne au-dessus du triforium. Cette technique décorative est d'inspiration orientale *(voir chapitre « Art et Architecture », p. 68)*.
Les **chapiteaux romans** constituent un ensemble décoratif étroitement inspiré de l'Antiquité. Ils présentent des scènes historiées *(collatéral droit)* ou des décors végétaux très denses.
À droite du maître-autel, le **mausolée baroque** des archevêques Armand de Montmorin et Henri-Oswald de La Tour d'Auvergne (1747), dû à Michel-Ange Slodtz, figure parmi les meilleures œuvres du 18e s. en Dauphiné.
Autour du chœur et de son mobilier contemporain, les **tapisseries des Flandres** représentent des scènes de la vie de saint Maurice (16e s.).
En hauteur, une splendide verrière Renaissance, l'**Adoration des Mages**, éclaire le chevet du collatéral droit. Les vitraux des fenêtres hautes du chœur datent du 16e s. ; à la baie centrale, on reconnaît saint Maurice, cuirassé, et saint Pierre.
Le collatéral gauche conserve des sculptures intéressantes dont un grand bas-relief du 13e s. représentant l'entrevue d'Hérode et des Rois Mages : remarquez les deux têtes grotesques encadrant Hérode dont l'une, tournée vers les Rois, paraît les écouter avec gravité ; l'autre, hors de leur vue, ricane.
La cathédrale communiquait avec l'ancien cloître, disparu, par un passage voûté. Au-dessus de l'arc d'entrée se déroule une frise de marbre blanc reproduisant les **signes du Zodiaque** ; ils ont été replacés, au 16e s., dans l'ordre nouveau de l'année fixé par l'édit de Roussillon.
À l'intérieur du passage, une arcature gothique encadre trois statues romanes de facture archaïque : saint Pierre, saint Jean l'Évangéliste et saint Paul évoquent, par leurs drapés, l'art languedocien.
Sortez de la cathédrale par le passage voûté.
À l'extérieur, la décoration de la porte nord mêle des éléments romans et gothiques à des fragments romains. Remarquez sous l'arc en ogive la délicate frise (vraisemblablement un réemploi romain) de griffons et de feuillages ornant le linteau. Levez la tête pour remarquer la fantaisie des colonnes brisées. Sur la place St-Paul s'étendait le cloître, aujourd'hui disparu.

Tournez le dos au Rhône et gagnez par la gauche la place du Palais.
On reste muet devant la beauté immuable du temple romain situé au centre de la place, qui contraste, sans heurter, avec les façades 18e s. des maisons encadrant le bel ovale de la place.

★★ Temple d'Auguste et de Livie B2

Cet édifice rectangulaire de proportions harmonieuses ressemble étrangement à la Maison carrée de Nîmes. Une rangée de six colonnes corinthiennes supporte l'entablement. La façade, tournée vers l'est, dominait le forum, remarquez sur le fronton les traces des lettres de la dédicace : il portait une inscription de bronze à la gloire d'Auguste et de Livie, son épouse, qui accède ici au rang de déesse. À l'intérieur se dressait la statue de l'empereur déifié. L'ornementation sculptée est mieux conservée du côté droit, notez néanmoins les trous carrés dans les colonnes rappelant qu'au Moyen Âge des habitations y étaient accolées. La partie arrière, la plus ancienne, date vraisemblablement de la fin du 1er s. av. J.-C.
Le temple a subi de nombreuses transformations. Au Moyen Âge, il fut transformé en église et ses colonnes réunies par un mur. Siège du club des Jacobins sous la Révolution, il accueillit le culte de la déesse Raison. Il fut utilisé ensuite comme tribunal, musée, bibliothèque ; ce n'est qu'au milieu du 19e s. que ce bel édifice, redécouvert par Prosper Mérimée, fut dégagé des maçonneries disgracieuses qui l'enserraient.
À droite du temple s'élève la tour du palais (1578).

Rue des Clercs B1-2

Quelques façades anciennes et arcades lui confèrent encore une petite allure médiévale. C'est au n° 43 que mourut le créateur de Guignol Laurent Mourguet (*voir p. 65*). Remarquez au n° 19 une belle porte Louis XIV, jetez un coup d'œil en passant à l'harmonieux alignement de façades Renaissance de la rue du 4-Septembre, à gauche, et regardez la belle porte cloutée au n° 16.

★ Église Saint-André-le-Bas B1

04 74 53 41 41 - avr.-oct : 9h30-13h, 14h-18h ; reste de l'année : 9h30-12h30, 14h-17h30, w.-end 13h30-17h30 - possibilité de visite guidée, se rens. à la salle du patrimoine avr.-oct. : 11h et 16h30 ; reste de l'année : 11h et 14h30 - fermé lun., 1er janv., 1er et 8 Mai, 24, 25 et 31 déc. - 2,50 € (-18 ans gratuit), gratuit 1er dim. du mois.
Plusieurs fois reconstruite, cette église, dans son ensemble, date du 12e s. Le grand mur pignon en pierre de taille est d'un effet décoratif original. L'ensemble de l'ornementation est remarquable : piliers et colonnettes des baies géminées, petites arcatures en festons retombant sur des consoles aux masques expressifs. Dans l'étroite cour sud, limitée d'un côté par la base du clocher, on aperçoit un masque qui tire une langue énorme. La nef était primitivement couverte de charpente ; la reconstruction de 1152 consista à la surélever et à la voûter, ce qui nécessita la construction des arcs-boutants extérieurs et le renforcement des murs par des arcades et des piliers.
L'ensemble de la décoration des **pilastres cannelés** est attribué à Guillaume Martin qui a signé et daté son œuvre (1152) sur le socle du 2e pilier à droite.

UN POINT IMPORTANT

Les Viennois gardent le souvenir de **Fernand Point**, fondateur du restaurant « La Pyramide » (*voir Le Guide Michelin France).* Le maître de Paul Bocuse et des frères Troisgros vivait ici dans les années 1930.

Admirez particulièrement Samson terrassant le lion *(2e pilier à gauche)* et Job, réduit à la misère et grattant ses ulcères devant sa femme visiblement dégoûtée *(3e pilier)*. Les deux superbes chapiteaux corinthiens, à l'entrée de l'abside, proviennent d'un monument romain. Une salle d'exposition aménagée en contrebas de l'église présente une grande statue de bois figurant saint André (17e s.), dont le visage est magnifique ; le panneau de bois peint, l'*Adoration des Bergers* (1543), est exposé au musée des Beaux-Arts.

★ Cloître Saint-André-le-Bas B1

Pl. du Jeu-de-Paume - mêmes conditions de visite que l'église Saint-André-le-Bas.

VIENNE

SE LOGER

Bontemps (Camping)...................... 3
Gabetière (La)...................................... 7
Pré Neuf (Chambre d'hôte Le)...... 9

SE RESTAURER

Chamade (La)...................................... 2
Estancot (L')....................................... 4
Medina (La)... 6

Ce petit cloître du 12e s. *(dont l'entrée se trouve au fond d'un jardin dominant le Rhône)* présente une série d'arcatures en plein cintre, reposant alternativement sur des colonnettes géminées et des piliers délimitant les travées. L'ornementation des colonnettes de la galerie sud témoigne d'une certaine fantaisie : cannelures en spirale, en zigzag, ou ornées de chapelets de perles, palmettes aux tiges nouées. Le cloître abrite une **importante collection d'épitaphes chrétiennes** – dont celle de Fœdula, Viennoise baptisée par saint Martin, remonte au début du 5e s. – et d'inscriptions médiévales couvrant les monuments funéraires. Dans l'angle sud-est sont rassemblés des fragments

de chancel (clôture en pierre séparant le clergé des fidèles), à décor de tresses, de torsades et d'entrelacs (9e s.), ainsi qu'un autel en marbre blanc (11e s.) provenant de l'ancienne église St-Pierre. De la terrasse, vue sur le Rhône et Ste-Colombe.

La **salle du patrimoine** *(en bas du cloître, face au Rhône)* présente une exposition permanente sur les « Visages de Vienne », qui permet de suivre les évolutions de la ville. En face, le pont de-Lattre-de-Tassigny (1949) s'appuie sur une grande arche centrale de 108 m de portée, tandis que l'ancien pont suspendu sert de passerelle piétonnière.

Revenez sur vos pas jusqu'à la rue de la Table-Ronde (ainsi nommée en souvenir d'une table de changeurs qui garantissait le droit d'asile aux commerçants en cas de litige) que vous prenez en face.

Rue Marchande B1-2

Par ses multiples boutiques actives en toutes saisons, elle mérite encore son nom. Elle garde de nombreuses arcades et des cours anciennes, souvent restaurées. Porte cloutée au n° 28, et beau portail à voussures et claveau sculpté, au n° 30. Le n° 64 ouvre sur la jolie cour de l'**hôtel de ville**. Cet ancien hôtel particulier du 17e s., prolongé par deux ailes au 19e s., abrite dans son escalier d'honneur *La Danse* du sculpteur viennois Joseph Bernard. Au n° 85, loggia et tourelle d'angle Renaissance.

Avancez dans la rue des Orfèvres. Le n° 11 *(visible lors des visites guidées)* cache une cour intérieure des 15e et 16e s. ; au n° 9, belle façade Renaissance.

Faites demi-tour et prenez à droite la rue du Collège qui grimpe hardiment jusqu'au théâtre antique. Remarquez au n° 9 la porte Renaissance. Plus haut, s'élève la porte monumentale de l'ambulance (17e s.), qui marquait l'entrée du couvent des bénédictines de St-André-le-Haut. Vous apercevez à droite l'arrière de l'ancienne chapelle des Carmes.

Église Saint-André-le-Haut C2

Anciennement chapelle du collège des jésuites, consacrée en 1725 à Saint Louis, elle possède une belle façade classique dans le style des églises baroques de Ste-Suzanne ou du Gésù, à Rome.

La rue des Ursulines permet de rejoindre le théâtre romain.

★ Théâtre romain C2

✆ 04 74 85 39 23 - www.musees-vienne.fr - avr.-oct. : 9h30-13h, 14h-18h ; reste de l'année : tlj sf lun. 9h30-12h30, 14h-17h, w.-end et j. fériés 13h-18h - fermé 1er janv., 1er Mai, 1er et 11 Nov., 25 déc - 2,60 € (-18 ans gratuit) ; 6 € billet combiné avec les musées de Vienne et de St-Romain-en-Gal.

Abandonné depuis l'empereur Constantin, au début du 4e s., il était, en 1922, lorsque commencèrent les fouilles, enfoui sous 80 000 m^3 de terre ; son dégagement est aujourd'hui achevé. C'était l'un des plus vastes de la Gaule romaine ; son diamètre (131 m) dépasse celui du théâtre d'Orange, et n'est que d'un mètre inférieur à celui du grand théâtre de Marcellus à Rome.

Adossé au mont Pipet, il comptait 46 gradins établis sur une série de galeries de circulation voûtées, bien conservées. Près de 13 500 spectateurs pouvaient y prendre place. Les quatre gradins les plus proches de l'orchestre, réservés aux personnages officiels, étaient isolés des autres par une balustrade de marbre vert. Le sol de l'orchestre montre encore une partie de son dallage de marbre et le support antérieur du plancher de la scène présente la copie d'une admirable frise d'animaux dont l'original, en marbre blanc, se trouve au Musée lapidaire. Enfin – disposition exceptionnelle – un temple couronnait le sommet des gradins.

Comme à Lyon, le grand théâtre se doublait d'un petit théâtre ou **odéon** *(ne se visite pas)*. Le grand théâtre sert, en été, de cadre au **Festival de jazz**.
Descendez la rue Pipet, traversez la rue Victor-Hugo et empruntez la rue de la Charité, la montée St-Marcel, jusqu'au passage St-Antoine à gauche.
L'arrière du théâtre municipal est illustré depuis les années 1990 par la *Scène de Vienne* de La Cité de la Création. Sa réalisation a permis de découvrir en hauteur une fenêtre du 16e s., intégrée dans la fresque. Le paysage de fond est inspiré d'un tableau d'Étienne Rey, conservé au musée des Beaux-Arts. Se côtoient sur l'estrade les célébrités passées par la ville : Molière, Berlioz, Miles Davis, Ella Fitzgerald, Laurent Mourguet avec Guignol et Pierre Schneider.

Théâtre municipal B2
Pierre Schneider consacra une grande partie de sa fortune à faire construire le théâtre municipal (1782) à l'emplacement d'un édifice public antique *(le portique à arcades et des galeries sont conservés en sous-sol, mais restent pour le moment inaccessibles)*. Les ducs de Bourgogne y avaient auparavant installé leur palais. La décoration et la façade du théâtre ont été refaites en 1930.

Jardin archéologique B2
Un espace vert très original, avec un coin réservé aux jeux pour les petits, et des ruines romaines qui donnent à ce jardin de Cybèle une atmosphère de calme intemporel. Une double arcade en pierre blanche est le vestige d'un **portique** attribué à des thermes. À droite du portique se dresse un mur qui fermait au nord un **théâtre** que l'on pensait réservé aux représentations des Mystères de Cybèle, hypothèse controversée à l'heure actuelle. Les décrochements de ce mur correspondent aux passages d'accès aux gradins. Remarquez près du jardin, la maison à encorbellement du 15e s.
En descendant,vous avez à votre droite la **place du Pilori** qui marque l'entrée dans le cœur de la cité médiévale.
Par les rues Chantelouve et Ponsard, gagnez le musée des Beaux-Arts.

Musée des Beaux-Arts et d'Archéologie B2
℘ 04 74 85 50 42 - www.musees-vienne.fr - avr.-oct. : 9h30-13h, 14h-18h ; reste de l'année : 9h30-12h30, 14h-17h, w.-end et j. fériés 13h30-17h30 - fermé lun., 1er janv., 1er et 11 Nov., 25 déc. - 2,90 € (-18 ans gratuit) ; 6 € billet combiné avec les musées de Vienne et de St-Romain-en-Gal.
Aménagé au deuxième étage d'une halle du 19e s., il réunit plusieurs collections : antiquités préhistoriques et gallo-romaines, faïences françaises du 18e s. (Moustiers, Lyon, Roanne, Marseille, Rouen, Nevers), peintures des écoles européennes des 17e et 18e s. et des écoles lyonnaise, viennoise et dauphinoise ; œuvres de Joseph Bernard, sculpteur viennois (1866-1931).
L'**argenterie** romaine du 3e s., découverte fortuitement sur le site de l'actuelle place Camille-Jouffray en 1984, est superbe : coupes, plats finement ciselés à décor de scènes pastorales et de chasse.
Regagnez la place St-Maurice par la rue du Pape-Calixte-II.

Pyramide
En voiture, sortez au sud par le cours de Verdun, prenez à droite le boulevard F.-Point.
Elle s'élève à une vingtaine de mètres et décorait le terre-plein central du vaste cirque de Vienne au 4e s. Au Moyen Âge, on crut y reconnaître le tombeau de **Ponce Pilate** : le procureur, ayant quitté Jérusalem pour Vienne se serait jeté dans le Rhône en proie au remord. Le nom du massif du Pilat aurait pour origine cet événement (une légende analogue court sur le mont Pilate, près de Lucerne, en Suisse).

À voir aussi Plan de la ville

★ Ancienne église Saint-Pierre A3

Transformé en Musée lapidaire, cet édifice, le plus vénérable de la Vienne chrétienne, remonte au 5e s. (fondé probablement par saint Mamert). L'église servit surtout de basilique funéraire, des évêques de Vienne y étaient inhumés. St-Pierre, bâtie « hors les murs », eut à souffrir des dévastations des Sarrasins, vers 725, puis de celles des princes carolingiens en 882.

Au 12e s., l'abbaye parvint au faîte de sa prospérité. C'est alors que fut élevé, sur plan rectangulaire, le beau clocher roman qui forme un porche au rez-de-chaussée. Les baies de l'étage intermédiaire s'ouvrent sous des arcs trilobés, évoquant l'art du Velay. C'est à cette époque que la nef fut divisée en trois par de grandes arcades (restaurées au 19e s.).

Le **portail sud** (12e s.) donnait autrefois sur le cloître de l'abbaye. Deux colonnettes octogonales supportent des chapiteaux symbolisant, à gauche, l'Humilité et l'Orgueil et, à droite, la Charité.

L'inscription du tympan encadre une magnifique statue de saint Pierre. Il faut rapprocher cette œuvre des statues du porche nord de St-Maurice, en ce qui concerne la technique des draperies.

Musée lapidaire – ✆ *04 74 85 20 35 - www.musees-vienne.fr - mêmes conditions de visite que le musée des Beaux-Arts et d'Archéologie.* À gauche et en face de l'entrée sont exposées deux œuvres romaines : une tête de Junon et une belle statue de marbre, la *Tutela* ou déesse protectrice de la ville. Dans l'abside, à gauche, se trouve le **sarcophage** en marbre de saint Léonien, moine viennois du 6e s., au décor symbolique de paons becquetant des raisins. Remarquez, dans la chapelle à droite de l'abside, une **Vénus accroupie**, une collection d'amphores, des têtes d'empereurs et un bas-relief en marbre représentant une cérémonie de sacrifice.

Église Saint-Martin C1

Elle est reliée au centre par un vieux pont en dos d'âne, du 15e s., qui franchit la Gère. Décorée de fresques du peintre nabi Maurice Denis, elle conserve un beau Christ ancien en bois sculpté.

À proximité Carte de microrégion

Pépinières Laurent

Sur la commune de St-Romain-en-Gal, dans les hauteurs. Par la D 502 vers Rive-de-Gier, faites 2,3 km et prenez à droite juste en face du calvaire blanc. 2374 rte de Rive-de-Gier - ✆ 06 26 58 12 59 - http://pepiniere-laurent.fr - ♿ - 10h-12h, 14h-18h - possibilité de visite guidée (2h) sur demande préalable - gratuit.

Elles détiennent la **collection nationale de viburnum★**, qui comprend toute une famille d'arbustes aux diverses floraisons printanières blanches ou roses (dont les boules-de-neige et viornes), parfumées ou non, suivies de fruits et de feuillages colorés en automne (création de nouvelles espèces).

Les variétés s'intègrent plus ou moins librement parmi les roses grimpantes, les pommiers à petits fruits, les érables, et les vivaces d'un jardin caillouteux, fantaisiste, qui ne cesse de s'agrandir sans plan prémédité. L'ensemble surplombe la vallée du Rhône, et Vienne au loin.

Festival annuel de jazz à Vienne.
Jazz à Vienne

Beauvoir-de-Marc B2

19 km à l'est de Vienne par la D 502, et, à La Détourbe, la D 53ᴮ à gauche.
La petite **église** des 11ᵉ-14ᵉ s., avec son plafond en bois peint à 70 caissons, occupe un site perché d'où part un sentier menant au sommet de la butte – remarquez, dans le tuf des talus, les couches de cailloux roulés. Au pied de la statue de la Vierge (table d'orientation), **panorama★** sur les collines du Viennois, dominées à l'ouest par la masse sombre du mont Pilat.

Saint-Mamert A3

13 km au sud par la N 7, à gauche dans la D 131ᴬ.
La **chapelle St-Mamert**, au clocher-mur du 11ᵉ s. et intérieur du 17ᵉ s., est construite sur une terrasse de galets d'où la vue s'étend sur le massif du Pilat.

Septème B2

12 km à l'est par les D 502 et D 75.
L'origine de Septème (dont le nom évoque la septième borne milliaire de la voie romaine qui reliait Vienne à Milan) est vraisemblablement l'établissement d'un camp militaire romain. De la ville féodale installée dans l'enceinte jusqu'au 19ᵉ s., il subsiste encore aujourd'hui une habitation qui fut, au 16ᵉ s., la conciergerie du château.
L'ensemble imposant des remparts (13ᵉ s.), du vieux fort (11ᵉ s.) et du **château** forme une ville forte. Elle comprend des bâtiments des 14ᵉ et 15ᵉ s., remaniés au 16ᵉ s., disposés en rectangle autour d'une cour intérieure. Dans cette cour, on peut admirer deux étages de loggias Renaissance, une galerie de portiques et un vieux puits monumental profond de 60 m. Longs d'environ un kilomètre, les remparts sont percés de nombreuses meurtrières. L'ancien chemin de ronde subsiste par endroits. Catherine de Médicis s'y promena-t-elle en juillet 1564, lors de son séjour au château ? *✆ 04 74 58 26 05 - www.chateau-de-septeme.fr - visite guidée (45mn) avr.-oct. : w.-end et j. fériés 14h-18h - 7 € (-10 ans gratuit).*

NOS ADRESSES À VIENNE

HÉBERGEMENT

À Vienne

POUR SE FAIRE PLAISIR

Chambre d'hôte Le Pré Neuf – C1 *9 r. des Guillemottes - ✆ 04 74 31 70 11 - ⊭ - ⛱ - 3 ch. 75 € ☕ - table d'hôte 23 €.* Proche du centre-ville mais déjà presque à la campagne, cette maison du 19ᵉ s. dispose d'un joli jardin arboré. Les chambres sont garnies de beaux meubles de famille ; à noter que celles du deuxième étage ont leur WC sur le palier. Table d'hôte alléchante et agréable piscine installée sous une véranda. Et en plus, accueil charmant.

À proximité

PREMIER PRIX

Camping Bontemps – *38150 Vernioz (19 km au sud de Vienne par la N 7, la D 131 et la D 37) - ✆ 04 74 57 83 52 - www.camping-lebontemps.com - ouv. de fin mars à déb. oct. - réserv. conseillée - ⛱ - 175 empl. 30 € - restauration.* Tourisme et sport sont au programme dans ce camping. De promenades en visites, vous découvrirez la région à moins que vous ne préfériez profiter des installations sportives pour monter à cheval, faire du VTT ou nager dans la piscine… Possibilité bungalows.

POUR SE FAIRE PLAISIR

La Gabetière – *269 Le Logis-Neuf - 38780 Estrablin (8 km à l'est par la D 502) - ✆ 04 74 58 01 31 - www.la-gabetiere.com - ⛱ - 12 ch. 70/74 € - ☕ 10 €.* Un beau manoir du 16ᵉ s., entouré d'un parc, propose des chambres décorées avec recherche dans les styles « bonbonnière », provençal, ancien… piscine pour la belle saison et aire de jeux.

RESTAURATION

À Vienne

Bon à savoir – La visite de la ville vous a ouvert l'appétit ? Alors rendez-vous entre le cours Brillier et le boulevard de la République. C'est dans ce quartier que vous trouverez le choix le plus complet de restaurants avec, entre autres, la brasserie des Allobroges et Magnard, cours Brillier, et le Provence, rue Voltaire. Pour les petits creux, plusieurs pizzerias et sandwicheries.

PREMIER PRIX

La Chamade – B2 - *24 r. de la Juiverie - ✆ 04 74 85 30 34 - fermé août, dim. et lun. - formule déj. 10 ,50 € - 12,50/25 €.* Les ruelles pentues du centre médiéval ont eu raison de vos forces ? Offrez-vous donc une halte dans ce discret petit restaurant. Le décor est simple et soigné (nappes jaunes, éclairage indirect), le service efficace et les prix très abordables.

L'Estancot – B2 - *4 r. de la Table-Ronde - ✆ 04 74 85 12 09 - fermé 1ᵉʳ-16 sept., de Noël à mi-janv., dim., lun. et j. fériés - formule déj. 16 € - 20/30 €.* Vous voulez goûter des criques, ces fameuses galettes de pommes de terre ardéchoises ? C'est ici, dans ce restaurant derrière l'église St-André-le-Bas, qu'il faut aller. À la carte tous les soirs, elles sont accompagnées de légumes, de foie gras ou de gambas…

BUDGET MOYEN

La Medina – B1 - *71 r. de Bourgogne - ✆ 04 74 53 51 35 - fermé 22 juil.-20 août, dim. soir et lun. - formules déj. 13,50/15 € - 18,50/33,50 €.* Ici, cuisine et couleurs marocaines sont au rendez-vous : murs passés à l'ocre orangé, plafond bleu, banquettes de tissu bleu et blanc, lanternes colorées, chaises en fer forgé et faïences… Un décor chaleureux pour déguster des couscous et tagines aux douces saveurs épicées.

EN SOIRÉE

Bar du Temple – *5 pl. du Gén.-de-Gaulle - ✆ 04 74 31 94 19 - tlj sf dim. 7h-1h - fermé j. fériés.* À l'instar des Deux Magots parisien, ce café est LE café que tout le monde connaît… Son atout principal demeure une superbe terrasse au pied du temple d'Auguste et de Livie. Toutefois, malgré l'afflux de touristes, l'endroit garde son cachet convivial et sa clientèle d'habitués.

Théâtre de Vienne – *4 r. Chantelouve - ✆ 04 74 85 00 05 - tlj sf w.-end 10h-12h, 14h-18h - fermé août et j. fériés.* Construit au début du 18e s., au temps de Marivaux, de Goldoni et de Beaumarchais, ce théâtre, dont la façade a été restaurée dans les années 1930, est un lieu plein d'histoire et de charme. Très avantageux, le système d'abonnement vous permettra d'assister à un large panel de spectacles : théâtre, musique classique, variétés, danse, opéra et spectacles pour enfants.

ACHATS

Marchés de Vienne – *7h-13h.* Chaque samedi matin, les rues du centre-ville, des rives du Rhône au Jardin de Cybèle, débordent d'étalages alléchants. C'est le moment de choisir quelques bouteilles de côtes-du-rhône ou autres savoureux produits de la région. Des marchés plus restreints ont lieu tous les autres matins.

Maison J. Colombier – *Rte de Marennes (15 km au nord de Vienne par la N 7 puis la D 36) - 38200 Villette-de-Vienne - ✆ 04 74 57 98 05 - www.poire-colombier.com - tlj sf dim. 9h-12h, 14h-19h (18h sam.), dim. sur RV.* Joannès Colombier est l'inventeur de la poire William's dans les années 1930 ! Aujourd'hui, la relève est assurée par sa fille et son gendre. Il faut visiter cette boutique en septembre et en octobre quand l'alambic mijote et que d'exquises effluves d'eau-de-vie se répandent dans l'atmosphère…

ACTIVITÉS

Bon à savoir – Partez à la découverte de Vienne et ses environs à bord du bateau *Le Livia* qui abrite également un restaurant, idéal pour un déjeuner au fil de l'eau. La croisière dure environ 1h30. Embarquement à la halte fluviale de Vienne.

L'aventure Michelin

Tout commence avec des balles en caoutchouc ! C'est ce que produit, vers 1880, la petite entreprise clermontoise dont héritent André et Édouard Michelin. Les deux frères saisissent vite le potentiel des nouveaux moyens de transport. L'invention du pneumatique démontable pour la bicyclette est leur première réussite. Mais c'est avec l'automobile qu'ils donnent la pleine mesure de leur créativité. Tout au long du 20e s., Michelin n'a cessé d'innover pour créer des pneumatiques plus fiables et plus performants, du poids lourd à la F 1, en passant par le métro et l'avion.

Très tôt, Michelin propose à ses clients des outils et des services destinés à faciliter leurs déplacements, à les rendre plus agréables... et plus fréquents. Dès 1900, le Guide Michelin fournit aux chauffeurs tous les renseignements utiles pour entretenir leur automobile, trouver où se loger et se restaurer. Il deviendra la référence en matière de gastronomie. Parallèlement, le Bureau des itinéraires offre aux voyageurs conseils et itinéraires personnalisés.

En 1910, la première collection de cartes routières remporte un succès immédiat ! En 1926, un premier guide régional invite à découvrir les plus beaux sites de Bretagne. Bientôt, chaque région de France a son Guide Vert. La collection s'ouvre ensuite à des destinations plus lointaines (de New York en 1968... à Taïwan en 2011).

Au 21e s., avec l'essor du numérique, le défi se poursuit pour les cartes et guides Michelin qui continuent d'accompagner le pneumatique. Aujourd'hui comme hier, la mission de Michelin reste l'aide à la mobilité, au service des voyageurs.

MICHELIN AUJOURD'HUI

N°1 MONDIAL DES PNEUMATIQUES

- 70 sites de production dans 18 pays
- 111 000 employés de toutes cultures, sur tous les continents
- 6 000 personnes dans les centres de Recherche & Développement

ensemble vers un mobilité est plus sûre

C'est aussi aider les automobilistes à prendre soin de leur sécurité et de leurs pneus. Pour cela, Michelin organise partout dans le monde des opérations **Faites le plein d'air** pour rappeler à tous que la juste pression, c'est vital.

L'USURE

COMMENT DETECTER L'USURE

La profondeur minimale des sculptures est fixée par la loi à 1,6 mm.
Les manufacturiers ont muni les pneus d'indicateurs d'usure.
Ce sont de petits pains de gomme moulés au fond des sculptures et d'une hauteur de 1,6 mm.

Les pneumatiques constituent le seul point de contact entre le véhicule et la route.

Ci-dessous, la zone de contact réelle photographiée.

PNEU NEUF

PNEU USÉ
(1,6 mm de sculpture)

Au-dessous de cette valeur, les pneus sont considérés comme lisses et dangereux sur chaussée mouillée.

Mieux avancer,
c'est développer une mobilité durable

INNOVATION ET ENVIRONNEMENT

Chaque jour, Michelin innove pour diviser par deux d'ici à 2050 la quantité de matières premières utilisée dans la fabrication des pneumatiques, et développe dans ses usines les énergies renouvelables. La conception des pneus MICHELIN permet déjà d'économiser des milliards de litres de carburant, et donc des milliards de tonnes de CO2.

De même, Michelin choisit d'imprimer ses cartes et guides sur des « papiers issus de forêts gérées durablement ». L'obtention de la certification ISO14001 atteste de son plein engagement dans une éco-conception au quotidien.

Un engagement que Michelin confirme en diversifiant ses supports de publication et en proposant des solutions numériques pour trouver plus facilement son chemin, dépenser moins de carburant.... et profiter de ses voyages !

Parce que, comme vous, Michelin s'engage dans la préservation de notre planète.

Chattez avec Bibendum

Rendez-vous sur:
www.michelin.com/corporate/fr
Découvrez l'actualité et
l'histoire de Michelin.

QUIZZ

Michelin développe des pneumatiques pour tous les types de véhicules. Amusez-vous à identifier le bon pneu...

Résultat : A-6 / B-4 / C-2 / D-1 / E-3 / F-7 / G-5

Notes

Notes

Notes

Notes

Notes

Notes

INDEX GÉNÉRAL

Lyon : villes, curiosités et régions touristiques.
Moulin, Jean : noms historiques ou termes faisant l'objet d'une explication.
Les sites isolés (châteaux, abbayes, grottes...) sont répertoriés à leur propre nom.
Nous indiquons par son numéro, entre parenthèses, le département auquel appartient chaque ville ou site. Pour rappel :
01 : Ain
69 : Rhône
38 : Isère
71 : Saône-et-Loire
42 : Loire

A

B

INDEX GÉNÉRAL

D

E

F

G

H

INDEX GÉNÉRAL

INDEX GÉNÉRAL

Q – R

S

T

U

V

W – Y

CARTES ET PLANS

CARTE GÉNÉRALE

CARTES DES MICRORÉGIONS

PLANS DE VILLE

PLANS DE MONUMENTS, DE SITES

CARTES THÉMATIQUES

CARTES DES ITINÉRAIRES

LÉGENDE DES CARTES ET PLANS

Curiosités et repères

- Itinéraire décrit, départ de la visite
- Église
- Mosquée
- Synagogue
- Monastère - Phare
- Fontaine
- Point de vue
- Château - Ruine ou site archéologique
- Barrage - Grotte
- Monument mégalithique
- Tour génoise - Moulin
- Temple - Vestiges gréco - romains
- Temple : bouddhique - hindou
- Autre lieu d'intérêt, sommet
- Distillerie
- Palais, villa, habitation
- Cimetière : chrétien - musulman - israélite
- Oliveraie - Orangeraie
- Mangrove
- Auberge de jeunesse
- Gravure rupestre
- Pierre runique
- Église en bois
- Église en bois debout
- Parc ou réserve national
- Bastide

Sports et loisirs

- Piscine : de plein air - couverte
- Plage - Stade
- Port de plaisance - Voile
- Plongée - Surf
- Refuge - Promenade à pied
- Randonnée équestre
- Golf - Base de loisirs
- Parc d'attractions
- Parc animalier, zoo
- Parc floral, arboretum
- Parc ornithologique, réserve d'oiseaux
- Planche à voile, kitesurf
- Pêche en mer ou sportive
- Canyoning, rafting
- Aire de camping - Auberge
- Arènes
- Base de loisirs, base nautique ou canoë-kayak
- Canoë-kayak
- Promenade en bateau

Informations pratiques

- Information touristique
- Parking - Parking - relais
- Gare : ferroviaire - routière
- Voie ferrée
- Ligne de tramway
- Départ de fiacre
- Métro - RER
- Station de métro (Calgary, ...) (Montréal)
- Téléphérique, télécabine
- Funiculaire, voie à crémaillère
- Chemin de fer touristique
- Transport de voitures et passagers
- Transport de passagers
- File d'attente
- Observatoire
- Station service - Magasin
- Poste - Téléphone
- Internet
- H Hôtel de ville - Banque, bureau de change
- J × POL Palais de justice - Police
- GNR Gendarmerie
- T U M Théâtre - Université - Musée
- Musée de plein air
- Hôpital
- Marché couvert
- Aéroport
- Parador, Pousada (Établissement hôtelier géré par l'État)
- A Chambre d'agriculture
- D Conseil provincial
- G Gouvernement du district, Délégation du Gouvernement Police cantonale
- L Gouvernement provincial (Landhaus)
- P Chef lieu de province
- Station thermale
- Source thermale

Axes routiers, voirie

- Autoroute ou assimilée
- Échangeur : complet - partiel
- Route
- Rue piétonne
- Escalier - Sentier, piste

Topographie, limites

- Volcan actif - Récif corallien
- Marais - Désert
- Frontière - Parc naturel

Comprendre les symboles utilisés dans le guide

LES ÉTOILES

★★★ **Vaut le voyage** ★★ **Mérite un détour** ★ **Intéressant**

HÔTELS ET RESTAURANTS

9 ch.	Nombre de chambres		Piscine
7,5 €	Prix du petit-déjeuner en sus	CC	Paiement par cartes de crédit
50 €	Prix de la chambre double, petit-déjeuner compris		Carte de crédit non acceptée
bc	Menu boisson comprise	P	Parking réservé à la clientèle
	Air conditionné dans les chambres	Tram	Station de tramway la plus proche
	Restaurant dans l'hôtel	M	Station de métro la plus proche
	Établissement servant de l'alcool (à l'étranger)		

SYMBOLES DANS LE TEXTE

	À faire en famille		Randonnée à vélo
	Pour aller au-delà		Facilité d'accès pour les handicapés
	Promenade à pied	A2 B	Repère sur le plan

Manufacture française des pneumatiques Michelin
Société en commandite par actions au capital de 504 000 004 EUR
Place des Carmes-Déchaux - 63000 Clermont-Ferrand (France)
R.C.S. Clermont-Fd B 855 200 507

Dépôt légal : 12/2011 – ISSN 0293-9436
Compograveur : Michelin, Boulogne-Billancourt
Imprimeur : Deux-Ponts
Imprimé en France en décembre 2011
Sur du papier issu de forêts gérées durablement